D1755636

Hand- und Lehrbücher der Pädagogik

Herausgegeben von Dr. Arno Mohr

Lieferbare Titel:

Borchert, Einführung in die Sonderpädagogik
Callo, Modelle des Erziehungsbegriffs
Callo, Handlungstheorie in der Sozialen Arbeit
Faulstich, Weiterbildung
Faulstich-Wieland, Individuum und Gesellschaft
Haefner, Gewinnung und Darstellung wissenschaftlicher Erkenntnisse insbesondere für universitäre Studien-, Staatsexamens-, Diplom- und Doktorarbeiten
Musolff · Hellekamps, Geschichte des pädagogischen Denkens
Schröder, Lernen – Lehren – Unterricht, 2. Auflage
Schröder, Didaktisches Wörterbuch, 3. Auflage
Skiera, Reformpädagogik
Werning · Balgo · Palmowski · Sassenroth, Sonderpädagogik

Einführung in die Sonderpädagogik

Herausgegeben von
Prof. Dr. Johann Borchert

Oldenbourg Verlag München Wien

Bibliografische Information der Deutschen Nationalbibliothek

Die Deutsche Nationalbibliothek verzeichnet diese Publikation in der Deutschen Nationalbibliografie; detaillierte bibliografische Daten sind im Internet über <http://dnb.d-nb.de> abrufbar.

© 2007 Oldenbourg Wissenschaftsverlag GmbH
Rosenheimer Straße 145, D-81671 München
Telefon: (089) 45051-0
oldenbourg.de

Das Werk einschließlich aller Abbildungen ist urheberrechtlich geschützt. Jede Verwertung außerhalb der Grenzen des Urheberrechtsgesetzes ist ohne Zustimmung des Verlages unzulässig und strafbar. Das gilt insbesondere für Vervielfältigungen, Übersetzungen, Mikroverfilmungen und die Einspeicherung und Bearbeitung in elektronischen Systemen.

Lektorat: Wirtschafts- und Sozialwissenschaften, wiso@oldenbourg.de
Herstellung: Anna Grosser
Coverentwurf: Kochan & Partner, München
Gedruckt auf säure- und chlorfreiem Papier
Druck: Grafik + Druck, München
Bindung: Thomas Buchbinderei GmbH, Augsburg

ISBN 978-3-486-58212-3

Vorwort

Grundanliegen der vorliegenden *Einführung in die Sonderpädagogik* ist es, insbesondere Studierenden der Sonderpädagogik sowie Lehrkräften in allgemeinen Schulen und Sonderschulen sonderpädagogisches Wissen über Menschen mit Behinderungen – überwiegend im Alter zwischen 0-18 Jahren – auf aktuellem Stand zur Verfügung zu stellen. Nach unserer Einschätzung können im sonderpädagogischen Arbeitsfeld tätige Psychologen, Ärzte, Therapeuten sowie Sozialarbeiter ebenfalls von den inhaltlich relativ knapp gehaltenen und stark strukturierten, aber gleichwohl differenzierenden Beiträgen profitieren. Das generelle Ziel des Buches ist somit leicht umrissen: bei sich anbahnenden oder vorliegenden Behinderungen dazu beitragen helfen, eine erste Orientierung über den angemessenen Umgang mit Kindern und Jugendlichen mit Behinderungen zu erhalten.

Die Sonderpädagogik wird übereinstimmend einerseits als Teil der Allgemeinen Pädagogik gesehen, andererseits kann sie für sich einen relativ eigenständigen Forschungsstand beanspruchen, auch wenn der Wissensbestand in dieser pädagogischen Subdisziplin noch wesentliche Forschungsdefizite erkennen lässt. Die Sonderpädagogik ist mit ihren unterschiedlichen sonderpädagogischen Arbeitsschwerpunkten und mit ihren als klassisch zu bezeichnenden Fachrichtungen relativ weit ausdifferenziert.

Diese inhaltliche Ausdifferenzierung liegt der Gliederung des Buches weitgehend zugrunde, so dass die sonderpädagogischen Fachrichtungen im Vordergrund stehen. Gleichwohl existieren aber auch fachrichtungs- und damit behinderungsübergreifend ausgelegte inhaltliche „Überschneidungen", die im ersten Kapitel (*Johann Borchert*) thematisiert werden, aber auch im Kapitel über Hochbegabungen (*Christoph Perleth*) aspektiv eine Rolle spielen. Die folgenden, stärker störungsorientierten Beiträge befassen sich mit Blindheit und Sehbehinderungen (*Sven Degenhardt*), Gehörlosigkeit und Schwerhörigkeit (*Klaus-B. Günther*), Geistig- und Schwermehrfachbehinderungen (*Saskia Schuppener*), Körperbehinderungen (*Hans Stadler*), Lernbehinderungen (*Alfons Strathmann*), Sprachstörungen (*Bernd Hansen* und *Hildegard Heidtmann*) und Verhaltensstörungen (*Herbert Goetze*).

Um die Lesbarkeit der Beiträge zu erhöhen, unterliegen sie einer vorgegebenen Struktur; sie beginnen mit einer *Einführung in die Thematik*; es folgen *Definitionen und Klassifikationen* von Behinderungen, ihre *Verbreitung, Ursachen, Diagnostik* sowie *pädagogische* und *therapeutische Interventionen* einschließlich schulischer Maßnahmen. Mit abschließenden Textfragen kann überprüft werden, ob und inwieweit die in den Beiträgen aufbereiteten sonderpädagogischen Inhalte vom Leser erfasst worden sind.

Die oben angesprochene, hohe inhaltliche Ausdifferenzierung der Sonderpädagogik mit einem relativ heterogenen Forschungs- und Wissenstand verlangt, dass Bücher mit dieser Thematik fachlich ausgewiesene Kolleginnen und Kollegen einbinden: Der Anspruch, sonderpädagogisches Wissen sowohl nach behinderungsübergreifenden als auch nach behinderungsspezifischen Problemfeldern zu bündeln, ist u. E. nur noch einlösbar, wenn kompetente Sonderpädagoginnen und Sonderpädagogen aus den jeweiligen Fachrichtungen beteiligt sind. Diesen Kolleginnen und Kollegen gilt mein besonderer Dank!

Kiel, im Februar 2007   Johann Borchert

Inhalt

	Vorwort	V
1	**Sonderpädagogische Grundfragen**	**1**
	Johann Borchert	
	1.1 Einführung in die Thematik	1
	1.2 Sonderpädagogik als Wissenschaft	4
	1.3 Zentrale Aufgabenfelder der Sonderpädagogik	8
	1.3.1 Zur Definition von Behinderung und begriffliche Alternativen	8
	1.3.2 Sonderpädagogische Diagnostik	14
	1.3.3 Sonderpädagogische Interventionen	20
	1.4 Textfragen zur Verständniskontrolle	33
	1.5 Literatur	34
2	**Blindheit und Sehbehinderung**	**39**
	Sven Degenhardt	
	2.1 Einführung in die Thematik	39
	2.2 Definitionen und Klassifikationen	40
	2.2.1 Zeit-, Kultur- und Gesellschaftsbezug	40
	2.2.2 Verwendungszusammenhang – rechtlicher Aspekt	41
	2.2.3 Verwendungszusammenhang – medizinischer Aspekt	41
	2.2.4 Verwendungszusammenhang – pädagogischer Aspekt	42
	2.3 Verbreitung	47
	2.4 Ursachen	48
	2.4.1 Katarakt	48
	2.4.2 Glaukom	49
	2.4.3 Altersbedingte Makuladegeneration (AMD)	49
	2.4.4 Retinopathia pigmentosa (RP) (früher: Retinitis pigmentosa)	50
	2.4.5 Retinopathia praematurorum	50
	2.4.6 Strabismus	50
	2.4.7 Heterophorie	51
	2.4.8 Nystagmus	51

	2.4.9	Albinismus	51
	2.4.10	Fehlsichtigkeiten (Brechungsanomalien)	52
	2.4.11	CVI / zerebrale Schädigungen	52
2.5	Diagnostik		53
	2.5.1	Sehschärfe	54
	2.5.2	Kontrast	55
	2.5.3	Gesichtsfeld	56
	2.5.4	Farbsehen	56
	2.5.5	Diagnostik des funktionalen Sehens	56
	2.5.6	Prozessbegleitende pädagogische Diagnostik	58
2.6	Pädagogische Interventionen		60
2.7	Textfragen zur Verständniskontrolle		72
2.8	Literatur		72

3 Gehörlosigkeit und Schwerhörigkeit   77
Klaus-B. Günther

3.1	Einführung in die Thematik		77
3.2	Grundlagen und Störungen des Hörens		78
	3.2.1	Hören	78
	3.2.2	Störungen	80
3.3	Verbreitung von Gehörlosigkeit und Schwerhörigkeit		80
	3.3.1	Gesamtbevölkerung	80
	3.3.2	Früherziehung, Kindergarten und Schule	81
3.4	Ursachen		82
3.5	Diagnostik und elektroakustische Versorgung		82
	3.5.1	Audiologische Diagnostik von Hörschädigungen	82
	3.5.2	Versorgung mit Hörgeräten und Cochlea-Implantat	86
3.6	Pädagogische Interventionen		88
	3.6.1	Geschichte der Methodenentwicklung und des Methodenstreits in der Hörgeschädigtenpädagogik	88
	3.6.2	Das Scheitern der oralen Methode	91
	3.6.3	Die „Entdeckung des Hörens" – Chancen und Grenzen	94
	3.6.4	Von der Entdeckung der Gebärdensprache zu offenen bilingualen Förderkonzepten für gehörlose und hochgradig schwerhörige Kinder	96
	3.6.5	Schüler und Förderkonzepte an den deutschen Hörgeschädigtenschulen heute	102
3.7	Textfragen zur Verständniskontrolle		104
3.8	Literatur		105

4 Geistig- und Schwermehrfachbehinderungen 111
Saskia Schuppener

- 4.1 Einführung in die Thematik 111
- 4.2 Definitionen und Klassifikationen 112
- 4.3 Verbreitung 116
- 4.4 Ursachen 117
- 4.5 Diagnostik 119
- 4.6 Pädagogische Interventionen 122
  - 4.6.1 Vorschulische Förderung 125
  - 4.6.2 Schulische Förderung 127
  - 4.6.3 Nachschulische Förderung 131
- 4.7 Pädagogisch-therapeutische Interventionen 133
- 4.8 Textfragen zur Verständniskontrolle 137
- 4.9 Literatur 137

5 Hochbegabung 149
Christoph Perleth

- 5.1 Einführung in die Thematik 149
- 5.2 Definitionen und Klassifikationen 150
  - 5.2.1 Psychometrisch orientierte Forschung 151
  - 5.2.2 Kognitionspsychologische Ansätze 157
  - 5.2.3 Der Ansatz der Expertiseforschung 158
  - 5.2.4 Beeinträchtigte Hochbegabte 162
- 5.3 Verbreitung 162
- 5.4 Ursachen 164
  - 5.4.1 Ansätze der Genetischen Psychologie 164
  - 5.4.2 Die Rolle der familiären (Lern-)Umwelt 166
  - 5.4.3 Institutionelle Lernumwelten 168
  - 5.4.4 Ein integratives Begabungsmodell 169
- 5.5 Diagnostik 171
- 5.6 Pädagogische Interventionen 174
  - 5.6.1 Klassische schulische Fördermodelle für Hochbegabte 174
  - 5.6.2 Unterrichtsentwicklung 175
  - 5.6.3 Organisationsentwicklung und Beratung 176
  - 5.6.4 Personalentwicklung: Erzieher, Pädagogen, (Beratungs-) Lehrkräfte ... 176
- 5.7 Pädagogisch-therapeutische Interventionen 177
- 5.8 Textfragen zur Verständniskontrolle 178
- 5.9 Literatur 179

6 Körperbehinderungen — 185
Hans Stadler

- 6.1 Einführung in die Thematik ... 185
  - 6.1.1 Zur Theoriebildung und Geschichte der Körperbehindertenpädagogik .. 186
  - 6.1.2 Zur aktuellen Situation der schulischen Förderung Körperbehinderter .. 187
  - 6.1.3 Schwerstbehinderte und hochbegabte Körperbehinderte ... 188
- 6.2 Definitionen und Klassifikationen ... 189
  - 6.2.1 Definitionen in der Medizin und im Rehabilitationsrecht ... 190
  - 6.2.2 Das bio-psycho-soziale Modell von Behinderung der ICF ... 190
  - 6.2.3 Erscheinungsformen, Ursachen und Auswirkungen der Körperbehinderung ... 191
- 6.3 Zur Diagnostik und zur Verbreitung von Körperbehinderungen ... 197
- 6.4 Pädagogische Interventionen und Institutionen ... 200
  - 6.4.1 Zur Problematik der Prävention ... 200
  - 6.4.2 Pädagogische Beratungs- und Frühförderstellen ... 201
  - 6.4.3 Institutionen der schulischen Förderung Körperbehinderter ... 202
- 6.5 Zur Schulpädagogik für Körperbehinderte ... 206
  - 6.5.1 Dimensionen und Ziele der Förderung ... 207
  - 6.5.2 Didaktische Grundfragen und Entscheidungsfelder ... 209
- 6.6 Übergang von der Schule in das Erwachsenenleben ... 210
  - 6.6.1 Probleme beim Schulabgang ... 211
  - 6.6.2 Problemgruppen unter den Schulabgängern ... 212
  - 6.6.3 Lebenspraktische Befähigung und Lebenskunde ... 213
- 6.7 Textfragen zur Verständniskontrolle ... 214
- 6.8 Literatur ... 215

7 Lernbehinderungen — 219
Alfons Strathmann

- 7.1 Einführung in die Thematik ... 219
- 7.2 Definitionen und Klassifikationen ... 222
- 7.3 Verbreitung ... 227
- 7.4 Ursachen ... 228
- 7.5 Diagnostik ... 231
- 7.6 Pädagogische Interventionen ... 234
  - 7.6.1 Zur Prävention ... 234
  - 7.6.2 Schulische Förderung ... 237
  - 7.6.3 Nachschulische bzw. berufsschulische Förderung ... 247
- 7.7 Pädagogisch-therapeutische Interventionen ... 248
- 7.8 Textfragen zur Verständniskontrolle ... 249
- 7.9 Literatur ... 249

8 Sprachstörungen — 259
Bernd Hansen und Hildegard Heidtmann

- 8.1 Vorbemerkung 259
- 8.2 Einführung in die Thematik 259
- 8.3 Definitionen und Klassifikationen 261
  - 8.3.1 Kernkategorien „Sprache" und „Kommunikation" 261
  - 8.3.2 Definitionen 263
  - 8.3.3 Klassifikationen 265
- 8.4 Ausgewählte Sprach- und Kommunikationsstörungen 265
  - 8.4.1 Störungen im Spracherwerb / (Spezifische) Sprachentwicklungsstörungen 265
  - 8.4.2 Störungen pragmatischer Fähigkeiten 267
  - 8.4.3 Störungen in Semantik und Lexikon / semantisch-lexikalische Störungen 269
  - 8.4.4 Störungen in der Grammatik / grammatische Störungen 271
  - 8.4.5 Störungen der Aussprache (phonetische und phonologische Störungen) 272
  - 8.4.6 Störungen der Sprechflüssigkeit / Stottern 274
  - 8.4.7 Schwierigkeiten in der Metasprache 275
  - 8.4.8 Schwierigkeiten im Schriftspracherwerb 276
  - 8.4.9 Weitere Sprachstörungen 277
- 8.5 Verbreitung und Ursachen 281
  - 8.5.1 Verbreitung 281
  - 8.5.2 Ursachen 282
- 8.6 Diagnostischer Prozess 282
- 8.7 Pädagogische Interventionen 284
  - 8.7.1 Generelle präventive Maßnahmen 285
  - 8.7.2 Vorschulische, schulische und nachschulische Förderung (einschließlich integrativer Maßnahmen) 286
  - 8.7.3 Psychomotorisch orientierte Sprach- und Kommunikationsförderung ... 286
  - 8.7.4 Zum Übergang von der Kindertagesstätte (KiTa) in die Schule 286
  - 8.7.5 Integrative Sprach- und Kommunikationsförderung 287
  - 8.7.6 Nachschulischer Bereich 287
- 8.8 Pädagogisch-therapeutische Interventionen 287
  - 8.8.1 Entwicklungs- und kommunikationsorientierte Therapie 288
  - 8.8.2 Formen des Modellierens 289
  - 8.8.3 Unterstützte Kommunikation 289
  - 8.8.4 Spezielle störungsspezifische Methoden 289
- 8.9 Textfragen zur Verständniskontrolle 290
- 8.10 Literatur 290

9 Verhaltensstörungen — 297
Herbert Goetze

- 9.1 Einführung in die Thematik — 297
- 9.2 Definitionen und Klassifikationen — 299
  - 9.2.1 Definitionen — 299
  - 9.2.2 Klassifikationen — 302
- 9.3 Verbreitung — 304
- 9.4 Ursachen bzw. beeinflussende Faktoren — 305
  - 9.4.1 Biologische Faktoren — 305
  - 9.4.2 Sozio-kulturelle Einflüsse — 308
- 9.5 Diagnostik — 316
- 9.6 Pädagogisch-therapeutische Interventionen — 319
- 9.7 Pädagogische Interventionen — 323
  - 9.7.1 Generelle präventive Maßnahmen — 323
  - 9.7.2 Schulische Förderung einschließlich integrativer Maßnahmen und nachschulischer Maßnahmen — 323
- 9.8 Textfragen zur Verständniskontrolle — 328
- 9.9 Literatur — 328

Sachregister — 333

Personenregister — 339

Verzeichnis der Buchautoren — 347

1 Sonderpädagogische Grundfragen

Johann Borchert

1.1 Einführung in die Thematik

Zum allgemeinen Selbstverständnis zählte es noch in den letzten Jahrzehnten, die Sonderpädagogik als wichtiges, inhaltlich weites Bindeglied zwischen Allgemeiner Pädagogik und den sonderpädagogischen Fachrichtungen (mit den Bereichen: Blindheit und Sehbehinderungen, Gehörlosigkeit und Schwerhörigkeit, Geistig- und Schwermehrfachbehinderungen, Körperbehinderungen, Lernbehinderungen, Sprachstörungen, Verhaltensstörungen) zu sehen. Während die inhaltliche Nähe der Sonderpädagogik 1970-1990 stärker bei den einzelnen Fachrichtungen lag, hat sich in den letzten Jahren diese Nähe zur Allgemeinen Pädagogik hin verschoben. Dass heute generelle sonderpädagogische Inhalte eher unter dem Blickwinkel der Allgemeinen Pädagogik gesehen werden, liegt u. a. in gesellschaftlichen Umbrüchen, Wandlungen und in einer veränderten öffentlichen Sichtweise im Umgang mit Kindern (mit Behinderungen) begründet: in dem Ziel z. B., die Verschiedenheit von Menschen anzuerkennen, mit der für die Pädagogik wichtigen Konsequenz, die gemeinsame Beschulung aller Kinder – behinderte und nichtbehinderte – zu forcieren. So soll z. B. nach den KMK-Empfehlungen (1994) in allen Schulen die Erziehung und Bildung behinderter bzw. beeinträchtigter Kinder und Jugendlicher prinzipiell möglich sein und die Sonderpädagogik die Allgemeine Pädagogik in ihrer integrativen Arbeit ergänzen und unterstützen. Bereits hier wird erkennbar, dass integrative Zielsetzungen voraussichtlich nur dann erfolgreich sind, wenn sowohl allgemeinpädagogische wie auch behindertenpädagogische Maßnahmen und Interventionen berücksichtigt und umgesetzt werden.

Bereits diese einführenden Überlegungen verdeutlichen, dass die Sonderpädagogik als Teil der Allgemeinen Pädagogik zu verstehen ist – auch wenn sie (stärker als die Allgemeine Pädagogik) von interdisziplinärer Forschung profitiert, auf Wissensbestände einiger Wissenschaftsdisziplinen wie z. B. der Medizin, Psychologie und Soziologie (vgl. Hardman, Drew & Egan, 2006, S. 17 f.) angewiesen ist und diese Bestände als Grundlage für sonderpädagogische Hilfen nutzt. Sonderpädagogik bleibt „... eine pädagogische Subdisziplin, denn sonderpädagogische Fragen und Probleme sind immer Fragen und Probleme pädagogischer Art, sie betreffen immer die Bildung und Erziehung von Menschen" (Wember, 2003, S. 31). Die Entwicklung der Sonderpädagogik ist bisher keineswegs abgeschlossen, es scheint „... im Gegenteil, ... ein Ringen um die Identität der Disziplin in Abgrenzung zur Allgemeinen Pädagogik seit 1994 [...] intensiviert zu sein" (Vernooij, 2005, S. 79; s. a. Stein, 2006).

Welche generellen Ziele sollten in der Sonderpädagogik verfolgt werden? Ein zentrales Ziel der Sonderpädagogik wird von Wember (2003, S. 14) im Sinne des Normalisierungsprinzips folgendermaßen definiert: „Leitziel ist mittlerweile die größtmögliche Selbstverwirklichung durch persönliche Autonomie bei möglichst umfassender *Integration* in Familie, Gemeinde und Gesellschaft: Der Lebensalltag Behinderter soll so normal wie möglich gestaltet werden, die individuelle Entwicklung der Einzelnen soll über den gesamten Lebenslauf unterstützt werden und der Selbstbestimmung und Eigentätigkeit der Betroffenen ist Vorrang zu gewähren vor Fremdbestimmung und aufgezwungener Hilfe."

Wenn auch die Unterstützung der individuellen Autonomie von behinderten oder von Behinderung bedrohten Menschen ein wichtiges Anliegen der Sonderpädagogik ist, so ist mit dem Angebot an sonderpädagogischen Hilfen stets auch das Risiko verbunden, dass hieraus statt Autonomie Abhängigkeit und Entmündigung resultieren: Denn professionelle Hilfen müssen sich nicht immer positiv, sondern können sich eben auch negativ auf die Entwicklungsmöglichkeiten von Menschen auswirken, wenn diese Hilfen als einengend, abhängig machend oder entmündigend erlebt werden. Derartige Hilfsangebote wurden in den letzten Jahren von den Betroffenen zunehmend abgewehrt, infrage gestellt und so stark problematisiert, dass eine Auseinandersetzung hierüber zu einer Legitimationskrise in der Sonderpädagogik führte (Antor, 1985).

Wie sollten sonderpädagogische Hilfen legitimiert werden? Wember (2003, S. 49) sieht allein im Subsidiaritätsprinzip eine sinnvolle Lösung, indem es zwischen dem sog. Personalprinzip und dem Solidaritätsprinzip vermittelt: Während nach dem Solidaritätsprinzip nur dann individuelle und gesellschaftliche Hilfen geleistet werden müssen, wenn sie angefordert oder dringend geboten sind, ist mit dem Personalprinzip das Recht des Einzelnen verbunden, sein Leben eigenverantwortlich zu planen und zu organisieren. Das Subsidiaritätsprinzip ist gewährleistet, wenn Hilfsangebote zur Selbsthilfe und zur Autonomie beitragen, oder zusammenfassend: die Fremdhilfe der Selbsthilfe nachgeordnet ist; dies gilt auch für Menschen mit schwersten Behinderungen, indem „Selbsthilfe u. U. nur als Selbstbestimmung durch Fremdhilfe" (S. 50) erreichbar ist. Hiermit in Zusammenhang zu sehen ist die Auffassung, dass Sonderpädagogik eine wertegeleitete Disziplin ist (s. Schlee, 1984; Haeberlin, 2003), in der offen zu legende, humanistisch orientierte Wertegrundlagen wie z. B. das Lebens- und Bildungsrecht von behinderten Menschen außer Frage stehen und ihnen ein erfülltes Leben in selbst gewählten Lebensformen zu ermöglichen ist.

Zur Erreichung der o. g. generellen sonderpädagogischen Ziele sind nach Wember Kern- sowie Randaufgaben einer wissenschaftsorientierten Sonderpädagogik zu unterscheiden. Genuin sonderpädagogische, zentrale Kernaufgaben beinhalten das eigentliche Handlungswissen; das ist, stets angepasst an individuelle Lernvoraussetzungen,

1. die Analyse und Begründung besonderer Zielsetzungen sowie
2. die Konstruktion und Evaluation von Interventionen (Wember, 2003, S.32 ff).

Während die Kernaufgaben die Umsetzung von Handlungswissen – adaptiert auf konkrete Bildungs- und Erziehungssituationen – beinhalten, berücksichtigen die Randaufgaben das aus den Nachbarwissenschaften angebotene Bedingungswissen. Dieses Bedingungswissen, z. B. aus soziologischen, psychologischen oder medizinischen Wissensbeständen stammend, erleichtert das Verständnis für momentane individuelle Lernsituationen und ermöglicht es Sonderpädagogen, Handlungswissen differenziert und situationsspezifisch einzusetzen.

Trotz der skizzierten generellen Grundgedanken zur Hilfe und Selbsthilfe ist es bisher noch schwierig, die Ziele der Sonderpädagogik im Detail zu präzisieren und zu spezifizieren: Die Heterogenität der Kinder und Jugendlichen mit Behinderungen erfordert oft unterschiedliche und besondere pädagogische Antworten. Diese Überlegungen zeigen die Notwendigkeit, die Bedeutung gesellschaftlicher Normen mit ihren Auswirkungen auf alle Beteiligten zu untersuchen und ggf. notwendige Normenkorrekturen zu initiieren. Unstrittig ist immerhin der generelle sonderpädagogische Grundgedanke, Menschen mit Behinderungen Hilfen in Bildung und Erziehung unter erschwerten Bedingungen zukommen zu lassen und sie zur Selbsthilfe zu befähigen. Was allerdings unter den Begriff *Sonderpädagogik* zu subsumieren ist und ob dieser Begriff eine angemessene Beschreibung des Arbeitsfeldes von Sonderpädagogen und -pädagoginnen leisten kann, wird in der Fachliteratur durchaus unterschiedlich und kritisch diskutiert. Folgende Begriffe werden teils synonym, teils unterschiedlich verwendet:

- *Heilpädagogik:* Dieser alte und mit einer medizinisch-theologischen Komponente assoziierte Begriff wird heute (außer in der Schweiz) nur noch selten verwendet, ist doch das Ziel der Pädagogik nicht (mehr) auf „Heilen" ausgerichtet, weil Behinderungen sich nur in den seltensten Fällen durch Erziehung „heilen" lassen.

- *Sonderpädagogik:* Mit diesem Begriff, der sich in neuester Zeit weitgehend durchgesetzt zu haben scheint, werden die Sonderstellung von behinderten Menschen sowie auch die besonderen Methoden und Einrichtungen für eine adäquate Erziehung und Bildung betont. Kritisch anzumerken ist in diesem Zusammenhang die oftmals vorgenommene Gleichsetzung von Sonderpädagogik mit der Sonderschulpädagogik, aber auch die im Begriff enthaltene Überbetonung des Andersartigen und Besonderen. Wenngleich dem Begriff Sonderpädagogik damit eine „separierende Tendenz" (Wember, 2003, S. 17) zukommt, hat er sich international durchgesetzt.

- *Behindertenpädagogik:* Dieser eher sozialrechtlich verwendete Begriff ist vor allem dann sinnvoll, wenn für eine bestimme Gruppe von behinderten Menschen bestimmte Rechte und Hilfen vorgehalten werden sollen. Pädagogisch gesehen ist dieser Begriff hingegen eher problematisch, weil zum einen, so Bleidick (1983, S. 81) „nicht die Behinderung ... problematisch [ist], sondern ihre Auswirkung auf den Erziehungsvorgang" und zum anderen nicht alle Kinder mit sonderpädagogischem Förderbedarf auch behindert sind.

- *Rehabilitationspädagogik:* „Rehabilitation ist die zweckgerichtete Tätigkeit eines Kollektivs in medizinischer, pädagogischer, sozialer und ökonomischer Hinsicht zur Entwicklung, Erhaltung und Wiederherstellung der Fähigkeiten des geschädigten Menschen... " (Becker, 1984, S. 236). Diese aus DDR-Zeiten entnommene Definition verdeutlicht den interdisziplinären Anspruch des Rehabilitationsbegriffs, in dem u. a. eher sonderpädagogische als allgemeinpädagogische Intentionen eingebunden sind.

- *Förderpädagogik:* Dieser Terminus wird in neuerer Zeit wohl wegen seiner offensichtlich nicht stigmatisierenden Bedeutung häufig genutzt, wenn auch im uneinheitlichen und damit missverständlichen Sinne: So substituiert er einerseits den Begriff Sonderpädagogik (z. B. „Institut für Förderpädagogik"), andererseits tritt er in Kombination mit der Fachrichtung Lernbehindertenpädagogik auf („Lernbehinderten- und Förderpädagogik"). Die sehr weit gefasste Begrifflichkeit hat zwar den Vorteil, auf Fördergruppen von Kindern und Jugendliche verweisen zu können, die nicht zwingend behindert sein müssen, sie enthält aber auch tautologische Aspekte, „... denn jeder Pädagogik sind Förderaufgaben genuin zu eigen" (Biermann & Goetze, 2005, S. 12).
- *Differentielle Heilpädagogik:* Mit diesem Begriff, erstmals in der Schweiz formuliert, wird die Gesamtheit aller Behinderungspädagogiken sowie – unerwartet – auch „die Pädagogik bei Menschen mit besonderen Begabungen" (Godenzi, 2005, S. 15) bezeichnet.

Die in den unterschiedlichen Termini offensichtlich enthaltenen begrifflichen Unschärfen sind keineswegs ein Spezifikum der Sonderpädagogik, sondern typisch für Wissenschaftsdisziplinen, die eine vergleichsweise kurze Forschungsgeschichte aufweisen, begann doch erst um 1960 die universitäre, wissenschaftliche Etablierung der Sonderpädagogik. Begriffliche Unschärfen in der Wissenschaftssprache erschweren aufgrund von Interpretationsspielräumen sowie aufgrund fehlender Klarheit und Übersichtlichkeit eine erfolgreiche Orientierung und in der Folge ein gemeinsames Grundverständnis unter allen Beteiligten. Die Sonderpädagogik wird als wissenschaftliche Disziplin langfristig nur dann zusätzliche gesellschaftliche Bedeutung erhalten, wenn es ihr zukünftig noch besser gelingt, vage Arbeitsbegriffe mit klaren Inhalten zu füllen, ihre zentralen Aufgabenfelder zu präzisieren und mit entsprechender Forschung adäquates Handlungswissen im Umgang mit Menschen mit Behinderungen zu entwickeln. Damit stellt sich die Frage nach der Wissenschaftlichkeit der Sonderpädagogik.

1.2 Sonderpädagogik als Wissenschaft

Mit der Zunahme wissenschaftlicher Forschungsarbeiten ist grundsätzlich ein anwachsender Wissensbestand zu verzeichnen, der in der Regel – das zeigt in exemplarischer Form die Wissenschaftsgeschichte der Medizin und deren Entwicklung von der Allgemeinen Medizin hin zu extrem spezifischen Fächern wie z. B. der ökologischen Medizin, die dann z. T. zu inhaltlich deutlich anders gelagerten medizinischen Arbeitsfeldern führt – mit einer Ausdifferenzierung von Wissenschaftszweigen einhergeht. Auch wenn der Wissensumfang in der Pädagogik dem Vergleich mit der Medizin keineswegs standhält und Klauer (2000) für die Sonderpädagogik aufgrund zu geringer Forschungsfortschritte ein nationales Forschungsinstitut fordert, so gilt inzwischen auch für die Sonderpädagogik (als Teil der Allgemeinen Pädagogik), dass sie für sich einen relativ eigenständigen Forschungsstand beanspruchen und sich damit auf ein „System theoretischer Aussagen über einen Ausschnitt von Wirklichkeit und Praxis" (Tent, 1985, S. 132) beziehen kann.

Der momentane Forschungsstand der Sonderpädagogik ermöglicht bisher noch kein Gesamtkonzept im Sinne einer allgemein akzeptierten *Theorie*, vermutlich deshalb, weil die Heterogenität der Zielgruppe der Menschen mit Behinderungen extrem groß ist. Ein theoretisches Gesamtkonzept müsste im Sinne einer Metatheorie die Theoriebestände sowie den Erkenntnisstand der einzelnen sonderpädagogischen Fachrichtungen auf induktivem Wege aufgreifen und zu einem geschlossenen Wissenschaftsmodell integrieren. Dies ist bisher nicht gelungen. Die bisherigen sonderpädagogischen Forschungsergebnisse haben zu einem eher vorläufigen Ergebnis geführt: z. B. zu einer seit fast 30 Jahren anhaltenden, kritisch geführten Paradigmen-Diskussion (z. B. Bleidick, 2000a,b,c), in die folgende theoretischen Aspekte eingeflossen sind:

- *Das medizinische Modell (Bleidick, 2000a ff):* In diesem alten und einfachen, kausal-ätiologischen Modell resultieren aus organischer oder funktioneller Schädigung Krankheit und Behinderung als unausweichliche Folgebeeinträchtigung, woran pädagogische Interventionen im Wesentlichen nichts ändern können, weil der Defekt in der Person liegt; zwar wird hier eine Behinderung als eine individuelle Kategorie verstanden, gleichwohl besteht die Gefahr, die Relativität von Behinderung zu übersehen – denn Behinderungen können auch durch soziale und gesellschaftliche Mechanismen und Attribuierungen mit verursacht sein. So kann ein Kind z. B. deshalb hirngeschädigt sein, weil präventiv angelegte hygienische Bedingungen während der Geburt gefehlt haben.

- *Interaktionstheorie (Bleidick, 2000b ff):* In diesem Ansatz ist eine Behinderung weniger „... ein biologisch-medizinisch vorgegebener Zustand, sondern eine Zuschreibung aus sozialen Erwartungshaltungen" (S. 190), die sich in Vorurteilen, gesellschaftlichen Normen und Werthaltungen wieder finden kann; in der Folge wird „ ... abweichendes Verhalten als 'deviante Karriere' interpretiert" und Personen mit einem label (labeling approach) bzw. dem Etikett „anormal", „Außenseiter" oder „behindert" versehen (S. 191), mit dem empirisch gut belegten Risiko, dass als Ergebnis von negativen Erwartungshaltungen (Etikettierung) und sich-selbst-erfüllender Prophezeiung (Pygmalion-Effekt) das erwartete (Problem-)Verhalten tatsächlich zu beobachten ist. Stigmatisierungsprozesse „beschädigen" und „behindern" die Entwicklung einer angemessenen Ich-Identität stigmatisierter Menschen.

  Unter soziologischem Blickwinkel enthält der interaktionstheoretische Ansatz insofern auch eine zusätzliche, politökonomische Komponente, als Normen „durch die jeweils gegebenen gesellschaftlichen Verhältnisse, d. h. die Besitz- und Produktionsverhältnisse bestimmt" sind (Jantzen, 1974, S. 12). „Vorurteile gegenüber Behinderten sind aus der Gesamtheit des Menschenbildes in der kapitalistischen Gesellschaft begreifbar: als Ausdruck der Entfremdungs- und Verdinglichungsprozesse innerhalb der Gesellschaft" (Jantzen, 1974, S. 149), mit der These, dass unsere kapitalistisch orientierte Wirtschaft unqualifizierte Arbeitskräfte im Sinne einer „industriellen Reservearmee" geradezu benötigt.

- *Das systemtheoretische Modell (Bleidick, 2000c ff):* Mit zunehmender Komplexität differenzieren sich soziale Systeme wie z. B. das Schulsystem in spezielle, überschaubare Teileinheiten aus, mit dem generellen Ziel, aufgrund der damit einhergehenden Komplexitätsreduktion zu einer größeren Handlungsfähigkeit (zurück) zu gelangen. Die neu entstandenen Subsysteme wie z. B. Sonderschulen tragen in sich die Tendenz, sich zu verselbstständigen und ein Eigenleben zu führen. So entstand der Vorwurf an sonderschulische Einrichtungen, im Sinne einer Komplexitätsreduktion, – d. h. mit systembedingt verringerten Leistungserwartungen – geradezu Behinderte zu erzeugen und zu deren Selektion beizutragen, indem sie die allgemeine Schule von schwachen und behinderten Kindern entlastet und die Aussonderung lernschwacher und behinderter Schülerinnen und Schülern legitimiert.

Dass ausdifferenzierte Subsysteme ihre Autonomie nur schwer verlieren, sie eine systemstabilisierende Tendenz aufweisen, konnte bereits Topsch (1975) zeigen, indem er nachweisen konnte, dass eine Überweisung lernbehinderter Kinder in sonderschulische Einrichtungen dann zunahm, wenn auch das entsprechende Platzangebot zunahm. Unter bestimmten Bedingungen kann eine Lernbehinderung demnach Folge eines bestimmten Schulsystems sein oder besser: Lernbehinderung ist dann keine Behinderung, sondern „systembedingte Selektion" (Bleidick, 2000c, S. 202).

Eine „gute" sonderpädagogische Theorie liegt keineswegs bereits dann vor, wenn Sichtweisen (wie die o. g.) relativ unverbunden nebeneinander stehen, sondern zu fordern ist eine Herstellung von Bezügen im metatheoretischen Sinne, indem nach Bleidick (2000d, S. 223) eine bisher noch fehlende theoretische Weiterentwicklung auf drei Ebenen zu leisten ist: indem untersucht wird,

1. inwieweit Einzelansätze miteinander kombiniert werden bzw. sich evtl. gegenseitig ergänzen können;
2. wie analytisch gewonnene Ansätze unter einem gemeinsamen Leitbegriff zusammengefasst werden können;
3. ob hierbei auf diskriminierende Attribuierungen verzichtet werden kann.

Die sonderpädagogische Disziplin ist in ihrem Forschungs- und Kenntnisstand insbesondere von empirisch gestützten, d. h. effektiven und damit nützlichen Theorien über sinnvolle pädagogische Interventionen insofern angewiesen, als es mit diesen Theorien besser gelingen sollte, das Leben behinderter und von Behinderung bedrohter Menschen zu verbessern, ihr Wohlbefinden sowie ihre Autonomie und Selbstständigkeit zu erhöhen. Insofern ist es selbstverständlich, dass Menschen mit Behinderungen im Mittelpunkt einer wissenschaftlich orientierten Sonderpädagogik stehen müssen. Dass allerdings noch erhebliche sonderpädagogische Forschungsdefizite zu beklagen sind, steht außer Frage, wenn man z. B. die Bestandsaufnahme zur sonderpädagogischen Forschung von Langfeldt und Wember (1994) heranzieht, aus der hervorgeht, dass insgesamt nicht nur das methodische Untersuchungsniveau der empirischen Forschung, sondern auch die Breite der untersuchten Themen sowie des Personenkreises noch deutlich zu wünschen übrig lässt.

Auf dem Hintergrund dieser Ergebnisse ist zukünftig weitere Forschung zwingend notwendig, mit der es unter Berücksichtigung des bereits von Tent (1985) geforderten Ökonomiegebots gelingen kann, weitere Kenntnisse im Umgang mit den Betroffenen zu sichern. Dieses Ökonomiegebot wird erst dann ausreichend beachtet, wenn (statt fruchtloser Diskussionen über vermutete behindertenpädagogische Zusammenhänge – denn persönliche Auffassungen und Meinungen werden nicht immer von gesichertem Wissen unterschieden) solide, d. h. insbesondere empirisch ausgerichtete Forschungsarbeit geleistet wird. Mit empirischen Forschungsmethoden (z. B. Bless, 2003) gelingt es noch am ehesten, theoriegeleitete Aussagen über zu untersuchende Merkmale und Merkmalszusammenhänge auf dem Wege der „sukzessiven Approximation" (Tent, 1985, S. 139) zu überprüfen, auch wenn damit eine – von Sonderpädagogen häufig kritisierte – Reduzierung von Menschen auf bloße „Merkmalsträger" einhergeht. „Alle behandlungswirksamen Erkenntnisfortschritte sind auf diesem Wege erzielt worden" (Tent, 1985, S. 140), womit gleichzeitig sog. „holistischen" oder „ganzheitlichen" Ansätzen, die im Forschungsprozess den Menschen in seiner Gesamtheit erfassen sollen, eine Absage erteilt wird (s. a. Haeberlin, 2003).

Die obigen Ausführungen verdeutlichen u. a., dass ohne gesicherte Theorien auch in der Sonderpädagogik Wissenschaft nicht möglich ist: Gesicherte Theorien trennen die Wissenschaft von Unwissenschaftlichkeit! Ausgehend von Alltagserfahrungen (Alltags- oder subjektive Theorien) sind zukünftig weitere wissenschaftlich fundierte Theorien zu konzipieren, die in der Regel auf empirischem Wege zu prüfen sind; sie stellen ein regelgeleitetes System von Erkenntnissen vor, mit denen es im Sinne des „nichts ist praktischer als eine gute Theorie" gelingt, vorerst einen Teil von Realität angemessen, intersubjektiv nachvollziehbar und damit möglichst objektiv abzubilden; Kennzeichen brauchbarer und damit praxistauglicher Theorien sind ihre systematische Anwendbarkeit, ihre kritische Überprüfbarkeit sowie Fähigkeit, gesichertes Wissen systematisch und ökonomisch zusammenzufassen. Aufgrund der Voraussageleistungen können gesicherte Theorien Handlungswissen zur Verfügung stellen, mit dem zukünftiges Verhalten prognostiziert werden kann. Zusätzliches wichtiges Kennzeichen wissenschaftlicher Theorien ist ihre methodisch sorgfältige Kontrolle sowie eine ausreichende empirische Überprüfung. Insofern sind wissenschaftliche Theorien prinzipiell stets revidierbar, können infrage gestellt werden und ermöglichen somit angepasst am jeweiligen Forschungsstand eine Weiterentwicklung der sonderpädagogischen *Praxis*. Es geht in der Sonderpädagogik und den in ihr entwickelten Theorien nicht nur um das in der Praxis Mögliche und Leistbare, sondern um Optimierungsversuche, mit denen Erziehung und Bildung besser als bisher gelingen können. Die Entwicklung gesicherter Theorien ist daher als wichtiger Bestandteil zur Optimierung pädagogischen Handelns zu verstehen.

Das bisherige Fehlen ausreichend evaluierter sonderpädagogischer Theorien erschwert allerdings noch das Verständnis der sonderpädagogischen Praxis, die auch heute noch oft sich selbst überlassen bleibt, so dass diese Praxis dann nur suboptimal zu arbeiten vermag, d. h.: Praktisch Bewährtes wird von erfahrenen Pädagogen an Jüngere weitergereicht, ohne dass theoretische Aspekte hierbei berücksichtigt werden. Dieses Theorie-Praxis-Problem ist langfristig nur durch zusätzlichen soliden Forschungsaufwand, aber auch durch eine adäquate sonderpädagogische Ausbildung zu lösen, die stärker als bisher relevante Theorie-Praxisbezüge einbindet.

Gefordert sind in diesem Zusammenhang demnach nicht nur die universitären Einrichtungen mit ihrem sonderpädagogischen Wissenschaftspersonal, zusätzliche Anstrengungen hinsichtlich theoriegeleiteter und praxisbedeutsamer Forschung aufzubringen; gefordert sind auch die Praktiker im sonderpädagogischen Arbeitsfeld, wichtige Forschungsbefunde zunächst zu rezipieren und sie in der Folge dann im Berufsalltag auch umzusetzen; dass hier durchaus Defizite existieren, konnten z. B. Runow und Borchert (2003) zeigen: So konnte die plausibel erscheinende Erwartung, dass Sonderpädagogen (besser als Grundschullehrkräfte) über sonderpädagogisches Wissen verfügen, nicht bestätigt werden:

- Generell schätzen den Befunden zufolge die befragten Sonderschullehrkräfte die Effektivität sonderpädagogischer Interventionen nur in geringer Übereinstimmung mit aktuellen Forschungsergebnissen ein.
- Und: Die Lehrkräfte der Regel- und Sonderschulen – nach der Effektivität sonderpädagogischer Interventionen befragt – unterscheiden sich in ihren Effektivitätseinschätzungen nicht.

Auf dem Hintergrund des Ziels der Sonderpädagogik, notwendige Bildungs- und Erziehungsprozesse zu erleichtern und zu optimieren, – das zeigen die o. a. Ergebnisse – ist die Kooperation zwischen den Forschungsinstitutionen und den Einrichtungen der Praxis zukünftig erheblich zu intensivieren.

1.3 Zentrale Aufgabenfelder der Sonderpädagogik

Die vorherigen Ausführungen haben verdeutlicht, mit welchen definitorischen Schwierigkeiten der für die Disziplin besonders wichtige Begriff „Sonderpädagogik" verbunden ist. Für die Sonderpädagogik sind – trotz der aufgezeigten begrifflichen Unschärfen – gleichwohl zentrale Aufgabenfelder festzulegen. Zunächst soll herausgearbeitet werden, wie der für die Sonderpädagogik komplexe, aber konstitutive Begriff *„Behinderung"* zu verstehen ist. Eine präzise definitorische Festlegung von „Behinderung" müsste es in der Folge der sonderpädagogischen *Diagnostik* erleichtern, den Personenkreis für *sonderpädagogische Interventionen* genauer zu bestimmen. Die sonderpädagogische Diagnostik ist damit ein weiteres wichtiges Arbeitsfeld, doch die Sonderpädagogik verfolgt – neben allem Diagnostizieren – noch ein im Grunde gegensätzliches und wohl utopisches Ziel: ohne Diagnostik auszukommen, und über präventiv orientierte Interventionen sich überflüssig zu machen, mit dem Ziel, eine gelungene gesellschaftliche *Integration* aller Beteiligten zu erzielen. Erfolgreiche sonderpädagogische Interventionen liegen prinzipiell erst dann vor, wenn als Folge dieser Interventionen weitere sonderpädagogische Maßnahmen und Behandlungen unterbleiben können. Die *Prävention von Behinderungen und Benachteiligungen,* ein hilfreiches und spezifisches Angebot an adäquaten Interventionen sowie zusätzliche Bemühungen um die gesellschaftliche *Integration* behinderter Menschen sind weitere zentrale Arbeitsfelder der Sonderpädagogik, die hier genauer betrachtet werden sollen.

1.3.1 Zur Definition von Behinderung und begriffliche Alternativen

Wurde die begriffliche Unschärfe bereits für die Sonderpädagogik beklagt, so trifft das hohe Ausmaß an Unschärfe offenbar auch für den *Behinderungsbegriff* zu, so dass Schlee (1984) sogar von einer Immunisierungstendenz sprach, mit der nach seiner Auffassung die Entwicklung überschneidungsfreier und eindeutig definierter Begriffe nicht leistbar ist, weil seit langem verwendete Begriffe oft nicht mehr hinterfragt werden. Die begriffliche Unschärfe charakterisiert nach Tent (1985) nicht nur den Begriff Sonderpädagogik, sondern auch den Behinderungsbegriff, weil eben diese Unschärfe dem wissenschaftlichen Forschungsstand entspricht, denn „als Vorgabe für die Forschung erfüllt sie ihren Zweck paradoxerweise ziemlich genau, weil sie damit einen genügend großen Spielraum für eine flexible Handhabung eröffnet" (S. 133). Ein Definitionsproblem entsteht u. a. auch dann, wenn auf die Relativität der Begrifflichkeit verwiesen und in der Folge gefragt werden muss: Sind Menschen an sich „behindert" und geschädigt, werden sie von ihrer Umgebung nur als behindert bezeichnet oder werden sie gar durch diese Umgebung in ihrer Entwicklung behindert? Der Behinderungsbegriff wirkt offensichtlich etwas diffus, insbesondere wenn er als pädagogischer Begriff verwendet werden soll, obwohl er nach Bleidick (2000a) gerade dies aber nicht ist.

Relativ eindeutig und somit weniger kritisch wird der Begriff *Behinderung* gesehen, wenn er (nicht im pädagogischen, sondern) im sozialrechtlichen Zusammenhang verwendet wird, vor allem wenn es um die Beanspruchung und Gewährung gesetzlich fixierter Hilfen geht. Auf gesetzliche Eingliederungshilfen besteht nach dem Bundessozialhilfegesetz (BSHG) ein einklagbarer Rechtsanspruch, Hilfen, die nicht nur nach Art und Umfang, sondern auch für den Personenkreis (d. h. für Personen, die nicht nur vorübergehend geistig, seelisch oder körperlich wesentlich behindert sind) festgelegt sind; mit Eingliederungshilfen soll es gelingen,

- „eine Behinderung abzuwenden, zu beseitigen, zu mindern, ihre Verschlimmerung zu verhüten und ihre Folgen zu mildern,
- Einschränkungen der Erwerbsfähigkeit und Pflegebedürftigkeit zu vermeiden...,
- ... Benachteiligungen aufgrund der Behinderung entgegenzuwirken" (Sozialgesetzbuch I, 1975, S. 3015).

Um das Ausmaß an Bedürftigkeit besser bestimmen zu können, ist der Behinderungsgrad in Prozentangaben festzulegen; so bedeutet eine Schwerstbehinderung z. B., dass mindestens ein Behinderungsgrad von 50 % vorliegt.

Schätzungen der Gesundheits- und Bildungsbehörden gehen davon aus, dass in Abhängigkeit vom zu berücksichtigendem Schweregrad ca. 6-10 % der Bevölkerung als behindert gelten können (KMK, 2003) und dass 2003/04 etwa 5,6 % der Schülerinnen und Schüler eine sonderpädagogische Förderung erhielten, davon ca. 4,8 % in sonderschulischen Einrichtungen (www.kmk.org/dossier/sonderschulwesen.pdf; Stand 18.08.06) – wonach die Integrationsquote behinderter Kinder in allgemeinen Schulen trotz aller pädagogischen und schulpolitischen Absichten relativ gering ist.

Eindeutige Angaben darüber, wie hoch der Prozentsatz an Menschen mit Behinderungen in Deutschland ist, fallen nicht nur angesichts eklatanter Definitionsprobleme – siehe unten – unpräzise aus, sondern auch aufgrund einer bisher fehlenden Meldepflicht für Behinderungen. Einigkeit besteht in der Fachwelt immerhin darin, dass mit unpräzisen Begriffen nur bedingt solide Aussagen über den Anteil von Behinderungen in der Bevölkerung gemacht werden können.

Mit den bisherigen pädagogisch orientierten Definitionen (s. u.) dürfte es schwer fallen, für den konkreten Individualfall präzise festzulegen, ob der Betreffende als behindert zu gelten hat oder nicht. Tröstlich mag sein, dass auch die Medizin trotz langer Forschungstradition sich außerstande sieht, eine eindeutige definitorische Trennung zwischen Gesundheit und Krankheit vorzunehmen. Insofern handelt sich bei den vorliegenden Definitionen von Behinderung um erste Näherungsversuche; die Präzisierung von Begrifflichkeiten sollte dann allerdings mit zunehmendem Erkenntnisstand besser gelingen. Eine gelungene Präzisierung des Behinderungsbegriffs – so die älteren Vorstellungen – setzt u. a. voraus, dass zunächst in den sonderpädagogischen Fachrichtungen in operationalisierter Form spezifiziert wird, was dort jeweils z. B. unter Lern-, Körper- oder Sehbehinderung zu verstehen ist. Der Begriff „Behinderung" beinhaltet dann sowohl eine Generalisierung von Fachrichtungsvorstellungen als auch sämtliche Facetten fachrichtungsspezifischer Behinderungsbegriffe.

Gerade diese Fachrichtungsorientierung von Behinderung ist heftig kritisiert worden, ist doch die Vorstellung darin implizit enthalten, es handle sich z. B. bei Lern-, Geistig- oder Sprachbehinderten um homogene Gruppen, für die unterscheidbare und zudem spezifische sonderpädagogische Antworten notwendig werden. Die Kritik erhebt den Vorwurf, dass (1) die Ursachen der Behinderung vor allem im behinderten Menschen selbst und nicht in den ihn umgebenden Umständen lokalisiert werden und dass (2) mit Kategorien wie Lern- oder Sprachbehinderung ungünstige stigmatisierende Auswirkungen einhergehen können. Wenn z. B. der Besuch einer Lernbehindertenschule generell durch eine entsprechende Diagnose von Lernbehinderung legitimiert wird, entsteht das Problem, dass bereits die Zuweisung zu einer bestimmten Schulform stets mit ungünstigen Etikettierungen verbunden ist. Auf dem Hintergrund dieser Befunde ist vorgeschlagen worden (s. Benkmann, 1994; Sander, 1988), den sonderpädagogischen Sprachgebrauch so zu regeln, dass auf derartige Kategorisierungen verzichtet und stattdessen auf Dekategorisierungen gesetzt werden sollte, u. a. weil

- z. B. die Kategorien Lernbehinderung und Verhaltensstörungen sich so stark überschneiden können, dass ein trennscharfes Auseinanderhalten der beiden Begriffe nicht immer möglich sei und
- in der Folge daher die Interventionen für die beiden Gruppen nur unspezifisch ausfallen können.

Die zunächst plausibel erscheinende Idee, generell auf Kategorisierungen verzichten zu wollen, ist allerdings als wenig hilfreich und nützlich einzuschätzen, denn Begriffe wie Hörschädigung, geistige Behinderung oder Verhaltensstörung beinhalten aktuell vorhandene Probleme, die erst durch ihre Benennung die nicht zu unterschätzende Möglichkeit eröffnen, zur Problemlösung angemessene pädagogische bzw. sonderpädagogische Antworten zu finden: Somit setzt die Behandlung von Problemen deren Benennung und damit Kategorisierung voraus!

Zur Vermeidung personenbezogener Kategorisierungen ist es aufgrund der Empfehlungen der Kultusministerkonferenzen inzwischen nicht mehr üblich, von Lern-, Seh- oder Sprachbehinderten zu sprechen, sondern von Menschen, die einen bestimmten sonderpädagogischen Förderbedarf bzw. -schwerpunkt aufweisen. Mit dem Begriff des sonderpädagogischen Förderschwerpunkts wird insofern eine sinnvolle Veränderung des Bedeutungsgehalts erkennbar, als er nicht nur den möglichen Besuch sonderschulischer Einrichtungen beinhaltet, sondern dem Integrationsgedanken folgend den Ort der Förderung auch auf die allgemeine Schule ausdehnt. Gleichwohl ist auch dieser neue Begriff nicht unkritisch zu sehen, fehlt doch auch ihm trotz positiver Tönung eine klare begriffliche Abgrenzung z. B. zur Sonderschulbedürftigkeit. Insofern steht zu erwarten, dass auch dieser neue Begriff langfristig zum Stigma wird.

Gesellschaftliche Entwicklungen haben die Auseinandersetzungen um einen eher fachrichtungsgebundenen Behinderungsbegriff infrage gestellt und ihn in der Folgezeit verändert. Es existiert zwar eine Reihe unterschiedlicher Versuche, den Begriff Behinderung genauer zu bestimmen, doch eine generelle Akzeptanz nur eines Begriffes ist bisher ausgeblieben. Bach hat bereits (1976) einen der vielen Näherungsversuche initiiert, indem er einen anderen definitorischen Ausgangspunkt wählte und ausgehend vom hohen

---

Unterscheidbare *Beeinträchtigungen:*

- *Behinderungen:* umfänglich, schwer und langfristig
- *Störungen:* partiell, kurzfristig und weniger schwer
- *Gefährdungen:* begrenzte individuelle Dispositionen

Kasten 1.1: Begriffliche Unterscheidungen nach dem Schweregrad (nach Bach, 1976)

Abstraktionsgrad des Begriffes „Beeinträchtigung" sowie – unter Berücksichtigung des Schweregrades – weitere Begrifflichkeiten, u. a. auch den der Behinderung, verwendet (s. Kasten 1.1). Bis in die neue Zeit wichtiger Ausgangspunkt für eine häufig zitierte Definition von Behinderung ist der Deutsche Bildungsrat (1973, S. 32): „Als behindert im erziehungswissenschaftlichen Sinne gelten alle Kinder, Jugendlichen und Erwachsenen, die in ihrem Lernen, im sozialen Verhalten, in der sprachlichen Kommunikation und in den psychomotorischen Fähigkeiten so weit beeinträchtigt sind, dass ihre Teilhabe am Leben der Gesellschaft wesentlich erschwert ist. Deshalb bedürfen sie besonderer pädagogischer Förderung." Diese sehr bekannt gewordene Definition ist in der Folgezeit stark kritisiert worden, denn sie dichotomisiert die Menschen nicht nur in zwei Gruppen – Behinderte und Nichtbehinderte –, sondern dient offensichtlich auch als eine Sammelkategorie, mit der weitere Ausdifferenzierungen nach sonderpädagogischen Fachrichtungen und den dazugehörigen Sonderschulformen möglich werden. Kritisiert wird an der obigen Definition außerdem, dass sie weder die negativ etikettierenden Auswirkungen auf Menschen mit Behinderungen wahrnimmt noch deren gesellschaftliche Integration im Focus hat (z. B. Sander, 1988).

Zieht man eine der ersten Definitionen der World Health Organization (WHO, 1980; Kasten 1.2, linke Spalte) als einen weiteren Näherungsversuch zur Bestimmung von Behinderung heran, so kann z. B. eine biologisch bedingte Schädigung mit Beeinträchtigung und Benachteiligung einhergehen, indem gesellschaftlich bedingte Faktoren oft zusätzliche Belastungen für den Betroffenen darstellen, denn Vieles, was als Behinderung bezeichnet wird, resultiert keineswegs nur aus einer Schädigung, sondern ist Folge ungünstiger Umwelteinflüsse; Behinderung wird in der ICIDH 1 denn auch eher noch im Sinne eines Persönlichkeitsmerkmals gesehen und nicht zwingend als Ergebnis behindernder Umweltgegebenheiten. Die ICIDH 1 (1980) ist inzwischen von der WHO (2000) durch die ICIDH 2 (Kasten 1.2, rechte Spalte) ersetzt worden, vor allem deshalb, weil aufgrund sich ändernder gesellschaftlicher Vorstellungen die eher defektorientierte ICIDH 1-Version stark kritisiert worden ist.

Klassifikation nach ICIDH 1 (1980)	Klassifikation nach ICIDH 2 (2000)
• *Impairment*: *Schädigung* von Organen: oder Funktionen (medizinisches Problem) • *Disability* (als psychologisches Problem): *Beeinträchtigung* auf individueller Ebene (Fähigkeitsdefizit) • *Handicap* (als sozial-psychologisches Problem): *Benachteiligung* z. B. in schulischer und beruflicher Hinsicht	• *Impairment:* Schädigung von Organen oder Funktionen • *Acivity:* das individuelle Ausmaß an zweckgerichteten Handlungen (Leistungsfähigkeit) • *Participation:* Grad an Teilhabe am gesellschaftlichen Leben

Kasten 1.2: Unterschiedliche Sichtweisen von Behinderung (World Health Organization, 1980; 2000)

Die ICIDH 2 ersetzt den negativ getönten Begriff des Fähigkeitsdefizits durch den wertfreieren und vor allem kompetenzorientierten Begriff der Aktivität, der im Sinne von Leistungsfähigkeit verstanden werden kann (z. B. der Erledigung normaler Alltagsaktivitäten). Mit dieser Klassifikation soll es dann möglich sein, im jeweiligen Einzelfall nicht nur von beeinträchtigter Aktivität oder benachteiligter gesellschaftlicher Teilhabe auszugehen, sondern außerdem persönliche, im Individuum verankerte als auch situative Kontextfaktoren mit zu berücksichtigen. Eine Klassifikation ist nur noch für sonderpädagogische Probleme – und nicht mehr wie in früheren Definitionen – für Behinderungen vorgesehen. Neu an der ICIDH 2 ist die starke Orientierung an den individuellen Kompetenzen, der gesellschaftlichen Teilhabe bzw. Integration, so dass zwar noch die Ätiologie einer Behinderung mit wahrzunehmen ist, der Focus der sonderpädagogischen Diagnose und Behandlung sich allerdings auf vorhandene Aktivitäts- und Partizipationsmöglichkeiten zentrieren sollte. Angebote zur Hilfe richten sich demnach auf die in der ICIDH 2 benannten Bereiche:

- *medizinische Hilfen,* mit denen Schädigungen jeglicher Art aufgefangen werden können: durch Medikamente, krankengymnastischen Maßnahmen, usw.
- *persönliche Hilfen* mit der Möglichkeit, die eigene Leistungsfähigkeit zu erweitern, um den täglichen Anforderungen gerecht werden zu können: orthopädische und apparative Hilfen, Hilfe durch Betreuungspersonen, usw.
- *Anpassungshilfen aus der mittelbaren und unmittelbaren Umwelt,* die es Betroffenen ermöglichen, mit möglichst geringen Einschränkungen am regulären gesellschaftlichen Leben teilzunehmen; im Wesentlichen geht es um Anpassungsleistungen und Rücksichtnahmen der Gesellschaft gegenüber Menschen mit Behinderungen: z. B. eine rollstuhlgerechte Städteplanung, gesetzliche Regelungen zur schulischen sowie zur beruflichen Eingliederung, usw. Grundsätzlich vorstellbar ist es demnach, Lebenssituationen so zu organisieren, dass bisher als behindert eingestufte Menschen nicht mehr behindert sind bzw. sich nicht behindert fühlen.

Ein unübersehbarer Vorteil einer derartigen Klassifikation liegt sicherlich in der Vermeidung diskriminierender Begrifflichkeiten, doch dürfte das Problem einer mangelnden Trennschärfe zwischen den zentralen Begriffen wie Aktivität und Partizipation weiterhin existieren.

Unscharfe und nicht ausreichend operationalisierte Begriffe haben den Nachteil, dass sie nicht nur im Einzelfall offen lassen, ob und in welchem Ausmaß denn überhaupt sonderpädagogischer Handlungsbedarf existiert. Diffuse Begrifflichkeiten – ob mit positiver oder negativer Tönung versehen – erschweren eine differenzierte sonderpädagogischer Arbeit.

Auch auf dem Hintergrund derartiger Operationalisierungsprobleme ist seit einigen Jahren eine weitere Variante der WHO-Klassifikation in der Entwicklung – die *ICF: Internationale Klassifikation der Funktionsfähigkeit, Behinderung und Gesundheit* (DIMDI, 2004); nach Manser (2005, S. 25) ist die ICF „kein weiteres Beobachtungsraster als Basis einer Förderplanung. Die ICF ist auch keine heilpädagogische Theorie. Die ICF ist lediglich eine *Technologie*, mit der die funktionelle Gesundheit eines jeden Menschen anschaulich gemacht und dargestellt werden kann." Kulig (2005, S. 43) geht davon aus, dass mit dieser neueren WHO-Klassifikation „eine verbindliche Sprache über das Phänomen von Behinderung zur Verfügung [steht], die international und über Professionsgrenzen hinweg Gültigkeit haben" kann, mit dem Vorteil, dass individualtheoretische und vor allem interaktionstheoretische Sichtweisen eingebunden, der Begriff der Behinderung damit theoretisch neu eingeordnet ist. In der ICF wird Behinderung nicht mehr isoliert und defektorientiert, sondern als eine relative Abweichung von Gesundheit gesehen; in ihr sind die in der ICIDH 2 verwendeten Begriffe Aktivität und Partizipation enthalten (s. Abb. 1.1), mit dem Ziel, eine Klassifikation von behinderungsspezifischen Problemen und nicht von Menschen mit Behinderungen vornehmen zu können. Gleichwohl ist zu beachten, dass die ICF ein System darstellt, mit dem man „*die funktionelle Gesundheit von Menschen* zu erfassen sucht, unabhängig davon, ob jemand behindert ist oder nicht" (Manser, 2005, S. 26). Der Autor liefert in seinem Beitrag ein Beispiel für den Einsatz der ICF und arbeitet einige Vor- und Nachteile für die Sonderpädagogik differenziert heraus.

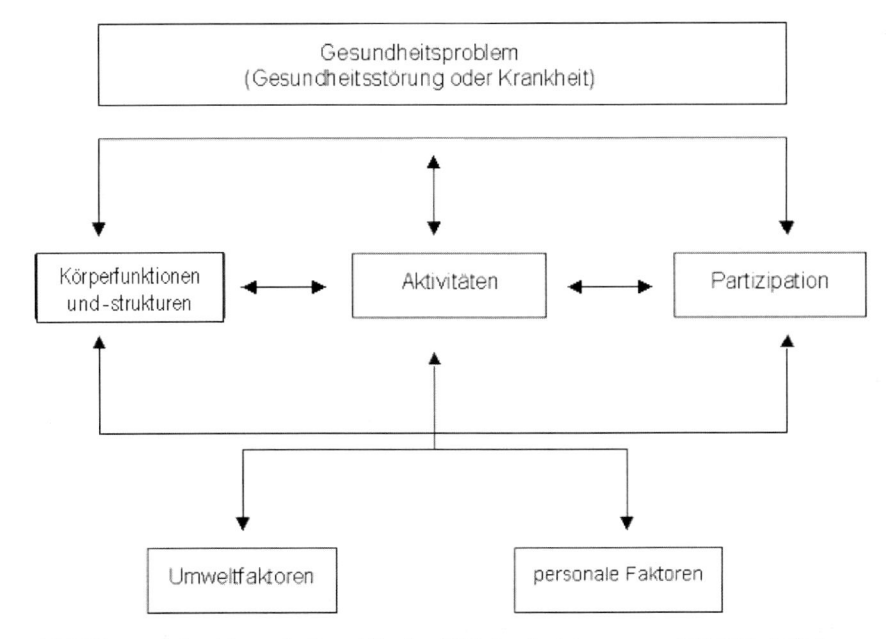

Abbildung 1.1: Zentrale Begriffe der ICF (in Anlehnung an DIMDI, 2004).

ICF-Versionen existieren bisher weitgehend für den Erwachsenenbereich, erste Probeversionen für Kinder liegen zwar ebenfalls vor (s. www.dimdi.de), doch eine fundierte Einschätzung hinsichtlich ihrer Bedeutung für die Sonderpädagogik ist zum jetzigen Zeitpunkt aufgrund fehlender Forschungsarbeiten noch nicht möglich. Trotz dieser nicht unerheblichen Einschränkung weist das skizzierte Behinderungskonzept einen überzeugenden Ausweg aus einer Sackgasse der sonderpädagogischen Definitionsdebatte, aber unklar bleibt selbst bei dieser modernen Auffassung, ob es sich bereits jetzt um eine für die sonderpädagogische Praxis bedeutsame Arbeitsdefinition handelt.

Die skizziere Mehrebenenklassifikation der ICF gewährleistet nicht nur die Berücksichtigung der Lebenssituation (einschließlich der Defizite und der psychosozialen Ressourcen) der Betroffenen, sondern hat insofern auch eine enorme Bedeutung für die sonderpädagogische Diagnostik, als sie aufgrund ihrer gesundheitsorientierten Struktur eine wichtige Ergänzung zu den störungsorientierten (bzw. defizitorientierten) psychiatrischen Klassifikationssystemen (DSM IV – Dilling, Mombour & Schmidt, 2004; ICD 10 – Saß, Wittchen & Zaudig, 2003) ermöglicht.

1.3.2 Sonderpädagogische Diagnostik

Unscharfe Behinderungskategorien erschweren nicht nur die Aufgabe der *sonderpädagogischen Diagnostik*, im Einzelfall das Vorliegen einer bestimmten Behinderung festzustellen, sondern in der Folge auch effiziente Steuerungsmöglichkeiten für sonderpädagogisches Handeln zu entwickeln, denn auch in der sonderpädagogischen Diagnostik geht es um das Ziel, pädagogisches Handeln zu optimieren! Und ohne eine zeitlich vorauslaufende Diagnostik bleibt jede Förderung ineffizient. Trotz der oben skizzierten Definitionsprobleme sollte es mit der sonderpädagogischen Diagnostik (ökonomischer und damit besser als mit anderen Methoden – s. Tent, 1985) gelingen, gut begründete kurz-, mittel- und langfristig orientierte Entscheidungshilfen zu treffen:

- *mittel- und langfristig orientierte Interventionen*: Sowohl in der Vergangenheit als auch heute werden spezifische Gruppen von Schülerinnen und Schülern mit Behinderungen in spezifische Sonderschulformen eingewiesen – ihre Selektion ist mit einer sonderpädagogischen Diagnostik getroffen worden, die häufig als Selektionsdiagnostik kritisiert worden ist (z. B. Kornmann, Meister & Schlee, 1983). Die „Richtigkeit" von Beschulungsvorschlägen wurde und wird mit selektions- oder auch umschulungsdiagnostischem Vorgehen begründet, wobei aufgrund des medizinischen Denkmodells die Suche nach individuellen Defiziten im Vordergrund steht. Eine derartige Diagnostik wird als Erfüllungsgehilfe des Schulsystems von zahlreichen Sonderpädagogen kritisiert (s. u.).

- *kurzfristig orientierte Interventionen*: Eingefordert werden seit langem hingegen, diagnostische Informationen z. B. im Unterricht vor allem zur unmittelbaren und fortlaufenden Kontrolle des Lernens und Verhaltens im Sinne einer Förder- bzw. Prozessdiagnostik zu verwenden, indem etwa unterrichtlich erzeugte und möglichst effektive Veränderungen in u. U. mehrmaligen Vorher-Nachher-Vergleichen mittels informeller (nicht-standardisierter) Verfahren dokumentiert werden können – denn pädagogisches Anliegen ist es, im Interesse des Kindes nach *veränderbaren* Merkmalen zu suchen. Diagnose und Behandlung sind nach förderdiagnostischen Vorstellungen unmittelbar aufeinander bezogen, aus diagnostischen Informationen scheinen sich wie von selbst Fördervorschläge zu ergeben – eine zu einfache Vorstellung von Diagnostik, die von Schlee (u. a. 2004) immer wieder kritisiert worden ist, denn brauchbare Fördervorschläge ergeben sich allein aus nützlichen Theorien und nicht aus diagnostischen Daten (Kasten 1.3 verdeutlicht idealtypisch die Unterschiede zwischen den Messinstrumenten zur *Selektions- bzw. Förderdiagnostik*).

Die kontrovers geführten Auseinandersetzungen um die sog. Selektions- und Förderdiagnostik haben in der Sonderpädagogik eine lange Tradition, die erst in den letzten Jahren abzuebben beginnt und zu einer veränderten diagnostischen Sichtweise insofern führte, als inzwischen die Vorteile der Selektions- bzw. Förderdiagnostik stärker akzentuiert und für den Einzelfall genutzt werden (s. u.).

	standardisierte bzw. normierte Verfahren (Tests)	**informelle Verfahren (wie Verhaltensbeobachtung, Befragung)**
Vorteile	• Testaussagen für bestimmte Bezugsgruppen (z. B. für Verhaltensauffällige) möglich • vorhandene Testgütekriterien: Objektivität, Reliabilität, Validität • unter der Annahme normalverteilter Merkmale: klares theoretisches Konzept	• individuelle Aussagen über Lernprozesse • Suche nach veränderbaren individuellen Merkmalen und schulischen Bedingungen • Bezug zwischen Diagnose und Förderung angenommen
Nachteile	• Suche nach überdauernden (statt nach veränderbaren) Persönlichkeitsmerkmalen • aufgrund einmaliger Untersuchung: Beschulungsvorschlag • Defizitorientierung	• umfangreiches Veränderungswissen zu möglichst vielen Störungsbildern • weil individualisierend: diffuse theoretische Konzepte (bzw. theorieloser Sammelbegriff) • fehlende förderdiagnostische Messinstrumente
	= Status- oder Selektionsdiagnostik	**= Förder- und Prozessdiagnostik**

Kasten 1.3: Einige Vor- und Nachteile informeller und standardisierter Messinstrumente in der sonderpädagogischen Diagnostik (aus der Perspektive der Zeit um 1990)

Ausgangspunkt in der Zeit um 1970-1990 war die Erkenntnis, dass das diagnostische Vorgehen in Abhängigkeit vom jeweiligen Schulsystem zu sehen ist und die Diagnostik dem Schulsystem stets nachgeordnet ist: Ein relativ starres und unflexibles Sonderschulwesen begünstigt insofern eine starre Diagnostik, als dann insbesondere zeitstabile und überdauernde Persönlichkeitsmerkmale im Schüler (wie z. B. die Intelligenz) besonders gut in der

Lage schienen, langfristig angelegte Schulentscheidungen (wie den Besuch einer Geistigbehinderten- oder Lernbehindertenschule) zu begründen. Gerade am häufigen Einsatz von Intelligenztests und anderen standardisierten Messinstrumenten entzündete sich in den letzten 30-40 Jahren immer wieder die Kritik, weil ihrem Einsatz eine systemstabilisierende Funktion zugeschrieben worden ist: Die allgemeine Schule – so der Vorwurf der damaligen Zeit – entledigt sich schwieriger und behinderter Kinder, indem sie sie auf Sonderschulen verweist – und indem die Diagnostik mit ihrem Instrumentarium diese Selektionsentscheidung bestätigt, bedient sie dabei eine inhumane und mechanistische Vorstellung vom Menschen.

Auf diesem Hintergrund entstand die Idee der Förderdiagnostik, mit der es gelingen sollte, insbesondere bei kurzfristig auftretenden Problemen, die den Verbleib eines förderungsbedürftigen Schülers in der allgemeinen Schule gefährden können, die individuelle pädagogische Förderung in den Fokus zu stellen, indem jetzt pädagogisch veränderbare Merkmale im Schüler (wie z. B. seine Lese- oder Rechtschreibleistung) und vor allem die zu ändernden schulischen Förderungsbedingungen (wie z. B. das Vorhalten von zusätzlichem Stütz- und Förderunterricht) in den Blickpunkt gerieten. Die überhöhten Erwartungen an die Förderdiagnostik beruhten in der damaligen Zeit auf dem Missverständnis (vgl. Kornmann et al., 1983), dass durch eine bestimmte Form der Diagnostik auch eine Veränderung der Schulrealität erreicht werden kann – doch eine verbesserte Schule hat eher mit zusätzlichen personellen und sächlichen Ressourcen zu tun, die vor allem durch finanzpolitische und weniger durch diagnostische Entscheidungen zur Verfügung stehen.

Diese Ausführungen sollen im Wesentlichen verdeutlichen, dass erst eine veränderte, flexibel und durchlässig reagierende Grundschule eine sonderpädagogische Förderdiagnostik begünstigt und so Konsequenzen in der diagnostischen Erfassung mit sich bringt, indem die zu untersuchenden behinderten und von Behinderung bedrohten Kinder im regulären Klassenverband verbleiben können. Selektionsentscheidungen können bei Vorhaltung günstiger organisatorischer Bedingungen zwar überflüssig sein – sie machen aber dann Sinn, wenn von den Bildungsbehörden die Platzierungen und Zuweisungen von Schülerinnen und Schülern auf separaten (Sonder-)Schulformen vorgesehen sind. Da offenbar zumindest in naher Zukunft die meisten behinderten und von Behinderung bedrohten Kinder – trotz aller Bemühungen um schulische *Integration* (s. u.) – sonderschulische Einrichtungen besuchen werden, ist die Suche nach der „richtigen" schulischen Platzierung weiterhin notwendig, denn: Bei selektiver Fragestellung ist die Selektionsdiagnostik noch am besten geeignet, eine Auswahl unter Schülern zu treffen. Ist hingegen die Förderung von Schülern – egal ob im integrativen oder sonderschulischen Unterricht – vorgesehen, ist ein eher förderdiagnostisch orientiertes Vorgehen angemessen, sodass Langfeldt bereits 1988 zu dem Schluss kam, die Polarisierung zwischen Selektions- und Förderdiagnostik sei eher ideologisch motiviert, sachlich nicht notwendig und somit überflüssig. Auch Perleth (2003, S. 186) betrachtet die „Aufnahme- und Förderdiagnostik [...] als zwei Seiten einer Medaille", so dass in unserem jetzigen Bildungssystem sonderpädagogische Gutachten sowohl Platzierungsentscheidungen als auch begründete Förderhinweise enthalten sollten.

Um der Gefahr zu entgehen, schwierige Kinder und Jugendliche durch eine spezifische Diagnose zu etikettieren und zu stigmatisieren, ist es aufgrund von KMK-Empfehlungen (1994) inzwischen übliche Praxis, generell sowie insbesondere im Einzelfall auf das label „Lern-" oder „Sprachbehinderung" zu verzichten und nunmehr von „Kindern mit sonderpädagogischem Förderbedarf" zu sprechen, wobei unter Berücksichtigung des Integrationsgedankens eine Erfüllung des Bedarfs nicht mehr an Sonderschulen gebunden ist, sondern auch in allgemeinen Schulen möglich sein soll. Die unterschiedlichen, länderspezifisch geregelten Vorgaben erschweren allerdings ein relativ einheitliches diagnostisches Vorgehen. Aus der Feststellung eines sonderpädagogischen Förderbedarfs resultiert darüber hinaus die Forderung nach einer Bereitstellung besonderer Unterstützungsangebote, so weit hierfür notwendige Ressourcen von der Schulbürokratie zur Verfügung gestellt werden können und somit für die Hilfe notwendige personelle und sächliche Mittel vorhanden sind.

Auf den Zusammenhang zwischen sonderpädagogischem Förderbedarf und der Ressourcenverteilung von personellen und sächlichen Mitteln hat Wocken (1996) mit deutlicher Kritik hingewiesen: Mit zunehmender schulischer Integration und der daraus resultierenden zunehmenden Diagnosenotwendigkeit sonderpädagogischer Förderbedarfe setzen (wie bereits beim Begriff der Sonderschulbedürftigkeit) nach Hamburger Integrationserfahrungen Etikettierungsprozesse ein, die der schulischen Integration behinderter oder von Behinderung bedrohter Schülerinnen und Schüler entgegenstehen. Zur Verhinderung derartiger Entwicklungen schlägt er vor, nicht mehr den individuellen, sondern den Förderbedarf von Institutionen (z. B. in sozialen Brennpunkten) als Richtgröße für die pauschale Zuweisung von Ressourcen zu verwenden. Unbeantwortet bei diesem Vorgehen ist die unter Verteilungs- und damit Gerechtigkeitsblickwinkel zu stellende Frage, inwieweit es gelingen kann, ohne eine – möglicherweise etikettierende – Einschätzung individueller sonderpädagogischer Förderbedarfe den institutionellen Förderbedarf feststellen zu können. Ohne die Erhebung von Individualdiagnosen wird man demnach – trotz möglicher Stigmatisierungen – wohl nicht auskommen können.

In der Individualdiagnose werden hohe Ansprüche förderdiagnostischen Vorgehens offensichtlich: Folgt man der Argumentation von Schlee (2004), bestimmt im Idealfall die Kenntnis bereits evaluierter, d. h. empirisch fundierter Veränderungstheorien den „diagnostischen Blickwinkel" und in der Folge die daraus resultierenden, dann theoretisch begründeten Fördervorschläge. Diagnostisches Handeln hat auch nach Auffassung anderer Sonderpädagogen grundsätzlich in theoretischen Kontexten zu erfolgen (vgl. Hofmann, 2003). Da auffällige Kinder extrem unterschiedliche Probleme haben können, müssen Förderdiagnostiker idealiter über (den Problemen zuzuordnenden) hilfreiche und nützliche Theorien nicht nur informiert sein, sondern auch über entsprechend effektives pädagogisch-therapeutisches Behandlungswissen verfügen: z. B. über sinnvolle didaktische Theorien sowie über effiziente Veränderungstheorien zum Lesen und Rechtschreiben, Rechnen, zur Leistungsmotivation, motorischen Entwicklung, zum Schulabsentismus oder Autismus, zu externalisierten und internalisierten Verhaltensstörungen, usw. Allein die Nennung dieser wenigen Beispiele lässt erkennen, dass die Vielfalt an auftretenden Problemen die diagnostische Kompetenz von Sonderpädagogen überfordern kann: Soll die Förderdiagnostik zukünftig nicht nur ein konzeptionslos wirkendes Schlagwort bleiben, sondern im Interesse der Kinder optimiert werden, besteht nicht nur ein erheblicher Bedarf an diagnostischer Kompetenz, sondern auch an darauf basierender Veränderungskompetenz; doch in der Regel verfügen die diagnostisch ausgebildeten Sonderschullehrkräfte bisher eher über selektions- als über förderdiagnostische Kompetenzen und z. T. nur über geringe Kompetenzen in wesentlichen Förderungsbereichen. Da Lehrkräfte in der Regel nur über eine begrenzte Förderkompetenz verfügen (vgl. Runow & Borchert, 2003), ist bisher weitgehend offen, wie ausreichende pädagogisch-therapeutische Hilfen sichergestellt werden können.

Wie wichtig die Förderkompetenz von Sonderpädagogen für den Fördererfolg ist, wird zusätzlich deutlich, wenn es um die Forderung geht, bei diagnostisch erfassten Problemen sog. praxisnahe Fördermaterialien einzusetzen. Schon vergleichsweise alte Untersuchungen (z. B. Roeder & Masendorf, 1980; Einsiedler & Treinies, 1985) haben deutlich werden lassen, dass es eher auf ein theoriegeleitetes methodischen Vorgehen ankommt als auf den Einsatz sog. praxisnaher und meist theorielos konzipierter Materialien.

Es existiert im sonderpädagogischen Arbeitsfeld eine Vielzahl an diagnostischen Methoden, deren Kenntnis und Einsatz in Abhängigkeit spezifischer Fragestellungen zur Erstellung angemessener Diagnosen hilfreich sind (z. B. Breitenbach, 2005):

- *anamnestische Methoden:* Art und zeitlicher Verlauf der individuellen Probleme, die aufgrund einer Befragung des Betroffenen (Eigenanamnese) oder der Bezugspersonen (Fremdanamnese) erfasst werden können; hierzu zählen auch Checklisten, mit denen das Vorhandensein bestimmter (Verhaltens-)Merkmale erfassbar ist;
- *Verhaltensbeobachtungen:* erlauben meist eine zunächst unsystematische, im Verlaufe der Beobachtung dann theoriegeleitete und somit systematische Erfassung sowohl kompetenten als auch auffällig-problematischen Verhaltens in unterschiedlichen Situationen;
- *psychometrische Messinstrumente:* Tests über Schulleistungen oder Intelligenz sowie Fragebögen zur Angst, Leistungsmotivation oder Konzentration, mit denen Teilausschnitte aus dem Gesamtverhalten eines Kindes relativ präzise gemessen werden können.

In neuerer Zeit haben Petermann und Petermann (2006) in dem von ihnen herausgegebenen und für diese Thematik besonders interessanten Buch „Diagnose sonderpädagogischen Förderbedarfs" das Ziel formuliert, die Kenntnisse und Fortschritte aus der klinisch-psychologischen sowie der Entwicklungs- und Leistungsdiagnostik für die so von ihnen bezeichnete sonderpädagogische Förderdiagnostik insbesondere für drei Förderschwerpunkte – für die zahlenmäßig dominierenden Gruppen der lern- und sprachbehinderten sowie der verhaltensgestörten Kinder – nutzbar zu machen. Etwas verwirrend ist die von Petermann und Petermann (2006) verwendete Begrifflichkeit insofern, als unter *sonderpädagogischer Förderdiagnostik* nicht nur (wie in den vorherigen Konzepten) Verlaufskontrollen, sondern auch die Zuweisungen zu bestimmten Förderorten subsumiert werden. Weitere Autoren stellen (zu den drei genannten Förderschwerpunkten) verschiedene Störungsbilder vor und skizzieren hieran eine nach ihrem theoretischen Verständnis ausgerichtete Förderdiagnostik.

Kennzeichen sonderpädagogischer Förderdiagnostik im Sinne von Petermann und Petermann (2006) enthält Kasten 1.4.

Sonderpädagogische Förderdiagnostik

- berücksichtigt Tests, Verhaltensbeobachtungen sowie anamnestische Verfahren zur kognitiven, emotionalen und Handlungsebene;
- erfasst psychische (z. B. Angst) ebenso wie subklinische Probleme (z. B. Depression);
- diagnostiziert kognitive Schwierigkeiten (z. B. Lernstörungen) wie auch Entwicklungsstörungen (z. B. Autismus);
- erfasst – zur Einschätzung verfügbarer Ressourcen – die Risiko- und Schutzfaktoren auf Seiten des Kindes sowie in seinem Umfeld;
- bestimmt sonderpädagogischen Förderbedarf für Unterricht, Therapie und Förderort.

Kasten 1.4: Merkmale sonderpädagogischer Förderdiagnostik (nach Petermann & Petermann, 2006, S. 3)

Auffällige Kennzeichen dieser Gruppen sind mangelnde Schulleistungen, reduzierte Sprachentwicklung, Störungen im Arbeits- und Sozialverhalten sowie eine oft anregungsarme und problematische Sozialschicht. Kasten 1.5 enthält diagnostisch zu untersuchende Schülermerkmale sowie Umgebungsvariablen, die im Rahmen der zu erstellenden sonderpädagogischen Förderdiagnosen zu berücksichtigen sind. Darin ist insbesondere das Konzept der Risiko- und Schutzfaktoren durch seine theoretisch-empirische Fundierung sowie durch gute Operationalisierungsmöglichkeiten weit überzeugender als die bisher favorisierte, diffuse „Kind-Umfeld-Diagnostik".

Petermann und Petermann (2006) beschreiben im Weiteren den sonderpädagogischen Prozess: Nach der Erstellung einer Eingangsdiagnose zum sonderpädagogischen Förderbedarf wird im engeren Sinne eine Förderdiagnose mit zahlreichen Feinzielen erarbeitet, anschließend eine prozessbegleitende Diagnostik erstellt, mit der die Erreichung der angestrebten Lernfortschritte erfasst werden kann; abschließend wird evaluiert, inwieweit die langfristige Förderplanung fortgesetzt, verändert oder ergänzt werden muss. Es handelt sich hierbei im Wesentlichen um die Beschreibung eines sog. „Individuellen Entwicklungsplans" (IEP), in dem eine Operationalisierung der zu erreichenden Lernziele, die zur Zielerreichung notwendigen pädagogisch-therapeutischen Schritte und die Planungen zur Evaluation enthalten sind.

1. Schulleistungen

- deutliche Mängel in der Schulleistung (unter 10 %)
- Leistungsmängel in mehreren wichtigen Schulfächern

2. Sprachentwicklung: deutliche Rückstände

- in der rezeptiven Sprache
- in der expressiven Sprache

3. Sozial- und Arbeitsverhalten

- massive internalisierende Verhaltensstörungen, z. B. Ängste
- massive externalisierende Störungen, z. B. aggressives Verhalten
- geringe Motivation und Interesse im Unterricht
- Probleme in der Organisation von Lern- und Arbeitsprozessen

4. Ressourcenmangel

- unterdurchschnittliche kognitive Fähigkeiten
- körperliche Beeinträchtigungen (dadurch massiv belastetes schulisches Lernen)
- massive Einschränkungen der emotionalen und sozialen Kompetenzen

5. Risiken im sozialen Umfeld

- fehlende oder unzureichende Unterstützung durch die Familie (z. B. bei Krankheit der Eltern, Ablehnung durch das Umfeld)
- massive Mängel in der Qualität, der Passform oder Koordination der bestehenden Förderangebote

Kasten 1.5: Hinweise zum sonderpädagogischen Förderbedarf (in Anlehnung an Petermann & Petermann, 2006, S. 5)

1.3.3 Sonderpädagogische Interventionen

Hauptarbeitsfeld von Sonderpädagogen und -pädagoginnen ist in der Regel der Unterricht und die Förderung in allgemein- und vor allem sonderschulischen Einrichtungen. Insofern sollen die für die Sonderpädagogik besonders wichtigen Unterrichtsformen sowie die damit u. U. verbundenen integrativen schulischen Maßnahmen dargestellt werden, so weit die empirische Forschung hierzu Ergebnisse liefert. Zunächst allerdings soll die Prävention von Behinderungen, Benachteiligungen und Beeinträchtigungen im Vordergrund stehen, ist doch ein wesentliches Ziel der Sonderpädagogik darin zu sehen, alles zu tun, den oft frühzeitig auftretenden Problemen und Schwierigkeiten rechtzeitig zu begegnen.

Zwar stehen im Umgang mit behinderten Menschen präventive, integrative und unterrichtliche Maßnahmen von Sonderpädagogen im Vordergrund ihres Handelns, doch darüber hinaus erfordern einige Behinderungen umfangreiche medizinisch und psychologisch orientierte Therapien (auf deren Skizzierung hier verzichtet wird). So notwendig und hilfreich der Einsatz unterschiedlicher Therapien im Individualfall auch ist, die Sonderpädagogen stehen in ihrer konkreten Arbeit stets vor dem Risiko, auf das oben beschriebene, einseitig medizinische Modell zurückzugreifen, in der Folge eine Behinderung mit Krankheit zu verwechseln und den behinderten Menschen als „Kranken" zu behandeln, d. h. den „Heil"-Gedanken durch die Hintertür wieder einzuführen (Tent, 1985).

Zur Prävention

Die Geburt eines behinderten Kindes ist in der Regel insbesondere in den ersten Jahren mit starken emotionalen familiären Belastungen verbunden, so dass sowohl das betreffende Kind als auch die Eltern Unterstützungen benötigen. Während die frühen Hilfen für das Kind sich eher auf eine unmittelbare Förderung z. B. in der Wahrnehmung, Motorik oder Sprache beziehen, sind die Hilfen an die Eltern darauf ausgerichtet, die meist unerwartete Behinderung sowie Unsicherheiten und Stress im Umgang mit dem Kind emotional verarbeiten zu helfen. Insbesondere früh einsetzende sonderpädagogische Interventionen berücksichtigen den Grundgedanken der *Prävention*, so dass vorhandene oder sich anbahnende Behinderungen, Benachteiligungen und Beeinträchtigungen so rechtzeitig aufgefangen werden, dass Behinderungen und vor allem daraus resultierende Folgebehinderungen vermieden werden können. Dass Maßnahmen der *Frühförderung* (vgl. Speck, 1977; Hallahan & Kauffman, 1994) hoch wirksam sind (ES=.68), zeigen u. a. aus 74 Studien gewonnene Forschungsergebnisse in Tab. 1.1, wobei insbesondere Risikokinder von der Dauer und der Frühzeitigkeit der Förderung profitieren (z. B. Walter, 2002, S. 446). Während die Frühförderung die Lebensspanne zwischen 0-3 Jahren umfasst, beginnt die kompensatorische Erziehung im anschließenden Vorschulalter und endet mit Beginn der Schulzeit.

Die Frühförderung bietet Hilfen eher für Menschen mit schwereren Formen der Behinderung (wie etwa geistige oder Schwerstbehinderung) an, da bei ihnen relativ früh Entwicklungsauffälligkeiten beobachtbar sind. Mit der zunehmenden Schwere einer Behinderung ist das Risiko verbunden, dass Eltern ausbleibende und nur langsam sich abzeichnende Erfolge in der kindlichen Entwicklung aus psychologisch gut nachvollziehbaren Gründen mit einiger Ungeduld und sehr direktiv (d. h. stark lenkend) angehen – und damit das Kind überfordern, indem z. B. die Förderung stark funktionsorientiert ausgerichtet wird (wie etwa durch ein eher motorisch- oder wahrnehmungsorientiertes Funktionstraining); inadäquate Interaktionsstile können Behinderungen zusätzlich begünstigen und Erfolge erschweren; überforderte Eltern benötigen dann gezielte Hilfen und Unterstützung im Umgang mit einer Schwerbehinderung (z. B. durch Elternkurse; vgl. Sarimski, 2000).

Ziel der Frühförderung ist es daher nicht so sehr, mit funktionalen Trainings zu starten, sondern Spiel- und Hilfeangebote auf die aktuelle Entwicklungsstufe der zu fördernden Kinder abzustimmen sowie ihre Aufmerksamkeit und Explorationsfreude in der Fördersituation wahrzunehmen, aufzugreifen und zu unterstützen (Sarimski, 2000). Voraussetzung für einen erfolgreichen Entwicklungsverlauf sind eine vorbereitete Umgebung sowie vor allem förderliche Zuwendungen, die in ihrer Qualität responsiv ausfallen sollten, indem Mütter beim spielenden Kind Verständnis für seine (vor-)sprachlichen Äußerungen und Signale entwickeln, sensibel auf seine Interessen reagieren und in der Lage sind, die Spielhandlungen ohne überfordernde Erwartungen angemessen aus- und umzugestalten sowie fortzuführen.

Die *kompensatorische Erziehung* beginnt im Unterschied zur *Frühförderung* zeitlich versetzt ab dem dritten Lebensjahr und beinhaltet Maßnahmen, einen angemessenen Ausgleich oder Ersatz für unzureichend entwickelte Lern- und Verhaltensdispositionen zu schaffen (Wember, 2000). Im Focus der kompensatorischen Erziehung stehen demnach weniger behinderte denn entwicklungsgefährdete und von Behinderung bedrohte Kinder aus sozial benachteiligten und problematischen Familienverhältnissen. Der familiäre Hintergrund dieser Kinder orientiert sich – aus nachvollziehbaren Gründen – nicht an bildungsorientierten Mittelschichtnormen, sondern ist durch ein insgesamt defizitäres Familienumfeld gekennzeichnet: So sind die erheblichen familiären Probleme z. T. durch massive materielle Defizite und Mangelernährung bedingt, durch abweisendes Erziehungsverhalten sowie unzureichende Bildung und Ausbildung mit verursacht. Soll eine derartig lern- und erziehungsfeindliche Lebenssituation im Sinne von Bronfenbrenner (1974) in eine förderliche Gesamtsituation verändert werden, so können bedeutsame Veränderungen nicht mehr über Einzelmaßnahmen und -programme erreicht werden, sondern nur noch über ein systemisch-ökologisches Eingreifen, das die Veränderung ganzer Lernumwelten zum Ziel hat. Hierzu zählen nach Bronfenbrenner Maßnahmen der primären, sekundären und tertiären Prävention, die auch im schulischen Zusammenhang eine besondere Bedeutung haben (s. u.; vgl. Kasten 1.6).

Zahlreiche empirische Studien haben die Notwendigkeit einer Förderung im Vorschulalter deutlich werden lassen, da früh auftretende, aber unbehandelt gebliebene Lern-, Sprach- oder Verhaltensprobleme kumulieren können und diese Kinder bereits bei Schuleintritt erhebliche und von der Schule dann nur noch schwer zu behebende Defizite in diesen Bereichen aufweisen: Aus zunächst noch partiellem Schulversagen können sich langfristig z. B. Lernbehinderungen oder Verhaltensstörungen entwickeln, die dann bei u. U. fehlendem Schulabschluss das Risiko erhöhen, beruflich und sozial nicht ausreichend integriert zu sein.

Mit kompensatorischer Erziehung soll – unter einem humanitär begründeten Blickwinkel der Egalisierung von Bildungsabschlüssen – das Ziel erreicht werden, bereits vor Schuleintritt ausgleichende und entwicklungsunterstützende Erfahrungen in der Sozialisation so zu vermitteln, dass die geförderten Kinder sich

- „auf neue Bezugspersonen einstellen, die andere kulturelle Werte vertreten als in den Familien
- an neue schulische Verhaltensregeln anpassen, die ihre Handlungsfreiheiten einschränken
- an neue und größere Lerngruppen sowie den für Schulen typischen Zeittakt gewöhnen
- auf akademisches Lernen konzentrieren, welches das überwiegend spielerisch betonte vorschulische Lernen zunehmend ablösen soll" (vgl. Wember, 2000, S. 316).

Insbesondere Bronfenbrenner (1974) berichtet über wichtige Ergebnisse aus einer Reihe von Trainingsprogrammen zur kompensatorischen Erziehung, wie z. B. dem Head Start Projekt, Follow Through oder (bei Armut) Title 1, mit denen mehrere Millionen Kinder gefördert worden sind. Einige Programme zentrierten sich auf die Verbesserung der Lebensbedingungen, andere Trainings richteten sich auf die Verbesserung kognitiver Funktionen (z. B. Wahrnehmung, Gedächtnis oder Sprache), auf das frühe Lesen oder auf die Elternberatung. Die Programme variierten von Halbtagsangeboten über Ferienmaßnahmen und vor allem über vorschulische Maßnahmen (vgl. Wember, 2000, S. 318):

- *Beratung und Training der Mutter in der Familie*: Die Familie wird von einer Fachkraft hinsichtlich auftretender Erziehungsfragen beraten sowie im Umgang mit dem Kind in Fördersituationen (wie z. B. beim Spiel) unterstützt und betreut.
- *Direkte Förderung des Kindes innerhalb der Familie*: Die Fachkraft fördert das Kind oft spielerisch und mehrmals in der Woche im kognitiven und sozialen Bereich, indem z. T. hoch strukturierte kognitive Funktionstrainings (Sprache, Wahrnehmung und Begriffsbildung) im Vordergrund stehen.
- *Direkte Förderung des Kindes außerhalb der Familie*: Wenn das Kind z. B. den Kindergarten oder das Frühförderzentrum aufsucht, werden kognitive, soziale oder Sprachtrainingsprogramme angeboten.

Bronfenbrenner (1974) berichtet einerseits über deutliche Langzeiteffekte – wie etwa dem Rückgang des Sitzenbleibens oder einer verringerten Sonderschulzuweisung -, mit denen die Effektivität vorschulischer Maßnahmen insofern als positiv eingeschätzt werden kann, als (im Vergleich zu nicht geförderten) alle geförderten Kinder von fast allen untersuchten Maßnahmen profitieren. Da die beobachteten Erfolge allerdings bereits im ersten Schuljahr (bei dann zumeist aussetzender gesonderter Förderung) oft schon verschwunden sind, wird gefordert, den Förderzeitraum nicht mehr auf die Vorschulzeit zu begrenzen, sondern auf die Grundschulzeit auszudehnen und zusätzlich eine veränderte und stärker kindzentrierte Grundschule – wie an der primären, sekundären und tertiären Prävention noch zu zeigen sein wird – zu organisieren, indem präventiv orientierte Förderangebote vorgehalten werden, mit denen besser als bisher Schulversagen vermieden werden kann.

Andererseits zeigen nach Wember (2000) die Ergebnisse von Bronfenbrenner (1974) aber auch das Scheitern der kompensatorischen Erziehung, ist doch das eigentliche Bildungsziel, die Bildungschancen zwischen unterschiedlichen Gesellschaftsschichten zu egalisieren, nicht erreicht worden – wohl vor allem deshalb, weil Mittel- und Oberschicht ihre Ressourcen hinsichtlich der Förderung ihrer Kinder ebenfalls mobilisiert haben, so dass die Mittelschichtkinder im Verlaufe der Zeit den Abstand zu den Unterschichtkindern noch vergrößert haben. Offensichtlich profitieren zwar die Kinder, für die das Konzept der kompensatorischen Erziehung entwickelt worden ist, von den Programmen, noch stärkeren Gewinn allerdings ziehen hieraus die Kinder der Mittelschicht (sog. Matthäus-Effekt).

1. Primäre Prävention	**Kindorientierte schulische Lernumgebung für alle Kinder:** • angemessene Anzahl von Schülerinnen und Schülern pro Klasse • genügend pädagogisches Personal • Berücksichtigung des kindlichen Erfahrungs- und Lebensraums • Vermittlung schülerbedeutsamer Lerninhalte • individualisierende und binnendifferenzierende Maßnahmen • angemessene Ausstattung der Schule mit Lernmitteln, Materialien und finanziellen Ressourcen • erfolgreiche Kooperation zwischen Elternhaus und Schule
2. Sekundäre Prävention	**Unterstützungsangebote für vom Schulversagen bedrohte Schülerinnen und Schüler:** • Zwei-Pädagogen-System im Regelschulunterricht • Freizeitangebote und vor allem Hausaufgabenbetreuung • vorbeugende Schulsozialarbeit in Schulen in sozialen Brennpunkten
3. Tertiäre Prävention	**Unterstützungsangebote für Schülerinnen und Schüler mit manifesten Störungen** • förderdiagnostische Untersuchung der Störung • sonderpädagogische Förderung und Therapie • im regulären Unterricht • in sonderschulischen Einrichtungen

Kasten 1.6: Unterschiedliche Präventionsformen in Schulen

Wie sollte eine präventiv ausgerichtete Schule organisiert sein, wenn es im Wesentlichen um das Auffangen von Lern- und Verhaltensauffälligkeiten geht (einen guten Überblick liefert Hartke, 2005)? Das von Bronfenbrenner (1974) vorgeschlagene ökologische Eingreifen beinhaltet Maßnahmen auf drei Präventionsstufen (s. Kasten 1.6):

- *primäre Prävention:* noch nicht manifest gewordenen Lern- und Verhaltensauffälligkeiten bei Kindern und Jugendlichen wird begegnet, indem die generellen schulischen Lernbedingungen schülerorientiert, lernfördernd und unterstützend angelegt werden;
- *sekundäre Prävention:* im Lernen und im Verhalten gefährdete Kinder und Jugendliche lassen bereits Defizite erkennen, auf die mit zusätzlichen pädagogischen sowie schulorganisatorischen Angeboten und Hilfen reagiert wird;
- *tertiäre Prävention:* aufgrund massiver und oft langfristig andauernder Probleme und Defizite im Verhalten und Lernen werden sonderpädagogische oder therapeutische Interventionen notwendig, die zwar unabhängig vom Beschulungsort (d. h. in allgemeinen oder Sonderschulen) zu organisieren sind, mit denen gleichwohl die Aussonderung behinderter Menschen vermieden werden soll.

Bereits mit primär präventiven Maßnahmen ist es möglich, einen Teil der Schülerschaft – insbesondere die große Gruppe potentiell lern- und sprachbehinderter sowie verhaltensauffälliger Schülerinnen und Schüler – in allgemeinen Schulen mit vergleichsweise geringen zusätzlichen Maßnahmen erfolgreich zu unterrichten. Sekundär präventive Maßnahmen sind erst dann erforderlich, wenn Schülerinnen und Schüler nicht ausreichend von primär präventiven Maßnahmen profitieren konnten. Mit primär und sekundär präventiv ausgelegten Interventionen – sie gehören offensichtlich noch in das zentrale Aufgabenfeld der Grundschulen – kann zwar bei einem erheblichen Teil der Kinder mit vergleichsweise geringem Aufwand ihre Entwicklungsgefährdung aufgefangen werden, doch einige von ihnen werden umfassendere und intensivere Maßnahmen aus der tertiären Prävention benötigen, denn nicht allen Störungen und Behinderungen kann mit primär oder sekundär präventiven Mitteln erfolgreich begegnet werden. Sind tertiär präventive Maßnahmen – die nach traditionellem Verständnis insbesondere zum Repertoire der Sonderpädagogik gehören – vorzusehen, sind angemessene, d. h. individualisierte Lern- und Entwicklungsangebote entweder im regulären oder sonderschulischen Unterricht zu organisieren (s. *Unterricht* und *schulische Integration*).

In neuerer Zeit ist neben dem Präventionsansatz ein weiteres interessantes Konzept zur kindlichen Entwicklung in den Blickpunkt geraten: das Modell der Schutz- und Risikofaktoren kindlicher Entwicklung (z. B. Scheithauer, Niebank & Petermann, 2000). Mit diesem Ansatz kann erklärt werden, warum z. B. einige Kinder trotz erheblicher entwicklungsgefährdender Lebensbedingungen erwartungswidrig unauffällig heranwachsen: Ihre individuelle Fähigkeit, auftretende Belastungen durch inneren Widerstand abpuffern zu können, wird unter dem Begriff der *Resilienz* subsumiert. *Vulnerabilität* hingegen ist eine individuell erhöhte Empfindlichkeit, bereits bei niedriger Belastung mit psychischer Erkrankung zu reagieren. Resilienz und Vulnerabilität stellen risikomindernde oder -erhöhende Faktoren dar, wie Abb. 1.2 verdeutlicht. Empirische Untersuchungen haben eine Fülle von personalen, familiären und sozialen *Risiko- und Schutzfaktoren* aufzeigen können, mit deren Auftreten Entwicklungsgefährdungen sich reduzieren bzw. erhöhen können. Trotz eines eher deskriptiv formulierten Risiko- bzw. Schutzfaktorenmodells ergeben sich bisher erste Hinweise darauf, wie die Resilienz von gefährdeten Kindern mit sonderpädagogischen Maßnahmen unterstützt werden kann (vgl. Opp, Fingerle & Freytag, 1999).

Zum Unterricht

Einen aktuellen Überblick über effektive und ineffektive sonderpädagogische Interventionen, die sowohl für den sonderschulischen Unterricht als auch für einige therapeutische Konzepte bedeutsam sind, hat Walter (2002) vorgestellt. So enthält die Tab. 1.1 wesentliche meta- bzw. megaanalytisch gewonnene Befunde über die Effektivität der *Direkten Instruktion* (mit einer durchschnittlichen ES=.84), zur *Formativen Evaluation* (ES=.70), zum *Tutorenmodell* (ES=.53), *Computerunterstützten Unterricht* usw. Auch wenn wesentliche, in Sonderschulen häufig verwendete Methoden in dieser „Interventions-Hitliste" nicht enthalten sind, so impliziert diese Liste ein in der Sonderpädagogik noch keineswegs selbstverständliches Denken: an die Protagonisten alter und neuer Methoden die Aufforderung, empirische Forschungsnachweise zu erbringen, aus denen hervorgeht, dass die von ihnen vorgeschlagenen Unterrichts- und Therapieansätze und -methoden für Kinder mit sonderpädagogischem Förderbedarf tatsächlich hilfreich und nicht etwa ineffektiv (wie zumeist psychomotorische Trainings) oder gar schädlich sind.

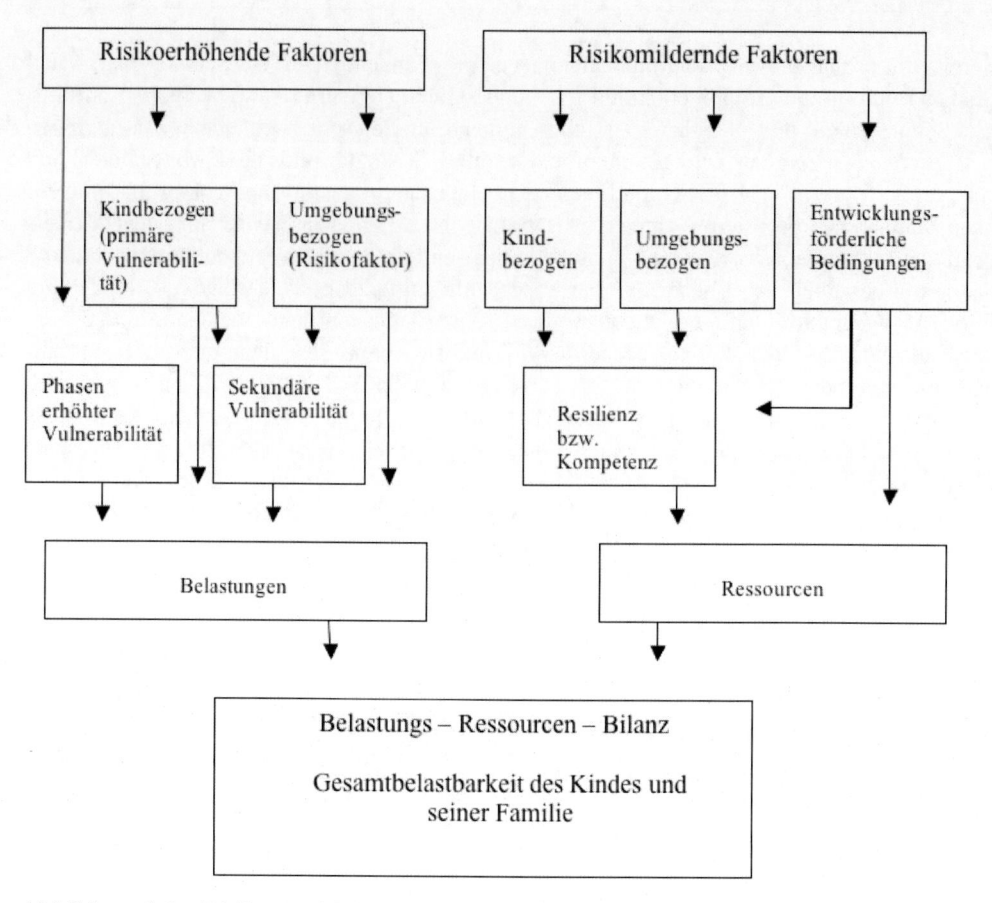

```
┌─────────────────────────────┐                    ┌─────────────────────────────┐
│   Risikoerhöhende Faktoren  │                    │   Risikomildernde Faktoren  │
└──────────┬──────────────────┘                    └──────┬───────┬──────────┬──┘
           │                                              │       │          │
     ┌─────┴──────┐                              ┌────────┘       │          └────────┐
     ▼            ▼                              ▼                ▼                   ▼
┌──────────┐ ┌────────────┐                 ┌─────────┐    ┌───────────┐    ┌──────────────┐
│Kindbezogen│ │Umgebungs-  │                │Kind-    │    │Umgebungs- │    │Entwicklungs- │
│(primäre   │ │bezogen     │                │bezogen  │    │bezogen    │    │förderliche   │
│Vulnerabili│ │(Risikofakt)│                │         │    │           │    │Bedingungen   │
│tät)       │ │            │                │         │    │           │    │              │
└─────┬─────┘ └─────┬──────┘                └────┬────┘    └─────┬─────┘    └──────┬───────┘
      ▼             ▼                            ▼               ▼                  │
┌──────────┐ ┌────────────┐                  ┌─────────────┐                        │
│Phasen    │ │Sekundäre   │                  │Resilienz    │◄───────────────────────┘
│erhöhter  │ │Vulnerabili-│                  │bzw.         │
│Vulnerabi-│ │tät         │                  │Kompetenz    │
│lität     │ │            │                  │             │
└─────┬────┘ └─────┬──────┘                  └──────┬──────┘
      ▼            ▼                                ▼
┌─────────────────────────┐              ┌─────────────────────────┐
│      Belastungen        │              │       Ressourcen        │
└────────────┬────────────┘              └────────────┬────────────┘
             ▼                                        ▼
           ┌──────────────────────────────────────────┐
           │   Belastungs – Ressourcen – Bilanz       │
           │                                          │
           │   Gesamtbelastbarkeit des Kindes und     │
           │            seiner Familie                │
           └──────────────────────────────────────────┘
```

Abbildung 1.2: Risiko- und Schutzfaktoren in der Kindheit
(in Anlehnung an Scheithauer et al., 2000)

Die plausible Annahme aber, dass trotz hoher Bedeutung von Unterricht die Unterrichtsforschung im Fokus der sonderpädagogischen Wissenschaft steht, ist dennoch unberechtigt (vgl. Langfeldt & Wember, 1994). Empirisch gesicherte Befunde zur Organisation effektiven Unterrichtens entstammen daher überwiegend der Allgemeinen Pädagogik und können nur bedingt auf sonderschulische Einrichtungen übertragen werden. Diese Befunde sind bestenfalls als erster Näherungsversuch zu werten, differieren doch allgemeine und Sonderschule für die Gestaltung von Unterricht besonders in einem Bereich: in der Heterogenität der Schülerschaft, denn die Leistungsheterogenität innerhalb der Schulklassen aus Förderschulen und -zentren z. B. dürfte – durch den Grad der Behinderung, des sozialen Hintergrundes usw. bedingt – erheblich höher ausfallen als innerhalb von Klassen der allgemeinen Schule. Die Frage, in welcher Weise die Unterrichtsmethoden an Kinder mit unterschiedlichsten Förderbedarfen zu variieren haben, damit von effizientem Unterricht gesprochen werden kann, ist weithin unbeantwortet.

Tabelle 1.1: Effektive Interventionen in der Sonderpädagogik (in Anlehnung an Walter, 2002)

	Interventionen (ES = Effektstärken)	**Mittlere ES** (Minus = verminderte Auffälligkeit)	Anzahl der Studien
1.	**Mnemotechnische Strategien** (bei mittlerem IQ- z. B. Schlüsselwort-Methode)	**1.62**	24
2.	**Leseverständnis**	**.98 bis 1.13**	68
3.	**Verhaltensmodifikation bei störendem Unterrichtsverhalten**	**-.78 bis -.93**	99
	• soziale Verstärker, Token	1.38	
	• soziales Fertigkeitstraining	.44	
	• kognitive Verhaltensmodifikation	1.00	
	• Lehrertraining	1.09	
	• Gruppenkontingenzen	-1.02	
	• Selbstmanagement	-.97	
	• differentielle Verstärkung	-.95	
4.	**Training der phonologischen Bewusstheit**	**.86**	52
	• jüngere Kinder (< 2. Klasse)	.95	
	• ältere Kinder	.65	
	• Transfer Leseleistung	.53	
5.	**Direkte Instruktion**	**.84**	43
	• Lesen	.85	
	• Mathematik	.50	
	• leichte Behinderung	.80	
	• stärkere Behinderung	1.01	
	• ... und Metakognition	.84	
6.	**Strategie-Training zur Verbesserung des basalen Lernens und der Gedächtnisstrategien** (bei mentaler Retardierung)	**.70**	96
7.	**Individualisierte direkte Rückmeldungen** (formative Evaluation)	**.70**	21
	• klare Regelvorgaben vs.	.91	
	• Lehrbeurteilung	.42	
	• zusätzliche Verhaltensmodifikation	1.12	
8.	**Frühförderung**	**.68**	74
9.	**Stimulantienbehandlung bei ADHD**	**.58**	135
	• globales Verhalten	.89	
	• Schulleistungen	.38	
	• Antidepressiva	1.12	
	• Tranquilizer	.28	
	• Psychotrope Medikation	.30	70
10.	**Behinderte Schüler als Tutoren**	**.53**	19
11.	**Computerunterstützte Unterweisung**	**.42 bis .56**	254
12.	**Unterrichtsbasierte Interventionen bei ADHD**	**.45**	63
13.	**Psycholinguistisches Training (sprachliche Funktionen)**	**.39**	34
14.	**Reduzierte Klassengröße** (= Effekte auf die Schulleistung)	**.31**	77
	• Reduzierung der Schüler von 40 auf 20	.00	
	• Reduzierung der Schüler von 40 auf 10	.30	
	• Reduzierung der Schüler von 40 auf 1-5	.41 bis .55	
15.	**Soziales Skills-Training bei Lern- oder Verhaltensproblemen**	**.21**	53
16.	**Modalitätsspezifische Instruktion**	**.14**	39
17.	**Feingold Diät**	**.12**	23
18.	**Psycho-motorische Wahrnehmungstrainings**	**.08**	180
19.	**Sonderbeschulung**	**-.12**	50

Insbesondere die Debatte um die Frage, wie stark schulische Lehr-Lern-Vorgänge im Interesse der Kinder (fremd)gesteuert bzw. der Unterricht weitgehend „offen" und damit selbstgesteuert gestaltet sein sollte, bestimmt auch heute noch die sonderpädagogische Diskussion. Metaanalytische Ergebnisse (z. B. Bauersfeld, 2003) liefern insofern differentielle Aussagen, als – entgegen zunächst optimistischer Erwartungen – der offene Unterricht im Vergleich zum traditionellen Unterricht nur bescheidene Vorteile z. B. hinsichtlich der Kreativität, Kooperation und Unabhängigkeit von Schülern und Schülerinnen, der traditionelle Unterricht hingegen leichte Vorteile in den Schulleistungen und der Höhe der schulischen Motivation aufweist.

Grundsätzliche Einigkeit unter Sonderpädagogen besteht darin, dass die Kinder vor allem dann vom Unterricht profitieren, wenn er schülerorientiert ausgerichtet ist. So können sich Schülerinnen und Schüler mit sonderpädagogischem Förderbedarf nur dann am Unterricht angemessen beteiligen, wenn Erklärungen, Impulse, Veranschaulichungen und die Lehrersprache verständlich sind, der Unterricht hinsichtlich des Schwierigkeitsgrades und der Menge der Aufgaben ihren Leistungsfähigkeiten entspricht und entwicklungsbedingte Lernvoraussetzungen (motivationale Lernausgangslage, Konzentrationsfähigkeit, kognitive, motorische sowie emotionale und soziale Entwicklung) berücksichtigt werden. Die Beachtung von (fach-)didaktischen und curricularen Standards bei der Planung und Durchführung von Unterrichtsstunden und -einheiten erleichtert das Lernen und fördert die Mitarbeit (s. Kasten 1.7; Hartke & Borchert, 2003).

In heterogen zusammengesetzten Lerngruppen sind außerdem Maßnahmen der *inneren Differenzierung* notwendig: zeitlich begrenzte flexible Gruppeneinteilung entsprechend des Leistungsstandes, Variation der Aufgaben im Niveau und in der Anzahl, gezielte Hilfen durch Lehrer, zusätzliche Hilfen für bestimmte Schüler (z. B. Computer, peer-tutoring; die dazugehörigen ES s. Tab. 1.1), freie Aufgaben, die auf verschiedenen Leistungsniveaus bewältigt werden können. Einen Spezialfall der inneren Differenzierung stellt die *Individualisierung* dar: Die Prinzipien der inneren Differenzierung werden nicht mehr auf Gruppen in der Klasse, sondern auf einzelne Schüler angewandt. Voraussetzung für den Einsatz dieses Verfahrens ist ein hierarchisch aufbereiteter Lehrstoff und eine kontinuierliche lernprozessbegleitende Diagnostik. Als besonders wirksam erweist sich bei lernschwachen Schülern eine Verbindung von individualisierten Lernprogrammen und positiver Verstärkung.

Schüleradäquater Unterricht	Erwartete Veränderungen
• innere Differenzierung	• verbesserte Schulleistungen
• Individualisierung	• erhöhte Leistungsmotivation
• direkte Instruktion	• erhöhte Förderung von Interessen
• selbstgesteuertes Lernen (offener Unterricht, Projektunterricht)	• vermehrte Mitarbeit
• kooperatives Lernen	
• adaptiver Unterricht	

Kasten 1.7: (Sonderpädagogische) Unterrichtsmethoden (in Anlehnung an Hartke & Borchert, 2003, S. 164)

Lehrerzentrierte *direkte Instruktionen*, durch die kleinschrittig Unterrichtsinhalte erarbeitet und „eingeschliffen" werden, sind eine der effektivsten Unterrichtsmethoden, insbesondere dann, wenn es um die Vermittlung von Fertigkeiten und Wissen geht (s. Tab. 1.1). Für andere Unterrichtsinhalte (Literatur, politische Bildung, Anwendung naturwissenschaftlicher Kenntnisse) eignen sich insbesondere Methoden zum *selbstgesteuerten Lernen* (Projektunterricht, Offener Unterricht), die allerdings bestimmte Schülerkompetenzen voraussetzen (Vorwissen, intrinsische Motivation, Selbstkontrolle, Planungskompetenz, Fähigkeit zur Partner- und Gruppenarbeit). *Kooperatives Lernen* in Gruppen fördert bei Arbeitsteilung die Mitarbeit und soziale Kompetenz aller Schüler. Mit der Methode des *adaptiven Unterrichts* ist es gelungen, empirisch bewährte Unterrichtselemente in einem Konzept zu integrieren. Dieses Konzept berücksichtigt wesentliche Aspekte eines die Beteiligung fördernden Lehrerhandelns wie Differenzierung, Individualisierung in Verbindung von Diagnostik und Förderung sowie lehrer- und schülerzentrierte Lernformen, und es lassen sich weitere, die Unterrichtsbeteiligung erhöhende Fördermaßnahmen darin einbinden. Die adaptive Methode wurde aufgrund von Ergebnissen der reformpädagogisch und empirisch orientierten Unterrichtsforschung entwickelt. Als erwiesen gilt, dass lang anhaltende unterrichtliche Über- oder Unterforderungen, d. h. die fehlende Passung zwischen individuellen Lernvoraussetzungen und Lernangeboten, die Leistungsmotivation und die Schulleistung mindern. Die Konfrontation mit zu schwierigen Aufgaben kann außerdem zu Leistungsängsten, niedrigem Begabungsselbstkonzept und Selbstwertproblemen führen. Unterforderungen erschweren ebenfalls die Aneignung von Bewältigungskompetenzen für schulische Anforderungen, weil beispielsweise weder Gedächtnisleistungen noch vorhandenes Vorwissen oder die Selbststeuerung der Schülerinnen und Schüler gefördert werden. Außerdem wird die Entwicklung eines realistischen Begabungskonzeptes erschwert. Eine niedrige Leistungsmotivation, Leistungsängste, Selbstwertprobleme, ein unrealistisches Begabungskonzept, gering ausgeprägte Bewältigungskompetenzen für schulische Anforderungen und ein mangelndes Vorwissen können also auf einer fehlenden Adaption der Instruktion beruhen, in deren Folge die Lernfreude abnimmt (Hartke & Borchert, 2003, S. 168). Wenn der entscheidende Vorteil des adaptiven Unterrichts darin liegt, dass eine sinnvolle Passung zwischen den individuellen Lernvoraussetzungen und den darauf abgestimmten Angeboten an Unterrichtsinhalten und -methoden erfolgt, besteht zu diesem Konzept nach Auffassung von Wember (2001, S. 179) keine Alternative, denn die Lernvoraussetzungsvielfalt wird noch weiter ansteigen, wenn die schulische Integration behinderter Kinder in den allgemeinen Schulen zukünftig verstärkt erfolgt. Die von Walter (2002) vorgelegte Megaanalyse macht darüber hinaus deutlich, dass es die pädagogischen und therapeutischen Methoden sind, die zu wünschenswerten Veränderungen aufseiten der Schülerinnen und Schüler führen; eher „äußerliche", d. h. organisatorische und damit eher „unpädagogische" Maßnahmen wie z. B. die Reduzierung von Klassengrößen, haben entgegen den Annahmen vieler Praktiker oft keine oder erst dann Vorteile für die Kinder, wenn die Klassengrößen extrem klein werden. Ähnliche Befunde (s. u.) lassen sich z. T. für die schulische Integration behinderter Kinder in regulären Klassen replizieren.

Zur (schulischen) Integration

Die Auseinandersetzung um die schulische Integration behinderter Menschen wurde u. a. durch eine massive Kritik an den separierenden Beschulungsformen ausgelöst. So sahen sich Sonderschulen in den letzten Jahrzehnten dem Vorwurf ausgesetzt, behinderte von nichtbehinderten Schülern und Schülerinnen zu separieren, sozial zu isolieren und insbesondere Unterschicht- und Kinder mit Migrationshintergrund zu selektieren, obwohl die Förderung gerade dieser Kinder insgesamt in allgemeinen Schulen erfolgreicher verlaufe als in Sonderschulen.

Inwieweit das zentrale sonderpädagogische Ziel einer gelungenen gemeinsamen Beschulung behinderter und nichtbehinderter Kinder tatsächlich erreicht werden kann, bestimmt z. T. auch heute noch die pädagogische Diskussion (z. B. für Lernbehinderungen: Walter, 2002 – s. a. Tab. 1.1; Bless & Schleenbecker, 2007; für Sprachbehinderungen: Spiess & Struve, 2007; für geistige Behinderung: Mühl, 2000; für Verhaltensauffällige: Hartke, 2000), manchmal allerdings auch in dem Sinne, dass Integration ideologisch begründet ist und dann oft unhinterfragbares Ziel pädagogischen Handelns zu sein scheint. Doch integrativ ausgerichtetes Handeln darf sich nicht an persönlich begründeten Auffassungen von Pädagogen, Schulpolitikern oder Eltern ausrichten, sondern sollte unter Berücksichtigung einschlägiger Forschungsergebnisse die Auswirkungen schulischer Integration auf alle beteiligten Schülerinnen und Schüler im Blick haben; wesentliches Kriterium ist die bestmögliche Förderung von Kindern – was u. U. auch mit vorübergehenden separierenden Maßnahmen geleistet werden kann. Weniger strittig – im Unterschied zur *zieldifferenten* – ist die *zielgleiche* Integration. Während bei zielgleicher Integration ein behindertes Kind mit oder ohne zusätzliche Hilfen auf dem Unterrichtsniveau der allgemeinen Schule erfolgreich sich beteiligen kann, gilt dies für die zielfifferente Integration nicht: die Leistungserwartungen der allgemeinen Schule werden vom behinderten Kind nicht erreicht, wesentliches Ziel ist dann oft „nur" noch seine soziale Integration in der Schulklasse.

Die von Walter (2002; vgl. Tab. 1.1) berichtete, extrem niedrige Effektstärke der Sonderbeschulung lässt vermuten, dass es offenbar weniger auf bestimmte und eher äußerliche (und damit unpädagogische) Organisationsformen – wie separate oder integrative Beschulung – ankommt, sondern z. T. unabhängig vom Förderort auf den konkreten und unmittelbaren pädagogischen und sonderpädagogischen Umgang mit behinderten und nichtbehinderten Schülerinnen und Schülern – d. h. zentral für den Erfolg ist das pädagogische und nicht das organisatorische Moment.

Die empirischen, oft metaanalytisch gewonnenen Befunde fallen differenziert und insgesamt heterogen aus, manchmal mit Vorteilen für den Sonderschulbesuch, manchmal mit Vorteilen für den Regelschulbesuch; sie stützen keineswegs die Euphorie integrationswilliger Eltern oder Pädagogen. So z. B. zeigen Bless und Schleenbecker (2007) für die Gruppe der Schülerinnen und Schüler mit Lernbehinderungen, dass deren schulische Leistungen zwar bei integrativer Beschulung besser ausfallen (ohne dabei an die Leistungen unauffälliger Schüler herankommen zu können) als beim Verbleib auf einer Sonderschule, doch ihre soziale Stellung, ihr Begabungs-Selbstkonzept als auch tendenziell ihr allgemeines Selbstkonzept fallen bei integrativer Beschulung ungünstiger aus. Für die Gruppe geistig behinderter Schülerinnen und Schüler stellt Mühl (2000) eine Reihe empirischer Befunde vor; sie zeigen, dass die optimistische Annahme, allein durch gemeinsame Beschulung entstehender Kontakt zwischen behinderten und nichtbehinderten Kindern führe zwangsläufig und unmittelbar zu verbesserten Schüler-Schüler-Interaktionen, so nicht haltbar ist – wesentliche Gelingensbedingungen betreffen dabei die Qualität, das Ausmaß und die Organisation des gemeinsamen Unterrichts. Insgesamt wenig erfreuliche Befunde stellt Hartke (2000) für die Gruppe verhaltensauffälliger Schülerinnen und Schüler vor; der Autor berichtet aus US-amerikanischen Studien, dass in dieser Schülergruppe bei integrativer Beschulung ebenfalls ein reduziertes Selbstkonzept zu beobachten ist und sie sowohl von Klassenkameraden als auch Lehrkräften eher abgelehnt (als akzeptiert) werden.

Weitere Befunde aus bundesdeutschen Modellversuchen zu anderen Schülergruppen mit Behinderungen legten Borchert und Schuck (1992) vor.

Die Gründe für die insgesamt recht heterogenen Befunde sind vielfältig und z. T. sicherlich auch durch die verwendeten Untersuchungsmethoden bedingt. Dass eine gemeinsame Beschulung „machbar" ist, steht für viele Sonderpädagogen weitgehend außer Frage, zumal neben einigen klassischen Forschungsarbeiten insbesondere noch eine Reihe vielfältiger Erfahrungsberichte publiziert worden sind, die diese optimistische Vermutung zu stützen scheinen. Doch im Grunde geht es auch in der Sonderpädagogik nicht allein um Machbares, sondern um die Optimierung sonderpädagogischen Handelns, von dem insbesondere die betroffenen Kinder profitieren sollen. Im Vordergrund steht somit die bisher ungelöste Forschungsfrage zum Heterogenitäts-Homogenitäts-Problem von Schulklassen: Wie homogen bzw. heterogen (z. B. hinsichtlich der Schulleistung, des Sozialverhaltens usw.) sollten Schulklassen zusammengesetzt sein, damit sie optimal arbeiten und die Kinder besonders erfolgreich arbeiten und lernen können? Aus sozialpsychologischen Untersuchungen zur Zusammensetzung von betrieblichen Arbeitsteams ist z. B. bekannt, dass weder extrem leistungsheterogene noch -homogene, sondern mäßig heterogene Arbeitsgruppen besonders effizient arbeiten. Sonderpädagogische Erfahrungen gehen in die gleiche Richtung, wenn hochbegabte und schwerstbehinderte Kinder eher getrennt als gemeinsam unterrichtet werden. Die oben aufgeworfene Forschungsfrage ist für die Zusammensetzung von Schülergruppen von einiger Bedeutung und dürfte nicht nur die Sonderpädagogik noch eine Weile beschäftigen.

Der Erfolg schulischer Integration ist zwingend mit der Frage verbunden, inwieweit die allgemeine Schule sich für die Entwicklung behinderter oder von Behinderung bedrohter Schüler verantwortlich fühlt und sie zudem über effiziente Möglichkeiten zur gemeinsamen Beschulung aller Kinder verfügen kann (z. B. Turnbull, Turnbull & Wehmeyer, 2007, S. 30 ff.). Bis in die 70er Jahre des letzten Jahrhunderts haben die allgemeinen Schulen Kinder mit sonderpädagogischem Förderbedarf fast ausschließlich an sonderschulische Einrichtungen überwiesen, erst seit den 90er Jahren zeichnet sich zwar eine langsam steigende Integrationsquote ab, doch selbst im Jahr 2003/04 erhielten ca. 5,6 % der Schülerinnen mit sonderpädagogischem Förderbedarf eine sonderpädagogische Förderung, davon immerhin noch ca. 4,8 % in sonderschulischen Einrichtungen. Offensichtlich wird weiterhin der überwiegende Teil der betroffenen Kinder in sonderschulischen Einrichtungen unterrichtet (www.kmk.org/dossier/sonderschulwesen.pdf; Stand 18.08.06)! Einen aktuellen zahlenmäßigen Überblick über Schüler mit sonderpädagogischem Förderbedarf, unterrichtet in allgemeinen und Sonderschulen, gibt Tab. 1.2. Stadler geht in diesem Zusammenhang (in diesem Band) auf die Notwendigkeit einer Bestandsgarantie für Sonderschulen insbesondere für die Gruppe körperbehinderter

Kinder ein, indem er den Behindertenbericht (2004, S. 64) zitiert: „Integrationsbemühungen im schulischen Bereich stellen den Erhalt und die Weiterentwicklung der Sonderschulen nicht zwangsläufig infrage. Das Sonderschulwesen ist fester Bestandteil des Schulsystems in der Bundesrepublik Deutschland. (...) Diese Auffassung wird durch Ergebnisse von Modellversuchen bestätigt, die gezeigt haben, dass trotz einer zunehmenden Integrationsorientierung die Notwendigkeit fortbesteht, insbesondere für schwerst- und mehrfachbehinderte Kinder und Jugendliche eine sonderpädagogische Förderung in speziellen Einrichtungen vorzusehen." Dieses Zitat entspricht in gewisser Weise weitgehend auch internationalen Befunden: Zwar unterscheiden sich westlich orientierte Länder durchaus deutlich in der Integrationsquote, dennoch wird auf das Vorhalten von Sonderschulen meist nicht verzichtet.

Tabelle 1.2: Schülerinnen und Schüler mit sonderpädagogischer Förderung in allgemein bildenden Schulen (allgemeine Schulen=1; Sonderschulen=2) für 2003/2004 (nach Kultusministerkonferenz, 2005: www.kmk.org/dossier/sonderschulwesen. pdf; Stand 18.08.06) (a=Anteil an allen Schülern im Alter der Vollzeitschulpflicht (Jahrgangsstufen 1-10 und Sonderschulen))

Förderschwerpunkt	Schüler mit sonderpädagogischer Förderung in						Anteil aller geförderten Schüler in Prozent[a]
	(1)	ca. %	(2)	ca. %	(1) + (2)	ca. %	
Lernen	**29.706**	46,9	**228.912**	53,3	**258.618**	52,5	2,918
Sehen	**1.431**	2,3	**4.736**	1,1	**6.176**	1,3	0,070
Hören	**2.704**	4,3	**11.013**	2,6	**13.717**	2,8	0,155
Sprache	**9.954**	15,7	**35.883**	8,4	**45.837**	9,3	0,517
Körperliche und motorische Entwicklung	**4.387**	6,9	**22.937**	5,3	**27.324**	5,5	0,308
Geistige Entwicklung	**1.991**	3,1	**70.286**	16,4	**72.277**	14,7	0,815
Emotionale und soziale Entwicklung	**12.104**	19,1	**30.523**	7,1	**42.627**	8,7	0,481
Kranke	**168**	0,3	**9.676**	2,3	**9.844**	2,0	0,111
Förderschwerpunkt übergreifend bzw. ohne Zuordnung	**951**	1,5	**15.395**	3,6	**16.310**	3,3	0,184
Insgesamt	**63.396**		**429.325**		**492.721**		5,559

Dass trotz aller Integrationsbemühungen der Bestand von Sonderschulen auch in nächster Zukunft vermutlich nicht gefährdet ist, ist u. a. auch auf eine überraschende und auf den ersten Blick widersprüchlich erscheinende Entwicklung zurückführbar: Zwar nehmen die Schülerzahlen im Rahmen integrativer Maßnahmen deutlich zu, aber dies trifft auch auf die Schülerzahlen an Sonderschulen zu (www.kmk.org/dossier/sonderschulwesen.pdf; Stand 18.08.06). Auch die inzwischen begrenzten finanziellen Mittel der Schulbürokratie dürften den Bestand an Sonderschulen stützen, ist doch eine Zunahme der schulischen Integration (nicht nur, aber) vor allem mit zusätzlichem sonderpädagogischen Personal in regulären Schulklassen angemessen leistbar. Nicht nur unter Berücksichtigung der Ressourcenknappheit wird die Diskussion um eine adäquate Beschulung behinderter Kinder in letzter Zeit differenzierter geführt, als inzwischen nach flexiblen und schuldurchlässigen Platzierungsentscheidungen gesucht wird, die dem Einzelfall gerecht zu werden versuchen (Gehrmann, 2003). So hat die Vielfalt an individualisierten und integrativ orientierten Förderungsvarianten auffälliger Kinder deutlich zugenommen, wenn allerdings bisher von diesen Neuerungen nur ein Teil der Schülerschaft profitieren konnte.

Auf dem Hintergrund dieser eher nüchternen Ergebnisse und Erfahrungen zur Integration behinderter Kinder in bundesdeutschen Schulen stellt sich die Frage, ob der neuerdings häufiger zitierte und reichlich diffus wirkende Begriff der *Inklusion* (z. B. Merz-Atalik, 2006, S. 258), bei dem es u. a. um die „optimierte Integration", d. h. „um die Entwicklung einer nichtaussondernden Erziehungs- und Bildungslandschaft für alle Kinder" geht, zum jetzigen Zeitpunkt sowohl unter theoretischen als auch praktischen Erwägungen überhaupt Sinn macht, soll an dieser Stelle bezweifelt werden.

1.4 Textfragen zur Verständniskontrolle

1. Wie ist die Sonderpädagogik in der Wissenschaft verortet? Welcher Disziplin ist sie zuzurechnen und warum?
2. Welche generellen Ziele werden in der Sonderpädagogik angestrebt? Welche Ziele halten Sie für besonders wichtig und warum?
3. Welche Probleme entstehen, wenn Sonderpädagogik, Heilpädagogik, Behindertenpädagogik usw. relativ synonym verwendet werden?
4. Welche Bedeutung messen Sie in der Sonderpädagogik den Theorien zu? Warum sind sie wichtig?
5. Warum ist eine Definitionen der Begriffe wie Behinderung oder Sonderpädagogik überhaupt notwendig?
6. Bitte diskutieren Sie ältere und neuere Begriffe zur *Behinderung* hinsichtlich ihrer Bedeutung für die Sonderpädagogik.
7. Selektions- und Förderdiagnostik – zwei sinnvolle Konzepte für die sonderpädagogische Förderung behinderter Schülerinnen und Schüler?

8. Welche Bedeutung messen Sie der ICF für die sonderpädagogischen Diagnostik zu? Warum?
9. Bitte unterscheiden Sie zwischen Frühförderung und kompensatorischer Erziehung.
10. Welche Befunde aus der Präventionsforschung erscheinen Ihnen für die Sonderpädagogik besonders bedeutsam?
11. Welche Interventionen halten Sie für die Sonderpädagogik für besonders bedeutsam, und warum?
12. Worin sehen Sie die Vorteile eines „offenen" bzw. eines „konventionellen" Unterrichts?
13. Welche weiteren Unterrichtskonzepte sind für Schülerinnen und Schüler mit sonderpädagogischem Förderbedarf evt. ebenfalls besonders gut geeignet? Bitte begründen Sie.
14. Was ist unter einem Heterogenitäts-Homogenitäts-Problem zu verstehen?
15. Welche Gründe können Sie anführen, um die schulische Integration behinderter Kinder in regulären Schulen zu forcieren bzw. zu reduzieren? Diskutieren Sie bitte das Für und Wider.

1.5 Literatur

Antor, G. (1985). Legitimationsprobleme sonderpädagogischen Handelns. In U. Bleidick (Hrsg.), *Theorie der Behindertenpädagogik. Handbuch der Sonderpädagogik, Band 1* (S. 235-250). Berlin: Marhold.

Bach, H. (1976). Der Begriff der Behinderung unter dem Aspekt der Multidimensionalität. *Zeitschrift für Heilpädagogik, 27,* 396-404.

Bauersfeld, H. (2003). Wie offen soll offener Unterricht sein? – Erwartungen und Möglichkeiten. In G. Ricken, A. Fritz & C. Hofmann (Hrsg.), *Diagnose: Sonderpädagogischer Förderbedarf* (S. 474-486). Lengerich: Pabst.

Becker, K.-P. & Autorenkollektiv (1984). *Rehabilitationspädagogik* (2. Aufl.). Berlin: VEB Verlag Volk und Gesundheit.

Behindertenbericht (2004). *Bericht der Bundesregierung über die Lage behinderter Menschen und die Entwicklung ihrer Teilhabe.* Bundestagsdrucksache 15/4575.

Benkmann, R. (1994). Dekategorisierung und Heterogenität. Aktuelle Probleme schulischer Integration von Kindern mit Lernschwierigkeiten in den Vereinigten Staaten und in der Bundesrepublik. *Sonderpädagogik, 24,* 4-13.

Biermann, A. & Goetze, H. (2005). *Sonderpädagogik. Eine Einführung.* Stuttgart: Kohlhammer.

Bleidick, U. (1983). *Pädagogik der Behinderten. Grundzüge einer Theorie der Erziehung der behinderten Kinder und Jugendlichen* (4.Aufl.). Berlin: Marhold.

Bleidick, U. (2000a). Das medizinische Modell. In J. Borchert (Hrsg.), *Handbuch der sonderpädagogischen Psychologie* (S. 183-189). Göttingen: Hogrefe.

Bleidick, U. (2000b). Interaktionstheorie. In J. Borchert (Hrsg.), *Handbuch der sonderpädagogischen Psychologie* (S. 189-199). Göttingen: Hogrefe.

Bleidick, U. (2000c). Systemtheoretische Ableitung. In J. Borchert (Hrsg.), *Handbuch der sonderpädagogischen Psychologie* (S. 200-209). Göttingen: Hogrefe.

Bleidick, U. (2000d). Handlungstheoretische Verknüpfung von Theorien der Behinderung. In J. Borchert (Hrsg.), *Handbuch der sonderpädagogischen Psychologie* (S. 222-231). Göttingen: Hogrefe.

Bless, G. (2003). Theoriebildung und Theorieprüfung durch Methoden der empirischen Forschung. In A. Leonhardt & F. B. Wember (Hrsg.), *Grundfragen der Sonderpädagogik. Bildung – Erziehung – Behinderung* (S. 81-100). Weinheim: Beltz.

Bless, G. & Schleenbecker, K. (2007). Die Effekte von Sonderunterricht und Gemeinsamem Unterricht auf die Entwicklung von Kindern mit Lernbehinderungen. In J. Walter & F. Wember (Hrsg.), *Sonderpädagogik des Lernens; Reihe Handbuch Sonderpädagogik, Band 2*. Göttingen: Hogrefe (im Druck).

Borchert, J. & Schuck, K. D. (1992). *Modellversuche zum Förderungsbereich Behinderte Kinder und Jungendliche. Bund-Länder-Kommission für Bildungsplanung und Forschungsförderung. Heft 29*. Bonn: Materialien zur Bildungsplanung und Forschungsförderung.

Breitenbach, E. (2005). Einführung in die pädagogisch-psychologische Diagnostik. In S. Ellinger & R. Stein (Hrsg.), *Grundstudium Sonderpädagogik* (S. 114-141). Oberhausen: Athena.

Bronfenbrenner, U. (1974). *Wie wirksam ist kompensatorische Erziehung?* Stuttgart: Klett.

Deutscher Bildungsrat (1973). *Empfehlungen der Bildungskommission. Zur pädagogischen Förderung behinderter und von Behinderung bedrohter Kinder und Jugendlicher*. Bonn: Bundesdruckerei.

Dilling, H., Mombour, W. & Schmidt, M.H. (2004). *Internationale Klassifikation psychischer Störungen: Klinisch-diagnostische Leitlinien*. Bern: Huber.

DIMDI. Deutsches Institut für medizinische Dokumentation und Information. (Hrsg.). (2004). *ICF Internationale Klassifikation der Funktionsfähigkeit, Behinderung und Gesundheit*. Köln: DIMDI.

Einsiedler, W. & Treinies, G. (1985). Zur Wirksamkeit von Lernspielen und Trainingsmaterialien im Erstleseunterricht. *Psychologie in Erziehung und Unterricht, 32*, 21-27.

Gehrmann, P. (2003). Die Allgemeine Schule als Lernort für alle Kinder und Jugendlichen. In A. Leonhardt & F. B. Wember (Hrsg.), *Grundfragen der Sonderpädagogik. Bildung – Erziehung – Behinderung* (S. 711-742). Weinheim: Beltz.

Godenzi, L. (2005). Vorwort. In H. Dohrenbusch, L. Godenzi & B. Boveland (Hrsg.), *Differentielle Heilpädagogik* (S. 13-15). Luzern: SZH.

Haeberlin, U. (2003). Wissenschaftstheorie für die Heil- und Sonderpädagogik. In A. Leonhardt & F. B. Wember (Hrsg.), *Grundfragen der Sonderpädagogik. Bildung – Erziehung – Behinderung* (S. 58-80). Weinheim: Beltz.

Hallahan, D. P. & Kauffman, J. M. (1994). *Exceptional Children. Introduction to Special Education.* Massachusetts: Needham Heights.

Hardman, M. L., Drew, C. F. & Egan, M. W. (2006). *Human Exceptionlity. School, Community, and Family* (Update Edition). Boston: Allyan & Bacon.

Hartke, B. (2000). Verhaltensstörungen. In J. Borchert (Hrsg.), *Handbuch der sonderpädagogischen Psychologie* (S. 453-463). Göttingen: Hogrefe.

Hartke, B. (2005). Schulische Prävention – welche Maßnahmen haben sich bewährt? In S. Ellinger & M. Wittrock (Hrsg.), *Sonderpädagogik in der Regelschule. Konzepte – Forschung – Praxis* (S. 211-37). Stuttgart: Kohlhammer.

Hartke, B. & Borchert, J. (2003). Unterrichtsbeteiligung. *Sonderpädagogik, 33*, 162-173.

Hofmann, C. (2003). Förderdiagnostik zwischen Konzeption und Rezeption. In G. Ricken, A. Fritz & C. Hofmann (Hrsg.), *Diagnose: Sonderpädagogischer Förderbedarf* (S. 106-115). Lengerich: Pabst.

Jantzen, W. (1974). *Sozialisation und Behinderung. Studien zu sozialwissenschaftlichen Grundfragen der Behindertenpädagogik.* Gießen: Focus.

Klauer, K. J. (2000). Forschungsperspektiven der Sonderpädagogischen Psychologie. In J. Borchert (Hrsg.), *Handbuch der sonderpädagogischen Psychologie* (S. 993-999). Göttingen: Hogrefe.

KMK (Hrsg.). (1994). *Empfehlungen zur sonderpädagogischen Förderung in der Bundesrepublik Deutschland.* Bonn - Bad Godesberg.

KMK (2003). *Statistische Veröffentlichungen der Kultusministerkonferenz: Sonderpädagogische Förderung in den Schulen 1993 bis 2002. Dokumentation Nr. 170 vom Dezember 2003.* Bonn: Eigenverlag.

Kornmann, R., Meister, H. & Schlee, J. (Hrsg.). (1983). *Förderungsdiagnostik. Konzept und Realisierungsmöglichkeiten.* Heidelberg: Schindele.

Kulig, W. (2005). Behinderung als zentraler Begriff. In G. Opp, W. Kulig & K. Puhr (Hrsg.), *Einführung in die Sonderpädagogik* (S.35-46). Wiesbaden: VS Verlag für Sozialwissenschaften.

Langfeldt, H.-P. (1988). Sonderpädagogische Diagnostik: Allgemeine Grundlagen und Funktionen. *Sonderpädagogik, 18*, 67-76.

Langfeldt, H.-P. & Wember, F. B. (1994). 30 Jahre HEILPÄDAGOGISCHE FORSCHUNG: Bestandsaufnahme und inhaltsanalytische Reflexionen. *Heilpädagogische Forschung, 20*, 187-198.

Manser, R. (2005). ICF und ihre Anwendung in der Heilpädagogik. In H. Dohrenbusch, L. Godenzi & B. Boveland (Hrsg.), *Differentielle Heilpädagogik* (S. 25-54). Luzern: SZH.

Merz-Atalik, K. (2006). Integration und Inklusion. In G. Hansen & R. Stein (Hrsg.), *Kompendium Sonderpädagogik* (S. 248-260). Bad Heilbrunn: Klinkhardt.

Mühl, H. (2000). Geistige Behinderungen. In J. Borchert (Hrsg.), *Handbuch der sonderpädagogischen Psychologie* (S. 474-484). Göttingen: Hogrefe.

Opp, G., Fingerle, M. & Freytag, A. (1999). (Hrsg.). *Was Kinder stärkt. Erziehung zwischen Risiko und Resilienz.* München: Reinhardt.

Perleth, C. (2003). Grundlagen der sonderpädagogischen Diagnostik. In A. Leonhardt & F. B. Wember (Hrsg.), *Grundfragen der Sonderpädagogik. Bildung – Erziehung – Behinderung* (S. 166-190). Weinheim: Beltz.

Petermann, U. & Petermann, F. (2006). Zum Stellenwert sonderpädagogischer Förderdiagnostik. In U. Petermann & F. Petermann (Hrsg.), *Diagnostik sonderpädagogischen Förderbedarfs* (S. 1-15). Göttingen; Hogrefe.

Roeder, B. & Masendorf, F. (1980). Zum Einsatz von Fördermaterialien und Lernspielzeugen bei leistungsschwachen Kindern – Eine Untersuchung im 2. Schuljahr. In G. O. Kanter & F. Masendorf (Hrsg.), *Unterricht und Unterrichtskontrolle* (S. 69-90). Berlin: Marhold.

Runow, V. & Borchert, J. (2003). Effektive Interventionen im sonderpädagogischen Arbeitsfeld – ein Vergleich zwischen Forschungsbefunden und Lehrereinschätzungen. *Heilpädagogische Forschung, 29,* 189-203.

Sander, A. (1988). Behinderungsbegriffe und ihre Konsequenzen für die Integration. In H. Eberwein (Hrsg.), *Behinderte und Nichtbehinderte lernen gemeinsam. Handbuch der Integrationspädagogik* (S. 75-82). Weinheim: Beltz.

Sarimski, K. (2000). Frühförderung. In J. Borchert (Hrsg.), *Handbuch der sonderpädagogischen Psychologie* (S. 304-313). Göttingen: Hogrefe.

Saß, H., Wittchen, H.-U. & Zaudig, M. (2003). *Diagnostisches und Statistisches Manual Psychischer Störungen – Textrevision – (DSM-IV-TR).* Göttingen: Hogrefe.

Scheithauer, H., Niebank, K. & Petermann, F. (2000). Biopsychosoziale Risiken in der frühkindlichen Entwicklung: Das Risiko- und Schutzfaktorenkonzept aus entwicklungspsychopathologischer Sicht. In F. Petermann, K. Niebank & H. Scheithauer (Hrsg.), *Risiken in der frühkindlichen Entwicklung. Entwicklungspathologie der ersten Lebensjahre* (S. 65-100). Göttingen: Hogrefe.

Schlee. J. (1984). Immunisierung in der Sonderpädagogik. *Vierteljahresschrift für Heilpädagogik und ihre Nachbargebiete, 53,* 125-138.

Schlee, J. (2004). Lösungsversuche als Problem. Zur Vergeblichkeit der so genannten Förderdiagnostik. In W. Mutzeck & P. Jogschies (Hrsg.), *Neue Entwicklungen in der Förderdiagnostik* (S. 23-38). Weinheim: Beltz.

Sozialgesetzbuch I (1975). Bundesgesetzblatt I.

Speck, O. (1977). *Frühförderung entwicklungsgefährdeter Kinder.* Stuttgart: Reinhardt.

Spiess, I. & Struve, K. (2007). Berufliche Integration von Personen, die in einer Werkstatt für behinderte Menschen tätig waren und in der Regel weder lesen noch schreiben können. In H. Schöler & A. Welling (Hrsg.), *Sonderpädagogik der Sprache; Reihe Handbuch Sonderpädagogik, Band 1.* Göttingen: Hogrefe (im Druck).

Stein, R. (2006). Beeinträchtigungen und Behinderungen. In G. Hansen & R. Stein (Hrsg.), *Kompendium Sonderpädagogik* (S. 9-24). Bad Heilbrunn: Klinkhardt.

Tent, L. (1985). Grundlagen und Funktion einer Allgemeinen Theorie der Behindertenpädagogik. *Heilpädagogische Forschung, 12* (2), 131-150.

Topsch, W. (1975). *Grundschulversagen und Lernbehinderung.* Essen: Neue Deutsche Schule.

Turnbull, A., Turnbull, R. & Wehmeyer, M. L. (2007). *Exceptional lives. Special education in today's school.* Englewood Cliffs, N.J.: Prentice-Hall.

Vernooij, M. A. (2005). Grundlagen einer Allgemeinen Heil- und Sonderpädagogik. In S. Ellinger & R. Stein (Hrsg.), *Grundstudium Sonderpädagogik* (S. 76-113). Oberhausen: Athena.

Walter, J. (2002). „Einer flog übers Kuckucksnest" oder welche Interventionsformen erbringen im sonderpädagogischen Feld welche Effekte? Ergebnisse ausgewählter US-amerikanischer Meta- und Megaanalysen. *Zeitschrift für Heilpädagogik, 53,* 442-450.

Wember, F. (2000). Kompensatorische Erziehung. In J. Borchert (Hrsg.), *Handbuch der sonderpädagogischen Psychologie* (S. 314-324). Göttingen: Hogrefe.

Wember, F. B. (2001). Adaptiver Unterricht. *Sonderpädagogik, 31,* 161-181.

Wember, F. B. (2003). Bildung und Erziehung bei Behinderungen – Grundfragen einer wissenschaftlichen Disziplin im Wandel. In A. Leonhardt & F. B. Wember (Hrsg.), *Grundfragen der Sonderpädagogik. Bildung – Erziehung – Behinderung* (S. 12-57). Weinheim: Beltz.

Wocken, H. (1996). Sonderpädagogischer Förderbedarf als systemischer Begriff. *Vierteljahreszeitschrift für Sonderpädagogik, 26,* 34-38.

World Health Organization (1980). *International classification of Impairments, Disabilities, and Handicaps: A Manual of Classification Relating to the Consequences of Diseases.* Genf: World Health Organization.

World Health Organization (2000). *ICDH-2: Internationale Klassifikation der Funktionsfähigkeit und Behinderung.* Genf: World Health Organization.

2 Blindheit und Sehbehinderung

Sven Degenhardt

2.1 Einführung in die Thematik

Lässt man in einer entwickelten zentraleuropäischen Gesellschaft den Assoziationen zum Begriff „blind" freien Lauf, werden mit hoher Wahrscheinlichkeit zuerst die Pole bedient, die auch in anderen Kulturen bzw. in vergangenen Zeiten die Spannungen verdeutlich(t)en, in denen blinde Menschen ihren Platz in der Gesellschaft einnehmen bzw. einnehmen mussten: Auf der einen Seite entsteht das Bild vom hilflosen, insbesondere orientierungslosen Menschen, der Unsicherheit erzeugt und Mitleid oder sogar Ablehnung – in all seinen Abstufungen – erfährt. Auf der anderen Seite der Assoziation entsteht aber auch das glänzende, heroische Bild vom blinden Seher bzw. Philosophen, der eben wegen seiner Blindheit in der Lage ist, unabhängig von visuellen Verführungen der Welt in das Innerste, das Wesentliche der Dinge vordringen zu können. Blind-Sein ist darüber hinaus auf der assoziativen Ebene gleichbedeutend mit Nichts-Sehen und dies wiederum mit Besser-Tasten-und-Hören-Können. Bestätigt werden diese vermeintlich positiven Zuschreibungen durch die Präsenz einer großen Anzahl erfolgreicher und berühmter blinder Musikerinnen und Musiker im offiziellen Gedächtnis unserer Gesellschaft – ob Ray Charles, Stevie Wonder, Wolfgang Sauer, Corinna May, Andrea Bocelli oder Jeff Healey – jede Generation und jedes Musikgenre hat hierfür Beispiele. Aber blinde Menschen hören doch nicht wirklich besser – oder? Je intensiver das Nachdenken über das Phänomen des Nicht-Sehens wird, je stärker die Assoziation durch Nachdenken, Abwägen, durch emotionale und rationale Fakten aufgeweicht wird, um so deutlicher kommen Symbole in den Fokus des Bildes vom blinden Menschen: der weiße Blindenlangstock, der Blindenführhund, die technisch beeindruckende Braille-Zeile und die Sprachausgabe für den PC ... Blindheit wird in einer modernen Industrie- und Dienstleistungsgesellschaft immer mehr zu einer Herausforderung für die Technik. Genau an dieser Stelle lauert eine Gefahr: technische High-Tech-Hilfsmittel befreien die Gesellschaft nicht von der Auseinandersetzung mit ihrer eigenen Unzulänglichkeit im Umgang mit blinden Menschen. Nur die technische Möglichkeit, Texte aus dem Internet via Braille-Zeile für blinde Leser lesbar zu machen, „erlöst" die Gesellschaft nicht von der Verantwortung, das gedruckte Blindenpunktbuch zu erschwinglichen Preisen anzubieten. Gleiches gilt für die pädagogische Seite. Eine Blinden- und Sehbehindertenpädagogik darf in der öffentlichen Wahrnehmung nicht zur Summe aus einer (im Extrem sogar lediglich durch Proklamation hergestellten) „Schule-für-alle" und einer Vielzahl teurer und hochtechnologischer Hilfsmittel für das blinde Kind werden. Eine derart (miss-)verstandene inklusive Pädagogik verkennt die Spezifik und die Notwendigkeiten einer Diagnostik und Förderung im Bereich des Sehens.

2.2 Definitionen und Klassifikationen

Für das Verständnis einer Blinden- und Sehbehindertenpädagogik sind Definitionen von „Blindheit" und „Sehbehinderung" unerlässlich – auf jeden Fall ein geeigneter Einstieg in die Diskussion. Als Oberbegriff wird in der Fachliteratur oft der Begriff der Sehschädigung genutzt. In der Alltagssprache hat sich dieser Oberbegriff jedoch nie wirklich durchsetzen können.

Auf die Frage nach einer Definition von „Blindheit" und „Sehbehinderung" kann nicht eindeutig geantwortet werden; genaugenommen muss diese Frage sogar mit einer oder mit mehreren Gegenfragen beantwortet werden. Es ist zu fragen, in welchem Verwertungszusammenhang „Blindheit" und „Sehbehinderung" definiert werden soll, welcher Zeitbezug gilt und in welcher Kultur bzw. in welchem Gesellschaftsbezug eine derartige Definition vorgenommen werden soll.

2.2.1 Zeit-, Kultur- und Gesellschaftsbezug

Fromm und Schmöger (1979, S. 501ff.) zeigen in der vergleichenden Zusammenfassung der Definitionsvarianten im deutschen Sprachraum seit dem Ende des 19. Jahrhunderts eine widerspruchsvolle Landschaft auf, die von der extremen Variante, wonach nur lichtlose, amaurotische Menschen als blind bezeichnet werden dürfen, bis hin zu Grenzwertdiskussionen um die Visusgrenze von 1/20 oder 1/25 reicht. Lediglich die Idee einer visusbezogenen Stufeneinteilung scheint breit konsensfähig. Historische Eckpunkte werden zumeist durch Gesetzgebungen festgelegt: ob Sozial- oder Bildungsgesetze – je nach Verwertungszusammenhang ist „gesetzlich blind" nach und vor dem Inkrafttreten des Sozialgesetzbuches (bzw. gravierender Änderungen darin) anders umschrieben. Gleiches gilt für die Definition von „blind" in pädagogischem Kontext vor und nach dem Erscheinen der entsprechenden Empfehlungen der Kultusministerkonferenz. Unter kulturellem Blickwinkel fällt auf, dass im internationalen Vergleich ein durchweg heterogenes Bild entsteht. Auch bedingt durch die soziale Brisanz einer Begriffsbestimmung für „Blindheit" liegt die „Versuchung" nahe, dass Sozial- und Gesundheitsstatistiken durch die Änderung von Grenzwerten schneller und unkomplizierter in einem erfolgreichen Licht dargestellt werden können, als nach jahrelangen, mühevollen und Ressourcen verbrauchenden Initiativen (zum Lösungsansatze für dieses Problem durch die World Health Organization (WHO), s. u. zur ICF). Eine weitere (quasi-) kulturelle Besonderheit stellt die Frage dar, wie blinde Menschen selbst „Blindheit" definieren. Schöffler nimmt dazu 1956 den extremen Standpunkt ein: „Blind ist die Person, die nicht mehr sehen kann. ... Für eine korrekte Begriffsbestimmung gibt es ebensowenig ‚noch etwas sehende Blinde', wie es ‚noch etwas lebende Tote' gibt" (1956, S. 36f.). Dass dies ebenso wenig tauglich ist für soziale und pädagogische Aufgabenstellungen, wie das Unbehagen im Umgang mit konzeptionellen Einordnungen, nach der „Blindheit" z. B. eine Unterkategorie von „Behinderung" ist, soll nicht über die Bedeutung einer Diskussion dieser Fragestellungen mit Betroffenen hinwegtäuschen.

2.2.2 Verwendungszusammenhang – rechtlicher Aspekt

Auch im rechtlichen Rahmen sind die Bezugsquellen für eine Definition von „Blindheit" und „Sehbehinderung" breit und vielfältig; im Kern ist es das Sozialgesetzbuch (hier vor allem SGB IX und XII). Aber auch das Behindertengleichstellungsgesetz, das Einkommensteuergesetz, Gesetze zum Gesundheitswesen und zum Landesblindengeld treffen rechtliche Regelungen im Zusammenhang mit Blindheit und Sehbehinderung. Im Zentrum des Interesses steht jedoch die „Einstufung" des Grades der Behinderung für den Schwerbehindertenausweis.

„Ab wann gilt jemand als ‚blind' oder ‚hochgradig sehbehindert'? Vereinfacht dargestellt gilt:
- als sehbehindert, Merkzeichen G und B, wer auf dem besseren Auge trotz Brille eine Sehschärfe von nicht mehr als 1/3 der normalen Sehkraft besitzt, (vgl. § 1 VO zu Paragraph 47 BSHG),
- als hochgradig sehbehindert (Merkzeichen H): wer ... nicht mehr als 1/20 besitzt, (vgl. Nr. 23 (5) AHP),
- als blind (Merkzeichen Bl), wer... nicht mehr als 1/50 besitzt. (vgl. Nr. 23 (2) AHP).

Blindheit kann aber auch bei einer besseren Sehschärfe vorliegen, wenn das Gesichtsfeld beeinträchtigt ist" (DBSV, 2004, S. 11).

Die hierbei genannten „Anhaltspunkte für die ärztliche Gutachtertätigkeit im sozialen Entschädigungsrecht und nach dem Schwerbehindertenrecht" (AHP) stellen seit 1916 Beurteilungskriterien für die Gutachterinnen und Gutachter zur Verfügung. Die AHP besitzen keine Rechtsnormqualität, konkretisieren jedoch die medizinischen Voraussetzungen für die Inanspruchnahme von Nachteilsausgleichen (s. u. a. http://www.anhaltspunkte.de/ und http://anhaltspunkte.vsbinfo.de/).

2.2.3 Verwendungszusammenhang – medizinischer Aspekt

Als zentraler Wert, der das physiologische Sehen beschreibt, gilt der Fernvisus. Der Visus ist der Quotient aus der Entfernung, in der ein Zeichen erkannt wird und der Entfernung, aus der dieses Zeichen erkannt werden müsste. Bei einer Sehbehinderung liegt der Visus bei optimaler Refraktionskorrektur zwischen 1/3 bis 1/20. Bei einer hochgradigen Sehbehinderung liegen die Werte zwischen 1/20 und 1/50; bei Blindheit muss auf dem besseren Auge 1/50 oder weniger messbar sein. In der klassischen Betrachtung werden den Daten zum Visus noch Angaben über das Gesichtsfeld beigefügt. Dass dieses Wertepaar im seltensten Falle die Funktionen der visuellen Wahrnehmung beschreiben kann, wie es leider in nach Praktikabilität ausgerichteter sozialrechtlicher Verknappung den Anschein haben könnte, ist in der modernen Ophthalmologie unumstritten. So skizzieren Zihl und Priglinger (2002) die sensorischen und okulomotorischen Funktionen und Leistungen der visuellen Wahrnehmung (nachfolgend kursiv gesetzt) und ihre Bedeutung (in Klammern) in folgender Auflistung: *Akkommodation* (Kontrastsehen, Sehschärfe; Formsehen), *Konvergenz* (Binokularsehen, Stereopsis), *Sakkaden* (Transport der Fovea zu Blickzielen, Abtasten von Objekten, Gesichtern und Szenen usw.), *Folgebewegungen* (Fixieren eines bewegten Objekts), *Optokinetischer Nystagmus/Vestibulookulärer Reflex* (visuelle Stabilisierung der visuellen Wahrnehmung bei

Eigenbewegung), *Gesichtsfeld* (Überblick, Entdecken und Lokalisieren von Reizen, Simultansehen), *räumliche Kontrastsensitivität* (räumliche Auflösung von Formdetails, Sehschärfe, Stereosehschärfe), *Sehschärfe* (Form-, Entfernungssehen), *Farbsehen* (Objekterkennung), *Raumsehen* (Abstands- und Entfernungswahrnehmung), *Formsehen* (Objekt-, Gesichter- und Szenenwahrnehmung, Lesen), *Objektwahrnehmung* (Erkennen/Wiedererkennen von Objekten) und *Gesichterwahrnehmung* (Erkennen/Wiedererkennen von Gesichtern und Personen [einschließlich des eigenen Gesichts]) (vgl. S. 24).

2.2.4 Verwendungszusammenhang – pädagogischer Aspekt

Eine klassische, wenngleich nicht widerspruchsfrei und unbegrenzt funktionstüchtige Einteilung im schulischen Kontext war die Schriftfrage: Als blind galt, wer Punktschrift nutzte, als sehbehindert, wer unter Einsatz von Hilfsmitteln Schwarzschrift lesen konnte. In der aktuellen Empfehlung zum Förderschwerpunkt Sehen werden die Ausprägungen von Beeinträchtigungen des Sehens im pädagogischen Kontext wie folgt definiert: „Blinde Kinder und Jugendliche können nicht oder nur in sehr geringem Maße auf der Grundlage visueller Eindrücke lernen. Sie nehmen Informationen aus der Umwelt insbesondere über das Gehör und den Tastsinn sowie über die Sinne der Haut, des Geruchs und des Geschmacks auf. ... Kinder und Jugendliche mit einer Sehbehinderung können ihr eingeschränktes Sehvermögen nutzen. Sie sind in vielen Situationen auf spezielle Hilfen angewiesen. Sie bedürfen besonderer Anleitung, sonderpädagogischer Förderung und technischer Hilfen" (Kultusministerkonferenz, 1998/2000, S. 179).

Sowohl die Komplexität physiologischer Kategoriesysteme als auch die oben beschriebene KMK-Klassifikation eignen sich jedoch nicht, eine auf die Überwindung von Partizipationsbarrieren ausgerichtete und der Idee des Anspruchs auf Selbstbestimmung verpflichtete Blinden- und Sehbehindertenpädagogik auszuformen. Die dazu elementar notwendige zentrale Platzierung des Gedankenansatzes der Teilhabe verweist auf das Klassifikationssystem der WHO von 2001, die Internationale Klassifikation der Funktionsfähigkeit, Behinderung und Gesundheit (International Classification of Functioning, Disability and Health – ICF). Die ICF, entwickelt mit dem Ziel, eine „Mehrzweckklassifikation für verschiedene Disziplinen und Anwendungsbereiche" zu sein, bietet nicht nur die Möglichkeiten für Datenvergleiche zwischen Ländern, Disziplinen und Rahmenvorgaben für Forschungsdesigns z. B. im Kontext von Erhebungen zur Lebensqualität, sondern empfiehlt sich auch als pädagogisches Instrument für die Curriculumentwicklung und die Schaffung von Problembewusstsein (vgl. WHO, 2001/2005, S. 11). In allen Domänen der ICF lassen sich exponiert Beispiele für Kategorien finden, die in direktem Zusammenhang mit einer Operationalisierung der Beschreibung der Lebenssituation eines blinden oder sehbehinderten Menschen stehen bzw. stehen könnten. Folgend eine kleine Auswahl:

Körperfunktionen

„b210 Funktionen des Sehens (Sehsinn)

Sinnesfunktionen bezüglich der Wahrnehmung von Licht sowie von Form, Größe, Gestalt und Farbe des visuellen Reizes

Inkl.: Die Sehschärfe betreffende Funktionen; das Gesichtsfeld betreffende Funktionen; Qualität des Sehvermögens; Licht- und Farbwahrnehmung, Sehschärfe bei Weit- und Nahsicht, einäugiges (monoculares) und beidäugiges (binoculares) Sehen; Bildqualität; Funktionsstörungen wie Kurzsichtigkeit (Myopie), Weitsichtigkeit (Hypermetropie), Hornhautverkrümmung (Astigmatismus), Halbseitenblindheit (Hemianopsie), Farbenblindheit, Tunnelsehen, zentrale oder periphere Gesichtsfeldausfälle (Skotome), Doppelbilder (Diplopie), Nachtblindheit, Hell- Dunkeladaptation" (WHO, 2001/2005, S. 60).

Körperstrukturen

„s220 Struktur des Augapfels (Bulbus)" (WHO, 2001/2005, S. 87).

Aktivitäten und Partizipation [Teilhabe]

„d920 Erholung und Freizeit

Sich an allen Formen des Spiels, von Freizeit- oder Erholungsaktivitäten zu beteiligen, wie an Spiel und Sport in informeller oder organisierter Form, Programmen für die körperliche Fitness, Entspannung, Unterhaltung oder Zerstreuung; Kunstgalerien, Museen, Kino oder Theater besuchen, Handarbeiten machen und Hobbys frönen, zur Erbauung lesen, Musikinstrumente spielen; Sehenswürdigkeiten besichtigen, Tourismus- und Vergnügungsreisen machen" (WHO, 2001/2005, S. 121).

Umweltfaktoren

„e1251 Hilfsprodukte und unterstützende Technologien für die Kommunikation

Angepasste oder speziell entworfene Ausrüstungsgegenstände, Produkte und Technologien, die Menschen helfen, Informationen zu senden und zu empfangen, wie optische und optisch-elektronische Geräte, Spezialschreib-, -zeichen- oder -handschreibgeräte, Signalsysteme sowie spezielle Computersoftware und -hardware, Cochlear-Implantate, Hörgeräte, FM-Hörtrainer, Stimmprothesen, Kommunikationstafeln, Brillen und Kontaktlinsen" (WHO, 2001/2005, S. 126).

Die ICF-Klassifikation generiert seit der Veröffentlichung 2001 die Aufgabe, hinsichtlich konkreter Einsatzfelder spezifiziert zu werden. Unter Beibehaltung der grundlegenden Struktur erfolgen aktuell „ICF-Versionen", so z. B. die ICF-VI (visual impairment) und die ICF-Children (im aktuellen Arbeitsstand interaktiv unter http://www3.who.int/icf/onlinebrowser/icf.cfm nutzbar). In der ICF-Children werden Lücken geschlossen bzw. Unschärfen abgebaut. So ist der in der ICF ausgesprochen kurze Passus zur Schulbildung,

„d820 Schulbildung

Die Zulassung zu Schule und Bildung zu erlangen, an allen schulbezogenen Pflichten und Rechten teilzuhaben und die Lehrgangsstoffe, -inhalte und andere curriculare Anforderungen der Programme der Primar- und Sekundarstufenbildung zu erlernen einschließlich regelmäßig am Unterricht teilzunehmen, mit anderen Schülern zusammenzuarbeiten, Anweisungen der Lehrer zu befolgen, die zugewiesenen Aufgaben und Projekte zu organisieren, zu lernen und abzuschließen und zu anderen Stufen der Bildung fortzuschreiten" (WHO, 2001/2005, S. 118), in der ICF-Children wie folgt ergänzend unterteilt:

„d8200 Moving into educational program or across levels
Performing activities of gaining access to school and transitioning from one stage of school to another
d8201 Attending educational program
Performing activities of attending school and school activities such as attending classes
d8202 Adjusting to educational program
Performing activities of adjusting to school such not disrupting class, interacting with peers and teachers and fulfilling the duties and requirements of being a student
d8203 Succeeding in educational program
Performing activities of completing a course, exam or another evaluation process relevant to obtaining an education
d8204 Performing activities of leaving school to enter work, employment or other domains of adult life" (http://www3.who.int/icf/onlinebrowser/icf.cfm, 29.12.2006).

Auch wenn die ICF selbst nicht bruchfrei auf das Kindesalter abzielt, die „Kinder-ICF" in vielen Punkten derzeit die Erwartungen einer Spezifizierung nicht erfüllen kann und eine – auch konzeptionell nicht vorgesehene – eindimensionale Nutzung als diagnostisches Instrument scheitert, scheint eine Intensivierung der Auseinandersetzung mit der ICF in bundesdeutschen behindertenpädagogischen Diskussionen überfällig. „Die enge Verknüpfung von Körperfunktionen und -strukturen, Aktivität und Partizipation mit den Umweltfaktoren bietet die Möglichkeit, den Blick von der Schädigung hin zu den Faktoren im Umfeld zu lenken, die für pädagogische Maßnahmen Interventionsmöglichkeiten bieten. Die Auseinandersetzung mit den Umweltfaktoren muss für jede Situation neu bestimmt werden. Hier zeigt sich eine besondere Stärke der ICF: Da bei der Erfassung des Förderbedarfs verschiedene Bereiche in die Analyse einfließen, kann mit der ICF jeder Bereich speziell für sich auf die förderlichen oder hinderlichen Faktoren untersucht werden bzw. der Anwender ist durch die Struktur der ICF nahezu gezwungen, eine genaue Analyse der zu untersuchenden Bereiche durchzuführen. Jede Komponente muss in Kombination mit den Umweltfaktoren kodiert werden" (Borgwarth, 2003, S. 63f.). Eine Ergänzung qualifizierter Diagnostik im Sinne einer Kind-Umfeld-Analyse durch ICF-Kodierungen erscheint dringend geboten. Eine weitere Konsequenz der ICF wird derzeit auf dem Gebiet der Diskussionen um das Selbstverständnis der Blinden- und Sehbehindertenpädagogik deutlich. „Die zentrale Positionierung der Kategorien der Teilhabe (in konsequenter Folge u. a. der Positionen der ICF und der bundesdeutschen Sozialgesetzgebung) und des Anspruchs der Selbstbestimmung, verbunden mit der Abwendung einer Orientierung an der Sehschädigung des Kindes oder des Jugendlichen hin zu einer Kontextgestaltung des Lern- und Lebensraumes, sind Kernpunkte eines zeitgemäßen wissenschaftlichen Konzeptes einer Pädagogik bei Beeinträchtigungen des Sehens" (Degenhardt, 2004, S. 315).

Einen weiteren wesentlichen Lösungsansatz für das Problem, dass ein Visusbezug i.e.S. oder ein ophthalmologischer Bezug i.w.S. allein nicht ausreichend für das Beschreiben der Begriffe „Blindheit" und „Sehbehinderung" im pädagogischen Rahmen sein kann, ist der Ansatz von Lea Hyvärinen. Durch eine Orientierung an Sehfunktionen gelingt es hierbei, kind- und aufgabenbezogen diagnostisch und pädagogisch zu agieren. „Bei der Untersuchung der Schulkinder und der Erwachsenen sind die folgenden vier Bereiche der Sehfunktionen von Bedeutung:

1. Kommunikation (sowohl von Person zu Person als auch in der Gruppe),
2. Orientierung und Mobilität (der gesamte Bereich ‚Wahrnehmung und Bewegung'),
3. Lebenspraktische Fertigkeiten oder Alltagspraktische Fertigkeiten und
4. Aufgaben, die ein länger andauerndes Sehen in der Nähe erfordern, z. B. Lesen und Schreiben (auf englisch ‚sustained near vision tasks')" (Hyvärinen, o. J.).

Je nach Ausprägung der Sehschädigung kann es einen individuellen Bedarf in diesen Bereichen aus den klassischen Feldern „Blinden-", „Sehbehinderten-", „Sehendentechniken" in Abhängigkeit von konkreten Sehbedingungen geben. Dem Modell folgend werden also auch pädagogische Entscheidungen am konkreten Kind und den dazugehörigen (Lern-)Aufgaben und nicht an einer abstrakten Kategorie „blind" oder „sehbehindert" ausgerichtet.

Zur modellhaften Verdeutlichung sollen die Abb. 2.1-2.4 dienen; zuvor jedoch ein kurzer Einschub zu Sinn und zu Grenzen derartiger Simulationsbilder. Simulationsbilder können – so das erklärte Ziel und die Erfahrungen in der Öffentlichkeitsarbeit – Annäherung schaffen, Verständnis wecken und vor allem Gesprächsanlass sein. Sie können nie ein (Ab-)Bild der tatsächlichen visuellen Eindrücke vermitteln. So ist es einem vollsichtigen Betrachter bei einem durch ein Bild simulierten Zentralskotom möglich, an dem Skotom vorbei zu fixieren. Eine betroffene Person „zieht" das Skotom jedoch bei einer Fixation immer mit. Auch sind die in der Simulation gewählten schwarzen oder grauen Flächen „in natura" Nichts. Denn auch am äußeren Ende des intakten Gesichtsfeldes sehen vollsichtige Menschen nicht etwa einen schwarzen oder grauen Rand – sie sehen „Nichts"... Dennoch können die Abb. 2.1-2.4 Folgendes zur Diskussion beitragen.

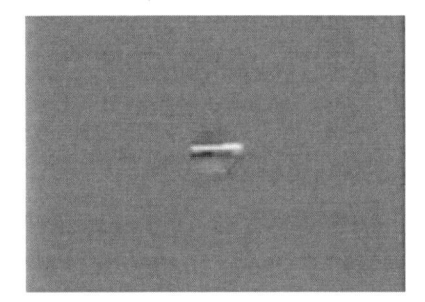

Abbildung 2.1: Simulation „Röhrenblick" – Arbeitsplatz

Abbildung 2.2: Simulation „Röhrenblick" – Schrift

Abbildung 2.3: Simulation „Zentralskotom" – Arbeitsplatz

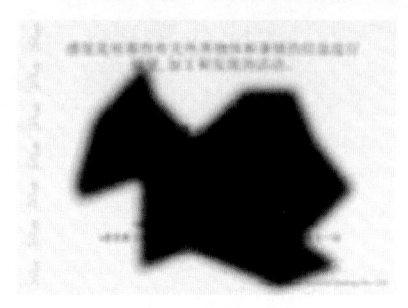

Abbildung 2.4: Simulation „Zentralskotom" – Schrift

Während die fiktive Person mit „Röhrenblick" (Abb. 2.1 und 2.2) im Bereich der Mobilität wahrscheinlich einen hohen Bedarf an Blindentechniken hat, kann dieselbe Person ohne Blindentechniken (Braille) und ggf. sehbehindertenspezifischen Hilfsmittel und Lesestrategien Schwarzschrift lesen. Demgegenüber wird die fiktive Person mit „Zentralskotom" (Abb. 2.3 und 2.4) im Bereich der Mobilität wahrscheinlich geringen bis keinen Bedarf an Blindentechniken haben (wohingegen sehbehindertenspezifische Methoden angezeigt sind). Beim Lesen besteht ein Vergrößerungsbedarf; mit sehbehindertenspezifischen Hilfsmitteln und entsprechenden Lesestrategien wird das Lesen von Schwarzschrift möglich sein. Klare Entscheidungen über Lehr- und Lernstrategien, Hilfsmittel und spezifisches Methodenwissen sind jedoch nur nach einer intensiven, fachgerechten Diagnostik möglich (s. Kapitel 2.5). Festschreibungen auf die Kategorien „blind" oder „sehbehindert" helfen hier nicht weiter. Eine Trennung der beiden Kategorien scheint im pädagogischen Kontext kaum noch von signifikant trennender Bedeutung; die Bezeichnung „Pädagogik bei Beeinträchtigungen des Sehens", eine KMK-Empfehlung zum Förderschwerpunkt Sehen usw. verweisen auf eine zunehmende Umsetzung dieses Gedankenganges. Die Energie, die jahrelang in die Debatte, wo und wie getrennt werden könnte, investiert wurde, kann nunmehr – so eine Hoffnung – in eine exakte Diagnostik- und Förderplanung eingehen.

2.3 Verbreitung

Die epidemiologischen Daten zu Blindheit und Sehbehinderung sind, den o. g. Kategorisierungsproblemen folgend, weltweit nicht konsistent. Die WHO hat in ihrer Erhebung im Jahr 2002 die Zahl der blinden Menschen weltweit mit 37 Millionen beziffert; das sind 0,59 % der Weltbevölkerung (vgl. WHO, 2004). Nach dieser Erhebung gelten 124 Millionen Menschen (2 %) als sehbehindert. Die geografische Verteilung sowie die Verteilung der Erblindungsursachen verweisen auf ein globales Problem: In Süd-Ost-Asien leben 32 % der blinden Menschen, in der Westpazifischen Region weitere 25 % und in Afrika 18 %. Diese drei Regionen konstituieren also allein zwei Drittel der Gesamtpopulation blinder Menschen weltweit. Die Liste der drei häufigsten weltweiten Erblindungsursachen (ausführlicher dazu siehe unter 2.4) korrespondiert mit dieser geografischen Verteilung: Katarakt (47,8 % aller Erblindungsursachen), Glaukom (12,3 %) und Altersbedingte Makuladegeneration (AMD; 8,7 %). In reichen Industriestaaten, den Ländern des Nordens, ist Erblindung statistisch gesehen ein „Problem alter Menschen" – die Wahrscheinlichkeit einer Erblindung steigt dramatisch nach dem Überschreiten der Altersmarke von 75 Jahren. Demgegenüber korreliert Erblindung in der Welt des Südens mit Armut; nach Schätzungen der WHO wären 75 % der Erblindungen „vermeidbar". Dem folgend stellt sich die 1999 gegründete weltweite Initiative „Vision2020: The Right to Sight" das ehrgeizige Ziel, bis zum Jahr 2020 die vermeidbare Erblindung zu beseitigen (mehr Informationen unter: http://www.v2020.org).

Den bundesdeutschen Angaben ist zu entnehmen, dass ca. 6 % der Blindengeldempfängerinnen und -empfänger im Alter bis 18 Jahren sind; diese Zahl ist in den letzten Jahren leicht rückläufig. Demgegenüber steigt die Zahl der Altersblinden (vor allem in der Altersgruppe über 80 Jahren), wobei 65 % der Gesamtpopulation der blinden Menschen hierzulande über 65 Jahre alt sind. „Der Anteil blinder und hochgradig sehbehinderter Kinder und Jugendlicher in bezug auf die Gesamtgruppe der Gleichaltrigen wird mit 1 bis 2 auf 10000 angegeben" (Rath, 2002).

Tritt eine Beeinträchtigung des Sehens in Kombination mit Beeinträchtigungen des Hörens auf, entsteht ein spezifisches Geflecht von Wahrnehmungsbedingungen auf der einen Seite und Partizipationsbarrieren auf der anderen. Hörsehschädigungen, z. B. verursacht durch Röteln und Usher-Syndrom, nehmen in ca. 5 % die Form der Taubblindheit an. Spezifische Interventionen, vor allem auf dem Gebiet der Kommunikation, konstituieren eine Taubblindenpädagogik, die, dem Gegenstand folgend, keine simple „Addition" einer Blinden- und einer Gehörlosenpädagogik ist.

Sehschädigungen treten – zumal in den Ländern des Nordens – häufig in Kombination mit anderen Schädigungen auf. „Die Notwendigkeit, Mehrfachbehinderung bei sehgeschädigten Menschen explizit zu berücksichtigen, besteht allein schon deshalb, weil breit angelegte epidemiologische Untersuchungen die Zunahme von zusätzlichen Behinderungen in Verbindung mit Blindheit oder Sehbehinderung bestätigen. Sie ergeben für mitteleuropäische Verhältnisse, dass zwei Drittel der blinden und hochgradig sehbehinderten Kinder und Jugendlichen zusätzlich lernbehindert oder geistigbehindert sind" (Rath, 2002). Eine Spezifik dieser Population zeigt sich bereits in der Schwierigkeit der fachsprachlich-einheitlichen Benennung:

mehrfachbehinderte blinde Kinder, Kinder mit komplexen Schädigungen, Schwerstmehrfachbehinderung usw. erzeugen in Verbindung mit der Breite der o. g. Kategorisierungsprobleme kaum vergleichbare Aussagen und Zahlen (vgl. u. a. Walthes, 2003; Zihl & Priglinger, 2002). Eine tragfähige, weil auf den Bedarf an Hilfen orientierte Definition bietet Rath an, wenn sie unabhängig von Schweregraden die Kategorie „mehrfachbehinderte blinde oder sehbehinderte Kinder und Jugendliche" an die Bedingung knüpft, „dass das Zusammentreffen von zwei oder mehr Behinderungen so schwerwiegende Probleme verursacht, dass eine angemessene Förderung und Rehabilitation in den auf blinde oder sehbehinderte junge Menschen ausgerichteten Lern- und Ausbildungsprogrammen ohne zusätzliche, auf andere Behinderungsarten bezogene Hilfen und Maßnahmen nicht möglich ist oder dass ganz spezielle Methoden entwickelt werden müssen" (2002). Dies impliziert aber auch, dass sowohl die schulpolitische als auch die theoretische Ausprägung einer Pädagogik bei schwerster Behinderung in ihrer interdisziplinären Konstruktion spezifische Interventionen aus dem Bereich einer Pädagogik bei Beeinträchtigungen des Sehens zulassen muss; Auffassungen, wonach ein schwerstbehindertes Kind in einer „Einrichtung für Schwerstbehinderte" bereits ein umfassendes, ganzheitliches sonderpädagogisches Angebot erhält und z. B. eine spezifische Beratung der Kolleginnen und Kollegen dieser Einrichtung in Fragen der pädagogischen Interventionen bei Beeinträchtigungen des Sehens „überflüssig" ist, verbieten sich unter dieser Perspektive.

2.4 Ursachen

Die Ursachen für Blindheit und Sehbehinderung können im medizinischen Kontext nach vielfältigen Ordnungsprinzipien gegliedert werden; entlang der Anatomie des Auges und des Sehens im physiologischen Sinne (also des Orts der Schädigung), entlang der beeinträchtigten Sehfunktionen (Sehschärfe, Gesichtsfeld, Farbensehen, Kontrast, Binokularsehen etc.), entlang des typischen Alters des Eintritts oder der Häufigkeiten etc. Darüber hinaus sind viele Schädigungen des Sehsinns vergesellschaftet mit weiteren Schädigungen der Körperfunktionen und -strukturen (im Sinne der entsprechenden Komponenten [b] und [s] der ICF). Im Folgenden sollen ausgewählte Beispiele an Erkrankungen, beginnend mit den zahlenmäßig relevantesten, kurz beschrieben werden.

2.4.1 Katarakt

Zu unterscheiden sind Formen der angeborenen und der erworbenen Katarakt, die wiederum in verschiedenen Formen und Schweregraden auftreten können (Totalstar, Ringstar, vorderer oder hinterer Polstar etc.). Die Cataracta congenita (angeborene Katarakt) ist mehrheitlich durch Vererbung und Schädigungen während der Schwangerschaft (z. B. Rötelninfektion, Röntgenstrahlen) verursacht und ist darüber hinaus häufig mit anderen, komplexen Schädigungen der Körperfunktion vergesellschaftet. Demgegenüber wird die Cataracta senilis (Altersstar) in ihrer Ursache multifunktionell beschrieben; eine mögliche Veranlagung im Erbgut, intensive Sonneneinstrahlung (insbesondere UV-Strahlung), Dehydration, Mangelernährung, hohe Myopie, Rauchen und Alkoholismus werden genannt (Grehn, 2006, S. 165;

Sachsenweger, 2003, S. 151). Mit diesem Ursachengeflecht verbunden ist in den Ländern des Südens eine unzureichende augenärztliche Versorgung und eine nichtadäquate Infrastruktur Ursache für den o. g. „Spitzenplatz" in der weltweiten Häufigkeitsstatistik. Aber auch in den Ländern des Nordens treten weitere Ursachen und Risikofaktoren auf: Rauchen, Stoffwechselerkrankungen, (thermische und mechanische) Verletzungen. Die Staroperation zählt zu den ältesten chirurgischen Eingriffen in der Augenheilkunde. Entgegen des Prinzips des Starstichs wird bei der zeitgemäßen Kataraktextraktion die getrübte Linse aus dem Auge entfernt und (zumeist) durch ein Implantat ersetzt (zur Katarakt s. ausführlich u. a. Grehn, 2006, S. 162ff.; Sachsenweger, 2003, S. 149ff.).

2.4.2 Glaukom

Das Glaukom bezeichnet ein uneinheitliches Krankheitsbild, eigentlich eine Gruppe von Augenerkrankungen. Gemeinsam ist den meisten Varianten ein erhöhter Augeninnendruck, der langfristig und meist schleichend mechanisch den Sehnerv bzw. Areale der Retina zerstört. Die Folge sind Ausfälle im Gesichtsfeld. Glaukomerkrankungen können in primäre (nicht Folge einer anderen Augenerkrankung) und sekundäre (Folge einer anderen Erkrankung, eines Unfalls etc.) unterteilt werden. Eine Variante mit hohem Erblindungsrisiko ist das Glaucoma chronicum simplex (vgl. Sachsenweger, 2003, S. 224f.), welches durch eine verminderte Abflussmöglichkeit des Kammerwassers bedingt wird und zu einem schleichenden, jedoch lange beschwerdefreien Anstieg des Augeninnendrucks führt. Regelmäßige Vorsorgeuntersuchungen (spätestens ab einem Alter von 40) stellen somit eine unerlässliche Vorsorge dar; medikamentöse, chirurgische oder Laserbehandlungen können später lediglich den Gesichtsfeldverfall aufhalten oder hinauszögern. Neben dem Alter gelten als weitere Risikofaktoren: familiäre Disposition, hochgradige Fehlsichtigkeit (Myopie oder Hyperopie) und Abweichungen vom regulären Blutdruck (zum Glaukom s. ausführlich u. a. Grehn, 2006, S. 335ff.; Sachsenweger, 2003, S. 213ff.).

2.4.3 Altersbedingte Makuladegeneration (AMD)

Die AMD gilt mittlerweile als häufigste Erblindungsursache im höheren Alter in den Industriestaaten. Im Kern kommt es durch eine altersbedingte Dysfunktion des Pigmentepithels (Schicht zwischen der Aderhaut und der Netzhaut) zur Drusenbildung auf der Bruchschen Membran. Die Drusen wiederum zerstören die Netzhautstruktur und führen zu Symptomen des Verzerrt-Sehens und später zu Ausfällen in der Makula. Intensive, weltweite Forschungsprojekte liefern zunehmend Daten zu Risikofaktoren und neue Ansätze zur Therapie; aber auch hier gilt, dass bei einer medikamentösen oder Laserbehandlung lediglich das Fortschreiten aufgehalten oder verzögert werden kann. Vorbeugend scheinen ein langfristig angelegter Schutz vor UV-Strahlung und blauem Licht sowie Nikotinverzicht angezeigt zu sein (zur AMD s. ausführlich u. a. Grehn, 2006, S. 265ff.; Sachsenweger, 2003, S. 274ff.).

2.4.4 Retinopathia pigmentosa (RP) (früher: Retinitis pigmentosa)

Die Gruppe degenerativer Erkrankungen der Retina, die im Gegensatz zur AMD einen Gesichtsfeldverlust progressiv von den Rändern (der Peripherie) hin zur Makula nach sich zieht, wird als Retinopathia pigmentosa (RP) bezeichnet. Meist beginnend mit Nachtblindheit vermindert sich das Sehvermögen häufig schubweise. Das Sehvermögen wird oft als „Röhrenblick" oder „Röhrengesichtsfeld" gekennzeichnet, da bei vollständigem Ausfall der Peripherie ein Sehen mit der Stelle des schärfsten Sehens zumeist möglich bleibt. Die Ursachen sind derzeit noch nicht abgeklärt. Die RP tritt in mehreren Syndromen als Begleiterkrankung auf; vor allem durch die Kombination von Gehörlosigkeit und Blindheit bekannt ist dabei das Usher-Syndrom (zur RP s. ausführlich u. a. Grehn, 2006, S. 274ff.; Sachsenweger, 2003, S. 285f.).

2.4.5 Retinopathia praematurorum

Die auch als Frühgeborenen-Retinopathie bezeichnete Retinopathia praematurorum umfasst die krankhafte Veränderung der Netzhaut. Die besonders bei frühgeborenen Kindern auftretende Erkrankung scheint in einem Ursachengeflecht von Sauerstoffbeatmung, Medikamentation und Lichteinwirkung auf die noch nicht ausgereifte Retina zu entstehen. In mehreren Phasen können Narbenbildungen auf der Netzhaut, unkontrolliertes Gefäßwachstum (z. B. Einwucherungen in den Glaskörper) und Netzhautablösungen zu unterschiedlichen Beeinträchtigungen des Sehens führen. Verbunden mit einer engen Überwachung kann innerhalb dieser Phasen ggf. operativ eingegriffen werden, so dass der Verlauf der Erkrankung stellenweise positiv beeinflusst werden kann (zur RP s. ausführlich u. a. Grehn, 2006, S. 252ff.; Sachsenweger, 2003, S. 268ff.).

2.4.6 Strabismus

Strabismus (Schielen) beschreibt einen Stellungsfehler der Augen. Dabei werden u. a. das Begleitschielen (Strabismus concomitans: Das schielende Auge begleitet die Bewegung des führenden Auges bei konstantem Schielwinkel) und das wesentlich seltener auftretende Lähmungsschielen (Strabismus paralyticus: Der Schielwinkel ist von der Blickrichtung abhängig) unterschieden. Beim Begleitschielen ist eine frühe Therapie angesagt, da sonst das schielende Auge seine „Aufgabe" verliert und amblyop, d. h. ohne eigentlichen organischen Grund sehschwach wird. Die häufigste Behandlung der Amblyopie ist die Okklusionsbehandlung, das Abkleben des führenden Auges. Eine Kombination aus augenärztlicher und ggf. -chirurgischer, optischer und orthoptischer Maßnahmen und Schulungen kann und muss frühzeitig das kindliche Schielen behandeln (zum Strabismus s. ausführlich u. a. Grehn, 2006, S. 396ff.; Sachsenweger, 2003, S. 391ff.).

2.4.7 Heterophorie

Unglücklicherweise wird die Heterophorie auch häufig als „Latentes Schielen" bezeichnet und damit dem Strabismus nahe gestellt. Eigentlich bezeichnet Heterophorie jedoch eine Störung des Muskelgleichgewichts, das durch Fusionszwang (latent) gehalten werden kann. Der Heterophorie kann durch eine Prismenkorrektur begegnet werden; die genaue Dimensionierung (Sollte immer „auskorrigiert" werden?), die Grenzen und Folgeeffekte dieser Korrektur sind aber Gegenstand fachlichen Streits. Ebenso umstritten ist die „Winkelfehlsichtigkeit" (in einigen Ansätzen: mit einer speziellen Messmethode festgestellte Heterophorie), die häufig im Zusammenhang mit Lese-Rechtschreib-Schwäche, Lernproblemen etc. im Spannungsfeld zwischen adäquatem Förderangebot, kommerziellem Interesse und „Wunderlösung" diskutiert wird (zur Heterophorie/Winkelfehlsichtigkeit s. ausführlich u. a. Grehn, 2006, S. 407f.; Methling, 1996, S. 55; Lachenmayr, Friedburg & Hartmann, 1999, S. 90f.).

2.4.8 Nystagmus

Der Nystagmus ist eine Fixationsstörung, die durch ein beidseitiges, willensunabhängiges Augenzittern (ruckartig oder pendelnd) gekennzeichnet ist. Der Nystagmus kann indirekt (Zentralskotome, totale Farbblindheit, starke Visusminderung, Störung der Konzentration) oder direkt (Hirnschädigungen z. B. infolge perinataler Asphyxie [Atemstörung und Kreislaufzusammenbruch durch Sauerstoffmangel bei der Geburt], Erkrankung des Hirnstamms etc.) hervorgerufen werden. Zihl und Priglinger (2002, S. 77f.) nennen nur diese direkten Fixationsstörungen Nystagmus. Neben der Ursache können weitere Faktoren den Nystagmus in seiner Stärke und Ausprägung beeinflussen: die Blickrichtung, die allgemeine Aufmerksamkeit und Konzentration, emotionale Situationen, wie Angst, Freude und Aufregung (vgl. 2002, S. 78). Kausale Therapien gibt es kaum, in Einzelfällen sind Operationen an Augenmuskeln möglich; kompensatorischen Kopfbewegungen ist jedoch entgegenzuwirken, da diese sekundäre Beschwerden (u. a. in der Kopf- und Nackenmuskulatur) erzeugen (zum Nystagmus s. ausführlich u. a. Grehn, 2006, S. 431ff.; Sachsenweger, 2003, S. 406ff.; Zihl & Priglinger, 2002, S. 77ff.).

2.4.9 Albinismus

Albinismus beschreibt eine Gruppe von Stoffwechselerkrankungen, die eine Verminderung von Farbstoffen (Pigmente, Melanin) gemeinsam haben. Bei okulokutanem Albinismus sind Auge, Haare und Haut, bei okularem Albinismus sind nur die Augen betroffen. Die fehlende Pigmentierung zeigt sich neben heller Haut und bis zu weißen Haaren äußerlich am deutlichsten in der hellen Iris und in Folge in einer roten Pupille. Darüber hinaus wirkt sich die fehlende Pigmentierung jedoch auch in Schädigungen der Makula und daraufhin in einem Nystagmus aus. Der Blendungsempfindlichkeit kann durch geeignete Kantenfilter begegnet werden; eine Vollsichtigkeit ist jedoch angesichts der vielfältigen Schädigungen nicht erreichbar (zu Albinismus s. ausführlich u. a. Sachsenweger, 2003, S. 179f.; www.albinismus.de/ und www.albinismus.info/).

Eine weitere Gruppe von Erkrankungen stellen *Tumore* dar; wobei das Retinoblastom als eine besonders im Kindesalter auftretende Tumorerkrankung gilt. Weiterhin relevant sind – trotz vielfältiger Aufklärung – *Verletzungen des Auges* durch mechanische, thermische und chemische Einwirkungen (Verätzungen). Anhaltende Schädigungen des Auges durch *Infektionen* mit Bakterien, Viren und Pizen treten weltweit besonders durch das Nicht-Therapieren der Ursache der Erkrankung auf; so rechnet man mit derzeit ca. 84 Millionen Menschen, die an Trachom (spezifische Bindehautentzündung, die zu Bindehautvernarbungen und später zu schweren Hornhautschäden führt) erkrankt sind.

2.4.10 Fehlsichtigkeiten (Brechungsanomalien)

Abweichungen in der optischen Abbildung eines Objektes auf der Retina generieren die Gruppe der Fehlsichtigkeiten mit Bezug auf Brechungsanomalien. Dabei können unterschieden werden:

- Myopie (Kurzsichtigkeit)

  Bei der Myopie ist der Gesamtbrechwert des Auges im Verhältnis zur Baulänge des Auges zu groß. Der Fernpunkt (das ist der Punkt, der scharf auf der Retina abgebildet wird, wenn sich das Auge in der Akkommodationsruhelage befindet) liegt im Endlichen. Bei einer durch eine passende Zerstreuungslinse korrigierten Myopie wird das Gesichtsfeld größer, die Blickbewegungen und die Abbilder jedoch kleiner.

- Hyperopie (Weitsichtigkeit)

  Bei einer Hyperopie ist der Gesamtbrechwert des Auges im Verhältnis zur Baulänge des Auges zu klein. Der Fernpunkt liegt hinter der Retina (um den Horizont scharf abbilden zu können, muss bereits akkommodiert werden). Bei einer durch eine passende Sammellinse korrigierten Hyperopie wird das Gesichtsfeld kleiner (bei Brillenkorrektur: Gefahr eines Ringskotoms), die Blickbewegungen und die Abbilder werden größer.

- Astigmatismus

  Das optische System des astigmatischen Auges hat in zwei senkrecht aufeinanderstehenden Hauptschnitten unterschiedliche Brechwerte. Statt eines Bildpunktes entstehen zwei Brennlinien und ein Kreis kleinster Verwirrung. Zumeist unterscheiden sich die Krümmungsradien der Hornhaut in den beiden Hauptschnitten. Astigmatische Augen können darüber hinaus myop oder hyperop sein. Die Korrektur erfolgt mit zylindrischen oder torischen Gläsern (zu Fehlsichtigkeiten s. ausführlich u. a. Grehn, 2006, S. 368ff.; Methling, 1996; Lachenmayr u. a., 1999).

2.4.11 CVI / zerebrale Schädigungen

Sehschädigungen, bei denen nicht der optische bzw. rezeptorisch-okulare Anteil, sondern der kortikale Anteil des Sehens betroffen ist, werden zerebrale Sehschädigungen oder CVI (Cerebral Visual Impairment) genannt. Wenngleich die Phänomene schon lange u. a. als Seelenblindheit oder später kortikale Blindheit bekannt waren, werden in den letzten Jahren dank intensiver neurowissenschaftlicher Forschungen und neuer medizintechnisch-diagnostischer Verfahren verstärkt die zerebralen Sehschädigungen betrachtet. Besonders im Bereich der

Gesichtererkennung und des Zusammenhanges von Bewegung und visueller Wahrnehmung werden spezifische Schädigungsprofile diskutiert. Eine eindrucksvolle Besonderheit ist z. B. die Möglichkeit, dass ein Kind mit CVI gut oder besser visuell wahrnehmen kann, wenn es sich selbst bewegt, wohingegen es sich in Situationen, in denen kaum Bewegung auftritt, wie „amaurotisch" verhält (tabellarische Gegenüberstellung spezifischer Verhaltensweisen s. Walthes, 2003, S. 72).

Häufig sind bei komplexen prä- und perinatalen Hirnschäden neben motorischen und kognitiven auch visuelle Funktionen geschädigt, die sich in dem Kontext der schwersten oder komplexen Behinderung zumeist schwer isolierbar diagnostisch und pädagogisch darstellen lassen. Dennoch muss auch bei diesem Personenkreis der Sonderpädagogische Förderbedarf im Bereich des Sehens Beachtung finden.

2.5 Diagnostik

Diagnostik hat – wenngleich in verschiedenen Zusammenhängen im Detail etwas anders definiert – die Aufgabe, zu erkennen, zu unterscheiden und im Vergleich zu einer Norm zu beurteilen. Dazu sind geeignete Methoden und Instrumente notwendig. Diagnostik ist im Kern verbunden mit einer Entscheidung für eine Behandlung, eine Therapie, eine Förderung etc. Diese folgen dem Ziel, die festgestellte Abweichung von der Norm abzubauen oder zu nivellieren. Im Zusammenhang mit Menschen, deren Gesundheit und deren Lebensqualität bedeutet dies auch immer einen Eingriff in die Autonomie – oft gewollt und notwendig, z. B. im Falle einer Erkrankung – aber auch immer fremdbestimmt. Der sich aus dieser Situation ergebenden Struktur sollte sich jede bzw. jeder diagnostisch Tätige bewusst sein und Problembereiche der mit einer Diagnose zusammenhängenden Zuschreibung ebenso betrachten, wie die Frage, ob das gewählte Instrument das Gesuchte, das zu Erkennende misst? Wenn die im Folgenden beschriebenen Verfahren nach deren „Sicherheit" bzw. Validität im konkreten Einzelfall hinterfragt werden, wird deutlich, dass dies nicht nur bei der Intelligenzdiagnostik ein Problem ist, sondern auch im Bereich der Diagnostik des Sehens. Kann z. B. ein Kind, das beim Visustest mit Landoltringen (vgl. Abb. 2.5-Mitte) unsicher antwortet, nicht gut sehen oder verfügt es über keine sicheren Rechts-links- und Oben-unten-Kategorien oder ist es sprachlich bzw. motorisch nicht in der Lage, die „richtige" Antwort zu geben? Es wird deutlich, dass diagnostisches Tun eine umfangreiche und breite interdisziplinäre Qualifikation der Durchführenden bedarf, gesichert u. a. durch hohe Standards in Aus- Fort- und Weiterbildung in den beteiligten Berufsgruppen.

Der wesentliche Charakter der Diagnostik bei der Feststellung der Art und des Umfangs der Augenerkrankung und der Sehleistung ist – bedingt durch den Gegenstand und die anzuwendenden diagnostischen Instrumente – ein medizinischer, ein ophthalmologischer. Die Struktur der ophthalmologischen Diagnostik folgt der Struktur der Sehleistungen und -funktionen (vgl. Zihl & Priglinger, 2002, S. 24f.). Auszugsweise seien folgend einige Verfahren kurz vorgestellt.

2.5.1 Sehschärfe

Die Bestimmung der Sehschärfe gehört zu den am weitest verbreiteten Sehtests; leider ist dieser quantitative Effekt auch hierzulande stellenweise mit Mängeln in den eingesetzten Instrumenten und der Testdurchführung verbunden; so manche Einschulungs- oder Reihenuntersuchung mit vergilbten Testtafeln bei Schummerlicht und grob geschätzten Abständen erzeugen unter kritischem Blick lediglich ein Schaudern! Die Standards zur Erhebung der Sehschärfe sind u. a. in den entsprechenden Veröffentlichungen der WHO (2003) festgeschrieben. Testtafeln, wie die (leider in den sonst so empfehlenswerten Lehrbüchern von Grehn [2006] und Sachsenweger [2003] noch vorgestellten) bildhaften oder nicht als Reihentest aufgebauten Landoltringe (vgl. Abb. 2.5) gehören ins Museum und nicht in die diagnostische Praxis. Zeitgemäße, standardgerechte und international anerkannte Verfahren für Erwachsene und Kinder wurden u. a. von Lea Hyvärinen entwickelt (vgl. Abb. 2.6 und 2.7; vgl. www.lea-test.fi). Unter vergleichbaren Bedingungen (z. B. Beleuchtungsstärke) von professioneller Hand eingesetzt liefern die Tests eine Reihe von Informationen über den Visus der betroffenen Person. Zu beachten sind die gesonderten Messungen in der Nähe und Ferne, einäugig (rechts und links) und beidäugig. Bei kleinen Kindern und komplex behinderten Menschen kommen Preferential Looking Tests (die Erhebung der Gittersehschärfe basierend auf der Tatsache, dass das menschliche Auge strukturierte Flächen im Vergleich zu gleich hellen unstrukturierten Flächen bevorzugt und diese fixiert) und Tests zur Erhebung von Visusäquivalenten (Greated Ball Vision Test) zum Einsatz (zu Sehschärfetests s. ausführlich u. a. Grehn, 2006, S. 34ff.; Henriksen & Henriksen, 2006, S. 30f.; Methling, 1996; Lachenmayr u. a., 1999; Sachsenweger, 2003, S. 360ff.; Zihl & Priglinger, 2002, S. 99ff.; www.lea-test.fi).

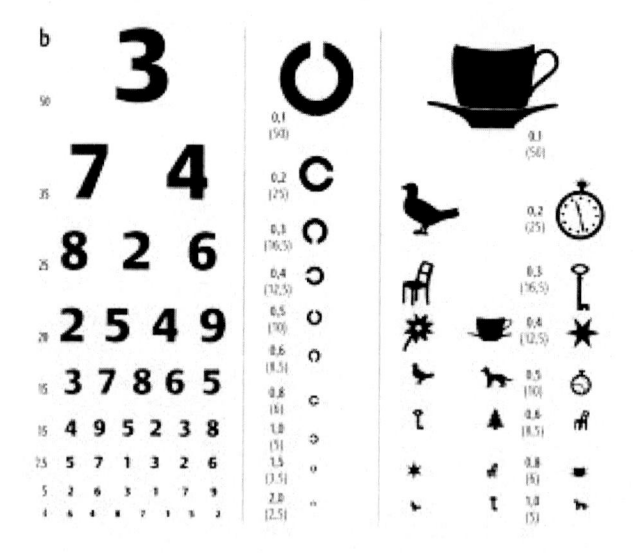

Abbildung 2.5: Nicht standardgerechte Sehprobentafeln (Sachsenweger, 2003, S. 361)

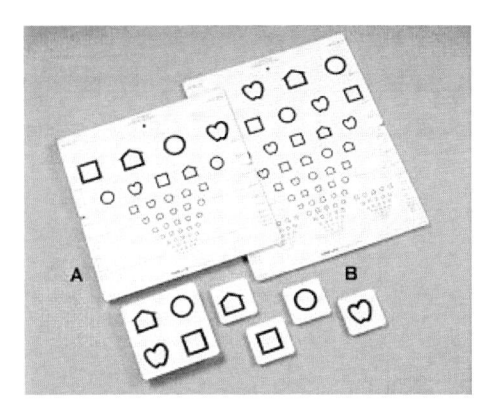

Abbildung 2.6: Distanzsehschärfetests für Kinder nach Hyvärinen (www.lea-test.fi)

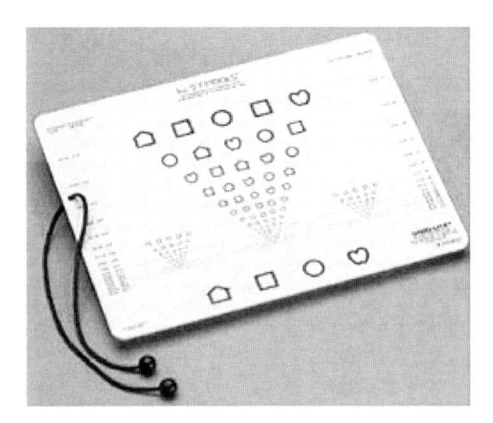

Abbildung 2.7: Nahsehschärfetest für Kinder nach Hyvärinen (www.lea-test.fi)

2.5.2 Kontrast

Sehschärfetests basieren auf der Realisierung eines maximalen Kontrasts zwischen Optotype und Untergrund – diese Situation spiegelt jedoch die täglichen Sehaufgaben nicht wider. Darüber hinaus ist das Kontrastsehen bei vielen Erkrankungen beeinträchtigt. Das gesonderte Erfassen der Kontrastempfindlichkeit ist daher dringend angezeigt. Nutzbar sind hier u.a. der Hiding Heidi Low Contrast Test von Hyvärinen (vgl. Abb. 2.8) und der SZB Low Contrast Sensitivity Test.

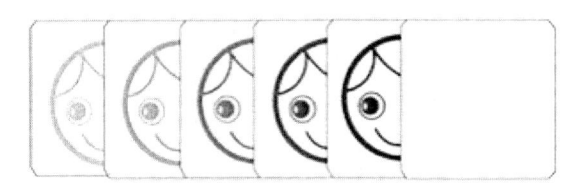

Abbildung 2.8: Hiding Heidi Low Contrast Test (www.lea-test.fi)

2.5.3 Gesichtsfeld

Alternativ zu klassischen Verfahren zur Bestimmung des Gesichtsfeldes mit einem Goldmann-Perimeter wird bei Kindern häufig der Nef-Trichter eingesetzt. „Der Nef-Trichter ist ein weißer Most-Trichter aus Plastik, auf dem eine Gesichtsfeldeinteilung eingeritzt ist und der vor das Gesicht des Kindes gehalten wird. Mit einer kleinen Taschenlampe werden von außen Lichtpunkte durch das Plastik des Trichters gezeigt (...), während der Erwachsene die Augenbewegungen des Kindes durch die Öffnung des Stutzens verfolgt" (Henriksen & Henriksen, 2006, S. 53).

2.5.4 Farbsehen

Farbsinnstörungen werden üblicherweise mit pseudoisochromatischen (scheinbar farbgleichen) Tafeln nach Ishihara, Stilling-Velhagen u. a. untersucht. Dabei wird die Fähigkeit geprüft, in einem aus Farbkreisen bestehendem Bild Muster zu erkennen. Einige dieser Screeningverfahren zielen im Schwerpunkt jedoch auf das Aufdecken der angeborenen Rot-grün-Schwäche; für die Diagnostik der erworbenen Farbsinnstörungen unter Einbeziehung der Farbe Blau eigenen sich Tests, wie z. B. der Quantitative Colour Vision Test Panel 16 (www.lea-test.fi).

2.5.5 Diagnostik des funktionalen Sehens

Die Prüfung des funktionalen Sehens, des „Sehens zum Lernen", wird in der Fachliteratur umfangreich beschrieben und hat eine zentrale Bedeutung im diagnostischen und pädagogischen Prozess mit blinden und sehbehinderten Kindern und Jugendlichen eingenommen. Neben materialgebundenen Instrumentarien sind Verhaltensbeobachtungen herausragende Zugänge zu den Sehleistungen des Kindes; das Spielverhalten, die Bewegungen des Kindes in Alltagssituationen, die Analyse kompensatorischer Kopfbewegungen, die Formen und Farbgebungen der Zeichnungen des Kindes, der Umgang mit Medien durch das Kind u.v.a.m. können Informationen über das funktionale Sehen liefern. Diese Verhaltensbeobachtungen sind auch – und im Kontext pädagogischer Zielstellungen ausdrücklich – in Situationen länger andauernden Sehens erforderlich. Hier enden zumeist die Möglichkeiten der Augenheilkunde; denn experimentelle Zugänge in einer Augenklinik oder Sehschule sind von begrenzter Dauer und sind in künstlich geschaffenen Umwelten platziert. Hyvärinen listet in diesem Zusammenhang folgende zehn Punkte auf, die eine Lehrkraft über die Sehfunktionen des Kindes wissen sollte:

1. „Hat das Kind eine anteriorische oder posteriorische Sehschädigung oder beides?
2. Motorische Funktionen:
   – Fixation, ist sie zentral/exzentrisch, stabil oder flüchtig? Liegt ein Nystagmus mit oder ohne eine Nullposition vor?
   – Sind die Sakkadenbewegungen exakt? Gebraucht das Kind kompensatorische Kopfbewegungen?
   – Wie exakt sind die Folgebewegungen? (...)
   – Gibt es unwillkürliche Augenbewegungen während Spasmen oder epileptischer Anfälle?

3. Sensorische Funktionen:
   - Sehschärfe, Fern- und Nahvisus, die kleinste gelesene und die optimale Textgröße
   - Kontrastempfindlichkeit
   - Farbensehen, Konfusionsgebiete; welche Farben und Farbkombinationen soll man vermeiden?
   - Gesichtsfeld für die Orientierung und für das Lesen
   - Visuelle Adaptation; hat das Kind Schwierigkeiten in der Dämmerung oder bei Sonnenschein?
   - Wiedererkennen; kennt das Kind Leute am Gesicht? Wenn nicht, welche kompensatorische Techniken kann man benutzen?
   - Gesichtsausdrücke; erkennt das Kind Gesichtsausdrücke?
   - Bewegungssehen
   - Kann das Kind Größen und Längen visuell wahrnehmen oder benutzt es haptische Informationen?
   - Linienrichtung; kann das Kind Linienrichtungen visuell wahrnehmen?
   - Einzelheiten; kann das Kind sie in bunten Bildern sehen/finden?
   - Puzzles; kann das Kind altersgemäß mit ihnen spielen?
   - Auge-Hand-Koordination; ist sie normal oder gibt es Probleme?
4. Das Sehvermögen für den Bereich Orientierung und Mobilität; sind Modifikationen für den Sportunterricht notwendig?
5. Wie ist das Sehen bei Aufgaben, die ein länger andauerndes Sehen in der Nähe erfordern; welche Sehhilfen hat das Kind? Wie ist die Motivation diese zu benutzen? Welche neuen Sehhilfen werden während des Schuljahres aktuell?
6. Beleuchtung; welche Spezialbedürfnisse hat das Kind in der Klasse und in den Gängen/Fluren.
7. Soll die Schule spezielle Hilfsmittel kaufen?
8. Hat das Kind ein normales, symmetrisches Gehör?
9. Hat das Kind irgendwelche andere Behinderungen oder Krankheiten?
10. Kennt man die Prognose der Sehbehinderung und weiterer Behinderungen?" (Hyvärinen o.J.).

Im Rahmen eines Comenius-Projektes der EU (mit Projektpartnern aus Belgien, Luxemburg, Norwegen, der Tschechischen Republik und der BRD) wurde der Ansatz des funktionalen Sehens umfangreich und detailliert bei Kindern mit mehrfachen Behinderungen aufbereitet. Für jeden Punkt der in Abb. 2.9 enthaltenen Beurteilungsbogen gibt es ausführliche Hinweise zur Definition, zu Beobachtungsmöglichkeiten und zur pädagogischen Dimension. Die möglichen Maßnahmen zur Umweltgestaltung und pädagogische Konsequenzen werden exemplarisch illustriert (vgl. Henriksen & Henriksen, 2006).

Beurteilung des funktionalen Sehens bei Kindern mit mehrfachen Behinderungen	
Name und Adresse des Kindes	
Geburtsdatum	
Name und Adresse der Institution Kontaktperson	
Medizinische Diagnose	
VORAUSSETZUNGEN (MEDIKAMENTE, VISUELLE FÄHIGKEITEN)	

BEURTEILUNG DES SEHENS	BEMERKUNGEN
1. Visuelle Aufmerksamkeit	
2. Reflexe	
3. Fixation	
4. Nystagmus	
5. Optokinetischer Nystagmus	
6. Folgebewegungen	
7. Formwahrnehmung	
8. Sehschärfe	
9. Kontrastsehen	
10. Strabismus	
11. Akkommodation	
12. Konvergenz / Divergenz	
13. Bewegungswahrnehmung	
14. Gesichtserkennung	
15. Farbsehen	
16. Visuell gesteuerte Bewegungen	
17. Gesichtsfeld	

MASSNAHMEN	
1 Vergrößerung	
2 Licht und Beleuchtung	
3 Kontrast	
4 Reduzierung der Komplexität	
5 Platzierung	

PÄDAGOGISCHE KONSEQUENZEN (UMGANGSWEISEN, MATERIALIEN)		
Kommunikation		
Orientierung & Mobilität		
Lebenspraktische Fertigkeiten		
Langanhaltendes Sehen in der Nähe		
Verantwortlich für den Bericht		Datum

Abbildung 2.9: Bogen zur Beurteilung des funktionalen Sehens bei Kindern mit mehrfachen Behinderungen (Henriksen & Henriksen, 2006, S. 17, 18)

2.5.6 Prozessbegleitende pädagogische Diagnostik

Eine weitere Schnittfläche zur pädagogischen Arbeit erhält die Diagnostik des funktionalen Sehens durch die Einbindung in ein Konzept der prozessbegleitenden pädagogischen Diagnostik. Als ein Kernproblem einer pädagogischen (Förder-)Diagnostik heben Ahrbeck, Bleidick und Schuck, (1997) hervor: „Die eigentliche Schwierigkeit besteht nicht in der schülerzentrierten Diagnostik, als vielmehr in der gleichzeitigen Ermittlung der Struktur des Lernstoffes, die zu einer didaktischen Interaktion mit den vorhandenen Fähigkeiten des Schülers verknüpft werden muß" (S. 746-747). Prozessbegleitende Diagnostik erhält durch die Fokussierung auf visuelle Anteile der Lern- und Lehrprozesse in allen Phasen des möglichen Ablaufplans (Anlass, Orientierung, Planung, Durchführung und Auswertung) eine spezifische Ausprägung. Die Phase der Orientierung dient der Sammlung und Strukturierung. Materialien, die die Ausgangsbedingungen (beim Kind, beim Lehrenden, im Umfeld, im Stoff, ...) umschreiben, werden zusammengetragen. Dabei ist ganz im Sinne der Diagnostik des funktionalen Sehens nicht das Hinzuziehen umfangreicher ophthalmologischer Gutachten der Kern, sondern die komplexe Aufgabe, „alltägliche" und in ihrer tief verwurzelten Grundanlage zumeist nicht konsequent hinterfragte Vermittlungsstrukturen von Umweltwissen in ihrer visuellen Dominanz zu erkennen und in Bezug auf die Zielstellung einer Passung für die spezifischen Wahrnehmungsbedingungen des Kindes bzw. des Jugendlichen zu analysieren.

Einfache „Kompensationsmodelle" sind dabei zu umgehen; ein Bild, eine Zeichnung oder ein Foto werden nicht allein durch eine Vergrößerung auf einem Kopiergerät zu einem adäquaten Angebot für ein sehbehindertes Kind. Auch eine noch so gut durchdachte und gelungene Verbalisierung eines naturwissenschaftlichen Experiments verkennt die Kernrolle experimentellen Tuns im Erkenntnisprozess der Schülerinnen und Schüler. In der Phase der Planung wird die Anbindung der prozessimmanenten Diagnostik an den pädagogischen Prozess bestimmt. Da es kaum zu schaffen sein wird, jeden Tag jedes Kind in jeder Situation zu beobachten, wird es vielmehr um eine Anbindung an Knotenpunkte des pädagogischen Prozesses gehen. Im direkten schulischen bzw. unterrichtlichen Zusammenhang entstehen solche Knotenpunkte einerseits durch die fachlich-inhaltliche Logik, z. B. beim Übergang zu einem neuen Stoffgebiet, oder andererseits durch methodische bzw. didaktische Besonderheiten, z. B. durch den historisierenden Einstieg in eine neue Sequenz, eine Problembearbeitung oder eine Exkursion. Darüber hinaus sind Phasen, in denen spezifische Methoden und Ansätze, wie z. B. die Bewegungs-, Seh-, Hör- und Tasterziehung, dominant platziert sind, herausragend für die Gestaltung derartiger Knotenpunkte geeignet. Diagnostische Gegenstände werden um Aspekte, wie z. B. Orientierung im Raum, Art und Grad der Nutzung zur Verfügung stehender Hilfsmittel, Alltagspraktische Fähigkeiten, Entwicklungsstand im Bereich der Begriffsbildung, Nutzung des funktionellen Sehvermögens z. B. in Spielsituationen usw., ergänzt und spezifisch konkretisiert. Im Idealfall durchläuft das prozessimmanente diagnostische Tun mehrfach die Sequenz (Orientierung, Planung, Durchführung, Auswertung). Die Orientierung kann sich auf aktuelle Daten stützen, die Planung modifizierte oder bewährte Instrumente auswählen und die (in Bezug auf die Problemstellung geschärfte) erneute praktische Durchführung diagnostischen Tuns kann routinierter und sicherer ablaufen. Darüber hinaus ist es von elementarer Bedeutung, dass Beobachtungsergebnisse über einen längeren Zeitraum abgeglichen werden können; dies setzt entsprechende Protokollierungsstandards voraus. Wesentlich ist auch hier, dass ständig der hypothetische Charakter aller Aussagen zum Kind und seinem Umfeld gewahrt bleibt. Konsequenterweise beeinflusst eine kontinuierlich durchgeführte und reflektierte prozessbegleitende Diagnostik die Ausprägung der Arrangements von Vermittlungssituationen.

Entwicklungspsychologisch orientierte Testverfahren und diagnostische Materialien liegen auch spezifisch für den Bereich der Bildung, Erziehung und Rehabilitation sehgeschädigter Menschen vor. Neben dem komplexen Förderansatz der „Entwicklungs- und Förderdiagnostik des Sehens für mehrfachbehinderte Menschen" (EFS) (vgl. u. a. Kern, 1998), dem Paderborner Entwicklungsraster für Schwerst-Mehrfachbehinderte mit Sehschädigung (PERM, Faber & Rosen, 1997) und den Beobachtungsbögen von Brambring (1999) gibt es auch „Intelligenztests für sehgeschädigte Kinder" (ITVIC-D; vgl. Nater, 1998). Der Einsatz aller Ansätze ist auch hier von der „Kompatibilität" mit den gewählten pädagogischen, diagnostischen und methodischen Modellen abhängig. Ausgehend von einer grundsätzlichen Kritik an dem Versuch, „Intelligenz" zu testen oder in seinem Umfang und seiner Struktur erheben zu wollen, ist dann auch der ITVIC-D (oder gleichartig aufgestellte Produkte) ein nicht adäquates Instrument für die Bearbeitung pädagogischer Fragestellungen bzw. in den Einstieg einer Förderplanung.

2.6 Pädagogische Interventionen

Auch Dank des als kopernikanische Wende beschriebenen Paradigmenwechsels der KMK-Empfehlungen der Jahre 1996 bis 2000 ist die Frage nach dem Ort, an dem die pädagogischen Interventionen vorgehalten werden, nachrangig zu entscheiden. Das Primat hat die Entsprechung des Sonderpädagogischen Förderbedarfs. Durch die Kombination aus den Faktoren Alter, Charakter des Sonderpädagogischen Förderbedarfs, Elternwille, bundeslandspezifische Ausformung des schulpolitischen Rahmens sowie der fiskalischen Möglichkeiten entsteht ein Portfolio möglicher organisatorischer Angebotsmodelle, die entweder eigenständige stationäre Einrichtungen oder Beratungs- und Unterstützungsmodelle oder eine Kombination beider darstellen: Hausfrühförderung, Frühförderstellen, Vorschulklassen, Schule für Blinde und/oder Sehbehinderte, Förderzentren, vielfältige Formen des Gemeinsamen Unterrichts, begleitende spezifische Organisationsformen, z. B. Kursangebote und Freizeiten, Schulen/Abteilungen und Klassen für mehrfachbehinderte sehgeschädigte Kinder und Jugendliche, Beratungsangebote für andere Sonderschulen zur Optimierung der pädagogischen Maßnahmen im Förderschwerpunkt Sehen, Berufsbildungswerke, Berufsförderungswerke, Berufsschulen und Integrative Modelle einer dualen Beruflichen Bildung. Aber auch Werkstätten und Einrichtungen für das Wohnen bieten Spezifizierungen im Bereich des adäquaten Angebots für blinde und sehbehinderte Menschen an. Das breite Spektrum rehabilitativer, pädagogischer und therapeutischer Angebote entspringt einerseits der 200jährigen Tradition blindenpädagogischer Institutionen („von der Wiege bis zur Bahre"), bildet aber andererseits auch die Breite der institutionalisierten „Antworten" auf Aufgaben, Leerstellen und Herausforderungen ab. Eine allgemeine behindertenpädagogische Frühförderung kann ebenso wenig die Spezifik einer Früherkennung im Bereich des Sehens und eine Diagnostik des funktionalen Sehens leisten, wie es einer „Schule-für-alle" nicht durchweg möglich sein wird, dem spezifischen Bedarf für die Gestaltung des Lernarrangements für ein sehgeschädigtes Kind zu entsprechen. Die derzeitige Ausformung der Inklusionsdebatte in Folge der Salamanca-Erklärung der UNESCO aus dem Jahr 1997 erscheint vor diesem Hintergrund als zutiefst problematisch. „Bei Inklusion geht es um die Unterstützung der ganzen Klasse – die ja stets eine heterogene Klasse ist – und ihrer Lehrpersonen" (Sander, 2006, S. 97). Die Negierung kindbezogener Interventionen zugunsten ausschließlich systembezogener Interventionen scheint sinnesbehinderte Kinder konzeptionell auszuschließen. Erste Analysen praktizierter inklusiver Modelle verweisen bereits auf die Gefahr, spezifische Bedürfnisse behinderter Kinder unzureichend zu beachten. Eine (neu aufgestellte) Blinden- und Sehbehindertenpädagogik muss demnach unter inklusivem Vorzeichen ihre Rolle als Förderfaktor (im Sinne der ICF) unter Beweis stellen. Dem folgend ist es wesentlich, die Frage zu beantworten, welchen Kern sehgeschädigtenpädagogisches Tun aufweist. Denn dieser Kern, dieser Extra-Nutzen für die blinden und sehbehinderten Kinder und Jugendlichen und deren Eltern auf der einen Seite und der Extra-Nutzen für die Qualifizierung des Gesamtsystems Schule auf der anderen Seite gibt zentral Auskunft über die Rolle einer Blinden- und Sehbehindertenpädagogik als erziehungswissenschaftliche Disziplin und als schulpolitisch relevante Größe.

Der Kern sehgeschädigtenpädagogischen Tuns entfaltet sich in der dialektischen Beziehung zwischen den beiden folgenden Polen:

1. Erfassen des Umfanges und der Struktur des Sonderpädagogischen Förderbedarfs im Bereich des Sehens und die Analyse der visuell basierten Informationen des Umfelds (Pädagogische Diagnostik) und
2. die aus dieser Diagnostik heraus begründete Gestaltung des Handlungszuganges („Möglichkeitsräume der Entwicklung") unter dem Leitziel größtmöglicher Autonomie (Förderung).

In diesem Zugang ist es zentrales Ziel sehgeschädigtenpädagogischen Tuns, eine Passung zwischen individuellen Wahrnehmungsstrategien und einem entwicklungsfördernden Umfeld herzustellen. Ein derart gestalteter Ansatz hat darüber hinaus die Potenz, ggf. ideologisch verhärtete Fronten zwischen „Sonderschulmodellen" und integrativen bzw. inklusiven Modellen aufzulösen, „denn alle schaffen durch ihre Arbeit einen Zugang zur Bildung, realisieren die Hilfe (zur Selbsthilfe) auf dem Weg zur normalen Teilhabe an schulischer Bildung. Die einen realisieren die Bildung ‚gleich mit', die anderen modellieren die existierenden Angebote so, dass eine normale Teilhabe möglich wird. Der Nutzen für ein blindes oder sehbehindertes Kind ist jedoch im Kern gleich – es kann an schulischer Bildung teilhaben" (Degenhardt, 2004, S. 315).

In klassisch konstruierten didaktischen Modellen werden die Ebenen der Zielsetzung, der Inhalte und Methoden in ihrer Verknüpfung betrachtet; folgend sollen die pädagogischen Interventionen bei Beeinträchtigungen des Sehens jedoch als mehrschichtiger Prozess in fünf Ebenen verstanden werden: die Ebene der Didaktik, der Verfahren und Techniken, der Rahmenbedingungen, des pädagogischen Personals, der gesellschaftlichen Außenwirkung.

Die jahrzehntelang in der Bundesrepublik gepflegte Tendenz einer strengen Abtrennung spezifischer Didaktiken von allgemeinen didaktischen Modellen in Theorie und Praxis (allgemeine Didaktik/Fachdidaktik/Stufendidaktik/Didaktik der X-Geschädigten usw.) war historisch konsequent, ist aber nunmehr – nicht zuletzt mit dem bildungspolitisch verkündeten Primat der Integration – in ihrer Überbewertung überwunden. Eine *spezifische Didaktik* (die sich z. B. generiert, wenn ein Kind unter den Bedingungen von Beeinträchtigungen des Sehens an Bildung teilhaben soll) muss sich den Ansprüchen von Realitätsnähe, Problemorientierung und der Einbettung in eine empirische und historisierende theoretische Grundlegung stellen.

Eine zentrale didaktische Reaktion auf die Herausforderung „Heterogenität" ist die *Differenzierung*. Dabei ist die organisatorische Umsetzung der Idee Differenzierung auch problembeladen. Die äußere Differenzierung in größere Gruppen verführt – so die Kritiker – zum Homogenisieren der Lerngruppen im Kleinen. Darüber hinaus können Differenzierungsformen und -methoden zuschreibenden Charakter tragen; Gleiches gilt für den Extremfall, die „Differenzierung bis auf den Einzelfall", also die vollkommene Individualisierung. Eine regelhafte Herausnahme des blinden Kindes aus dem gemeinsamen Sportunterricht, die „Auftürmung" sehgeschädigtengerechter elektronischer Hilfsmittel und damit die Schaffung einer isolierten, nicht variablen, räumlich separierenden Lerninsel im Klassenraum oder auch nur das ständige Hervorheben der spezifischen Arbeitsmaterialien und -methoden; viele konkrete Umsetzungen einer Individualisierung der Lernprozesse sehgeschädigter Kinder und Jugendlicher tragen die Gefahr einer Abkopplung von den Lernarrangements des Klassenverbandes in sich. Darüber hinaus befindet sich die Kategorie „Differenzierung" in einer Verknüpfung, die aus den Elementen Differenzierung, *prozessbegleitende Diagnostik* (s. Kapitel 2.5) und Gestalten von Vermittlungssituationen bzw. -prozessen besteht. Der aus diesen drei Elementen bestehende Zirkelschluss ist derart eng gefasst, dass das Auflösen bzw. Herausstellen nur eines Aspektes stets unvollkommen wirkt; so scheint Differenzierung ohne prozessbegleitende Diagnostik undenkbar. Dennoch erscheinen manche konkrete Differenzierungsmaßnahmen ohne diagnostische Basierung eher als Differenzierung-der-Differenzierung-Willen.

Ein wesentliches Element bei der Gestaltung differenzierter Lern- und Lehrprozesse ist der *Zeitfaktor*. Das Schaffen individueller Zeitfenster gehört seit Anbeginn der Entstehung einer Blinden- bzw. Sehbehindertenpädagogik zu den Kernpunkten einer spezifischen didaktischen Gestaltung der Lern- und Lehrprozesse. „Die durchschnittliche Lesegeschwindigkeit bei nichtbehinderten Personen beträgt ca. 200 bis 350 Wörter pro Minute. ... Als durchschnittliche Werte für geübte Punktschriftleser werden 60 bis 80 Wörter pro Minute angegeben. Für geübte früherblindete Punktschriftleser werden Werte zwischen 100 und 150 Wörter pro Minute angegeben", für sehbehinderte Leser wird in der Fachliteratur angegeben: „Grenzfälle zwischen Braille- und Schwarzschrift bis 40 Wörter pro Minute, hochgradig Sehbehinderte 40 bis 80 Wörter pro Minute, trainierte Sehbehinderte 80 – 120 Wörter pro Minute und schwach Sehbehinderte über 120 Wörter pro Minute" (Denninghaus, 1996, S. 95-96). Wenngleich aus dem singulären Faktor „Leseleistung in Wörter pro Minute" kein Bild über Lesevorgänge im umfassenden Sinne entstehen kann, verweisen die Zahlen auf die klare Notwendigkeit individueller Zeitfenster innerhalb pädagogischer Situationen, in denen Leseleistungen zentral verortet sind. Auch die taktile Informationsentnahme aus Karten, Modellen und Originalen ist im Vergleich zur visuellen Informationsentnahme zeitaufwendiger. Das Erarbeiten eines Bewegungsablaufes mit einer blinden Schülerin oder einem blinden Schüler wird neben der verbalen Beschreibung auch das „Abtasten der Bewegung durch den Schüler bei der Lehrkraft oder einem Mitschüler" und eine „direkte Bewegungsführung durch die Lehrkraft (z. B. Führen des Armes beim Schlagwurf)" (Thiele, 2001, S. 45) umfassen. Diese spezifischen methodischen Aspekte sind zeitintensiv und bedürfen eines bewusst geplanten spezifischen Zeitmanagements.

Ein weiterer wesentlicher Faktor bei der Gestaltung der differenzierten Lern- und Lehrprozesse bei blinden und sehbehinderten Schülerinnen und Schülern ist die *Lebensweltorientierung*. Wenngleich die Fachöffentlichkeit über die wissenschaftliche und schulpraktische Praktikabilität des Begriffes streitet und allzu wörtlich übertragene Ansätze ins Rezeptive abgleiten, ist eine Orientierung an der Lebenswirklichkeit blinder und sehbehinderter Kinder und Jugendlicher unabdingbares Element bei der Gestaltung pädagogischer Interventionen. Ob die Lebenswirklichkeit blinder und sehbehinderter Kinder und Jugendlicher kategorial als „Welt der Blinden" betrachtet werden muss oder nicht, ist umstritten; wesentlich bleibt die Notwendigkeit, die spezifischen Wahrnehmungsbedingungen der Schülerinnen und Schüler in ihrer Auswirkung auf die Erfahrungen und das Umweltwissen zu berücksichtigen. Die Tatsache, dass eingeschränktes oder fehlendes Sehvermögen die (für die Außenbetrachtung) „spontane", „unorganisierte" und „beiläufige" Aufnahme von Erscheinungen und Prozessen der Umwelt und damit auch Einbindung in Konzepte von Welt erschwert, führt zu einer Zunahme organisierter Begegnungen mit der Umwelt. Diese Situation ist zutiefst zwiespältig: auf der einen Seite sind (organisierte, geschaffene) Angebote dringend erforderlich, da erwiesenermaßen der spontane „Aufforderungscharakter" der Umgebung durch eine Beeinträchtigung des Sehens stark abgesenkt ist, auf der anderen Seite kann eine vollkommen durchorganisierte Begegnung mit der Umwelt in die Gefahrenzone einer defizitären Wertung der Entwicklung des sehgeschädigten Menschen führen. Wesentlich ist die Trennung von dem Gedanken, die Lebenswelt der blinden und sehbehinderten Schülerinnen und Schüler führt aufgrund ihrer Sehschädigung zu einem fehlerhaften und damit grundsätzlich korrekturbedürftigen Abbild der Welt (der Sehenden). Vielmehr muss die eigenständige, besondere Wahrnehmungsstruktur und die damit verbundene Auseinandersetzungsstrategie des sehgeschädigten Menschen mit seiner Umwelt in das Zentrum pädagogischen Denkens platziert werden. Nur durch das Zulassen des Gedankens, dass z. B. blinde Menschen ein ihren Wahrnehmungsstrukturen entsprechendes – und nicht ein lückenhaftes oder fehlerhaftes *Begriffssystem* aufweisen, ermöglicht ein professionelles diagnostisches und didaktisches Denken, das die spezifischen Besonderheiten im Aufbau und in der Verwendung des Begriffsystems berücksichtigt. Die Begrifflichkeiten „Verbalismen" oder „Worthülsen" beschreiben seit Anbeginn blindenpädagogischer Diskussion eine Besonderheit der Sprache blinder Menschen. Es scheint naheliegend, das Phänomen, dass blinde Menschen Dinge „rein sprachlich" beschreiben und innerhalb ihres Sprachschatzes verwenden können, diese Dinge jedoch als realen Gegenstand nicht erkennen, mit dem Begriff des Verbalismus zu belegen. Folgt man jedoch neueren Modellen zur Begriffsbildung (vgl. u. a. Dobslaw, 1993) und überträgt man die Auffassung, dass Begriffe über mehrere Merkmalsebenen verfügen (Hoffmann, 1986, S. 56-61), von denen die sensorische Merkmalsebene nur eine ist, wird deutlich, dass es zu einem Begriff verschiedene Merkmalscharakteristiken gibt. Dementsprechend sind die spezifischen Merkmalscharakteristiken eines Begriffes, die ein sehgeschädigter Mensch aufbaut, nicht fehlerhaft, falsch oder unvollkommen, sondern „anders", seinen Wahrnehmungsstrukturen entsprechend. Aufgabe einer Blindenpädagogik bleibt es, bei dem Prozess der Begriffsbildung blinder Kinder, den Aufbau und die Ausgestaltung aller Merkmalsebenen (der sensorischen Merkmalsebene, der Beziehungs-, Verhaltens- und Sprachmerkmale und der emotionalen und affektiven Merkmalsebene) durch gezielte Anregungen zu begleiten. Damit wird für das Kind unter den Bedingungen der Blindheit eine Vernetzung dieser Ebenen und letztendlich die Verwendung des Begriffes innerhalb der allgemeinen Konventionen möglich. Gleichzeitig geht es aber auch um die Arbeit im Umfeld, in dem deutlich gemacht werden muss, dass das Wort „rot" aus dem Mund eines amaurotisch blinden Kindes kein Widerspruch zu seiner Lebenswirklichkeit darstellt.

Ein weiterer wesentlicher Bereich, in dem Entwicklungsbesonderheiten zu verorten sind, ist die *Bewegung* bzw. die motorische Entwicklung. Dem folgend haben sich bewegungsorientierte Förderansätze im Bereich der Bildung, Erziehung und Rehabilitation blinder und sehbehinderter Kinder und Jugendlicher breit durchgesetzt. Auch wenn „es keinen zwangsläufigen Zusammenhang zwischen der Sehschädigung und dem Bewegungsverhalten bzw. den Bewegungsmöglichkeiten der betroffenen Schüler" gibt, herrscht Einigkeit in der Feststellung, „dass sich der Ausfall des Sehens erschwerend auf die Möglichkeiten der eigenständigen Orientierung und (Fort-)Bewegung auswirkt" (Thiele, 2001, S. 21). Eingeschränkte visuelle Bewegungsstimuli führen hochwahrscheinlich zu spezifischen und im Vergleich zur allgemeinen motorischen Entwicklung zu eingeschränkten Bewegungserfahrungen. Didaktische Konsequenzen erfährt diese Aussage im gesamten Prozess der Bildung, Erziehung und Rehabilitation sehgeschädigter Kinder und Jugendlicher. Im Sportunterricht i.w.S. werden nicht nur grundlegende psychomotorische Entwicklungskonzepte eingebunden, es werden auch Modifikationen für leistungsorientierte Sportarten und -spiele entwickelt und umgesetzt (zuletzt zusammengetragen und aufgearbeitet von Thiele, 2001). In der Frühförderung sowie in der Arbeit mit mehrfachbehinderten sehgeschädigten Kindern und Jugendlichen wird z. B. das Aufbauen absichtsvoller Bewegungen zentral in umfassenden Förderkonzepten eingebunden und für die Entwicklung von Fördermaterialien als Begründungszusammenhang genutzt, so. z. B. bei den Materialien von Lilli Nielsen (vgl. u. a. Nielsen, 1996).

Die weitaus längste Tradition im Kanon spezifischer didaktischer Modelle in der Bildung, Erziehung und Rehabilitation blinder und sehbehinderter Kinder und Jugendlicher hat die *Tasterziehung*. Vor allem in folge der (ausschließlichen und damit radikalen) Auffassung, dass der Tastsinn „die einzige Quelle räumlicher Erkenntnis für den Blinden" (Heller, 1904/1989, S. 10) ist, wurde dem Tasten und der Tastentwicklung zentrale und ungeteilte Aufmerksamkeit geschenkt. Das Erkennen des Raumes, bzw. eines Objektes darin, wurde durch ein ausdifferenziertes System von Tastbewegungen gezielt geübt. In ihrer traditionellen Ausprägung umfasst die Tasterziehung allgemeine und systematisch aufbauende Tastübungen im fein- und grobmotorischen Bereich und – gleichermaßen als Ziel aller Bemühungen – die Erarbeitung und das Einüben konkreter Taststrategien für das sinnentnehmende Ertasten von Reliefs, Modellen und Originalen im unterrichtlichen und außerunterrichtlichen Kontext, so z. B. Übungen zum Lesen von taktilen Orientierungs- und Stadtplänen. Seine Alleinstellung verlor die Tasterziehung mit dem Paradigmenwechsel von der Sehschonung (in der der Verlust des verbliebenen Sehvermögens durch „Abnutzung" vorhergesagt wurde) zur Seherziehung Anfang des 20. Jahrhunderts in Europa. Durch die Einbeziehung wahrnehmungspsychologischer Erkenntnisse entstanden in der Folge spezifische didaktische Modelle aus der Kombination von Bewegungs-, Seh-, Tast- und *Hörerziehung*. Wesentlich ist die gegenseitige Abhängigkeit und Verwobenheit der auszubildenden Sinne innerhalb eines Wahrnehmungsaktes. Nur eine integrierte Konzeption kann sich aus der Begrenztheit singulärer Tastübungen (Material, Formen, Größen etc. ertasten) oder Hörübungen (Tonfolgen differenzieren etc.) befreien und eine der Erkenntnissituation entsprechende Leistungsfähigkeit erreichen. Dementsprechend breit gefächert sind auch die methodischen Umsetzungen einer integrierten Bewegungs-, Seh-, Tast- und Hörerziehung. Wahrnehmungsangebote werden als Kombination von visuellen, akustischen, taktilen und Bewegungsangeboten in basaler und komplexer Ebene gestaltet. Dabei wird vor allem in der Arbeit mit mehrfachbehinderten sehgeschädigten Kindern und Jugendlichen die theoretische Tragfähigkeit von Wahrnehmungskonzepten ausgereizt. Wenn Wahrnehmung die Tätigkeit des Aufnehmens, Verarbeitens und Entdeckens von Informationen über Objekte und Ereignisse der Umwelt ist und Informationen in diesem Kontext untrennbar mit einer Relevanz für das Handeln der Person verbunden sind, bleibt Wahrnehmungserziehung immer in einem hochgradig hypothetischen und auch experimentellen Zustand. Gerade aus der hoch motivierten Suche nach dem „richtigen Weg" für die Erziehung, Bildung und Rehabilitation mehrfachbehinderter Kinder und Jugendlicher heraus verfällt manche Wertung und Bewertung eines methodischen oder instrumentellen Ansatzes in eine Absolutheit, die angesichts des weitestgehend unklaren Zirkels – zwischen Angebot,

Rückmeldung, Interpretation einer Rückmeldung und Konsequenz für das weitere Angebot – nicht tragfähig erscheint. „Aus pädagogischer Sicht wird in den vergangenen Jahren immer deutlicher, dass eine eher isolierende und aus dem Alltagszusammenhang herausgenommene Wahrnehmungsförderung nicht ausreicht, um dem Kind die notwendige Entwicklungsorientierung zu geben" (Fröhlich & Heidingsfelder, 1996, S. 105). So gilt es u. a. den methodisch aufwendig inszenierten „wahrnehmungspsychologischen Overkill" zu vermeiden, eine Situation, in der ein Mensch kaum noch in der Lage ist, die gleichzeitig angebotenen visuellen, akustischen, taktilen und Bewegungsreize in einen Sinnzusammenhang zu bringen (außer in den, dass es bunt, laut oder leise, hart oder weich und alles in Bewegung ist). Die Suche nach der Relevanz für das Handeln des Kindes muss planmäßig und reflektiert gestaltet werden, denn gerade bei Menschen mit beeinträchtigter Wahrnehmung ist eine enge konzeptionelle und methodische Verknüpfung zwischen Diagnostik und Wahrnehmungsförderung unverzichtbar. Diese Verknüpfung wird in der aktuellen Sicht auf eine *Seherziehung* nochmals deutlich: „Seherziehung fasst auf diagnostischer Grundlage die pädagogischen Bemühungen zusammen, um sehgeschädigte Kinder und Jugendliche zu befähigen, mit ihrem Sehvermögen umzugehen" (Kultusministerkonferenz, 1998/2000, S. 184). Ohne eine fundierte ophthalmologische Abklärung und Diagnostik, ohne ein spezifisches pädagogisch ausgerichtetes diagnostisches Portfolio zur Analyse des funktionalen Sehens wäre eine Seherziehung planlos und – von Zufallstreffern abgesehen – auch folgenlos. Darüber hinaus setzt eine pädagogisch intendierte Seherziehung eine professionell durchgeführte Anpassung optischer und/ oder elektronischer Hilfsmittel voraus. In diesem Kontext wird deutlich, dass Seherziehung, wenngleich klar in einem pädagogischen Prozess verortet, nur in einem interdisziplinär ausgerichteten Team unterschiedlicher Professioneller (z. B. aus Blinden- und Sehbehindertenlehrerinnen und -lehrern, Lehrerinnen und Lehrern an der Allgemeinen Schule, Therapeutinnen und Therapeuten, Ärztinnen und Ärzten, Optikerinnen und Optikern, Orthoptistinnen und Orthoptisten, Trainerinnen und Trainern, ...) Erfolg haben kann. Dieses Team kann jedoch nur erfolgreich multiprofessionell arbeiten, wenn sich alle daran wirkenden Berufsgruppen in ihrer jeweiligen Expertenrolle kennen, diese anerkennen und sich vertrauen.

Spezifische Ansätze fordert die Seherziehung bei mehrfachbehinderten sehgeschädigten Kindern und Jugendlichen, bei denen die Seherziehung in ein Konzept der Anbahnung basaler Funktionen eingebunden ist. Da Sehverhalten immer an Handlungen geknüpft ist und die handelnde Auseinandersetzung der mehrfachbehinderten sehgeschädigten Kinder und Jugendlichen sich nicht immer in der „gewohnten Klarheit" erschließen lässt, bedarf es eines großen Einfühlungsvermögens und einer enormen fachlichen Kompetenz der pädagogischen Professionellen bei der Förderung des Sehvermögens unter den Bedingungen schwerer Behinderungen. „Ein fester Bestandteil blinden- und sehbehindertenpädagogischer Förderung ist die Arbeit im Dunkelraum (Low-Vision-Raum, Seherziehungsraum ...). Zur Diagnostik und Förderung des Sehens werden selbstleuchtende und reflektierende Materialien hohen Helligkeits- und Farbkontrastes eingesetzt. Light-Box, Taschenlampen, Spot-Leuchten, Keksbüchsen, Bälle unterschiedlicher Farben, Größen und Materialien, Spielzeug, farbige Bänder, Wärmedecken... – die Materialbreite folgt dem individuellen Diagnostik- und Förderbedarf der Kinder und Jugendlichen und wächst mit der Erfahrung der Professionellen. Um einen besonders effektvollen Helligkeits- und Farbkontrast zu erhalten, werden – von Diskotheken und Pantomimentheatern inspiriert – seit Jahren fluoreszierende Materialien eingesetzt, deren Effekte jedoch den Einsatz von UV-Strahlung erfordern" (Degenhardt, 2006b, S. 217). Diese Materialien generieren (im Vergleich zu den o. g. Materialien) keinen Zusatznutzen. Angesichts des ohnehin schwer quantifizierbaren UV-Strahlungsrisikos, verstärkt durch die enorme Zahl eingesetzter Medikamente mit photosensibilisierenden Nebenwirkungen und begrenzter Schutzmöglichkeiten (durch UV-Schutzbrillen etc.) ist es an der Zeit, den Einsatz der UV-Strahlung in der Diagnostik und Förderung visueller Wahrnehmung, sowie in Ansätzen wie der Snoezelen-Therapie, zu beenden (ausführlich Degenhardt, 2006). Ein weiterer zentraler Punkt bei der Erreichung des Ziels, Handlungsspielräume zu schaffen, besteht bei schwerstbehinderten Kindern und Jugendlichen in der Übernahme von Mitverantwortung in Alltagshandlungen. Seherziehung muss bei dieser Personengruppe also (verstärkt) den Fokus auf den Bereich der Alltagshandlungen legen.

In der Reihe traditionell verankerter methodischer Ansätze innerhalb einer pädagogischen Intervention bei Beeinträchtigungen der Visuellen Wahrnehmung sind weiterhin zu nennen: die *Mnemotechniken*, bei denen die für sehgeschädigte Menschen enorm wichtige aktive Gedächtnisleistung trainiert werden soll, und der Bereich des Umgangs mit möglichen motorischen Auffälligkeiten blinder Menschen. Der *Umgang mit „Blindismen"* (Wippen mit dem Oberkörper, Augenbohren etc.) – tagtägliche Herausforderung, aber in der Fachpresse kaum thematisiert – spaltet die Professionellen. Sind derartige stereotype motorische Handlungen sinnvolle kommunikative Äußerungen? Sind sie durch indirekte Maßnahmen, z. B. psychomotorische Förderprogramme oder gezielte Sportangebote zum Abbau des Bewegungsdranges vermeidbar? Soll durch angemessene und taktvolle Bewusstmachung die sozial auffällige Bewegung in der Situation gestoppt werden? Oder ist bereits das Ziel, diese Bewegungsmuster zu vermeiden, ein unzulässiger Eingriff in die individuelle Entwicklung einer autonomen Persönlichkeit? Seuss (1995) fordert aus der Perspektive der Betroffenheit, dass „Vermeidung und Abbau von ‚Blindismen' ... ein wichtiges Ziel der Blindenpädagogik sein" (S. 175) muss. Die methodische Umsetzung wird weiterhin eine Herausforderung an Professionalität und Taktgefühl innerhalb der täglichen pädagogisch intendierten Arbeit mit sehgeschädigten Kindern und Jugendlichen bleiben.

Das wichtigste Hilfsmittel für blinde Menschen ist die *Blindenpunktschrift*. Die von dem Franzosen Louis *Braille* 1825 erfundene, auf die Kombination von sechs erhabenen Punkten aufbauende Schrift begann mit den Beschlüssen der Blindenlehrerkongresse 1876 in Dresden und 1879 in Berlin ihren Siegeszug im deutschsprachigen Blindenbildungswesen. Die *Braille*-Schrift löste von nun an die bis dahin üblichen Hoch- oder Reliefschriften (erhabene, in dickes Papier geprägte (Schwarzschrift-)Buchstaben, die zwar visuell, aber nur langsam und mühevoll taktil lesbar waren) ab. Die zunehmende Verbreitung der *Braille*schen Punktschrift in Verbindung mit den allgemeinen gesellschaftlichen und schulpolitischen Entwicklungen beendete damit jedoch zum Ausgang des neunzehnten Jahrhunderts die ersten Ansätze der bis dahin verbreiteten gemeinsamen Beschulung – große, fast übermächtige Blindenanstalten mit Internaten folgten dem bildungspolitischen Ziel der Behütung.

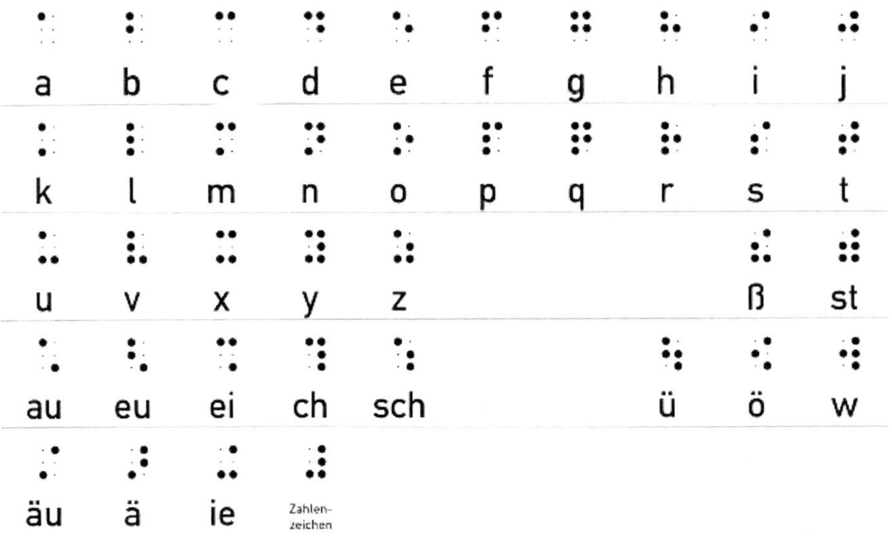

a	b	c	d	e	f	g	h	i	j
k	l	m	n	o	p	q	r	s	t
u	v	x	y	z				ß	st
au	eu	ei	ch	sch			ü	ö	w
äu	ä	ie	Zahlen-zeichen						

Abbildung 2.10: Das deutsche Punktschriftalphabet nach Louis Braille; die kleinen Punkte sind als visuelle Hilfe zur Bestimmung der Lage beigefügt

Der Blindenpunktschrift haftete lange der Charakter einer „Geheimschrift" an. Erst die Einführung und breite Nutzbarmachung des Computers für blinde Menschen (durch Sprachausgabe und Braillezeile) erlaubten es, die *Braille*sche Blindenpunktschrift als System durch blinde und sehende Menschen aktiv und parallel nutzen zu können – eine wesentliche Voraussetzung für gemeinsames Lernen in der allgemeinen Schule. Damit das System der Blindenpunktschrift den wachsenden Anforderungen und Einsatzbereichen standhalten kann, wurde und wird ein umfangreiches Regelwerk aufgebaut. Unter Verantwortung der Blindenselbsthilfe aktualisiert und pflegt die „Brailleschriftkommision der deutschsprachigen Länder" dieses Regelwerk. Das Schriftsystem besteht aus dem Basis-System der deutschen Blindenschrift, der Vollschrift (Erweiterung des Basis-Systems um acht kürzende Zeichen: au, eu, ei, ch, sch, st, äu, ie; vgl. Abb. 2.10) und der deutschen Kurzschrift (mit einem umfangreichen Kürzungsregelwerk, z. B. für alleinstehende einförmige Kürzungen „als", „der"..., für einförmige Kürzungen bei Vor- und Nachsilben „be", „ver" oder für zweiförmige Kürzungen „Dank", „Gesellschaft" usw...). Darüber hinaus gibt es eigenständige Systeme für Stenografie, Mathematik, Musik, Chemie, und – abhängig vom genutzten Zeichencode – mehrere Computer-Braille-Systeme. Diese auch als Euro-Braille bezeichneten Systeme entstanden aus der Notwendigkeit, 256 Zeichen der üblichen Computer-Schrift-Codes in einem eineindeutigen Verfahren Blindenpunktschriftzeichen zuordnen zu können. Kombinatorische Grenzen der 2x3-Matrix erforderten eine Erweiterung auf acht Punkte in einer 2x4-Matrix. Die Gültigkeit im europäischen Raum forderte darüber hinaus Änderungen in den Zeichen aus dem deutschen Alphabet, wie z. B. bei den Umlauten. Änderungen betreffen auch die Kodierung der Zahlen, die in einem eineindeutigen Zeichensystem nicht mehr mit der Kombination aus dem Zahlenzeichen und einem Buchstaben („Zahlenzeichen_a" ergibt die „1") darstellbar waren.

Geschrieben bzw. produziert werden diese Schriften mit:

- Punktschrifttafeln (mit einem Stichel werden von der Rückseite des Papiers die Zeichen richtungs- und seitenverkehrt geschrieben),
- Punktschriftmaschinen (mechanisch z. B. mit der Bauweise „Picht" oder „Perkins", mit elektrischen Blindenpunktschreibmaschinen) oder mit
- Blindenpunktschriftdruckern oder -druckmaschinen.

Im schulischen Kontext werden viele der Zeichensätze nebeneinander eingesetzt. In der Fachöffentlichkeit wird aktuell ein Streit über die Reihenfolge des Aneignens und die Gewichtung in der Nutzung der einzelnen Schriftsysteme geführt. Diese Punktschriftdiskussion kulminiert in der Frage, ob und inwieweit ein Erstlese- und Schreiblehrgang in dem 8-Punktesystem Eurobraille möglich oder sogar zulässig ist. Dabei zeichnen sich folgende Grundsätze und Zielstellungen als Konsens ab: Alle Schülerinnen und Schüler haben – in Abhängigkeit von ihrer allgemeinen Leistungsfähigkeit – nach Abschluss des 6. Schuljahres die Vollschrift, die Kurzschrift und Euro-Braille erlernt. Das 6-Punkt-Braille (Voll- und Kurzschrift) hat gegenüber dem Eurobraille Vorteile in der schnelleren Les- und Schreibbarkeit und ist demnach als Standardsystem zu betrachten. Beim Lese- und Schreiberwerb besteht Methodenfreiheit.

Das Erlernen der Punktschrift im Anfangsunterricht erfordert die Beachtung methodischer Grundsätze. Dazu gehört u.a. die Regel, symmetrische Blindenpunktschriftzeichen nicht zusammen und am Anfang des Lehrganges einzuführen. Inwieweit diese und andere Regeln mit den Leselehrgängen der allgemeinen Klasse, in der ein blindes Kind integrativ beschult wird, kompatibel sind, muss im Einzelfall überprüft werden; das Ziel des gemeinsam Lernens und die Spezifiken eines „taktilen" Leselehrganges sind abzustimmen und zu optimieren.

Für mehrfachbehinderte, taubblinde bzw. hörsehbehinderte Kinder und Jugendliche gibt es eine Reihe von Schrift- und Kommunikationssystemen, die individuell den Kommunikationsbedürfnissen und -fähigkeiten anzupassen sind.

Lebensqualität und das Maß an Selbstbestimmung sind für Menschen mit Beeinträchtigungen der visuellen Wahrnehmung grundlegend von ihren Fertigkeiten zur Bewältigung der Alltagssituationen (Lebenspraktische oder *Alltagspraktische Fertigkeiten*) und von ihrer Fähigkeit, sich sicher und selbstbestimmt fortbewegen zu können (*Orientierung und Mobilität*) abhängig. Dementsprechend sind diese beiden Problemfelder seit Jahren fest und untrennbar mit der pädagogischen Intervention bei Beeinträchtigungen der Visuellen Wahrnehmung verbunden – ob als unterrichtsimmanentes Prinzip oder als eigenständiger Förderansatz. Gleichermaßen problembeladen ist jedoch die praktische Umsetzung des Anliegens, allen Kindern und Jugendlichen mit Beeinträchtigungen des Sehens ein ihrer konkreten Situation entsprechendes Training in Alltagspraktischen Fertigkeiten oder in Orientierung und Mobilität anbieten zu können. Umso mehr ist die Aufnahme dieser Förderbereiche in die Empfehlung zum Förderschwerpunkt Sehen (Kultusministerkonferenz, 1998) zu begrüßen und die Notwendigkeit der Umsetzung dieser konkreten Ziele in den Konzeptionen und Mittelplanungen der einzelnen Bundesländer anzustreben. Die Kultusministerkonferenz fordert z. B. für den Bereich der Alltagspraktischen Fertigkeiten: „Nicht allem Lernbedarf im Bereich Lebenspraktische

Fertigkeiten kann die Schule entsprechen. In Kooperation aller Beteiligter wird versucht, spezielle Bedürfnisse durch schulische und außerschulische Kursangebote zu erfüllen. Der Schule fällt eine beratende Funktion bei der individuellen Auswahl der Lerninhalte oder bei der Kontaktaufnahme zu anderen Maßnahmeträgern zu. Beispiele für Bereiche und alltägliche Verrichtungen sind: Kochen, Essensfertigkeiten, Haushaltspflege, Nähen, Kleiderpflege, Körperpflege, häusliche Reparaturen, Kommunikationsfertigkeiten" (Kultusministerkonferenz, 1998/2000, S. 182). Diese Tätigkeiten basieren auf Grundfertigkeiten, deren Vermittlung nicht immer trennscharf zu Alltagspraktischen Fertigkeiten dazugehörig oder nicht explizit in diesem Lernfeld ausweisbar sind. Dies verstärkt sich in dem Bereich der Alltagspraktischen Fertigkeiten von mehrfachbehinderten sehgeschädigten Kindern und Jugendlichen. Ganzheitliche Ansätze und interdisziplinäre Arbeitsweisen der Professionellen sind demnach unabdingbar.

Für den Bereich der Orientierung und Mobilität zeigt die Kultusministerkonferenz in ihrer Empfehlung die enge Verknüpfung mit Bewegungserziehung, Wahrnehmungsschulung und Begriffsbildung auf; Bereiche, die zentral die Spezifik der didaktischen Modelle in dem Bereich der pädagogischen Interventionen bei Beeinträchtigungen des Sehens ausmachen. Als konkrete Fördergebiete werden die Felder: Gehen mit einem sehenden Begleiter, mit Langstock, Führhund und die Benutzung elektronischer Führhilfen aufgezeigt (vgl. Kultusministerkonferenz, 1998/2000, S. 183). Wesentlich ist auch hier die enge Anbindung aller Maßnahmen an den individuellen Entwicklungsstand des Kindes und an die spezifischen Lebens- und Lernumfelder (und die sich daraus rekrutierenden Bedürfnisse), so dass eine effiziente Intervention in diesen Bereichen überhaupt erst möglich wird.

Wenngleich *Rahmenbedingungen* nicht durchweg dinglicher Art sind, sind es doch gerade die „augenscheinlichen" Hilfen, die existentiell zu den notwendigen Rahmenbedingungen einer effizienten und erfolgreichen pädagogischen Intervention bei Beeinträchtigungen der visuellen Wahrnehmung gehören. Seit Jahren rückt ein Faktor immer mehr in den Mittelpunkt der Betrachtungen – die *Beleuchtung*. Allgemeine Untersuchungen belegen, dass die visuelle Leistungsfähigkeit mit wachsender Beleuchtungsstärke (innerhalb eines anatomisch umrissenen Intervalls) steigt. Industrie, Gesundheitswesen und andere Bereiche haben dies erkannt. Lediglich im schulischen Bereich gelten Richtwerte, die weit unter den Erfordernissen liegen: 300 lx für Unterrichtsräume, 500 lx für Unterrichtsräume mit Abendnutzung und naturwissenschaftliche Fachunterrichtsräume stehen einem Bedarf von 1000 lx – 2000 lx gegenüber. Stellenweise ausgelebter ökologischer Aktionismus an schulischen und außerschulischen Einrichtungen führt darüber hinaus zu einem fast wettbewerbsmäßigen „Strom-sparen-durch-Lichtausschalten" (das unglücklicherweise auch durch gut gemeinte, aber nicht zu Ende gedachte staatliche Projekte gefördert wird). Neben dem Beleuchtungsniveau sind weitere Gütemerkmale der Beleuchtung zu beachten; wesentlich ist die Zielstellung, in allen Bereichen im Sinne einer optimalen Bedingung für das Sehvermögen der Kinder und Jugendlichen die optimalen Spitzenwerte in allen Kategorien anzustreben. Das Gütemerkmal „Kosten" soll dabei nicht außer Kraft gesetzt, sondern mit den pädagogischen Erfordernissen abgestimmt und ausgeglichen werden. Ein weiteres Qualitätsmerkmal guter Beleuchtung ist die Blendungsbegrenzung. Die technologischen Entwicklungen auf diesem Gebiet sind rasant. Vor allem in Lernräumen mehrfachbehinderter sehgeschädigter Kinder (wie im Übrigen an allen

Geistigbehinderten- oder Körperbehinderteneinrichtungen) ist auf die Tatsache zu achten, dass die zeitweise auf dem Rücken liegenden Kinder und Jugendlichen nicht direkt in die Leuchtmittel schauen müssen. Eine indirekte Beleuchtung – zumindest in einem Bereich des Klassenzimmers – ist anzustreben. Für den gesamten Raum ist auf eine harmonische Helligkeitsverteilung und ausreichend Schattigkeit zu achten; weder OP-Saal-Helligkeit noch schummrige Candle-light-Dinner-Atmosphäre sind auf Dauer zulässig. Die Dimmbarkeit des Lichtes (des künstlichen und durch Vorhänge etc. auch des einfallenden natürlichen Lichtes) ist zu gewährleisten. Großen Wert sollte auf die bewusste Wahl der Lichtfarbe (die in Nordeuropa beliebten „rotstichigen Weißtöne" sind dabei nicht immer optimal) und die Farbwiedergabequalität (abhängig von der spektralen Zusammensetzung des künstlichen Lichtes) gelegt werden. Diese Gütemerkmale gelten auch für die häufig benötigte individuelle Arbeitsplatzbeleuchtung, deren Beleuchtungsstärke – je nach Bedarf – bis zu 10.000 lx betragen kann. Wesentlich ist die individuelle und aufgabenbezogene Anpassung der Beleuchtung – das gilt auch für die Gemeinsame Beschulung!

Abhängig vom individuellen Vergrößerungsbedarf der Schülerinnen und Schüler sind *optische und/oder elektronisch vergrößernde Hilfsmittel* anzubieten. Bei dem alleinigen Zurückgreifen auf die „Vergrößerung durch Herannehmen" ist zu beachten, dass dies an hohe Akkommodationsfähigkeiten gebunden ist, die bereits im Jugendalter stark abnehmen. Eine pädagogische Implementierung von vergrößernden Hilfsmitteln ist also geboten. Die Anpassung der vergrößernden Hilfsmittel ist Gegenstand eines qualifizierten Low-Vision-Spezialisten (die in den Berufsgruppen der Augenärzte, Optiker und Orthoptisten zu finden sind); die Einweisung für den Gebrauch im Kontext der Lehr- und Lernprozesse, in denen die Kinder und Jugendlichen stehen, ist Aufgabe der qualifizierten Sehgeschädigtenlehrerinnen und -lehrer. Aus dem breiten Angebot der vergrößernden Hilfsmittel seien genannt:

- Lupen; Hand-, Stand-, Schiebe-/Visulett-Lupe, mit und ohne eigene Lichtquelle; Vergrößerungsbereiche zwischen 1,6 und 10,
- Fernrohrbrillensysteme (Nah), Überadditionsbrillen; Vergrößerungsbereiche zwischen 2 und 20,
- Fernrohrsysteme (Fern); Vergrößerungsbereiche zwischen 2 und 25,
- Bildschirm- oder Fernsehlesegeräte; Abbildungsmaßstab zwischen 5 und 30.

Das Lesen mit Lupensystemen beeinflusst die Sitzhaltung nachhaltig und negativ. Schreibpulte oder neigungsverstellbare Tische sind daher gesundheitserhaltend.

Zur Kontrasterhöhung werden zunehmend Kantenfilter verwendet, die durch das Ausfiltern der blauen Lichtanteile vielfältige Störquellen (durch Streuung oder Fluoreszenz hervorgerufen) ausschalten helfen (zu vergrößernden Hilfsmitteln s. ausführlich u. a. Grein, 2002; Methling 1996; Rohrschneider, 2005; Schreck, 2000).

Zu den Rahmenbedingungen für eine spezifische Gestaltung pädagogischer Prozesse gehört auch die Kenngröße *Klassenstärke*. Die AQUA-Studie hat 1997 Daten zur Angebotsqualität blindenpädagogischer Förderung erhoben; die Klassenmesszahlen lagen dabei für die Grund- und Hauptschule in einem Bereich zwischen vier bis dreizehn Schülerinnen und Schüler pro Klasse (bei Medianwerten zwischen sechs und acht) und für die Klassen mit mehrfachbehinderten Schülerinnen und Schülern zwischen vier und acht (vgl. Degenhardt u. a., 1998, S. 65, 66, 83). Die durch Mehrfachbesetzungen innerhalb einer Klasse entstehenden Lehrer-Schüler-Relationen liegen im Mittel von 1:10 bis 1:4 und bilden damit eine Bandbreite ab, die es ermöglichen kann, innerhalb eines Klassenverbandes auf individuelle Förderbedürfnisse einzugehen. Eine zunehmende Heterogenität kennzeichnet jedoch auch in diesen Bereichen die Herausforderungen der nächsten Jahre.

Weitere Rahmenbedingungen sind u. a. das Vorhandensein eines fachlich qualifizierten und ausreichend ausgestatteten *Medienzentrums* (für die Herstellung von Punktschrifttexten, tastbaren Reliefs und anderen individuellen Hilfsmitteln an Schulen für Blinde und/oder Sehbehinderte und Förderzentren), *spezifische Organisationsformen des sehgeschädigtenpädagogischen Prozesses* (z. B. Kursangebote für Schülerinnen und Schüler in integrativen Beschulungsformen), eine *fachlich-orientierte Internatsarbeit* sowie ein funktionierendes System der *Fahrdienste*.

Für die Umsetzung der bisher genannten Spezifika sind auf der *Ebene des pädagogischen Personals* spezifische blinden- und sehbehindertenpädagogische Kompetenzen bei den pädagogischen Professionellen zu erwarten. Dies sind u.a. Kompetenzen in den Bereichen Bewegungs-, Seh-, Tast- und Hörerziehung, Analyse des Funktionalen Sehens und die Beratungs- und Kooperationskompetenz (u.a. mit anderen pädagogischen und nicht-pädagogischen Professionellen, den Eltern etc.). Derzeit werden die entsprechenden Lehramtsstudiengänge an den Universitäten und Hochschulen in Berlin, Dortmund, Hamburg und Heidelberg angeboten. Ein umfangreiches Angebot auf dem Gebiet der Fort- und Weiterbildung, getragen u.a. von den Einrichtungen, Freien Trägern und dem Berufsverband „Verband der Blinden- und Sehbehindertenpädagoginnen und -pädagogen e.V. (VBS)", ergänzen das Ausbildungsangebot.

Auf der *Ebene der gesellschaftlichen Außenwirkung* ist es Aufgabe einer institutionalisierten Bildung für blinde und sehbehinderte Menschen, an der positiven Ausprägung bzw. an einer Änderung der Einstellungen innerhalb der jeweiligen Gesellschaft mitzuwirken. Folgt man der These, dass neben medialen Wirkungen und tradierten Mustern die direkte Begegnung wesentlich für die Einstellungsausprägung ist, erhöht sich die gesellschaftliche Verantwortung für die Institution Schule und die darin tätigen Professionellen. Gleichsam ist es schulpolitisches und gesellschaftlich-konsensuelles Ziel für alle Beteiligten, die Umsetzung des Ziels der Integration von blinden und sehbehinderten Menschen voranzutreiben. Jede Maßnahme innerhalb einer pädagogischen Intervention ist auch Bestandteil eines Netzwerkes. Es gilt, dieses Angebot im Sinne des Gedankens von „empowerment" zu gestalten. Pädagogische Konzepte einer Blinden- und Sehbehindertenpädagogik müssen sich darüber hinaus durch die zentrale Positionierung der Kategorie Selbstbestimmung definieren; der Paradigmenwechsel von der Orientierung an der Sehschädigung des Kindes oder des Jugendlichen hin zur Kontextgestaltung des Lern- und Lebensraumes sollte die entsprechenden Freiräume und theoretischen Grundlegungen vorhalten.

2.7 Textfragen zur Verständniskontrolle

1. Nennen Sie typische Merkmale blinder Menschen in unserer Gesellschaft. Wie stehen diese zu den Einstellungen und Vorurteilen gegenüber blinden Menschen.
2. Wieso ist eine allgemeine Definition von „Blindheit" und „Sehbehinderung" nicht korrekt möglich?
3. Welche Ansätze verweisen auf eine größere Gemeinsamkeit zwischen Blinden- und Sehbehindertenpädagogik; welche Aspekte sprechen für eine Trennung?
4. Welche Augenerkrankungen führen weltweit zu einer großen Anzahl von Erblindungen? Wie können die epidemiologischen Besonderheiten erklärt werden?
5. Nennen Sie drei Sehleistungen und beschreiben Sie mögliche Verfahren zur medizinischen Diagnostik.
6. Welche Gemeinsamkeiten und welche Unterschiede besitzen diagnostische Verfahren zur Erfassung des physiologischen Sehens, zur Beschreibung des funktionalen Sehens und Verfahren der pädagogischen Diagnostik?
7. Was ist der Kern blinden- und sehbehindertenpädagogischen Tuns?
8. Welchen Zusammenhang gibt es zwischen Seherziehung und der Diagnostik funktionalen Sehens?
9. Nennen Sie wesentliche Hilfsmittel und mögliche Umweltmodifikationen für blinde und sehbehinderte Kinder und Jugendliche im schulischen Kontext.

2.8 Literatur

Ahrbeck, B.[1], Bleidick, U. & Schuck, K. D. (1997). *Pädagogisch-psychologische Modelle der inneren und äußeren Differenzierung für lernbehinderte Schüler*. In Weinert, F. E. (Hrsg.), *Enzyklopädie der Psychologie, Bd.3, Psychologie des Unterrichts und der Schule* (S. 739-769). Göttingen: Hogrefe.

Borgwarth, J. (2003). *Anwendung der ICF-Klassifikation im Rahmen der Feststellung des Sonderpädagogischen Förderbedarfs im Förderschwerpunkt Sehen*. Examensarbeit. Fachbereich Erziehungswissenschaft, Institut für Behindertenpädagogik. Universität Hamburg.

Brambring, M. (1999). *Entwicklungsbeobachtung und -förderung blinder Klein- und Vorschulkinder. Beobachtungsbögen und Entwicklungsdaten der Bielefelder Längsschnittstudie*. Würzburg: bentheim.

---

[1] Der Autor bedauert die Entscheidung der Herausgeber und des Verlages, bei der Erstellung des Literaturverzeichnisses die Vornamen zu kürzen. Damit wird den Anforderungen historischer Forschung, den Aspekten Gender und Interkulturalität und letztendlich üblichen Umgangsformen nicht entsprochen; ein ungekürztes Literaturverzeichnis kann beim Autor abgerufen werden.

DBSV – Deutscher Blinden- und Sehbehindertenverband e.V. (Hrsg.). (2004). *Ratgeber Recht für blinde und sehbehinderte Menschen*. Berlin. (http://www.dbsv.org/publik/publik.html – entnommen am 29.12.2006).

Degenhardt, S. u.a. (1998). *Daten zur Angebotsqualität blindenpädagogischer Förderung (AQUA-Studie): Ergebnisse einer Erhebung im Bereich Schule durch die Arbeitsgruppe Qualitätssicherung (AQUA) im Auftrag des Verbandes der Blinden- und Sehbehindertenpädagogen e.V.* Berlin: VWB – Verlag für Wissenschaft und Bildung.

Degenhardt, S.(2004). Qualität sehgeschädigtenpädagogischer Prozesse in der Umklammerung sächlicher und personeller Rahmenbedingungen? In (VBS), Verband der Blinden- und Sehbehindertenpädagogen und -pädagoginnen (Hrsg.), *XXXIII. Kongress der Blinden- und Sehbehindertenpädagogen und -pädagoginnen – Qualitäten: Rehabilitation und Pädagogik bei Blindheit und Sehbehinderung – Dortmund vom 04.-08.08.2003* (S. 310-327). Würzburg: bentheim.

Degenhardt, S. (2006). Zeit für eine Trennung: UV-Strahlung und Blindenpädagogik – Konsequenzen für die Low-Vision-Arbeit. *blind-sehbehindert: Zeitschrift für das Sehgeschädigten-Bildungswesen, 126*, 217-232.

Denninghaus, E. (1996). Die Förderung der Lesegeschwindigkeit bei blinden und sehbehinderten Jugendlichen und jungen Erwachsenen. *blind-sehbehindert: Zeitschrift für das Sehgeschädigten-Bildungswesen, 116*, 95-100.

Dobslaw, G. (1993). *»Da kann ich nur das Wort sagen«: Eine vergleichende Analyse der Kategorisierungsleistungen und der Inhalte von Wortbedeutungen über Objekte bei blinden und sehenden Vorschulkindern*. Münster: Waxmann.

Faber, M. & Rosen, K. (1997). *PERM – Paderborner Entwicklungs-Raster für Schwerst-Mehrfachbehinderte (mit Sehschädigung)*. Paderborn: Eigenverlag.

Fröhlich, A. D. & Heidingsfelder, M. (1996). Elementare Wahrnehmungsförderung. In Fröhlich, A. D. (Hrsg.), *Wahrnehmungsstörungen und Wahrnehmungsförderung* (S. 96-110). Heidelberg: Schindele.

Fromm, W. & Schmöger, E. (1979). Blinden- und Sehschwachenwesen. In Velhagen, K. (Hrsg.), *Der Augenarzt* (S. 495-733). Leipzig: Thieme.

Grehn, F. (2006). *Augenheilkunde*. Heidelberg: Springer Medizin Verlag.

Grein, H.-J. (2002). Low Vision – Versorgung Sehbehinderter mit vergrößernden Sehhilfen – Teil II: Anpassung und Versorgung. *Der Ophthalmologe, 99*, 884-900.

Heller, T. (1904/1989). *Studien zur Blindenpsychologie*. Leipzig (Würzburg): Engelmann (Faksimile der edition bentheim).

Henriksen, A. & Henriksen, C. (Hrsg.). (2006). *Informationen für die Beratung bei Kindern und Jugendlichen mit mehrfachen Behinderungen und Sehschädigung – Comenius-Projekt der Europäischen Union*. Schleswig: Staatliche Schule für Sehgeschädigte.

Hoffmann, J. (1986). *Die Welt der Begriffe: Psychologische Untersuchungen zur Organisation des menschlichen Wissens*. Berlin: Deutscher Verlag der Wissenschaften.

Hyvärinen, L. (2002). *Sehen im Kindesalter: Möglichkeiten und Grenzen der Diagnostik (Ein Festvortrag am 30. Januar 2002 in Dortmund)*. (http://www.lea-test.fi/ – entnommen am 29.12.2006)

Hyvärinen, L. (o.J.). Das Funktionale Sehen in der Frühbetreuung und im Spezialunterricht der sehgeschädigten Kinder. (http://www.lea-test.fi/de/sehuberp/waldkirc.html)

Kern, H. (1998). Entwicklungs- und Förderdiagnostik des Sehens für mehrfachbehinderte Menschen (EFS) – ein Förderkonzept. In Arbeitsgemeinschaft Frühförderung sehgeschädigter Kinder (Hrsg.), *Messen und Beobachten – Bewerten und Handeln* (S. 121-139). Würzburg: bentheim.

Kultusministerkonferenz (1998/2000). Empfehlungen zum Förderschwerpunkt Sehen. In Drave, W., Rumpler, F. & Wachtel, P. (Hrsg.), *Empfehlungen zur Sonderpädagogischen Förderung – Allgemeine Grundlagen und Förderschwerpunkte (KMK) mit Kommentaren* (S. 177-197). Würzburg: bentheim.

Lachenmayr, B., Friedburg, D. & Hartmann, E. (1999). *Auge – Brille – Refraktion*. Stuttgart: Enke.

Methling, D. (1996). *Bestimmen von Sehhilfen*. Stuttgart: Enke.

Nater, P. (1998). Erste Erfahrungen mit dem ITVIC-D (Intelligence Test for Visually Impaired Children – Dt. Version). In VBS (Hrsg.), *XXXII. Kongress der Blinden- und Sehbehindertenpädagogen – Lebensperspektiven* (S. 295-309). Nürnberg: VzFB.

Nielsen, L. (1996). *Schritt für Schritt: Frühes Lernen von sehgeschädigten und mehrfachbehinderten Kindern*. Würzburg: bentheim.

Rath, W. (2002). Blindheit und Sehbehinderung, Mehrfachbehinderung. In Bundesanstalt für Arbeit (Hrsg.), *Teilhabe durch berufliche Rehabilitation: Handbuch für Beratung, Förderung, Aus- und Weiterbildung*. Nürnberg: BW Bildung und Wissen Verlag und Software GmbH (http: //195.185.214.164/reha/rehabuch/index.htm).

Rohrschneider, K. (2005). Optisch und elektronisch vergrößernde Sehhilfen. In A. Kampik & F. Grehn (Hrsg.), *Augenärztliche Rehabilitation* (S. 35-45). Stuttgart: Thieme.

Sachsenweger, M. (Hrsg.) (2003). *Augenheilkunde*. Stuttgart: Thieme.

Sander, A. (2006). Wie verändert Inklusion Perspektiven und Profile der Beratungsarbeit? *blind-sehbehindert: Zeitschrift für das Sehgeschädigten-Bildungswesen, 126*, 92-99.

Schöffler, M. (1956). *Der Blinde im Leben des Volkes: Eine Soziologie der Blindheit*. Leipzig, Jena: Urania.

Schreck, K. (2000). Optische Grundversorgung und Anpassung vergrößernder Sehhilfen. In E. Denninghaus& S. Kampmann (Hrsg.), *Low Vision Interdisziplinär; Teil III: die Rehabilitation und die Gestaltung von Arbeitsplätzen sehbehinderter Menschen; Beiheft Nr. 6 der Zeitschrift „blind-sehbehindert" Zeitschrift für das Sehgeschädigten-Bildungswesen, Heft 3/2000* (S. 26-33). Hannover: VzFB.

Seuss, C. (1995). Erziehung in den Blinden- und Sehbehindertenschulen – Haben Blinde ein „Recht auf Blindismen"? *blind-sehbehindert: Zeitschrift für das Sehgeschädigten-Bildungswesen, 115,* 174-175.

Thiele, M. (2001). *Bewegung, Spiel und Sport im gemeinsamen Unterricht von sehgeschädigten und normalsichtigen Schülerinnen und Schülern.* Würzburg: bentheim.

Walthes, R. (2003). *Einführung in die Blinden- und Sehbehindertenpädagogik.* München: Reinhardt – UTB.

World Health Organization (WHO) (Hrsg.). (2001/2005). *Internationale Klassifikation der Funktionsfähigkeit, Behinderung und Gesundheit (ICF); Endfassung (final draft) der deutschsprachigen Übersetzung der ICF, Stand Oktober 2005.* (http://www.dimdi.de/static/de/klassi/icf/ – entnommen am 29.12.2006)

World Health Organization (WHO) (Hrsg.). (2003). *Consultation on Development of Standards for Characterization of Vision Loss and Visual Functioning.* (http://whqlibdoc.who.int/hq/2003/WHO_PBL_03.91.pdf – entnommen am 02.01.2007)

World Health Organization (WHO) (2004). *Magnitude and causes of visual impairment (Fact Sheet N°282, November 2004).* (http://www.who.int/mediacentre/factsheets/fs282/en/ – entnommen am 14.02.2005)

Zihl, J. & Priglinger, S (2002). *Sehstörungen bei Kindern – Diagnostik und Frühförderung.* Wien, New York: Springer.

3 Gehörlosigkeit und Schwerhörigkeit

Klaus-B. Günther

3.1 Einführung in die Thematik

Helen Keller, die selbst mit knapp zwei Jahren ertaubte und erblindete, hat einmal gesagt: „Blindheit trennt von den Sachen, Taubheit von den Menschen". In dieser Äußerung einer selbst doppelt Betroffenen werden die dramatischen Schwierigkeiten deutlich, die die Menschheit bis in unsere Zeit mit Gehörlosigkeit und hochgradiger Schwerhörigkeit hatte.

Mit einer schweren Hörschädigung ist der *Nerv* der alltäglich selbstverständlich lautsprachlich funktionierenden zwischenmenschlichen Kommunikation in mehr oder weniger großem Umfang getroffen und das bedeutet, dass die schwere Hörschädigung in allererster Linie eine Störung der Kommunikation und der daraus resultierenden Probleme für den Austausch von Informationen, Meinungen, Verhaltensregulierungen usw. einerseits wie für die psycho-sozialen Befindlichkeiten, die Eigenakzeptanz der Behinderung und die Beziehungsverhältnisse andererseits ist. Des Weiteren bestimmen Ausmaß und Zeitpunkt des Beginns der Hörschädigung entscheidend die Entwicklungs- und Lebensbedingungen der Betroffenen. Erkenntnisfortschritte sowohl in der medizinisch-technischen Diagnostik und Versorgung einerseits als auch in den Gebärdensprache einbeziehenden hörgeschädigtenpädagogischen Fördermöglichkeiten andererseits führen zu möglicherweise völlig neuen Perspektiven.

Bei hörgeschädigten Menschen unterscheiden wir zwischen Schwerhörigkeit und Gehörlosigkeit. Leichte bis mittelgradige Schwerhörigkeit kann – wenn sie nicht mit weiteren gravierenden Behinderungen oder anderen Komplikationen kombiniert ist – durch moderne Hörgeräte und pädagogische Beratung weitgehend kompensiert werden. Bei hochgradiger Schwerhörigkeit ist der Hörverlust so hoch und spezifisch ausgeprägt, dass die Wahrnehmung von gesprochener Sprache nicht nur quantitativ sondern auch qualitativ (Fehlhörigkeit) beeinträchtigt ist. Hochleistungshör- und Zusatzgeräte (z. B. FM-Anlagen) sind für hochgradig Schwerhörige eine wichtige Hilfe. Bei Gehörlosigkeit ist hingegen die Wahrnehmung gesprochener Sprache auch unter optimaler Versorgung mit Hochleistungshörgeräten selten zureichend möglich. Aus diesem Grund werden gehörlose Kleinkinder zunehmend mit einem Cochlea-Implantat (CI) versorgt, wobei Ergebnisse bezüglich einer adäquaten Lautsprachentwicklung sehr unterschiedlich ausfallen. Gehörlosigkeit bedingt besondere Probleme bezüglich der Sprachentwicklung und der Kommunikation. Im Grenzbereich zwischen Gehörlosigkeit und Schwerhörigkeit gibt es erhebliche Überlappungen in beide Richtungen.

Die zweite wesentliche Variable bezieht sich auf den Zeitpunkt des Eintritts der Hörschädigung: Eine von Geburt an existierende oder vor dem Spracherwerb eintretende schwere Hörschädigung hat gravierende Auswirkungen auf die Entwicklungsbedingungen von Kommunikation, Sprache und Kognition. Nicht von ungefähr konzentriert sich seit Beginn der institutionalisierten Taubstummenbildung vor 200 Jahren die kontroverse hörgeschädigtenpädagogische Methodendiskussion – Laut- vs. Gebärdensprache – auf diese kleine Gruppe gehörloser und hochgradig schwerhöriger Kinder. Bei im Kindesalter seltener postlingualer Ertaubung – darunter versteht man auch erworbene hochgradige Schwerhörigkeit – geht es hingegen darum, einen Verfall des nicht mehr selbstkontrollierbaren Sprechens und eine allmähliche kommunikativ-informative Isolierung durch apparative Hilfen – Hörgeräte oder auch Cochlea-Implantat – sowie kompensatorische Kommunikationstechniken – besonders Absehen, Hörtraining, Artikulation, Gebärden (vgl. Biemann, Hase & Heeg, 1997, S. 26) – zu verhindern. Bei völliger postsprachlicher Ertaubung und schneller anschließender Versorgung hat sich das CI als besonders erfolgreich erwiesen. Darüber hinaus gilt es bei Ertaubten als rehabilitative Daueraufgabe, das aus dem Verlust der *normalen* lautsprachlichen Kommunikationsfähigkeit resultierende *psychosoziale Leiden* (Richtberg, 1980) zu mindern (Biemann u. a., 1997, S. 38ff.).

In den vergangenen 20 Jahren hat es einerseits für hochgradig hörgeschädigte Kleinkinder bahnbrechende Entwicklungen im Bereich der medizinischen Diagnostik und der elektroakustischen Hilfen gegeben, so das Neugeborenenhörscreening, die Digitalisierung der Hörgeräte und vor allem das Cochlea-Implantat. Andererseits vollzog sich zwischenzeitlich nicht nur die „Entdeckung der Gebärdensprachen" als anderen Sprachen analoges und gleichwertiges linguistisches System, sondern auch eine erfolgreiche Implementation und Evaluation bilingualer Konzepte mit gehörlosen und hochgradig schwerhörigen Schülerinnen und Schülern in Gebärden-, Laut- und Schriftsprache. Hier deuten sich jenseits des klassischen Methodenstreits – Laut- oder Gebärdensprache – neue diesen überwindende Perspektiven an, auf die im Weiteren noch eingegangen wird.

3.2 Grundlagen und Störungen des Hörens

3.2.1 Hören

Wenn wir hören, nehmen wir physikalische Schallereignisse, die sich z. B. in der Luft oder im Wasser als wellenförmige elastische Schwingungen ausbreiten, wahr und verarbeiten sie. Neben der Dauer weist Schall zwei charakteristische Dimensionen auf:

- die als Frequenz bezeichnete, in Hertz (Hz) gemessene Tonhöhenwahrnehmung sowie
- die als Intensität bezeichnete und in einer logarithmisch komprimierten akustischen Maßeinheit Dezibel (dB) gemessene Lautstärkewahrnehmung.

Ein junger Mensch mit normal entwickeltem Gehör nimmt Frequenzen etwa zwischen 20 und 20.000 Hz wahr. Relevant für die Wahrnehmung von Sprache, für die das menschliche Gehör seine größte Sensibilität aufweist, sind jedoch nur Frequenzen zwischen 125 und 8.000 Hertz (vgl. zur Veranschaulichung Abb. 3.1).

Ad 1 (vgl. Abb. 3.1): Das aus Ohrmuschel, Ohrmuschelhöhlung und Gehörgang bestehende Außenohr nimmt Bündel- und Filter- sowie Schutzfunktionen gegenüber physischen Einwirkungen bei der Aufgabe wahr, Schallereignisse aus der Umwelt zum Trommelfell weiterzuleiten. Von dysfunktionalen Missbildungen oder fehlender Ausbildung abgesehen (wie z. B. die Conterganfälle Ende der fünfziger/Anfang der sechziger Jahre), liegen im Außenohr in der Regel nicht die Ursachen für gravierende Hörstörungen.

Ad 2: Wesentliche Aufgaben des Mittelohres mit seinen Komponenten Trommelfell, Paukenhöhle, Gehörknöchelchen (Hammer, Amboss und Steigbügel) und den beiden Mittelohrmuskeln sind:
- Schallwellenübertragung vom Außen- zum Innenohr,
- Anpassung der unterschiedlichen Schallwellenwiderstände (Impedanzen) auf dem Weg zum Innenohr,
- Schutz des Innenohres vor zu hohem Schalldruck.

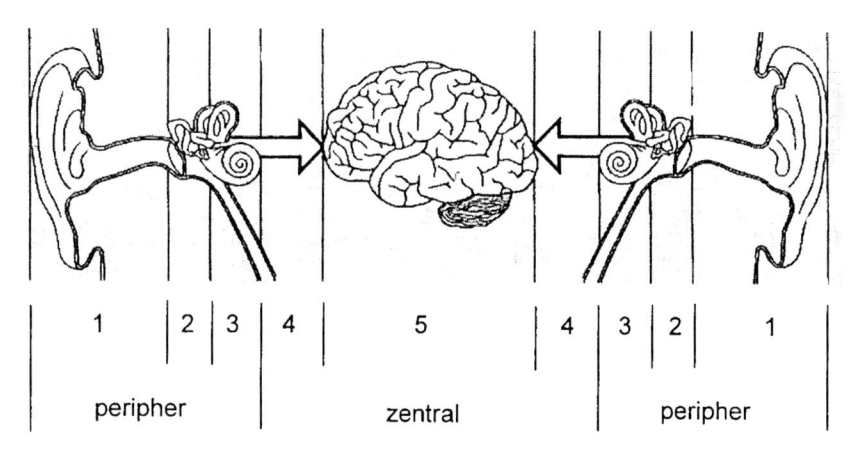

Abbildung 3.1: Peripherer und zentraler Bereich des Hörorgans (aus Renzelberg, 2003, 3 – n. Broschüre der Firma GEERS-Hörakustik, 1989, o. Seitenangaben)

Ad 3: Im Innenohr befindet sich neben dem Gleichgewichts- das eigentliche Hörorgan, das wegen seines einem Schneckhaus ähnelnden Aussehens als Schnecke (griechisch: Cochlea) bezeichnet wird. In der Cochlea liegt das Corti-Organ, mittels dessen nach der chochleären Verstärkung durch die äußeren Haarzellen der für die zentrale Verarbeitung entscheidende Transduktionsprozess stattfindet, indem über die inneren Haarzellen die physikalischen Schallwellen in elektronervöse Impulse umgewandelt und über den VIII. Hirnnerv an die zum Gehirn führenden Hörbahnen weitergeleitet werden. Das Innenohr ist somit die Schaltstelle zwischen dem peripheren und dem zentralen Bereich oder etwas vereinfacht gesagt zwischen Hören und Verstehen.

Ad 4/5: Im zentralen Bereich der Hörnerven und des cerebralen Hörzentrums findet die auditive Wahrnehmung und kognitive Verarbeitung der in der Cochlea transformierten physikalischen Schallereignisse statt.

3.2.2 Störungen

Die klassischen Hörschädigungen – Gehörlosigkeit, Schwerhörigkeit und Ertaubung – sind Störungen im peripheren Bereich. Zu unterscheiden sind hier: Schallleitungsstörungen, die den Schalltransport vom Außen- zum Innenohr betreffen und auf Dysfunktionen bzw. Pathologien des Mittelohres – in seltenen Fällen auch des Außenohres – beruhen. Aus Schallleitungsstörungen resultiert leichte bis mittelgradige Schwerhörigkeit mit einem mittleren Hörverlust von maximal 60 dB. Hochgradige Hörschädigung bis hin zu Gehörlosigkeit mit einem durchschnittlichen Hörverlust von über 90 dB beruht dagegen immer primär auf einer Schallempfindungsschwerhörigkeit infolge von Dysfunktionen des Innenohres, genauer gesagt der Cochlea. Schallempfindungsstörungen können auch in Kombination mit Schallleitungsstörungen auftreten.

In der pädaudiologischen Literatur finden wir auch vereinzelt Fälle, die als neurale oder retrocochleäre – also nicht mehr peripher angesiedelte – Hörschädigung bezeichnet werden. Ihre Abgrenzung von Innenohr bedingter Schwerhörigkeit ist jedoch in der Regel kaum eindeutig nachzuweisen und hat im Übrigen für die hörgeschädigtenpädagogische Arbeit keine differenzierende Bedeutung.

In den letzten 20 Jahren wurde man verstärkt auf die „Zentral-auditive Verarbeitungs- und Wahrnehmungsstörung (ZAVWS)" aufmerksam (Axmann, 1993; Frerichs, 2002; Kühn-Innacker, 2002). Bei Kindern mit einer ZAVWS ist das periphere Hörsystem nicht beeinträchtigt, wohl aber die zentrale Wahrnehmungs- und Verarbeitungsfähigkeit. Solchermaßen gestörte Kinder weisen Probleme beim „Zu"-Hören, in der Sprachentwicklung, in der Schriftsprachaneignung, im Sprachverständnis und den auditiven Wahrnehmungsfunktionen auf.

3.3 Verbreitung von Gehörlosigkeit und Schwerhörigkeit

3.3.1 Gesamtbevölkerung

Die statistische Datenlage ist denkbar unbefriedigend. Noch immer ist eine Erhebung des *Deutschen Grünen Kreuzes* aus den achtziger Jahren brauchbarste Quelle, nach der es in der *alten* Bundesrepublik 11 Millionen hörbeeinträchtigte Menschen gab, eine Zahl, die unter Einbeziehung der Neuen Bundesländer auf schätzungsweise 15 Millionen, also fast 20 % der Bevölkerung steigt (Angaben nach Plath, 1993, S. 233, Stichwort *Schwerhörige*). Verlässliche Daten zu früheren Zeiten gibt es überhaupt nicht, aber es kann als sicher gelten, dass beispielsweise durch *mobile* Wiedergabegeräte (Stichwort „iPod") wie auch Umweltlärm der Anteil der erworbenen Hörschädigungen steigt. Darauf deuten die Angaben zur Altersverteilung bei den Hörgeschädigten nach Krüger (1991, S. 26/27) hin. Danach liegt der Anteil der bis zu Zwanzigjährigen unter den Hörgeschädigten bei weniger als 5 % und erhöht sich noch relativ gemächlich bei den 20- bis 40jährigen auf 11 %. Dann allerdings gibt es einen massiven Sprung bei den 40- bis 60jährigen auf 40 %, der bei über 60jährigen noch einmal auf fast 50 % ansteigt, so dass etwa zwei Drittel der hörgeschädigten Menschen älter als 50 Jahre sind. Die so markierte Altersschwerhörigkeit erweist sich als ein allerdings bislang noch weitestgehend unbearbeitetes Feld bezüglich ihrer medizinischen Versorgung und Rehabilitation – vgl. Wisotski (1996), der sich hierzulande als einer der ersten überhaupt mit diesem Schwerpunkt befasst hat –, so dass sie im Weiteren keine spezielle Berücksichtigung finden kann.

Die große Mehrheit der hörgeschädigten Menschen ist sich allerdings ihrer Hörbeeinträchtigung und deren kommunikativ-sprachlichen Konsequenzen kaum bewusst, und dementsprechend werden sie auch nicht im Rahmen von medizinischen bzw. medizintechnischen und/oder pädagogisch-therapeutischen Rehabilitationsmaßnahmen erfasst. Deutliches Indiz dafür ist, dass von den mutmaßlich 15 Millionen Hörgeschädigten in der Bundesrepublik nur 17 % mit Hörgeräten versorgt sind, davon eine deutliche Mehrheit lediglich einseitig (vgl. Wisotski, 1996, S. 23). Tatsächlich wäre nach pädaudiologischen Schätzungen bei etwa 6 Millionen der Hörgeschädigten (= 40 %) eine Hörgeräteversorgung sinnvoll.

Von daher erscheint es gerechtfertigt, sich auf die Gruppe der Menschen mit schwerer Hörschädigung, die versorgungsrechtlich definiert einen Grad der Behinderung von mindestens 50 % zuerkannt bekommen, zu beschränken, die in Deutschland etwa 2 Millionen – darunter zirka 80.000 Gehörlose – umfassen dürfte (vgl. Biemann u. a., 1997, S. 25), also 0,1 % der Bevölkerung der Bundesrepublik. Doch selbst diese werden von den verfügbaren, spezifisch auf Probleme der schweren Hörschädigung orientierten Rehabilitationsmaßnahmen nur zu einem geringen Maße erreicht. In dem 1982/83 gegründeten Rehabilitationszentrum für Hörgeschädigte in Rendsburg – dem einzigen seiner Art in der Bundesrepublik Deutschland – nahmen in den vergangenen 15 Jahren etwa 2000, also 0,1 % des potentiellen Adressatenkreises an den angebotenen Rehabilitationsmaßnahmen teil. Hier „spiegelt sich nicht nur die Problematik wider, einen Kostenträger für die Rehabilitationsmaßnahme zu finden, sondern auch indirekt die geringe Akzeptanz der Hörschädigung als Behinderung seitens der Gesellschaft wie auch seitens der Betroffenen" (Biemann u. a., 1997).

3.3.2 Früherziehung, Kindergarten und Schule

Was Kinder und Jugendliche mit erfasstem Förderbedarf im Bereich des Hörens anbetrifft, so verfügen wir aufgrund von verschiedenen Statistiken und Erhebungen, die von Günther (2002) zusammengefasst worden sind, über etwas genauere Angaben. Nach Tab. 3.1 ist schätzungsweise von knapp 30.000 hörgeschädigten Kindern und Jugendlichen auszugehen.

Tabelle 3.1: Geschätzte und empirisch belegte pädagogische Betreuung von Kindern und Jugendlichen zwischen 0 und 20 mit einem Förderbedarf im Bereich des Hörens

Förderstufe und -ort	Geschätzt	Empirische Daten
Früherziehung und Kindergarten	< 5.000	2.300
Schulen für Hörgeschädigte	< 9.000	< 9.000
Integrative Beschulung	~ 15.000	4.500
Alle 0- bis 20-jährigen Hörgeschädigten	< 30.000	< 16.000

Während wir bezüglich der an Hörgeschädigtenschulen unterrichteten Schülerinnen und Schüler von weitestgehend gesicherten Daten ausgehen können, klafft zwischen den geschätzten und empirisch belegten Zahlen bei der Früh- bzw. Vorschulerziehung sowie der integrativen Beschulung eine 50- bis 65-prozentige Lücke. Sie erklärt sich auch im Kindes- und Jugendalter mit dem Tatbestand, dass wir unter den Kindern mit objektiv bestehendem Förderbedarf im Bereich des Hörens im Wesentlichen nur die gehörlosen und hochgradig schwerhörigen sowie solche mit Mehrfachbehinderungen erfassen, während die große Mehrheit der leichter hörgeschädigten unentdeckt und sich selbst der Hörschädigung nicht bewusst bleibt. Zu den peripher hörgeschädigten Schülerinnen und Schülern sind noch die Gruppe der zentral-auditiv Verarbeitungs- und Wahrnehmungsgestörten hinzuzuziehen, deren Anteil an der Schülerschaft der Hörgeschädigtenschulen nach Großes (2003) repräsentativer Stichprobe knapp 8 % beträgt. Mit einem Anteil von 0,15 % an den 0 – 20jährigen insgesamt, bilden die gehörlosen und schwerhörigen Kinder eine extrem kleine Gruppe mit gleichwohl sehr aufwendigem und zugleich spezifischem Förderbedarf.

3.4 Ursachen

Die Ursachenangaben für schwere Hörschädigung sind wenig ergiebig. In der Regel werden in der Fachliteratur als pränatale Ursache heute nur noch selten Röteln während der Schwangerschaft sowie peri- oder postnatal die Folgewirkungen von Meningitis genannt. Aus Daten bezüglich genetischer Vererbung ist bekannt, dass der Anteil gehörloser Kinder von gehörlosen Eltern an der Gesamtheit hochgradig hörgeschädigter Kinder bei weniger als 10 % liegt.

3.5 Diagnostik und elektroakustische Versorgung

3.5.1 Audiologische Diagnostik von Hörschädigungen

Wichtigstes Instrument zur Feststellung der Hörschwelle und darauf aufbauenden audiologischen und pädagogischen Entscheidungen ist die Tonaudiometrie, die etwa ab dem dritten Lebensjahr in Beratungsstellen, hörgeschädigtenpädagogischen Einrichtungen und bei Hörgeräteakustikern zum Einsatz kommt. Bei Säuglingen und Kleinkindern finden beispielsweise im Neugeborenenhörscreening klinische Messverfahren wie die „Otoakustischen Emmissionen (OAE)" und die „Brainstem Evoked Response Audiometry (BERA)" Anwendung.

Die Tonaudiometrie erfasst mittels Kopfhörer eingegebene Sinustöne und Schmalbandrauschen für die sprachrelevanten Frequenzen zwischen 125 und 8.000 Hertz die Hörschwelle, d. h. die in Dezibel gemessene Lautstärke, die notwendig ist, damit der Proband den akustischen Reiz für die jeweils gemessene Frequenz wahrnehmen kann. Die jeweiligen Werte werden in einem Audiogrammformular eingetragen. Bei gut Hörenden oszilliert die Hörkurve definitionsgemäß um 0 dB für die sprachrelevanten Frequenzen (s. Abb. 3.2 links). Aus dem Vorlauf der Hörkurve lässt sich der durchschnittliche Hörverlust auf dem maßgeblichen Ohr über alle gemessenen Frequenzen ermitteln, wie das Audiogramm eines mittelgradig schwerhörigen Kindes mit einem mittleren Hörverlust von 32 dB auf dem besseren Ohr zeigt (Abb. 3.2 rechts).

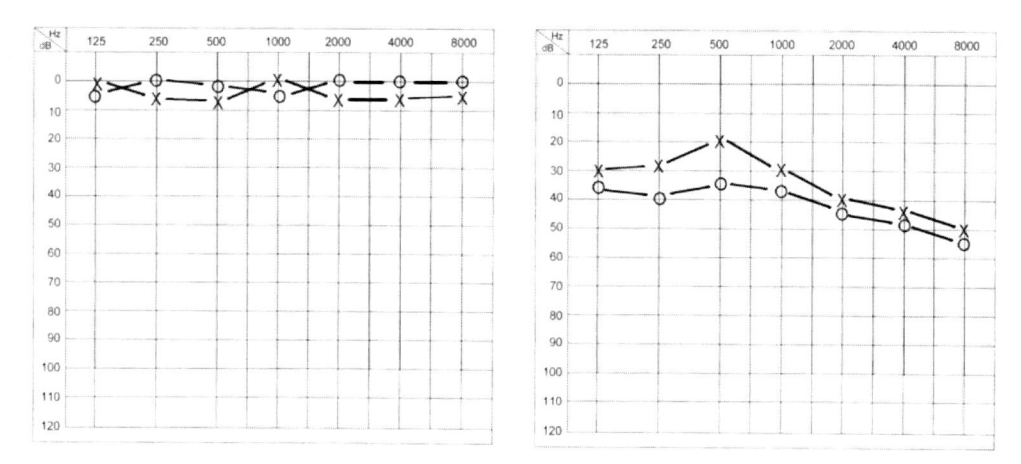

Abbildung 3.2: Audiogrammformular mit eingetragener Hörkurve bei normalem Gehör (links) und mittelgradiger Schwerhörigkeit, mittlerer Hörverlust 34 dB auf dem besseren Ohr (x----x = linkes Ohr, o----o = rechtes Ohr)

Zum besseren Verständnis des Zusammenhanges von Lautstärke und Frequenzen dient Abb. 3.3 in der in die Audiogrammvorlage Alltagsgeräusche und (englische) Sprachlaute eingetragen sind.

Entsprechend der Höhe des Hörverlustes teilt man die Hörschädigung in verschiedene Grade ein (s. Tab. 3.2). Während bis zur hochgradigen Schwerhörigkeit die Klassifikation relativ einheitlich ist, gibt es im Übergangsbereich und bei der Gehörlosigkeit selbst sehr unterschiedliche Nomenklaturen. Dies betrifft auch die Differenzierung der Hörgradbestimmung nach medizinisch-audiologischen und hörgeschädigtenpädagogischen Kriterien.

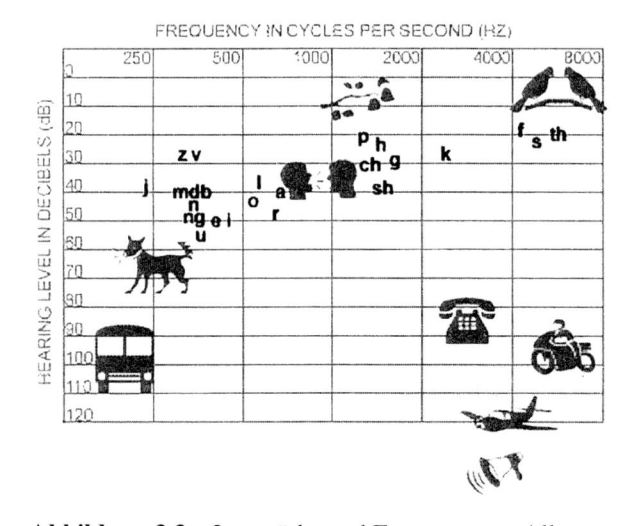

Abbildung 3.3: Lautstärke und Frequenz von Alltagsgeräuschen und (englischen) Sprachlauten (www.otikids.de, 2007)

Tabelle 3.2: Medizinisch-audiologische und hörgeschädigtenpädagogische Einteilung der Hörgrade nach der Höhe des Hörverlustes in Dezibel

Hörgrad (medizinisch-audiologisch)	⌀ Hörverlust in Dezibel (dB)	Hörgrad (hörgeschädigtenpädagogisch)
leichtgradige Schwerhörigkeit	< 30 dB	leichtgradige Schwerhörigkeit
mittelgradige Schwerhörigkeit	30 – 60 dB	mittelgradige Schwerhörigkeit
hochgradige Schwerhörigkeit	60 – 90 dB	hochgradige Schwerhörigkeit
Resthörigkeit	90 –100 dB	Gehörlosigkeit
an Taubheit grenzende Schwerhörigkeit oder praktische Taubheit	>100 dB	

Aus audiologischer Sicht lässt sich hörgeschädigtenpädagogisch der Gehörlosigkeit zugeordnete Bereich eines Hörverlustes von 90 dB aufwärts in drei Subkategorien aufgliedern. Mit Resthörigkeit wird ein Hörverlust zwischen 90 und 100 dB bezeichnet, den Braun (1969) schon vor 35 Jahren als in seinen hörgeschädigtenpädagogischen Förderkonsequenzen differenziell zur Gehörlosigkeit aber auch zur hochgradigen Schwerhörigkeit zu beachtenden Bereich herausgearbeitet hat. Differenziert wird auch noch einmal bei einem Hörverlust ab 100 dB in „an Taubheit grenzende Schwerhörigkeit" und „praktische Taubheit". Die Zuordnung ergibt sich erst nach audiometrischen Freifeldmessungen mit Hörgeräten. Die sehr kleine Gruppe praktisch tauber Kinder ist dadurch gekennzeichnet, dass sie im Gegensatz zu den an Taubheit grenzend schwerhörigen Kindern auch bei gut angepassten Hochleistungshörgeräten nur eine unzureichende oder gar keine Verbesserung der Hörschwelle erreicht.

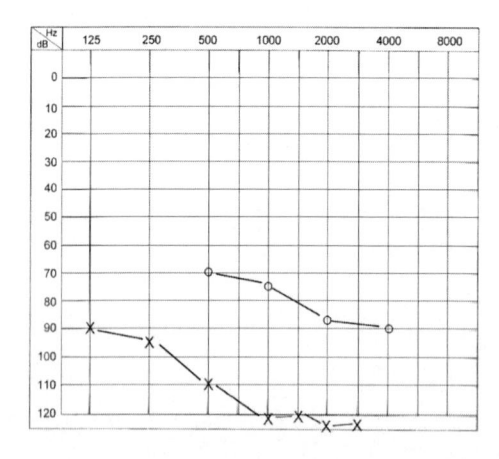

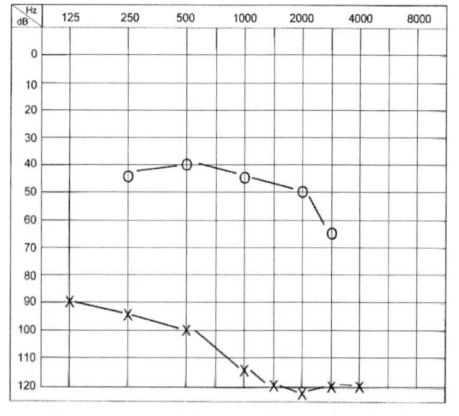

Abbildung 3.4: Linkes Audiogramm von Christa (praktisch taub) und rechtes von Luise (an Taubheit grenzend schwerhörig) mit Hör- und Aufblähkurve für das bessere Ohr (•-----• = Aufblähkurve)

In Abb 3.4 haben wir zwei gehörlose Kinder mit ihrer Hör- und Aufblähkurve gegenübergestellt. Beide wurden nach einem bilingualen Konzept gefördert und haben einen ähnlich hohen mittleren Hörverlust von 114 bzw. 109 dB auf dem besseren Ohr, aber ihre Aufblähkurven, d. h. die Messung mit Hörgeräten im Freifeld unterscheiden sich gravierend. Während Luise für die Frequenzen zwischen 250 und 3000 Hz mit Hörgeräten auf einen beeindruckenden mittleren Wert von 49 dB kommt, erreicht Christa mit 80 dB für die Frequenzen zwischen 500 und 4000 Hz eine so geringe Anhebung der Hörschwelle, dass sie für die Sprachwahrnehmung praktisch bedeutungslos ist. Was das konkret bedeutet, soll mittels des in das Audiogrammformular eingetragenen Sprachfeldes konkretisiert werden (Abb. 3.5).

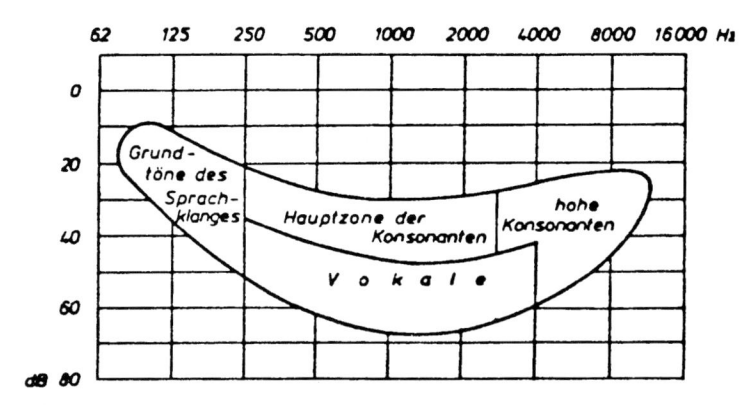

Abbildung 3.5: Schematisierte Darstellung der Lage der Vokale und Konsonanten im Sprachfeld in Relation zu Frequenzen und Lautstärke (aus: Prillwitz, Wisch & Wudtke, 1991, S. 56)

Während Christa auch mit Hörgeräten praktisch keine Sprachlaute wahrnehmen kann, reicht die Verstärkung bei Luise bis in die Hauptzone der Konsonanten. Auf die sich daraus ergebenden pädagogischen Konsequenzen wird weiter unten einzugehen sein. An dieser Stelle sei nur darauf hingewiesen, dass nicht nur die an Taubheit grenzend Schwerhörigen, sondern auch die Resthörigen, zwar unter den heutigen Bedingungen einer frühen Erfassung und elektroakustischen Versorgung, erheblich verbesserte Chancen zu einer zumindest partiellen Fähigkeiten zur auditiv-sprachlichen Wahrnehmung und Produktion haben, aber aus hörgeschädigtenpädagogischer Sicht als gehörlos verstanden werden, weil eine allein auf die Hör- und Sprechentwicklung zentrierte Förderung die Notwendigkeit einer ungehinderten Kommunikation negiert und potentielle Lern- und Entwicklungschancen der Kinder einschränkt.

Neugeborenenhörscreening: Seit einigen Jahren wird beginnend mit dem Stadtstaat Hamburg und nachfolgend einer Reihe von Flächenländern und Regionen für alle Neugeborenen an Geburtskliniken ein universelles Hörscreening mit dem Ziel durchgeführt, 95 % aller neugeborenen Kinder zu erfassen. Das Neugeborenenhörscreening arbeitet mit den objektiven Verfahren der Otoakustischen Emissionen (OAE) und der Brainstem Evoked Response Audiometry (BERA). Es ist effektiv, kosten- und aufwandsgünstig (vgl. www.hahn-hh.de). Obwohl in Deutschland auf tausend Geburten nur ein- bis zwei Kinder mit einem Hörschaden kommen, lassen sich – wie in kaum einem anderen Behindertenbereich – durch das Neugeborenenhörscreening viele betroffene Kinder vor allem mit höhergradigem Hörschaden unmittelbar nach der Geburt erfassen. Dadurch verschieben sich die Beratung, Versorgung sowie früherzieherische Betreuung von Kindern mit schwerer Hörschädigung zunehmend in das Säuglingsalter, und es wird eine bislang praktisch unbeachtet gebliebene Einbeziehung allgemeiner entwicklungspsychologischer Erkenntnisse in die hörgeschädigtenpädagogische Früherziehungs- und Beratungsarbeit virulent (vgl. Günther, 2005).

3.5.2 Versorgung mit Hörgeräten und Cochlea-Implantat

Hörgeräte: Für die große Mehrheit der hörgeschädigten Kinder (und ebenso der Erwachsenen) sind gut angepasste Hörgeräte von herausragender Bedeutung für eine approximale Entwicklung von Kommunikation, Sprache und Kognition. Um eine optimale Anpassung von Hörgeräten auch im Kleinkindalter zu sichern, gibt es an der „Akademie für Hörgeräte-Akustik" in Lübeck seit etwa 15 Jahren eine spezielle Ausbildung zum Pädakustiker. Mit der seit Mitte der neunziger Jahre einsetzenden Digitalisierung der Hörgeräte wurde die Qualität der elektroakustischen Versorgung nachhaltig verbessert. Davon profitieren in erster Linie Schwerhörige im klassischen Sinne, Gehörlose und Resthörige eher selten.

Die der hörgeschädigtenpädagogischen und HNO-medizinischen Mehrheitsmeinung widersprechende Hypothese, dass bis heute gehörlose Kinder nur geringfügig von der Entwicklung der Hörgerätetechnologie profitieren, lässt sich schon aus der experimentell-empirischen Studie von Ding (1993) und aus den Ergebnissen der Früherziehungsuntersuchung von Diller, Graser und Schmalbrock (2000) ableiten. Die Daten von Ding zeigen, dass bei den Hörkurvenverläufen von gehörlosen Kindern, wenn sie bis ≤3000 Hz reichen, auch unter Berücksichtigung einer optimalen Aufblähkurve eine einigermaßen adäquate auditiv-sprachliche Wahrnehmung und Verarbeitung in der Regel nicht zu erwarten ist. Wie die Tab. 3.3 über die Relation von existierender Hörkurve und auditiver Wahrnehmungsfähigkeit von Sprachlauten zeigt, ist selbst für die höchste Hörgruppe F_s, bei der die Hörkurve über 3000 Hz hinausreicht, die Differenzierungsfähigkeit auf 6 Lautgruppen begrenzt.

Tabelle 3.3: Relation von existierender Hörkurve und auditiver Wahrnehmungsfähigkeit der Sprachlaute des Deutschen (nach Ding, 1993)

Existente Hörkurve – ⌀ Hörverlust >90 dB	Differenzierung und Charakterisierung der auditiven Wahrnehmung bzgl. der Konsonanten des Deutschen (vereinfachte Darstellung)																
Normalhörend	p	t	k	b	d	g	f	ß	ch	sch	w	s	j	r	l	m	n ng
> 3000 Hz (F_s)	stimmlos-kurze Verschlusslaute			stimmhaft-lange Verschlusslaute			stimmlos-lange Reibelaute			stimmhaft-lange Reibelaute			sth.-l. Sonorlaute			stimmhaft lange Nasale	
≤ 3000 Hz ($F_{2/3}$)	Schwachtonig-kurze (u. -leichte) Verschlusslaute						Schwachtonig-lange (und -schwere) Reibelaute						schwachtonig-lange Dauerlaute				
≤ 1000 Hz (F_1)	kurze und leichte Momentanlaute						lange und schwere Dauerlaute										
≤ 500 Hz (F_0)	Stille versus Lautheit																

Aus den Daten der Untersuchung von Diller u.a. (2000) geht hervor, dass zwei Drittel der ca. 45 mit Hörgeräten versorgten hochgradig hörgeschädigten Kinder aus einer für die BRD repräsentativen Stichprobe von knapp 100 frühzeitig erfassten und aural geförderten gehörlosen Kleinkindern kurz vor dem Übergang zur Schule eine unzureichende Hör- und Sprachentwicklung zeigen, während bei den CI-versorgten Kindern (N ca. 50) der gleichen Stichprobe der Anteil mit unzureichender Hör- und Sprachentwicklung mit knapp 40 % deutlich geringer war. Dies leitet über zu Fragen des Cochlea-Implantats.

Cochlea-Implantat (CI): Nichts hat die Situation in der Hörgeschädigtenbildung für Pädagogen, Eltern und Betroffene so verändert wie die Entwicklung des Cochlea-Implantats (vgl. Günther, 1997). Schon heute wird bei uns die Mehrheit der gehörlos geborenen Kinder im Kleinkind- oder frühem Vorschulalter mit einem CI versorgt – mit steigender Tendenz.

Das CI ist eine Hörprothese, die die defizitären bzw. ausgefallenen Funktionen des Innenohres ersetzt (s. o.), so dass – vorausgesetzt der Hörnerv ist intakt – präoperativ gehörlose Kinder schon unmittelbar nach der Erstanpassung des Sprachprozessors zumindest akustische Sensationen wahrnehmen, d. h. in einem weit gefassten Sinne hören können. Die nachfolgende Lautsprachentwicklung zeitigt jedoch sehr unterschiedliche Ergebnisse, die von optimal bis zu völlig defizitär reichen.

Inwieweit jedoch cochlea-implantierte gehörlose Kinder über das CI zu einer adäquaten Lautsprachentwicklung kommen, diese Frage wurde lange mehr von geschäftsorientierter Werbung als von wissenschaftlicher Bearbeitung bestimmt. 2001 legte jedoch Gisela Szagun – eine der führenden deutschen Sprachentwicklungspsychologen – eine Untersuchung über die Sprachentwicklung von gehörlosen Kleinkindern vor, die auch international gesehen zu den wichtigsten Arbeiten in diesem Feld gehört.

Die Ergebnisse der Studie von Szagun (2001) zeigen, dass bei einer Gruppe von 22 frühversorgten und gut frühgeförderten CI-Kindern, die keine Mehrfachbehinderungen oder andere Muttersprache als Deutsch aufwiesen, drei Jahre nach der Anpassung des Sprachprozessors über die Hälfte ein so unbefriedigendes lautsprachliches Entwicklungsniveau erreichen (-/-- in Abb. 3.6), dass Szagun es für fraglich hält, ob sie jemals eine angemessene Sprachkompetenz erwerben werden. In ihren negativen Relationen sind die Ergebnisse dieser Studie recht ähnlich dem Abschneiden der deutschen Stichprobe in der PISA-Lesestudie (Baumert, Klieme, Neubrand u. a., 2001). Anders als bei der PISA-Studie wurde die Studie von Szagun trotz ihrer inhärenten Brisanz in der Hörgeschädigtenpädagogik zu Unrecht nur wenig beachtet und keine Notwendigkeit eines Überdenkens früherzieherischer und schulpädagogischer Konzepte gesehen.

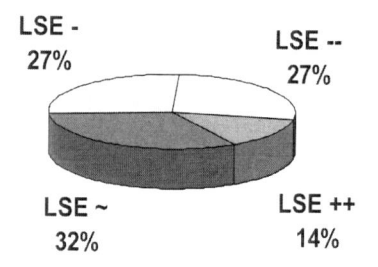

LSE -
27%

LSE --
27%

LSE ~
32%

LSE ++
14%

Abbildung 3.6: Lautsprachentwicklung nach CI-Versorgung bei 22 prälingual gehörlosen Kleinkindern (nach Szagun, 2001 – LSE = Lautsprachentwicklung, ++ = überdurchschnittlich, ~ = durchschnittlich, – = gestört, -- = massiv gestört)

3.6 Pädagogische Interventionen

3.6.1 Geschichte der Methodenentwicklung und des Methodenstreits in der Hörgeschädigtenpädagogik

Beginn der Taubstummenbildung im 16. Jahrhundert: Beeinflusst durch geistig-kulturelle Strömungen des Humanismus, der Reformation und der Renaissance weitete sich im 16./17. Jahrhundert auch die Sichtweise der Taubstummen und ihrer Gebärdensprache im allgemeinen gesellschaftlichen Verständnis aus. Wir finden von dieser Zeit an – was es vorher praktisch nicht gegeben hat – Berichte verschiedenster Art über intelligente und bildungsfähige Taubstumme, bei denen fast ausnahmslos die Fähigkeit, mit Gebärden kommunizieren, häufig auch lesen und schreiben zu können, erwähnt wird, während sich für das Sprechen und Hören ohnehin keine, für das Ablesen immerhin einige Hinweise finden. Vor allem aber finden wir auch erste Berichte über Bildungsbemühungen mit taubstummen Kindern und Jugendlichen, von denen die Fälle im Spanien des 16. Jahrhunderts sich auch langfristig als bedeutsam erweisen sollten (vgl. Günther, 1996; Werner, 1932).

Interessant sind die Bildungsversuche des spanischen Benediktinermönches Pedro Ponce de Leon (1500-1584) und seiner Nachfolger deshalb, weil sie einerseits durch Quellen auch bezüglich der Vorgehensweise gut belegt sind, andererseits im Laufe der Zeit systematisch als angeblicher Ursprung der lautsprachlichen Bildung verfälscht wurden. Typisch für letzteres ist Löwe (1991, S. 13), wenn er seine „Geschichte der Hörerziehung" einleitet mit der Behauptung, dass Pedro Ponce de Leon im 16. Jahrhundert „12 taubstumme Schüler aus dem Hochadel *mit großem Erfolg lautsprachlich* unterrichtet hat". Die Quellen, die von Werner (1932) bis heute unübertroffen recherchiert wurden, zeigen ein deutlich anderes Bild.

Von den bei einem zeitgenössischen Chronisten genannten 10-12 taubstummen Schülerinnen und Schülern, die Ponce unterrichtete, konnte Werner in seinen Quellenstudien nur 6 auffinden, von denen bei lediglich zweien von gewissen lautsprachlichen Fähigkeiten berichtet wird, während offensichtlich alle über ein Verständnis der Gebärden(-Sprache) verfügten. Das heißt nicht, dass Ponce ein gebärdensprachliches Konzept im engeren Sinne verfolgte, wohl aber dass er Gebärden als selbstverständliches Mittel für gelingende Kommunikation auch in den Unterrichtssituationen und in einigen Fällen vermutlich als alleiniges Bildungsmittel ansah. Dass die lautsprachlichen Fähigkeiten der taubstummen Schülerinnen und Schüler von Ponce – wenn überhaupt vorhanden – kaum entwickelt waren, verwundert nicht, denn Ponce wie seine Nachfolger Carrion und Bonet verfügten noch über keine bzw. falsche Vorstellungen, auf welche Weise die lautsprachliche Wahrnehmung und Produktion trotz fehlendem Gehör entwickelt werden könnte. Beispielsweise wurde das Fingeralphabet als direkte Abbildung der Laute angesehen und nicht als buchstabenbezogen erkannt (vgl. Günther, 1996, S. 112ff.). Stattdessen entwickelte Ponce ein richtungsweisendes aber von der späteren Taubstummenpädagogik wenig beachtetes alternativ-kompensatorisches Konzept, indem er die Verbalsprache über das Lesen und Schreiben unter Einbeziehung des genannten Fingeralphabetes, das auch als Kommunikationsmittel verwendet wurde und auch von den hörenden Bezugspersonen gelernt werden musste (Günther, 1996, S. 109), aufbaute und damit bei einigen seiner Schüler bemerkenswerte Erfolge erreichte: So heißt es in einer von Werner (1932, S. 154/155) zitierten Schrift des Benediktinermönches Antonio Yerpes (1617) über Fray Gaspar de Burgos: „Taubstumm geboren war er ein ausgezeichneter Handschriftenschreiber in verschiedenen Arten von Schriften und dazu ein guter Miniaturist... Fray Pedro Ponce machte ihn, obgleich er von Geburt an stumm war, so geschickt, dass er mit dem wenigen, was er sprechen konnte und dem vielen, was er zu schreiben wusste, in der Kirche San Juan zu Burgos den Dienst als Sakristan versah, zur Verwunderung derer, die sich mit ihm abgaben..." Noch erfolgreicher war Ponce bei Pedro de Velasco, der neben dem kastilischen Spanisch auch Italienisch und Latein auf hohem Niveau lesen und schreiben konnte.

Obwohl neben anderen Quellen vor allem durch die Publikation von Bonet (1620/1895), die später in viele europäische Sprachen, so auch ins Deutsche, übersetzt wurde, einiges über das methodische Vorgehen von Pedro Ponce de Leon überliefert wurde, versandete im Laufe des 17. Jahrhunderts selbst in Spanien das Konzept mit seinen alternativ-kompensatorischen Grundvorstellungen, wohl auch deshalb, weil für eine lautsprachliche Förderung die Grundlagen fehlten und andererseits auch der Stellenwert der Gebärden(-Sprache) nicht weiter reflektiert wurde.

Angewandte Phonetik, Ablesen und Abfühlen: Ammans Grundlegung der oralen Methode: Der schweizerisch-holländische Arzt Johann Conrad Amman (1669-1724) hatte in Amsterdam etwa ab 1690 einige taubstumme Kinder bzw. Jugendliche im Sprechen unterrichtet und mit seiner in erster Auflage 1700 erschienenen Abhandlung über den „*Sprechenden Taubstummen (Surdus loquens)*" für die folgenden 300 Jahre die maßgeblichen Grundlagen der oralen lautsprachlichen Erziehung Gehörloser gelegt:

- Das Ablesen von den Lippen als Ersatzsystem für das Hören. Amman selbst hatte bei eigenen Artikulationsversuchen vor dem Spiegel erkannt, dass man die Laute auch visuell an den Stellungen besonders der Lippen und der Zunge wahrnehmen kann. Die gemeinsamen Übungen von Lehrer und taubstummen Schüler vor dem „Spiegel" wurden quasi zu einem Paradigma des oralen Artikulationsunterrichtes.
- Abfühlen der Lautbildung insbesondere am Hals des Lehrers durch den taubstummen Schüler.
- Grundlegende phonetische Kenntnisse über das Lautinventar der jeweiligen Sprache. Amman hat in diesem Zusammenhang eine der ersten phonetisch fundierten Beschreibungen des sprachlichen Lautinventars zusammengestellt, das vier Sprachen – deutsch, holländisch, französisch, italienisch – einbezieht.

Ausführungen über Gebärden(-Sprache) finden sich bei Amman nicht. Es scheint aber so, dass ihre Verwendung in der Kommunikation auch für ihn selbstverständlich war und in keinem Widerspruch zu seinem Sprechunterricht stand.

Institutionalisierung der Taubstummenanstalten und die Genese des hörgeschädigten Methodenkonfliktes Ende des 18./Anfang des 19. Jahrhunderts: Gegen Ende des 18. Jahrhunderts kommt es zur Institutionalisierung der Taubstummenbildung. Zu den Einrichtungen der ersten Stunde zählen die 1771 in Paris durch Abbé de l'Epée und die 1778 in Leipzig durch Samuel Heinicke gegründeten Taubstummenanstalten (Schumann, 1940, S. 120ff.; speziell zu de l'Epée und die Pariser Schule: Lane, 1990), die zugleich durch ihre unterschiedlichen methodischen Vorstellungen über den Stellenwert der Gebärdensprache in der Unterrichtung taubstummer Schülerinnen und Schüler den Grund legten für den bis heute andauernden hörgeschädigtenpädagogischen Methodenstreit.

De l'Epées initialer und zugleich fundamentaler Beitrag für die Erziehung und Bildung gehörloser Kinder besteht in der Einsicht der Gleichgewichtigkeit von Gebärden- bei taubstummen und Lautsprache bei hörenden Kindern als Muttersprache sowie die konsequente Nutzung erstgenannter im Unterricht der taubstummen Schülerinnen und Schüler. Gleichwohl war auch für de l'Epée der Erwerb der Verbalsprache – primär in ihrer Schriftform – zentrales Ziel, das er mittels des Konzeptes der „methodischen Gebärden" zu realisieren versuchte. Zu der Grundgebärde wurden bei de l'Epées methodischen Gebärden eine Reihe von semantischen, morphosyntaktischen und etymologischen ergänzenden Zeichen hinzufügt, wodurch die methodischen Zeichen zwar sehr logisch aber zugleich so kompliziert wurden, dass sie für normale unterrichtliche Kommunikation kaum geeignet erscheinen (vgl. Beispiele bei Lane, 1990, S. 90ff.).

Demgegenüber stellte Samuel Heinicke (1912) die „Tonsprache" – d. h. die Entwicklung der Sprechfähigkeit der taubstummen Schülerinnen und Schüler – in das Zentrum seiner Bildungsbemühungen mit der Begründung, dass nur über sie eine direkte Verknüpfung von Sprach-, Sach- und Denkvorstellungen möglich sei.

Während de l'Epée seine Methode sehr ausführlich dargestellt und auch an andere weitergegeben hat, hat Heinicke in seiner Praxis wohl einen detaillierten Lehrgang geschaffen, ihn aber nie veröffentlicht und auch keine Nachfolger herangebildet. Darüber hinaus konstatiert selbst sein quasi Hausbiograph Schumann (1940, S. 147): „Es ist eine tiefe Tragik im Leben Heinickes: Überall klafft der Gegensatz zwischen Idee und Ausführung. Heinicke stellte das Prinzip des in der Lautsprache sprechenden und in dieser Sprache denkenden Taubstummen auf und konnte es doch nur selten in vollkommener Form zeigen". Von daher scheint es nicht so erstaunlich, dass bis in die dreißiger Jahre des 19. Jahrhunderts das später als französische Methode bezeichnete Konzept de l'Epées in Europa und später auch in den Vereinigten Staaten dominierte. Nicht nur in Paris sondern beispielsweise auch an der Königlichen Taubstummenanstalt zu Berlin wurden in dieser Zeit begabte ehemalige Schüler zu Taubstummenlehrern ausgebildet und beschäftigt. Einige von ihnen gründeten selbst Taubstummenanstalten und leiteten sie (vgl. beispielhaft die Biographie des französischen Taubstummen Laurent Clerc von Lane, 1990).

Im Laufe des 19. Jahrhunderts kippte die Stimmung immer zugunsten der oralen Methode und kumulierte in den Beschlüssen des *Mailänder Kongresses* von 1880, nach denen der Unterricht mit taubstummen Schülerinnen und Schüler ausschließlich oral durchgeführt werden sollte (vgl. Schumann, 1940, S. 409ff.; Lane, 1990, S. 454ff.). Auf dem Mailänder Kongress war die rein orale Methode – die so genannte „Deutsche Methode" – unter Ausschluss von Gebärdensprache bzw. Gebärden zur ausschließlichen Vorgehensweise für die Unterrichtung taubstummer Kinder beschlossen worden, wobei anzumerken ist, dass diese Versammlung weder repräsentativ zusammengesetzt war – es dominierten vor allem lautsprachlich orientierte Taubstummenlehrer aus Frankreich und Italien mit zusammen 146 von 164 Delegierten – noch über eine irgendwie begründbare Legitimation verfügte (Lane, 1990, S. 459).

Es verwundert aber nicht, dass im gerade gegründeten Deutschen Reich diese Beschlüsse nachdrücklich begrüßt und in den Folgejahren bestimmend wurden, obwohl von der Quellenlage davon auszugehen ist, dass die Deutschen bzw. Preußen zu dem Kongress aus politischen Gründen nicht eingeladen, sondern nur durch Beobachter vertreten waren, unter ihnen Edmund Treibel (1881) als quasi Berichterstatter, von dem die einzige deutsche Dokumentation des Mailänder Kongresses stammt.

Die historisch auf die Kontroverse Heinicke vs. de L'Épèe zurückgehende Qualifizierung des Oralismus als deutsche Methode vs. den Manualismus als französische Methode ist allerdings insofern irreführend, als sie den Eindruck erweckt, als wäre die orale Methode schon vor 1880 die alleinige an deutschen Taubstummenanstalten praktizierte gewesen. Dies trifft jedoch nicht zu. Besonders in der ersten Hälfte des 19. Jahrhunderts gab es an den deutschen Taubstummenschulen eine nennenswerte Anzahl von gehörlosen Lehrern, die den Einsatz von Gebärdensprache im Unterricht gehörloser Schüler begründeten und realisierten. Zwei der bedeutendsten unter ihnen – Otto Friedrich Kruse (1801-1880) und Karl Heinrich Wilke (1800-1876) unterrichteten nicht nur über 50 Jahre gehörlose Schüler in verschiedenen norddeutschen Einrichtungen bzw. am Königlichen Taubstummeninstitut in Berlin, sondern beide trugen wesentlich zur pädagogisch-methodischen Grundlegung des Taubstummenunterrichtes bei (vgl. Kruse, 1869; Vogel, 2000). Diese fundiert entwickelte taubstummenpädagogische Tradition ging durch die radikal-konsequente Durchsetzung der – von vereinzelten Ausnahmen abgesehen – für die folgenden hundert Jahre absolut dominanten reinen Lautsprachmethode, die jeglichen Einsatz von Gebärden als kontraproduktiv für die Lautsprachentwicklung ansah, nicht nur national, sondern international verloren (vgl. für Frankreich und die Vereinigten Staaten Lane, 1990).

3.6.2 Das Scheitern der oralen Methode

Die Hintergründe für die *orale Wende* und ihre etwa hundertjährigen Resistanze als unhinterfragte dominante Methode zur Unterrichtung gehörloser Kinder sind nicht eo ipso klar, denn sie begründen sich weder in Erfolglosigkeit der manualen noch in nennenswerten Erfolgen der oralen Methode. Ausschlaggebend waren vielmehr folgende Gründe:

- Verbunden mit dem sich im Laufe des 19. Jahrhundert durchsetzenden nationalstaatlichen und damit auch nationalsprachlichen Denken gingen Vorstellungen der Aufklärung, die auch die Akzeptanz und Toleranz gegenüber anderen Sprachen wie etwa der Gebärdensprache implizierten, verloren. Sehr plastisch lassen sich die Auswirkungen der Dogmatisierung der Nationalsprachen am Beispiel der Stellung des Polnischen in den damaligen preußischen Ostprovinzen belegen. Während bis Mitte des 19. Jahrhunderts das Polnische im preußischen Osten gleichberechtigte Unterrichtssprache war, wurde sie nach 1850 zunehmend als solche ausgenommen des Religionsunterrichtes verboten. Die Parallele zur Zulassung der Gebärdensprache im Taubstummenunterricht ist verblüffend, denn auch hier war lediglich die religiöse Unterweisung von dem unterrichtlichen Gebärdeausschluss ausgenommen.

- Der zweite Grund betrifft die „reale" Erkenntnis bezüglich des Sprachsystemcharakters der Gebärden der Gehörlosen selbst bei de l'Epée. Die Erfolge der Pariser Schule Ende des 18./Anfang des 19. Jahrhunderts resultieren aus der Tatsache, dass de l'Epée und Sicard einerseits im Unterricht die methodischen Gebärden forderten, andererseits aber eine Reihe von ehemaligen gehörlosen Schülern – Massieu, Berthier, Clerc, um nur die bekanntesten zu nennen – zunächst als Hilfslehrer, dann als vollen Lehrer einsetzten, die ihren Unterricht in Gebärdensprache realisierten. Die methodische Theorie unterschied sich also von der realisierten Praxis (vgl. Lane, 1990, S. 89ff, 298ff.). Schwerwiegender noch wog die Tatsache, dass es bis in die 50er Jahre des 20. Jahrhunderts keine wirkliche Einsicht in den Sprachcharakter der Gebärdensprache(n) der Gehörlosen und ihre linguistischen Grundlagen gab, was der oralistischen Wende wesentlichen Vorschub geleistet hat.

- Neben den fehlenden Erkenntnissen über die Gebärdensprache hat die Nischensituation der Taubstummenpädagogik die tatsächlichen Probleme der oralen Methode weitgehend überspielt. Sozialisation, Bildung, Ausbildung und Beruf gehörloser Heranwachsender war ein relativ geschlossenes System, das zwar den Gehörlosen von der seinerzeit erst meist im Schulalter erfolgenden hörgeschädigtenpädagogischen Erfassung an bis ins Erwachsenenalter hinein pädagogische und soziale Betreuung sicherte, jedoch um den Preis einer weitgehenden Reduzierung der schulischen Lernziele auf die Entwicklung der Lautsprache unter Vernachlässigung altersadäquater Bildung und Kommunikation und der Lebensperspektive auf wenige gehörlosentypische Berufe, die häufig auch reduzierte Ausbildungsziele hatten – wie Maler, Schuster und Tischler bei den Männern und Näherin bei den Frauen.

Wenn man die Grundlagen der oralen Methode näher betrachtet, so wird deutlich, warum zwischen Anspruch und Erfolg dieser Methode eine massive Diskrepanz bestand: Die orale Methode ging von dem Tatbestand aus, dass für gehörlose Kinder eine differentielle auditive Sprachwahrnehmung über das Gehör und ein darauf aufbauendes Sprechen nicht möglich ist, dass diese aber nach Amman (1828) durch das *Ablesen* von den Lippen für die Perzeption und die aus phonetischen Lautbildungsvorstellungen abgeleitete *Artikulation* für die Produktion kompensiert werden könnten. Die tatsächlichen Kompensationsleitungen des Ablesens wie der phonetisch fundierten Artikulation wurden jedoch maßlos überschätzt bzw. die geforderten Voraussetzungen nicht gesehen.

Nach Untersuchungen von Alich (1960; 1977) lassen sich im Vergleich zu der Lautwahrnehmung normalhörender Menschen über das Gehör nur ein Drittel an entsprechenden Information via Ablesen wahrnehmen. Eine Reihe verschiedener Laute (Phoneme) hat identische Absehbilder (Kineme), ein anderer Teil der Laute ist mit seinen Bildungsmerkmalen im Lippen-/Zungen-/Mundbereich überhaupt nicht sichtbar. Hinzu kommt, dass wir in der Sprache nicht einzelne Laute sondern wortgebundene Lautverbindungen wahrnehmen, die sich phonemisch wie kinemisch unterscheiden. Vor allem aber lässt sich kompetentes Ablesen keineswegs allein auf der Elementarebene der Phoneme/Kineme erklären sondern verlangt komplexe kognitiv-sprachliche Verarbeitungsleistungen von paralinguistischen – z. B. gestisch-mimischen, taktilen aber auch partiellen auditiven sowie kontextuell-situativen und -semantischen – Informationen. Damit verlangt das Ablesen Verarbeitungsleistungen, die eher am Ende der Sprachentwicklung stehen denn am Anfang, und es verwundert von daher nicht, dass die Mehrheit der oral geförderten Gehörlosen Zeit ihres Lebens erhebliche Probleme mit dem Ablesen hatten, weil sie die notwendigen sprachlichen Fähigkeiten dafür nie haben entwickeln können.

Die Entwicklung des Sprechens mittels phonetisch basierter Artikulationsübungen erwies sich vor allem aus sprachentwicklungspsychologischen Gründen als außerordentlich problematisch. Kein nichtbehindertes Kind baut Sprache über nicht bedeutungstragende Elementareinheiten – hier Phoneme – und Übungen physiologische Bildungsregeln auf, aber gehörlose Kinder sollten im oralen Ansatz genau auf diese Weise zum Sprechen kommen. Ein plastisches Beispiel bietet der „Monatsquerschnitt Erlernen des stimmlosen Plosiv /k/" in der Videodokumentation „Sprechlehrprogramm Artikulation Hörgeschädigter" (s. Schulte & Schlenker-Schulte, 1981, S. 42ff.). Über einen Monat wird bei einem fünfjährigen hochgradig schwerhörigen Jungen das Sprechen des K-Lautes geübt. Neben Einzellaut- und Silbenübungen werden auch vereinzelt Wörter zu Übungszwecken eingesetzt, die jedoch für das Kind in ihrer Sinnhaftigkeit unverständlich bleiben, da die Übungskonzentration allein auf dem Sprechen der entsprechenden Laute liegt. Das Ergebnis bezüglich der Artikulation /k/ am Ende des Monats wirkt kaum überzeugend.

In der deutschen Hörgeschädigtenpädagogik fand der zuvor skizzierte phonetisch orientierte Artikulationsunterricht seine konsequente Fortsetzung in Vorstellungen eines „Systematischen Sprachaufbaus", der einem Baukastensystem gleich mit einfachsten Satzmustern, syntaktischen Strukturen und morphosyntaktischen Formen begann und im Laufe der Schulzeit immer komplexere hinzuzufügen versuchte (vgl. Landesverband Baden-Württemberg, 1983). Diese Grundidee des systematischen Sprachaufbaus widerspricht jeglichen Erkenntnissen von normaler Sprachentwicklung. So führte man in dem exemplarisch herangezogenen, von Braun, Klingl, Mooser und Tigges (1979) für den Bund Deutscher Taubstummenlehrer herausgegebenen Lehrplanvorschlag „Sprachunterricht an den Schulen für Gehörlose" bei Bindewörtern /weil/ als einfach(st)e Konjunktion in Lernstufe (Klasse) drei, /obwohl/ als sehr schwierige in Stufe 10 ein. Bleiben wir bei den beispielhaft genannten Konjunktionen, so ist einerseits die Konjunktion /weil/ so grundlegend und häufig für das Deutsche, dass man sie – und damit kausale Verknüpfungen überhaupt – nicht bis zur dritten Klasse auslassen kann, ohne zu entstellenden Sprachvereinfachungen zu kommen, andererseits /obwohl/ zwar erwiesenermaßen in seiner dem erwarteten Grund widersprechenden relationalen Bedeutung schwierig und von daher allgemein schwierigkeitsbehaftet, aber dennoch nicht aus entsprechenden Textzusammenhängen isolierbar.

Die fundamentalen Schwierigkeiten einer gesteuerten kompensatorischen Sprachentwicklung über die unzulänglichen Wahrnehmungs- und Kontrollstrukturen des Ablesens und der Artikulation ließen sich auch durch eine verstärkte Berücksichtigung der Schrift als Stützsystem für den Lautspracherwerb und durch manuale nichtgebärdliche Hilfssysteme wie das Phonembestimmte Manualsystem (PMS – vgl. Schulte, 1980) in der (alten) BRD und das Fingeralphabet in der DDR nicht beheben. Vielmehr kam es entgegen dem oralen Prinzip in der schulischen Praxis des Gehörlosenunterrichtes zu einer paradox wirkenden faktischen Realität einer fachlich-pädagogisch unreflektiert unbegründeten „totalen Kommunikation", d. h. ein Gemisch von Mimik, Gestik, Körpersprache, manualen Ersatzsystemen und eben doch verschiedenartig motivierten Gebärden.

Die Resultate der oralen Erziehung gehörloser Kinder – von partiellen Ausnahmen abgesehen – waren insgesamt absolut unbefriedigend und ab Mitte der siebziger Jahre einen wachsenden Veränderungsdruck von wissenschaftlicher, pädagogischer und elterlicher Seite ausgesetzt. Zunächst führte er auf der einen Seite zu Modifikationen des oralen Vorgehens durch Vorwegnahme auraler Elemente (Braun, 1969; Schmid-Giovannini, 1976; van Uden, 1980) und auf der anderen Seite zum Konzept der „Lautsprachbegleitenden Gebärden" (LBG – vgl. paradigmatisch das vom Bund Deutscher Taubstummenlehrer und Deutschen Gehörlosen-Bund gemeinsam unterzeichnete „Münchner Gebärdenpapier"- Braun, Donath, Gast u. a., 1982) und entlud sich etwas eruptionsartig an den beiden Polen der hörgeschädigtenpädagogischen Methodendiskussion, die in den oralen Konzeptionen keine adäquate Berücksichtigung gefunden hatten, nämlich Hörmöglichkeit physiologisch gehörloser Kinder einerseits und Gebärdensprache als Mittel zur Kommunikations-, Sprach- und Denkentwicklung eben dieser Kinder andererseits.

3.6.3 Die „Entdeckung des Hörens" – Chancen und Grenzen

Die revolutionsartigen Fortschritte in der medizinischen Frühdiagnostik sowie der medizinischen Technik – vor allem der Cochlea-Implantat-Technologie – stellen die Basis dar für völlig neue Möglichkeiten selbst bei Hörverlusten von weit über 100 dB, zumindest partiell für die Lautsprachentwicklung nutzbare Hörreste zu entwickeln, und stellen in ihren hörgeschädigtenpädagogischen Konsequenzen mit der Konzentration auf die Hörentwicklung die traditionelle orale Methode auch und gerade in ihrer reinen und nicht manual ergänzten Form radikal in Frage. Die für die orale Methode zentrale Konzentration auf das Ablesen und die Artikulation wird von der auralen – im deutschsprachigen Raum auch als „hörgerichtet" bezeichneten – Methode besonders in den Frühförderphasen als kontraproduktiv für die Evozierung und Entfaltung von Hörresten angesehen, weil sie ebenso wie der Einsatz von Lautsprachbegleitenden Gebärden oder Gebärdensprache durch ihrer visuelle Wahrnehmungsdominanz als von der Konzentration auf das Hören ablenkend angesehen wird (vgl. für eine fundierte theoretische Einführung Frerichs, 1998 und zur praxisbezogenen Umsetzung Schmid-Giovannini, 1996).

So unzweifelhaft die Fortschritte infolge der verbesserten Diagnose-, Versorgungs- und darauf beruhenden auralen Fördermöglichkeiten auch sind, es mehren sich die Belege, dass bei optimal verlaufender Früherkennung, Versorgung mit Hörgeräten und/oder Cochlea-Implantat und hörgeschädigtenpädagogischer Frühförderung zwischen einem und zwei Drittel der hochgradig hörgeschädigten Kinder wohl eine formale auditiv-sprachliche Hör- und Sprechfertigkeit entwickeln, wie sie bei diesen Kindern noch vor zwanzig Jahren undenkbar gewesen ist, aber bei der Sprachkompetenz z. T. massive und im weiteren Entwicklungsverlauf unkompensierbare Rückstände aufweisen (vgl. Szagun, 2001; Diller u. a., 2000; Hennies i. V.). Dies soll mit zwei Beispielen noch weitergehend verdeutlicht werden.

Tabelle 3.4: Ausgewählte CI-Kinder aus der Intensivuntersuchung von Diller u. a. (2000)

Name	Alter bei CI-Versorgung	Alter bei Untersuchungsbeginn	Alter bei Untersuchungsende	Dauer der CI-Versorgung (J;M)	Sprachwicklungsstand bei Untersuchungsende
Sebastian	2;4	2;6	5;6	3;2	~ normal, > Regelschule
Michael	1;11	2;10	6;2	4;3	starke Sprachentwicklungsstörung (SES), sonst normal
Lars	3;6	2;10	6;2	2;6	starke SES, sonst normal
Filip	2;6	2;6	5;9	3;3	SES Migrantenkind

Obwohl wir zur Vermeidung von verfälschenden Eindrücken einen mehrfachbehinderten Jungen mit starken allgemeinen und sprachlichen Entwicklungsverzögerungen sowie ein Mädchen mit zu kurzer Versorgungsdauer aus der Aufstellung herausgelassen haben, zeigen mit einer Ausnahme (Sebastian) mit annähernd normaler Sprachentwicklung und der Perspektive einer Regelbeschulung die anderen in Tab. 3.4 aufgeführten CI-Kinder der Intensivstudie trotz bis zu knapp 4-jähriger Versorgungsdauer deutliche bis massive Sprachentwicklungsstörungen.

Der Verdacht, dass auch das CI für einen Teil der Kinder das klassische Problem der Gehörlosenpädagogik – eine angemessene Sprachentwicklung, nicht Hör-/Sprechfertigkeit – nicht löst, soll abschließend durch ein Fallbeispiel erhärtet werden (Niere, 2003): Nina ertaubte nach Meningitis perisprachlich im Alter von knapp 2 Jahren. Sie wurde umgehend hörgeschädigtenpädagogisch betreut und zeitnah mit einem CI versorgt. Nach Früh- und Vorschulerziehung an einer großen hörgeschädigtenpädagogischen Einrichtung in Norddeutschland wurde sie in eine Schwerhörigenklasse eingeschult. In der dritten Klasse im Alter von knapp zehn Jahren wurde mit dem Mädchen eine Sprachstandmessung mit der „Profilanalyse" nach Clahsen (1986) durchgeführt mit dem Befund: Sprachentwicklungsniveau einer Dreieinhalbjährigen!

Was das Fallbeispiel so dramatisch macht, ist

- das Ausmaß des bei einem Alter von 10 Jahren praktisch nicht mehr zu kompensierenden Sprachentwicklungsrückstandes,
- die fehlende Kenntnis dieses Defizits bei den Fachpädagogen und
- die damit korrespondierende methodische Fehlentscheidung eines schwerhörigenspezifischen Förderkonzeptes.

Als Resümee aus den genannten Befunden zum Cochlea-Implantat bei Kindern ist festzuhalten, dass auch beim CI eine zu hohe Zahl an Sprachentwicklungsstörungen auftreten, die als solche wegen der dominanten Orientierung an Hör-/Sprecherfolgen häufig nicht erkannt werden und zu irreversiblen Sprachstörungen führen.

Bezüglich der hörgeschädigtenpädagogischen Konsequenzen bedeutet dies, die CI-Versorgung der Mehrheit gehörloser Kinder als irreversible Realität anzuerkennen und eine maximale Förderung der mit dem CI gegebenen Möglichkeiten anzustreben – bei gleichzeitiger Sicherung seiner individuell differierenden Grenzen durch ein Netz alternativer Wege zur Entwicklung von Sprache und Kognition.

Das verlangt eine wirkliche Überwindung des traditionellen Methodendenkens – Gebärden vs. Lautsprache. Bevor wir zu neueren Lösungsvorschlägen kommen, die sich vor allem an Untersuchungsergebnissen zu bilingual in Gebärden- und Lautsprache geförderten gehörlosen Kindern stützen, soll zuvor ein Überblick gegeben werden über die Schülerschaft an deutschen Hörgeschädigtenschulen und die dort verwandten förderpädagogischen Konzepte.

3.6.4 Von der Entdeckung der Gebärdensprache zu offenen bilingualen Förderkonzepten für gehörlose und hochgradig schwerhörige Kinder

Lautsprachbegleitende Gebärden (LBG) als Wegbereiter: Von der oralen Methode waren die Fördermöglichkeiten der Gebärdensprache für gehörlose Kinder theoretisch-konzeptionell ausgeblendet worden, in der Praxis des oralen Unterrichtes ließ sich allerdings ein verbreiteter, wenn auch unreflektierter Einsatz von Gebärden beobachten. Als der Druck auf die orale Methode immer stärker wurde, bildete sich in der (alten) Bundesrepublik das Konzept Lautsprachbegleitende Gebärden (LBG) – sprachlich exakter wäre lautsprachbegleitendes Gebärden – heraus, das mit dem von Bund Deutscher Taubstummenlehrer (BDT) und Deutschem Gehörlosen-Bund (DGB) gemeinsam vertretene sog. „Münchner Gebärdenpapier" (Braun u. a., 1982) seinen quasi amtlichen Charakter erhielt. LBG bedeutet, dass parallel zu jedem gesprochenen Wort die entsprechende Gebärde präsentiert wird, wobei die begleitenden Gebärden den syntaktischen Regeln der gesprochenen Sätze angepasst wurden. Man hielt – nicht nur in Deutschland – LBG für den Königsweg, der die Gebärden für Erwerb und Gebrauch der gesprochenen Sprache benutzte. Während man zunächst selbst morphosyntaktische Informationen durch zusätzliche Fingeralphabetszeichen zu berücksichtigen versuchte, haben sich heute weitgehend eher lautsprachunterstützende Formen durchgesetzt, die nicht jedes gesprochene Wort auch gebärden, weil dies zuviel Zeit in Anspruchs nimmt, sondern sich auf die semantisch wichtigen Wörter konzentrieren (vgl. zu den verschiedenen LBG-Varianten Abb. 3.7). Tatsächlich verbesserte sich durch den Einsatz von LBG die Kommunikation in der Klasse deutlich, weniger überzeugend waren die Fortschritte in der Aneignung der Verbalsprache, was nicht verwundert, da das im Deutschen beispielsweise recht komplizierte Flexionssystem durch die Gebärden nicht abgebildet wird (vgl. Kaufmann, 1995).

LBG war ein wichtiger Fortschritt für die Wiederzulassung von Gebärden in der Unterrichtung gehörloser Kinder. Es ist jedoch kein eigenständiges Sprachsystem sondern folgt der Syntax – in unserem Fall des Deutschen – und erleichtert hochgradig Hörgeschädigten Entwicklung, Wahrnehmung und Gebrauch der gesprochenen Sprache vor allem bezüglich der Bedeutung von Äußerungen, und deshalb ermangelt LBG auch der eigenständigen Sprachkraft der Gebärdensprache, mit der sich die etablierte Hörgeschädigtenpädagogik zusammen mit den HNO-Medizinern und Pädaudiologen besonders schwer getan hat.

LUG

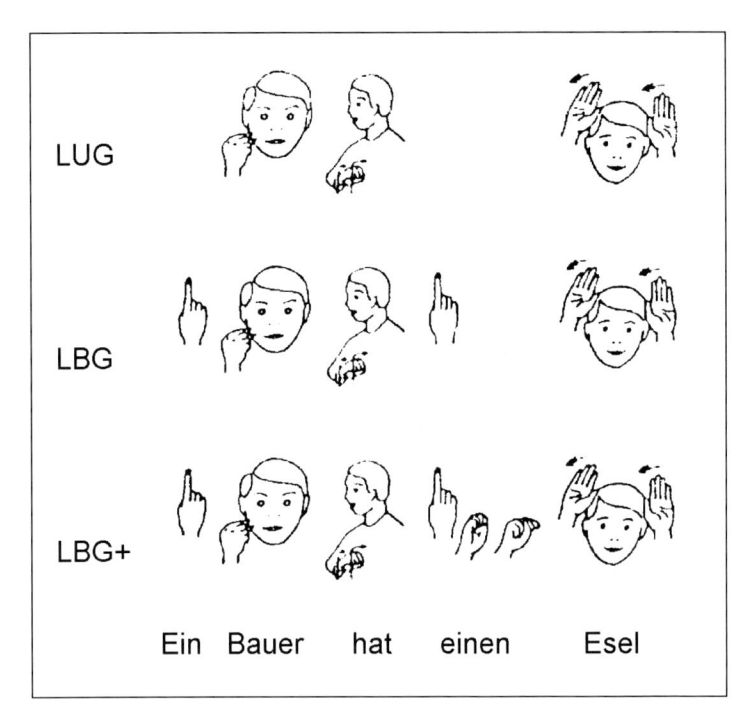

LBG

LBG+

Ein   Bauer   hat   einen   Esel

Abbildung 3.7: Lautsprachbegleitende Gebärden-Varianten (Gebärdenzeichnungen und Satzbeispiel aus Liebsch & Mandt, 1983; LUG = Lautsprachunterstützendes Gebärden, LBG = Lautsprachbegleitendes Gebärden, LBG+ = Lautsprachbegleitendes Gebärden zusätzlichen Handzeichen für Flexionen)

Medizinische und hörgeschädigtenpädagogische Vorurteile gegenüber der Gebärdensprache: Die Diskussion um den Einsatz von Gebärdensprache in der Sozialisation, Bildung und Erziehung ist geprägt durch wissenschaftlich nie belegte Vorurteile seitens der HNO-Mediziner und eines Großteils der Hörgeschädigtenpädagogen gegenüber der Gebärdensprache der Gehörlosen, die beispielhaft mit einem Zitat aus dem 1977 in erster Auflage erschienenen Standardwerk von Wirth "Sprachstörungen, Sprechstörungen, kindliche Hörstörungen – Lehrbuch f. Ärzte, Logopäden & Sprachheilpädagogen" (zitiert nach 2000[5], S. 275) skizziert werden soll: „Ein Vorteil der Gebärden ist, dass sie konkret und anschaulich sind. Nachteile sind darin zu sehen, dass sie keine feinen Nuancen zulassen. Der Wortschatz der Gebärden (-Sprache) ist außerdem beschränkt. Desweiteren gibt es keine syntaktische Gliederung. Mit einer Gebärde werden zugleich substantivische, verbale und adjektivische Inhalte bezeichnet. Sie ist nur in der augenblicklichen Situation verständlich; Irrtümer bei der Übermittlung sind daher vorprogrammiert. Außerdem wird die Ansicht vertreten, dass Gebärden die Gewinnung lautsprachlicher Satzschemata behinderten oder sogar verhinderten."

Vor dem Hintergrund einer hundertjährigen oralen Tradition sowie dem Fehlen von sprachwissenschaftlichen, psychologischen und hörgeschädigtenpädagogischen Arbeiten zu den Gebärdensprachen als im linguistischen Sinne Systeme bis in die sechziger Jahre des zwanzigsten Jahrhunderts mag man die zitierte Auffassung von Gebärden als Verbalsprachen nicht adäquat zum Zeitpunkt des Erscheinens der ersten Auflage des Handbuches vor dreißig Jahren noch akzeptieren. Das gilt jedoch nicht mehr für die von Ptok und Schönweiler überarbeitete 2000 erschienene 5. Auflage, die im Vorwort selbst den Anspruch erhebt, „neue Erkenntnisse des deutschsprachigen und internationalen Schrifttums einzubringen." Während die ersten wissenschaftlich fundierten Hinweise durch Stokoe (1960), dass die Gebärden der Gehörlosen Verbalsprachen analoge linguistische Systeme darstellen, zunächst sowohl von Fachkollegen wie von den Gehörlosen selbst nicht ernst genommen wurden, ist der Sprachsystemcharakter der Gebärdensprachen inzwischen zweifelsfrei belegt. Dies korrespondiert mit der Anerkennung der nationalen Gebärdensprachen in vielen Ländern, so auch in der Bundesrepublik mit dem SBG IX (2001) und dem Behindertengleichstellungsgesetz (2002).

Die „Entdeckung der Gebärdensprache" – hörgeschädigtenpädagogischen Konsequenzen: Der Sprachsystemstatus der Gebärdensprachen steht heute nach umfangreichen linguistischen Forschungen zweifelsfrei fest und lässt sich stichpunktartig folgendermaßen zusammenfassen:

- Linguistisch betrachtet weisen Gebärdensprachen die allgemeinen Definitionskriterien für Sprache auf (vgl. Kugler-Kruse, 1988). Sie bestehen aus einem offenen, zeit- und anzahlmäßig nicht begrenzten System arbiträr funktionierender Zeichen, die aus einem Set nicht selbständig bedeutungstragender Elemente – Handform, Handstellung, Ausführungsstelle und Bewegung (vgl. Abb. 3.8) – nach strukturellen Gesetzmäßigkeiten zusammengesetzt bedeutungsbezogene Einheiten bilden und nach grammatischen Regeln zur Erzeugung von Äußerungseinheiten kombiniert werden (vgl. Boyes Braem, 1995).

- Gebärdensprachen werden von ihren Benutzern zentral in der gleichen Weise verarbeitet wie Verbalsprachen, indem sie die gleiche linkshemisphärische Dominanz für Sprache aufweisen. Nachdrückliche Belege für den Sprachstatus der Gebärden der Gehörlosen erbrachten Untersuchungen bei Erwachsenen mit schweren Hirnverletzungen (Poizner, Klima & Bellugi, 1990). Nach den Ergebnissen ihrer sorgfältig konzeptionierten Studie zeigte sich in lehrbuchartiger Deutlichkeit, dass trotz der visuell räumlich-konstruktiven Wahrnehmungs- und Produktionsmodi von Gebärdensprachen, die basal rechtshemisphärisch lokalisiert sind, Hirnverletzungen in der linken Hemisphäre zu Ausfällen im Gebärdensprachgebrauch führten, während die nonverbalen visuell-visomotorischen Leistungen unbeeinträchtigt blieben, rechtshemisphärische Läsionen dagegen ein umgekehrtes Ergebnis erbrachten (vgl. als weiterführenden Überblick Günther, 1990; Nöth, 1992).

- Ontogenetisch entwickeln sich Gebärdensprachen analog zum normalen Spracherwerb (Boyes Braem, 1995, S. 160-179; Grieder, 2002; Bischoff, Bischoff & Horsch, 2004; Schnattinger & Horsch, 2004). Dies gilt nicht nur für Lexikon, Semantik und Syntax, sondern auch für die elementaren Bildungsformen der Gebärdenzeichen, etwa der Ausdifferenzierung der Handformen, denen in den Lautsprachen das Phonemsystem entspricht.

- Aus psychosozialer Sicht hat die zunehmend öffentliche Akzeptanz der Gebärdensprache entscheidenden Anteil am Emanzipationsprozess der Gehörlosen in der dominant hörenden Mehrheitsgesellschaft (vgl. Laborit, 1995; Sacks, 1990).

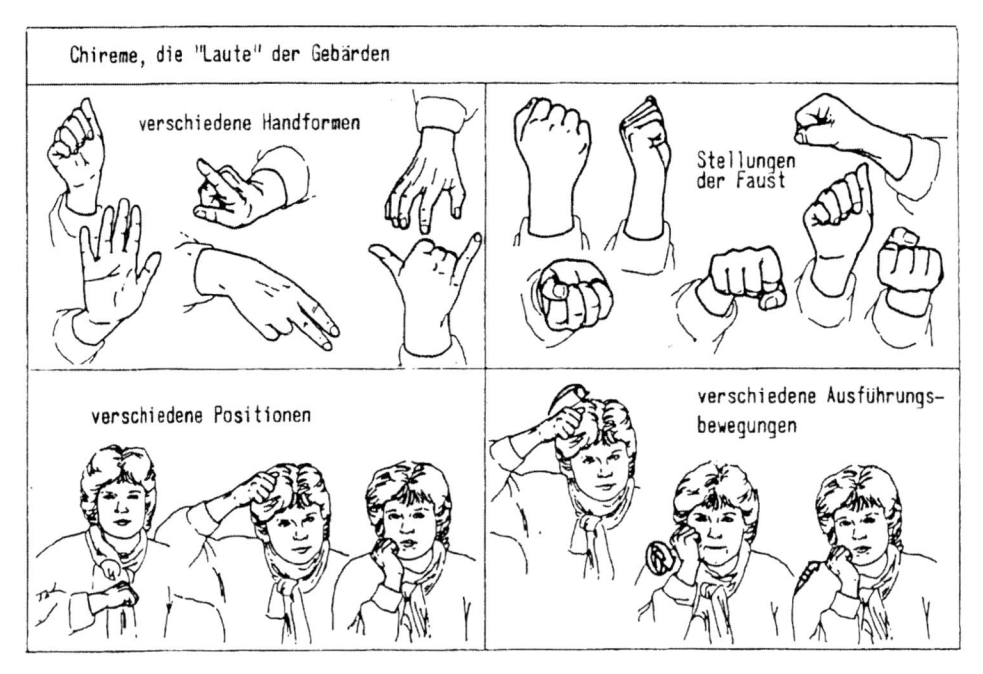

Abbildung 3.8: Die vier Parameter der Gebärdenzeichenbildung (Kaufmann, 1985, S. 25 nach Prillwitz, Wisch & Wudtke, 1991, S. 100-102)

- An dem Emanzipationsprozess der Gehörlosen in der Gesellschaft in den vergangenen zwanzig Jahren ist Gebärdensprache nicht nur, wie Sacks (1990) es beispielhaft für American Sign Language (ASL – Amerikanische Gebärdensprache) ausdrückt, „eine Sprache, die sich für Vorträge ebenso gut eignet wie für die Liebe", sie lässt sich auch problemlos in Lautsprache übersetzen und umgekehrt, ein Tatbestand, der alles andere als selbstverständlich ist, denn bis vor wenigen Jahren beschränkten sich die gebärdensprachlichen Anwendungsfelder fast ausschließlich auf das „Plaudern" – wie ältere deutsche Gehörlose selbst ihre Gebärdenkommunikation bezeichneten – in den Gehörlosenvereinen.

- Als nicht den Sprachsystemcharakter tangierenden Unterschied zu den Verbalsprachen ist darauf zu verweisen, dass Gebärdensprachen reine Kommunikationssprachen sind, d. h., sie verfügen über keine Gebrauchsschrift. Bei der Bedeutung, die die schriftliche Fixierungsfunktionen – auch in ihrer elektronischen Form – in heutigen Gesellschaften haben, heißt das einschließlich ihrer Konsequenzen für die Bildungs- und Erziehungskonzepte, dass Gehörlose zweisprachig neben der Gebärdensprache auch die jeweilige Landessprache in jedem Fall ihrer schriftsprachlichen Modalität kompetent beherrschen müssen, um sich in der Welt der Gehörlosen wie in der übermächtig dominanten Welt der Hörenden behaupten zu können (vgl. Günther, 1999; Günther & Schäfke, 2004).

Hörgeschädigtenpädagogische Konsequenzen aus gebärdensprachlichen Forschungsergebnissen: Mit der gesicherten Erkenntnis des Sprachsystemcharakters der Gebärdensprache(n) verändern sich die Voraussetzungen für ihren Einsatz in der Schule radikal. Solange man von der fälschlichen Auffassung ausging, dass die von den Gehörlosen untereinander verwendeten Gebärden der Wortsprache folgen, allerdings unvollständig (z. B. fehlende Flexionen) und fehlerhaft (z. B. abweichende Wortstellung), war ihre pädagogische Verwendung tatsächlich nur ein Notbehelf. Aufgrund der hundertjährigen Dominanz der oralen Methode mit der Ausgrenzung der Gebärden mussten allerdings völlig neue Konzepte entwickelt und Erfahrungen gesammelt werden, in welcher Weise Gebärdensprache in der Bildung und Erziehung gehörloser Kinder eingesetzt werden kann. Schon Ende der siebziger Jahre schälte sich zunächst in Schweden das Konzept einer bilingualen Erziehung in Gebärden-, Schrift- und Lautsprache heraus, das dort wie in den anderen skandinavischen Ländern schon bis Anfang der neunziger Jahre sich als Regelform die Erziehung und Bildung gehörloser Kinder etablierte (vgl. Henning, 1997).

Im Vergleich zu den skandinavischen Ländern setzten in Deutschland wesentlich später und begleitet von heftigen methodischen Kontroversen Versuche zur Realisierung von bilingualen Unterrichtskonzepten mit gehörlosen Kindern ein. Im Schuljahr 1993/94 wurde an der Hamburger Gehörlosenschule als der erste seiner Art im deutschsprachigen Raum mit einer ersten und einer zweiten Grundschulklasse begonnen, nachdem sich eine Gruppe von zehn Elternpaaren vor knapp zehn Jahren vehement für eine, die vorausgegangenen Früh- und Vorschulerfahrungen fortsetzende, bilinguale Erziehung und Bildung ihrer gehörlosen Kinder eingesetzt hatte (vgl. Prillwitz & Wudtke, 1988). Konzeptionelle Kernvorstellung des Hamburger Bilingualismusmodells und seines wissenschaftlichen Backgrounds sind der im Team von hörenden und gehörlosen Pädagogen gemeinsam durchgeführte, etwa ein Viertel der Schülerunterrichtsstunden (in der Grundschule) umfassende bilinguale Unterricht in Gebärden-, Schrift- und Lautsprache sowie – unabhängig vom erreichten Entwicklungsniveau – der Einsatz auch der Verbalsprache in der unterrichtlichen Kommunikation von Anfang an (vgl. Günther, 1999; Günther & Schäfke, 2004).

Der Hamburger bilinguale Schulversuch erwies sich im Sommer 2005 mit dem Erreichen des Abschlusses der Klasse 10 im Sinne seiner Zielsetzungen als sehr erfolgreich:

- Die Hamburger Hörgeschädigtenschule übernahm für die Gehörlosenabteilung das in dem Schulversuch erprobte bilinguale Modell als Regelform.

- Vier den zehn gehörlosen Schüler wechseln auf die gymnasiale Kollegstufe für Hörgeschädigte in Essen.

- In vergleichenden Untersuchungen zur Schreibkompetenz in den Klassenstufen 3, 6 und 9 erwiesen sich die Schülerinnen und Schüler des Schulversuchsklasse etwa auf gleichem Niveau mit der Teilstichprobe der leicht- bis mittelgradig schwerhörigen und gegenüber der Teilstichprobe der hochgradig schwerhörigen und gehörlosen als deutlich überlegen (vgl. Schäfke, 2005).

- Die Schülerinnen und Schüler der bilingualen Schulversuchsklasse erreichten bei einer Nachuntersuchung mit ausgewählten Aufgaben aus der PISA-Lesestudie (2000) über 75 % richtige Lösungen im Vergleich zur deutschen Stichprobe (Hennies, Günther & Gnerlich, 2004) und nahmen im 10. Schuljahr erfolgreich als einzige Gehörlosenklasse an den Vergleichsarbeiten aller Hamburger Schulen teil.

Weitergehende Bestätigungen lassen sich den bisherigen Ergebnissen aus der Begleitforschung des laufenden Berliner Schulversuchs entnehmen. Von Kiedrowski (2005) bestätigt in ihrer vergleichenden Schreibuntersuchung die Ergebnisse von Schäfke (2005) für die Klassenstufe 2, und Hennies (i. V.) Auswertung der Ländervergleichsstudie „Vergleichsarbeiten (VERA)" zeigt im Leseteil für hörgeschädigten Viertklässler– ausgenommen leichtergradig Hörgeschädigte in besonderen integrativen Fördermaßnahmen – sogar eine deutliche Überlegenheit nicht nur gegenüber gehörlosen, sondern auch gegenüber CI-versorgten und schwerhörigen Schülerinnen und Schülern.

Diese Ergebnisse fordern ein Überdenken der bisherigen Kontrapositionen – aural-lautsprachliche vs. bilingual Gebärdensprache einbeziehende Förderkonzepte – geradezu heraus. Die besonders für die Phase der Früherziehung immer noch vertretene Meinung, dass ein zu diesem Zeitpunkt einsetzendes Bilingualismuskonzept durch die Integration von Gebärdensprache den Lautspracherwerb behindere, ist u. a. durch eine Einzelfallstudie von Horsch und Mitarbeitern (Bischoff, Bischoff & Horsch, 2004; Horsch, Bischoff & Bischoff, 2004) widerlegt, in der sie die Gebärden- und Lautsprachentwicklung eines gehörlosen Mädchens mit gehörlosen Eltern sowie gehörlosem Bruder untersuchen und diese in Beziehung setzen zur frühen Sprachentwicklung bei hörenden Kindern.

Betrachtet man zunächst die Entwicklung der Gebärdensprache als Muttersprache des gehörlosen Mädchens, dann scheint die frühe Entwicklung gebärdensprachlicher Syntagmen bei ihm strukturell ähnlich zu verlaufen wie die bei hörenden Kleinkindern in der gesprochenen Sprache. Das gilt insbesondere für den hohen Anteil der funktionalen Gebärden bzw. Wörter und das Fehlen von Adjektiven (Horsch u. a., 2004, S. 185f.).

Zwar zeigen sich bei einem Vergleich mit hörenden Kleinkindern relative Unterschiede beim Auftreten in den Kategorien Verben und Funktionalwörter in der Phase der ersten Zweiwortäußerungen, doch sind diese mutmaßlich Artefakte des Analysekonzeptes der Untersuchung. Hier machen bei dem gehörlosen Mädchen die Zwei- und Mehrgebärdensequenzen bereits knapp ein Viertel in der Gesamtvokalisation aus, während die hörenden Kleinkinder zu fast 60 % Protowörter/Wörter und nur zu 2 % Zwei- bzw. Mehrwortäußerungen produzieren (Bischoff u. a., 2004, S. 194/195). Der Grund für diese doch erhebliche Differenz dürfte, wie auch die Autorinnen und Autoren vermuten, in dem Tatbestand liegen, dass aus Vergleichbarkeitsgründen auch für die Gebärdensprachentwicklung das Höralter des gehörlosen Mädchens zugrunde gelegt wurde, es tatsächlich aber schon ein Vierteljahr (!) älter ist.

Die Relevanz dieser Ergebnisse ist keineswegs auf die kleine Gruppe gehörloser Kinder gehörloser Eltern beschränkt. Wenn nach Untersuchungen von Diller und Mitarbeitern (2000) sowie Szagun (2001) etwa die Hälfte der gehörlosen bzw. an Taubheit grenzend schwerhörigen Kleinkinder trotz früher Erfassung, Versorgung und konsequenter hörgeschädigtenpädagogischer Betreuung eine dauerhaft retardierte Kompetenz in der Lautsprache zeigt, dann sind, um die „Meilensteine der sprachlich-symbolischen Entwicklung" nicht zu verfehlen, entwicklungsgerechte gebärdensprachliche Alternativangebote in der Früherziehung notwendig, denn der Erwerb syntaktischer Verarbeitungssysteme unterliegt generell und so auch in der gebärdensprachlichen Modalität einem kritischen Zeitfenster (Horsch u. a., 2004, S. 187/ 188; Friederici, 1997). Weil hörende Eltern gehörloser Kleinkinder in der Regel über keine gebärdensprachlichen Kompetenzen verfügen, müssen auch die gebärdensprachlichen Kommunikationsangebote früherzieherisch initiiert und zugleich die Eltern in ihrem Kommunikationsverhalten beraten und „geschult" werden (vgl. zur konzeptionellen Umsetzung Günther, 1995 sowie das „GIB ZEIT-Projekt" mit der wissenschaftlichen Dokumentation von Hintermair & Tremmel, 2003).

Neuorientierung in der Hörgeschädigtenpädagogik – Zusammenführung von CI- und Bilingualismus-Vorteilen: Bei aller notwendigen vorgenommenen Kritik am Cochlea-Implantat bezüglich seiner vernachlässigten Grenzen muss man dennoch – unter Einbeziehung auch der neuen Hörgerätetechnologien – grundlegende Veränderungen konstatieren: Die schon immer kleine Zahl profund Gehörloser geht weiter zurück. In der Regel sind Hörreste für eine zumindest partielle Evozierung von Hör- und Sprechleistungen nutzbar, andererseits zeigen sich bei einer viel zu hohen Zahl langjährig CI-versorgter Kinder besorgniserregende nicht mehr kompensierbar erscheinende Sprachentwicklungsrückstände.

Hier weisen die Untersuchungsbefunde zu den bilingualen Schulversuchen in Hamburg und Berlin wie die bilinguale Früherziehungsstudie von Horsch und Mitarbeiter auf völlig neue Perspektiven, indem sie die bislang als gegensätzlich verstandenen Förderpotentiale von CI und digitalen Hörgeräten und einer bilingualen Sozialisation zusammenführen. Dabei geht es nicht um ein Entweder-Oder im Sinne von auditorischer Förderung vs. gebärdensprachliche Kommunikationsentwicklung, sondern um ein dialogisch eingebettetes, bilinguales Kommunikations- und Förderangebot in beiden Sprachen, wobei bezüglich der gesprochenen Sprache logischerweise das Primat auf Förder-, bei der Gebärdensprache auf Kommunikations- und Kognitionsaspekten liegt.

Den Wert einer solchen, die Förderbedürfnisse und -ansprüche hochgradig hörgeschädigter Kinder integrierenden bilingualen Erziehung hat Umberto Eco (1986, S. 83) auf der 100-Jahrfeier der Deutschen Schule in Mailland so ausgedrückt: „Wenn das Sprechen in einer Sprache bedeutet, dass man die Welt in einer bestimmten Weise sieht, so bedeutet zwei Sprachen sprechen, ... nicht mehr an die magische und tiefgreifende Identität zwischen Wörtern und Dingen zu glauben ... In zwei Sprachen sprechen und in zwei Sprachen denken bedeutet Bereitschaft, in mehreren Arten zu denken, und daher ist die Zweisprachigkeit der Ausgangspunkt für eine nicht auf „Ethnozentrismus" ausgerichtete Erziehung ... Zweisprachigkeit ist kein Allerweltsheilmittel, das automatisch zu einem freien Verstand verhilft. Aber sie ist der Ansatz zu dieser Befreiung, sie ist eine bedeutsame und interessante Triebkraft dazu, ein Grundsatz, den es zu pflegen gilt, weil sich auf dieser sprachlichen Flexibilität das Gebäude der Erziehung besser errichten lässt."

3.6.5 Schüler und Förderkonzepte an den deutschen Hörgeschädigtenschulen heute

Große hat 2003 die Ergebnisse einer für die Bundesrepublik Deutschland repräsentativen, etwa 7.500 hörgeschädigte Schülerinnen und Schüler umfassenden Befragung deutscher Hörgeschädigtenschulen veröffentlicht, in der u. a. nach der Struktur ihrer Schülerschaft und den verwendeten Fördermethoden gefragt wurde.

Die linke Graphik (Abb. 3.9) zeigt, dass sich an den deutschen Hörgeschädigtenschulen gegenwärtig zu über 50 % als schwerhörig und postlingual ertaubt gegenüber 40 % als resthörig und gehörlos sowie als relativ neue Gruppe knapp 8 % als zentral-auditiv verarbeitungs- und wahrnehmungsgestört eingeordnete Schülerinnen und Schüler befinden. Diese Umkehrung der Relationen, wie sie bis in die achtziger Jahre zwischen schwerhörig/ertaubt und gehörlos/ resthörig zu konstatieren war, ist nicht überraschend, sondern das Ergebnis der verbesserten medizinisch-technischen Frühdiagnose- und elektroakustischen Versorgungsmöglichkeiten.

Etwas unerwartet ist dagegen die Verteilung bei den verwandten Fördermethoden. Der Erwartung zuwider, dass der Anteil der rein lautsprachlichen aural-hörgerichteten Methode in etwa dem sechzigprozentigen Anteil der schwerhörigen, ertaubten und zentral gestörten Schülerinnen und Schüler entspricht, dominieren mit einem Anteil von 57 % verschiedene manuelle Kommunikationsmittel einbeziehende Konzepte, und d. h. vor allem LBG bis hin zu bilingualen Ansätzen. Bis in die neunziger Jahre lag der Anteil an gebärdenverwendenden Methoden selbst an den reinen Gehörlosenschulen deutlich niedriger. Diese Veränderungen in den Fördermethoden deuten darauf hin, dass sich bei der Mehrheit der von den Hörgeschädigtenschulen betreuten Schülerinnen und Schüler trotz der massiv verbesserter Früherfassungs- und elektroakustischen Versorgungssituation ein klassisches, rein lautsprachliches Konzept als nicht förderadäquat erweist.

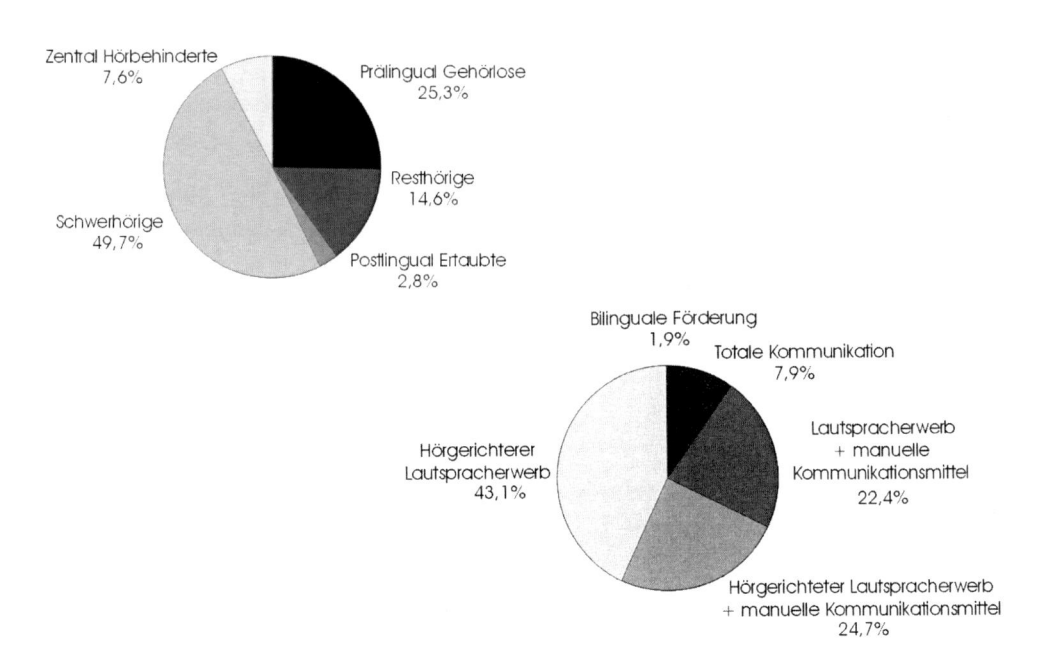

Abbildung 3.9: Prozentuale Verteilung von hörgeschädigten Schülerinnen und Schülern nach Hörstatus und Spezifik (links) sowie von Förderkonzepten an deutschen Hörgeschädigtenschulen inklusive integrativer Betreuung an Regelschulen (nach Große, 2003, S. 30, 48)

Mit knapp 2 % erscheint der Anteil der bilingual geförderten hochgradig hörgeschädigten Schülerinnen und Schüler minimal. Doch darf man nicht übersehen, dass zum Zeitpunkt der Untersuchung von Große (2003) zu den Hamburger bilingualen Schulversuchsklassen, bei der der bilinguale Ansatz zehn Jahre als erster in Deutschland überhaupt initialisiert worden war, lediglich ein Zwischenbericht vorlag. Immerhin entsprechen den 2 % zehn Klassen und der Anteil an Klassen mit bilingualen u. a. Gebärdensprache einbeziehenden Ansätzen scheint seitdem weiter anzusteigen.

3.7 Textfragen zur Verständniskontrolle

1. Wie wird funktioniert das menschliche Hören? Berücksichtigen Sie dabei besonders die Rolle des Innenohres. (Stichworte: Schall, Lautstärke (Dezibel – dB), Tonhöhe (Frequenz), peripherer und zentraler Bereich).

2. Welches sind die beiden Parameter zur Messung des Hörvermögens und welche Rolle spielen sie für die Sprachwahrnehmung? (Stichworte: Audiometrie, Audiogramm).

3. Welche Bedeutung hat die Messung des Hörverlustes mit Hörgeräten (sog. Aufblähkurve) für hörgeschädigtenpädagogische Fördermethoden? Warum unterscheiden sich in diesem Zusammenhang medizinisch-audiologische und pädagogische Klassifizierung für Gehörlosigkeit?

4. Welche Verfahren wandte der spanische Benediktinermönch Pedro Ponce de Leon bei den ersten Bildungsversuchen mit taubstummen Kindern im 16. Jahrhunderts an? (Stichworte: Fingeralphabet, Schriftsprache).

5. Welche grundlegenden Vorstellungen der Taubstummenpädagogik gehen auf Johann Conrad Amman zurück? (Stichworte: Angewandte Phonetik, Ablesen und Abfühlen)

6. Wie veränderte sich die Einstellung zum Einsatz von Gebärden-(Sprache) im 19. Jahrhundert und wie kommt es zur oralen Wende? (Stichworte: Abbé de l'Épee, S. Heinicke, Mailänder Kongress).

7. Wie erklärt sich das Scheitern der oralen Methode in den siebziger Jahren des 20. Jahrhunderts? (Stichwort: „Orale Krise").

8. Welche Möglichkeiten und welche Grenzen eröffnet das Cochlea-Implantat? (Stichworte: Untersuchungen von Szagun, 2001 und Diller u.a., 2000, aurale Methode).

9. Was versteht man unter Lautsprachgleitenden Gebärden (LBG), welche Varianten unterscheidet man und wie ist es von Gebärdensprache abzugrenzen? (Stichwort: „Münchner Gebärdenpapier").

10. Welche Gründe werden von medizinischer und hörgeschädigtenpädagogischer Seite gegen die Gebärdensprache(n) und ihren Einsatz bei der Bildung und Erziehung gehörloser Kinder angeführt und wie lassen sie sich widerlegen? (Stichworte: „Entdeckung der Gebärdensprache"; Erfahrungen aus bilingualen Schulversuchen).

3.8 Literatur

Alich, G. (1960). *Zur Erkennbarkeit von Sprachgestalten beim Ablesen vom Munde*. Universität Bonn: Dissertation.

Alich, G. (1977). Sprachperzeption über das Absehen vom Munde. *Sprache – Stimme – Gehör, 1*, 90-96.

Amman, J. C. (1828). *Abhandlung von der Sprache und wie Taubstumme darin zu unterrichten sind*. Berlin: Riemann (Lateinisches Original: Amsterdam 1700).

Axmann, D. (1993). *Erkennen, Verstehen, Fördern. Neurogene Hörstörungen beim Spracherwerb hörgeschädigter Kinder – Kinder mit zentralen Störungen der auditiven Sprachwahrnehmung*. Tagungsbericht. Würzburg: Hörgeschädigtenzentrum.

Baumert, J., Klieme, E., Neubrand, M., Prenzel, M., Schiefele, U. & Schneider, W. (Hrsg.; 2001). *PISA 2000. Basiskompetenzen von Schülerinnen und Schülern im internationalen Vergleich*. Opladen: Leske & Budrich.

Behindertengleichstellungsgesetz (2002). *Gesetz zur Gleichstellung behinderter Menschen*. In BGBl. I, S. 1467, 1468.

Biemann, O., Hase, U. & Heeg, P. (1997). Erfahrungen aus der Rendsburger Rehabilitation für Hörgeschädigte – aktuelle Situation und Perspektiven. In H. H. Frerichs, K.-B. Günther & J. M. H. Neppert (Hrsg.), *Perspektiven der Schwerhörigenpädagogik* (S. 23-45). Heidelberg: Groos.

Bischoff, S., Bischoff, C. & Horsch, U. (2004). Zur Entwicklung von Gebärden- und Lautsprache als simultane Erwerbsprozesse. In U. Horsch (Hrsg.), *Frühe Dialoge. Früherziehung hörgeschädigter Säuglinge und Kleinkinder* (S. 191-198). Hamburg: hörgeschädigte kinder.

Bonet, J.P. (1895). *Die Vereinfachung der Buchstaben und die Kunst, Stumme Sprechen zu lehren*. F. Werner (Selbstverlag): Stade (Spanisches Original 1620).

Boyes Braem, P. (1995). *Einführung in die Gebärdensprache und ihre Erforschung* (3. Aufl.). Hamburg: Signum.

Braun, A. (1969). *Hören als Lernproblem für resthörige Kinder im Vorschulalter und im Schulalter*. Kettwig: Hörgeschädigte Kinder.

Braun, A., Donath, P., Gast, R., Keller, R., Rammel, G. & Tigges, J. (1982). *Kommunikation mit Gehörlosen in Lautsprache und Gebärde*. München: Bundesgemeinschaft der Elternvertreter und Förderer Deutscher Gehörlosenschulen (Münchner Gebärdenpapier).

Braun, A., Klingl, A., Mooser, B. & Tigges, J. (Hrsg.) (1979). *Sprachunterricht an Schulen für Gehörlose*. Villingen-Schwenningen: Neckar.

Clahsen, H. (1986). *Die Profilanalyse. Ein linguistisches Verfahren für die Sprachdiagnose im Vorschulalter.* Berlin: Marhold.

Diller, G., Graser, P. & Schmalbrock, C. (2000). *Hörgerichtete Frühförderung hochgradig hörgeschädigter Kleinkinder.* Heidelberg: Schindele

Ding, H. (1993): Untersuchungen zur auditiven Sprachwahrnehmung Gehörloser. *Hörgeschädigtenpädagogik, 47,* 25-35.

Eco, U. (1986). Was bedeutet es, in zwei Sprachen zu sprechen? In H. Balhorn & H. Brügelmann (Hrsg.), *Jeder spricht anders. Normen und Vielfalt in Sprache und Schrift* (S. 80-84). Konstanz: Faude.

Frerichs, H.H. (1998). *Audiopädagogik – Theoretische Grundlagen einer Förderung auditiv stimulierbarer Hörgeschädigter.* Villingen-Schwenningen: Neckar.

Frerichs, H.H. (2002). Pädagogische Aspekte bei Kindern mit zentralen Hörstörungen. *hörgeschädigte kinder, 39,* 61-64.

Friederici, A. (1997). Menschliche Sprachverarbeitung und ihre neuralen Grundlagen. In H. Meier & D. Ploog (Hrsg.), *Der Mensch und sein Gehirn* (S. 37-156). München: Piper.

Grieder, S. (2002). *Brabbeln und Gebärdensprache. Erwerb und Entwicklung von Gebärdensprache und gesprochener Sprache bei hörenden und gehörlosen Kindern.* Zürich: VUGS.

Große, K.-D. (2003). *Das Bildungswesen für Hörbehinderte in der Bundesrepublik Deutschland: Daten und Fakten zu Realitäten und Erfordernissen.* Heidelberg: Schindele.

Günther, K.-B. (1990). Neuropsychologische Aspekte der Gebärdensprache. *Hörgeschädigtenpädagogik, 44,* 196-218.

Günther, K.-B. (1995). Konzeption einer ganzheitlich-kommunikationsorientierten Frühförderung gehörloser und resthöriger Kinder. *Sprache – Stimme – Gehör, 19,* 76-83.

Günther, K.-B. (1996). The Role of the Manual Alphabet in Deaf Education in the 16th/17th Centuries. In R. Fischer & T. Vollhaber (Eds.), *Collage. Works on International Deaf History* (p. 107-116). Hamburg: Signum.

Günther, K.-B. (1997). Cochlea-Implantat bei gehörlosen und ertaubten Kindern. In K.-B. Günther (Hrsg.), *Der Elternratgeber: Cochlea-Implantat (CI) bei gehörlosen und ertaubten Kindern – Informationen – Erfahrungen – Meinungen* (S. 13-22). Hamburg: hörgeschädigte kinder.

Günther, K.-B (1999)(in Zusammenarbeit mit A. Staab, V. Thiel-Holtz, S. Tollgreef & H. Wudtke. *Bilingualer Unterricht mit gehörlosen Grundschülern. Zwischenbericht zum Hamburger Bilingualen Schulversuch.* Hamburg: hörgeschädigte kinder.

Günther, K.-B. (2002). Förderschwerpunkt Hören – Perspektiven für die Hörgeschädigtenschulen. *forum, 10,* 5-19.

Günther, K.-B. (2005). Meilensteine der Entwicklung – Knotenpunkte im Netzwerk. *forum, 13*, 30-41.

Günther, K.-B. & Schäfke, I. (2004)(in Zusammenarbeit mit R. Poppendieker, A. Staab, V. Thiel-Holtz & A. Wiechel A. *Bilinguale Erziehung als Förderkonzept. Abschlussbericht zum Hamburger bilingualen Schulversuch*. Hamburg: Signum.

Heinicke, S. (1912). *Gesammelte Schriften* (Hrsg. von P. Schumann). Leipzig: Wiegandt.

Hennies, J. (i. V.). Leseuntersuchungen. In K.-B. Günther & J. Hennies (Hrsg.), *Bilingualer Unterricht mit gehörlosen Schülerinnen und Schüler in der Primarstufe – Zwischenbericht zum Berliner bilingualen Schulversuch*. Hamburg: Signum.

Hennies, J., Günther, K.-B. & Gnerlich, D. (2004). Eine PISA-orientierte Lesestudie mit Schülerinnen und Schüler des Hamburger bilingualen Schulversuchs. *hörgeschädigte kinder, 41*, 37-42.

Henning. L. (1997). Zweisprachiger Unterricht gehörloser Kinder in Schweden. *hörgeschädigte kinder, 34*, 74-78.

Hintermair, M. & Lehmann-Tremmel, G. (2003). *Wider die Sprachlosigkeit. Beratung und Förderung von Familien mit gehörlosen Kindern unter Einbeziehung von Gebärdensprache und gehörlosen Fachkräften. Wissenschaftliche Begleitdokumentation des Modellprojekts „GIB ZEIT"*. Hamburg: Signum.

Horsch, U., Bischoff, S. & Bischoff, C. (2004). Dialogische Elemente im Erwerb der Gebärdensprache. In U. Horsch (Hrsg.),. *Frühe Dialoge. Früherziehung hörgeschädigter Säuglinge und Kleinkinder* (S. 177-190). Hamburg: hörgeschädigte kinder.

Kaufmann, P. (Hrsg.) (1985). *Zeichensysteme in der Hörgeschädigtenpädagogik*. Aspekte 14. Luzern: Schweizerische Zentralstelle für Heilpädagogik.

Kaufmann, P. (Hrsg.) (1995). *Bericht über das LBG-Projekt Zürich*. Hörgeschädigtenpädagogik Beiheft 32. Heidelberg: Groos.

Kiedrowski, E. v. (2005). *Schreibkompetenz hochgradig hörgeschädigter Zweitklässler. Eine empirische Untersuchung im Rahmen des Berliner Bilingualen Schulversuchs*. Aachen: Shaker.

Krüger, M. (1991). Häufigkeitsstatistische und demographische Angaben zum Personenkreis hörgeschädigter Menschen. In Jussen, H. & Claußen, W. H. (Hrsg.)(1997). *Chancen für Hörgeschädigte. Hilfen aus internationaler Perspektive* (S. 25-30). München: Reinhard.

Kruse, O. F. (1869). *Zur Vermittlung der Extreme in der sogenannten deutschen und französischen Taubstummenunterrichtsmethode – Ein Versuch zur Vereinigung beider*. Schleswig: Heiberg.

Kühn-Innacker, H. (2002). Diagnosebegleitende Förderung bei Schülerinnen und Schüler mit auditiver Verarbeitungs- und Wahrnehmungsstörung. *hörgeschädigte kinder, 39*, 53-60.

Kugler-Kruse, W. (1988). *Die Entwicklung visueller Zeichensysteme. Von der Geste zur Gebärdensprache.* Bochum: Brockmeyer.

Laborit, E. (1995). *Der Schrei der Möwe.* Bergisch Gladbach: Bastei-Lübbe.

Landesverband Baden-Württemberg im Bund Deutscher Taubstummenlehrer (Hrsg. – 1983). *Sprachaufbau – Sprachausbau – Sprachverbau* (2. Aufl.). Bericht über die Internationale Bodenseeländerkonferenz 1997. Beiheft Hörgeschädigtenpädagogik 1. Heidelberg: Groos.

Lane, H. (1990). *Mit der Seele hören – Die Geschichte der Taubheit.* München: dtv.

Liebsch, E. & Mandt, R. (1983). *Die Bremer Stadtmusikanten. Gebärdenmärchen.* Hamburg: hörgeschädigte kinder.

Löwe, A. (1989). *Hörprüfungen in der kinderärztlichen Praxis.* Heidelberg: Schindele.

Löwe, A. (1991). *Hörerziehung für hörgeschädigte Kinder. Geschichte – Methoden – Möglichkeiten..* Heidelberg: Schindele.

Löwe, A. & Hildmann, A. (1996). *Hörmessungen bei Kindern* (3. Aufl.). Heidelberg: Schindele.

Nickisch, A., Heber, D. & Burger-Gartner, J. (2001). *Auditive Verarbeitungs- und Wahrnehmungsstörungen bei Kindern.* Dortmund: modernes lernen.

Niere, B. (2003). Grammatikerwerb bei hörgeschädigten Kindern. Wiss. Hausarbeit: Institut für Behindertenpädagogik, Universität Hamburg.

Nöth, J. (1992). *Gebärdenspracherwerb und funktionelle Asymmetrien der Hirnhemisphären.* Frankfurt: Lang.

Plath, P. (unter Mitarbeit von H. Bonsel, C. Harmsen & W. Salz) (Hrsg.) (1993). *Lexikon der Hörschäden.* Paris: Harmsen.

Poizner, H., Klima, E. & Bellugi, U. (1990). *Was die Hände über das Gehirn verraten. Neuropsychologische Aspekte der Gebärdensprache.* Hamburg: Signum.

Prillwitz, S., Wisch, F.-H. & Wudtke, H. (1984/1991). *Zeig mir deine Sprache I. Elternbuch Teil 1: Zur Früherziehung gehörloser Kinder in Lautsprache- und Gebärden* (2. überarb., erw. Aufl.). Hamburg: Signum.

Prillwitz, S. & Wudtke, H. (1988). *Gebärden in der vorschulischen Erziehung gehörloser Kindern – Zehn Fallstudien zur kommunikativ-sprachlichen Entwicklung gehörloser Kinder bis zum Einschulungsalter.* Hamburg: hörgeschädigte kinder (Signum).

Renzelberg, G. (2003). 1. Grundlagen und Störungen des Hörens. In K.-B. Günther, G. Renzelberg & M. v. Schwartz, C. (Hrsg.), *Pädagogik bei Hörschädigungen.* Fernkurs Heilpädagogik. (S. 3-25). Mainz: Katholische Erwachsenenbildung Rheinland-Pfalz, Landesarbeitsgemeinschaft e. V.

Richtberg, W. (1980). *Hörbehinderung als psycho-soziales Leiden. Forschungsbericht Gesundheitsforschung 32*. Bonn: Der Bundesminister für Arbeit und Sozialordnung.

Sacks, O. (1990). *Stumme Stimmen – Reise in die Welt der Gehörlosen*. Reinbek: Rowohlt.

SBG IX (2001). *Neuntes Buch Sozialgesetzbuch- Rehabilitation und Teilhabe behinderter Menschern*. In BGBl. I, 608.

Schäfke, I. (2005). *Untersuchungen zum Erwerb der Textproduktionskompetenz bei hörgeschädigten Schülern*. Seedorf/Hamburg: Signum.

Schnattinger, S. & Horsch, U. (2004). Wenn die Hände sprechen lernen. In U. Horsch (Hrsg.), *Frühe Dialoge. Früherziehung hörgeschädigter Säuglinge und Kleinkinder* (S. 151-177). Hamburg: hörgeschädigte kinder.

Schmid-Giovannini, S. (1976). *Sprich mit mir*. Berlin: Marhold.

Schmid-Giovannini, S. (1996). *Hören und Sprechen. Anleitung zu einer auditiv-verbalen Erziehung hörgeschädigter Kinder*. Meggen: Internationales Beratungszentrum.

Schulte, K. (1980). *Sprechlernhilfe PMS*. Heidelberg: Groos.

Schulte, K. & Schlenker-Schulte, C. (1981). *Artikulation Hörgeschädigter*. Villingen-Schwenningen: Neckar

Schumann, P. (1940). *Geschichte des Taubstummenwesens vom deutschen Standpunkt aus dargestellt*. Frankfurt: Diesterweg.

Stokoe, W. (1960). S*ign Language Structure: An Outline of the Visual Communication System of the American Deaf*. Occasional Paper 8. University of Buffalo (Nachdruck in: *Journal of Deaf Studies and Deaf Education, 10/1* (2005), 3-37).

Szagun, G. (2001). *Wie Sprache entsteht. Spracherwerb bei Kindern mit beeinträchtigtem und normalen Hören*. Weinheim: Beltz.

Treibel, E. (1881). *Der 2. Internationale Taubstummenlehrerkongress in Mailand*. Berlin: Issleib.

Uden, A. v. (1980). *Das gehörlose Kind. Fragen seiner Förderung und Entwicklung. Hörgeschädigtenpädagogik*. Beiheft 5. Heidelberg: Groos.

Vogel, H. (Hrsg)(2000). *Zum 200. Geburtstag von Karl Heinrich Wilke (1800-1876)*. Berlin: Schriftenreihe Deaf-History.

Werner, H. (1932). *Geschichte des Taubstummenproblems bis ins 17. Jahrhundert*. Jena: Fischer.

Wisotzki, K. H. (1996). *Altersschwerhörigkeit. Grundlagen – Symptome – Hilfen*. Stuttgart: Kohlhammer.

4 Geistig- und Schwermehrfachbehinderungen

Saskia Schuppener

4.1 Einführung in die Thematik

Behinderung entsteht in unseren gesellschaftlichen und kulturellen Strukturen nicht ausschließlich und primär über das *„Behindert sein"*, sondern vielmehr zentral über die Dimension des *„Behindert werdens"* (Niedecken, 1989). Diese äußert sich in vielfältigen Be-Hinderungen (= Hindernissen), die eine Person bei der Gestaltung ihres Lebensalltages erfährt. Um die soziale Bezogenheit und Bedingtheit angemessen zu berücksichtigen, muss das „Phänomen einer Geistigen Behinderung und einer Schwermehrfachbehinderung" zwingend „als Einheit von „behindert sein" und „behindert werden"" gesehen werden (Jantzen, 2002, S. 1). Insbesondere bei Kindern, Jugendlichen und Erwachsenen mit einer so genannten geistigen oder mehrfachen Behinderung muss davon ausgegangen werden, dass sie vielfältige *Behinderungserfahrungen* (Wacker, 2003) im Rahmen ihrer biografischen Entwicklung gemacht haben. Diese Erfahrungen sind Teil ihrer individuellen Lebensgeschichte; sie hinterlassen Spuren und determinieren letztendlich auch das, was Außenstehenden als Geistige Behinderung oder Schwermehrfachbehinderung erscheint.

Das „Behindert werden" in sozialer Hinsicht ist geprägt durch das „Nicht-Verstehen" von Menschen ohne Behinderungserfahrungen. Verstehensgrenzen haben fundamentale Auswirkungen: Sie tragen maßgeblich zur Entwicklung einer Behinderung in Form etwaiger Hindernisse auf unterschiedlichen Ebenen bei und beeinflussen somit direkt und indirekt ein Verständnis von Geistiger Behinderung. Um diesem Dilemma konstruktiv entgegen zu wirken, sollte es zu einer grundlegenden *Akzeptanz des Nicht-Verstehens* kommen: Man kann und muss eine Geistige Behinderung oder Schwermehrfachbehinderung nicht *verstehen*. Aussagen über Menschen mit so genannter geistiger Behinderung bleiben stets *subjektiv und hypothetisch*, da sie für Menschen ohne Beeinträchtigungen nicht vorstellbar sind (Goll, 1998). Es muss vielmehr darum gehen, sich mit den Personen, die als geistig behindert oder schwermehrfachbehindert gelten, auseinanderzusetzen, ihre subjektiven Behinderungserfahrungen zu ergründen, sich auf ihre individuellen Sichtweisen einzulassen und von ihnen zu lernen.

4.2 Definitionen und Klassifikationen

Die Begrifflichkeiten „Geistige Behinderung" und „Schwermehrfachbehinderung" stehen nach wie vor kontrovers zur Diskussion, da ihnen ein stigmatisierender Charakter unterstellt wird. Alternative Begriffe, die vereinzelt auftauchen und den Versuch darstellen, eine positivere Konnotation zu beinhalten, sind folgende (Kulig, Theunissen & Wüllenweber, 2006):
- Menschen, die als geistig behindert bezeichnet werden,
- Menschen mit so genannter geistiger Behinderung,
- Menschen mit besonderem Unterstützungs-, Assistenz- bzw. Hilfebedarf,
- Menschen mit kognitiver, intellektueller oder mentaler Beeinträchtigung,
- Menschen mit seelischer Behinderung,
- Menschen mit schwerer (geistiger) Behinderung,
- Menschen mit Schwerstbehinderung,
- Menschen mit Mehrfachbehinderung,
- Menschen mit Schwerstmehrfachbeeinträchtigungen,
- Menschen mit Intensivbehinderung,
- Menschen mit allumfassendem Unterstützungs-, Assistenz- bzw. Hilfebedarf.

Der von Betroffenen – in Stellvertretung vom „Netzwerk People First e.V." – favorisierte Begriff lautet *„Menschen mit Lernschwierigkeiten"* (s. Kulig u. a., 2006). Dieser Begriff hat sich im deutschsprachigen Raum aufgrund seiner inhaltlichen Überschneidung mit dem hier etablierten Verständnis des Personenkreises von Menschen mit Lernhilfebedarf bislang noch nicht durchgesetzt. Auch insgesamt hat eine wirkliche Ablösung des Begriffes „Geistige Behinderung" noch nicht stattgefunden. Gründe hierfür liegen u. a. vermutlich in einer erschwerten interdisziplinären Kooperation und Verständigung, in einem hohem Grad der Etablierung und Kommunizierbarkeit des bisher geläufigen Terminus im Alltag sowie der sozialrechtlichen Relevanz dieses Etikettes. Zudem besteht bei jeder terminologischen Reform die Gefahr, dass auch der neu gewählte Begriff in absehbarer Zeit einen stigmatisierenden Effekt entwickelt (Kulig u. a., 2006).

Beim Versuch einer Definition von Behinderung dominiert die eigene Wahrnehmung und das persönliche Kategorienschema: „Es gibt Menschen, die *wir* aufgrund *unserer* Wahrnehmung ihrer menschlichen Tätigkeit, im Spiegel der Normen, in dem *wir* sie sehen, einem Personenkreis zuordnen, den *wir* als „geistigbehindert" bezeichnen" (Feuser, 1996, S. 18). Jede definitorische Annäherung an das „Phänomen Geistige Behinderung und Schwermehrfachbehinderung" basiert also auf externen Zuschreibungen, bei denen eine Art *Ent-Subjektivierung* der zu beschreibenden Personengruppe stattfindet (Schuppener, 2005a). Es sollte demnach bewusst damit umgegangen werden, dass der definitionsbezogene Blick auf das Verständnis von Geistiger Behinderung immer ein *„Blick von außen"* ist (Eggert, 1999), der vorrangig spekulativen Charakter hat.

Aus heutiger Perspektive wird eine Geistige Behinderung und auch eine Schwermehrfachbehinderung nicht mehr ausschließlich an personenbezogenen Definitionskriterien festgemacht, sondern häufig als *Situation* eines Individuums beschrieben, in welcher ein außergewöhnlicher Assistenzbedarf innerhalb verschiedener Entwicklungs- und Lebensbereiche vorliegt (Speck, 2005). Geistige Behinderung und Schwermehrfachbehinderung gelten als normale Varianten menschlicher Daseinsform. Orientiert werden soll sich an „den besonderen Bedürfnissen und Möglichkeiten ebenso wie an den sozialen Bedingungen und Erfordernissen im Sinne einer wirksamen Verbesserung der gemeinsamen Lebenssituation" (Bleidick, 1999, S. 61). Im Hinblick auf den Versuch einer definitorischen Erfassung des Personenkreises von Menschen mit schwerster Behinderung orientiert sich auch Fornefeld (1995) an den situationsbezogenen Kriterien, indem sie darauf hinweist, dass Menschen mit schweren Beeinträchtigungen „zur Verwirklichung ihrer Wünsche und Bedürfnisse in besonderer Weise auf das Verstandenwerden seitens der Bezugspersonen angewiesen" sind (S. 48). Fröhlich (1997) nimmt ebenfalls eine Definition vor, die auf lebenssituationsbezogene Stärken der betreffenden Personen zurückgreift, um ein Bild von ihnen zu skizzieren:

- „Sie nehmen andere Menschen durch Haut und Körperkontakt wahr.
- Sie können mit ihrem Körper unmittelbar Erfahrungen sammeln und bewerten.
- Sie erleben sich selbst, Menschen und Dinge in unmittelbarer emotionaler Betroffenheit.
- Sie benutzen ihre gesamte Körperlichkeit, um sich auszudrücken und mitzuteilen"
 (S. 148).

Nach wie vor kommt *kognitionspsychologischen Modellen* im Kontext der Definition und Klassifikation von Geistiger Behinderung und Schwermehrfachbehinderung eine elementare Bedeutung zu (Mühl, 2006a). Diese versuchen die Entwicklung und das Verhalten von Menschen mit geistiger Behinderung unter dem Fokus von „Schwierigkeiten, Zusammenhänge und Ordnungen in der Umwelt und in sozialen Beziehungen zu verstehen und das eigene Verhalten dementsprechend zu planen" (Sarimski, 2001, S. 45). Menschen mit geistiger Beeinträchtigung „wird eine geringere Anzahl von relativ schwach ausgeprägten Intelligenzfaktoren zugesprochen" (Meyer, 2000, S. 65). Es wird davon ausgegangen, dass sich die Intelligenz von Personen mit einer geistigen Behinderung durch einen verminderten Differenzierungsgrad auszeichnet, der sich in Form einer veränderten Wahrnehmung und Verarbeitung von Reizen und Informationen äußert. Dies wird häufig auf Veränderungen in der zentralen Verarbeitung sensorischer Reize oder auf anlagebedingte Besonderheiten von Hirnstrukturen zurückgeführt (Sarimski, 2003).

Psychologische Theorien zur kognitiven Entwicklung von Menschen mit geistiger Behinderung haben als gemeinsamen Nenner die nach wie vor dominierende Defizitorientierung. Neben der Suche nach behinderungsspezifischen Defiziten geht es primär um die Feststellung von Fehlern, Mängeln, Rückständen, Hindernissen und Schwächen im Rahmen von kognitiven Entwicklungs- und Prozessebenen, weniger um besondere Stärken und Lernfähigkeitspotentiale (Schuppener, 2007a). Die Klassifizierung von Kognitionsbeeinträchtigungen in unterschiedliche Intelligenzwerte soll dennoch eine Berücksichtigung erfahren, weil internationale Verständigungen meist über entsprechende Kategorisierungen erfolgen.

Die folgenden beiden Tabellen (Tab. 4.1 und 4.2) veranschaulichen gegenüberstellend die Einteilung der Behinderungsgrade nach der WHO (Weltgesundheitsorganisation) und der AAMR (American Association on Mental Retardation [früher AAMD]) mit dem Fokus auf eine Intelligenzeinteilung. Während die WHO (2001) im diagnostischen Manual ICD-10 Geistige Behinderung ab einem IQ von 69 festlegt, definiert die AAMR (1992) den Intelligenzgrad, ab dem eine Geistige Behinderung vorliegt, mit dem IQ von 52 deutlich tiefer.

Tabelle 4.1: Klassifikation der geistigen Behinderung nach WHO [ICD-10] (aus Fornefeld, 2002, S. 58)

Klassifikation nach ICD-10	Intelligenzwerte (IQ)	Anteil (aller Menschen mit geistiger Behinderung)
leichte Intelligenzminderung	IQ 50-69	80 %
mittelgradige Intelligenzminderung	IQ 35-49	12 %
schwere Intelligenzminderung	IQ 20-34	7 %
schwerste Intelligenzminderung	IQ < 20	1 %

Tabelle 4.2: Einteilung der Behinderungsgrade nach AAMD (aus Wendeler, 1993, S. 12)

Behinderungsgrad	Intelligenzbereich (IQ)
mäßig	IQ 36-52
schwer	IQ 20-35
sehr schwer	IQ < 20

Die intelligenzbezogene Sichtweise einer Geistigen Behinderung wird von Lingg und Theunissen (2000) berechtigt als fragwürdig bezeichnet, da „deren pädagogischer Aussagewert ausgesprochen gering ist" und „kommunikative, emotionale und soziale (Entwicklungs-) Aspekte weithin ausgespart bleiben" (S. 15). Zu berücksichtigen ist, dass es zum einen nach wie vor keine übereinstimmende Definition von Intelligenz gibt und zum anderen die Bedeutung der Ergebnisse aus Intelligenztests meist maßlos überschätzt werden, da sie in der Regel wenig über den Erfolg eines Menschen im Leben aussagen (Sternberg, 2000). Des Weiteren spiegelt der aufgeführte prozentuale Anteil in Tab. 4.1 keinesfalls die „reale Verteilung" von Menschen mit einer geistigen Behinderung nach IQ-Werten wider. Meyer (2002) führt in diesem Zusammenhang an, dass der Anteil von Kindern und Jugendlichen mit schweren und schwersten Mehrfachbeeinträchtigungen im schulischen Kontext nicht bei 1-7 % liegt, sondern eher auf mindestens 33 % (mit steigender Tendenz) geschätzt wird. Hier existieren folglich erhebliche Unklarheiten und Differenzen im Rahmen diagnostischer Abgrenzungen.

Im angloamerikanischen Sprachraum führte die Kritik am IQ-Modell Anfang der 1990er Jahre zur Einführung eines Doppelkriteriums (Holtz, 1994; Wendeler, 1993). Dieses besagt, dass im Rahmen der Beschreibung einer Geistigen Behinderung neben dem *Intelligenzkriterium* auch der Faktor *soziale Anpassung* berücksichtigt werden muss (Lingg & Theunissen, 2000). Die American Association on Mental Retardation (AAMR) definiert Geistige

Behinderung gegenwärtig folgendermaßen: „Mental retardation is a disability characterized by significant limitations both in intellectual functioning and in adaptive behavior as expressed in conceptual, social and practical adaptive skills. This disability originates before age 18" (AAMR, 2006, o. S.). Gemäß dieser Definition müssen in mindestens zwei der genannten Bereiche des adaptiven Verhaltens Einschränkungen vorliegen, damit die Diagnose Geistige Behinderung gestellt werden darf (Luckasson, Coulter, Polloway et al., 1997).

Als abschließende Definition von Geistiger Behinderung (GB) und Schwermehrfachbeeinträchtigung (SMB) soll eine *Triangulation* von Konstruktion, Entwicklungsbezogenheit und Kompetenzorientierung vorschlagen werden (s. Abb. 4.1).

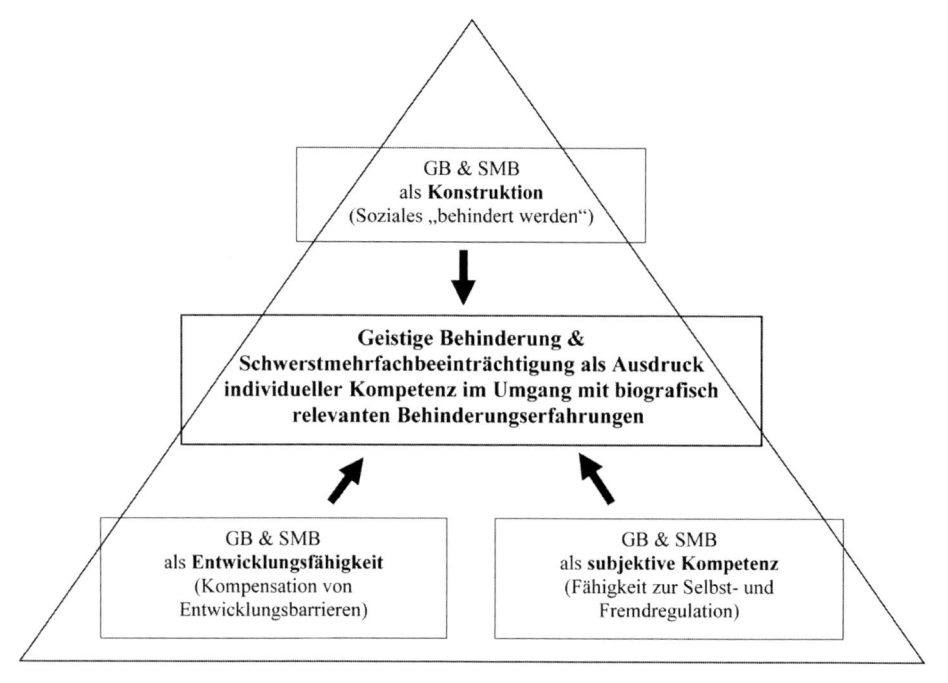

Abbildung 4.1: Trianguläres Grundverständnis von Geistiger Behinderung und Schwermehrfachbeeinträchtigung

Sowohl eine Geistige Behinderung als auch eine Schwermehrfachbeeinträchtigung ist demzufolge stets durch folgende drei Aspekte geprägt:

1. *Soziale Determiniertheit* (äußere Behinderungen durch gesellschaftliche Einstellungs- und Handlungsstrukturen) = externe Einflüsse;
2. *Entwicklungsfähigkeit* (Leben und Umgehen mit intra- und interindividuellen Entwicklungsbarrieren) = externe und interne Einflüsse;
3. *Subjektive Ausdrücke von Kompetenz* (individuell verschieden ausgeprägte Fähigkeiten zur Selbst- und Fremdregulation) = interne Einflüsse.

Das trianguläre Grundverständnis soll verdeutlichen, dass Menschen mit einer geistigen oder mehrfachen Behinderung als *„Akteure ihrer Entwicklung"* anzusehen sind (Kautter, Klein, Laupheimer & Wiegand, 1995). Dieses Verständnis impliziert eine Abkehr von defizitorientierten Sichtweisen, in denen Behinderung lediglich über Art und Umfang an Funktionseinschränkungen beschrieben wird. Es zeigt, dass die betreffenden Kinder, Jugendlichen und Erwachsenen als grundlegend kompetent angesehen werden hinsichtlich der Organisation intraindividueller Strukturen sowie der (rudimentären) Gestaltung interindividueller Interaktions- und Kommunikationsmöglichkeiten. Zudem betont es die Relativität definitorischer Zugänge zum Personenkreis von Menschen mit geistiger oder schwerer mehrfacher Behinderung, da der soziale Kontext eine zentrale Variable im Rahmen der Entwicklung von Behinderung verkörpert und das, was uns als Geistige Behinderung erscheint, maßgeblich (mit)beeinflusst.

4.3 Verbreitung

Über die Prävalenz von Menschen mit geistiger Behinderung können weder im internationalen noch im nationalen Raum fundierte und einheitliche Aussagen gemacht werden. Erschwert wird dies u. a. dadurch, dass das Verständnis von Geistiger Behinderung (besonders in Abgrenzung zu einer so genannten Lernschwierigkeit bzw. Lernbehinderung) in verschiedenen europäischen Ländern sehr variiert. Nach Thimm (1999) kann man in Deutschland von einer groben Prävalenzrate von 0.43 % ausgehen, d.h. dass ca. 350.000 Menschen das Etikett „Geistige Behinderung" tragen. Die Prävalenzraten differieren jedoch erheblich (von 238.000 bis 804.000) in Abhängigkeit verwendeter Verfahren zur Festlegung der Diagnose „geistig behindert" (Meyer, 2002).

Hinsichtlich der Prävalenz von Kindern und Jugendlichen mit geistiger Behinderung im *schulischen Bereich* lässt sich auf die „Statistische Veröffentlichung der Kultusministerkonferenz" Dokumentation Nr. 177 – November 2005 verweisen. Hier wurde eine epidemiologische Erhebung zur „Sonderpädagogischen Förderung in Schulen von 1994 bis 2003" vorgenommen. Aus dieser statistischen Erhebung resultieren folgende Zahlen (s. Tab. 4.3): In Sonderschulen wurden im Jahr 2003 in Deutschland insgesamt 429.300 Schülerinnen und Schüler unterrichtet. Trotz einer zunehmenden Tendenz, Schüler mit sonderpädagogischem Förderbedarf auch in allgemeinen Schulen zu unterrichten, ist ihre Zahl an Sonderschulen von 1995-2002 kontinuierlich um 10,0 % gestiegen, die Sonderschulbesuchsquote stieg damit von 4,3 % auf 4,8 %. Die meisten Schülerinnen und Schüler waren im Jahr 2003 mit 53,3 % dem Förderschwerpunkt *Lernen* zugeordnet, 16,4 % dem Schwerpunkt *Geistige Entwicklung*.

Die differenten Zahlenangaben zur Epidemiologie von Geistiger Behinderung im schulischen und außerschulischen Kontext verdeutlichen „die Problematik einer exakten Häufigkeitsangabe, die letztlich in der Unschärfe des Begriffes selbst begründet liegt (Kulig u. a., 2006, S. 126).

Tabelle 4.3: Schülerinnen und Schüler in Sonderschulen und Sonderschulbesuchsquote nach Förderschwerpunkten (im Jahr 2003)

Förderschwerpunkte	Schüler (N)	Sonderschulbesuchsquote (in %)
Lernen	228.912	2,58
Sehen	4.736	0,05
Hören	11.013	0,12
Sprache	35.883	0,40
Körperliche und motorische Entwicklung	22.937	0,26
Geistige Entwicklung	70.286	0,79
Emotionale und soziale Entwicklung	30.523	0,34
Förderschwerpunkt übergreifend bzw. ohne Zuordnung	15.359	0,17
Kranke	9.676	0,11
Insgesamt	429.325	4,84

4.4 Ursachen

Die Suche und Feststellung der Ursachen einer Geistigen Behinderung ist nach wie vor Aufgabe der Medizin (Neuhäuser & Steinhausen, 2003; Fornefeld, 2002). Die medizinische Diagnostik fokussiert jedoch primär Funktionen und Strukturen des Gehirns als mögliche Ursache. „Die Geistige Behinderung selbst ist nicht mit medizinischen Mitteln im engeren Sinne zu erfassen" (Seidel, 2006, S. 166). Der medizinische Gesamtblick auf das „Phänomen Behinderung" hat sich in den letzten Jahren deswegen besonders unter dem Einfluss psychologischer und sozialaktiver Perspektiven verändert, d. h. bei der Anamneseerstellung wird der Blick nicht nur auf organische Faktoren und Veränderungen gerichtet, sondern verstärkt auch auf familiäre Zusammenhänge sowie individuelle und soziale Entwicklungsbedingungen. Trotz der Berücksichtigung multipler Einflüsse hinsichtlich der primären und sekundären Verursachung einer Entwicklungsverzögerung im Sinne einer Geistigen Behinderung kann nicht bei allen Kindern eine Klärung ursächlicher Zusammenhänge erfolgen. Laut einer Studie von Stromme und Hagberg (2000) ist die Ursache bei insgesamt 20 % aller diagnostizierten Formen von Geistiger Behinderung unbekannt, wobei dieser Prozentsatz mehr leichtere als schwere Formen der Intelligenzbeeinträchtigung umfasst. Vor dem Hintergrund der Ursachenidentifikationsschwierigkeiten kommt es deshalb verstärkt darauf an, „in Art einer „Bestandsaufnahme" Stärken und Schwächen zu bestimmen (...), organisch-biologische und psychosoziale Grundlagen für erforderliche Behandlungsmaßnahmen zu schaffen. Durch frühzeitiges Erkennen einer Behinderung kann manchen Folgen wirksam begegnet werden" (Neuhäuser & Steinhausen, 1999, S. 82). Damit wird deutlich, dass eine Feststellung möglicher Ursachen in *präventiver* Hinsicht eine wichtige Funktion hat. Durch frühe Aufdeckung von Entstehungszusammenhängen können mögliche *Sekundär*folgen (z. B. soziale Desintegration aufgrund von Kommunikationsschwierigkeiten) erkannt und gemildert bzw. behoben werden (z. B. durch Veränderung von Betreuungssituationen und sozialer Zuwendung oder durch frühzeitiges Einsetzen spezifischer Förderangebote).

Primäre bzw. organische Ursachen können *prä-, peri- oder postnatal* entstehen (Fornefeld, 2002):

1. Pränatale Ursachen
- Genmutationen: Stoffwechselstörungen (z. B. Phenylketonurie), dominant vererbte Genmutationen (z. B. tuberöse Sklerose), X-chromosomal gebundene Störungen (z. B. Fragiles-X-Syndrom, Rett Syndrom);
- Fehlentwicklungen durch multiple (z. T. unklare) Einflüsse: z. B. Angelman-, Cornelia-de-Lange-Syndrom;
- Fehlbildungen des Nervensystems: Makro- und Mikrozephalien;
- Chromosomenanomalien: Trisomie (z. B. Trisomie 21), Katzenschrei-, Klinefelter- oder Ulrich-Turner-Syndrom;
- Exogene Einflüsse: Infektionen (z. B. HIV- und andere Virus-Infektionen), chemische Einwirkungen (z. B. Alkohol, Medikamente), Strahlen oder andere Umweltbelastungen.

2. *Perinatale Ursachen*
Geburtstraumen (Verletzung des Gehirns während der Geburt z. B. durch starke Kopfverformung), Hypoxisch-ischämische Enzephalopathie (Sauerstoffmangelversorgung des Gehirns während der Geburt), Frühgeburt (unreife Organentwicklung), Erkrankungen des Neugeborenen (z. B. Atemstörungen, neonatale Meningitis oder Blutgruppenunverträglichkeit.

3. *Postnatale Ursachen*
Entzündliche Erkrankungen des Zentralnervensystems wie Hirnhautentzündung (Meningitis) oder Gehirnentzündung (Enzephalitis), Schädel-Hirn-Traumen (Hirnverletzungen durch Unfälle oder Gewalteinwirkung), Hirntumore, Intoxikationen (Hirnschädigungen durch Vergiftungen), Hypoxien (Sauerstoffmängel), Stoffwechselkrisen.

Die Kenntnis der möglichen Primärursachen von Entwicklungsverzögerungen spielt für den *pädagogischen Prozess* eine eher untergeordnete Rolle (Fornefeld, 2002). Relevanter für ein dialogisches Miteinander erscheint die Kenntnis über Sekundärursachen, -einflüsse und zusätzliche Behinderungen (s. „Einführung in die Thematik"). Die Abklärung derartiger Einflüsse auf die Gesamtentwicklung von Kindern, Jugendlichen und Erwachsenen mit geistiger oder mehrfacher Behinderung kann mit multiplen diagnostischen Vorgehensweisen geschehen, die im Folgenden exemplarisch aufgezeigt werden.

4.5 Diagnostik

Ähnliche Schwierigkeiten wie im Bereich der Ursachenklärung ergeben sich auch in der Diagnostik. Die besondere Heterogenität, durch die sich der Personenkreis Menschen mit geistiger Behinderung und Schwermehrfachbehinderung auszeichnet, bedingt auch im Rahmen der Diagnostik differente Einschränkungen und fehlende Determiniertheiten. Es existieren erhebliche Schwierigkeiten in der Übereinstimmung bzw. Verknüpfung definitorisch-klassifikatorischer Kriterien (s. „Definitionen und Klassifikationen") und einer diagnostischen Absicherung. Die Einführung des Doppelkriteriums hat auch im Bereich der Diagnostik eher zu weiteren Erschwernissen geführt: „So scheitert ein exakter Nachweis von beträchtlichen Defiziten des Intelligenz- und Sozialverhaltens mit Hilfe von Testverfahren schon allein daran, dass für die Population der Geistigbehinderten keine Verfahren zur Verfügung stehen, die sichere Resultate für den Einzelfall liefern können. Existieren schon für den Intelligenzbereich keine zufrieden stellenden Verfahren, eignen sich vorliegende Prüfinstrumente zur Feststellung des Sozialstatus allerhöchstens für intraindividuelle Grobeinschätzungen, um z. B. im Einzelfall Hinweise auf längerfristige Entwicklungsfortschritte zu erhalten" (Meyer, 2002, S. 103). Diese Problematik könnte vermutlich durch ein stärkeres interdisziplinäres Zusammenarbeiten von Pädagogen, Psychologen und Ärzten reduziert, allerdings nicht gänzlich aufgelöst werden. Aufgrund der existenten Uneindeutigkeiten bei der diagnostischen Klärung des „Etikettes „geistig behindert"" soll sich der weitere Fokus der Darstellung auf Möglichkeiten einer *begleitenden Förderdiagnostik* beziehen. Hierbei stehen drei diagnostische Vorgehensweisen im Mittelpunkt, die den Menschen mit geistiger Behinderung nicht als *diagnostisches Objekt* betrachten, sondern ihn als *Subjekt* in den Prozess der Diagnostik einbeziehen. Er wird hier als kompetentes Individuum wahrgenommen, welches zu (subjektiv) vernünftigen Denkoperationen und Handlungen in der Lage ist.

1. *Verstehende Diagnostik* (Theunissen, 2006a),

2. *Rehistorisierung* (Jantzen, 2006),

3. *Diagnostisches Mosaik* (Hinz, 2001).

Zu 1.: Die „*Verstehende Diagnostik*" nach Theunissen (2006a) ist gekennzeichnet durch einen lebensgeschichtlich orientierten, subjektbezogenen Zugang. Das Verstehen meint hier ein Erschließen von reziproken Zusammenhängen zwischen Individuum und Lebenswelt. Es geht also um ein Verstehen der Figur vor ihrem individuellen Hintergrund. Meist wird diese Form des diagnostischen Vorgehens in der Zusammenarbeit mit Menschen mit so genannter Doppeldiagnose (= Menschen mit geistiger Behinderung, die zusätzlich Verhaltensauffälligkeiten oder psychische Instabilitäten zeigen) eingesetzt. Die verstehende Diagnostik besteht aus drei Kernelementen:

- *Aufbereitung der Lebensgeschichte:* Eine Rekonstruktion der individuellen Lebensgeschichte sollte durch Explorationsgespräche mit den Betroffenen und relevanten Bezugspersonen sowie durch intensives reflektiertes Aktenstudium erfolgen. Subjektive Eindrücke der Personen mit Beeinträchtigung können durch Interviews, bildnerische Mitteilungen oder auch Ausdrucksformen auf der Ebene von Gestik und Mimik gewonnen werden. Aufgrund von besonderen Einschränkungen auf verschiedenen Mitteilungsebenen sollten lebensgeschichtliche Aufbereitungen immer im Diskurs mit anderen geschehen, damit subjektive Verzerrungen und Fehlinterpretationen möglichst gering gehalten werden und eine Hypothesenvielfalt entsteht.

- *Funktionale Verhaltensanalyse (funktionales Assessment):* In Anlehnung an Mühl (2002) erfolgt eine funktionale Analyse des Verhaltens auf der Basis des Einsatzes von Fragebögen, Schätzskalen oder (modifizierten) standardisierten Verfahren, Explorationsgesprächen sowie Verhaltensbeobachtungen auf der Grundlage von A-B-C-Designs. Festgehalten werden die gewonnen Informationen auf Indexkarten, die anschließend kategorisiert und im Rahmen eines Abschlusskreises (unter Beteiligung der Hauptperson selbst sowie aller Bezugspersonen bzw. Unterstützer) ausgewertet und diskutiert werden können.

- *Erfassung von Stärken (Stärkenassessment):* Beim Stärkenassessment geht es vor allem um die Veränderung des Blickwinkels. Hier sollte es Ziel sein, das bisher als störend empfundene Verhalten neu zu definieren und eine entproblematisierte Perspektive zu gewinnen. Kompetenzen der Person sollen bewusst wahrgenommen und beschrieben werden, so dass die Planung pädagogischer Hilfen, therapeutischer Interventionen und sozialer Maßnahmen an den Stärken der Person anknüpfen kann.

Zu 2.: Die „*Rehistorisierung*" nach Jantzen (2006) verfolgt das Ziel, „mit Hilfe der Erhebung von diagnostischen Daten eine von sozialer Ausgrenzung oder Reduktion auf Natur bedrohte bzw. ausgegrenzte Person wieder in den Status ihrer Menschen- und Bürgerrechte zu setzen" (S. 321). Der Personenkreis, auf den sich Jantzen bezieht, wird demzufolge häufig als schwerstbeeinträchtigt oder auch tiefgreifend entwicklungsgestört etikettiert und umgangssprachlich als so genannte „Restgruppe" (Feuser, Rödler, Berger & Jantzen, 2002) bezeichnet. Anders formuliert bezieht sich die Rehistorisierung auf Menschen mit umfassenden Behinderungserfahrungen (= intensivste Erfahrungen des Nicht-verstanden-werdens). Die Methodologie der Rehistorisierung teilt sich in zwei Formen:

- *Erklären:* Beim Erklären geht es darum, die Geschichte der betreffenden Person „von unten" nachzuerzählen. Hierbei sollte eine Reichhaltigkeit an Quellen genutzt werden. Die gesammelten empirischen Daten sollten auf entwicklungspsychologischer, sozialwissenschaftlicher und kultureller Ebene geordnet und als lebensgeschichtliche Momente der Person entschlüsselt werden. Es geht also beim Erklären insgesamt um die Überprüfung und den Abgleich unserer Theorien von der Persönlichkeit und der Identität des Gegenübers mit seinem Selbstverständnis; der Diagnostiker muss sich zentral als beeinflussender Teil des Rehistorisierungsprozesses verstehen und sich in diesen Prozess auch in hohem Maße selbstreflexiv einbeziehen. Der Versuch des Erklärens mündet letztendlich in den Versuch einer Rekonstruktion der Geschichte des Individuums.

- *Verstehen:* Vor dem Hintergrund einer rekonstruierten persönlichen Geschichte, sollte nach Jantzen ein Akt des Verstehens einsetzen. Dieser kennzeichnet sich dadurch, dass ein „Fall von ..." zu einer „Geschichte von Meinesgleichen" wird, die u. U. auch meine eigene Geschichte hätte sein können. Der Prozess des Verstehens vollzieht sich im Bauen von Übertragungsbrücken; er zeichnet sich durch das Verlassen autoritärer Machtstrukturen und die Entwicklung einer tiefgründigen Empathie aus. Im Kern geht es um die Suche nach Gründen für die Entwicklung des Anderen und um ein Eintauchen in die mögliche Erlebniswelt des Gegenübers.

Zu 3.: Das *„Diagnostische Mosaik"* (Boban & Hinz, 2003; Hinz, 2001) kann u. a. in der gemeinsamen Arbeit mit Schülern mit und ohne sonderpädagogischem Förderbedarf eingesetzt werden. Hier wird in einem ersten Schritt ein *„Persönliches Profil"* eines Schülers erstellt (Trost, 2003). Dazu werden zunächst verschiedene Perspektiven jener Personen zusammenführt, die für den jeweiligen Schüler eine subjektive Bedeutsamkeit haben (Schuppener, 2005b). Es soll nicht nur ein Bild vom Schüler aus differenten Fremdperspektiven entstehen, sondern vielmehr auch ein Bild aus seiner Selbstperspektive, welches ureigene Hoffnungen, Träume, Ängste etc. beinhaltet.

Hinz (1996) betont, dass es explizit nicht um eine objektive Erfassung der Realität, sondern um Intersubjektivität geht. Es soll eine Dialogisierung und Abstimmung der verschiedenen Wahrnehmungen der augenblicklichen Situation stattfinden, die über Visualisierung in Bildern festgehalten wird: die Betrachtung des Lebenswegs (biographische Analyse), des aktuellen Beziehungsgeflechts (Umfeldanalyse), der Wechselbeziehungen zwischen Selbstbewusstsein, Leistungsmöglichkeiten und Umwelt (Analyse der Lern- und Arbeitsdynamik), der Prozesse von Übertragung und Gegenübertragung (Analyse der Übertragungsbeziehungen) sowie möglicher ‚sensibler' Konstellationen, Themen und Daten innerhalb der Familie (Analyse der Familienkonstellation) (s. Abb. 4.2).

Vor dem Hintergrund der Erarbeitung gemeinsamer Reflexionsstrukturen kann darauf aufbauend eine gemeinsame Förderplanung mit dem Schüler mit geistiger Behinderung und seinen wichtigsten Bezugspersonen stattfinden.

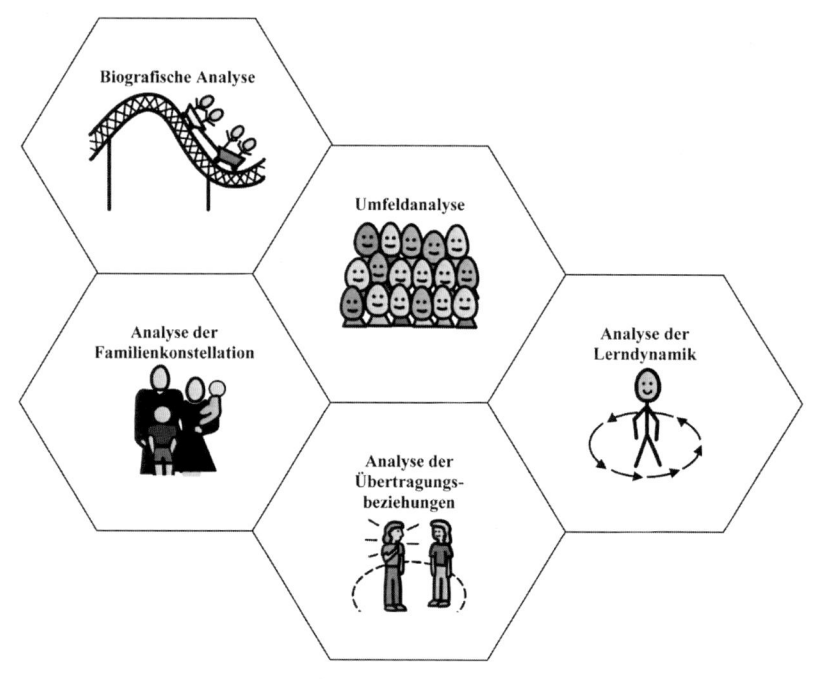

Abbildung 4.2: Diagnostisches Mosaik (modifizierte Version – in Anlehnung an Hinz, 2001, S. 129)

Allen drei Vorgehensweisen ist ein *dialogisch-enthierarchsiertes Grundverständnis* gemein, was verdeutlicht, dass es auch beim diagnostischen Arbeiten nicht um ein Machtgefälle zwischen Diagnostiker und „Klient" (= Hauptperson) geht, sondern um eine gemeinsame Planung, Durchführung und Evaluation diagnostischen Arbeitens sowie der Formulierung von Förderzielen. Es sollte selbstverständlich sein, dass Personen mit geistiger oder mehrfacher Behinderung möglichst weitgehend in eine Methodenwahl sowie die Besprechung und Erstellung eines Förder- bzw. Entwicklungsplanes einbezogen werden. Dies wird mittlerweile auch in einigen Reformulierungen neuer Sonderschulverordnungen berücksichtigt (Schuppener, 2005b, c). So sieht beispielsweise die „Verordnung des Sächsischen Staatsministeriums für Kultus über Förderschulen im Freistaat Sachsen" vor, dass Schüler bei der Ermittlung des sonderpädagogischen Förderbedarfs und bei der Entscheidung über notwendige Förderung einbezogen werden sollen: „Dem Förderausschuss sollen [...] sowie der betroffene Schüler selbst angehören" (Schulordnung Förderschulen [SOFS] vom 3. August 2004, S. 6). Förderdiagnostik darf somit nicht mehr nur vom Pädagogen realisiert werden, wie Suhrweier und Hetzner dies noch 1993 formulierten. Ein derartig hierarchisches und fremdbestimmendes Vorgehen ist einseitig und meist defizitorientiert, was eine konstruktive Weiterentwicklung auf Seiten aller Beteiligten eher verhindert als unterstützt (Schuppener, 2005b). „Entwicklungen kommen nicht dadurch zustande, daß man überwiegend an den schwächsten Punkten arbeitet. Das würde konstant jeden entmutigen – jeden Lernenden und jeden Lehrenden" (Haupt, 1996, S. 18). Entwicklungen kommen vielmehr dadurch zustande, dass man sich mit den Sichtweisen der Hauptperson auseinandersetzt, seinen subjektiven Behinderungserfahrungen nachspürt und adäquate Lernangebote macht.

4.6 Pädagogische Interventionen

Eine pädagogische Begleitung von Kindern, Jugendlichen und Erwachsenen mit geistiger Behinderung sieht sich insgesamt einer hohen Anforderung in Form von Aufgabenkomplexität gegenüber. Die Komplexität des pädagogischen Aufgabenprofils wird durch die beiden übergeordneten pädagogischen Zielsetzungen *Soziale Integration* und *Persönlichkeitsentwicklung* schon sehr deutlich. Pädagogische Bemühungen sollten also grundsätzlich immer als Assistenz bei der Verwirklichung eines Menschen in intra- und interindividueller Entwicklungsbezogenheit verstanden werden. Von pädagogischer Seite müssen Hilfen gegeben werden, damit eine Weiterentwicklung als identitäres sowie als soziales Wesen stattfinden finden kann. Hierzu gehören Erziehungs- und Bildungsaufgaben, die Speck (2005) wie folgt beschreibt:

1. Erschließen von Lebenszutrauen: Hierunter ist die Vermittlung von Lebensantrieb und Lebenszuversicht zu verstehen. Dies kann im familiären sowie im institutionellen Alltag durch emotionale Zuwendung und verstehende Ansprache im Sinne eines dialogischen Miteinanders nach Buber (1979) geschehen. Es geht um die Entwicklung von Lebensfreude und Vertrauen in eigene Kompetenzen. Als übergreifende Ziele nennt Speck (2005, S. 188) z. B. „die Befriedigung elementarer Bedürfnisse erleben", „den Erfolg eigener Aktivität erfahren" und „Bestätigung des Daseins durch hinreichend stabile Zuwendung erleben."

2. Ausbilden von Lebensfertigkeiten: Als „pragmatische Komponente der pädagogischen Aufgabenstellung" definiert Speck (2005, S. 189) den Kompetenzerwerb in den Bereichen persönliche Pflege, häusliches Tun, soziale Umgänglichkeit, körperliche Geschicklichkeit, musisches Tun und Handfertigkeit, Sprechen, kognitive Techniken, Arbeit und Berufsvorbereitung. Dabei sollte dieses pädagogische Aufgabenfeld insgesamt auf ein Verständnis der Förderung lebenspraktischer Kompetenzen auf individueller und sozialer Ebene ausgerichtet sein (s. Abb. 4.3).

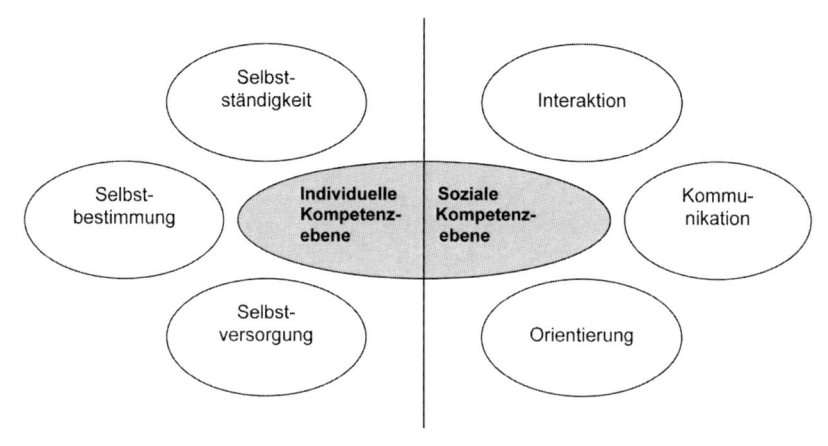

Abbildung 4.3: Entwurf eines Zwei-Ebenen-Kompetenzmodells im Bereich von Menschen mit geistiger Behinderung (in Anlehnung an Schuppener, 2005c, S. 278)

Unter *Selbstversorgung* soll zum einen der enger gefasste Bereich lebenspraktischer Kompetenzen verstanden werden: Essen, Anziehen, Körperpflege, Hygiene; zum anderen zählen auch Fähigkeiten und Verhaltensweisen, die das eigene Wohlbefinden betreffen: Prävention und Erkennen von Krankheiten, gesunde Ernährung, Sexualität.

Selbstbestimmung meint die Kompetenz der Entscheidungsfähigkeit. Diese äußert sich in nahezu allen Bereichen des täglichen Lebens: Auswählen von Aktivitäten, Erledigen anfallender Aufgaben, Analysieren und Äußern eigener Interessen und Wünsche.

Selbstständigkeit gilt häufig als Kernkompetenz eines Individuums. Sie ermöglicht die Umsetzung selbstbestimmten Agierens und führt zu einem Höchstmaß an Selbstverantwortung.

Eine *Orientierung* ist in verschiedensten Lebensbereichen notwendig, um den Alltag zu bewältigen. Hierbei geht es um die Kompetenz, bekannte und neue situative Schwierigkeiten zu meistern (z. B. in den Bereichen Wohnen, Freizeit, Arbeit, Schule, Straßenverkehr, Umgang mit Geld).

Unter den Kompetenzbereich *Kommunikation* fallen alle Formen verbaler und nonverbaler Ausdrucks- und Mitteilungsfähigkeit. Sowohl durch symbolische (Worte, Schrift, Symbol- oder Zeichensprache) als auch durch non-symbolische (Mimik, Gestik, Berührung) Kommunikation können Informationen aufgenommen und mitgeteilt werden.

Interaktions-Kompetenz meint im weitesten Sinne alle Formen sozialen und emotionalen Verhaltens: Beziehung und Freundschaften knüpfen und gestalten, gemeinsames Spielen, Teilen von Rechten und Pflichten, Empathie, Fairness, Emotionen wahrnehmen, äußern und deuten können, Interesse an anderen zeigen.

Alle sechs individuellen und sozialen Kompetenzen tragen zur Sicherung gesamtgesellschaftlicher Teilhabe von Menschen mit geistiger Behinderung bei und spiegeln sich in allen Altersphasen und Lebenssituationen wider.

3. *Vermitteln von Lebensorientierung:* Die Vermittlung von Lebensorientierung ist im oben erwähnten Kompetenzmodell bereits inbegriffen. Speck (2005) versteht hierunter das Anwendungswissen, sich in der Welt zurecht finden zu können, sie zu gliedern und zu gestalten. Es geht also um Orientierungs- und Interaktionskompetenz in der Form, dass Dingen und Personen eine Bedeutung beigemessen werden kann und man „eine Zugehörigkeit zur Gemeinsamkeit aller Menschen" empfindet (S. 192).

4. *Bildung von Lebenshaltungen:* Hierbei geht es um die Vermittlung von Werten und Einstellungen, wie um das sensible Anbahnen von konstruktiven Einstellungen zu anderen Personen (z. B. Kontaktfreudigkeit, Hilfsbereitschaft, Rücksichtnahme, Selbstbehauptung), anderen Lebewesen und Dingen (z. B. Achtung vor Tieren und Pflanzen, pfleglicher Umgang mit Gegenständen) oder auch um die Entwicklung einer Arbeitshaltung (z. B. Wertschätzung gelungener Arbeit, Motivation zur Teamarbeit).

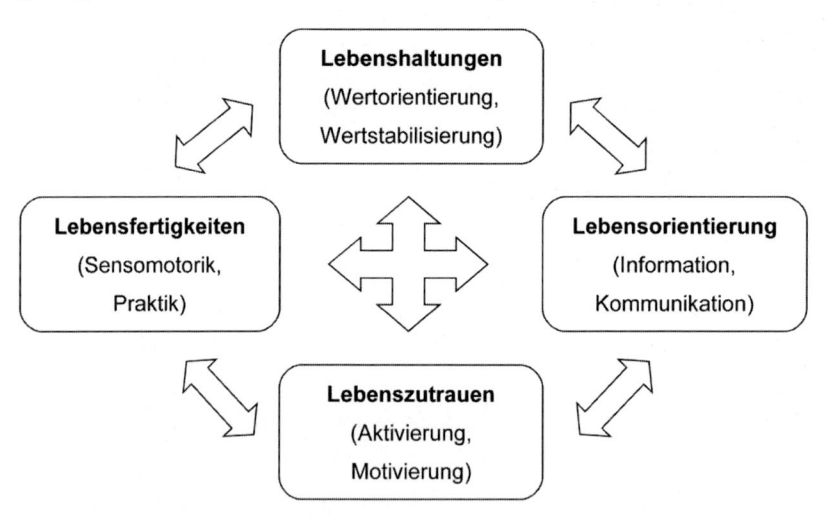

Abbildung 4.4: Komplexität der pädagogischen Aufgabenstellung (in Anlehnung an Speck, 2005, S. 194)

Zusammenfassend veranschaulicht Speck diese vier übergeordneten pädagogischen Teilziele in Form eines Koordinatensystems, da sie sowohl materiale Kompetenzen wie Wissen und Können als auch emotionale und ethische Elemente vereinen, die sich jeweils gegenseitig beeinflussen (s. Abb. 4.4).

4.6.1 Vorschulische Förderung

Als vorschulische Aufgabenfelder der Sonderpädagogik werden meist die *Früherkennung* und *Frühförderung* genannt (Fornefeld, 2002). Insgesamt ist eine Förderung von Kindern mit geistiger und mehrfacher Beeinträchtigung in der Regel von Geburt bis zum Schuleintritt durch drei Instanzen möglich, die sich gegenseitig ergänzen und miteinander kooperieren sollten: 1. Familie (durch Eltern bzw. Bezugspersonen), 2. Frühfördereinrichtungen, 3. Kindertagesstätte bzw. Kindergarten (Mühl, 2006b).

Familie: Eltern bzw. Bezugspersonen kommt eine zentrale Bedeutung innerhalb der Sozialisation des Kindes zu. Als erste Vertrauenspersonen sind sie für die Entwicklung von Urvertrauen und für das erste kindliche Selbst- und Weltverständnis entscheidend mitverantwortlich. Sie ermöglichen dem Kind den Aufbau erster Erlebnisse der Aneignung von Welt und erste Erfahrungen von Selbstwirksamkeit. Sie bilden die wichtigste Instanz für das von Speck (2005) formulierte pädagogische Ziel des „Erschließens von Lebenszutrauen" und können demzufolge für ein „emotional positives Grundgerüst" des Kindes sorgen.

Es existieren jedoch verschiedene Einflüsse, durch welche frühe Eltern-Kind-Bindungen beeinträchtigt werden können:

- längere Krankenhausaufenthalte des Kindes (z. B. aufgrund zusätzlicher Beeinträchtigungen oder Krankheiten, die stationäre medizinische Betreuung erforderlich machen) mit der Folge früher Trennungserfahrungen,
- eventuelle Schwierigkeiten seitens der Eltern, das Kind anzunehmen und zu akzeptieren mit der Konsequenz, dass das Kind unbewusste Ablehnungserfahrungen macht,
- soziale Benachteiligung und Ablehnung, die für das Kind in Form erster Stigmatisierungserlebnisse spürbar wird.

Derartige Interaktionsbeeinträchtigungen können sich in internalisierter Form im individuellen Lebensplan des Kindes manifestieren und behindern somit den weiteren Sozialisationsprozess. Dadurch kann es u. U. zu einem verringerten Aufbau von (Lebens)Bewältigungstechniken („coping-strategies") kommen. Die reduzierte Verfügbarkeit geeigneter „Coping-Strategien" kann sich in der Auseinandersetzung mit allen Alltagsanforderungen und speziell mit Veränderungen bzw. Krisen im weiteren Lebenslauf bemerkbar machen. Aufgrund von geringeren Ressourcen zur situativen Reflexion können Schwierigkeiten beim Aufbau alternativer Handlungs- und Beschäftigungsmöglichkeiten entstehen. In Folge dessen kann es zur chronifizierten Vulnerabilität kommen, die betroffene Menschen darin hindert, Bewältigungsstrategien in Form so genannter „Coping-Skills", d. h. automatisierter konstruktiver Verhaltens- und Reaktionsmuster bei spezifischen Anforderungen (wie Stress, Konflikte, Krisen etc.), abzurufen und zu generalisieren (Schuppener, 2004).

Frühförderung: Spezifische Förderangebote im vorschulischen Bereich für Kinder mit Hilfebedarf sowie für ihre Eltern sind in der BRD mittlerweile in Form eines ausgebauten Frühfördereinrichtungsnetzes etabliert. Eine Institutionalisierung von frühen Hilfen für Kinder mit Entwicklungsverzögerungen und deren Eltern begann 1968 mit der Eröffnung des ersten Sozialpädiatrischen Zentrums in München und der ersten „Frühförderungs- und Beratungsstelle" der Lebenshilfe Bonn 1970 (van Nek, 2006). Heilpädagogische Hilfeangebote für Kinder im vorschulischen Alter wurden 1974 im BSHG verankert. Wenngleich Frühförderung dort schon als interdisziplinäre, integrative und familienbezogene Intervention verstanden wurde, entbrannte eine über Jahrzehnte lang andauernde Diskussion um den Vorrang medizinisch vs. pädagogisch orientierter Professionalisierung der Angebote, die auch heute noch als nicht völlig abgeschlossen betrachtet werden muss.

Das konzeptionelle Verständnis der Frühförderung hat sich von einem stark kindzentrierten Ansatz zu einem assistierenden Selbstverständnis weiterentwickelt, welches auch Eltern in Form ihrer primären Bedeutung für das Kind anspricht und einbezieht (Speck, 2005). Während es früher nur um die Erfassung des kindlichen Entwicklungsstandes und einer Entwicklungstherapie in Ausrichtung an der Abfolge der Entwicklungsschritte ging, steht heute das Empowerment-Konzept im Vordergrund, nach dem Eltern professionell-begleitende Hilfen erhalten, um ihre Aufgaben gegenüber dem Kind und der Familie selbst zu definieren und zu regulieren.

Als Säulen der Frühförderung werden heute die *Regionalisierung* und die *Interdisziplinarität* verstanden. Eine Regionalisierung wird durch mehr als 500 etablierte Frühfördereinrichtungen gewährleistet, die wohnort- und familiennah arbeiten (durch mobile und ambulante Angebote). Darüber hinaus gibt es überregionale Sozialpädiatrische Zentren, die ein differenziertes medizinisches, therapeutisches und pädagogisches Angebot vorhalten und meist mit Beratungsstellen, Kindergärten und Schulen unter einem Dach kooperieren (Fornefeld, 2002).

Kindertagesstätte und Kindergarten: Ursprünglich wurden heilpädagogische Kindergärten errichtet, damit man Kinder mit geistiger und mehrfacher Behinderung im Alter von 3-6 Jahren überhaupt einer institutionalisierten Elementarerziehung zuführen konnte (Speck, 2005). Diese separierte Form der vorschulischen Förderung wurde in den 1970er Jahren zunehmend durch integrative Grundgedanken erweitert. Heute haben sich viele so genannte „Regelkindergärten" geöffnet und geben somit die Möglichkeit zum gemeinsamen Lernen von Kindern mit und ohne Beeinträchtigungen. Die Bundesvereinigung Lebenshilfe e.V. (1992) verweist auf folgende existierende Formen (Mühl, 2006b):

- Einzeleingliederung in wohnortnahe allgemeine Kindergärten,
- Bildung integrativer Gruppen in allgemeinen Kindergärten,
- Bildung integrativer Gruppen in Sonderkindergärten,
- Kooperation von Sonderkindergärten mit allgemeinen Kindergärten „unter einem Dach",
- Kooperation von Sonderkindergärten mit allgemeinen Kindergärten.

Vom Idealfall eines „Kindergartens für alle" ist man dennoch entfernt, da Gruppen, in denen Kinder mit geistiger oder mehrfacher Behinderung aufgenommen werden, meist noch deutlich als „Integrationsgruppen" etikettiert werden. Hier besteht Umstrukturierungsbedarf, da schon in den 1980er Jahren gezeigt werden konnte, dass die soziale Interaktion von Kindern mit und ohne Behinderungserfahrungen für beide Seiten konstruktive Effekte hinsichtlich der persönlichen Weiterentwicklung und der Beziehungsgestaltungskompetenz ermöglicht (Hundertmarck, 1981; Kaplan, 1992; Kron, 1988; Rothmeyer, 1989).

4.6.2 Schulische Förderung

Bildungsrecht: „Mit der Einführung des Rechtsbegriffes „*Bildungsunfähigkeit*" wurde geistig behinderten Kindern bis in die sechziger Jahre hinein das Recht auf schulische Bildung verwehrt. Sie wurden „*schulbefreit*" (Speck, 2005, S. 218). Bildungsfähigkeit wurde damals am Erlernen von Kulturtechniken gemessen. Erst im Laufe der 1960er Jahre wurde ein Bildungsrecht in Form von Schulpflicht in den westlichen Bundesländern verankert (Fornefeld, 2002). Das Recht auf schulische Bildung wurde Kindern und Jugendlichen mit schwerer und mehrfacher Behinderung in Deutschland allerdings erst 1979 zugesprochen; bis dahin galten sie als „nicht praktisch bildbar" und erfüllten somit nicht die Aufnahmevoraussetzung für eine Sonderschule. Auch heute noch unterliegt speziell dieser Personenkreis der Gefahr, ein Bildungsrecht – z. T. sogar ein Lebensrecht (Singer, 1994) – abgesprochen zu bekommen (s. Klauß, 2005; Antor & Bleidick, 1995).

Als übergeordnete Ziele einer schulischen Förderung für Kinder und Jugendliche mit sonderpädagogischem Förderbedarf im Schwerpunkt „Geistige Entwicklung" formuliert die KMK (1998) folgende: „Sonderpädagogische Förderung von Schülerinnen und Schülern mit geistiger Behinderung beinhaltet eine alle Entwicklungsbereiche umfassende Erziehung und Unterrichtung unter besonderer Berücksichtigung der praktischen Bewältigung ihres Lebens. Für eine aktive Lebensbewältigung in sozialer Integration und für ein Leben in größtmöglicher Selbständigkeit und Selbstbestimmung sind Förderung und spezielle Lern- und Eingliederungsangebote erforderlich. (...) Zudem hat sonderpädagogische Förderung die Aufgabe, diesen Schülerinnen und Schülern zu unmittelbarer Begegnung und Auseinandersetzung mit sich selbst, mit eigenen Wünschen und Vorstellungen in Familie, Schule, Freizeit, Beschäftigung und Arbeit sowie in der Gesellschaft zu verhelfen" (S. 3). Im Hinblick auf Schüler mit einer Schwermehrfachbehinderung werden noch ausdifferenziertere Zielsetzungen formuliert: „Besondere Anforderungen an eine individuelle Förderung stellen Kinder und Jugendliche mit einer schweren Mehrfachbehinderung. Sie können in allen Entwicklungsbereichen beeinträchtigt sein, so daß verschiedene Förderschwerpunkte – insbesondere zur Sicherstellung der Förderung basaler Funktionen – zu beachten sind. Erziehung und Unterricht beinhalten auch Aspekte von Pflege und Therapie. Diese müssen in ein pädagogisches Gesamtkonzept eingebettet sein" (S. 5).

Schulische Situation: Für Kinder und Jugendliche mit Förderbedarf im Schwerpunkt „Geistige Entwicklung" gibt es in der BRD derzeit drei verschiedene schulische Lernorte:

1. Separation (als Sonder- bzw. Förderschule),

2. Kooperation (als Außenklasse an einer Regelschule),

3. Integration (als gemeinsamer Unterricht in einer allgemeinen Schule).

Zu 1.: Die ersten „Schulen für Geistigbehinderte" der heutigen Form entstanden in den 1960er Jahren. Sie gliedern sich in der Regel in ein Stufensystem (Vor-, Unter- oder Grundstufe, Mittel-, Ober-, Werkstufe) und sind als Ganztagsschulen organisiert. Die Schulpflicht umfasst 11 Jahre, „kann aber bis zum 25. Lebensjahr verlängert werden, wenn zu erwarten ist, dass der Schüler nach Beendigung der Schulpflicht dem Bildungsziel der Schule näher gebracht werden kann" (Fornefeld, 2002, S. 106). Neben Sonderschullehrern werden auch Sozial- oder

Heilpädagogen sowie erzieherische Fachkräfte in den Schulen eingesetzt. Häufig wird im Zwei-Lehrer-System unterrichtet, in dem Erzieher, Fachlehrer oder Sozial- bzw. Heilpädagogen eine Assistenzlehrerfunktion übernehmen (Speck, 2005).

Zu 2.: Der Deutsche Bildungsrat empfahl schon 1974 „Kooperative Schulzentren" zur Eingliederung von Schülern mit Behinderung (Mühl, 2006c). Seitdem existieren in einigen Bundesländern (z. B. Bremen, Baden-Württemberg, Brandenburg, Bayern) verschiedenste Formen der schulischen Kooperation. Hier sind in der Regel Klassen von Schulen für Kinder und Jugendliche mit geistiger Behinderung als „Außenklassen" an Regelschulen angegliedert. Die Kooperationen finden in unterschiedlichen Formen statt (Kammann, 2001):

1. *Volle Eingliederung* von Schülern mit Förderbedarf in Klassen von Regelschulen durch die Gewährleistung sonderpädagogischer Unterstützung,

2. *Teileingliederung* von Schülern mit Förderbedarf in den Unterricht einer Regelschulklasse innerhalb bestimmter Unterrichtsstunden oder -fächer,

3. *räumliche Eingliederung* von Schülern mit Förderbedarf durch die Herstellung einer additiven Verbindung einer sonderpädagogischen Einheit mit einer Regelschule zur Realisierung von Kontakten im allgemeinen Schulleben (gemeinsame Schulfeste, Klassenausflüge, Pausenaktivitäten, Projekte etc.).

Es kann insgesamt zu fruchtbaren Kontakten zwischen Lehrern, Eltern und Schülern der unterschiedlichen Schulformen kommen, wenngleich die Klassen als getrennte Organisationseinheiten bestehen bleiben (Mühl, 2006c).

Zu 3.: Parallel zur Sonderbeschulung und zu kooperativen Schulformen entstanden aufgrund von Elterninitiativen in den 1970er Jahren auch erste Modellversuche der schulischen Integration von Kindern mit geistiger Behinderung (s. Boban, Hinz, Goldbach, Wibrow, 1996; Boban & Hinz, 2004). Mittlerweile belegen diverse Untersuchungen zu integrativen Schulversuchen, dass der Lernzuwachs aller Schüler heterogener Lerngruppen sowohl im Schulleistungs-, als auch im sozialen und Persönlichkeits-Entwicklungsbereich keinesfalls hinter dem in separierten Lernformen zurückbleibt. Für Kinder mit einer geistigen oder mehrfachen Behinderung wurde im Rahmen verschiedener Schulversuche (Berlin, Hamburg etc.) nachgewiesen, dass schulische Integration für diese Personengruppe nicht nur theoretisch begründet und praktisch machbar ist, sondern vielfältige positive Entwicklungsverläufe skizziert (Mahnke, 2000). Trotz dieser Ergebnislage besuchen bislang nur etwa 2 % aller Kinder und Jugendlichen mit geistiger und mehrfacher Behinderung bundesweit Regelschulen und nehmen an Formen des Gemeinsamen Unterrichts teil (Jantzen, 2003; Boban & Hinz, 2004). Zudem wird nach wie vor eine bundesweit einheitliche Regelung hinsichtlich der Integration von Kindern mit einer geistigen Behinderung vermisst. Auch existiert eine negative Art der Hierarchisierung hinsichtlich des Schweregrades der Behinderung, da die Chance auf einen Integrationsplatz insbesondere für Kinder mit schwerer und mehrfacher Behinderung in Bundesländern mit differenziert ausgebauten Systemen von Sondereinrichtungen sinkt (Frühauf u.a., 1999). Geht man jedoch von der grundlegenden *Unteilbarkeit von Integration* aus (Feuser, 1989; Markowetz, 2001a; Pfründer, 2000), erübrigt sich jegliche Form der Klassifizierung und Eingruppierung von Schülern nach der Art ihres Hilfebedarfs und es geht – im Sinne einer allgemeinen, *inklusiven Pädagogik* – zentral um die Gestaltung eines adäquaten Lernklimas, welches dem

Anspruch aller Kinder auf individuelle Förderung gerecht werden kann (Schuppener, 2006). Dieser Anspruch stellt nach wie vor eine Herausforderung an Theorie (Konzeption konkreter Themenaufbereitungen und Unterrichtsenwürfe gemäß der entwicklungslogischen oder inklusiven Didaktik) und Praxis (Umsetzung dieser Konzeptionen und Evaluation) dar.

Aktuelle Zahlenangaben hinsichtlich der schulischen Integration von Schülern mit Förderbedarf im Schwerpunkt „Geistige Entwicklung" verdeutlicht die 2005 veröffentlichte Statistik der KMK. Dieser Auflistung zufolge besuchten im Jahr 2003 insgesamt 1983 Schüler mit so genannter geistiger Behinderung allgemeine Schulen und nahmen an Formen des Gemeinsamen Unterrichts teil:

Allgemeinene Grundschule:	1.327 Schülerinnen und Schüler,
Orientierungsstufe:	58 Schülerinnen und Schüler,
Hauptschule:	183 Schülerinnen und Schüler,
Schularten mit mehreren Bildungsgängen	31 Schülerinnen und Schüler
Realschule:	51 Schülerinnen und Schüler,
Gymnasium:	19 Schülerinnen und Schüler,
Integrierte Gesamtschule:	310 Schülerinnen und Schüler,
Freie Waldorfschule:	4 Schülerinnen und Schüler.

Anhand der KMK-Statistik wird deutlich, dass der Großteil aller Schüler mit geistiger und mehrfacher Behinderung im Bereich der Grundschule integriert wird. Nach wie vor reformbedürftig ist die Weiterführung der schulischen Integration in der Sekundarstufe, wenngleich es auch hier etliche Praxisberichte gibt, die erfolgreichen gemeinsamen Unterricht im weiterführenden schulischen Bereich dokumentieren (s. Hinz, 2006; Köbberling & Schley, 2000; Podlesch, 1998).

Mittlerweile existieren verschiedenste strukturelle und didaktische Modelle (Hinz, 1998; Feuser, 1995, 1998; Reiser, 1991; Wocken, 1998) zur Organisation Gemeinsamen Unterrichts, die allesamt das Ziel haben, Heterogenität als pädagogische Chance nutzbar zu machen. Auch liegt inzwischen die deutsche Übersetzung des „Index of Inclusion" vor (Booth & Ainscow, 2002 – deutsche Adaptation von Boban & Hinz, 2003), der ein Leitfaden zur Umstrukturierung und selbstevaluativen Qualitätsentwicklung für Schulen ist, welche sich künftig als „Schule für ALLE" verstehen (Hinz, 2006).

Didaktische Grundlagen und Ansätze: „Unterricht als systematisches Lehren soll Lernprozesse auslösen und unterstützen, die für Kinder real wichtig sind" (Speck, 2005, S. 245). Als didaktische Regulative für den Unterricht mit Schülern mit geistiger und mehrfacher Behinderung differenziert Speck folgende acht Prinzipien:

1. *Individualisierungsprinzip:* Berücksichtigung der Individualität der Schüler durch Differenzierung,

2. *Aktivitätsprinzip:* Ermöglichung einer aktiven Auseinandersetzung mit dem Lerngegenstand,

3. *Ganzheitsprinzip*: ganzheitliche Organisation des Unterrichtes durch Erfahrungsorientiertheit und Situationsoffenheit,

4. *Prinzip der Lehrzielstrukturierung*: Bereitstellung von Strukturierungshilfen,

5. *Prinzip der Anschaulichkeit und Übertragung:* konkrete Erfahrung der Wirklichkeit durch anschauliche Lernangebote und die Möglichkeit der Übertragung bisheriger Kenntnisse und Fertigkeiten auf neue Lerngegenstände,

6. *Prinzip der Entwicklungsgemäßheit:* Orientierung an der aktuellen und nächsten Zone der Entwicklung,

7. *Prinzip des aktionsbegleitenden Sprechens:* Begleitung kognitiv und handelnd zu erfassender Lerninhalte durch begleitendes Sprechen,

8. *Prinzip der sozialen Lernmotivierung:* Förderung der sozialen Motivation als Grundlage des Lernens.

Mittlerweile existieren verschiedene didaktische Konzepte, die die grundlegende Forderung nach einer Ausrichtung unterrichtlicher Inhalte an der Lebenswelt und Biografie der Schüler zentral berücksichtigen und ihnen Lernbereiche sowie -themen in individualisierter, differenzierter Form zugänglich machen. Zu nennen wären hier u. a. die *entwicklungslogische* (Feuser, 1989), die *konstruktivistische* (Fischer, 2004), die *subjektorientierte* (Fischer, 2004) oder auch die *inklusive Didaktik* (Bintinger & Wilhelm, 2001a, b; Seitz, 2003a, b). In allen didaktischen Entwürfen findet eine systemisch-ökologische Ausrichtung statt und eine verstärkte Öffnung gegenüber dem Lernenden sowie der subjektiven Sinnhaftigkeit, die ein Lerngegenstand für ihn beinhaltet (Schuppener, 2006). Diese Ansätze wurden als Basis für die Gestaltung von Unterricht mit heterogenen Lerngruppen entwickelt. Während die konstruktivistische und subjektorientierte Didaktik primär auf den Unterricht mit Schülern mit geistiger und mehrfacher Behinderung ausgerichtet ist, nehmen die entwicklungslogische und inklusive Didaktik das Gesamtspektrum an Heterogenität in den Blick und gehen vom Gemeinsamen Unterricht von Kindern mit und ohne sonderpädagogischen Förderbedarf aus.

Insgesamt geht es im Rahmen der schulischen Förderung von Kindern und Jugendlichen mit geistiger und mehrfacher Behinderung um eine Balance zwischen Gruppenaktivitäten und Einzelförderangeboten (Mühl, 2006d). Die Förderung in der Lerngruppe sollte dominieren, wenngleich es – besonders für Schüler mit Schwermehrfachbeeinträchtigung – auch um basale und pflegerische Einzelangebote geht. Bei Schülern mit herausfordernden Verhaltensweisen kann es ebenfalls erfolgversprechend sein, partiell auf Möglichkeiten der Einzelförderung (z. B. als Kriseninterventionsmaßnahme) zurückzugreifen. Diesbezüglich wird häufig auf Interventionen aus dem Bereich der kognitiven Verhaltensmodifikation zurückgegriffen (Borchert, 1996; Schuppener, 2007b). Zur Gestaltung des Unterrichts mit der gesamten Lerngruppe werden meist offene, handlungsbezogene Formen (Projektunterricht, Stationsarbeit, Wochenplanarbeit, Freiarbeit etc.) empfohlen (Mühl, 1997), da diese Art der Strukturierung von Unterrichtsvorhaben auf differente Lernbedürfnisse am flexibelsten reagieren kann. Mittlerweile existieren auch verschiedenste Konzepte, die im Rahmen der pädagogischen Förderung von Kindern und Jugendlichen mit Förderbedarf im Schwerpunkt „Geistige Entwicklung" Anwendung finden (es sei hier exemplarisch auf den TEACCH-Ansatz und das strukturierte Unterrichten verwiesen – s. Häußler, 2005). Das Arbeiten mit Methoden der „Persönlichen Zukunftsplanung" (Doose, 2000; Emrich, Gromann & Niehoff, 2006) findet ebenfalls zunehmend mehr Berücksichtigung in der schulischen Arbeit. Hiermit kann z. B. eine adäquate Anbahnung und Begleitung des Übergangs von der Schule in den Beruf erfolgen.

4.6.3 Nachschulische Förderung

Eine nachschulische Förderung bezieht sich häufig auf die drei Lebensbereiche *Wohnen*, *Arbeit* und *Freizeit*. Für alle drei Bereiche existieren mittlerweile verschiedene Assistenzkonzepte („Persönliche Assistenz" – s. Weber, 2003), die eine grundsätzliche Orientierung an den Leitlinien sozialer Integration, Teilhabe und Selbstbestimmung beinhalten. Durch die Einführung des „Persönlichen Budgets" (SGB IX, § 17 – 2006) werden künftig insbesondere im Bereich der nachschulischen pädagogischen Angebote für Menschen mit geistiger und mehrfacher Beeinträchtigung zunehmend mehr ambulante Unterstützungsangebote realisiert werden können, die dem Partizipations- und Integrationsgedanken stärker Rechnung tragen.

Wohnen: Die *Wohnsituation* für Menschen mit geistiger und mehrfacher Behinderung hat sich in den letzten 30 Jahren kontinuierlich verändert (Seifert, 1997). In der Nachkriegszeit existierte zunächst eine Unterbringung in Heimen, Anstalten und psychiatrischen Einrichtungen. Durch die Psychiatrie-Enquete 1975 und den Einfluss des Normalisierungsprinzips (Nirje, 1974; Wolfensberger, 1972) fand eine Entpsychiatrisierung und Enthospitalisierung statt (Theunissen, 2000). Unter dem Prinzip der Dezentralisierung kam es zu Auflösungen von Großheimen, die bis dahin als „Totale Institutionen" (Goffman, 1973) einen fundamentalen Isolationsstatus von Menschen mit Behinderungserfahrungen zementierten. Es folgte die Einrichtung kleinerer Wohneinheiten mit regionalem Bezug und neuen Betreuungskonzepten. Heute gibt es verschiedene Wohnkonzepte (Wohnheime und -häuser, Außenwohngruppen, Formen des betreuten Wohnens etc.), die individuell mit dem betreffenden Bewohner abgestimmt werden müssen. Seifert (2006) kritisiert in diesem Zusammenhang allerdings, dass Menschen mit geistiger Behinderung auch heute noch kaum selbst entscheiden können, wo sie wohnen, wenn sie ihre Herkunftsfamilie verlassen. Auch konstatiert sie, dass 56 % der Betreffenden in Wohneinrichtungen der Behindertenhilfe leben, die nach wie vor als Großeinrichtungen (mit 100-500 Plätzen) konzipiert sind. Formen des ambulant unterstützten Wohnens, die sich u. a. nach dem Konzept des „Supportet Living" ausrichten (Lindmeier & Lindmeier, 2001) werden noch viel zu selten genutzt, wenngleich diese Form des Wohnangebotes nach dem § 13 des SGB XII vorrangig zu nutzen ist. Übergeordnetes Ziel sollte künftig eine Ausrichtung am Konzept „Community Care" (Maas, 2006) sein, welches – gemäß des Grundgedankens der Inklusion – auf ein Leben in Gemeinschaft vor dem Hintergrund freiwillig engagierter Nachbarschaftsdienste und des Eingebundenseins in soziale Netzwerke von Menschen mit Behinderungserfahrungen verweist.

Arbeit: Auch der Bereich *Arbeit* hat sich in den letzten Jahren zunehmend unter dem Einfluss des Integrationsgedankens gewandelt. Während so genannte „Beschützende Werkstätten" (heute: „Werkstätten für behinderte Menschen" WfbM) vor 30-40 Jahren nahezu die einzige Form der Beschäftigung für Menschen mit geistiger Behinderung darstellten, findet man heute eine Vielzahl von Konzepten und positiven Beispielen beruflicher Integration. Integrationsfachdienste (IFDs) sind dafür zuständig (s. SGB IX, 2006), schwer behinderten (Sonder-) Schulabgängern und Arbeitern aus der WfbM eine Teilhabe am Arbeitsleben zu ermöglichen (Lindmeier, 2006). Aufgaben des IFD sind u. a. Informieren und Beraten von Menschen mit Beeinträchtigungen und deren Angehöriger, die Erarbeitung eines Fähigkeitsprofils mit dem Bewerber, Beratung potentieller Arbeitgeber, Akquisition und Analyse geeigneter Arbeitsplätze auf dem allgemeinen Arbeitsmarkt, Hilfen bei der Einarbeitung des Arbeitnehmers sowie Konfliktberatung und Krisenintervention (Hohmeier, 2001).

In Anlehnung an das Modell des „Supportet Employment" (deutsch: „Unterstützte Beschäftigung" – s. Doose, 2006) haben Menschen mit geistiger und mehrfacher Beeinträchtigung die Möglichkeit und das Recht, eine Arbeitsassistenz zu erhalten. Nach dem Grundprinzip „erst platzieren, dann qualifizieren" findet ein „Training in the Job" statt, bei dem eine Einarbeitung und Begleitung am Arbeitsplatz erfolgt. Die Hamburger Arbeitsassistenz hat in diesem Zusammenhang ein Konzept entwickelt, welches für Menschen mit Lernschwierigkeiten eine pädagogische Unterstützung hinsichtlich der Entwicklung von Schlüsselqualifikationen darstellt: Kommunikation, Konfliktbewältigung, Kooperation – „KuKuK" (Hamburger Arbeitsassistenz, 2004). Wie intensiv sich neben der beruflichen Rehabilitation auch die berufliche Integration künftig noch stärker ausbauen lässt, hängt u. a. zentral von der Öffnung der beteiligten (Sonder)Institutionen (Schulen, berufsberatende Einrichtungen, WfbM etc.) ab (Lindmeier, 2006).

Freizeit: „Neben Arbeit und Wohnen ist Freizeit ein tragender Bereich im Leben behinderter Menschen" (Markowetz, 2000, S. 363). Die Gestaltung von Freizeit beeinflusst in hohem Maß das subjektive Empfinden von Lebensqualität und -zufriedenheit. Grundsätzlich sind die Freizeitbedürfnisse und das Freizeitverhalten von Menschen mit und ohne Behinderungserfahrungen nahezu identisch (Markowetz, 2001b). Dennoch ist bei Menschen mit einer geistigen und mehrfachen Behinderung davon auszugehen, dass ihre Freizeit stärker von organisierten Strukturen seitens der Behindertenhilfe und deren Angeboten abhängig ist (Theunissen, Dieter, Neubauer & Niehoff, 2000). Bei der Frage nach dem pädagogischen Beitrag im Rahmen der Freizeit von Menschen mit geistiger Behinderung und Schwermehrfachbehinderung geht es aus heutiger Perspektive nicht mehr um eine „Freizeitförderung", sondern vielmehr um eine entpädagogisierte Ermöglichung selbstbestimmter Freizeitgestaltung (Niehoff, 2006). Hierzu sollten „Persönliche Freizeitassistenten" die jeweiligen Nutzer mit ihren subjektiven Bedürfnissen, Interessen und Wünschen genauso gut kennen, wie das zu nutzende Angebot an integrativen Freizeitaktivitäten und Angeboten der Behindertenhilfe. Es geht darum, Menschen mit Hilfebedarf über Möglichkeiten der Wahrnehmung eines Hobbys sowie über kulturelle Angebote zu informieren und ihnen Hilfen für die Nutzung anzubieten.

Die Auflösung einer so genannten „Behinderten Freizeit", die durch erschwerte Zugänge zu integrativen Angeboten gekennzeichnet ist, kann durch die Anbahnung und Etablierung verschiedenster Angebote in der Gemeinwesenarbeit realisiert werden (Sport- und Spielangebote für Menschen mit und ohne Assistenzbedarf, allgemeine Öffnung des Angebotes von Vereinen und Clubs, Organisation von Nachbarschaftsvereinen, Unterstützerkreisen, Gemeinschaftskonferenzen – s. z. B. Arbeitsgruppe IDEAL e. V., 2006; Theunissen, 2006b).

Erwachsenen- und Altenbildung: Vor dem Hintergrund des Anspruches auf lebenslange Bildung wurde innerhalb der letzten 30 Jahre der Bereich der Erwachsenenbildung und der Geragogik für Menschen mit geistiger und mehrfacher Beeinträchtigung zunehmend mehr berücksichtigt, wenngleich integrative Ansätze des gemeinsamen Lernens hier noch zu wenig angeboten werden (Hoffmann & Theunissen, 2006). Dennoch gibt es mittlerweile Konzepte und Entwürfe zu allgemeinen Bildungsangeboten im Erwachsenenalter (Hoffmann, Kulig & Theunissen, 2000; Theunissen, 2002, 2003), zur Biografiearbeit (Lindmeier, 2004) oder auch zum „Selbstbestimmten Älterwerden" (Havemann, Michalek, Hölscher & Schulze, 2000); auch können bei älteren Erwachsenen mit Behinderungserfahrungen die oben erwähnten Methoden der Persönlichen Zukunftsplanung eingesetzt werden – hier speziell zur Planung und Gestaltung des Übergangs Beruf-Rentenalter (Schuppener, 2004).

Grundsätzlich sollten Menschen mit Behinderungserfahrungen im Erwachsenenalter die gleichen Angebote zur Bildung und zum selbstorganisierten Lernen erhalten wie Menschen ohne Beeinträchtigung, da hierdurch das Recht auf sinnerfüllte Daseinsgestaltung in Form lebenslanger Selbstbildung und Selbstverwirklichung gesichert wird (Hoffmann & Theunissen, 2006). Es geht lediglich auch in diesem außerschulischen pädagogischen Handlungsfeld um eine adäquate methodische Aufbereitung der Angebote sowie die Berücksichtigung individuellen Assistenzbedarfes.

4.7 Pädagogisch-therapeutische Interventionen

Eine Trennung zwischen pädagogischen und therapeutischen Angeboten ist nicht immer eindeutig; pädagogische können zu therapeutischen werden und umgekehrt (Borchert, 1996). Der Übergang gestaltet sich demnach z. T. fließend; es kommt besonders bei den Zielsetzungen zu Überschneidungen. In der Zusammenarbeit mit Kindern, Jugendlichen oder Erwachsenen mit geistiger Behinderung sind pädagogisch-therapeutische Interventionen immer dann angezeigt, wenn in irgendeiner Art und Weise zusätzlicher Hilfebedarf besteht. Dieser kann *körperlicher Art* (aufgrund von Spasmen, Lähmungen, Epilepsien, motorische Entwicklungsverzögerungen, Wahrnehmungsbeeinträchtigungen, Sinnesbeeinträchtigungen etc.), *sozialer Art* (aufgrund von Verhaltensauffälligkeiten wie z. B. selbstverletzendem Verhalten, Hyperaktivität, Konzentrationsschwierigkeiten, Fremdaggression, sozialen Isolationstendenzen, Kommunikations- und Kontaktschwierigkeiten etc.) oder *psychischer Art* (aufgrund von psychischen Instabilitäten und Störungen wie Depressionen, Angst, Schizophrenie etc.) sein. Die Aufteilung zusätzlichen Hilfebedarfs in die drei Bereiche ist eine vage Zuordnung, die sich nicht an Ursachenvermutungen ausrichtet und keinen Vollständigkeitsanspruch hat.

Diese Zuordnung wurde vielmehr anhand der intra- und interindividuellen Entwicklungsebenen vorgenommen, in denen sich zusätzliche Beeinträchtigungen bemerkbar machen können.

Die Mehrzahl aller Menschen mit geistiger Behinderung und der Personenkreis von Menschen mit Schwerstmehrfachbeeinträchtigungen erleben zusätzliche Behinderungen und haben demzufolge Anspruch auf eine individuelle Form der therapeutischen Betreuung (s. KMK, 1998). Mühl (2006a) verwendet in diesem Zusammenhang den Begriff der „mehrfachen Aktivitätsbeeinträchtigung". Grundlage einer jeden pädagogisch-therapeutischen Zusammenarbeit stellt – analog zum pädagogischen Begleitungsprozess – die Anbahnung einer vertrauensvollen, dialogischen Beziehung zwischen Therapeut und Hauptperson dar. Dies erscheint bei Personen mit multiplem Hilfebedarf besonders wichtig, da sie u. U. schon viele (evt. auch negativ erlebte) therapeutische Begegnungen hatten und demzufolge eine Art „therapeutische Skepsis" oder „therapeutische Verunsicherung" im Rahmen ihrer Biografie internalisiert haben können.

Gegenwärtig lassen sich verschiedenste therapeutische Methoden, Verfahren und Konzepte nennen, die innerhalb der oben erwähnten und weiteren Hilfebedarfsebenen bei Menschen mit geistiger und mehrfacher Beeinträchtigung Anwendung finden (Pitsch, 2006). Es kann hier nur exemplarisch auf einige Ansätze verwiesen bzw. kurz eingegangen werden. Meist lassen sich die verschiedenen therapeutischen Ansätze auch nicht eindeutig zu den oben erwähnten Hilfebedarfsbereichen zuordnen, da sie vielfach einen ganzheitlichen Anspruch hinsichtlich ihrer Menschenbildannahmen und Zielsetzung verfolgen. Es soll dennoch der Versuch einer Zuteilung unternommen werden:

Körperlich orientierte Hilfebedarfsebene:

- „Basale Stimulation" (Fröhlich, 2003) wurde in den 1970er Jahren von Fröhlich entwickelt und richtet sich an schwerstmehrfachbeeinträchtigte Personen. Ihnen sollen elementare Angebote in Form von somatischen, vestibulären und vibratorischen Anregungen gemacht werden, um eine Körperwahrnehmung anzubahnen, Tiefensensibilität zu fördern und Wahrnehmungen im unmittelbaren Naherfahrungsraum zu ermöglichen.
- „Basale Kommunikation" (Mall, 1984, 1998) dient der Herstellung von Beziehungen durch körperorientierte Verständigung. Bei Menschen mit umfassendem Hilfebedarf soll durch spielerisch-basale Angebote ein Beziehungsaufbau angebahnt werden (z. B. durch Herstellen einer Parallelisierung des Atemrhythmus).
- „Basale Aktivierung" (Breitinger & Fischer, 2000) dient ebenfalls der dialogischen Beziehungsanbahnung. Neben der Befriedigung basaler Grundbedürfnisse soll der Mensch mit Schwermehrfachbeeinträchtigung einen grundlegenden Aufbau von Umweltorientierung erfahren. Ausgehend vom individuellen Aktivitätsniveau der Person soll sie – auch im Sinne einer sozialen Aktivierung – eine subjektive Bedeutsamkeit von Welt erfahren und sich in diese Welt weitmöglichst aktiv einbringen können.

- „Sensorische Integration" (Ayres, 1992) wendet sich an Kinder mit Entwicklungsverzögerungen und veränderter Wahrnehmung. Vor dem Hintergrund einer Darbietung von Reizen aus taktil-kinesthätischen, vestibulären und propriozeptiven Wahrnehmungsbereichen sollen Sinnesmodalitäten angeregt werden. Das Kind soll lernen, Reize zu diskriminieren und miteinander zu verknüpfen (z. B. durch Weiterentwicklung von ersten Greifreflexen bis hin zur Auge-Hand-Koordination).
- Angebote zur Wahrnehmungsförderung,
- psychomotorische Angebote,
- verschiedene bewegungstherapeutische und krankengymnastischen Angebote.

Sozial orientierte Hilfebedarfsebene:

- „Unterstützte Kommunikation" (Kristen, 2002; Wachsmuth, 2006; Wilken, 2006) dient dazu, alternative oder augmentative Kommunikationsformen für Menschen anzubieten, die Schwierigkeiten auf der sprachlich-kommunikativen Mitteilungsebene haben. Je nach Voraussetzungen und Bedürfnissen der jeweiligen Person kann mit körpereigenen Ausdrucksformen (Laute, Mimik, Gestik etc.) oder mit zusätzlichen nicht-elektronischen (Bildsymbole, Wortkarten, Pictogrammsammlungen, Fotos, Kommunikationstafeln, Gebärdenunterstütze Kommunikation [GuK] etc.) und elektronischen Kommunikationshilfen (Talker etc.) gearbeitet werden;
- verhaltensmodifikatorische Maßnahmen im Rahmen der Zusammenarbeit mit Menschen, die Konzentrations- und Aufmerksamkeitsschwierigkeiten haben (Kühl, 2000), Motivationsprobleme (Borchert, 2000b), überaktiv sind (Taßler, 2000), aggressive Verhaltenstendenzen zeigen (Gasteiger-Klicpera & Klicpera, 2000) oder sozial unsicher sind (Petermann, 2000);
- verschiedene Formen von Spieltherapien und Interventionsmöglichkeiten im Spiel (van der Kooij, 2000).

Psychisch orientierte Hilfebedarfsebene:

- „Prä-Therapie" (Prouty, Pörtner & van Werde, 1998) dient u. a. dazu, Kontakt zu Menschen mit schweren geistigen Behinderungen aufzubauen, die nicht oder kaum fähig sind, mit ihrer Umwelt zu interagieren, zurückgezogen leben oder deren Versuche, Kontakt aufzunehmen, nicht verstanden werden. Diese personenzentrierte Therapie beruht auf dem humanistischen Menschenbild, welches davon ausgeht, dass jeder Mensch in sich liegende Fähigkeiten zum Lösen von Problemen in sich trägt. Im Sinne der Prä-Therapie wird folglich versucht, sich durch aufmerksames Zuhören und Hinsehen in die Denk- und Empfindungsweisen der Hauptperson hineinzuversetzen und ihre Gefühle sowie den Sinn ihrer Ausdrucksweise zu verstehen. Die Prä-Therapie ist als methodisches Mittel zu verstehen, welches der Person mit geistiger Behinderung Kontakt zu sich selbst, zu anderen und zur Realität ermöglichen soll. Die Methode der Prä-Therapie beruht auf den so genannten Kontaktreflexionen, wo Verhalten z. T. vom Therapeuten gespiegelt wird (z. B. durch Ansprechen der Situation, Eingehen auf die Körperhaltung, Ansprechen der Mimik seitens des Therapeuten).

- „Kognitive Verhaltenstherapien" (s. Freund & Amlang, 2000) und verhaltensmodifikatorische Interventionen (Borchert, 1996, 2000a) bieten eine Reihe von Handlungsmöglichkeiten, mit Menschen mit geistiger Behinderung gemeinsam umzulernen, nachdem die Funktion eines bestimmten Verhaltens ergründet wurde. Bekannte Methoden, die vielfach auch im pädagogischen Alltag Anwendung finden, sind z. B. individuell entworfene Token-Systeme, Maßnahmen zur Verstärkung von Verhalten, was nicht mit herausforderndem Verhalten kompatibel ist (sich auf die Hände setzen, um Selbstverletzungen zu vermeiden etc.), Lernverträge abschließen, Urkunden für erfolgreiches Umlernen ausstellen etc.
- „Gestalttherapie" (Besems & van Vugt, 1989; Besems & Besems-van Vugt, 2006) versteht sich als humanistische Therapie in Form einer integrativen Körperarbeit. Im Sinne der Gestaltpsychologie geht die Therapie von einem ganzheitlichen Menschenbild (der Einheit von Körper, Seele und Geist) aus. Menschen mit geistiger Behinderung zeigen aufgrund negativer Erfahrungen oft mangelnde Umgangsmöglichkeiten mit Gefühlen wie Ärger, Trauer oder Angst. Kontaktstörungen werden mit der mangelnden Anpassung des Organismus bzw. der Psyche an die Umwelt (= „unabgeschlossene Gestalt") erklärt. Die Gestalttherapie ist ein aktivierendes Verfahren, das dazu dient, gestörte Ausdruckssysteme (z. B. sich selbst verletzen) positiv zu beeinflussen, indem sie ermöglicht, diese Gefühle emotional zu leben und damit adäquat auszudrücken. Im Sinne des Hier-und-Jetzt-Prinzips wird an aktuellen Situationen gearbeitet (z. B. Aufbau von Vertrauen, Entdecken eigener Kraft, Wahrnehmung von Körperspannungen).
- Klientzentrierte Gesprächsführungen und klientzentrierte Psychotherapie (Pörtner, 2001).

Es muss angemerkt werden, dass alle Formen von Interventionen – seien sie vorrangig pädagogischer oder therapeutischer Natur – vom Mensch mit Behinderungserfahrungen niemals als „Form der Enteignung" und Fremdbestimmung erlebt werden dürfen. Aufgabe Professioneller ist es, in diesem sensiblen Arbeitsfeld die Person in ihrem So-Sein zu akzeptieren und keine Perspektive der „Normangepassheit" zu verfolgen (Fröhlich & Laubenstein, 2000). Positive Synergieeffekte ergeben sich nur, wenn die Hauptperson selbst an der Planung, Durchführung und Evaluation der Interventionen beteiligt ist. Es muss also stets um ein Grundverständnis von Interventionen gehen, welches diese als „Prozesse der Vermittlung", „Prozesse der Verständigung", „Prozesse der Partizipation" und „Prozesse des gegenseitigen Lernens" begreift (Fröhlich & Laubenstein, 2000). Nur dann kommen wir dem Grundgedanken des *Gemeinsamen Lernens im Sinne inklusiver Strukturen* schrittweise näher.

4.8 Textfragen zur Verständniskontrolle

1. Welche Aspekte spielen im Rahmen aktueller definitorischer Annäherungen an das „Phänomen Geistige Behinderung und Schwermehrfachbehinderung" eine zentrale Rolle?
2. Warum kommt kognitionspsychologischen Modellen hinsichtlich der Klassifikation von Geistiger Behinderung immer noch eine elementare Bedeutung zu? Weshalb erscheint eine rein IQ-bezogene Sichtweise fragwürdig?
3. Aus welchen Komponenten besteht die trianguläre Sichtweise von Geistiger Behinderung und Schwermehrfachbehinderung?
4. Welche möglichen Primärursachen hirnorganischer Beeinträchtigungen gibt es? Welcher Stellenwert kommt den Sekundärursachen im Rahmen der Entstehung und Entwicklung von Geistiger Behinderung zu?
5. Was verbindet die drei diagnostischen Ansätze „Verstehende Diagnostik", „Rehistorisierung" und „Diagnostisches Mosaik"?
6. Was sieht Speck (2005) als zentrale pädagogische Erziehungs- und Bildungsziele?
7. Welche Variablen können den Beziehungsaufbau zwischen Eltern/Bezugspersonen und Kind nachhaltig behindern?
8. Wann wurde für Menschen mit geistiger Behinderung und für Menschen mit Schwermehrfachbehinderung in der BRD das Bildungsrecht eingeführt?
9. Welche Formen der kooperativen Beschulung von Kindern und Jugendlichen mit Förderbedarf im Schwerpunkt „Geistige Entwicklung" unterscheidet man?
10. Was ist mit dem Verständnis der „Unteilbarkeit von Integration" gemeint?
11. Welche didaktischen Prinzipien unterteilt Speck (2005)?
12. Wie hat sich die Wohnsituation von Menschen mit geistiger und mehrfacher Beeinträchtigung in den letzten 30 Jahren verändert?
13. Wie lässt sich eine „selbstbestimmte Freizeit" von Menschen mit geistiger Behinderung kennzeichnen?

4.9 Literatur

AAMR (1992). *Mental Retardation: Definition, classification, and systems of supports.* Washington, DC: AAMR.

AAMR (2006). Definition of Mental Retardation. http://www.aamr.org/Policies/faq_mental_retardation.shtml (31.01.2006).

Antor, G. & Bleidick, U. (Hrsg.) (1995). *Recht auf Leben – Recht auf Bildung. Aktuelle Fragen der Behindertenpädagogik.* Heidelberg: Winter.

Arbeitsgruppe IDEAL e.V. (2006). Freizeitassistenz am Beispiel des Hallenser Vereins IDEAL – Der Weg von einer studentischen Initiative zu einem sozialen Träger. In G. Theunissen & K. Schirbort (Hrsg.), *Inklusion von Menschen mit geistiger Behinderung. Zeitgemäße Wohnformen – Soziale Netze – Unterstützungsangebote* (S. 266-274). Stuttgart: Kohlhammer.

Ayres, J. (1992). *Bausteine der kindlichen Entwicklung. Die Bedeutung der Integration der Sinne für die Entwicklung des Kindes* (2. Aufl.). Berlin: Springer.

Besems, T. & van Vugt, G. (1989). Gestalttherapie mit geistig behinderten Menschen: Teil 2. *Geistige Behinderung, 28* (1), Praxisteil, 1-24.

Besems, T. & Besems-van Vugt, G. (2006). Abschied von Behinderung. Menschen mit vielseitigen und definierten Potentialitäten zeigen signifikant große Entwicklungen. Forschungsergebnisse zur Gestalttherapie. *Geistige Behinderung, 45* (4), 309-322.

Bintinger, G. & Wilhelm, M. (2001a). Inklusiven Unterricht gestalten. *Behinderte in Familie, Schule und Gesellschaft* (2), 41-60.

Bintinger, G. & Wilhelm, M. (2001b). Schulentwicklung unter dem Aspekt der Inklusion oder: weg von „Integrationsklassen" hin zur „Schule für alle Kinder"! *Behinderte in Familie, Schule und Gesellschaft* (2), 41-60.

Bleidick, U. (1999). *Behinderung als pädagogische Aufgabe – Behinderungsbegriff und behindertenpädagogische Theorie*. Stuttgart: Kohlhammer.

Boban, I. & Hinz, A. (2003). *Index für Inklusion. Lernen und Teilhabe in Schulen der Vielfalt entwickeln*. Halle: Martin-Luther-Universität.

Boban, I. & Hinz, A. (2004). *Gemeinsamer Unterricht im Dialog. Vorstellungen nach 25 Jahren Integrationsentwicklung*. Weinheim: Beltz.

Boban, I., Hinz, A., Goldbach, B. & Wibrow, R. (1996). Aus Schritten wurden Wege. http://bidok.uibk.ac.at/library/boban-schritte.html (17.12.2006).

Booth, T. & Ainscow, M. (2002). *Index for Inclusion. Developing Learning and Participation in Schools* (2. Ed.). Bristol: CSIE.

Borchert, J. (1996). *Pädagogisch-therapeutische Interventionen bei sonderpädagogischem Förderbedarf*. Göttingen: Hogrefe.

Borchert, J. (2000a). Verhaltenstheoretische Ansätze. In J. Borchert (Hrsg.), *Handbuch der Sonderpädagogischen Psychologie* (S. 146-158). Göttingen: Hogrefe.

Borchert, J. (2000b). Interventionen bei behinderungsübergreifenden Problemen – Motivation. In J. Borchert (Hrsg.), *Handbuch der Sonderpädagogischen Psychologie* (S. 703-717). Göttingen: Hogrefe.

Breitunger, M. & Fischer, D. (2000). *Intensivbehinderte lernen leben* (2. Aufl.). Würzburg: Edition Bentheim.

Buber, M. (1979). *Das dialogische Prinzip* (4. Aufl.). Heidelberg: Lambert Schneider.

Bundesvereinigung Lebenshilfe (1992). *Gemeinsam Leben und Lernen im Kindergarten. Eine Empfehlung* (3. Aufl.). Marburg: Lebenshilfe.

Deutscher Bildungsrat (1974). *Empfehlungen der Bildungskommission zur pädagogischen Förderung behinderter und von Behinderung bedrohter Kinder und Jugendlicher.* Stuttgart: Klett.

Doose, S. (2000). *„I want my dream!" Persönliche Zukunftsplanung. Neue Perspektiven und Methoden einer individuellen Hilfeplanung mit Menschen mit Behinderungen* (5. Aufl.). Hamburg: Bundesarbeitsgemeinschaft für Unterstützte Beschäftigung.

Doose, S. (2006). *Unterstütze Beschäftigung. Berufliche Integration auf lange Sicht.* Marburg: Lebenshilfe.

Eggert, D. (1999). Psychologische Theorien der geistigen Behinderung. In G. Neuhäuser & H.-C. Steinhausen (Hrsg.), *Geistige Behinderung. Grundlagen, Klinische Syndrome, Behandlung und Rehabilitation* (S. 42-59) (2. Aufl.). Stuttgart: Kohlhammer.

Emrich, C., Gromann, P. & Niehoff, U. (2006). *Gut leben. Persönliche Zukunftsplanung realisieren.* Marburg: Lebenshilfe.

Feuser, G. (1989). Allgemeine integrative Pädagogik und entwicklungslogische Didaktik. *Behindertenpädagogik 28* (1), 4-48.

Feuser, G. (1995). *Behinderte Kinder und Jugendliche zwischen Integration und Aussonderung.* Darmstadt: Wissenschaftliche Buchgesellschaft.

Feuser, G. (1996). „Geistig Behinderte gibt es nicht!". Projektionen und Artefakte in der Geistigbehindertenpädagogik. *Geistige Behinderung, 35* (1), 18-25.

Feuser, G. (1998). Gemeinsames Lernen am gemeinsamen Gegenstand. Didaktisches Fundamentum einer Allgemeinen (integrativen) Pädagogik. In A. Hildeschmidt & I. Schnell (Hrsg.), *Integrationspädagogik. Auf dem Weg zu einer Schule für alle* (S. 19-35). Weinheim: Juventa.

Feuser, G., Rödler, P., Berger, E. & Jantzen, W. (2002). *Es gibt keinen Rest! Basale Pädagogik für Menschen mit schwersten Beeinträchtigungen.* Neuwied: Luchterhand.

Fischer, E. (2004). *Welt verstehen – Wirklichkeit konstruieren. Unterricht bei Kindern und Jugendlichen mit geistiger Behinderung.* Dortmund: Modernes Lernen.

Fornefeld, B. (1995). *Das schwerstbehinderte Kind und seine Erziehung.* Heidelberg: Winter.

Fornefeld, B. (2002). *Einführung in die Geistigbehindertenpädagogik* (2. Aufl.). München: Reinhardt.

Freund, H. & Amlang, M. (2000). *Kurs zur Verhaltensmodifikation bei mehrfach und autistisch behinderten Menschen.* Tübingen: Deutsche Gesellschaft für Verhaltenstherapie.

Fröhlich, A. (1997). Schwerste Behinderung. In G. Hansen & R. Stein (Hrsg.), *Sonderpädagogik konkret. Ein praxisnahes Handbuch in Schlüsselbegriffen* (S. 148-152) (2. Aufl.). Bad Heilbrunn: Klinkhardt.

Fröhlich, A. (2003). *Basale Stimulation* (4. Aufl.). Düsseldorf: Selbstbestimmtes Leben.

Fröhlich, A. & Laubenstein, D. (2000). Interventionen bei behinderungsspezifischen Problemen – Geistige Behinderungen. In J. Borchert (Hrsg.), *Handbuch der Sonderpädagogischen Psychologie* (S. 894-907). Göttingen: Hogrefe.

Frühauf, T. u. a. (1999). Geistig behinderte Kinder und Jugendliche in Deutschland heute. *Geistige Behinderung, 38* (2), 115-131.

Gasteiger-Klicpera, B. & Klicpera, C. (2000). Interventionen bei behinderungsübergreifenden Problemen – Aggression. In J. Borchert (Hrsg.), *Handbuch der Sonderpädagogischen Psychologie* (S. 741-755). Göttingen: Hogrefe.

Goffman, E. (1973). *Asyle. Über die soziale Situation psychiatrischer Patienten und anderer Insassen.* Frankfurt: Suhrkamp.

Goll, J. (1998). Neuere Ansätze zum Verständnis von geistiger Behinderung: Auf der Suche nach alternativen Begriffen und Zugangsweisen. In H. Goll & J. Goll (Hrsg.), *Selbstbestimmung und Integration als Lebensziel* (S. 15-31). Hammersbach: Wort im Bild.

Hamburger Arbeitsassistenz (2004). *Kommunikation, Konfliktbewältigung, Kooperation (KuKuK) – Ein Bildungsangebot für Menschen mit Lernschwierigkeiten zum Thema Schlüsselqualifikationen. Ein Beitrag zur Erweiterung der beruflichen Handlungskompetenz.* Hamburg: Druckerei St. Pauli.

Häußler, A. (2005). *Der TEACCH Ansatz zur Förderung von Menschen mit Autismus. Einführung in Theorie und Praxis.* Dortmund: modernes lernen.

Haupt, U. (1996). *Körperbehinderte Kinder verstehen lernen. Auf dem Weg zu einer anderen Diagnostik und Förderung.* Düsseldorf: Selbstbestimmtes Leben.

Havemann, M. J., Michalek, S., Hölscher, P. & Schulze, M. (2000). Selbstbestimmt älter werden. Ein Lehrgang für Menschen mit geistiger Behinderung zur Vorbereitung auf Alter und Ruhestand. *Geistige Behinderung, 39* (1), 56-62.

Hinz, A. (1996). „Geistige Behinderung" und die Gestaltung integrativer Lebensbereiche – Überlegungen zu Erfahrungen und Perspektiven. *Sonderpädagogik, 26* (3), 144-153.

Hinz, A. (1998). Pädagogik der Vielfalt – ein Ansatz auch für Schulen in Armutsgebieten? In A. Hildeschmidt & I. Schnell (Hrsg.), *Integrationspädagogik: auf dem Weg zu einer Schule für alle* (S. 127-144). Weinheim: Juventa.

Hinz, A. (2001). Störendes Verhalten in der Schule – was können wir tun? In G. Theunissen (Hrsg.), *Verhaltensauffälligkeiten – Ausdruck von Selbstbestimmung?* (2. Aufl.). (S. 115-133). Bad Heilbrunn: Klinkhardt.

Hinz, A. (2006). Integrativer Unterricht bei geistiger Behinderung? Integrativer Unterricht ohne geistige Behinderung! In E. Wüllenweber, G. Theunissen & H. Mühl (Hrsg.), *Pädagogik bei geistigen Behinderungen. Ein Handbuch für Studium und Praxis* (S. 341-249). Stuttgart: Kohlhammer.

Hoffmann, C., Kulig, W. & Theunissen, G. (2000). Bildungsangebote für Erwachsene mit geistiger Behinderung an Volkshochschulen. *Geistige Behinderung, 39* (4), 346-359.

Hoffmann, C. & Theunissen, G. (2006). Bildung im Erwachsenenalter und Alter. In E. Wüllenweber, G. Theunissen & H. Mühl (Hrsg.), *Pädagogik bei geistigen Behinderungen. Ein Handbuch für Studium und Praxis* (S. 416-425). Stuttgart: Kohlhammer.

Hohmeier, J. (2001). Unterstütze Beschäftigung – ein neues Element im System der beruflichen Rehabilitation. In J. Barlsen & J. Hohmeier (Hrsg.), *Neue berufliche Chancen für Menschen mit Behinderung* (S. 15-23). Düsseldorf: Selbstbestimmtes Leben.

Holtz, K.-L. (1994). *Geistige Behinderung und soziale Kompetenz*. Heidelberg: Winter.

Hundertmarck, G. (Hrsg.) (1981). *Leben Lernen in Gemeinschaft. Behinderte Kinder im Kindergarten*. Freiburg: Herder.

Jantzen, W. (2002). Identitätsentwicklung und pädagogische Situation behinderter Kinder und Jugendlicher. In Sachverständigenkommission 11. Kinder- und Jugendbericht (Hrsg.), *Gesundheit und Behinderung im Leben von Kindern und Jugendlichen: Band 4* (S. 317-194) München: Deutsches Jugendinstitut.

Jantzen, W. (2003). Die soziale Konstruktion von schwerer Behinderung durch die Schule. In T. Klauß & W. Lamers (Hrsg.), *Alle Kinder alles lehren... Grundlagen der Pädagogik für Menschen mit schwerer und mehrfacher Behinderung* (S. 51-72). Heidelberg: Winter.

Jantzen, W. (2006). Rehistorisierung. In E. Wüllenweber, G. Theunissen & H. Mühl (Hrsg.), *Pädagogik bei geistigen Behinderungen. Ein Handbuch für Studium und Praxis* (S. 320-329). Stuttgart: Kohlhammer.

Kammann, C. (2001). *Integrations-, Kooperations- und Sonderschulklassen aus Sicht ihrer SchülerInnen mit und ohne Behinderungen. Eine vergleichende Evaluationsstudie auf der Grundlage konsekutiver Interviews*. Berlin: Logos.

Kaplan, K. (1992). Integrative Frühförderung als Alternative zur Sonderbetreuung im Elementarbereich. In A. Mühlum & H. Oppl (Hrsg.), *Handbuch der Rehabilitation* (S. 41-62). Neuwied: Luchterhand.

Kautter, H., Klein, G., Laupheimer, W. & Wiegand, H.-S. (1995). *Das Kind als Akteur seiner Entwicklung. Idee und Praxis der Selbstgestaltung in der Frühförderung entwicklungsverzögerter und entwicklungsgefährdeter Kinder* (3. Aufl.). Heidelberg: Winter.

Klauß, T. (2005). *Ein besonderes Leben. Grundlagen der Pädagogik für Menschen mit geistiger Behinderung. Ein Buch für Pädagogen und Eltern* (2. Aufl.). Heidelberg: Winter.

KMK (1998). Empfehlungen zum Förderschwerpunkt geistige Entwicklung. http://www.kmk.org/doc/beschl/geist.pdf (11.11.2006).

Köbberling, A. & Schley, W. (2000). *Sozialisation und Entwicklung in Integrationsklassen. Untersuchungen zur Evaluation eines Schulversuches in der Sekundarstufe.* Weinheim: Juventa.

Kooij, R. van der (2000). Interventionen bei behinderungsübergreifenden Problemen – Spiel. In J. Borchert (Hrsg.), *Handbuch der Sonderpädagogischen Psychologie* (S. 618-631). Göttingen: Hogrefe.

Kristen, U. (2002). *Praxis Unterstütze Kommunikation. Eine Einführung.* Düsseldorf: Selbstbestimmtes Leben.

Kron, M. (1988). *Kindliche Entwicklung und die Erfahrung von Behinderung. Eine Analyse der Fremdwahrnehmung von Behinderung und ihre psychische Verarbeitung bei Kindergartenkindern.* Frankfurt: Afra.

Kühl, G. (2000). Interventionen bei behinderungsübergreifenden Problemen – Aufmerksamkeit und Konzentration. In J. Borchert (Hrsg.), *Handbuch der Sonderpädagogischen Psychologie* (S. 717-727). Göttingen: Hogrefe.

Kulig, W., Theunissen, G. & Wüllenweber, E. (2006). Geistige Behinderung. In E. Wüllenweber, G. Theunissen & H. Mühl (Hrsg.), *Pädagogik bei geistigen Behinderungen. Ein Handbuch für Studium und Praxis* (S. 116-127). Stuttgart: Kohlhammer.

Lindmeier, C. (2004). *Biografiearbeit mit geistig behinderten Menschen. Ein Praxisbuch für Einzel- und Gruppenarbeit.* Weinheim: Juventa.

Lindmeier, C. (2006). Berufliche Bildung und Teilhabe geistig behinderter Menschen am Arbeitsleben. In E. Wüllenweber, G. Theunissen & H. Mühl (Hrsg.), *Pädagogik bei geistigen Behinderungen. Ein Handbuch für Studium und Praxis* (S. 394-407). Stuttgart: Kohlhammer.

Lindmeier, B. & Lindmeier, C. (2001). Supportet Living. Ein neues Konzept des Wohnens und Lebens in der Gemeinde für Menschen mit (geistiger) Behinderung. *Behinderte in Familie, Schule und Gesellschaft, 24* (3/4), 39-50.

Lingg, A. & Theunissen, G. (2000). *Psychische Störungen und Geistige Behinderung* (4. Aufl.). Freiburg: Lambertus.

Luckasson, R., Coulter, D. L., Polloway, E. A., Reiss, S., Schalock, R. L., Snell, M. E., Spitalnik, D. M. & Stark, J. A. (1997). *Mental retardation: Definition, classification and systems of support* (9. Ed.). Washington, DC: American Association on Mental Retardation.

Maas, T. (2006). Community Care. In G. Theunissen & K. Schirbort (Hrsg.), *Inklusion von Menschen mit geistiger Behinderung. Zeitgemäße Wohnformen – Soziale Netze – Unterstützungsangebote* (S. 141-169). Stuttgart: Kohlhammer.

Mahnke, U. (2000). Zwischen Selbstbestimmung und Identität. Psychologische Aspekte der integrativen Förderung bei geistiger Behinderung. *Geistige Behinderung, 39* (1), 40-48.

Mall, W. (1984). Basale Kommunikation – ein Weg zum anderen. Zugang finden zu schwer geistig behinderten Menschen. *Geistige Behinderung, 23* (1), 1-16.

Mall, W. (1998). *Kommunikation mit schwer geistig behinderten Menschen. Ein Werkheft* (4. Aufl.). Heidelberg: Winter.

Markowetz, R. (2000). Freizeit im Leben behinderter Menschen – Zusammenfassungen, Ausblick und Forderungen. In R. Markowetz & C. Cloerkes (Hrsg.), *Freizeit im Leben behinderter Menschen. Theoretische Grundlagen und sozialintegrative Praxis* (S. 363-374). Heidelberg: Winter.

Markowetz, R. (2001a). Soziale Integration von Menschen mit Behinderungen. In G. Cloerkes (Hrsg.), *Soziologie der Behinderten* (S. 171-232) (2. Aufl.). Heidelberg: Winter.

Markowetz, R. (2001b). Freizeit behinderter Menschen. In G. Cloerkes (Hrsg.), *Soziologie der Behinderten* (S. 259-293) (2. Aufl.). Heidelberg: Winter.

Meyer, H. (2000). Geistige Behinderungen. In J. Borchert (Hrsg.), *Handbuch der Sonderpädagogischen Psychologie* (S. 60-75). Göttingen: Hogrefe.

Meyer, H. (2002). Zur Problematik unterschiedlicher Definitionen und Sichtweisen der geistigen Behinderung. *Sonderpädagogik, 32* (2), 102-106.

Mühl, H. (1997). *Einführung in die Schulpädagogik bei geistiger Behinderung*. Oldenburg: Carl von Ossietzky Universität, Zentrum für pädagogische Berufspraxis.

Mühl, H. (2002). *Einzelfallstudien zum pädagogischen Umgang mit Verhaltensstörungen bei Menschen mit geistiger Behinderung*. Oldenburg: Didaktisches Zentrum der Universität Oldenburg.

Mühl, H. (2006a). Merkmale und Schweregrade geistiger Behinderung. In E. Wüllenweber, G. Theunissen & H. Mühl (Hrsg.), *Pädagogik bei geistigen Behinderungen. Ein Handbuch für Studium und Praxis* (S. 128-141). Stuttgart: Kohlhammer.

Mühl, H. (2006b). Pädagogische Angebote im Vorschulalter. In E. Wüllenweber, G. Theunissen & H. Mühl (Hrsg.), *Pädagogik bei geistigen Behinderungen. Ein Handbuch für Studium und Praxis* (S. 281-285). Stuttgart: Kohlhammer.

Mühl, H. (2006c). Gemeinsames Lernen in Kooperationsklassen. In E. Wüllenweber, G. Theunissen & H. Mühl (Hrsg.), *Pädagogik bei geistigen Behinderungen. Ein Handbuch für Studium und Praxis* (S. 350-361). Stuttgart: Kohlhammer.

Mühl, H. (2006d). Schulische Didaktik und Methodik. In E. Wüllenweber, G. Theunissen & H. Mühl (Hrsg.), *Pädagogik bei geistigen Behinderungen. Ein Handbuch für Studium und Praxis* (S. 362-374). Stuttgart: Kohlhammer.

Nek, S. van (2006). Frühförderung – erste Hilfen für Kind und Eltern. In E. Wüllenweber, G. Theunissen & H. Mühl (Hrsg.), *Pädagogik bei geistigen Behinderungen. Ein Handbuch für Studium und Praxis* (S. 264-280). Stuttgart: Kohlhammer.

Neuhäuser, G. & Steinhausen, H.-C. (1999). Klinische Diagnostik und Früherkennung. In G. Neuhäuser & H.-C. Steinhausen (Hrsg.), *Geistige Behinderung. Grundlagen, klinische Syndrome, Behandlung und Rehabilitation* (S. 82-109) (2. Aufl.). Stuttgart: Kohlhammer.

Neuhäuser, G. & Steinhausen, H.-C. (2003). *Geistige Behinderung. Grundlagen, klinische Syndrome, Behandlung und Rehabilitation* (3. Aufl.). Stuttgart: Kohlhammer.

Niedecken, D. (1989). *Namenlos.* München: Piper.

Niehoff, U. (2006). Menschen mit geistiger Behinderung in ihrer Freizeit – Versuch einer Standortbestimmung. In E. Wüllenweber, G. Theunissen & H. Mühl (Hrsg.), *Pädagogik bei geistigen Behinderungen. Ein Handbuch für Studium und Praxis* (S. 408-415). Stuttgart: Kohlhammer.

Nirje, B. (1974). Das Normalisierungsprinzip und seine Auswirkungen in der fürsorgerischen Betreuung. In R. B. Kugel & W. Wolfensberger (Hrsg.), *Geistig Behinderte. Eingliederung oder Bewahrung?* (S. 33-46). Stuttgart: Thieme.

Petermann, F. (2000). Interventionen bei behinderungsübergreifenden Problemen – Soziale Kompetenz. In J. Borchert (Hrsg.), *Handbuch der Sonderpädagogischen Psychologie* (S. 760-770). Göttingen: Hogrefe.

Pitsch, H.-J. (2006). Verfahren, Konzepte, Methoden – Hilfen für die Förderung geistig Behinderter. In E. Wüllenweber, G. Theunissen & H. Mühl (Hrsg.), *Pädagogik bei geistigen Behinderungen. Ein Handbuch für Studium und Praxis* (S. 485-500). Stuttgart: Kohlhammer.

Pfründer, P. (2000). Integration für alle? Untersuchung zum Schulbesuch eines Kindes mit schwerster Behinderung in der Allgemeinen Schule. In T. Klauß (Hrsg.), *Aktuelle Themen der schulischen Förderung* (S. 19-37). Heidelberg: Winter.

Pörtner, M. (2001). Klientzentrierte Psychotherapie in Verbindung mit Prä-Therapie. *Geistige Behinderung, 40* (4), 304-312.

Podlesch, W. (1998). Schülerinnen und Schüler mit geistiger Behinderung in der Oberschule – eine unerreichbare Utopie? In U. Preuss-Lausitz & R. Maikowski (Hrsg.), *Integrationspädagogik in der Sekundarstufe* (S. 164-169). Weinheim: Beltz.

Prouty, G., Pörtner, M. & van Werde, D. (1998). *Prä-Therapie.* Stuttgart: Klett-Cotta.

Reiser, H. (1991). Wege und Irrwege zur Integration. In A. Sander & P. Raidt (Hrsg.), *Integration und Sonderpädagogik. Referate der 27. Dozententagung für Sonderpädagogik in deutschsprachigen Ländern im Oktober 1990 in Saarbrücken* (S. 13-33). St. Ingbert: Röhrig.

Rothmayer, A. (1989). *Schwerstmehrfachbehinderte Kinder im integrativen Kindergarten.* Bonn: Reha-Verlag.

Sarimski, K. (2001). *Kinder und Jugendliche mit geistiger Behinderung.* Göttingen: Hogrefe.

Sarimski, K. (2003). Psychologische Theorien geistiger Behinderung. In G. Neuhäuser & H.-C. Steinhausen (Hrsg.), *Geistige Behinderung. Grundlagen, Klinische Syndrome, Behandlung und Rehabilitation* (3. Aufl.) (S.42-54). Stuttgart: Kohlhammer.

Sächsisches Staatsministerium für Kultus über Förderschulen im Freistaat Sachsen (2004). Schulordnung Förderschule – SOFS vom 3. August 2004. http://www.sachsen-macht-schule.de/recht/sofs.pdf (01.01.2007).

Schuppener, S. (2004). Teilhabe und Selbstbestimmung von Menschen mit geistiger Behinderung im Alter. *Geistige Behinderung, 43* (1), 36-56.

Schuppener, S. (2005a). *Selbstkonzept und Kreativität von Menschen mit geistiger Behinderung.* Bad Heilbrunn: Klinkhardt.

Schuppener, S. (2005b). Förderdiagnostik und Förderpläne im Kontext schulischer Integration. In V. Moser & E. von Stechow (Hrsg.), *Lernstands- und Entwicklungsdiagnosen* (S. 175-190). Bad Heilbrunn: Klinkhardt.

Schuppener, S. (2005c). Inklusive Voraussetzungen für eine Förderung lebenspraktischer Kompetenzen von Menschen mit geistiger Behinderung. *Geistige Behinderung, 44* (4), 275-285.

Schuppener, S. (2006). „Frag' mich mal" – Zur Subjektivität von Schülerinnen und Schülern mit geistiger und mehrfacher Behinderung innerhalb des Unterrichts in heterogenen Lerngruppen. *Behindertenpädagogik, 45* (1), 41-55.

Schuppener, S. (2007a). Psychologische Ansätze. In S. Nußbeck, A. Biermann & H. Adam (Hrsg.), *Handbuch zum Förderschwerpunkt geistige Entwicklung.* Göttingen: Hogrefe (im Druck).

Schuppener, S. (2007b). Schülerinnen und Schüler mit geistiger Behinderung und herausfordernden Verhaltensweisen – „behinderte Begegnungen" und Möglichkeiten der Enthinderung. *Sonderpädagogik 37* (1), 16-28.

Seidel, M. (2006). Geistige Behinderung – medizinische Grundlagen. In E. Wüllenweber, G. Theunissen & H. Mühl (Hrsg.), *Pädagogik bei geistigen Behinderungen. Ein Handbuch für Studium und Praxis* (S. 160-170). Stuttgart: Kohlhammer.

Seifert, M. (1997). *Wohnalltag von Erwachsenen mit schwerer geistiger Behinderung. Eine Studie zur Lebensqualität.* Reutlingen: Diakonie.

Seifert, M. (2006). Pädagogik im Bereich des Wohnens. In E. Wüllenweber, G. Theunissen & H. Mühl (Hrsg.), *Pädagogik bei geistigen Behinderungen. Ein Handbuch für Studium und Praxis* (S. 376-393). Stuttgart: Kohlhammer.

Seitz, S. (2003a). Neue Wege im Unterricht. Inklusive Didaktik als Perspektive. In A. Fröhlich, N. Heinen & W. Lamers (Hrsg.), *Schulentwicklung – Gestaltungsräume in der Arbeit mir schwerbehinderten Schülerinnen und Schülern* (S. 275-294). Düsseldorf: Selbstbestimmtes Leben.

Seitz, S. (2003b). Wege zu einer inklusiven Didaktik des Sachunterrichts – das Modell der Didaktischen Reduktion. In G. Feuser (Hrsg.), *Integration heute – Perspektiven ihrer Weiterentwicklung in Theorie und Praxis* (S. 91-104). Frankfurt: Lang.

SGB IX (2006). Rehabilitation und Teilhabe behinderter Menschen. http://www.sozialgesetzbuch-bundessozialhilfegesetz.de/_buch/sgb_ix.htm (03.01.2007).

Singer, P. (1994). *Praktische Ethik*. Stuttgart: Reclam.

Speck, O. (2005). *Menschen mit geistiger Behinderung. Ein Lehrbuch zur Erziehung und Bildung* (10. Aufl.). München: Reinhardt.

Statistische Veröffentlichung der Kultusministerkonferenz (2005). Sonderpädagogische Förderung in Schulen 1994-2003. Dokumentation 177. http://www.kmk.org/statist/Dokumentation177.pdf (12.01.2007).

Sternberg, R. J. (2000). Wie intelligent sind Intelligenztests? *Spektrum der Wissenschaft Spezial* (1), 12-17.

Stromme, P. & Hagberg, G. (2000). Aetiologie in severe and mild mental retardation: A pulation-based study of Norwegian children. *Social Psychiatry and Psychiatric Epidemiology, 35*, 12-18.

Suhrweier, H. & Hetzner, R. (1993). *Förderdiagnostik für Kinder mit Behinderungen*. Neuwied: Luchterhand.

Taßler, R. (2000). Interventionen bei behinderungsübergreifenden Problemen – Hyperkinetisches Syndrom. In J. Borchert (Hrsg.), *Handbuch der Sonderpädagogischen Psychologie* (S. 727-741). Göttingen: Hogrefe.

Theunissen, G. (2000). *Wege aus der Hospitalisierung. Empowerment mit schwerstbehinderten Menschen*. Bonn: Psychiatrie-Verlag.

Theunissen, G. (2002). *Altenbildung und Behinderung. Impulse für die Arbeit mit Menschen, die als lern- und geistigbehindert gelten*. Bad Heilbrunn: Klinkhardt.

Theunissen, G. (2003). *Erwachsenenbildung und Behinderung. Impulse für die Arbeit mit Menschen, die als lern- und geistigbehindert gelten*. Bad Heilbrunn: Klinkhardt.

Theunissen, G. (2005). *Pädagogik bei geistiger Behinderung und Verhaltensauffälligkeiten* (4. Aufl.). Bad Heilbrunn: Klinkhardt.

Theunissen, G. (2006a). Verstehende Diagnostik. In E. Wüllenweber, G. Theunissen & H. Mühl (Hrsg.), *Pädagogik bei geistigen Behinderungen. Ein Handbuch für Studium und Praxis* (S. 311-319). Stuttgart: Kohlhammer.

Theunissen, G. (2006b). Freundschaften mit nichtbehinderten Bürgern fördern und unterstützen – ein Ausblick für die Behindertenarbeit im Lichte von Inklusion. In G. Theunissen & K. Schirbort (Hrsg.), *Inklusion von Menschen mit geistiger Behinderung. Zeitgemäße Wohnformen – Soziale Netze – Unterstützungsangebote* (S. 275-283). Stuttgart: Kohlhammer.

Theunissen, G., Dieter, M., Neubauer, G. & Niehoff, U. (2000). Zur Situation geistig behinderter Menschen in ihrer Freizeit. *Geistige Behinderung, 39* (4), 360-272.

Thimm, W. (1999). Epidemiologie und soziokulturelle Faktoren. In G. Neuhäuser & H.-C. Steinhausen (Hrsg.), *Geistige Behinderung. Grundlagen, klinische Syndrome, Behandlung und Rehabilitation* (S. 9-25) (2. Aufl.). Stuttgart: Kohlhammer.

Trost, R. (2003). Förderplanung mit Menschen mit geistiger Behinderung. In D. Irblich & B. Stahl (Hrsg.), *Menschen mit geistiger Behinderung. Psychologische Grundlagen, Konzepte und Tätigkeitsfelder* (S. 502-558). Göttingen: Hogrefe.

Wachsmuth, S. (2006). *Kommunikative Begegnungen. Aufbau und Erhalt sozialer Nähe durch Dialoge mit Unterstützer Kommunikation.* Würzburg: Bentheim.

Wacker, E. (2003). Perspektivenwechsel. *Geistige Behinderung, 42* (3) *Editorial,* 193-196.

Weber, E. (2003). Persönliche Assistenz – assistierende Begleitung. Veränderungsanforderungen für professionelle Betreuung und für Einrichtungen der Behindertenhilfe. *Geistige Behinderung, 42* (1), 4-22.

Wendeler, J. (1993). *Geistige Behinderung. Pädagogische und psychologische Aufgaben.* Weinheim: Beltz.

World Health Organization WHO (2001). *ICF – International Classification of Functioning, Disability and Health.* Geneva: World Health Organization.

Wilken, E. (2006). *Unterstütze Kommunikation. Eine Einführung in Theorie und Praxis* (2. Aufl.). Stuttgart: Kohlhammer.

Wocken, H. (1998). Gemeinsame Lernsituationen: Eine Skizze zur Theorie des gemeinsamen Unterrichts. In A. Hildeschmidt & I. Schnell (Hrsg.), *Integrationspädagogik: auf dem Weg zu einer Schule für alle* (S. 37-52). Weinheim: Juventa.

Wolfensberger, W. (1972). *The principle of normalization in human services.* Ontario, Canada: National Institute on Mental Retardation.

5 Hochbegabung

Christoph Perleth

5.1 Einführung in die Thematik

Auch wenn im 2000 erschienenen Handbuch der Sonderpädagogischen Psychologie (Borchert, 2000) ein Artikel zu Hochbegabung aufgenommen wurde (Perleth, 2000), ist das Thema Hochbegabung in der deutschsprachigen Sonderpädagogik noch kaum verankert. Zwar gibt es eine Reihe von personellen Verbindungen zwischen beiden Bereichen, so waren bzw. sind etwa die bekannten deutsche Hochbegabtenexperten und -forscher Kurt A. Heller (LMU München) oder Klaus K. Urban (Universität Hannover) ursprünglich in der Sonderpädagogik beheimatet und haben sich erst im Laufe der Jahre der Hochbegabung zugewandt. Gleiches gilt übrigens auch für den Vater der Hochbegabtenforschung Lewis Terman, der die erste große Hochbegabten-Längsschnittstudie in Kalifornien begann (Terman, 1925; Terman & Oden, 1947, 1959). Dennoch gilt, dass sich die deutsche Sonderpädagogik, wohl aus ihrer Tradition als Heilpädagogik heraus, kaum mit der Gruppe hochbegabter Kinder und Jugendlicher befasst hat, schließlich muss Hochbegabung ja nicht geheilt werden.

Bei den meisten Hochbegabten geht es auch nicht in erster Linie darum, ihnen zu einer selbständigen Lebensführung in der Gesellschaft zu verhelfen, was die deutsche Sonderpädagogik auch aufgrund ihrer traditionellen Verbindung mit der Medizin als Hauptaufgabe ansieht, sondern darum, die Begabungen des Einzelnen optimal zu fördern und zu entwickeln (vgl. Perleth, 2000). Sicherlich nimmt auch die Sonderpädagogik für sich die individuelle Förderung des Einzelnen in Anspruch, allerdings rückte das Ziel der Entwicklung besonderer Begabungen nicht in den Vordergrund (vgl. Hoyningen-Süess, 1989), wobei es in der Vergangenheit seit einiger Zeit durchaus Ausnahmen gibt (vgl. z. B. das Konzept der „inselhaften Begabungen" von Baier, 1982; „Teilbegabungen" bei Kurth, 1992).

Im Gegensatz dazu befasst sich die amerikanische „special education" seit längerem mit dem Thema Hochbegabung, der dritte Autor des Handbuchs Wang, Reynolds und Walberg (1995), Herbert J. Walberg, ist beispielsweise selbst in der Hochbegabtenforschung aktiv und hat zur Termanstudie publiziert (z. B. Walberg, 1992). Im angelsächsischen Verständnis befasst sich die Sonderpädagogik bzw. die Wissenschaft von der „Spezialerziehung" mit den Kindern, Jugendlichen und auch Erwachsenen, die eine andere Erziehung und Förderung benötigen, als sie für durchschnittliche Schülerinnen und Schüler angemessen ist. Bezogen auf den Intelligenzbereich befasst sich die „special education" mit beiden Extrembereichen der Intelligenzverteilung.

Der Gedanke, dass sich die Sonderpädagogik bereits aus quantitativ-statistischer Sicht um Hochbegabte kümmern müsse, weil diese wie Behinderte in die Extrembereiche der Verteilung des jeweiligen Merkmals (meistens geht es dabei um Intelligenz) fallen und von daher wie andere Gruppen besonderer Kinder und Jugendlicher auch besonderer pädagogischer Bemühungen bedürfen, findet sich beispielsweise bei Heller (1996) oder Hoyningen-Süess (1992).

Daneben gibt es weitere Gründe, warum sich eine Sonderpädagogik mit Hochbegabung befassen muss. So finden sich unter behinderten Menschen auch solche mit Hochbegabung(en) (vgl. z. B. Fels, 1997; vgl. auch die Aktivitäten der Vaduzer „Stiftung zur Förderung körperbehinderter Hochbegabter"). Hierunter fallen vor allem Hochbegabte mit Körper- oder Sinnesbehinderungen. Als Beispiele für Menschen mit Körper- und Sinnesbehinderungen, die herausragende Leistungen erzielten, seien der Physiker Stephen Hawking, der Saxophonist Klaus Kreuzeder oder der Sänger und Pianist Ray Charles genannt.

Weiter benötigen manche hochbegabten Kinder und Jugendliche gerade aufgrund (hochbegabungs-)spezifischer Lern- und Verhaltensprobleme besondere psychologische und pädagogische Zuwendung (z. B. Terrassier, 1985; Silverman, 1993; Stapf, 1998). Manche dieser Maßnahmen sind hochbegabungsspezifisch, viele andere aber sind dieselben therapeutischen oder pädagogischen Interventionsmaßnahmen, die auch bei Kindern und Jugendlichen in anderen Bereichen des Begabungsspektrums zum Einsatz kommen.

5.2 Definitionen und Klassifikationen

Die meisten Menschen und auch viele Wissenschaftler verwenden den Begriff des Intelligenzquotienten IQ als Maß für die Höhe der geistigen Leistungsfähigkeit. Dabei wird angenommen, dass man das gesamte Spektrum der intellektuellen Leistungsfähigkeit in einer einzigen Zahl ausdrücken kann. Und, so wird meist argumentiert, wenn der Wert über einem IQ von 130 liegt, dann gilt man als hochbegabt. Dies klingt willkürlich und ist es auch. Jost (1999) setzt den Versuch, den Begriff Hochbegabung zu definieren, gleich mit dem Versuch festzulegen, wann das Badewasser heiß sei. Umso mehr als die Bandbreite der Bezeichnungen, mit denen die betreffenden Kinder und Jugendliche belegt werden, sehr weit ist: Sie reicht von *hochbegabt* über *besonders befähigt, hoch talentiert, Genie, spitzenbegabt, Überflieger* bis zu *hochintelligent*.

Dass der Vorschlag, Hochbegabung über einen IQ von 130 zu definieren, durchaus eine solide wissenschaftliche Grundlage hat und nicht ganz so willkürlich gewählt ist, wie er auf den ersten Blick erscheinen mag, wird in Abschnitt 5.3. näher erläutert. Zunächst aber sollen wichtige Paradigmen der Hochbegabungsforschung skizziert werden.

5.2.1 Psychometrisch orientierte Forschung

Psychometrische Intelligenzmodelle haben für die Hochbegabungsforschung nach wie vor eine überragende Bedeutung, weil praktisch alle empirisch forschenden wie auch Psychologen in der Beratungspraxis auf diese Modelle bzw. auf entsprechende diagnostische Methoden zurückgreifen. Zentral bis in die Gegenwart hinein ist dabei die Auseinandersetzung, ob die Hochbegabungsforschung auf Intelligenzmodelle mit mehreren unterschiedlichen und unabhängigen Intelligenzfaktoren zurückgreifen (z. B. Hany & Heller, 1991), oder im Sinne einer Rückbesinnung auf Bewährtes und Machbares Tests zur Erfassung der allgemeinen Intelligenz „g" in der Tradition etwa Spearmans (oder Termans!) favorisieren sollte (z. B. Rost, 1991, 1993).

Für das Intelligenzmodell Spearmans (vgl. Heller, 2000) ist die Unterscheidung von spezifischen Faktoren (s-Faktoren s_1, s_2, s_3 ... s_n) und einem allgemeinen („general") Faktor (g-Faktor) charakteristisch. Während die s-Faktoren Fähigkeiten repräsentieren, die jeweils bei bestimmten Aufgabentypen oder Leistungsanforderungen wirksam sind, wirkt sich die mit dem g-Faktor erfasste Fähigkeit durchgängig bei den verschiedensten intellektuellen Aufgaben aus. Das Modell ist hierarchisch mit zwei Stufen konzipiert, wobei der g-Faktor den spezifischen Faktoren übergeordnet ist (vgl. Abb. 5.1).

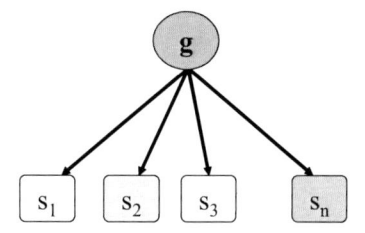

Abbildung 5.1: Modell der allgemeinen Intelligenz nach Spearman (1927)

Spearman (1927) ging dabei von der Beobachtung aus, dass alle Maße für intellektuelle Leistungen mehr oder weniger stark miteinander zusammen hängen. Das Gemeinsame aller Intelligenzleistungen stellt den g-Faktor dar. Das Modell wird durch empirische Befunde (sog. faktorenanalytische Untersuchungen) gestützt.

Im Rahmen der Sonderpädagogik noch populärer ist sicherlich das Intelligenzkonzept von Wechsler, das in der Tradition der englischen Schule Spearmans (1927) steht, wobei ihm die Popularität weniger aus theoretischen Gründen zukommt als vielmehr aus der Tatsache, dass auf diesem Modell der in der Sonderpädagogik wie bei der Hochbegabtendiagnose bis heute wohl populärste Intelligenztest, der Hamburg-Wechsler-Intelligenztest für Kinder entstammt (HAWIK, die aktuelle Variante ist der HAWIK III von Tewes, Rossmann & Schallberger, 2000; das englische Original heißt WISC, was die Abkürzung für Wechsler Intelligence Scale for Children darstellt). Beim Wechsler Test, der ursprünglich ausschließlich zur Erfassung der allgemeinen Intelligenz konzipiert war, wurden die einzelnen Untertests schon bald in zwei Gruppen aufgeteilt, die zwei Intelligenzfaktoren auf einer Zwischenebene zwischen der allgemeinen Intelligenz und den einzelnen Fertigkeiten (hier operationalisiert über die Untertests) darstellen: Die Tests, bei denen die Antworten bzw. Lösungen verbal gegeben werden, werden zum so genannten Verbalteil zusammengefasst, die Untertests, bei denen die Reaktion der Testpersonen in „Handlungen" besteht (Puzzle legen, Bildergeschichten ordnen usw.), machen den Handlungsteil aus. Auch wenn dieses Modell theoretisch nicht gerade überzeugen kann und in den neuesten Revisionen auch mehr oder weniger ersetzt wird, kann es doch exemplarisch aufzeigen, wie bei den hierarchischen Modellen der englischen Schule sich aus dem Stamm der allgemeinen Intelligenz die übergeordneten und untergeordneten Intelligenzfaktoren verzweigen bin hin zu den Ästen und Zweigen der Einzelfertigkeiten am Ende.

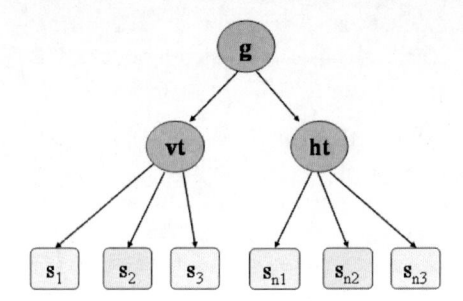

Abbildung 5.2: Das traditionelle Intelligenz-Modell der Wechsler-Tests

Im Gegensatz zum durch Spearman (1927) begründeten hierarchischen Modell der englischen Schule wird im Intelligenzmodell Thurstones (1938, zit. n. Heller, 2000) kein übergeordneter Faktor als Repräsentant einer allgemeinen Intelligenz angenommen. Vielmehr postuliert Thurstone aufgrund seiner Forschung 7 (bis 9) so genannte Primärfaktoren, die allesamt als voneinander unabhängig betrachtet werden. Ein solches Modell unabhängiger Intelligenzfaktoren ist implizite Voraussetzung für alle Intelligenztestverfahren, die nicht auf die Bestimmung einer allgemeinen Intelligenz abzielen, sondern die Bestimmung eines Profils intellektueller Fähigkeiten bezwecken. Die von Thurstone ermittelten ursprünglichen sieben (Primär-)Faktoren sind (später kamen noch die Faktoren „Speed" and „Flexibility of Closure" dazu; vgl. hierzu Heller, 2000):

- „Verbal Comprehension": Erfassung sprachlicher Bedeutungen (z. B. Wortschatz) und Beziehungen (z. B. Klassifikationen), Umgang mit sprachlichen Begriffen;
- „Word Fluency": Wortflüssigkeit, assoziative Wortproduktion;
- „Memory": Gedächtnis, Kurzzeitgedächtnis, Merkfähigkeit;
- „Reasoning": Denkfähigkeit, Fähigkeit zum schlussfolgernden Denken, induktives Denken und Anwendung von Regeln;
- „Number": Leichtigkeit des Umgangs mit relativ einfachen Rechenoperationen, weniger mathematische Fähigkeiten;
- „Space": Räumliches Vorstellungsvermögen;
- „Perceptual Speed": Wahrnehmungsgeschwindigkeit, rasches Erfassen von Details, die in irrelevantes Material eingebettet sind.

Cattell (1965), ein Schüler Spearmans, entwickelte ein „Zweifaktorenmodell" der Intelligenz, das zwischen der so genannten flüssigen oder fluiden und der kristallisierten Intelligenz unterscheidet und damit Ideen Spearmans und Thurstones gleichermaßen aufgreift und verbindet. Die flüssige Intelligenz ist dabei ähnlich zu verstehen wie der g-Faktor im Spearmanschen Modell, d. h. die flüssige Intelligenz stellt eine allgemeine Fähigkeit dar, „in neuartigen Situationen und anhand von sprachfreiem, figuralem Material, Denkprobleme zu erfassen, Beziehungen herzustellen, Regeln zu erkennen, Merkmale zu identifizieren und rasch wahrzunehmen" (Weiß & Osterland, 1980, S. 4). Die flüssige Intelligenz wird als weitgehend angeboren verstanden und soll sich insbesondere dazu eignen, Intelligenz und Intelligenzentwicklung unabhängig von sozio-kulturellen Einflüssen zu erfassen. Das von Cattell hierfür konzipierte Testverfahren wurde dementsprechend als „Culture Free Test" bzw. später etwas vorsichtiger als „Culture Fair Test" (CFT) bezeichnet.

Die kristallisierte Intelligenz ist demgegenüber das Produkt von flüssiger Intelligenz und Sozialisationseinflüssen in bestimmten Leistungsbereichen und umfasst damit unter anderem auch das über Erfahrung erworbene Wissen einer Person. Kristallisierte Intelligenz ist demnach keine einheitliche Fähigkeit, sondern je nach Umwelteinflüssen und Lerngelegenheiten können sich unterschiedliche Fähigkeiten im Rahmen der kristallisierten Intelligenz ausbilden. Die Bezeichnung „Zweifaktorentheorie" ist somit etwas irreführend.

Das Modell einer allgemeinen Intelligenz im Sinne von Spearman oder Cattell wurde und wird beispielsweise in der Arbeitsgruppe von Detlef Rost an der Universität Marburg verwendet. Auch Forscher, die die Rolle der Begabung im Zusammenhang mit den unterschiedlichsten Fragestellungen thematisieren (z. B. für den Expertiseerwerbsprozess, s. u.), erfassen auch aus praktischen Gründen regelmäßig die allgemeine Intelligenz „g", weil die Betrachtung unterschiedlicher Intelligenzfaktoren die Überlegungen verkompliziert. Ziel der Theoriebildung in der Psychologie ist es im Sinne des Occamschen Rasiermessers, mit möglichst wenigen Konstrukten möglichst viel zu erklären.

Allerdings betont eine große Zahl gegenwärtiger Intelligenzforscher, dass bei der Diskussion um Begabung und Intelligenz unterschiedliche Bereiche oder Faktoren unterschieden werden müssen und der „IQ" als Maß für die gesamte geistige Leistungsfähigkeit in der (nichtfachlichen) Öffentlichkeit zwar populär, aber letztlich nur eingeschränkt erklärungskräftig ist. So führt beispielsweise Gardner (z. B. 1994) aufgrund seiner Untersuchungen oder besser Erfahrungen nicht weniger als 7 Intelligenzbereiche an, die er später sogar noch erweitert hat (vgl. Perleth, im Druck).

1. *Sprachliche Intelligenz*: Personen mit hoher sprachlicher Begabung verfügen über einen großen Wortschatz, den sie auch flexibel einsetzen können. Es fällt ihnen leicht, auch komplizierte Gedanken und Gefühle so in Worte zu fassen, dass Zuhörer (oder Leser) geradezu in ihren Bann gezogen werden. Journalisten, Schriftsteller, aber auch Showmaster und große Redner verfügen über diese Fähigkeit häufig in besonderem Maße, aber auch gute Aufsatzschreiber in der Grundschule oder Sekundarstufe.

2. *Logisch-mathematische Intelligenz*: Personen mit ausgeprägter mathematisch-logischer Begabung erkennt man daran, dass es ihnen leicht fällt, mit Zahlen umzugehen und dass sie systematisch und logisch denken können. Bankkaufleute sollten, Mathematiker und Informatiker müssen über mathematisch-logische Begabung verfügen.

   Eng verwandt mit der mathematisch-logischen Begabung ist das schlussfolgernde oder induktive Denken. Mit dessen Hilfe sind Menschen in der Lage, Regeln, Zusammenhänge oder Ähnlichkeiten zu erkennen und daraus Schlüsse zu ziehen. Schlussfolgerndes Denken ist auch für den Alltag wichtig, beispielsweise wird es mit seiner Hilfe erleichtert, von einem PC-Textverarbeitungsprogramm auf ein anderes umzusteigen.

3. *Räumliche Intelligenz*: Diese Fähigkeit beinhaltet, dass man räumlich denken kann, sich also räumliche Objekte im Kopf gut vorstellen kann. Dies ist nützlich, wenn man die Einrichtung einer Wohnung plant, um sich die Anordnung der Möbel und die spätere Raumwirkung vorstellen zu können. Und auch beim Umzug hilft räumliche Begabung, den Möbelwagen so optimal voll zu laden, so dass kein Blatt Papier mehr zwischen die einzelnen Teile passt.

4. *Körperlich-kinästhetische Intelligenz*: Hier geht unter anderem um die Erfassung und den Nachvollzug sowie die präzise und gezielte Ausführung von Bewegungsabläufen, aber auch darum, Emotionen oder andere Ideen mit dem Körper ausdrücken zu können. Beispielsweise müssen (Ballett-)Tänzer über körperlich-kinästhetische Intelligenz verfügen. Grundlage dieser Intelligenzform ist die (Psycho-) Motorik des Menschen.

5. *Musikalische Intelligenz*: Intonation, Rhythmusgefühl, Erfassen von Melodien, Sinn für Harmonien sind Elemente musikalischer Begabung. Darüber hinaus wird diese Intelligenzform dadurch gekennzeichnet, dass musikalisch begabte Personen in der Lage sind, Emotionen und Stimmungen mit musikalischen Mitteln ausdrücken oder sogar mit Musik „malen" zu können (vgl. beispielsweise die 6. Symphonie „Pastorale" von Ludwig van Beethoven). Auch für die Erfassung des emotionalen Ausdrucks von Musik, also die Entschlüsselung von Musik, benötigt man musikalische Intelligenz.

6. *Intrapersonale Intelligenz*: Sensibilität gegenüber der eigenen inneren Welt ermöglicht Menschen, die eigenen Gefühle und Bedürfnisse zu erkennen. Zen-Meister verfügen in besonderem Maße über diese Begabungsform.

7. *Interpersonale Intelligenz*: Hier geht es um die differenzierte Wahrnehmung der Befindlichkeit anderer sowie die diesbezügliche Abstimmung des eigenen Verhaltens. Sozial kompetentes Verhalten in diesem Sinne setzt eine Person in die Lage, in sozialen Situationen so angemessen zu handeln, dass sie ihre eigenen Ziele durchsetzt ohne andere in ihren Möglichkeiten zu beeinträchtigen. Es beinhaltet also auch die Fähigkeit, eigene Rechte und Gefühle gegenüber Mitmenschen angemessen zu formulieren. Dazu gehört auch, „Nein" zu sagen, eigene Wünsche und Forderungen zu äußern, Kontakte zu knüpfen, Gespräche nach eigenen Bedürfnissen zu beginnen und zu beenden oder positive und negative Gefühle zu äußern.

Die Sichtweise Gardners (1994) hat besonders in den USA eine große Popularität erzielt, obwohl sie wissenschaftlich nur eher schwach abgesichert ist und in jüngster Zeit (Gardner, 2002) durch eine beliebig anmutende Ausweitung bis hin zur naturkundlichen oder spirituellen Intelligenz wissenschaftlich nicht mehr ganz ernst genommen werden kann.

Das im deutschen Sprachraum wohl bekannteste Hochbegabungsmodell im engeren Sinne stammt von Franz Mönks (z. B. 1992; Abb. 5.3). Dieses Modell stellt eine direkte Weiterentwicklung des Hochbegabungs-Modells von Renzulli (z. B. 1993) dar, das insbesondere bei Beratern, die mit Hochbegabungsfragen befasst sind, einen hohen Stellenwert genießt. Mönks übernimmt von Renzulli die drei personinternen Faktoren überdurchschnittliche intellektuelle Fähigkeiten, Kreativität sowie Aufgabenengagement oder Aufgabenzuwendung bzw. Motivation. Beim Aufgabenengagement unterscheidet Mönks (1992) die gedankliche Auseinandersetzung mit einem Aufgabengebiet (kognitive Komponente) von einer gefühlsmäßigen Komponente (Angezogensein vom Aufgabengebiet) und einer motivationalen Komponente (Einsatz und Willensstärke bei der Realisierung der Ziele). Kreativität umfasst nach Mönks (1992) vor allem „originelles, produktives und individuell-selbständiges Vorgehen" (S. 20). Diese Personfaktoren bettet Mönks ein in ebenfalls drei Faktoren des Lernumfelds: Familie, Freundeskreis (Peers) und Schule. Ohne eine fruchtbare Interaktion mit einer förderlichen Lernumwelt könne sich das Potential des hochbegabten Kindes nicht entfalten. Mönks betont in diesem Zusammenhang besonders die Rolle der Peers, da hochbegabte Kinder und Jugendliche oft wegen ihrer Unterschiedlichkeit keinen rechten Anschluss an Alters- oder Klassenkameraden finden.

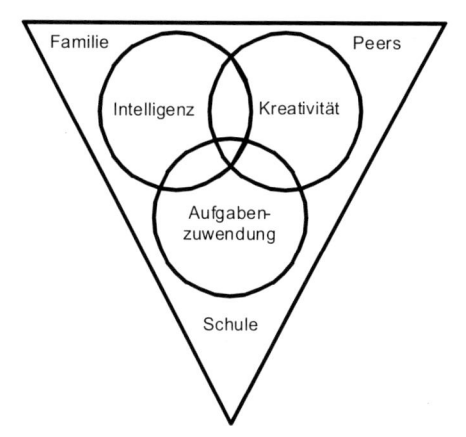

Abbildung 5.3: Das Hochbegabungsmodell von Mönks

Im Unterschied zu den oben skizzierten „reinen" Intelligenzmodellen wird im Modell von Mönks auch die Umsetzung von Begabung in Leistung thematisiert und der Hochbegabungsbegriff damit ausgeweitet auf nichtkognitive Personmerkmale. Ähnliches finden wir auch im Modell der Münchner Forschergruppe um Kurt A. Heller. Heller (2001) definiert Begabung als „das Insgesamt personaler (kognitiver, motivationaler) und soziokultureller Lern- und Leistungsvoraussetzungen ..., wobei die Begabungsentwicklung als Interaktion (person-) interner Anlagefaktoren und externer Sozialisationsfaktoren zu verstehen ist" (S. 23). Die

Begabungsentwicklung stellt nach Ansicht eine Interaktion zwischen personinternen Dispositionen und externalen Sozialisationsfaktoren dar (Abb. 5.4).

Unter (Hoch-)Begabung verstehen die (ehemals) Münchner Forscher (vgl. Heller, 2001) also die kognitiven, motivationalen und sozialen Möglichkeiten des Individuums, auf einem oder mehreren Gebieten gute bis herausragende Leistungen zu erzielen. Mit kognitiven Möglichkeiten sind hier die Begabungsdimensionen gemeint. Die Autoren nehmen an, dass für besondere Leistungen in einem Leistungsbereich eine spezifische Begabung bzw. Begabungskonstellation vorhanden sein muss. Entsprechend konzipieren die Autoren ein multidimensionales Modell, in dem fünf Begabungsdimensionen sowie (nichtkognitive) Persönlichkeits- und Umweltmerkmale als drei Gruppen von Prädiktorvariablen bei entsprechend günstiger Konstellation in Leistung umgesetzt werden können. Im Einzelnen unterscheidet Hellers Forschungsgruppe die folgenden Begabungsdimensionen:

1. Sprachliche, mathematische und nonverbale Intelligenz,
2. Kreativität,
3. Soziale Kompetenz,
4. Künstlerische bzw. musikalische Fähigkeiten,
5. Psychomotorische Fähigkeiten.

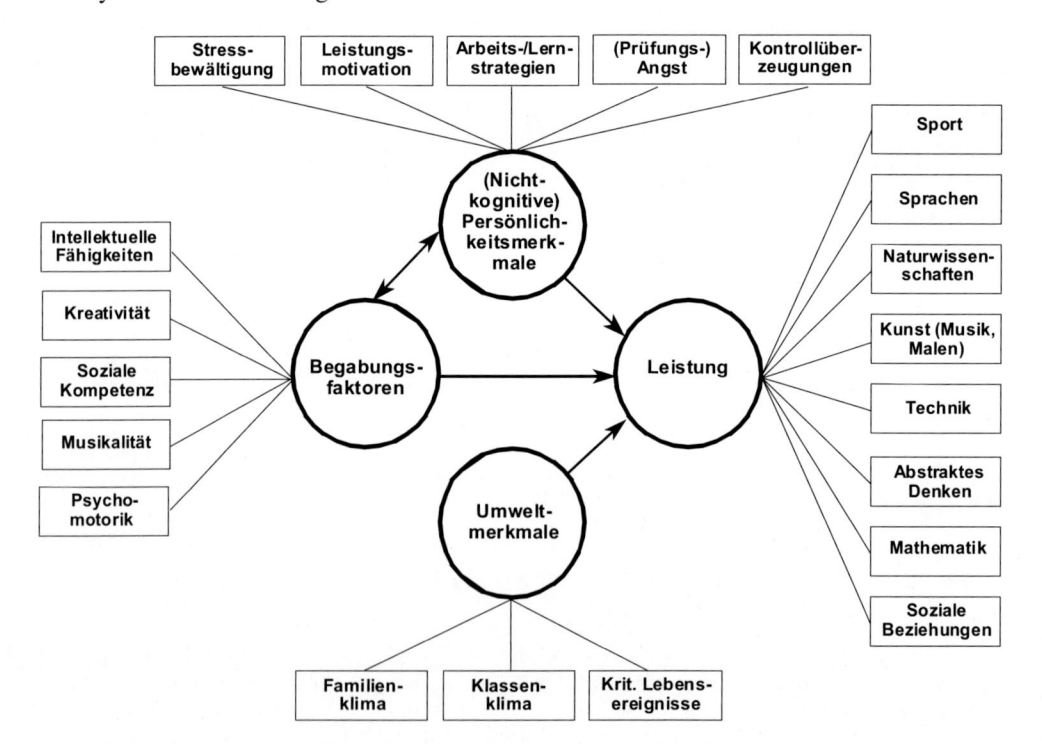

Abbildung 5.4: Das Modell der Münchner Hochbegabungsstudie

Dabei wird betont, dass diese Zusammenstellung von Fähigkeiten durch weitere Dimensionen ergänzt werden könnte (vgl. Perleth, 1997). Diesen fünf Begabungsbereichen werden nun Leistungsbereiche wie Mathematik, Naturwissenschaften, Sprachen, Musik etc. zugeordnet. Diese Zuordnung ist jedoch nicht so zu verstehen, dass jedem Begabungsbereich ein Leistungsbereich zugeordnet wird. Vielmehr können für Leistungen auf bestimmten Gebieten möglicherweise bestimmte Kombinationen von Begabungsfaktoren erforderlich sein oder verschiedene Begabungskonstellationen können auf derselben Leistungsdomäne zu herausragenden Leistungen führen.

Für die Umsetzung von Begabungspotential in manifeste Leistungen spielen im Münchner Modell (nichtintellektuelle) Persönlichkeits- und Umweltmerkmale eine entscheidende Moderatorenrolle: Einerseits müssen in der Umwelt natürlich Lerngelegenheiten, Anregungen etc. vorhanden sein, andererseits setzt sich Begabung auch bei optimalen Umweltmerkmalen nur dann in Leistung um, wenn der Schüler oder die Schülerin über eine günstige Ausprägung in Persönlichkeitsmerkmalen wie den folgenden verfügt: Leistungsmotivation, Hoffnung auf Erfolg, Anstrengungsbereitschaft, Kontrollüberzeugung, Erkenntnisstreben, Stressbewältigungskompetenz, Selbstkonzept.

Bei den Umweltmerkmalen rekurriert Heller (2001) vor allem auf Familien- und Schulvariablen sowie auf kritische Lebensereignisse: Anregungsgehalt der häuslichen Umwelt, Bildungsniveau der Eltern, Geschwisterzahl und -position, Stadt-Land-Herkunft, Unterrichtsklima, Kritische Lebensereignisse, Rollenerwartungen bzgl. Hochbegabung, häusliche Leistungsforderungen, Erfolgs-/ Misserfolgserlebnisse. Insgesamt zeigt die Münchner Auffassung von Begabung bzw. Intelligenz deutliche Parallelen etwa zu verschiedenen US-amerikanischen Konzeptionen, die ebenfalls alle Hochbegabung bereichsspezifisch verstehen, insbesondere zum Modell von Gagné (1995, genauer Perleth & Schatz, 2003).

5.2.2 Kognitionspsychologische Ansätze

Als exemplarisches Beispiel für ein kognitionspsychologisches Intelligenzmodell sei das Modell von Campione und Brown (1978) skizziert, das aus der amerikanischen Sonderpädagogik stammt. Ausgangspunkt der Überlegungen der beiden Autoren stellen deren Trainingsstudien mit retardierten Kindern dar. Als Grundkonzeption ihres Modells nennen die Autoren die Unterscheidung einer zugrunde liegenden Hardware-Ebene und einer übergeordneten exekutiven (Steuerungs-) Ebene, d. h. es wird eine durch Fördermaßnahmen nicht modifizierbare Struktur- von einer trainierbaren Prozessebene unterschieden.

Die Hardware-Ebene umfasst dabei ein Dreispeicher-Gedächtnismodell (sensorischer Speicher bzw. Ultra-Kurzzeitgedächtnis, Kurzzeitgedächtnis, Langzeitgedächtnis). Die Eigenschaften dieser Einheiten, nämlich ihre Kapazität (Speichergröße), ihre Speicherdauer und ihre Effizienz, unterliegen keiner Entwicklung, sie sind nicht veränderbar, also auch Trainingsmaßnahmen wenig zugänglich, stehen aber mit der Intelligenz zunächst in keinem Zusammenhang.

Die Geschwindigkeit der Verarbeitung und des Abrufs von Informationen stellt die operative Effizienz des Systems dar. Diese scheint mit Parametern intellektueller Fähigkeiten zu kovariieren und wird auch bei Campione, Brown und Ferrara (1982) als eine Determinante intelligenten Verhaltens diskutiert. Andere Autoren (z. B. Jensen, 1982; Neubauer, 1995) haben diese Informationsverarbeitungsgeschwindigkeit in den Mittelpunkt ihrer theoretischen Modellierung von Intelligenz gestellt. Diese und manche andere Konzeptionen von Intelligenz rekurrieren gerade auf die unveränderlichen „Hardwareeigenschaften" des kognitiven Apparats.

Die übergeordnete exekutive Ebene besteht bei Campione und Brown (1978) zunächst a) aus der Komponente Wissensbasis, in der das Weltwissen des Individuums organisiert und repräsentiert ist. Weitere Komponenten stellen sodann b) Regeln bzw. Strategien sowie c) Metakognition/ Metagedächtnis (Person-, Regel- und Strategiewissen) und metakognitive Kontrollprozesse dar. Letztere werden als metakognitive Regulationskomponenten bei Gedächtnisanforderungen, Verstehensprozessen oder beim Problemlösen verwendet. Diese Komponenten der exekutiven Ebene, denen z. B. ein Einfluss auf die Gedächtnisleistung zugeschrieben wird, sind nicht nur starken Entwicklungsprozessen unterworfen, sondern können auch durch Trainingsmaßnahmen verbessert werden.

Während Campione und Brown (1978) ihr Modell ursprünglich, wie erwähnt, mit Blick auf retardierte Kinder formulierten, modifizierten Borkowski und Peck (1986) das Modell so, dass Aussagen über besondere Merkmale hochbegabter Kinder in den Mittelpunkt des Interesses gerückt wurden. Als wesentliche Unterschiede zwischen hoch und durchschnittlich begabten Kindern im Grundschulalter stellen Borkowski und Peck (1986) deren überlegene Wissensbasis sowie die höhere Informationsverarbeitungsgeschwindigkeit heraus. Unklar sei hingegen die Befundlage zu metakognitiven Komponenten sowie bezüglich der Lern- und Problemlösestrategien, wobei Borkowski und Peck (1986) in ihren eigenen Studien Hinweise auf eine Überlegenheit Hochbegabter bei Strategien und metakognitiven Kontrollprozessen gefunden zu haben glauben. Perleth (z. B. 1997; dort auch ausführlicher) äußert sich demgegenüber deutlich skeptischer.

Dennoch erscheint der Ansatz von Campione und Brown (1978) beachtenswert. Zunächst schlagen die Autoren durch die starke Betonung der Bedeutung der Wissensbasis gewissermaßen selbst eine Brücke von der Begabungs- zur Expertiseforschung (s. u.). Beispielsweise können Leistungen von Frühlesern oder Frührechnern mit dem Modell gut erklärt werden. Weiter unterscheiden die Autoren angeborene, Trainingsversuchen nicht zugängliche Parameter der Intelligenz von erworbenen, die durch geeignete Fördermaßnahmen verändert werden können.

5.2.3 Der Ansatz der Expertiseforschung

Die Expertiseforschung hat besonders in den 90er Jahren die traditionelle Begabungsforschung dadurch in Unruhe versetzt, dass sie die Bedeutung von Intelligenz und Begabung für die Leistungsentwicklung zum Teil radikal leugnete. Ein Experte ist dabei eine Person, die auf einem bestimmten Gebiet dauerhaft herausragende Leistungen erbringt (Gruber, 1994). Die radikalsten Positionen in der Expertiseforschung haben in den letzten Jahren ohne Zweifel Ericsson und Kollegen eingenommen. Anhand der Kontroverse zwischen Ericsson und Charness (1994, 1995) sowie Gardner (1995) seien die Positionen erläutert.

Aufgrund ihres Literaturüberblicks halten Ericsson und Charness (1994) fest, dass es keine Befunde gäbe, die bei Schachexperten, im Hochleistungssport, in der Musik oder auch bei manuellen Tätigkeiten wie dem Schreibmaschinentippen einen Einfluss von Begabung im Sinne angeborener Dispositionen auf die Leistungen bzw. das erreichte Expertiseniveau nachwiesen. Im Gegenteil sei festzuhalten, dass selbst Grundkomponenten kognitiver Leistungen wie Wahrnehmungsumfang und -geschwindigkeit, motorische Parameter, Reaktionszeiten, aber auch körperliche Merkmale wie Größe von Herz und Lunge, die Stärke der Knochen oder die Gelenkigkeit etc. trainingsabhängig seien.

Begabungsmerkmalen (im traditionellen psychometrischen Sinn) komme daher keine Vorhersagevalidität im Hinblick auf außergewöhnliche Leistungen zu, was umso mehr natürlich für die einschlägigen Begabungstests gelten muss, die nach Ansicht der genannten Autoren durch ihre untrennbare Vermischung von kognitiven Dispositionen und Erfahrungen (erworbenes Wissen) als Messinstrumente für (angeborene) Fähigkeiten große methodische Probleme aufwürfen, da sie überwiegend erworbenes Wissen erfassen würden. Mit den üblichen Begabungstests ließen sich bestenfalls Leistungen in eingegrenzten Domänen (hierunter zählen die Autoren auch Schulleistungen) über kurze Zeiträume hinweg und in jedem Fall vor Erreichen eines hohen Expertiseniveaus vorhersagen. Hierbei setzen Ericsson und Kollegen Intelligenz mit allgemeiner Intelligenz gleich.

Das zweite Argument, das Ericsson und Mitarbeiter gegen die Effekte von Begabungsfaktoren auf die Leistungsentwicklung hin zu Experten anführen, bezieht sich auf (Wunder-)Kinder, die bereits sehr früh außergewöhnliche Fertigkeiten in Gebieten wie Schach oder Musik zeigen. Ericsson und Charness (1994) argumentieren, dass diese Kinder dieselben Lernschritte durchlaufen wie andere Kinder auch, dass sie die jeweiligen Stufen aber schneller, d. h. in jüngerem Alter erreichen. Gerade bei solchen Frühentwicklern ließe sich nachweisen, dass das jeweilige Leistungsniveau direkt mit einer entsprechend intensiven Förderung durch Eltern und Lehrer einherginge. Andererseits seien die meisten Erwachsenen, die außergewöhnliche Expertise zeigen, in jungen Jahren keinesfalls als Wunderkinder eingestuft worden, sie hätten sich jedoch schon früh und intensiv mit ihrem späteren Fachgebiet beschäftigt.

Wesentliche Triebfeder für die Entwicklung von Expertise stellt nach Ansicht von Ericsson und Koautoren demgegenüber die Erfahrung oder das Wissen dar, die bzw. das in Lernprozessen erworben wurde. Allerdings führt nicht jede Erfahrung zu Expertise, sondern das Lernen muss aktiv und zielgerichtet sein, was Ericsson, Krampe und Tesch-Römer (1993) als „deliberate practice" bezeichnen. Dieser aktive und zielgerichtete Lernprozess ist durch folgende Kriterien gekennzeichnet (zusammenfassend Perleth, 1997):

- *Spezialisierung auf eine Domäne.* Entwicklung von Expertise erfordere die Spezialisierung auf eine Domäne und die Investition der gesamten zur Verfügung stehenden Zeit auf dieses Fachgebiet.
- *Frühzeitiger Beginn und Investition hoher Zeitbudgets über viele Jahre hinweg.* Für den Erwerb von Expertise auf internationalem Niveau seien mindestens zehn Jahre intensives Training erforderlich (Zehnjahresregel). Daher ist es günstig, schon früh mit einer intensiven Beschäftigung auf einer Domäne zu beginnen. Nach Ericsson und Charness (1994) können die Unterschiede in der Übungsintensität und im Zeitpunkt des Beginns der Auseinandersetzung mit der Domäne die beobachtbaren Differenzen in der Performanz von Experten erklären.

- *Aktiver und zielgerichteter Lernprozess* („deliberate practice"). Erfahrung könne nicht beliebig angehäuft werden, sondern es sei meist von entscheidender Bedeutung, dass der Lernprozess von kompetenten, erfahrenen und motivierten Lehrkräften begleitet werde. Diesen Lehrkräften kommt nicht nur die Aufgabe zu, den Lernern Hilfestellung und Anleitung für Übungen zu geben und den Lernprozess auf die wesentlichen Aspekte zu richten, von mindestens genauso zentraler Bedeutung ist die ständige Rückmeldung über die Leistungen. Der ständige, intensive und zielgerichtete Lernprozess ist nämlich in der Regel nicht aus sich selbst heraus motivierend. Vielmehr handelt es sich dabei um „harte Arbeit", die deutlich von gewöhnlicher Arbeit oder anderen Aktivitäten abgegrenzt werden muss.

- *Stadien des Performanzverlaufs bis zum Erreichen von Expertise.* Bloom (1985) beschreibt drei Phasen, die bis zum Erreichen eines hohen Expertiseniveaus beschritten werden müssen (Abb. 5.5). Personen, die beispielsweise auf musikalischem Gebiet Hochleistungen auf internationalem Niveau erreichen, beschäftigen sich demnach in einer ersten Phase bereits in ihrer Kindheit auf spielerische Art mit der Domäne, indem sie beispielsweise auf Instrumenten wie einem Klavier herumspielen. Falls die Eltern in den Aktivitäten des Kindes Talent zu entdecken glauben, wird ein Lehrer gesucht und in zunächst begrenztem Umfang engagiert sich das Kind in aktiver, zielgerichteter Übung („deliberate practice"). Dabei ist es wichtig, dass die Eltern das Kind motivational unterstützen und für die Einhaltung regelmäßiger Übungszeiten sorgen. Nach einigen Jahren kann die Performanz durch die Übung nur gesteigert werden, wenn der Nachwuchsexperte seine Anstrengungen deutlich intensiviert, indem er oder sie sich ganztags mit dem Fachgebiet beschäftigt. An dieser Stelle wird das bisherige Hobby zum Beruf. Der Umfang der täglichen Übung wird erhöht und es werden besonders qualifizierte Lehrkräfte gesucht. Am Ende dieser Periode erreicht die Person Expertenstatus und kann die Aktivitäten in ihrer Domäne professionell ausüben. Die folgende Phase, die nach Bloom (1985) jedoch nicht von allen Experten beschritten wird, ist vom Bemühen gekennzeichnet, die Performanz noch weiter zu steigern, um außergewöhnliche Beiträge („eminent achievements") auf dem Fachgebiet zu leisten, was idealerweise auch zur Weiterentwicklung der Domäne beiträgt.

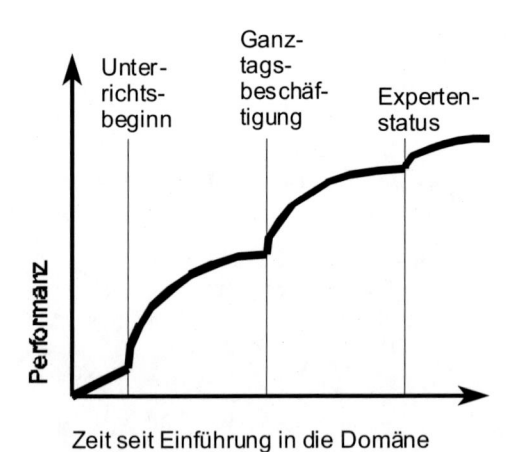

Abbildung 5.5: Stadien des Performanzverlaufs nach Bloom (1985)

Es ist klar, dass nur wenige von denen, die eine solche Laufbahn viel versprechend begonnen haben, tatsächlich Expertenstatus erreichen oder außergewöhnliche Beiträge zu ihrem Fachgebiet leisten können. Die meisten werden sich mit dem begnügen müssen, was etwa in der zweiten Phase erreicht wurde. Aus diesem Grunde sind natürlich Eltern und Lehrkräfte sehr daran interessiert, Kriterien zu erhalten, nach denen die Erfolgsaussichten der Nachwuchsexperten eingeschätzt werden können. Wie dargestellt, spielen dabei Begabungsvariablen nach Ansicht von Ericsson und Charness (1994) keine Rolle, prognostische Bedeutung haben – vor allem bei älteren Kindern ab etwa 10 Jahren – lediglich motivationale Variablen und Interessen.

Gardner (1995) stimmt in seiner Replik auf den Artikel vom Ericsson und Charness (1994) zunächst mit den Autoren darin überein, dass für außergewöhnliche Leistung intensive Übung erforderlich ist. Weiter argumentiert Gardner (1995), dass auch die von Ericsson und Charness (1994) angeführten Konstellationen von Motivation, Interessen und Temperament als Triebfeder der Expertiseentwicklung (zusammen mit kognitiven Merkmalen) durchaus als Begabungen oder Talent interpretiert werden könnten. Überhaupt müsste, so Gardner (1995), die Expertiseforschung zur Begründung ihres radikalen Ansatzes zeigen, dass Kinder in zufällig zugeordneten Domänen zur Expertise geführt werden könnten, wofür bisher Belege ausstünden. Schließlich merkt Gardner (1995) noch kritisch an, dass das Ziel der Forschung nicht ausschließlich die Erklärung extrem außergewöhnlicher Leistungen unter Vernachlässigung „normal" hoher Leistungen sein sollte. Eine stärkere Konzentration auf letztere hätte sogar mehr praktische Implikationen für die Förderung von Talenten als die Untersuchung extremer Populationen.

Schneider (1993) sieht die Bedeutung der aktiven, zielgerichteten Übung durch die zahlreichen Untersuchungen, die im Rahmen der Expertiseforschung durchgeführt wurden, zwar als bestätigt an. Dies lasse jedoch nicht den Schluss zu, dass basale intellektuelle Fähigkeiten keine Bedeutung für die Leistungsentwicklung spielten, was die Befunde aus den in diesem Abschnitt skizzierten experimentellen und Längsschnittstudien auch nahe legen. Seine Sichtweise des Verhältnisses von Begabung, Übung und Leistung fasst Schneider (1993) in einer Schwellenwerthypothese zusammen:

- Sehr hoch ausgeprägte basale Fähigkeiten stellen für eine außergewöhnliche Leistungsentwicklung und Expertenperformanz weder eine hinreichende noch eine notwendige Bedingung dar.
- Überschreiten die basalen Fähigkeiten einen Grenz- bzw. Schwellenwert, der im überdurchschnittlichen Bereich anzusiedeln ist, dann entscheiden im Wesentlichen nichtkognitive Lernvoraussetzungen wie Engagement, Ausdauer, Konzentration, Erfolgsorientierung sowie Faktoren der häuslichen wie schulischen Lernumwelt über das letztendlich erreichte Leistungsniveau.
- Dieser Schwellenwert ist nicht im Hochbegabungsbereich (d. h. in der Regel mehr als 2 Standardabweichungen über dem Mittelwert) anzusiedeln, sondern kann bisweilen auf überraschend niedrigem Niveau liegen.
- Die Relevanz basaler Merkmale scheint mit steigender Komplexität des Inhaltsbereichs anzusteigen.

5.2.4 Beeinträchtigte Hochbegabte

Unter behinderten Hochbegabten können nach Yewchuk und Lupart (1993) Personen verstanden werden, die in einem oder mehreren Begabungsbereichen außergewöhnliche Fähigkeiten aufweisen, die aber unter körperlichen oder Sinnesbeeinträchtigungen, emotionalen Problemen sowie Teilleistungsstörungen („learning disabilities", Lese-Rechtschreibstörungen usw.) oder Aufmerksamkeitsstörungen leiden. Geht man von einer mehrdimensionalen Hochbegabungsdefinition aus, so schließen sich auch Lernbehinderung und Hochbegabung auf beispielsweise künstlerisch-kreativem, sozialem, musikalischem oder psychomotorischem Gebiet nicht aus. Auch außerhalb der speziellen Gruppe der „idiots savants" (O´Connor & Hermelin, 1989) finden sich unter Lernbehinderten einzelne Personen mit ungewöhnlich intellektuellen Fähigkeiten (vgl. Kurth, 1992).

Eine Spezialgruppe von Hochbegabten stellen die so genannten Underachiever dar, das sind Hochbegabte, die ihr Potential nicht in Leistung umsetzen (können) und die daher erwartungswidrig niedrige Leistungen erzielen. Ursachen hierfür können höchst unterschiedlich sein: Neben ungünstigen Personmerkmalen (Motivation, Interessen...), die als personinterne Faktoren die Umsetzung von Begabung in Leistung verhindern, kommen auch Faktoren des familiären und schulischen Lernumfelds in Betracht, wenn Hochbegabte nicht die erforderliche Förderung erhalten oder gar nicht erst entdeckt werden. Die Begriffe Underachiever oder Underachievement werden allerdings nicht einheitlich gebraucht und sind daher höchst unscharf! Insbesondere erscheint unklar, ab wann eine Leistung denn erwartungswidrig ist. Im Zusammenhang mit dem Phänomen des Underachievement ist auch auf Gruppen wie hochbegabte Mädchen oder Kinder mit nichtdeutscher Muttersprache zu verweisen, die vielfach von den Eltern oder Lehrkräften nicht entdeckt und die in der Folge nicht angemessen gefördert werden.

5.3 Verbreitung

Wie in der Einleitung bereits erwähnt, werden unter dem Begriff „Hochbegabte" Menschen mit einem Intelligenzquotienten bzw. IQ von 130 oder mehr zusammengefasst. Der IQ gibt an, wie stark die individuelle, intellektuelle Leistungsfähigkeit einer Person (erfasst in der Regel über einen psychometrischen Test) vom Durchschnittswert der Vergleichsgruppe abweicht. Der individuelle IQ definiert sich über die Abweichung vom Mittelwert 100, dies ist die durchschnittliche Leistung einer bestimmten Altersstufe. Beispiel: Erzielt die 12jährige Schülerin Doris einen IQ von 100, so bedeutet dies, dass die Hälfte aller 12jährigen gleich gute oder bessere Leistungen als Doris zeigt, die andere Hälfte schlechtere Leistungen als sie.

Die wichtigste Kennzahl oder Statistik für eine Verteilung neben dem Mittelwert ist die Standardabweichung (vgl. im Folgenden Perleth & Sierwald, 2000). Dies stellt gewissermaßen (intuitiv, nicht exakt statistisch, die Formel ist aus mathematisch-statistischen Gründen komplizierter!) die durchschnittliche Abweichung vom Mittelwert einer Verteilung dar. Die Standardabweichung der IQ-Werte beträgt 15. Wessen IQ somit weniger als 15 vom Mittelwert IQ=100 abweicht, liegt somit im Bereich des breiten Durchschnitts. Bei allen normalverteilten Merkmalen gilt, dass etwa 2/3 (genauer ca. 68 %) in den Bereich einer Standardabweichung um den Mittelwert fallen.

Im Beispiel: Die meisten 12jährigen (ziemlich genau 68 %) liegen im Bereich von IQ=85 bis 115. Wer einen IQ höher oder gleich 115 erzielt, gehört zu den besten 16 % seiner Vergleichsgruppe. Schüler oder Erwachsene mit IQ-Werten über 130, die also Leistungen von mindesten 2 Standardabweichungen über dem Mittelwert erzielen, rechnet man gewöhnlich zu den Hochbegabten, dies sind ca. 2-3 % der Altersstufe bzw. Vergleichsgruppe. Der IQ stellt somit kein absolutes Maß für die Höhe der allgemeinen Intelligenz einer Person dar, sondern hängt von der Wahl der Vergleichsgruppe ab. Und je nach Vergleichsgruppe oder Altersstufe kann dieselbe Testleistung mit einem unterschiedlichen IQ bewertet werden. Ein 10jähriges Mädchen und ein 18jähriger Junge werden in der Regel für dieselbe Anzahl in einem Test gelöster Aufgaben völlig unterschiedliche IQen zugeprochen bekommen.

Heute benutzen viele Autoren von Intelligenztest die IQ-Skala nicht, weil damit in der Öffentlichkeit die Vorstellung eines einzigen Kennwerts für die gesamte, allgemeine geistige Leistungsfähigkeit einer Person verbunden wird. Deswegen werden besonders bei Testverfahren, die Informationen über Fähigkeits- oder Leistungsprofile liefern, weitere (Norm-)Skalen verwendet. Unter Berücksichtigung von Mittelwert und Streuung können diese Skalen genau wie die IQ-Skala interpretiert werden. Beispielsweise hat die T-Skala einen Mittelwert von 50 und eine Standardabweichung von 10. Damit bezeichnet man Personen, die eine T-Wert von 70 und höher in einem Intelligenztest erzielen (also einen Wert, der mindestens zwei Standardabweichungen über dem Mittelwert liegt), als hochbegabt. Tab. 5.1 gibt einen Überblick über Normskalen, die in der Sonderpädagogik häufig verwendet werden.

Tabelle 5.1: Wichtige Normskalen und die Interpretation von Normwerten (<<Ø, <Ø, Ø, >Ø, >>Ø bedeutet weit unterdurchschnittlich, unterdurchschnittlich, durchschnittlich, überdurchschnittlich, weit überdurchschnittlich. PR= %rang.

Skala	M_X	s_X	<<Ø	<Ø	Ø	>Ø	>>Ø	Beispiel
IQ-Skala	100	15	x<70	70x<85	85<=x<=115	115<x<=130	130<x	HAWIK III, CFT
WP-Skala	10	3	x<4	4<=x<7	7<=x<=13	13<x<=16	16<x	HAWIK III
T-Skala	50	10	x<30	30<=x<40	40<=x<=60	60<x<=70	70<x	AID
PR-Skala	50%	--	PR<2	2<=PR<16	16<=PR<=84	84<PR<=98	98<PR	d2, SBL

Zusammenfassend kann festgehalten werden, dass üblicherweise etwa 2 % einer Altersgruppe als intellektuell hochbegabt oder weit überdurchschnittlichen intelligent eingestuft werden. Dies sind Personen mit einem IQ von 130 und höher. Wenn man allerdings Hochbegabung, etwa im Sinne mehrdimensionaler Modelle oder im Sinne von Gardner versteht, wäre mit mehr Hochbegabten zu rechnen, nämlich etwa 2 bis 3 % pro Bereich, wobei diese Zahlen wegen der Personen, die in möglicherweise mehreren Bereichen hochbegabt sind, nicht einfach addiert werden dürfen.

Angaben zur Häufigkeit behinderter Hochbegabter oder Underachiever liegen weit auseinander. So zitieren Yewchuk und Lupart (1993) Schätzungen aus den USA, nach denen zwischen 2 % und 5 % aller Behinderten hochbegabt seien, in einzelnen Studien fanden sich unter „learning disabled" Kindern und Jugendlichen 2,3 %, unter hörgeschädigten 4,2 bis 6,1 % Hochbegabte. Hingegen schätzt Fels (1997) unter Abwägung der Literatur den Anteil Hochbegabter unter den Behinderten für den deutschsprachigen Raum auf lediglich 1 % und erwartet auf dieser Grundlage für die Bundesrepublik Deutschland rund 630 (körperlich) behinderte Hochbegabte.

5.4 Ursachen

Im Falle der Hochbegabung ist es im Gegensatz zu den in den anderen Kapiteln dieses Bandes beschriebenen Beeinträchtigungen, unter denen Individuen leiden, etwas ungewöhnlich von „Ursachen" zu sprechen. In diesem Abschnitt sollen daher zunächst Befunde der genetischen Psychologie zu Hochbegabung skizziert werden und sodann die Rolle der familiären und schulischen Lernumwelt für die Begabungsentwicklung herausgearbeitet werden. Am Ende des Abschnitts wird abschließend gewissermaßen als Nachtrag zum zweiten Abschnitt noch einmal ein umfassendes Modell der Begabungsentwicklung skizziert.

5.4.1 Ansätze der Genetischen Psychologie

Wenn ein geistig-seelisches Merkmal angeboren ist, heißt das nicht, dass es unveränderbar ist. Vielmehr versuchen Forscher wie der amerikanische Psychologe Robert Plomin heraus zu finden, wie Anlagen und soziale Umwelt eines Kindes bei dessen psychischer Entwicklung zusammenwirken. Merkmale wie Begabungen oder Temperamente beruhen zwar auf angeborenen Grundlagen, entwickeln sich aber unter Erziehungseinflüssen. Auch für die Entwicklung von Begabungen ist entscheidend, welche Lernangebote in der Umwelt des Kindes bereitgestellt werden. In Anlehnung an Scarr und McCartney (1983) beschreibt Plomin (1994) drei Typen der Anlage-Umwelt-Beziehungen (Korrelationen):

1. Korrelationen aufgrund passiver Anlage-Umwelt-Beziehungen treten auf, wenn Kinder erbliche und Umwelteinflüsse mit ihren Familienmitgliedern teilen. Wenn beispielsweise Musikalität erblich sein sollte, so ist die Wahrscheinlichkeit groß, dass musikalische Kinder auch musikalische Eltern haben, die ihren Kindern wiederum eine familiäre Umgebung bieten, in der Musik eine bedeutende Rolle spielt.

2. Von Korrelationen aufgrund reaktiver Anlage-Umwelt-Beziehungen spricht man, wenn die Umwelt (z. B. Lehrkräfte an der Schule) auf die Begabungen eines Kindes reagiert und Lerngelegenheiten bereitstellt. So könnten die Lehrkräfte eines musikalischen Kindes dessen Talent erkennen und Maßnahmen zur zielgerichteten Förderung der Fähigkeiten des Kindes treffen.

3. Schließlich meinen Korrelationen aufgrund aktiver Anlage-Umwelt-Beziehungen, dass begabte Kinder ihre Umwelt im Sinne ihrer Begabung aktiv gestalten. Musikalische Kinder könnten sich z. B. Freunde mit ähnlichen Interessen suchen.

Die meisten Forscher stimmen darin überein, dass Merkmale des Wahrnehmungs-, des kognitiven und des motorischen Apparats angeboren sind (vgl. Perleth, 2001). Diese angeborenen, Trainingsmaßnahmen kaum zugänglichen Grundlagen der geistigen Leistungsfähigkeit stellen sozusagen die „Hardware" unseres Denkapparates dar. Diese sind unter anderem (vgl. auch Perleth & Schatz, 2003):

- Die *Gedächtniseffizienz*, das ist die Geschwindigkeit, mit der die Denkprozesse im Gehirn ablaufen. Diese Informationsverarbeitungsgeschwindigkeit, mit der unser Denkapparat arbeitet, könnte mit der Taktrate verglichen werden, mit der ein Computer läuft.

- Die *Verarbeitungskapazität*, das ist die Menge an Informationen, mit der man gleichzeitig im Kopf umgehen kann. In der Computermetapher wäre das der verfügbare Hauptspeicher.

- Die *Gedächtniskapazität*, das ist die Menge von Informationen, die im Langzeitgedächtnis gespeichert werden kann, sozusagen der Festplattenspeicher menschlicher Informationsverarbeitung.

- Das *Aktivationsniveau*, das ist gewissermaßen die Grundspannung, unter der ein Mensch steht. Viele der Unterschiede im Verhalten zwischen Jungen und Mädchen wie das häufig unterschiedliche Ausmaß an aggressiven Verhaltensweisen werden auch, nicht vollständig, mit dem unterschiedlichem Aktivationsniveau erklärt.

- Aspekte der *Wahrnehmung*: Auge (visuelle Wahrnehmung), Ohr (auditive Wahrnehmung), Nase (olfaktorische Wahrnehmung), Tastsinn (haptische Wahrnehmung) usw. sind die Wahrnehmungskanäle des Menschen. Entscheidend für die Begabungsentwicklung ist nicht nur, wie fein wir mit unseren unterschiedlichen Sinnen wahrnehmen können, sondern vor allem auch wie gut Informationen aus unterschiedlichen Wahrnehmungskanälen aufeinander abgestimmt werden.

- *Aufmerksamkeit* und *Aufmerksamkeitssteuerung*: Verteilt sich die Aufmerksamkeit auf ein großes Feld, d. h. werden sehr viele Reize der Umwelt beachtet, oder richtet sich die Aufmerksamkeit auf ein eng begrenztes Feld? Günstig ist es, wenn die Aufmerksamkeit wie ein Zoomobjektiv je nach Aufgabe so gesteuert werden kann, dass ein enger oder breiter Ausschnitt der Umwelt bearbeitet werden kann. Ein enges Aufmerksamkeitsfeld („Teleobjektiv") ist günstig bei Aufgaben wie dem Auswendiglernen eines Gedichtes oder dem Bearbeiten eines Suchbildes, ein breites Aufmerksamkeitsfeld („Weitwinkelobjektiv") ist hingegen beim Autofahren wichtig.

- Die *Habituation*: Unter dieser Voraussetzung für die Begabungsentwicklung versteht man, wie rasch Kinder sich an neue Reize gewöhnen und bekannte Reize wieder erkennen. Die Habituation kann somit als Indikator für die Lerngeschwindigkeit verstanden werden. In den vergangenen Jahren hat man versucht, die Habituation schon sehr früh (bereits bei Kindern im Alter von wenigen Tagen) zu messen und daraus die spätere Begabungsentwicklung vorherzusagen. Die Ergebnisse zeigen aber, dass dies nur sehr eingeschränkt möglich ist. Die Zusammenhänge mit späteren Entwicklungstests im Kleinkindalter sind eher schwach, langfristige Prognosen ins Schulalter hinein kaum möglich, so dass sich die anfänglichen euphorischen Erwartungen den Habituationsmaßen gegenüber so nicht erfüllt haben.

- *Motorik*: Schließlich gelten auch Aspekte des Bewegungsapparats (Muskeln, Knochenbau, Nervenbahnen), also der Motorik als angeboren.

Wie schon betont muss im Rahmen der Begabungsförderung beachtet werden, dass auch genetisch bedingte Merkmale beeinflussbar sind. Als Beispiel sei das absolute Gehör angeführt. So vermuten Sloboda und Kollegen (Sloboda, Davidson, Howe & Moore, 1996), dass viel mehr Kinder als üblich das absolute Gehör erwerben könnten. Die Forscher fanden nämlich heraus, dass Vorschulkinder, denen zu Hause Musikinstrumente (als besonders förderlich erwiesen sich Tasteninstrumente wie Klavier) zur Verfügung standen, viel häufiger ein absolutes Gehör entwickelten. Man kann nun vermuteten, dass sich diese besondere musikalische Fähigkeit bei Kindern entwickelt, wenn bestimmte angeborene Merkmale der auditiven Wahrnehmung und des Gedächtnisses auf günstige Lernanregungen in der häuslichen Umwelt treffen.

In diesem Zusammenhang soll noch kurz auf Geschlechtsunterschiede eingegangen werden. Eine Vielzahl von Alltagsbeobachtungen aber auch wissenschaftliche Untersuchungen zeigen, dass sich Jungen und Mädchen nicht nur in bestimmten Verhaltensweisen (z. B. aggressivem Verhalten) unterscheiden, sondern auch in Aspekten der Begabung. So wird Jungen häufig eine höhere räumliche oder mathematische Begabung attestiert, Mädchen hingegen werden als sprachlich begabter eingeschätzt. Es ist aber umstritten, inwieweit solche Begabungsunterschiede angeboren sind. So vermuten manche Forscher wie die amerikanische Psychologin Sandra Scarr hormonelle Einflüsse als Ursachen für die Unterschiede in naturwissenschaftlichen Fähigkeiten (Scarr, 1986).

Die Münchner Forschungsgruppe um Kurt Heller (Beerman, Heller & Menacher, 1992) hingegen führt einen wichtigen Teil dieser Unterschiede auf Erziehungseinflüsse von Eltern und Lehrern zurück: Jungen werden stets als mathematisch begabter eingeschätzt, übernehmen diese Einschätzung und entwickeln in der Folge stärker naturwissenschaftliche Interessen. Vor allem ab dem Jugendalter erzielen sie dann bessere Leistungen in der Schule und in Tests. Hierfür spricht, dass sich in der Grundschule Jungen und Mädchen bei gleichen Leistungen im Rechnen als unterschiedlich begabt einschätzen. Daneben wirken sich typische Spiele wie konstruktives Bauen mit Lego, Konstrukta o. ä., aber auch Klettern auf Bäume auf die Entwicklung der mathematischen und besonders der räumlichen Begabung aus. Solche „Jungenaktivitäten" werden beispielsweise durch deren höheres Aktivationsniveau (s. o.) begünstigt. Für die Begabungsentwicklung ist somit auch hier ein kompliziertes Zusammenspiel von angeborenen und Umweltfaktoren wichtig. Die bisweilen gefundene Überlegenheit der Mädchen in der sprachlichen Begabung könnte auf der stärkeren Beschäftigung mit Spielen wie vor allem Rollenspielen hervorrühren, die viel sprachliche Verständigung vom Festlegen der Regeln bis hin zum eigentlichen Spiel beinhalten. Typische Themen dieser Rollenspiele sind z. B. „Vater, Mutter, Kind", „Hochzeit", das Nachspielen von Geschichten und Märchen usw.

5.4.2 Die Rolle der familiären (Lern-)Umwelt

Wie Tannenbaum (1992) aufzeigte, verlieren viele Kinder, die im Kleinkind- oder Vorschulalter Anzeichen herausragender Begabung zeigten, den Vorsprung vor ihren Alterskameraden bis zum Ende der Grundschulzeit bzw. zum Eingang der Sekundarstufe. Eine wichtige Erklärung für diese Diskrepanz kann im familiären Lernumfeld der Kinder sowie in den Möglichkeiten, die die jeweiligen Schulen bieten, vermutet werden. Gelegenheiten zum Sammeln von Erfahrungen und zum Lernen werden von Familien ausgewählt und zur Verfügung gestellt und spielen damit einen entscheidenden Part für die Frage, ob sich die vorhandenen Potenzen eines Kindes langfristig in Begabung und Leistungen umsetzen lassen oder nicht. Die Begabungsentwicklung hängt von einem geglückten Zusammenspiel individueller Voraussetzungen mit den Umgebungsvariablen zusammen. Mit wachsendem Alter des Kindes werden neben den Eltern, auch Erzieher, Lehrkräfte oder andere Mentoren sowie gleichaltrige Hochbegabte, die als Modelle fungieren, wichtig (vgl. Perleth et al., 2000).

Wenn man den sozio-ökonomischen Hintergrund hochbegabter Kinder und Jugendlicher analysiert, so findet man seit Terman, dass die Mehrheit der identifizierten Hochbegabten aus einem eher wohlhabenden und intellektuellen Milieu stammt. Dass die Familien hochbegabter Kinder eher mittleren und oberen sozio-ökonomischen Schichten angehören, gilt aber nicht nur für den angelsächsischen Raum, sondern auch für Deutschland (etwa Birx, 1988).

Im Hinblick auf familiäre Variablen hat Howe (1990) darauf hingewiesen, dass extrem erfolgreiche Wissenschaftler (z. B. Nobelpreisträger) häufig aus intakten Familien kommen, eine glückliche Kindheit verlebt hatten und ihre schulische und berufliche Laufbahn relativ gerade und ohne Unterbrechungen durch familiär bedingte kritische Lebensereignisse verlaufen sei. Andere Forscher berichten, dass es sich bei den hochbegabten eher um Wunschkinder handelt und Schwangerschaft und Geburt problemlos verlaufen seien (vgl. Perleth et al., 2000).

Diese eher soziologischen Unterschiede müssen aber noch psychologisch unterfüttert werden, damit erklärt werden kann, wieso sich die genannten Familienmerkmale auf die Begabungsentwicklung positiv auswirken. Die entscheidenden Variablen sind etwa Erziehungsstil, Familienklima, Bildungsmotivation und die Wahl der jeweiligen Schule, die aber wiederum mit den genannten soziologischen Variablen kovariieren. So muss beispielsweise für eine günstige motivationale Entwicklung Lenkung und emotionale Zuwendung in einem günstigen Verhältnis stehen: Ein mittleres Ausmaß an Lenkung verbunden mit hoher positiver emotionaler Zuwendung hat sich durchgängig als positiv für die Leistungsentwicklung erwiesen. Das schließt nicht aus, dass Hochbegabte auch aus Familien kommen, in denen auf eine strenge Disziplin geachtet wird. So wurde etwa für die Mitglieder von A-Klasse-Orchestern berichtet, dass die Eltern besonders in den Phasen der „Jugendkrise" teilweise erheblichen Druck ausübten, um die heranwachsenden Musiker zum täglichen Üben zu zwingen (genauer Perleth et al., 2000). In der sorgfältig kontrollierten Studie von Rost (1993) allerdings unterschieden sich die Familien der hochbegabten Grundschüler kaum von denen der Kontrollgruppe.

Auf der Grundlage amerikanischer jüdischer Familien mit europäischen Abstammungshintergrund beschreibt Howe (1990) die Mechanismen, wie Hochbegabung durch die familiäre Umgebung und Hintergrundfaktoren wie Erziehungsziele, Leistungsorientierung, Religion usw. gefördert werden kann. Die jüdischen Familien seiner Stichprobe wiesen meist intakte und stabile Strukturen auf und lebten überwiegend in städtischen oder vorstädtischen Regionen mit guten kulturellen Angeboten. Wie vom Talmud gefordert, verstehen sich die Väter als erste Lehrer ihrer Kinder und setzen dies bereits um, wenn ihre Kinder noch sehr klein sind. Die Eltern ermutigen Aktivitäten, die letztlich zu Schulerfolg führen, während weniger Gewicht auf sportliche Aktivitäten gelegt wird. Der gesamte Lebensstil der Familien ist dadurch gekennzeichnet, dass intellektuelle Aktivitäten gerne unternommen und hoch geachtet werden, wobei die Familienmitglieder an Leistungen und Erfolgen, die durch Anstrengung und den Willen zur Leistung zustande kommen, regen Anteil nehmen.

Diese und andere Befunde können dahingehend zusammengefasst werden, dass Eltern im Hinblick auf eine optimale Begabungsförderung möglichst viel Zeit mit ihren Kindern verbringen, dass sie ihnen häufig vorlesen, geduldig Fragen auf entwicklungsgerechte Art beantworten, die Lese-Versuche sowie die Interessen ihrer Kinder unterstützen und alles tun sollten, was eine positive Grundhaltung gegenüber intellektuellen Aktivitäten fördert (vgl. Perleth et al., 2000). Howe (1990) weist darauf hin, dass Mädchen häufig mit traditionellen Rollenmodellen konfrontiert werden und bisweilen erhebliche Hindernisse für ihre intellektuelle Entwicklung von ihren Familien in den Weg gelegt bekommen. Jedes Kind hat ein Recht auf optimale Förderung durch seine Eltern und auf deren Erziehungsanstrengungen. Andererseits sollten Eltern nicht zu ängstlich und vor allem nicht zu ambitioniert im Hinblick auf die Entwicklung ihrer Kinder sein.

5.4.3 Institutionelle Lernumwelten

Den Lehrkräften in den Schulen kommt zunächst die wichtige Bedeutung zu, die Begabungen ihrer Schüler zu entdecken, womit genau das gemeint ist, was oben mit „reaktive Anlage-Umwelt-Beziehungen" umschrieben wurde. Dies ist insbesondere bei solchen Kindern wichtig, deren Eltern die Begabungen ihrer Kinder nicht zu erkennen vermögen, dazu gehören auch begabte Kinder aus benachteiligten Familien oder Familien, in denen Deutsch nicht die Verkehrssprache ist. Darüber hinaus können Lehrkräfte einen wichtigen Beitrag zur Begabungsförderung und -entwicklung leisten, indem sie die hochbegabten Kinder als Mentoren unterstützen, sie neue Interessengebiete entdecken lassen oder Aktivitäten in ihrer Lieblingsdomäne oder auf ihrem Interessengebiet ermöglichen, die weit über das hinausgehen, was zu Hause möglich wäre. Darüber hinaus bieten Bildungseinrichtungen, insbesondere solche, die sich mit bestimmten Programmen profilieren auch die Chance, dass Hochbegabte auf Gleichgesinnte treffen und sie schon im Kindesalter das finden, was man im beruflichen Bereich als „Community of Excellence" bezeichnet.

Als Beispiel für die Rolle der Schule bzw. des Lehrers kann Carl Friedrich Gauss angeführt werden. Wenn dessen Lehrer die Begabung seines Schülers nicht erkannt und anlässlich einer Visitation nicht den Herzog von Braunschweig auf ihn aufmerksam gemacht hätte, hätte Gauss möglicherweise die väterliche Flickschusterei übernommen anstatt mit Hilfe eines herzöglichen Stipendiums Mathematik zu studieren und der herausragendste Mathematiker Deutschlands zu werden.

Das Hauptproblem, das in unseren Bildungseinrichtungen einer adäquaten Hochbegabtenförderung entgegensteht, stellt die fehlende Individualisierung der jeweiligen (Bildungs-) Programme dar. Lehrkräfte bewältigen vielfach Heterogenität an Begabungen und Lernvoraussetzungen nicht und orientieren sich an der Mittelgruppe, was eine Überforderung der Leistungsschwachen und Unterforderung der Leistungsstarken nach sich zieht. Motivationsprobleme und „off-task"-Verhalten bei den Leistungsstarken und Probleme im Selbstkonzept, Demotivierung sowie „Drop-out" bei Leistungsschwächeren können die Folgen sein.

5.4.4 Ein integratives Begabungsmodell

Das folgende Modell stellt einen Versuch dar, wichtige Perspektiven der Abschnitte 5.2 und der obigen Passagen von Abschnitt 5.4 und skizzierte Ansätze der Begabungs- und Expertiseforschung zu integrieren und in einem gemeinsamen, konsistenten Rahmen abzubilden. Ausgangspunkt für das von Perleth (1997, 2001) vorgelegte Modell (Abb. 5.6) war das mittlerweile im deutschsprachigen Raum wie auch international recht bekannte Modell der Münchner Hochbegabungsstudie (vgl. oben). Dieses Modell berücksichtigt zwar die Forderung nach einer bereichsspezifischen Betrachtung des Leistungsverhaltens, die erforderliche Übungszeit wird jedoch kaum thematisiert. Das Modell ist ausführlich begründet und beschrieben bei Perleth (1997, 2001).

Die in Abschnitt 5.4.1 beschriebenen, angeborenen Merkmale sind Grundlagen der menschlichen Begabungsentwicklung, auf der alle Begabungsförderung aufbauen muss. Gleichzeitig geben diese angeborenen Grundlagen gewissermaßen den Rahmen bzw. die Grenzen vor, in dem die Begabungsentwicklung erfolgen kann. Es wäre illusorisch zu glauben, dass jedes Kind durch förderliche Erziehungseinflüsse in jedem beliebigen Bereich eine außerordentliche Begabung entwickeln könnte. Aber Eltern, Erzieher und Lehrer sollten Kinder unterstützen, dass diese ihre Begabungen in den verschiedenen Bereichen entsprechend ihren Möglichkeiten entfalten können. Hochbegabte Kinder verfügen über eine Reihe solcher Merkmale in besonderer Weise. In Abb. 5.6 finden sich diese angeborenen Merkmale ganz links am Ausgangspunkt der Begabungsentwicklung.

Begabungsentwicklung im Vorschulalter. Bereits in der Kleinkind- und Vorschulzeit werden entscheidende Weichen für die Begabungsentwicklung (veranschaulicht durch die Dreiecke in Abb. 5.6) gestellt. Dies ist der Lebensabschnitt, in dem der Einfluss der Eltern auf die Begabungsentwicklung in verschiedenen Bereichen besonders bedeutsam ist.

Auf der Grundlage der angeborenen Merkmale und der Aktivitäten der Kinder bilden sich in diesem Lebensabschnitt die Begabungen bzw. Begabungsschwerpunkte heraus. Je nachdem, womit sich die Kinder, vor allem auch auf Anregungen der Eltern hin, beschäftigen, entwickeln sich intellektuelle Begabungen genauso wie Kreativität, soziale, musische oder motorische (Bewegungs-) Begabungen (helles Dreieck links unten in Abb. 5.6). Diese Begabungen sind zwar auf bestimmte Bereiche (Musik, Kunst, intellektueller Bereich usw.) bezogen, können jedoch in den unterschiedlichsten Gebieten fruchtbar werden: Künstlerische Begabung kann auch im Mathematikunterricht oder Sachkundeunterricht nützlich sein, ein scharfer Verstand umgekehrt in der Musik oder der Kunst.

Gleichzeitig werden in diesem Lebensabschnitt wichtige Grundlagen der Persönlichkeitsentwicklung gelegt (helles Dreieck links oben in Abb. 5.6), die auch für die Begabungsentwicklung von zentraler Bedeutung sind: Selbstvertrauen und Mut, mit dem Kinder sich den Herausforderungen der Welt stellen, die Hartnäckigkeit, mit der sie später ihre Ziele verfolgen, oder die Freude an der eigenen Leistung entwickeln sich vom Kleinkindalter bis etwa zum Ende der Grundschulzeit heraus. Kinder, die über solche Persönlichkeitsmerkmale verfügen, haben für ihre weitere Begabungs- und Leistungsentwicklung Vorteile, weil sie Probleme und Aufgaben mutiger und engagierter angehen und in der Lage sind, schneller Fertigkeiten und Wissen zu erwerben.

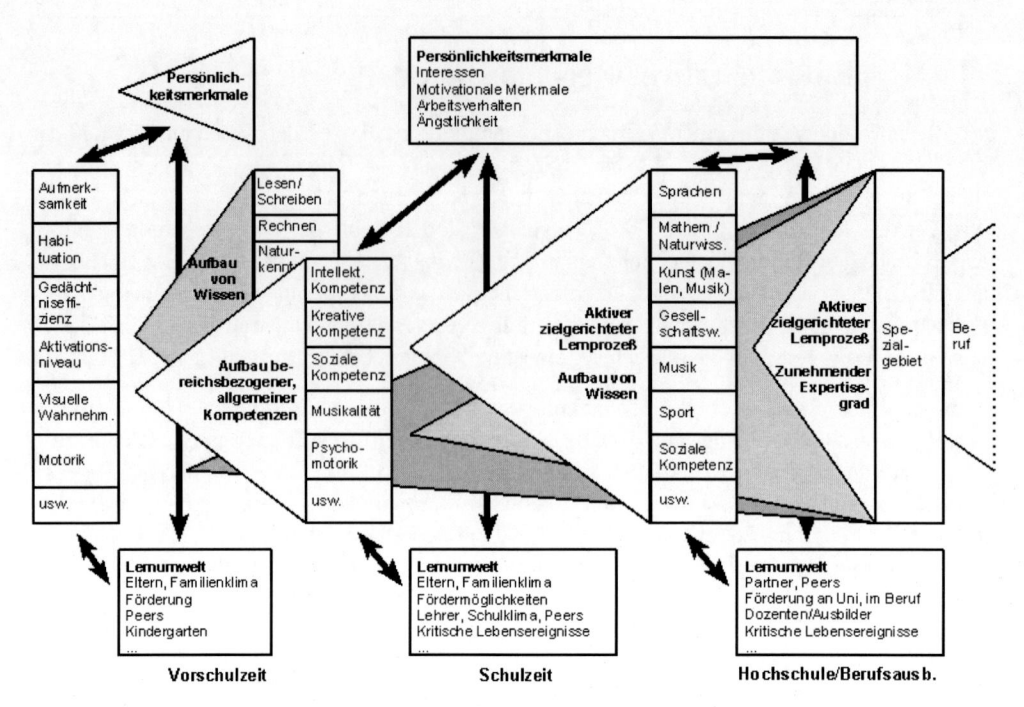

Abbildung 5.6: Das Münchner dynamische Begabungs-Prozess-Modell
(entnommen Perleth, 1997)

Schließlich bewirken vielfältige Beschäftigungen mit den Kindern den Aufbau von Fertigkeiten und Wissen über Alltagsgegenstände, Tiere, Natur usw. bis hin zu – in der Vorschulzeit – elementaren Kenntnissen im Zählen (und damit elementarem Rechnen!) sowie Lesen und Schreiben (dunkles Dreieck links in Abb. 5.6).

Für diesen Lebensabschnitt ist auch charakteristisch, dass Anlagen und Umwelt besonders gut zusammenpassen: Die Kinder wachsen ja in der Regel in Familien auf, in denen ähnliche Anlagen bzw. Begabungen vorhanden sind. Gleichzeitig werden die Eltern den Kindern auch eine familiäre Umgebung bereitstellen, die für die Entwicklung der Begabungen besonders förderlich ist.

Begabungsentwicklung im Grundschul- und Jugendalter. Im Vorschulalter und zu Beginn des Grundschulalters bauen sich somit die Begabungen eines Kindes auf verschiedenen Gebieten wesentlich auf und es wird die Grundlage für die gesamte Begabungsentwicklung gelegt. Untersuchungen haben gezeigt, dass die Begabungsentwicklung zwar bis ins höhere Alter voranschreitet, dass sich aber die Position in der Altersgruppe bei den meisten Kindern ab der dritten, vierten Klasse nur noch wenig ändert. Wer also im Alter von 10 oder 12 Jahren zu den Begabtesten seines Jahrgangs gehört, bleibt in der Regel über viele Jahre hinweg in dieser Spitzengruppe.

Etwa ab dem Grundschulalter schwindet dann aber der Einfluss der Eltern. Stattdessen werden die Schule, besonders die Lehrkräfte, zunehmend wichtiger für die Begabungsentwicklung der Kinder. Günstig ist es, wenn Lehrkräfte die Begabungen der Kinder entdecken, individuell auf die Kinder eingehen und somit helfen, Begabungsschwerpunkte zu fördern. Allerdings geht es jetzt zunehmend weniger um Begabungsentwicklung als vielmehr um den zielgerichteten Aufbau von Wissen und Fertigkeiten in den unterschiedlichsten Bereichen (Sprachen, Mathematik usw.; helles Dreieck in der Mitte von Abb. 5.6). Dieses Wissen stellt die entscheidende Grundlage für die weitere (Leistungs-)Entwicklung dar. Begabung ist zum einen notwendig, um dieses Wissen aufzubauen: Begabtere Kinder lernen auf ihrem Gebiet schneller und nachhaltiger. Andererseits stellen erst ein breites, gut organisiertes Wissen sowie gut entwickelte Fertigkeiten die Basis dar, auf der Begabungen fruchtbar werden können. Gute Leistungen als Erwachsene setzen zum einen Begabungen, zum anderen Wissen voraus.

Im Jugendalter schließlich gewinnen die Freunde der Heranwachsenden wachsenden Einfluss auch auf die Begabungs- und Leistungsentwicklung: Die Jugendlichen suchen nun von sich aus nach Freunden, die zu ihren Begabungen passen und mit denen sie gemeinsam ihre Begabungsschwerpunkte weiterentwickeln können. Besonders wichtig ist der Freundeskreis beispielsweise bei denjenigen Jugendlichen, die ihre musikalischen Begabungen weiterentwickeln.

Im Erwachsenenalter: Berufliche Spezialisierung. Zentrale Aufgabe im Erwachsenenalter ist die berufliche Spezialisierung (helles Dreieck rechts in Abb. 5.6). Diese gelingt umso besser und schneller, je günstiger die Begabungskonstellation im Hinblick auf das jeweilige Fachgebiet ausgebildet ist und je solider die in der Schulzeit erworbenen Fertigkeiten, Kenntnisse und Wissensbestände gegründet sind. Bei manchen Personen setzt diese Spezialisierung allerdings schon in der Schul- oder gar Vorschulzeit ein, was durch die langen (mittel- und dunkelgrauen) Dreiecke symbolisiert wird, die von diesen Lebensabschnitten zur Spezialisierung reichen. Dies sind zum Beispiel Schachspieler, Musiker oder Sportler, die schon früh mit Training und Übungen beginnen müssen, um bereits im Alter von 15 bis 25 Jahren Spitzenleistungen erzielen zu können.

5.5   Diagnostik

Eingangs wurde die Zielstellung der Hochbegabtendiagnostik skizziert: Es geht darum, möglichst viele „Treffer" zu erzielen. Dies ist der Fall, wenn möglichst viele der als „hochbegabt" Diagnostizierten auch tatsächlich hochbegabt sind. Umgekehrt: Möglichst wenige Hochbegabte sollen übersehen und möglichst wenige als hochbegabt diagnostiziert werden, obwohl sie es nicht sind.

Tabelle 5.2: Klassifikation der Hochbegabung

		Diagnostiziert als		
		hochbegabt	nicht hochbegabt	Summe
Tatsächlich	hochbegabt	A	B	A+B
	nicht hochbegabt	C	D	C+D
	Summe	A+C	B+D	P=A+B+C+D

Insgesamt ergeben sich somit die in Tab. 5.2 veranschaulichten vier diagnostischen Gruppen. Wünschenswert wäre es, wenn diagnostisch erreicht werden könnte, dass alle Diagnosen in die Felder A und D fallen würden, wenn also keine Fehler aufträten. Dies ist in der Praxis allerdings nicht möglich, weil diagnostische Methoden nicht uneingeschränkt zuverlässig (reliabel) und gültig (valide) sein können. Je nachdem, welchem Zweck die Hochbegabungsdiagnostik dient, muss versucht werden, die Felder C oder B möglichst klein zu halten, wobei umgekehrt mehr Diagnosen im jeweils anderen Feld in Kauf genommen werden müssen.

Wenn eine Schule beispielsweise ein Team mit hochbegabten Mathe-Talenten zusammenstellen will, die zunächst über mehrere Monate gefördert und die dann an einem Wettbewerb teilnehmen sollen, ist es sinnvoll, zunächst die Gruppe B zu minimieren, damit möglichst alle Talente erfasst und in die Förderung einbezogen werden. (Ist die Förderung jedoch sehr kostspielig, ist vielleicht wieder anders zu verfahren.) Wenn in einem Forschungsprojekt hingegen Unterschiede zwischen Hoch- und durchschnittlich Begabten analysiert werden sollen, ist es umgekehrt wichtig zu vermeiden, dass die (üblicherweise nicht allzu große) Gruppe der als hochbegabt Diagnostizierten möglichst nur Hochbegabte enthält, d. h. das Feld C muss minimiert und es müssen möglicherweise mehr Fälle in Gruppe B akzeptiert werden. Im Rahmen der Einzelfallhilfe (Leistungsprobleme, sozio-emotionale Probleme) muss je nach Fragestellung B oder C klein gehalten werden.

An diagnostische Methoden stellt man Ansprüche hinsichtlich der Objektivität, Reliabilität und Validität sowie weiterer Gütekriterien (Qualität der Normierung, Fairness, Ökonomie, Nützlichkeit usw.; vgl. Perleth & Sierwald, 2000). Im Rahmen der Hochbegabungsdiagnostik unterscheidet man darüber hinaus folgende Merkmale:

- Die Effektivität eines Verfahren kann mit Hilfe obiger Tabelle beschrieben werden als A / (A+B) x 100; sie gibt also den Anteil der Hochbegabten an, die durch das Verfahren korrekt erkannt wurden.
- Die Effizienz A / (A+C) x 100 hingegen charakterisiert den Anteil der tatsächlich Hochbegabten unter den als hochbegabt Diagnostizierten.

Sowohl in der diagnostischen Praxis als auch in wissenschaftlichen Studien wird aus Gründen der Ökonomie ein mehrstufiges Vorgehen, vor allem bei Talentsuchen, bevorzugt (ausführlicher vgl. hierzu das Lehrbuchkapitel „Hochbegabungsdiagnose" in Heller, 2000, S. 241-258). So wird auf der ersten Stufe zunächst eine Grobauslese (Screening) vorgenommen, wozu gewöhnlich sog. Checklisten, also grobe Einschätzungen von hochbegabungsrelevanten Merkmalen und keine aufwändigen Tests Verwendung finden.

Test- und *Fragebogenverfahren* stellen aber zweifelsohne nach wie vor die besten Methoden für die Leistungsvorhersage dar. So sind beispielsweise Intelligenztests die erklärungsstärksten Prädiktoren bei der Vorhersage des Schulerfolgs. Dabei gilt, dass Tests zu Beginn der Schullaufbahn höhere Prognosekraft aufweisen (im Verlauf der Schulzeit wird das Vorwissen zunehmend wichtiger!) und sich die Intelligenzstruktur im Laufe der Schulzeit ausdifferenziert. Von daher sind Tests der allgemeinen Intelligenz zu Beginn der Grundschule sinnvoll, während im Sekundarstufenbereich differenzielle Tests eingesetzt werden sollten, die eine Profilanalyse erlauben. Intelligenz differenziert sich aus (vgl. hierzu wie auch zu den folgenden Absätzen auch Perleth & Wilde, im Druck).

Um eine Differenzierung im oberen (extremen) Leistungsbereich zu ermöglichen, sind allerdings relativ große Stichproben bei der *Normierung* der jeweiligen Begabungstests erforderlich. Normen, die im Bereich über IQ 130 eine feine Differenzierung erlauben, erforderten einen geradezu unvertretbar hohen Aufwand im Hinblick auf die Größe der in die Normierungsstudien einzubeziehenden Stichproben. So fänden sich in einer Stichprobe von N=438 (normalverteiltes Merkmal vorausgesetzt) nur etwa 10 Hochbegabte mit einem IQ über 130, in Stichproben der Größe N=741 bzw. N=31546 könne man im Mittel gar mit nur einem Hochbegabten mit IQ über 145 bzw. IQ über 160 rechnen.

Ein anderes Problem der Testverfahren betrifft die Testfairness, die im deutschsprachigen Raum mit Bezug auf die Identifikation Hochbegabter bisher allerdings kaum diskutiert wird. Die kritische Prüfung der Testfairness im Hinblick auf mögliche Benachteiligungen wurden in den USA demgegenüber stärker thematisiert, beispielsweise mit Fokus auf sozial benachteiligte Hochbegabte oder Begabte aus Minoritätengruppen. In Europa beginnt derzeit die Diskussion über Hochbegabte aus Minderheiten.

Zum *Lehrerurteil* kann als positiv zunächst festgehalten werden, dass umfangreiche Beobachtungen über längere Zeiträume in die Diagnostik eingehen. Allerdings wird in der Regel eher Leistung als Potenzial erfasst und die Erfassung von Intelligenzspitzen gelingt nur schlecht. Lehrer unterschätzen darüber hinaus die Begabung bei erziehungsschwierigen Schülerinnen bzw. Schülern und überschätzen leistungsmotivierte Schülerinnen bzw. Schüler. Dennoch erscheint das Lehrerurteil gerade für die „Förderdiagnostik" unverzichtbar.

Elternnomination („Diagnose" aufgrund von Elternurteil) zeigte sich in Studien als ähnlich problematisch wie das Lehrerurteil, die Beurteilungsfehler sind aber als noch krasser einzuschätzen. Zudem erscheinen die regelmäßig in Anamnesebögen etc. erhobenen retrospektiven Angaben zur Entwicklung des Kindes (Sprachentwicklung, motorische, soziale Entwicklung etc.) nur wenig zuverlässig.

Auch die *Peernomination* („Diagnose" aufgrund des Urteils von Klassenkameraden etc.) hat sich als nur wenig geeignet für die Diagnostik von Hochbegabung erwiesen. Vorgeschlagen wurde sie vor allem für Kreativität und soziale Kompetenz. Im Hinblick auf Intelligenz lässt sich jedoch zeigen, dass die Urteile eher auf der Grundlage bisheriger Zensuren erfolgen und dass Urteile für verschiedene Begabungsbereiche hoch überein stimmen. Zudem erweisen sich Urteile jüngerer Kinder als sehr unzuverlässig.

Abschließend sei noch auf spezielle Probleme im Hinblick auf die Identifikation behinderter Hochbegabter hingewiesen. Insbesondere bei intellektuell begabten Sinnesgeschädigten und Körperbehinderten erweist sich die Diagnose als besonders schwierig, da entsprechende Tests wegen der Behinderung nicht oder nur unter Modifikation der Durchführungsbedingungen (z. B. Vergrößern von Aufgabenblättern für Sehgeschädigte) anwendbar sind. Für diese liegen meist nur Normen für Populationen von Behinderten vor, die nur eingeschränkt die Identifikation von Hochbegabten erlauben, da in Gruppen Behinderter Begabungsmerkmale nicht identisch zur Gesamtpopulation verteilt sein dürften (Fels, 1997). Zwar könnte in Anlehnung an Sternberg (1993) Hochbegabung behinderungsspezifisch definiert werden („exzellent im Vergleich mit Behinderten"), jedoch würde eine solche auf die jeweilige Subpopulation bezogene Definition den Hochbegabungsbegriff ad absurdum führen.

5.6 Pädagogische Interventionen

5.6.1 Klassische schulische Fördermodelle für Hochbegabte

Die meisten im deutschsprachigen Raum sowie in der internationalen Literatur diskutierten schulischen Hochbegabtenfördermodelle (im schulischen Kontext) folgen zwei Grundmodellen: Beim *Enrichment-Modell* erhalten Hochbegabte in extracurricularen Kursen zusätzliche Förderung in ihrer Domäne. Dies können nachmittägliche Zusatzkurse, zusätzliche Leistungskurse usw. sein. *Akzeleration* meint dagegen die Beschleunigung des Bildungswegs, so dass Hochbegabte die Schule in kürzerer Zeit durchlaufen können. D-Zugklassen, aber auch vorzeitige Einschulung oder Überspringen zählen zu diesen Maßnahmen. Die international populärsten Hochbegabtenförderprogramme sind die folgenden (für eine detailliertere Darstellung vgl. den Überblick bei Heller & Hany, 1996, für Deutschland Holling, Vock & Preckel, 2001; Holling, Preckel, Vock & Willbrenning, 2004):

- Das *„Enrichment Triad/Revolving Door Model"* (z. B. Renzulli, 1993). Im Mittelpunkt steht das Enrichment für den „Talent Pool" (15-20 % begabteste Schüler): Die durch individuelle Beratung, vor allem aber Straffung des Unterrichts (z. B. durch Weglassen unnötiger Wiederholungsstunden) eingesparte Zeit soll zur Vermittlung zusätzlicher Wissensinhalte, zur Verbesserung der Denk- und Lernstrategien sowie zur intensiven Einzelunterstützung der geförderten Schüler in Phasen besonderer Produktivität genutzt werden. Die individuelle Projektförderung wird dabei nur so lange aufrecht erhalten, wie der Schüler sich tatsächlich auch intensiv mit seinem Projekt beschäftigt („Revolving Door").

- Das *Programm für „Mathematically Precocious Youth"* (Stanley & Benbow, 1986). Seit den 70er Jahren sucht das Center for Talented Youth der Johns Hopkins Universität (Baltimore, USA) mit Tests zum mathematischen Denken und zu Rechenfertigkeiten begabte Jugendliche. Den Testbesten werden zahlreiche Fördermöglichkeiten angeboten, die von der individuellen Schullaufbahnberatung (hinsichtlich High-School- und College-Besuch) über die Organisationsberatung der Schulen bis hin zu Sommerakademien reichen. Es handelt sich dabei vor allem um Maßnahmen der Akzeleration, d. h. die Schüler können durch diese Maßnahmen ihre Credits, mit denen sie die erfolgreiche Teilnahme an den

Pflichtkursen nachweisen, schneller erwerben und früher ein Universitätsstudium aufnehmen (zusammenfassend Heller & Hany, 1996). Hochbegabte Underachiever oder Hochbegabte mit spezifischen Problemen, mit denen häufig auch behinderte Hochbegabte konfrontiert sind, werden nicht berücksichtigt.

- Das *„Purdue Three-Stage Model"*. Das an der Purdue University (Indiana, USA) speziell für den Grundschulbereich von Feldhusen entwickelte Enrichmentmodell sieht vor, dass überdurchschnittlich begabte, kreative und leistungsstarke Schüler an einem oder zwei Schulhalbtagen statt dem regulären Unterricht spezielle Kurse besuchen (pull-out-Programm). Die Förderung soll, angepasst an die individuellen Lernvoraussetzungen der Schüler, zunächst einfache Fähigkeiten konvergenten und divergenten Denkens, dann kreative Problemlösefähigkeiten sowie selbständiges Lernen anhand von Projekten vermitteln. In jüngerer Zeit wird stärker die Bedeutung der Wissensvermittlung betont (zusammenfassend Heller & Hany, 1996).

Gemeinsam ist jedenfalls allen drei Ansätzen, dass die hochbegabten Kinder und Jugendlichen nicht in eigenen Schulen oder durchgängig in Spezialklassen unterrichtet werden. Dies wird nicht zuletzt durch die stärkere Kurs- und geringere Jahrgangsorientierung des amerikanischen Schulsystems bedingt bzw. ermöglicht. In Deutschland werden diese Modelle auch umgesetzt, scheitern aber bisweilen an der Realität der Schulgesetzgebung und ministeriellen Verordnungen (Holling et al., 2001, 2004).

Beim *Unterrichten* Hochbegabter muss generell berücksichtigt werden, dass diese ein umfangreiches (Spezial-)Wissen mitbringen, besonders in Kindergarten, Vor- und Grundschule keine Herausforderung finden und auf Unverständnis und Ablehnung seitens der Lehrer und Mitschüler stoßen können. Generell gelten Methoden des selbst gesteuerten, entdeckenden Lernens für Hochbegabte in einem möglichst individualisierten Unterricht, der flexibel auf die Bedürfnisse der Kinder eingeht, als förderlich.

5.6.2 Unterrichtsentwicklung

Grundsätzlich ist anzustreben, dass in der Schule eine starke Individualisierung von Unterricht und damit die Bildung lernzielinhomogener Lerngruppen bzw. Klassen ermöglicht wird. Nach Möglichkeit können evtl. auch Kinder gleichen Leistungsstandes in Gruppen zusammengefasst werden. Generell sollten flexible Möglichkeiten der inneren und äußeren Differenzierung sichergestellt und spezielle Curricula für Kinder und Jugendliche mit besonderen Begabungen erarbeitet werden.

Qualifizierte Erzieher und Erzieherinnen sowie Lehrkräfte müssen Kinder mit besonderen Begabungen früh erkennen und ihre Bedürfnisse – soweit möglich – in der Gruppe bzw. im Unterricht oder in eigenständigen Klassen an allgemeinen Schulen berücksichtigen. Hierzu ist eine stärkere Verankerung von Themen zu Begabung und Begabungsförderung in der Erzieher- und Lehramtsausbildung erforderlich. Besonders begabten Grundschulkindern sollten Schulräume, Übungsräume, Labors etc. in der Freizeit verfügbar gemacht werden.

Für begabte, aber auch für interessierte und engagierte Kinder sollten breite Angebote an extracurricularen Kursen bzw. Arbeitsgemeinschaften bereitgestellt werden. Sowohl im vorschulischen- wie auch im schulischen Bereich sollte im Rahmen solcher erweiterter Angebote auch die Einrichtung von eigenständigen Klassen im Sinne des Enrichementkonzepts (z. B. mit zusätzlichen Angeboten in der Grundschule) ermöglicht werden. Bei der Bereitstellung von besonderen Fördergruppen oder Klassen im Sinne des Akzelerationskonzepts (vorzeitige Einschulung, Überspringen von Klassen, Verkürzung der Schulzeit sowie – bei besonderen Begabungen – Teilunterricht in höheren Klassen) ist der Bedarf bzw. sind die Wünsche der betroffenen Schülerinnen und Schülern bzw. Eltern zu berücksichtigen.

Akzeleration bzw. Überspringen stellen keine Fördermaßnahmen im eigentlichen Sinne dar, da von Seiten der Bildungsinstitution keine besonderen Anstrengungen unternommen werden müssen, die Bildungsangebote speziell auf das im Einzelfall vorliegende Begabungsprofil des Kindes zuzuschneiden. Da begabte Kinder im Zuge von Akzelerationsmaßnahme weniger Zeit vom Bildungssystem beanspruchen, stellen die verschiedenen Varianten des Überspringens oder der Schulzeitverkürzung allerdings eine kostengünstige Variante der Begabtenförderung dar. Dennoch soll nicht in Frage gestellt werden, dass Akzelerationsmaßnahmen für viele Kinder eine echte Entlastung bedeuten (Holling et al., 2001).

5.6.3 Organisationsentwicklung und Beratung

Für jede Bildungseinrichtung sollte ein kompetenter Ansprechpartner zur Verfügung stehen, der über umfassende Kompetenzen zur Diagnostik und Förderung von begabten Kindern verfügt und der auch Kontakte zu Einrichtungen oder Schulen vermittelt, die mit speziellen Förderangeboten den Bedürfnissen hochbegabter Kinder entgegenkommen.

Da die flächendeckende Einrichtung von Hochbegabtenberatungsstellen kaum finanzierbar erscheint und diese zudem wohl nicht ausgelastet wären, sollten zunächst zentrale, spezialisierte Diagnose- und Beratungsstellen eingerichtet werden. Diese Beratungsstellen sollen einerseits begabten Kindern bzw. Schülerinnen und Schülern und deren Eltern Beratungsangebote unterbreiten, andererseits sollten sie Erfahrungen zu Problemen und Bedürfnissen von begabten Schülerinnen und Schüler sammeln (Evaluation der Beratungsarbeit!) und diese im Rahmen von Fort- und Weiterbildung von Lehr- und Beratungskräften zu Problemen und Fördermöglichkeiten von begabten Kindern fruchtbar werden lassen. Die von der Karg-Stiftung geförderte Beratungsstelle des Odysseus Projekts an der Universität Rostock stellt den Versuch dar, eine solche Beratungsstelle praktisch umzusetzen.

5.6.4 Personalentwicklung: Erzieher, Pädagogen, (Beratungs-) Lehrkräfte

Erzieher, Pädagogen im Vorschulbereich und Grundschullehrkräfte müssen so aus- und fortgebildet werden, dass sie in der Lage sind, Kinder bzw. Schülerinnen und Schüler mit besonderen Begabungen früh zu erkennen und gegebenenfalls Aufgaben im Rahmen von Fördermaßnahmen übernehmen zu können. Dies ist umso wichtiger, als das Ziel, hochbegabte Kinder ausschließlich durch speziell ausgebildete Fachkräfte zu fördern, kurz- und mittelfristig nicht erreichbar erscheint.

Diagnostische Kompetenzen könnten dabei beispielsweise den Umgang mit einfachen diagnostischen Methoden (Screening, Checklisten) umfassen. Gegebenenfalls sind Erzieherinnen bzw. Erzieher und Lehrkräfte durch qualifiziertes Personal mit spezifischen Kompetenzen zur Hochbegabungsdiagnostik und -förderung zu unterstützen. Weitergehende Diagnostik muss von speziell ausgebildetem Beratungspersonal geleistet werden. So müssten Mitarbeiter von Erziehungsberatungsstellen und Beratungslehrkräfte in die Lage versetzt werden, eine qualifizierte, differenzierte Begabungsdiagnostik bei Vor- und Grundschulkindern durchzuführen.

5.7 Pädagogisch-therapeutische Interventionen

Während in der Öffentlichkeit gravierende psychologische Probleme Hochbegabter (bis hin zur „Lern-Behinderung") gerade aus der einzelfallbasierten Erfahrung von Elternvereinen und Beratungsstellen heraus diskutiert werden (z. B. Stapf, 1998), ergibt sich aus breit angelegten empirischen Studien ein weniger dramatisches Bild. So zeigen Befunde aus der Münchner (Perleth & Sierwald, 2001) sowie der methodisch besonders herausragenden Marburger Hochbegabungsstudie (Rost, 1993), dass Hochbegabte nicht schlechter angepasst sind als andere Schüler, sondern dass in sozialen und Persönlichkeitsmerkmalen eher noch Unterschiede zugunsten der Hochbegabten vorliegen. So schrieben sich die hochbegabten Kinder und Jugendlichen günstigere Werte hinsichtlich der Leistungsorientierung, der Kausalattribuierung oder der Verarbeitung von Misserfolg zu (Perleth & Sierwald, 2001). Nach Rost (1993) sind sie sogar beliebter als durchschnittlich begabte und wurden seltener ausgeschlossen. Rost (1993) folgert, dass Lern- und Verhaltensstörungen sowie emotionale oder soziale Probleme bei hochbegabten Kindern nicht gehäuft anzutreffen sind, sondern dass diese sich vor allem durch ihre besonderen Begabungen von anderen Kindern unterscheiden. In dieses Bild passen auch manche der Befunde, die Freeman (1979) für eine britische Stichprobe berichtet. Dabei kann festgehalten werden, dass Eltern Hochbegabter, die sich in Hochbegabten-Elternvereinen organisieren, deutlich mehr Probleme berichten als Eltern Hochbegabter, die über Testerhebungen an Schulen identifiziert wurden.

Andererseits liefert eine Fülle von einzelfallbasierten Studien den Nachweis, dass bei Hochbegabten gerade aufgrund ihrer Hochbegabung Probleme resultieren. Autonomie, Nonkonformismus, eine starke Persönlichkeit (Willenskraft), erhöhte Sensibilität oder Perfektionismus können zu Konflikten mit Eltern, Lehrern und Peers bis hin zur Frustration oder sozialen Isolierung und Schulunlust führen. Zudem entwickelten sich Begabung und Leistung in der jeweiligen Domäne „dyssynchron" zu den übrigen Entwicklungsbereichen (Terrassier, 1985). Stapf und Stapf (1988) vermuten, dass ab einer bestimmten Intelligenzhöhe die skizzierten Probleme zunähmen. Keller (1992) berichtet für die Bildungsberatungsstelle Ulm, dass 5 von 41 vorgestellten hochbegabten Kindern schwere Verhaltensstörungen aufweisen, was allerdings der Quote der Nichthochbegabten entspräche.

Hochbegabte Behinderte können von ihren Fähigkeiten für ihre Persönlichkeitsentwicklung profitieren, es können aber u. a. auch Schwächungen des Selbstwertgefühls, Frustration, Hilflosigkeit oder soziale Schwierigkeiten auftreten. Diese resultieren aus der Differenz zwischen Begabung und Behinderung sowie aus den gegenüber nicht behinderten Hochbegabten noch geringeren Chancen, Peers mit vergleichbarer Lebenssituation zu treffen (zusammenfassend etwa Yewchuk & Lupart, 1993).

Soweit Hochbegabte emotionale oder Verhaltensauffälligkeiten zeigen, unter körperlichen, Sinnes- oder auch Lernbeeinträchtigungen der unterschiedlichsten Art leiden, kann grundsätzlich auf die entsprechenden Interventionsmaßnahmen zurückgegriffen werden, die sich hierfür eignen. Beispielsweise gibt es keine hochbegabungsspezifische Aufmerksamkeitsstörung, allerdings wird man bei einem Hochbegabten mit Aufmerksamkeitsstörung die individuellen Besonderheiten, etwa im Interesse oder im Gedächtnis, berücksichtigen müssen, genau wie man ein Interventionsprogramm sonst auch an die individuellen Merkmale der Betroffenen anpassen muss.

5.8 Textfragen zur Verständniskontrolle

1. Warum ist das Konstrukt der Allgemeinen Intelligenz (Spearman, Cattell) so attraktiv?
2. Vergleichen Sie ein psychometrisches und ein kognitionspsychologisches Intelligenzmodell!
3. In welchem Verhältnis stehen Intelligenz und Erfahrung bzw. Wissen?
4. „Mozart hat doch nur viel geübt!" Diskutieren Sie diese These auf dem Hintergrund der Debatte zwischen Ericsson und Gardner!
5. Nach dem Internet-Lexikon Wikipedia hat Sharon Stone einen IQ von 154. Diskutieren Sie diese Aussage auf ihre Sinnhaftigkeit!
6. Was erschwert die Diagnostik begabter Behinderter?
7. Warum ist es für Lehrkräfte so schwer, begabte Underachiever zu identifizieren?
8. Erklären Sie die Termini „passive, aktive und reaktive Anlage-Umwelt-Beziehungen"!
9. Wieso könnten Habituationsprozesse als frühe Indikatoren für Hochbegabung genutzt werden?
10. Wie beeinflussen Familie und Schule die Entwicklung Hochbegabter?
11. Eignen sich Akzelerations- oder Enrichmentmaßnahmen besser zur Förderung Hochbegabter?
12. Wie ist mit einem hochbegabten Kind mit Aufmerksamkeitsstörung oder LRS umzugehen?

5.9 Literatur

Baier, H. (1982). Lernbehindertenpädagogik. *Zeitschrift für Heilpädagogik, 33,* 154-159.

Beerman, L., Heller, K. A. & Menacher, P. (1992). Mathe: Nichts für Mädchen? Begabung und Geschlecht am Beispiel von Mathematik, Naturwissenschaft und Technik. Bern: Huber.

Birx, E. (1988). *Mathematik und Begabung.* Hamburg: Krämer.

Bloom, B. S. (1985). *Developing talent in young people.* New York: Ballantine.

Borchert, J. (Hrsg.) (2000). *Handbuch der Sonderpädagogischen Psychologie.* Göttingen: Hogrefe.

Borkowski, J. G. & Peck, V. A. (1986). Causes and consequences of metamemory in gifted children. In R. J. Sternberg & J. E. Davidson (Eds.), *Conceptions of giftedness* (pp. 182-200). Cambridge, UK: Cambridge University Press.

Campione, J. C. & Brown, A. L. (1978). Toward a theory of intelligence: Contributions from research with retarded children. *Intelligence, 2,* 279-304.

Campione, J. C., Brown, A. L., & Ferrara, R. A. (1982). Mental retardation and intelligence. In R. J. Sternberg (Ed.), *Handbook of human intelligence* (pp. 392-490). Cambridge, MA: Cambridge University Press.

Cattell, R. B. (1965). *The scientific analysis of personality.* Chicago, IL: Penguin.

Ericsson, K. A. & Charness, N. (1994). Expert performance: Its structure and acquisition. *American Psychologist, 49,* 725-747.

Ericsson, K. A. & Charness, N. (1995). „Expert performance: Its structure and acquisition": Reply. *American Psychologist, 50,* 803-804.

Ericsson, K. A., Krampe, R. T. & Tesch-Römer, C. (1993). The role of deliberate practice in the acquisition of expert performance. *Psychological Review, 100,* 363-406.

Fels, C. (1997). Körper- oder sinnesbehinderte Hochbegabte. Zu wenige zum Unterrichten, zu viele zum Ignorieren? *Vierteljahresschrift für Heilpädagogik und ihre Nachbargebiete, 66,* 410-426.

Freeman, J. (1979). *Gifted children.* Lancaster, UK: MTP.

Gagné, F. (1995). From giftedness to talent: a developmental model and its impact on the language of the field. *Roeper Review, 18,* 103-111.

Gardner, H. (1994). *Abschied vom IQ. Die Rahmen-Theorie der vielfachen Intelligenzen.* Stuttgart: Klett-Cotta.

Gardner, H. (1995). „Expert performance: Its structure and acquisition": Comment. *American Psychologist, 50,* 802-803.

Gardner, H. (2002). *Intelligenzen. Die Vielfalt des menschlichen Geistes*. Stuttgart: Klett-Cotta.

Gruber, H. (1994). *Expertise* (Beiträge zur psychologischen Forschung, Band 34). Opladen: Westdeutscher Verlag.

Hany, E. A. & Heller, K. A. (1991). Gegenwärtiger Stand der Hochbegabungsforschung. Replik zum Beitrag Identifizierung von Hochbegabung. *Zeitschrift für Entwicklungspsychologie und Pädagogische Psychologie, 23,* 241-249.

Heller, K. A. (1996). Begabtenförderung – (k)ein Thema für die Grundschule? *Grundschule, 5,* 12-14.

Heller, K. A. (2000). Einführung in den Gegenstandsbereich der Begabungsdiagnostik. In K. A. Heller (Hrsg.), *Begabungsdiagnostik in der Schul- und Erziehungsberatung* (2. Aufl., S. 13-40). Bern: Huber.

Heller, K. A. (Hrsg.). (2001). *Formen der Hochbegabung im Kindes- und Jugendalter* (2 Aufl.). Göttingen: Hogrefe.

Heller, K. A. & Hany, E. A. (1996). Psychologische Modelle der Hochbegabtenförderung. In F. E. Weinert (Hrsg.), *Psychologie des Lernens und der Instruktion (=Enzyklopädie der Psychologie, Themenbereich D, Serie I, Bd. 2* (S. 477-513). Göttingen: Hogrefe.

Holling, H., Preckel, F., Vock, M. & Schulze Willbrenning, B. (2004). *Schulische Begabtenförderung in den Ländern*. Maßnahmen und Tendenzen. Materialien zur Bildungsplanung und zur Forschungsförderung. Heft 121. Bonn: BLK. (http://www.blk-bonn.de/papers/heft121.pdf)

Holling, H., Vock, M. & Preckel, F. (2001). Schulische Begabtenförderung in den Ländern der Bundesrepublik Deutschland. Befunde und Empfehlungen. In Forum Bildung (Hrsg.), *Finden und Fördern von Begabungen. Fachtagung des Forum Bildung in Berlin, 2001* (S. 45-75). Bonn: Forum Bildung.

Howe, M. J. A. (1990). *The origin of exceptional abilities.* Cambridge, MA: Blackwell.

Hoyningen-Süess, U. (1989). Was hat die Sonderpädagogik mit Hochbegabten zu tun? *Vierteljahresschrift für Heilpädagogik und ihre Nachbargebiete, 58,* 375-389.

Hoyningen-Süess, U. (1992). Sonderpädagogisch relevante Probleme der Hochbegabtenförderung – eine Analogie. In K. K. Urban (Hrsg.), *Begabungen entwickeln, erkennen und fördern* (S. 177-184). Hannover: Univ. Hannover.

Jensen, A. R. (1982). The chronometry of intelligence. In R. J. Sternberg (Ed.), *Advances in the Psychology of Intelligence, Vol. 1* (pp. 255-310). Hillsdale, NJ: Lawrence Erlbaum.

Jost, M. (1999). *Extra-Klasse? Hochbegabte in der Schule erkennen und begleiten.* Wiesbaden: Universum.

Keller, G. (1992). Schulpsychologische Hochbegabtenberatung. Ergebnisse einer Beratungsstudie. *Psychologie in Erziehung und Unterricht, 39,* 125-132.

Kurth, E. (1992). Entwicklung von Teilbegabungen bei Sonderschülern in außerunterrichtlicher Förderung. In K. K. Urban (Hrsg.), *Begabungen entwickeln, erkennen und fördern* (S. 185-188). Hannover: Univ. Hannover.

Mönks, F. J. (1992). Ein interaktionales Modell der Hochbegabung. In E. A. Hany & H. Nickel (Hrsg.), *Begabung und Hochbegabung. Theoretische Konzepte, empirische Befunde, praktische Konsequenzen* (S. 17-22). Bern: Huber.

Neubauer, A. (1995). *Intelligenz und Geschwindigkeit der Informationsverarbeitung.* Wien: Springer.

O'Connor, N. & Hermelin, B. M. (1989). *Extraordinary People: Understanding „Idiot Savants".* New York: Harper & Row.

Perleth, C. (1997). *Zur Rolle von Begabung und Erfahrung bei der Leistungsgenese. Ein Brückenschlag zwischen Begabungs- und Expertiseforschung* (Habilitationsschrift). München: LMU.

Perleth, C. (2000). Hochbegabung. In J. Borchert (Hrsg.), *Handbuch der Sonderpädagogischen Psychologie* (S. 662-673). Göttingen: Hogrefe.

Perleth, C. (2001). Follow-up-Untersuchungen zur Münchner Hochbegabungsstudie. In K. A. Heller (Hrsg.), *Hochbegabung im Kindes- und Jugendalter* (2. Aufl., S. 357-446). Göttingen: Hogrefe.

Perleth, C. (im Druck). Intelligenz und Kreativität – Intelligence and Creativity. In W. Schneider & M. Hasselhorn (Hrsg.), *Handbuch der Pädagogischen Psychologie.* Göttingen: Hogrefe.

Perleth, C. & Schatz, T. (2003). Aus der Forschung: Zu Begabungsentwicklung und -förderung im Vorschulalter. In H. Wagner (Hrsg.), *Frühzeitig fördern. Hochbegabte im Kindergarten und in der Grundschule* (S. 17-39). Bonn: Bock.

Perleth, C. & Sierwald, W. (2000). Testtheoretische Konzepte der Begabungsdiagnostik. In K. A. Heller (Hrsg.), *Begabungsdiagnostik in der Schul- und Erziehungsberatung* (S. 41-95). Bern: Huber.

Perleth, C. & Sierwald, W. (2001). Entwicklungs- und Leistungsanalysen zur Hochbegabung. In K. A. Heller (Hrsg.), *Hochbegabung im Kindes- und Jugendalter* (2. Aufl., S. 171-355). Göttingen: Hogrefe.

Perleth, C. & Wilde, A. (in press). Identification of talents. In T. Ai-Girl (Ed.), *Creativity: A Handbook for Teachers.* Singapore: World Scientific Publ.

Perleth, C., Schatz, T. & Mönks, F. J. (2000). Early indicators of high ability. In K. A. Heller, F. J. Mönks, R. J. Sternberg & R. F. Subotnik (Eds.), *International handbook for giftedness and talent* (2 ed., pp. 297-316). Oxford: Pergamon.

Plomin, R. (1994). *Genetics and experience. The interplay between nature and nurture.* Thousand Oaks, CA: Sage.

Renzulli, J. S. (1993). Ein praktisches System zur Identifizierung hochbegabter und talentierter Schüler. *Psychologie in Erziehung und Unterricht, 40,* 217-224.

Rost, D. H. (1991). Identifizierung von Hochbegabung. *Zeitschrift für Entwicklungspsychologie und Pädagogische Psychologie, 23,* 197-231.

Rost, D. H. (Hrsg.). (1993). *Lebensumweltanalyse hochbegabter Kinder.* Göttingen: Hogrefe.

Scarr S. (1986). *Understanding Development.* San Diego: Harcourt.

Scarr, S. & McCartney, K. (1983). How people make their own environments: A theory of genotype-environment effects. *Child Development, 54,* 424-435.

Schneider, W. (1993). Acquiring expertise: Determinants of exceptional performance. In K. A. Heller, F. J. Mönks & A. H. Passow (Hrsg.), *International handbook of research and development of giftedness and talent* (S. 311-324). Oxford, UK: Pergamon Press.

Silverman, L. K. (1993). Counseling needs and programs for the gifted. In K. A. Heller, F. J. Mönks & A. H. Passow (Eds.), *International handbook of research and development of giftedness and talent* (pp. 631-647). Oxford, UK: Pergamon.

Sloboda, J. A., Davidson, J. W., Howe, M. J. A. & Moore, D. G. (1996). The role of practice in the development of performing musicians. *British Journal of Psychology, 87,* 287-309.

Spearman, C. (1927). *The abilities of man.* London: MacMillan.

Stanley, J. C. & Benbow, C. P. (1986). Youth who reason exceptionally well mathematically. In R. J. Sternberg & J. E. Davidson (Eds.), *Conceptions of giftedness* (pp. 361-187). Cambridge, UK: Cambridge Univ. Press.

Stapf, A. (1998). Hochbegabung: Was ist das? In Ministerium für Kultus, Jugend und Sport (Hrsg.), *Begabungen fördern. Hochbegabte Kinder in der Grundschule* (S. 12-26). Stuttgart: Klett.

Stapf, A. & Stapf, K. H. (1988). Kindliche Hochbegabung in entwicklungspsychologischer Sicht. *Psychologie in Erziehung und Unterricht, 35,* 1-17.

Sternberg, R. J. (1993). The concept „giftedness": a pentagonal implicit theory. In G. Bock & K. Ackrill (Eds.), *The origins and development of high ability. Ciba Foundation Symposium* (pp. 5-16). Chichester: John Wiley & Sons.

Tannenbaum, A. (1992). Early signs of giftedness: Research and commentary. *Journal for the Education of the Gifted, 15* (2) 104-133.

Terman, L. M. (1925). *Genetic studies of genius: Mental and physical traits of 1000 gifted children.* Stanford, CA: Stanford University Press.

Terman, L. M. & Oden, M. H. (1947). *The gifted child grows up.* Stanford, CA: Stanford University Press.

Terman, L. M. & Oden, M. H. (1959). *The gifted group at mid-life. Genetic studies of genius.* Stanford, CA: Stanford University Press.

Terrassier, J. C. (1985). Dyssynchrony – uneven development. In J. R. Freeman (Ed.), *The Psychology of Gifted Children.* Chichester: John Wiley & Sons.

Tewes, U., Rossmann, P. & Schallberger, U. (2000). *Hamburg-Wechsler-Intelligenztest für Kinder III (HAWIK-III).* Göttingen: Hogrefe.

Walberg, H. J. (Ed.). (1992). *Early Educative Influences on Later Outcomes: The Terman Data Revisited.* Chicago: Chicago Public Schools.

Wang, M. C., Reynolds, M. C. & Walberg, H. J. (Eds.) (1995). *Handbook of special and remedial education: Research and practice* (2nd ed.). Oxford: Pergamon.

Weiß, R. & Osterland, J. (1980). *Grundintelligenztest Skala 1 (CFT 1)* (4. Aufl.). Braunschweig: Westermann.

Yewchuk, C. & Lupart, J. L. (1993). Gifted handicapped: A desultory duality. In K. A. Heller, F. J. Mönks & A. H. Passow (Eds.), *International handbook of research and development of giftedness and talent* (pp. 709-725). Oxford, UK: Pergamon.

6 Körperbehinderungen

Hans Stadler

6.1 Einführung in die Thematik

Körperbehinderungen sind Teil menschlichen Seins und können jeden Menschen im Laufe seines Lebens erfassen; manche sind angeboren, andere Folge einer Erkrankung und viele entstehen durch Alterung und Verschleiß des Körpers; die Mehrzahl aber ergibt sich durch einen erlittenen Unfall im Lebensalltag oder bei einer Berufstätigkeit. Durch die Fortschritte der Medizin – insbesondere der Chirurgie und der Orthopädie – sind viele Schäden am Körper und an seinen Organen mehr oder weniger heilbar. Auch sind körperliche Schädigungen mit unterschiedlichen Folgen für die *Funktions- und Leistungsfähigkeit* eines Menschen verbunden, so dass nicht immer ein spezifischer Bedarf an therapeutischen und pädagogischen Hilfen entsteht. Deshalb hat auch nicht jeder junge Mensch mit körperlichen Beeinträchtigungen einen *sonderpädagogischen Förderbedarf*, dem durch Pädagogen und Therapeuten mit besonderer fachlicher Kompetenz Rechnung zu tragen wäre.

Wird aber ein sonderpädagogischer Förderbedarf bei Kindern und Jugendlichen im *Förderschwerpunkt körperliche und motorische Entwicklung* festgestellt, so hat die *Körperbehindertenpädagogik* als Theorie und Praxis der Erziehung, Unterrichtung und Berufsbildung entsprechende Hilfen bereitzustellen. Sie ist eine erziehungswissenschaftliche Teildisziplin der *Sonderpädagogik* und erforscht den Erziehungs- und Bildungsanspruch sowie die pädagogisch-therapeutischen Einwirkungsmöglichkeiten, um die individuelle Entwicklung junger Menschen zu unterstützen. Dabei geht es um die Förderung der Entwicklungs- und Lernprozesse, sofern erschwerende Bedingungen vorliegen.

Wegen des erheblichen Anteils junger Körperbehinderter, die eine *Mehrfachbehinderung* aufweisen, gibt es in den Aufgabenstellungen Gemeinsamkeiten mit der *Geistigbehinderten- und Lernbehindertenpädagogik* sowie mit der *Pädagogik bei Schwerstbehinderung*. Zur Sicherstellung einer umfassenden Rehabilitation erschließt die *Körperbehindertenpädagogik* auch Erkenntnisse der *Nachbarwissenschaften*, wie der Orthopädie und Neurologie, der Entwicklungs-, Lern- und Neuropsychologie sowie der Soziologie der Behinderten. Sie realisiert sich als *pädagogische Praxis* in Frühförderstellen, Kindergärten, Schulen, Berufsbildungswerken, Werkstätten für behinderte Menschen, Tagesförderstätten, Heimen und Internaten.

Die *Körperbehindertenpädagogik* ist eine relativ junge Disziplin, die sich nach dem Zweiten Weltkrieg an Pädagogischen Hochschulen und Universitäten zur *Ausbildung von Lehrkräften* für die Schulen für Körperbehinderte etablierte; sie war deshalb zunächst stark auf die Praxis der Sonderschule bezogen (Stadler & Wilken, 2004, S. 329-361). Die Förderung junger Menschen mit schweren körperlichen Leiden, lebensbedrohlichen Erkrankungen, herabgesetzter Lebenserwartung und massiven Retardierungen im Lernen und Verhalten ist für Forschung und Lehre der *Körperbehindertenpädagogik* eine Herausforderung. In der Praxis gibt es hierbei Überschneidungen zu den pädagogischen Aufgaben sowie zu den Erklärungs- und Handlungskonzepten der *Krankenpädagogik und des Klinikunterrichts* (Wienhus, 1979, 2001), weil sich gerade dort Fragen nach dem Sinn menschlichen Leidens stellen und ethisch vertretbare Antworten gefunden werden müssen.

6.1.1 Zur Theoriebildung und Geschichte der Körperbehindertenpädagogik

Die *Theoriebildung* in der Körperbehindertenpädagogik dient dazu, wissenschaftliche Erkenntnisse zusammenzufassen und zu Aussagen für die Praxis zu verdichten, die das pädagogische Handeln leiten können (Bergeest & Hansen, 1999). Sie orientiert sich dabei an der Theoriediskussion der *Allgemeinen Sonderpädagogik*. So wurde von ihr der *Paradigmenwechsel* von einer eher Institutionen bezogenen zu einer Personen bezogenen Sicht mit vollzogen. Während Anfang der achtziger Jahre noch die *Schule für Körperbehinderte* im Zentrum stand (Haupt & Jansen, 1983), erfassen neuere Veröffentlichungen zu den Theorien der Förderung ein breites Spektrum von Aufgaben von der Frühförderung bis in das Erwachsenenleben und berücksichtigen nun auch die Aufgaben der *integrativen Förderung in Regelschulen* (Stadler, 1998; Leyendecker, 2005; Bergeest, 2006; Hedderich 2006).

Als *Erziehungsphilosophie* behandelt die Körperbehindertenpädagogik normative und präskriptive Aussagen zum „Sollen" sowie Wertentscheidungen. Hierzu werden u. a. anthropologische und ethische Grundfragen zum Lebensrecht und zur Würde der Menschen mit Behinderung erörtert (Antor & Bleidick, 1995; Stadler, 1998; Vernooij, 2000). Als *Erziehungswissenschaft* sucht sie überwiegend deskriptiv (Eckmann, 1988) aber auch empirisch (Neumann, 1999) die Erziehungswirklichkeit junger Menschen mit Körperbehinderung durch Erkennen und Erforschen aufzuklären. In den Institutionen der Rehabilitation erfolgt die didaktisch-methodische Umsetzung auf der Basis von *Erziehungs- und Unterrichtslehren* (Förder-, Therapie- und Ausbildungsprogramme) in Verantwortung des jeweiligen Erziehers, Lehrers, Therapeuten oder Ausbilders.

Die *Geschichte* des Umgangs mit Menschen, die sichtbare körperliche Beeinträchtigungen zeigen, ist Bestandteil der Historiographie für den gesamten Personenkreis der Behinderten (Möckel, 1988). Die ersten orthopädischen Anstalten entstanden im ausgehenden 18. Jahrhundert und führten zur Beschäftigung von Lehrkräften für körperbehinderte Kinder in stationärer Behandlung (Bettenunterricht). Die eigentlichen Anfänge der Schul- und Berufsbildung (Anstalten, Heimschulen) liegen im 19. Jahrhundert. Erste Tagesschulen entstanden bereits vor dem Ersten Weltkrieg, aus ihnen gingen dann die Ganztagesschulen hervor.

Während der *Nazi-Diktatur* kam es zur Ermordung von Menschen mit Erbkrankheiten und körperlichen Missbildungen. Die Zeit nach dem Zweiten Weltkrieg war zunächst durch ein *Weitermachen* in den traditionellen Strukturen gekennzeichnet; die Entwicklung ging dann aber von der *Krüppelfürsorge* der Weimarer Republik zur umfassenden medizinischen, schulischen und beruflichen *Rehabilitation* (Stadler & Wilken, 2004, S. 293-361). Dies führte zu einer starken Vermehrung der Zahl der Schulen und der Schulplätze für Körperbehinderte, wobei sich aber die Didaktik und Methodik erst allmählich den neuen Anforderungen durch die Veränderungen in der Zusammensetzung der Schülerschaft anpasste.

6.1.2 Zur aktuellen Situation der schulischen Förderung Körperbehinderter

Für die *vorschulische und schulische Bildung* Behinderter sind ausschließlich die sechzehn Bundesländer aufgrund ihrer jeweiligen Schulgesetze und Bildungspläne zuständig; sie haben sich aber in der gemeinsamen *Kultusministerkonferenz* (KMK) immer wieder auf Empfehlungen zur Struktur des Bildungswesens und zu den Zielsetzungen der allgemeinen und beruflichen Bildung verständigt. Die KMK veröffentlichte 1994 „*Empfehlungen zur sonderpädagogischen Förderung in den Schulen*", die hinsichtlich der Förderorte Sonderschule und allgemeine (Regel-) Schule neue Akzente setzten, sowie in der Folge jeweils besondere zu den so genannten *Förderschwerpunkten*: Hören, körperliche und motorische Entwicklung, Unterricht kranker Schülerinnen und Schüler, Sehen, Sprache, geistige Entwicklung, Lernen, emotionale und soziale Entwicklung, Unterrichtung von Kindern und Jugendlichen mit autistischem Verhalten. Der *Förderbedarf* wird von der KMK in der Empfehlung von 1998 bei Kindern und Jugendlichen dann angenommen, wenn sie „aufgrund ihrer körperlichen und motorischen Ausgangslage in ihren Bildungs-, Entwicklungs- und Lernmöglichkeiten so beeinträchtigt sind, dass sie im Unterricht der Allgemeinen Schule ohne sonderpädagogische Unterstützung nicht hinreichend gefördert werden können" (Drave, Rumpler & Wachtel, 2000, S. 101).

Die einzelnen Empfehlungen wurden mit Kommentaren von Fachvertretern zu den Zielen und Aufgaben der sonderpädagogischen Förderung, zur Ermittlung des individuellen Förderbedarfs und zur Entscheidung über den Bildungsgang und den Förderort gemeinsam publiziert (Drave, Rumpler & Wachtel, 2000). Mit ihnen wurden entscheidende Schritte einer Öffnung der Sonderpädagogik hin zu den allgemeinen und beruflichen Schulen (Regelschulen) gemacht, die damit zum Förderort für Behinderte werden können. Schon mit der in den siebziger Jahren einsetzenden *Integrationsbewegung* wurde die vorrangig separierte Beschulung Körperbehinderter in Frage gestellt. Die *KMK-Empfehlung von 1998* zum „Förderschwerpunkt körperliche und motorische Entwicklung" (in Drave, Rumpler & Wachtel, 2000) erkennt nun den *Förderort* allgemeine Schule ausdrücklich an und macht auch Aussagen zu den Voraussetzungen der Realisierung. Andererseits ist die Notwendigkeit spezifischer Bildungseinrichtungen für diesen Personenkreis unbestritten. Auch der jüngste Behindertenbericht (2004, S. 64) nimmt dazu Stellung und gibt für die *Sonderschule als eigenständige Schulart* eine Art *Bestandsgarantie*, wenn es heißt: „Integrationsbemühungen im schulischen Bereich stellen den Erhalt und die Weiterentwicklung der Sonderschulen nicht zwangsläufig infrage. Das Sonderschulwesen ist fester Bestandteil des Schulsystems in der Bundesrepublik Deutschland. (...) Diese Auffassung wird durch Ergebnisse von Modellversuchen bestätigt, die gezeigt haben, dass trotz einer zunehmenden Integrationsorientierung die Notwendigkeit fortbesteht, insbesondere für schwerst- und mehrfachbehinderte Kinder und Jugendliche eine sonderpädagogische Förderung in speziellen Einrichtungen vorzusehen."

Dies ist eine *erfreuliche Klarstellung*, gerade auch hinsichtlich der jungen Körperbehinderten, die ja keineswegs alle die Sonderschule brauchen, um eine ihren Fähigkeiten entsprechende allgemeine Bildung zu erlangen. Viele von ihnen können über die Hauptschule hinausgehende *Bildungsabschlüsse* vor allem dann erreichen, wenn sie die ihnen adäquate sonderpädagogische Begleitung und Unterstützung erhalten. Dies kann in überregionalen Bildungszentren für Körperbehinderte oder an Realschulen und Gymnasien ermöglicht werden; in der schulischen Förderung bei Körperbehinderung und chronischer Erkrankung kannte man im Übrigen schon seit ihren Anfängen sowohl die *Segregation* als auch die *Integration* (Stadler, 2000 a; Stadler & Wilken, 2004).

Die *aktuelle Situation der schulischen Förderung* wird von Kuckartz (2003) analysiert; danach gab es 1998 in Deutschland 170 Schulen für Körperbehinderte, die aber nach Schulgröße, Binnenstruktur, Lerngruppen und Klassenbildung sowie Zusammensetzung der Schüler und Qualifikation des pädagogischen Personals große Unterschiede aufweisen. Bezüglich der im *Gemeinsamen Unterricht an Regelschulen* geförderten körperbehinderten Kinder kommt er zu dem Schluss, dass es sich dabei in der Regel um „*leichter behinderte*" handelt und die Integration vor allem im Primarbereich stattfindet. Nach den Statistiken der KMK (2003, S. 5) waren im Jahr 2002 von den Kindern mit sonderpädagogischem Förderbedarf im Förderschwerpunkt körperliche und motorische Entwicklung *22.186 (83,8 %) in Sonderschulen* und *4.297 (16,2 %) in allgemeinen Schulen (Regelschulen)*; damit hat sich ein Trend fortgesetzt: die Zahl der körperbehinderten Schülerinnen und Schüler mit Förderbedarf steigt ebenso, wie der Anteil derer, die in allgemeinen Schulen unterrichtet werden. Auch dies deutet darauf hin, dass die eigenständige Schule für Körperbehinderte trotz Zunahme der integrativen Beschulung keineswegs ein „Auslaufmodell" ist.

6.1.3 Schwerstbehinderte und hochbegabte Körperbehinderte

In historischer Sicht entwickelte sich die Schule für Körperbehinderte zu einer Institution für „*normal begabte*" körperbehinderte Kinder und Jugendliche, die mindestens den Bildungsgang der Volksschule erfolgreich durchlaufen, aber in Regelschulen auch höhere Schulabschlüsse erreichen konnten. Für die Mehrfach- und Schwerstbehinderten hielt sie sich nicht für zuständig; erst durch erfolgreiche Schulversuche mit der Förderung dieses Personenkreises (Haupt & Fröhlich, 1982) wandelte sich diese Haltung. Seit den siebziger Jahren des 20. Jahrhunderts veränderte sich dann die Schülerschaft durch Aufnahme der *Mehrfach- und Schwerstbehinderten* und damit auch die Aufgabenstellung. Heute werden an Schulen für Körperbehinderte vermehrt „Schwerstmehrfachbehinderte" gefördert und unterrichtet; dabei gibt es zwischen den Bundesländern eine große Streuung (Wehr-Herbst, 1997) – an einzelnen Schulen machen sie bis zu 50 % der Schülerschaft aus.

Bei dieser Veränderung der Aufgabenstellung in Richtung einer *Pädagogik der Schwerstbehinderung* wurde vielfach übersehen, dass auch unter den jungen Körperbehinderten *hochbegabte Schülerinnen und Schüler* sind, denen bisher nur selten ein spezifisches Angebot zur Entwicklung ihrer Begabung gemacht wurde. Dies mag auch daran liegen, dass im Gegensatz zur US-amerikanischen „*special education*" sich die Sonderpädagogik in den deutschsprachigen Ländern bisher wenig mit *Hochbegabten* befasst hat. Perleth (2000) sieht den Grund in der traditionellen Verbindung von Sonderpädagogik und Medizin, was nicht zuletzt für die *Pädagogik bei Körperbehinderung* gilt, die auf einer engen Kooperation von medizinisch-therapeutischer und pädagogischer Rehabilitation basiert. Hier gilt es primär, die Begabungen und Leistungsmöglichkeiten zu erkennen, die auch bei jungen Menschen mit schweren und schwersten körperlichen Schädigungen vorhanden sind. Nach Perleth (2000, S. 663) lassen sich u. a. folgende Gründe anführen, die für eine *Einbeziehung der Hochbegabten in die Sonderpädagogik* sprechen: Auch unter behinderten – resp. körperbehinderten – Kindern und Jugendlichen sind solche mit Hochbegabungen zu erwarten. Man findet sie aber nur, wenn man von dieser Annahme ausgeht und ihnen die Chance gibt, sich zu entfalten. Den spezifischen Lern- und Verhaltensproblemen junger Hochbegabter ist mit besonderer psychologischer und pädagogischer Zuwendung zu begegnen.

Am überregionalen *Bildungszentrum für Körperbehinderte* in Neckargemünd bei Heidelberg gibt es neuerdings neben der Stephen-Hawking-Schule für Körperbehinderte auch ein *Gymnasium für Hochbegabte*. Mit Beratung und Unterstützung der Sonderpädagogik könnte dort künftig den Kindern und Jugendlichen die Entfaltung ihrer Hochbegabung ermöglicht werden, die wegen ihrer schweren körperlichen Behinderung am Bildungszentrum unterrichtet werden.

6.2   Definitionen und Klassifikationen

Die Bewegungseinschränkung gilt als das Merkmal, das *Menschen mit körperlichen Behinderungen* gemeinsam aufweisen; insgesamt bilden sie aber eine *sehr heterogene Gruppe*. Während die Leistungsfähigkeit körperlicher Funktionen in der Regel beeinträchtigt ist, entsprechen die individuellen Ausprägungen der Kognition und der Emotion der Vielfalt menschlicher Leistungs- und Verhaltensweisen. Insofern ist *Körperbehinderung ein Sammelbegriff* für die vielfältigen Erscheinungsformen und Schweregrade von Beeinträchtigungen, die sich aus Schädigungen des Stütz- und Bewegungsapparates und aus anderen inneren oder äußeren Schädigungen des Körpers und seiner Organe ergeben (Stadler, 2000b).

Lange Zeit dominierte eine Sicht, die den „*Defekt*" ins Zentrum rückte: Schäden am Körper führen zu medizinisch behandelbaren Folgen, die, soweit sie bestehen bleiben, als Behinderungen bezeichnet werden. Inzwischen wird die *Relativität des Begriffs Körperbehinderung* stärker beachtet: Zwischen Schädigung und Behinderung gibt es zwar ein Grund-Folge-Verhältnis, aber keinen generellen Kausalzusammenhang. Eine Schädigung kann medizinisch geheilt, durch pädagogisch-therapeutische Maßnahmen in ihren Auswirkungen vermindert oder durch Hilfsmittel ganz oder teilweise kompensiert werden, so dass kein oder ein nur begrenzter sonderpädagogischer Förderbedarf besteht.

Unabhängig von der *Art oder Schwere* der Körperbehinderung lassen sich allgemein drei Arten von Auswirkungen körperlicher Schädigungen unterscheiden: Die primären *Funktionsausfälle und Funktionsstörungen*: zum Beispiel Gehunfähigkeit durch Querschnittslähmung; die sekundären *Folgewirkungen*: zum Beispiel Retardierungen in der geistigen Entwicklung als Folge mangelnder Erfahrung mit der Umwelt oder Beeinträchtigung des Spracherwerbs infolge cerebral bedingter Störungen im Sprechapparat; die tertiären *Verhaltens- und Leistungsstörungen*: zum Beispiel störendes Verhalten im Schulunterricht; letztere können auch durch unangemessene Reaktionen der sozialen Umwelt gegenüber einem Betroffenen bedingt sein.

6.2.1 Definitionen in der Medizin und im Rehabilitationsrecht

Die zahlreichen medizinischen und rehabilitationsrechtlichen Definitionen (BAGH, 2004) werden der Heterogenität des Personenkreises nur bedingt gerecht. Je nach fachwissenschaftlicher Ausgangsposition oder beabsichtigter Verwendung kommt es zu einengenden inhaltlichen Bestimmungen, die die Komplexität dessen, was die Auswirkungen in den Funktionen und / oder im sozialen Verhalten einer Person bedeuten, oft nur unzureichend erfassen.

Ausgangspunkt in der Medizin ist eine Schädigung des menschlichen Körpers in einem weiten Verständnis. Nicht nur angeborene oder erworbene Schäden an Gliedmaßen oder Organen, sondern auch Schäden am Gehirn und Nervensystem, an den Sinnesorganen sowie chronische Erkrankungen rechnen zu den Körperbehinderungen. Das *Rehabilitationsrecht*, das seit 2001 im Wesentlichen im *Sozialgesetzbuch* (SGB) IX „Rehabilitation und Teilhabe behinderter Menschen" zusammengefasst ist, definiert nun den *Begriff Behinderung* im § 2 für alle Leistungsträger einheitlich: „Menschen sind behindert, wenn ihre körperliche Funktion, geistige Fähigkeit oder seelische Gesundheit mit hoher Wahrscheinlichkeit länger als sechs Monate von dem für das Lebensalter typischen Zustand abweichen und daher ihre Teilhabe am Leben der Gesellschaft beeinträchtigt ist" (Sozialgesetzbuch, 2005, S. 1093). Maßnahmen der schulischen und beruflichen Bildung werden aber nicht nur nach dem SGB IX, sondern auch nach dem inzwischen ebenfalls in Kraft getretenen SGB XII „Sozialhilfe" gewährt; so als *Eingliederungshilfe* für behinderte Menschen – etwa nach § 54 Nr. 2 die Hilfe zur schulischen Ausbildung für einen angemessenen Beruf einschließlich des Besuchs einer Hochschule.

Aber auch die Definition von „Behinderung" in § 2 SGB IX ist noch zu wenig konkret, weshalb künftig in Deutschland sowohl die ICD (10. Revision) zur Klassifizierung von Krankheitsbildern als auch die ICF zur Beschreibung von Behinderungen in der schulischen und beruflichen Rehabilitation Anwendung finden sollen (Behindertenbericht, 2004, S. 4).

6.2.2 Das bio-psycho-soziale Modell von Behinderung der ICF

Die Veränderungen im Verständnis von Behinderung basieren nicht zuletzt auf einem internationalen Austausch über nicht stigmatisierende und etikettierende Beschreibungen und Begriffe. Während in der medizinischen Rehabilitation schon bisher die *Systematik der Weltgesundheitsorganisation* (WHO) zur Erfassung von Krankheitsbildern mit der *ICD (= International Classification of Diseases)* angewandt wurde, soll die neue Systematik zur Beschreibung von Behinderungen, die *ICF (= International Classification of Functioning and Disability and Health)* nun auch in Deutschland genutzt werden (DIMDI, 2004) – und zwar sowohl für Maßnahmen zur Teilhabe am Arbeitsleben nach SGB IX als auch nach SGB XII zur schulischen und beruflichen Eingliederung.

In der ICF steht anstelle der defizitorientierten und defektologischen Sichtweise eine Orientierung an sozialen Faktoren im Zentrum, was als *bio-psycho-soziales Modell* bezeichnet wird. Auch in ihm wird von medizinisch geprägten Aspekten ausgegangen, da weiter die Schädigung körperlicher Strukturen und Funktionen maßgebend ist. Aber nun ist der Begriff Disability durch *Activity* und der Begriff Handicap durch *Partizipation* ersetzt worden; es geht um mögliche Einschränkungen (*Activity limitations*) und Hindernisse bei der Selbstverwirklichung und sozialen Teilhabe (*Participation ristrictions*).

Die *ICF* soll insbesondere Grundlage für die Bewilligung und Durchführung von Maßnahmen der *beruflichen Rehabilitation* werden; aber auch für die *schulische Rehabilitation* ist sie relevant, sollen mit ihrer Hilfe doch die Förderbedürfnisse in bedeutsamen Lebensbereichen erfasst und geeignete Maßnahmen konzipiert werden. So erörtert Leyendecker (2005, S. 18-49) bei der Klärung des Begriffs Behinderung auch die ICF und zeigt Möglichkeiten der Anwendung der ICD (10. Revision) hinsichtlich der motorischen Behinderungen an Fallbeispielen auf. Nach der ICF geht es um folgende *Lebensbereiche*: Lernen und Wissensanwendung, allgemeine Aufgaben und Anforderungen, Kommunikation, Mobilität, Selbstversorgung, häusliches Leben, Interpersonale Interaktionen und Beziehungen, Gemeinschafts- und staatsbürgerliches Leben (DIMDI, 2004, S. 94-121). Es werden auch genaue Hinweise gegeben, wie die Leistungsfähigkeit und die Leistung zu beurteilen sind. Dies kann mit und ohne Berücksichtigung von Hilfsmitteln oder personeller Assistenz erfolgen, was gerade bei Formen der Körperbehinderung mit schweren Auswirkungen auf die Motorik bedeutsam ist.

6.2.3 Erscheinungsformen, Ursachen und Auswirkungen der Körperbehinderung

Geht man von der *motorischen Beeinträchtigung* als dem zentralen Merkmal einer Körperbehinderung aus, so lassen sich nach Leyendecker und Kallenbach (1989, S. 40-58) folgende Erscheinungsformen unterscheiden: *1. Körperbehinderungen im engeren Sinne*: Schädigung von Gehirn und Rückenmark, Schädigung der Muskulatur und des Knochengerüsts, Schädigung durch chronische Krankheiten oder Fehlfunktionen innerer Organe. *2. Andere Formen motorischer Auffälligkeiten und Störungen*: Leichte cerebrale Bewegungsstörungen, Beeinträchtigungen der Grobmotorik und Körperkoordinationsschwächen, Beeinträchtigung der Feinmotorik, Bewegungsunruhe und Hyperaktivität, gehemmte Motorik, sensu- und psychomotorische Auffälligkeiten, Haltungsschwächen und – schäden, motorische Tics, Linkshändigkeit. Auch in einer neueren Veröffentlichung untergliedert Leyendecker (2005) die *Erscheinungsformen* motorischer Behinderungen in solche im engeren Sinne, die er weiterhin als *Körperbehinderungen* bezeichnet (z. B. ein Schädel-Hirn-Trauma), und solche im weiteren Sinne, bei denen er jetzt von *motorische Beeinträchtigungen* spricht (z. B. eine Haltungsschwäche in Form einer Wirbelsäulenverkrümmung). Im Verständnis von Leyendecker und Kallenbach (1989) ist *Motorik mehr als Bewegung*; der Begriff umfasst die Bewegungsvorgänge des Organismus, sofern sie nicht vom vegetativen (weitgehend autonom arbeitenden) Nervensystem gesteuert werden, wie die inneren Organe (Beispiele: die Atmung durch die Lungenfunktion, der Kreislauf durch den

Herzschlag). Es geht auch um mehr als Beweglichkeit (Motilität); vielmehr lassen sich einzelne Zusammenhänge als Psychomotorik (Bewegung und seelisches Erleben) und Sensumotorik (Bewegung und Sinneswahrnehmung) umschreiben.

Die leichten cerebralen Bewegungsstörungen bei Kindern werden auch als *Minimale Cerebrale Dysfunktion* (MCD – englisch: Minimal Cerebral Dysfunction oder MBD – Minimal Brain Dysfunction) bezeichnet. Als störend bewertete Verhaltensweisen wie Hyperaktivität, Impulsivität, Koordinationsmängel, Wahrnehmungsschwächen, Sprachentwicklungsverzögerungen und Aufmerksamkeitsmängel können zu Lernschwierigkeiten und zu Problemen in der Kommunikation und Interaktion führen. Da eine körperlich bedingte Ursache angenommen wird, werden betroffene Kinder dem Kreis der Körperbehinderten zugerechnet und häufig auch in Sonderschulen unterrichtet.

Eine Übersicht über *Erscheinungsformen, Ursachen und Auswirkungen von Körperbehinderung und chronischer Erkrankung* im Kinder- und Jugendalter, die sich an der Schülerschaft der Schulen für Körperbehinderte orientiert, vermitteln die Tab. 6.1 bis 6.3 (aus Stadler, 1998, S. 14-16). Dabei wurden ergänzend auch die möglichen *Maßnahmen und Einrichtungen der Rehabilitation* angemerkt; es wird das breite Spektrum an medizinischen, therapeutischen und pädagogischen Hilfen erkennbar, das heute für betroffene Kinder, Jugendliche und Erwachsene zur Verfügung steht.

Festzuhalten bleibt, dass die *medizinischen Klassifizierungen* zunächst nichts über Auswirkungen auf die intellektuelle Leistungsfähigkeit, die Persönlichkeit, die subjektiven Lebenserschwerungen und über Chancen und Risiken der schulischen, beruflichen und sozialen Rehabilitation aussagen. Die *individuelle Persönlichkeit* entwickelt sich als Ergebnis von Anlage- und Umweltfaktoren; der medizinischen Behandlung nachgehende und begleitende Therapie (Krankengymnastik, Ergotherapie, Logopädie) und Pädagogik (Erziehung, Schulunterricht, Berufsausbildung, Hochschulstudium) bestimmen letztlich das erreichbare Entwicklungsniveau. Nach Feststellung des *sonderpädagogischen Förderbedarfs* können je nach Umfang und Auswirkungen der Behinderung durch Frühförderung sowie durch sonder- und berufspädagogische Maßnahmen die angemessenen Schul-, Ausbildungs- und Studienabschlüsse erreicht werden. Bei multiplen Schädigungen, die zu einer *Mehrfachbehinderung* oder zu einer so genannten *Schwerstbehinderung* führen, ist andererseits mit erheblichen Erschwerungen der motorischen, kognitiven, emotionalen und sozialen Entwicklung zu rechnen, die lebenslange Betreuung und Pflege notwendig machen und insbesondere eine Berufsausbildung und die Erwerbsarbeit massiv beeinträchtigen können (Stadler, 1998, S. 121-141).

Tabelle 6.1: Schädigungen des Zentralnervensystems (Gehirn und Rückenmark)

Einteilung	Erscheinungsformen	Ursachen	Auswirkungen	Maßnahmen und Einrichtungen der Rehabilitation
1. Frühkindliche Hirnschädigung (Infantile Cerebralparese = ICP)	Abnorme Muskelspannungen, die zu Störungen der Bewegungsfunktion führen. Die Art der abweichenden Muskelspannung kennzeichnet die Form: • Spastik: – erhöhter Muskeltonus – veränderte Bewegungsmuster • Athetose: – Muskeltonus stark schwankend – asymmetrische Bewegungen – Haltungsanomalien – fehlende Kontrolle der Mimik • Ataxie und Hypotonie: – verminderter Muskeltonus – fehlende Zielgerichtetheit – mangelnde Dosierung der Bewegungen – Gleichgewichtsstörungen Folgende Lähmungen werden unterschieden: • Tetraplegie: alle Extremitäten einschließlich Rumpf, Hals und Kopf betroffen • Diplegie: alle Extremitäten, aber Beine und Beckengürtel stärker betroffen • Paraplegie: nur die Beine betroffen • Hemiplegie: eine Körperhälfte betroffen Oftmals treten Sprach- und Wahrnehmungsstörungen sowie Anfallsleiden auf.	• prä-, peri- oder postnatale Schädigung des unreifen Gehirns: • während der Schwangerschaft durch Infektionen • bei schwieriger Geburt durch Sauerstoffmangel und Gehirnblutungen • im Säuglingsalter durch Entzündungen im Gehirn und seinen Häuten	• spastische Tetraplegie: starke, fast vollständige Bewegungseinschränkung (Rollstuhlabhängigkeit) • spastische Diplegie: Gleichgewichtsprobleme und balancierende Bewegungen (Abhängigkeit von Gehhilfen) • spastische Hemiplegie: betroffene Seite weniger entwickelt, Bevorzugung der nicht betroffenen Seite • Athetose: Asymmetrisch tonischer Nacken-Reflex (ATNR) erschwert gezieltes Greifen, Essen, Spielen; Nahrungsaufnahme erschwert; Mimik vermittelt unberechtigterweise den Eindruck einer geistigen Behinderung • Ataxie/Hypotonie: Betroffene wirken unsicher, schlaff, bewegungsarm	Frühförderung, durch • Krankengymnastik • Beschäftigungs- / Ergotherapie • Sprachtherapie / Logopädie Früherziehung durch • Spieltherapie • Bewegungstherapie Sonderpädagogische Förderung • im Kindergarten • in der Regel- oder Sonderschule Versorgung mit mechanischen und elektronischen Hilfsmitteln Maßnahmen der beruflichen Qualifizierung: • Berufsfindung und Arbeitserprobung • Berufsausbildung – im Betrieb oder bei einer Behörde – im Berufsbildungswerk Spezifische Ausstattung und Anpassung des Ausbildungs- und Arbeitsplatzes, abgestimmt auf die Auswirkungen der körperlichen Beeinträchtigungen und Funktionsstörungen

Einteilung	Erscheinungsformen	Ursachen	Auswirkungen	Maßnahmen und Einrichtungen der Rehabilitation
2. Cerebrale Bewegungsstörung infolge • Verletzung • Erkrankung	• klinische Bilder entsprechen weitgehend der Infantilen Cerebralparese • altersentsprechende Entwicklung bis zum Zeitpunkt des Unfalls oder der Erkrankung	• Hirnverletzungen durch Unfall, Schlag, Schuss oder Sturz (Schädel-Hirn-Trauma) • Sauerstoffmangel durch Vergiftungen oder nach Ertrinken (Schwimmunfall) • Entzündungen des ausgereiften Gehirns oder seiner Häute • Hirntumoren und Folgen von chirurgischen Eingriffen beim Entfernen	• Hirnleistungsschwäche: Verlangsamung, Ablenkbarkeit, Störung des Denkens und Handelns • Teilleistungsschwächen: Gedächtnis, Sprache, Lesen, Schreiben, Rechnen • Durchgangssyndrome und emotionale Veränderungen • psychosoziale Probleme	• Frührehabilitation: Maßnahmen zur Erhaltung verbliebener Funktionen • neuropsychologische Diagnostik und Therapie • Physio- und Ergotherapie • Schule für Kranke und für Körperbehinderte • Ausbildung / Umschulung im Berufsbildungswerk / Berufsförderungswerk • Beschäftigung in der Werkstatt für Behinderte
3. Querschnittslähmung infolge • angeborener Schädigung (Spina bifida) • Verletzung • Erkrankung	• bei Spina bifida häufig Ausbildung eines Hydrozephalus (Wasserkopf) • Lähmungen von Körperfunktionen je nach Höhe der Schädigung im Rückenmark (z. B. Beine) • Beeinträchtigung von Motorik und Sensibilität sowie mangelnde Kontrolle der Ausscheidungsorgane	• bei Spina bifida (gespaltene Wirbelsäule): angeborene Fehlbildung des Rückenmarks, mangelnder Verschluss des Wirbelkanals, gestörter Abfluss des Gehirnwassers • Folge von Verletzungen und Erkrankungen (Tumorbildung)	• erschwerte Umwelterfahrung durch eingeschränkte Mobilität • Hilfebedürftigkeit bei der Körperpflege und Hygiene • psychosoziale Probleme • bei Hydrozephalus Beeinträchtigungen des Lernens	• Krankengymnastik • Mobilitätshilfen (Rollstuhl) • pflegerische Versorgung • schulische Förderung in Regel- und Sonderschulen • Ausbildung / Umschulung im Betrieb oder im Berufsbildungswerk / Berufsförderungswerk
4. Spinale Kinderlähmung (Poliomyelitis)	schlaffe Lähmungen mit Skelett- und Gelenkveränderungen	Infektion: Poliovirus befällt motorische Anteile der Rückenmarksnerven	• motorische Beeinträchtigungen • Bewegungsstörungen • in schweren Fällen können die Lähmungen auf die Atemmuskulatur und das Kreislaufzentrum übergreifen	• Hilfsmittelversorgung (Rollstuhl) • schulische Förderung in Regel- und Sonderschulen • Ausbildung im Betrieb oder im Berufsbildungswerk
5. Anfallsleiden (Epilepsien)	Nicht nur isoliert, sondern auch in Verbindung mit cerebralen Bewegungsstörungen können auftreten: • Kleine Anfälle (Petit mal): Absencen, Blitzkrämpfe, Dämmerattacken • Große Anfälle (Grand mal): Sturz infolge Bewusstlosigkeit • Krämpfe bedingen u. a. Atemstillstand, Zungenbiss, Einnässen	• Hirnfunktionsstörungen infolge elektrischer Entladungen der Hirnzellen • ausgehend von – Störungen der Hirnentwicklung – Geburtskomplikationen – Gehirn- und Gehirnhautentzündungen – Stoffwechselstörungen – Verletzungen durch Unfälle – Hirntumoren	Auftreten können, müssen aber nicht: • Störungen der Wahrnehmung, Konzentration, Motorik / Feinmotorik und Sprache • psychische Störungen und Verhaltensprobleme • Schwierigkeiten beim Erlernen der Kulturtechniken (Lesen, Schreiben, Rechnen) • Führerschein kann nur nach längerer Anfallsfreiheit erworben werden	• regelmäßige Einnahme von Medikamenten • ärztliche und psychosoziale Betreuung • Schutz- und Vorsichtsmaßnahmen wegen der Krampfanfälle im Straßenverkehr, beim Geräteturnen und Schwimmen • schulische Förderung in Regel- und Sonderschulen • Ausbildung / Umschulung im Betrieb oder im Berufsbildungswerk / Berufsförderungswerk

Tabelle 6.2: Schädigungen der Muskulatur und des Skelettsystems

Einteilung	Erscheinungsformen	Ursachen	Auswirkungen	Maßnahmen und Einrichtungen der Rehabilitation
6. Muskelkrankheiten • Progressive Muskeldystrophien • Typ Duchenne	• Es gibt zahlreiche Formen der Muskelatrophien und -dystrophien. • In der Schule für Körperbehinderte sind häufig Schüler mit Muskeldystrophie Typ Duchenne: • Abbau des Muskelgewebes bis zum Zerfall der Muskulatur • Lebenserwartung stark herabgesetzt	• beim Typ Duchenne vererbte Erkrankung der Skelettmuskulatur mit Abnahme des Muskelgewebes und Zunahme von Fett- und Bindegewebe • bei anderen Formen unklare Verursachung, aber auch stoffwechselbedingt	• Herz-Kreislauf-Probleme • eingeschränkte Lungenfunktion • erhöhte Infektionsgefahr • zunehmende Abhängigkeit • geändertes Gesamtverhalten, z. B. durch die Fragen nach dem Lebenssinn	• Krankengymnastik • im fortgeschrittenen Stadium zunehmender Pflegeaufwand und Rollstuhlabhängigkeit • schulische Förderung meist in Sonderschulen, Ausbildung im Berufsbildungswerk • pädagogisch-therapeutische Maßnahmen: Auseinandersetzung mit dem Lebenssinn und frühen Tod
7. Wachstumsstörungen • Kleinwuchs	• Störungen des Längenwachstums: bis unter 140 cm für weibliche und bis unter 150 cm für männliche Erwachsene • primäre (angeborene) und sekundäre (Erkrankungen, Stoffwechselstörungen) Formen	• multifaktorielle Verursachung: erblich und hormonell bedingt, Stoffwechselstörungen, toxische (durch Gifte verursachte) • Entwicklungsverzögerungen (z. B. auch Alkoholembryopathien)	• Entwicklungsverzögerungen • Gefahr der sozialen Diskriminierung • Beeinträchtigungen in der privaten Lebensführung und in der Berufsausübung	• medizinische Behandlung und Hilfen bei psychosozialen Problemen • geeignete technische Hilfsmittel und Arbeitsplatzanpassung • bei schwerer Beeinträchtigung Förderung in Sonderschulen und im Berufsbildungswerk
8. Glasknochenkrankheit (Osteogenesis imperfecta)	• erhebliche Knochenbrüchigkeit • Störungen der Zahnentwicklung • Auswirkungen auf Skelettsystem, Gelenke, Sinnesorgane, Haut und innere Organe	• Chromosomenveränderung • erblich bedingt	• eingeschränkte Bewegungsmöglichkeit infolge erhöhter Verletzungsgefahr	• Krankengymnastik und Ergotherapie • orthopädische Hilfsmittel • Regel- und Sonderkindergarten • Regelschule und Schule für Körperbehinderte • Ausbildung im Berufsbildungswerk
9. Fehlstellungen der Wirbelsäule	• Kyphose: Rundrücken • Lordose: Hohlrücken • Skoliose: seitliche Verbiegung der Wirbelsäule (z. B. Haltungsskoliose)	• angeboren • Folge eines abnormen Muskeltonus und sich ergebender Haltungsfehler	• körperliche Belastbarkeit reduziert • Folgeschäden z. B. Herz-Kreislauf-Störungen, Atmung	• Krankengymnastik • orthopädische Hilfsmittel • je nach Schwere der Auswirkungen rehabilitative Maßnahmen in der Schul- und Berufsausbildung
10. Gliedmaßenfehlbildungen (Dysmelien)	• Störung der Extremitätenentwicklung: Veränderung und Fehlen von Gliedmaßen • Klumphand und Klumpfuß	• genetische Störung • Strahleneinwirkung • medikamentös-toxische Einwirkung (z. B. Thalidomid-Embryopathie durch Schlafmittel Contergan)	• je nach Schädigung motorische Beeinträchtigungen • Fehlbildung von inneren Organen (z. B. Herzfehler, Nierenfehlbildungen)	• Hilfsmittelversorgung (Prothesen) • Beschäftigungs- und Sporttherapie • je nach Schwere rehabilitative Maßnahmen in der Schul- und Berufsausbildung
11. Gliedmaßenverlust (Amputation)	• Verluste von Körperteilen /Gliedmaßen • Ausfall von motorischen Funktionen	• Erkrankungen, Unfälle, Tumorbildung	• je nach Schädigung motorische Beeinträchtigungen bei der Fortbewegung, beim Schreiben und Ausführen von Arbeiten	• prothetisches Versorgung • Beschäftigungs- und Sporttherapie • je nach Schwere rehabilitative Maßnahmen in der Schul- und Berufsausbildung

Tabelle 6.3: Chronische Krankheiten und Fehlfunktionen von Organen

Einteilung	Erscheinungsformen	Ursachen	Auswirkungen	Maßnahmen und Einrichtungen der Rehabilitation
12. Rheumatismus	• im Kindes- und Jugendalter insbesondere fortschreitende Entzündungen der Gelenke, Gelenkknorpel und der Knochen • im Erwachsenenalter insbesondere Polyarthritis (Entzündung vieler Gelenke)	• wenig geklärt • Infektionen • Stoffwechselstörungen • Störungen des Immunsystems	• Bewegungseinschränkungen • Fehlstellungen • Schädigung innerer Organe	• Medikamente, Operationen • Krankengymnastik • Überbeanspruchung vermeiden • rehabilitative Maßnahmen in der Schul- und Berufsausbildung
13. Asthma bronchiale	• Verkrampfung der Bronchialmuskeln mit hochgradiger Atemnot (anfallsartiges Auftreten) • Anstrengungsasthma etwa beim Schulsport	• inhalativer Reiz • allergische Reaktion	• verringerte Belastbarkeit, Ausdauer und Konzentration	• medizinisch-therapeutische Behandlung • Therapie und Förderung in Asthmazentren mit Schulen für Kranke • Ausbildung im Berufsbildungswerk
14. Zuckerkrankheit (Diabetes mellitus)	• Stoffwechselkrankheit, die zu Insulinmangel führt	• erblich bedingt • toxische und infektiöse Einflüsse	in schweren Fällen: • Schädigungen von Herz und Gefäßen • Sehstörungen • Bewusstseinstrübungen	• Überwachung der Nahrungsaufnahme • regelmäßige Medikation • Therapie und Förderung in Rehazentren • Ausbildung im Berufsbildungswerk
15. Erkrankungen von Herz, Kreislauf und Gefäßsystem	• verminderte Belastungsfähigkeit	• erblich bedingt • Folge von Krankheitsprozessen	• verringerte Belastbarkeit • eingeschränkte Mobilität • psychosoziale Probleme	• sonderpädagogische und weitere rehabilitative Maßnahmen je nach Schwere der Auswirkungen
16. Nierenerkrankungen • chronische Formen	• harnpflichtige Substanzen können nicht ausgeschieden werden	• angeboren • Folge von Krankheitsprozessen	• rasche Ermüdung und verringerte Belastungsfähigkeit • im fortgeschrittenen Zustand Blutwäsche (Dialyse)	• sonderpädagogische Hilfen zur Kompensation von Fehlzeiten in Schule und Ausbildung infolge der Dialyse
17. Bluterkrankheit (Hämophilie)	• Gerinnungsstörung des Blutplasmas	• genetisch bedingt und vererbbar	• Blutungen nur schwer zu stillen • Einschränkungen durch entsprechende Vorsichtsmaßnahmen	• Maßnahmen zum Schutz gegen Verletzung • Besuch einer Sonderschule und Ausbildung im Berufsbildungswerk
18. Hauterkrankungen	• Ekzeme, Neurodermitis, Schuppenflechte	• allergische Reaktionen • psycho- und neurovegetative Störungen	• Juckreiz, Schuppung und Rötung der Haut • Gefahr der sozialen Diskriminierung	• in schweren Fällen Besuch einer Sonderschule und Ausbildung in einem Berufsbildungswerk • bei Erwachsenen Umschulung im Berufsförderungswerk

Bei den *Hirn- und Nervenschäden* kommt den *Infantilen Cerebralparesen* (ICP) eine besondere Bedeutung zu, weil sie sich als frühkindliche Hirnschäden auf die gesamte familiäre, schulische und berufliche Sozialisation auswirken. Hierbei spielt besonders das Lernverhalten eine Rolle (Leyendecker, 1982). Bei im späteren Kindesalter sowie im Jugend- und Erwachsenenalter *erworbenen Hirnschäden* durch Unfälle oder Krankheiten gibt es zwar analoge Auswirkungen auf die Psychomotorik. Die Bedingungen der Rehabilitation Hirngeschädigter (Stadler, 1996) hängen dann aber vom Lebensalter und dem erreichten Stand der Persönlichkeitsentwicklung, der Schulabschlüsse sowie der beruflich-sozialen Eingliederung ab.

Zu beachten sind folgende *Begleitsymptome cerebraler Bewegungsstörungen*: 1. *Sprachstörungen*: Mimik, Gestik und das Sprechen sind Ausdrucksformen der Sprache und setzen eine fein koordinierte Sprechmotorik voraus, die als Folge der Hirnschädigung umfänglich gestört sein kann. Neben einer auffallenden Mimik (ausdrucksloses Gesicht oder Grimassieren) kommt es zu Störungen des Redeflusses (abgehackte Sprache) und zu Störungen der Artikulation (Lautbildung, Aussprache, Tempo). Durch eine physiotherapeutische Behandlung und gezielte Sprachtherapie / Logopädie können Sprachstörungen wesentlich vermindert werden. 2. *Hörstörungen*: Sie treten besonders im Zusammenhang mit der Athetose auf (partielle Schwerhörigkeit) und müssen durch ein frühzeitiges Hörtraining behandelt werden. Die Behandlung erfolgt meist im Zusammenhang mit der Sprachtherapie. 3. *Sehstörungen*: Als Folge cerebraler Schädigungen kann es zu Beeinträchtigungen der Augenmuskulatur kommen. Beobachtet werden sowohl das Schielen (Strabismus) als auch das Augenflackern (Nystagmus). 4. *Störungen der geistigen Entwicklung*: Die Annahme, eine Hirnschädigung führe generell zu Beeinträchtigungen der kognitiven Entwicklung, ist falsch und für die betroffenen Kinder und Jugendlichen nachteilig. Durch intensive Frühförderung, adäquate sonderpädagogische Förderung im Schulalter und Wahrnehmung der begleitenden Therapien (Krankengymnastik, Ergotherapie, Sprachtherapie) können heute Hirngeschädigte bis zu ihrem optimalen Leistungsniveau gefördert werden. Die Bandbreite der erreichten Schulabschlüsse umfasst das Abitur ebenso wie den Abschluss der Schule für Geistigbehinderte. Bei schweren Schädigungen und mangelnder Förderung kann es aber auch zu massiven geistigen Retardierungen kommen. 5. *Anfallsleiden*: Als Begleitsymptomatik zu Hirnschädigungen können Anfallsleiden (Epilepsien) auftreten, die Wahrnehmungs- und Konzentrationsstörungen sowie Störungen der Feinmotorik mit sich bringen.

6.3   Zur Diagnostik und zur Verbreitung von Körperbehinderungen

Die Diagnose einer *Körperbehinderung* ist in der Regel zunächst eine medizinische, d. h., ein Arzt – z. B. ein Geburtshelfer oder ein Unfallarzt – stellt einen körperlichen Schaden fest. Ist er behandelbar und heilbar, so führt das zu keinen weiteren Maßnahmen. Bleibt aber eine Störung von Körperfunktionen, die dann zu Einschränkungen in der Ausübung von Tätigkeiten oder auch zu mangelnden Erfahrungen bei der Erschließung der Umwelt Anlass geben, so ist abzuklären, inwieweit eine Körperbehinderung vorliegt. Dies geschieht dann primär durch Fachärzte wie Pädiater, Orthopäden und Kinderneurologen, die auch zu prüfen haben, ob Auswirkungen auf das Lernen und Verhalten vorliegen. Neben der *medizinischen Diagnostik* hat dann eine *pädagogisch-psychologische Abklärung* zu erfolgen, um je nach Ausmaß und Schwere der sich ergebenden Behinderung den *Förderbedarf* festzustellen und einen Vorschlag zum *Ort der vorschulischen und schulischen Bildung* zu machen (Näheres dazu findet sich in den bereits mehrfach erwähnten Empfehlungen der KMK zum *Förderschwerpunkt körperliche und motorische Entwicklung* in: Drave, Rumpler & Wachtel, 2000, S. 97-117).

Zur Problematik der *pädagogisch-psychologischem Diagnostik* bei Körperbehinderten stellt Neumann (1999, S. 147) fest: „Die Anwendung von standardisierten Testverfahren bei körperbehinderten Kindern ist aus mehreren Gründen problematisch. Die herkömmlichen Tests berücksichtigen in der Regel die veränderten Reaktions- und Ausdrucksmöglichkeiten Körperbehinderter nicht oder nur unzureichend, so dass eine Beschreibung von Leistungsfunktionen sehr häufig unsicher, fehlerbehaftet oder gar ungültig ist." Neumann selbst hat deshalb 1981 einen „Intelligenztest für körperbehinderte und nichtbehinderte Schulkinder – ITK" entwickelt. Der ITK berücksichtigt in seinen Aufgabenstellungen die Reaktions- und Ausdrucksprobleme Körperbehinderter, so z. B. von Kindern mit Infantiler Cerebralparese (ICP), die sowohl motorische als sprachliche Störungen aufweisen.

Auch Leyendecker und Thiele (2003, S. 622-623) sehen in der Diagnostik primär „*Wege der Informationsgewinnung*"; sie benennen zu *basalen Entwicklungsbereichen* eine Auswahl von Entwicklungsskalen, Tests oder Verhaltensinventaren, die sich in der praktischen Arbeit mit körperbehinderten Kindern bewährt haben. So verweisen sie u. a. für die *Motorik* auf den Körperkoordinationstest für Kinder (KTK) von Kiphard und Schilling (2000), zur *Wahrnehmung* auf den Frostig Entwicklungstest der visuellen Wahrnehmung (FEW) und zur *Kognition* auf den bereits genannten ITK von Neumann; auch zu *Sprache/Kommunikatives Handeln* sowie zum *Psychosozialen Verhalten* werden diagnostische Verfahren mitgeteilt. Leyendecker und Thiele verweisen aber auch darauf, dass bei Kindern mit schwersten Körperbehinderungen viele standardisierten Tests nicht einsetzbar sind und bei diesem Personenkreis eher „zur strukturierten, qualitativ orientierten Verhaltensbeobachtung denn zum Vergleich mit der Norm genutzt" werden.

Es gibt keine *gesetzliche Meldepflicht* für Behinderungen und chronische Erkrankungen. Die statistischen Angaben zum Personenkreis der Körperbehinderten und chronisch Kranken sind deshalb uneinheitlich. Viele Zahlenangaben beziehen sich nur auf ausgewählte Einrichtungen, einzelne Schulen oder sind regionale Teilerhebungen. Zwei amtliche Quellen sind zugänglich: Die vom *Statistischen Bundesamt* in Wiesbaden (Pfaff, 2004) durchgeführten Erhebungen und Auswertungen (nach dem Schwerbehindertenrecht im SGB IX und durch den Mikrozensus) und die vom der *Konferenz der Kultusminister der Bundesländer* (KMK, 2003) jährlich veröffentlichten Ergebnisse der Schulstatistik für die Sonderschulen.

Die turnusmäßig durchgeführten Erhebungen des Mikrozensus (Pfaff, 2004) liefern Daten zu den Lebenslagen behinderter Mensche; nach dem *Mikrozensus* vom Mai 2003 lebten *8,4 Millionen* als *amtlich anerkannte Behinderte* in Deutschland, was etwa 10 % der Einwohnerschaft entspricht; davon zählten 6,7 Millionen zu den Schwerbehinderten; fast drei Viertel der Behinderten waren 55 Jahr und älter; 54 % waren Männer. Nach den *Statistiken der KMK* (2003, S. 5) zur „Sonderpädagogischen Förderung in Schulen 1993 bis 2002" hatten im Jahr 2002 mehr als *26.000 Kinder* einen sonderpädagogischen Förderbedarf im *Förderschwerpunkt körperliche und motorische Entwicklung*.

Die *Zusammensetzung der Schülerschaft* nach den *Formen der Körperbehinderung* und dem *Hilfebedarf im Schulalter* ist anhand einer regionalen Studie der Tab. 6.4 zu entnehmen (s.a. Stadler, 2000a, S. 88-91).

Tabelle 6.4: Formen der Körperbehinderung und Hilfebedarf im Schulalter (nach Bungart, 1998)

Primäre Formen		Zusätzliche Behinderungen	
Infantile Cerebralparese	58,0 %	Sprach- und Sprechstörungen insgesamt	39,1 %
Erworbene Cerebralparesen	5,3 %	davon Anarthrien	11,7 %
Spina bifida/ Querschnittslähmung	5,1 %	Verhaltensstörungen	18,4 %
Progressive Muskeldystrophie	5,3 %	Epilepsien	13,6 %
Minimale Cerebrale Dysfunktion	10,0 %	Sonstige	6,7 %
Epilepsie	3,9 %		
Sonstige (Poliomyelitis, Hämophilie, Diabetes, Herzinsuffizienz u. a.)	12,4 %		
	100,0 %		
Technische Hilfen zur Fortbewegung:		Personelle Hilfen in den Bereichen:	
Rollstuhl	40,2 %	Essen/Trinken	33,1 %
Sonstige	11,8 %	Toilette	43,0 %
n = 4.842 Schülerinnen und Schüler an 28 Schulen für Körperbehinderte in Nordrhein-Westfalen im Schuljahr 1994/95, davon männlich = 61 %, weiblich = 39 %			

Während für den *Schulbereich* insbesondere die Auswirkungen motorischer Beeinträchtigungen auf Lernen und Verhalten relevant sind und nach dem sonderpädagogischen Förderbedarf sowie nach der Zuordnung zu einem geeigneten Förderort (Regel- oder Sonderschule) gefragt wird, werden nach dem *Schwerbehindertenrecht* im Sozialgesetzbuch (SGB IX Teil 2. Besondere Regelungen zur Teilhabe schwerbehinderter Menschen) und im sozialen Entschädigungsrecht Feststellungen darüber getroffen, ob eine Behinderung überhaupt vorliegt und welches Ausmaß sie hat. Die Einteilung erfolgt nach dem *Grad der Behinderung* (GdB) und soll die Auswirkungen einer Behinderung auf alle Lebensbereiche und keineswegs nur auf das Erwerbsleben ausdrücken. Im Einzelfall wird die Schwere in Zehnergraden von 10 bis 100 GdB bestimmt; Grundlage dafür sind die „Anhaltspunkte für die ärztliche Gutachtertätigkeit im sozialen Entschädigungsrecht und nach dem Schwerbehindertengesetz" (BAGH, 2004, S. 361-480). Die *Versorgungsämter* treffen die Entscheidung über einen *Schwerbehindertenausweis*, wenn der GdB mindestens 50 beträgt. Wird im Feststellungsbescheid ein GdB von 30 bis unter 50 zuerkannt, kann eine Gleichstellung bezüglich der Schutzbestimmungen für Schwerbehinderte im Arbeitsleben beantragt werden.

6.4 Pädagogische Interventionen und Institutionen

Im *System der Rehabilitation* werden medizinische, schulische, berufliche und soziale Aufgabenfelder unterschieden. Oft kommt es zu Überschneidungen in der praktischen Arbeit; so etwa bei den *Frühförderstellen*, die im Grenzbereich zwischen medizinisch-therapeutischen und pädagogisch-psychologischen Hilfen angesiedelt sind. Vielfach lassen sich die angestrebten Ziele nur durch besondere didaktisch-methodische Arbeitsformen und begleitende Behandlungen der Physio- und Ergotherapie sowie der Sprach- und Psychotherapie erreichen (Stadler, 2003). *Auftrag, Zielsetzungen und Konzepte* des Rehabilitationssystems sind in zahlreichen gesetzlichen Regelungen, Verordnungen, Erlassen, Empfehlungen, Bildungsplänen und Richtlinien niedergelegt. Durch die Kulturhoheit im Schulwesen müssen überdies noch besondere Regelungen der Bundesländer beachtet werden.

6.4.1 Zur Problematik der Prävention

Körperbehinderungen lassen sich wohl nie ganz vermeiden, weil sie – wie eingangs ausgeführt – Teil menschlichen Seins sind. Dies bedeutet aber nicht, auf *Prävention* zu verzichten, vielmehr gilt es, einer Schädigung des Körpers vorzubeugen und Auswirkungen auf seine Funktionen zu verhüten, was ein durchaus humanes Anliegen ist. So wird es in der *Erziehung von Kindern* immer auch um *Prophylaxe* gehen, in dem sie vorbeugend von Gefahren ferngehalten oder eindringlich auf sie hingewiesen werden.

In der *Berufs- und Arbeitswelt* der Erwachsenen wurden von Seiten der Gesetzgebung durch *Unfallverhütungsvorschriften* Maßnahmen ergriffen, die beruflich bedingte Gefährdungen und vor allem Unfälle verhindern sollen. Trotzdem sind viele Körperbehinderungen ursächlich Folgen von Unfällen in der Ausübung eines Berufs. Auch sind in der modernen *Freizeitgesellschaft* neue Gefährdungen entstanden, so etwa durch *Risikosportarten*, die viele Unfälle mit schweren Körperschäden verursachen können, von denen auch schon Kinder und Jugendliche betroffen sind. Das schwere *Schädel-Hirn-Trauma* ist ein Beispiel, wie stark gerade junge Menschen durch Teilnahme am Straßenverkehr gefährdet sind (Stadler, 2006) und wie wünschenswert hier vermehrte *Prophylaxe* wäre.

Die *Prävention*, um angeborene Behinderungen zu vermeiden, ist aus ethischer Sicht sehr umstritten; so insbesondere die *genetische Beratung*. Hierbei wird durch eine pränatale Diagnostik versucht, körperliche und geistige Schädigungen schon im Mutterleib zu erkennen. Mit Hilfe von Blut- und Ultraschalluntersuchungen sowie durch invasive Methoden der Amniozentese und Chorionzottenbiopsie können Behinderungen wie die Bluterkrankheit (Hämophilie), Muskelerkrankungen (Muskeldystrophie und -atrophie), Neuralrohrdefekte (Spina bifida), Stoffwechselkrankheiten (Mukoviszidose) und Hirnschäden (Down-Syndrom) diagnostiziert werden. Das Lebensrecht Ungeborener steht dann zur Disposition.

Auch gegen die *Präimplantationsdiagnostik* (PID), bei der durch künstliche Befruchtung außerhalb des Mutterleibs entstandene Embryonen auf krankhaft veränderte Gene getestet werden können, gibt es Vorbehalte und Ablehnung. Würde sie erlaubt, wäre Tötung potentiell behinderter Ungeborener noch im Embryonalstadium möglich. Da diese Formen der Prävention aber nach der Rechtslage zum Schwangerschaftsabbruch bei Feten mit prognostizierten Behinderungen gegenwärtig straffrei bleiben, ergeben sich komplexe ethische Fragen (siehe dazu Stadler, 1998, S. 53-55). Bei fortschreitender konsequenter *Prävention durch Tötung* von Embryonen und Feten mit diagnostizierbaren Schädigungen wird sich auch die Klientel der vorschulischen und schulischen Einrichtungen für Körperbehinderte drastisch verändern.

6.4.2 Pädagogische Beratungs- und Frühförderstellen

Vorbeugende Maßnahmen sind Teil sonderpädagogischer Förderung; die KMK nennt in ihrer Empfehlung von 1998 (in Drave, Rumpler & Wachtel, 2000, S. 109-110) als *grundlegende Aufgabe* die Entwicklung von Wahrnehmung, Motorik, Kommunikation, Kognition und Emotionalität sowie Selbständigkeit. Durch gemeinsames Tun von Kind und Pädagoge nach dem Prinzip Lernen durch Handeln soll die Gesamtpersönlichkeit des jungen Menschen gefördert werden. U. a. werden dazu folgende *Angebote* erwähnt: basale Stimulation, sensorische Integration, selbständige Fortbewegung; sie sollen in einem „sinnvoll-ganzheitlichen" Zusammenhang durchgeführt bzw. angestrebt werden. Als *Organisationsformen* werden genannt: Frühförder- und Beratungsstellen, Sozialpädiatrische Zentren und Kliniken, Beratung und Unterstützung im Kindergarten, Sonderkindergärten, Sonderschulkindergärten und schulvorbereitende Einrichtungen, Beratungsstellen für Frühförderung an Schulen für Körperbehinderte bzw. an Sonderpädagogischen Förderzentren.

Insbesondere die *pädagogischen Beratungs- und Frühförderstellen* sollen dazu beitragen, drohenden Behinderungen vorzubeugen und entstehenden entgegenzuwirken, so dass sie in ihrem Ausmaß reduziert werden. *Ärzte, Therapeuten und Pädagogen* arbeiten dort zusammen, weil erkannt wurde, dass frühes Lernen nicht nur möglich, sondern auch notwendig ist, wenn sich ein Kind trotz vorhandener Schädigungen optimal entwickeln soll. Behinderte und sozial benachteiligte Kinder gelten nicht länger als „*Spätentwickler*" oder als nur bedingt förderungsfähig. Die physische, intellektuelle und emotionale Entwicklung ist in den ersten Lebensjahren durch Offenheit gekennzeichnet. Bei cerebraler Schädigung kann falschen Bewegungsmustern durch krankengymnastische Behandlung bereits im Säuglingsalter begegnet werden.

Zu den grundlegenden *Aufgaben der Frühförderung* rechnen: Mitarbeit bei der pädagogisch-psychologischen Diagnostik, Beratung und Anleitung der Eltern, Durchführung von Fördermaßnahmen. *Frühpädagogischen Ziele* sind: dem Kind emotionale Sicherheit geben (Grundbedürfnisse akzeptieren, Existenz bejahen, Misserfolge durch persönliche Bindung abfangen); Erfahrungsspielräume verschaffen (Interaktionsanreize, Sacherfahrungen, spielendes Üben); das Erlernen von Fertigkeiten unterstützen (senso- und psychomotorische Anregungen, weniger isoliertes Funktionstraining, mehr operationale Sacherfahrungen); vermitteln erster sozialer Normen (Selbsthilfe und Selbständigkeit anregen, sozial notwendige Verzichte abverlangen, Beleben der sozialen Kommunikation); die Sprachbildung anregen (das eigene Handeln und das Handeln des Kindes mit Sprache begleiten, Sprache anregende Situationen schaffen).

Die Störungen der Beweglichkeit werden durch *Krankengymnastik* und *Bewegungstherapie* beeinflusst. Dabei ist das entwicklungsneurologische Konzept des Ehepaars Bobath (1986) in der Übungsbehandlung weit verbreitet. Über die Hemmung pathologischer tonischer Haltungs- und Bewegungsmuster (reflexhemmende Ausgangsstellung) wird durch Faszilation (Erleichterung und Bahnung der Bewegung) eine Regulierung der Muskelspannung angestrebt, um willkürliche Bewegungsabläufe zu ermöglichen. Bei dem entwicklungskinesiologischen Konzept der Reflexlokomotion nach Vojta (1984) werden über die phylogenetisch determinierten Bewegungsmuster des Reflexkriechens und Reflexumdrehens die pathologischen Bewegungsmuster aufgebrochen und erwünschte „normale" Bewegungen angebahnt. Die Besonderheiten der frühkindlichen Bewegungsentwicklung machen bei der Übungsbehandlung von Säuglingen den Aufbau einer zwischenmenschlichen Beziehung wünschenswert.

Obwohl umstritten, findet das Konzept der *Konduktiven Förderung* nach A. Petö in schulvorbereitenden Einrichtungen und in der Primarstufe der Schule für Körperbehinderte zunehmend Beachtung. Entsprechende Maßnahmen „führen körperbehinderte Kinder über vielschichtige und vernetzte Prozesse von Erziehung und Therapie zur selbständigen, selbstverantworteten und selbstgestalteten Lebensführung" (Staatsinstitut für Schulpädagogik, 1999, S. 15). Sie stehen im Zusammenhang mit dem Bestreben, die zersplitterten Aufgabenbereiche der Ergo-, Physio- und Logotherapie im Blick auf *Schwerst- und Mehrfachbehinderte*, also Kinder und Jugendliche, die in allen Hauptbereichen der Entwicklung (Psychomotorik, Emotionalität, Kommunikation, Soziabilität und Kognition) extrem beeinträchtigt sind, zusammenzuführen. Insofern will sich die Konduktive Förderung auch von Verfahren der Psychomotorik abheben und „Bewegungslernen" bewusst ins Zentrum rücken.

6.4.3 Institutionen der schulischen Förderung Körperbehinderter

Unterricht und Schule stehen bereits seit den Anfängen der pädagogischen Interventionen im 19. Jahrhundert im Zentrum der Aufgaben. Weil die Körperbehindertenpädagogik sich in enger Beziehung zu den orthopädischen Anstalten entwickelte, gab es aber lange Zeit eine Abhängigkeit der Pädagogik von der Medizin: Der Arzt bestimmte, was etwa an „Bettenunterricht" bei einem körperbehinderten Kind zeitlich angemessen und zumutbar ist. An der Geschichte des „Oscar-Helene-Heims" in Berlin, das im ersten Drittel des 20. Jahrhunderts als vorbildliche Einrichtung zur medizinischen, schulischen und beruflichen Rehabilitation junger Körperbehinderter galt, lässt sich das Verhältnis von Über- und Unterordnung von Orthopädie und Pädagogik erkennen (Stadler & Wilken, 2004, S. 194-248). Mit den Bestrebungen zur Bildungsreform seit den sechziger Jahren des 20. Jahrhunderts wurde dies dann endgültig überwunden: Die Schulen für Körperbehinderte unterstehen ausschließlich einer pädagogischen Aufsicht durch staatliche Schulbehörden.

Dies drückt sich nicht zuletzt in den *Empfehlungen der KMK zur Sonderpädagogik* aus; so auch in denen von 1994 und 1998 (in Drave, Rumpler & Wachtel, 2000, S. 25-39; 97-117), die Körperbehinderte betreffen. Sie benennen folgende *pädagogischen Interventionsformen* und *organisatorischen Umsetzungen*: vorbeugende Maßnahmen, gemeinsamer Unterricht, Sonderschulen, kooperative Formen, sonderpädagogische Förderzentren, berufsorientierende und berufsbildende Maßnahmen beim Übergang in die Berufs- und Arbeitswelt. Nach wie vor gilt aber, dass für die körperlich und motorisch Beeinträchtigten *therapeutische und pflegerische Hilfen* gewährleistet werden müssen. Sie sollen den Schulunterricht oder auch die Berufsausbildung begleitend durchgeführt werden.

Körperbehinderten stehen grundsätzlich die *gleichen Bildungsgänge* offen wie Nichtbehinderten. Die jeweiligen Anforderungen sind auf das Arbeitstempo sowie die körperliche und seelische Belastbarkeit abzustimmen, was Entspannungs- und Ruhephasen sowie ein ausreichendes Angebot an Bewegungsmöglichkeiten notwendig macht. Grundsätzlich soll weiterhin eine Orientierung an den *Bildungszielen der allgemeinen Schulen* erfolgen. Können diese nicht angestrebt werden, so ist auf die Bildungspläne der Sonderschulen für Lern- und für Geistigbehinderte sowie auf die Richtlinien für Schwerstmehrfachbehinderte zurückzugreifen. Nicht alle Bundesländer verfügen allerdings über eigene Bildungspläne für die Schulen für Körperbehinderte. Unabhängig davon wird aber von einem eigenständigen Bildungsauftrag dieser Schulen ausgegangen, der sich aus der Lebenswirklichkeit und den Lebensperspektiven der Kinder und Jugendlichen mit körperlichen und motorischen Beeinträchtigungen ergibt.

Der *Auftrag der Sonderschule für Körperbehinderte* wird von der KMK durch die jüngsten Empfehlungen von 1998 fortgeschrieben: Sie verfüge einerseits über die konzeptionellen, personellen, baulich-räumlichen und sächlichen Voraussetzungen für eine qualifizierte Lernförderung. Sie solle sich aber auch für einzelne Kinder und Jugendliche als *Durchgangsschule* verstehen, damit nach einer zeitlich begrenzten sonderpädagogischen Unterstützung und persönlicher Stabilisierung eine Rück- oder Umschulung in die allgemeine Schule möglich wird. Schulen für Körperbehinderte und allgemeine Schulen sollen überdies Formen der *Kooperation* entwickeln. Diese reichen von gegenseitigen Besuchen, gemeinsamen Schullandheimaufenthalten, Festen und Unterrichtsprojekten bis hin zu einem zeitweise gemeinsamen Unterricht. Ziel ist dabei eine *vermehrte Durchlässigkeit*, was vor allem für diejenigen notwendig ist, die über die Hauptschule hinausgehende Schulabschlüsse anstreben und erreichen können. Neu in den Empfehlungen sind die Aussagen zur sonderpädagogischen Förderung im *Gemeinsamen Unterricht*. Bedingung dafür ist, dass die notwendigen inhaltlichen, personellen, baulich-räumlichen und sächlichen *Voraussetzungen* sichergestellt werden.

Ganztagsschulen

Die *Ganztagsschulen* für Körperbehinderung stellen heute die überwiegende sonderschulische Organisationsform dar. Zu ihrem pädagogischen-therapeutischen Mitarbeiterteam gehören neben den Sonderpädagogen auch Erzieher, Sozialpädagogen, Krankengymnasten, Beschäftigungstherapeuten, Sprachtherapeuten / Logopäden, Technische Lehrer, Motopädagogen / Bewegungserzieher, Pfleger, Kinderkrankenschwestern, Kinderpflegerinnen sowie Zivildienstleistende und Praktikanten.

Die *Ganztagsschulen* bieten dadurch neben Unterricht auch die medizinisch notwendigen Therapien und übernehmen pflegerische Aufgaben. Zur Pflege gehört die Bereitstellung einer geeigneten Kost; so können die Schüler nicht nur ein Mittagessen, sondern auch eine medizinisch begründete Diät erhalten. Vor allem für jüngere Kinder ist eine Zeit der Mittagsruhe vorgesehen. Neben Fachräumen für einzelne Schulfächer und Lernbereiche (Werkraum,

Schulküche) und Therapieräumen (Raum für die Krankengymnastik, Snoezel-Raum) haben viele Schulen auch Sport- und Schwimmhallen, die den Bedürfnissen Körperbehinderter gerecht werden.

Die innere *Organisation und Struktur* der Ganztagesschulen ermöglicht überdies eine Abstimmung der pädagogischen Angebote auf die Lebenssituation der Schüler. So werden etwa die Hausaufgaben im Rahmen spezieller Lern- und Übungsstunden erledigt. In der unterrichtsfreien Zeit wird eine Freizeitgestaltung angebahnt, die auf eine selbst bestimmte und aktive Lebensführung gerichtet ist. Durch *Fahrdienste* können die Schüler täglich im *regionalen Einzugsgebiet* zwischen Elternhaus und Schule pendeln, wobei sich aber für einzelne Schüler Fahrzeiten für die Hin- und Rückfahrt von zwei bis drei Stunden ergeben können.

Heim- und Internatsschulen

Die traditionellen *Heim- und Internatsschulen*, die noch bis in die Zeit nach dem Zweiten Weltkrieg für die schulische Förderung schwerer Körperbehinderte vorherrschend waren, haben sich vielfach zu Bildungszentren weiterentwickelt. Sie sind nach wie vor notwendig, wenn für das körperbehinderte Kind von seinem Wohnort aus keine regionale Ganztagsschule in angemessener Zeit erreichbar ist, aber auch dann, wenn über die Hauptschule hinausgehende Schulabschlüsse angestrebt werden, die in der Regel an den Ganztagesschulen nicht möglich sind. Die jungen Körperbehinderten kommen dann aus einem überregionalen Einzugsgebiet und leben in den der Schule angeschlossenen Wohnheimen. Die Mehrzahl bleibt von Montag bis Freitag (5-Tage-Internat) dort und fährt über das Wochenende und in den Schulferien nach Hause. Das Internat hat primär die *Familie ergänzende Aufgaben*. Für einen Teil der Schüler ergibt sich aber die Situation, dass die Heimschule weitgehend zu ihrem Lebensraum wird. Nicht selten kümmern sich die Eltern und Angehörigen nur noch wenig um diese Schüler. Für diese jungen Körperbehinderten muss dann eine die *Familie ersetzende Funktion* übernommen werden.

Gründe für eine Aufnahme in eine Heim- und Internatsschule sind: In der Wohnregion fehlt eine (Ganz-)Tagesschule. Die erreichbare Tagesschule bietet den gewünschten Bildungsgang nicht an (etwa angestrebter Realschul- oder Gymnasialabschluss). Die tägliche Fahrt ist wegen Art und Schwere der Körperbehinderung nicht zumutbar. Die Heim- und Internatsschule verfügt über ein breiteres Angebot an medizinisch-therapeutischen Maßnahmen als die Ganztagesschule. Die Familie kann die Pflege und Erziehung nicht leisten, etwa weil die Eltern selbst krank oder berufstätig sind. In der häuslichen Umgebung bestehen keine oder nur unzureichende Möglichkeiten, zu einer der Behinderung adäquaten Selbständigkeit zu kommen.

Eine intensive Zusammenarbeit zwischen *Schul- und Sozialpädagogik* ist zur Verwirklichung der Förderziele notwendig (Stadler, 1998, S. 177-178). Bei aller Kritik an der Separierung der jungen Menschen in Heim- und Internatsschulen dürfen deren Vorteile für die Verselbständigung, die Ablösung von den Eltern und die Persönlichkeitsentwicklung nicht übersehen werden. Das sozialpädagogische Team (Sozialpädagogen und Erzieher) in den Internaten und Wohnheimen nimmt folgende Aufgaben wahr: In Absprache mit den Eltern oder Erziehungsberechtigten begleitet und betreut es die Kinder und Jugendlichen während ihres Aufenthalts. Es übernimmt auch die Erziehung mit dem Ziel, lebenspraktische Kompetenzen zu vermitteln und mit Blick auf nachschulische Lebensformen möglichst viel Selbständigkeit zu erreichen.

Haus- und Krankenhausunterricht

Hausunterricht erhalten körperbehinderte und kranke Kinder und Jugendliche, die zwar am Unterricht teilnehmen, aber keine Schule besuchen können. Er muss von den Eltern oder Erziehungsberechtigten unter Vorlage ärztlicher Atteste bei der Schulbehörde beantragt werden und wird von Lehrern der Schulen am Wohnort erteilt. Der Hausunterricht soll täglich nicht mehr als zwei und in der Woche zwischen sechs und zwölf Stunden betragen. Der *Krankenhausunterricht* (Wienhus, 2001) wird erteilt, wenn Schulpflichtige infolge einer längerfristigen Erkrankung (in der Regel wird von einer Dauer von mindestens sechs Wochen ausgegangen) zur stationären Rehabilitationsbehandlung in eine Klinik aufgenommen werden. Dabei kommen sehr unterschiedliche Krankheitsbilder in Frage: Erkrankungen des Stütz- und Bewegungsapparates (Rückenleiden) und innerer Körperorgane (Herz, Nieren, Stoffwechsel), psychiatrische Erkrankungen im Kindes- und Jugendalter (Neurosen, Suchtkrankheiten), Erkrankungen als Folge von Unfällen (Querschnittslähmungen, Hirnverletzungen). Der Unterricht wird in Abstimmung mit dem behandelnden Arzt je nach Genesungszustand als Betten- oder Kleingruppenunterricht durchgeführt und orientiert sich an den Bildungsplänen der Herkunftsschule, mit der Kontakt zu halten ist. Die spezifischen Probleme von Alltag und Krankheit bei Kindern und Jugendlichen im schulpflichtigen Alter stellen an die Lehrkräfte hohe Anforderungen.

Gemeinsamer Unterricht in Regelschulen

Wie bereits erwähnt, gab es bei der schulischen Förderung Körperbehinderter neben den Sondereinrichtungen immer schon die *Integration in die Bildungseinrichtungen für Nichtbehinderte* (Stadler, 2000a). Waren von einer Körperbehinderung Betroffene hinsichtlich ihres kognitiven, kommunikativen, emotionalen und sozialen Verhaltens altersgerecht entwickelt, so konnten sie relativ gut in den Unterricht integriert werden. Meistens handelte es sich um „*zielgleichen*" Unterricht ohne sonderpädagogische Unterstützung, der dann zu den anerkannten Schulabschlüssen führte. Diese „*Einzelintegration*" wurde möglich, wenn die Eltern sie forderten und die „*Regelschule*" sich aufgeschlossen zeigte. Nicht zuletzt führte auch der Mangel an Plätzen in Schulen für Körperbehinderte zur so genannten „*grauen*" Integration, bei der eine Unterstützung durch Fachpersonal für die spezifischen Förderbedürfnisse fehlt; der Fehlbedarf lag 1970 noch bei 65 % (Deutscher Bildungsrat, 1974, S. 20).

Die in den siebziger Jahren des 20. Jahrhunderts mit der Empfehlung des Deutschen Bildungsrats (1974) „Zur pädagogischen Förderung behinderter und von Behinderung bedrohter Kinder und Jugendlicher" einsetzende *Integrationsbewegung* führte dann auch zu Modellen des integrativen, aber überwiegend *zielgleichen Gemeinsamen Unterrichts* mit Körperbehinderten, die den Bildungsgängen an Realschulen und Gymnasien gewachsen waren. Dabei waren Erkenntnisse hilfreich, die mit der Integration in das Gymnasium in Bendorf im Rahmen eines Schulversuchs gewonnen und publiziert wurden (Haupt & Gärtner-Heßdörfer, 1986); sie zeigten, dass für die integrative Beschulung bestimmte Rahmenbedingungen und begleitende psycho-soziale Unterstützung sichergestellt werden müssen. Anders war es bei den Körperbehinderten, die *erhebliche Beeinträchtigungen und Retardierungen* aufweisen. Sie konnten erst integrativ beschult werden, nachdem an Grund- und Gesamtschulen Formen des „*zieldifferenten*" *Unterrichts* erfolgreich durchgeführt worden waren. Nun wurde nach *unterschiedlichen Bildungsplänen* unterrichtet, so dass auch Abschlüsse möglich wurden, die den Schulen für Lern- oder Geistigbehinderte entsprechen. Allerdings bleibt diese Form der Beschulung vorwiegend auf die *Grundschule* beschränkt; sie wird in der *Sekundarstufe* nur ausnahmsweise – und wenn, dann häufig in Gesamtschulen – praktiziert.

Die Möglichkeiten und Grenzen der schulischen Integration Körperbehinderter hat Ortmann (1999) anhand praktischer Erfahrungen eingehend erörtert. Bundesweite Erfahrungsberichte und *Untersuchungsergebnisse* zur gemeinsamen Erziehung sind uneinheitlich (Leyendecker, 2000, S. 494-498) und zeigen Chancen und Risiken. Allgemein ist der Gemeinsame Unterricht mit Körperbehinderten an folgende *Bedingungen* geknüpft: Schaffung oder Anpassung der behindertengerechten Zugänge, Toiletten, Arbeitsplätze; Verfügbarkeit notwendiger Hilfsmittel wie elektronischer Kommunikations- und Schreibhilfen; zusätzliches Personal für Pflege und Arbeitsassistenz, besonders aber für durch die Auswirkungen der Körperbehinderung bedingte Bedürfnisse im Lernen und Sozialverhalten; eine flexible Organisation des Unterrichts und der Lernkontrollen.

6.5 Zur Schulpädagogik für Körperbehinderte

Einen Schwerpunkt bei den pädagogischen Interventionen bildet die Schulpädagogik, die als *Didaktik und Methodik des Unterrichts* realisiert wird. Im Blick auf die *Förderbedürfnisse* junger Körperbehinderter ist sie aber keineswegs darauf begrenzt, sondern bezieht auch *medizinisch-therapeutische und pflegerische Aufgaben* in Zusammenarbeit mit den jeweiligen Fachkräften ein. Lelgemann (2003a, S. 348) ist zuzustimmen, wenn er zum *Selbstverständnis einer Pädagogik* für und mit Menschen mit Körperbehinderungen meint, dass eine didaktische Theorie immer nur Anregungen geben kann, „die persönlichen Entscheidungsgrundlagen zu reflektieren und weiter zu entwickeln" – und letztlich auch umzusetzen.

Vielfältige *Anstöße und Erfahrungsberichte* bieten dazu zwei *Sammelbände*; so der von Boenisch und Daut (2002) mit Beiträgen zu theoretischen Grundpositionen, zu didaktischen Schwerpunkten und zu einer kreativen Unterrichtspraxis sowie der von Lelgemann und Kuckartz bearbeitete und vom VdS NRW (2003) herausgegebene, der Beiträge zu einem breiten Spektrum der *schulpraktischen Arbeit* – einschließlich der *integrativen Praxis in Regelschulen* – versammelt. Auch die folgenden Überlegungen – im Anschluss an eigene Arbeiten des Verfassers (insbesondere Stadler, 1998, 2003) können nur als *Einführung in das komplexe Thema* verstanden werden.

Die schulpädagogischen Aufgaben für junge Körperbehinderte werden in Zukunft vermehrt sowohl in den besonderen Schulen für Körperbehinderte als auch in den allgemeinen (Regel-) Schulen wahrzunehmen sein; bei Letzteren im Sinne der schulischen Integration als *Gemeinsamer Unterricht*, der dann dem spezifischen Förderbedarf junger Körperbehinderter gerecht wird, wenn bei der Analyse, Planung und Durchführung *Lehrkräfte mit spezifischen Kompetenzen* in der Didaktik und Methodik des Unterricht für diesen Personenkreis beteiligt sind. Als notwendiges „Kompetenzzentrum" für die Aus- und Fortbildung der Lehrkräfte wird auch künftig wohl vorrangig die *Schule für Körperbehinderte* fungieren müssen.

Wie komplex künftig die Schülerschaft mit Körperbehinderungen sein wird, geht aus der Einschätzung eines Schulleiters hervor: „Die pränatale medizinische Diagnostik und Neonatalogie sind in der Lage, Auffälligkeiten intrauterin zu erkennen und darauf zu reagieren. Das geschieht einerseits so, dass Föten mit potentieller Behinderung nicht ausgetragen werden (die Dunkelziffer der Schwangerschaftsabbrüche lag 1996 bei 350.000) und andererseits so, dass Früh- und Frühestgeborene (schon in der 22. Schwangerschaftswoche) intensivmedizinisch mit allen technischen Hilfsmitteln am Leben gehalten werden. Daraus folgt: Kinder mit in der Vergangenheit bekannten Behinderungsarten (z. B. Infantile Cerebralparese, spina bifida, Duchenne Muskeldystrophie, pes varus-Syndrom, osteogenesis imperfecta, Polyarthritis, Luxationen und andere Miss-/Fehlbildungen des Stütz- und Bewegungsapparates, angelegte Organschäden und genetisch bedingte abnorme Konstellationen) werden nicht mehr geboren und kommen somit auch nicht mehr auf die Schulen zu. Stattdessen stehen Kinder zur sonderpädagogischen Förderung an, die vermutlich lebenslang intensiv-medizinisch betreut und gepflegt werden müssen mit Sonderernährung, künstlicher Beatmung, technisch-elektronischen Impulsgebern für Herztätigkeit, medikamentöser Sekretzuführung zur Ermöglichung von Digestion und Stoffwechsel, oft mit einhergehender erheblicher bis extremer mentaler Einschränkung" (Brönnecke, 1997, S. 232-234). Die *Regelschule* dürfte nicht in der Lage sein, diese schwerstbehinderten jungen Menschen zu fördern. Die *separierte und spezialisierte Schule* für Körperbehinderte und Kranke ist für sie wohl der alternativlose Ort der Förderung.

6.5.1 Dimensionen und Ziele der Förderung

Durchgängiges und fächerübergreifendes Prinzip sind *Bewegungsförderung* und Bewegungserleichterung. Sie sind in Sinn- und Sachzusammenhänge einzubetten und haben die Wechselwirkung von Motorik und psychischen Funktionen zu beachten. Die Feinmotorik soll ebenfalls gefördert werden, damit Tätigkeiten des Schreibens, Werkens und Malens ausgeführt werden können. Dies kann auch unter Nutzung technischer Hilfsmittel geschehen. Der *Motopädagogik* kommt ein besonderer Stellwert zu, wobei sie als psychomotorische Entwicklungsförderung auf die Körperwahrnehmung eingehen muss. Sie wird ergänzt durch *Bewegungsspiele* und *Sportunterricht*. Räumliche und zeitliche Gegebenheiten sollen erkannt und Dinge, Sachverhalte und Geschehnisse zur eigenen Person in Beziehung gesetzt werden.

Die individuellen *Förderpläne* zur Bewegungsförderung und zum Sportunterricht müssen sich an den tatsächlichen Möglichkeiten zur Bewegung orientieren. Neben der Vermittlung sportiver Techniken sollen sie auch Übungen zur Anregung und Kräftigung vitaler Körperfunktionen, wie Herz-Kreislauf-Funktionen oder die Verdauung, sowie die Förderung der körpernahen und körperfernen Sinne enthalten. *Spiel- und Erlebnismöglichkeiten* können als Ansätze zur Spieltherapie genutzt werden. Aufgabe des Sportunterrichts ist es auch, den Kontakt und die Zusammenarbeit zu Sportvereinen herzustellen, wobei *integrative Spiel- und Sportgruppen* besonders wertvoll sein können. Die Eingliederung in die Gesellschaft kann nicht zuletzt durch Freizeit-, Natur- und Erlebnissportarten erleichtert werden, die lebenslang ausgeübt werden können.

Ästhetische Förderung soll den Unterricht begleiten und kann die individuellen Erlebnis- und Ausdrucksmöglichkeiten erweitern. Sie trägt zur Herausbildung kognitiver Strukturen, zur Verbesserung der Konzentrations- und Anstrengungsbereitschaft, zur Belastbarkeit und Ausdauer, zur Phantasie und Kreativität sowie zur Wahrnehmungsverarbeitung bei. Als geeignete Lernfelder kommen in Frage: Pantomime, Spiel, Theater, Rhythmik, Musik und Malerei.

Die *Förderung sprachlichen Handelns* ist neben einer individuellen sprachheilpädagogischen Förderung allgemeines Unterrichtsprinzip und soll fächerübergreifend angeboten werden. Im Zentrum stehen dabei der Aufbau, die Erweiterung und die Anwendung einer altersgerechten, aktiven und passiven Sprache. Die Befähigung zur motorischen Umsetzung von Sprechen und Schreiben sowie die Verbindung von Sprachverständnis und konkreter Handlung ist anzustreben. Bei Schülerinnen und Schülern, die nicht sprechen, sind Möglichkeiten der Kompensation zu vermitteln, so z. B. Mimik und Gestik, Fingerzeichen, gebärdensprachliche Kommunikationsformen und Tastsysteme. Auch die Verwendung elektronischer Kommunikationshilfen ist einzuüben.

Die *Förderung sozialer Kompetenz* gilt als zentrales Unterrichtsanliegen. Sie soll dadurch gewährleistet werden, dass der Unterricht Gelegenheit bietet, soziale Bindungen anzubahnen und zu differenzieren und durch gemeinsame Aktivitäten bestehende Einschränkungen in den Handlungsmöglichkeiten auszugleichen. Der *Anschauung* kommt gerade auch im Unterricht für Schülerinnen und Schüler mit Auswirkungen einer Körperbehinderung ein hoher Stellenwert zu. Durch den *Einsatz von Medien* kann ein erschwertes Begreifen teilweise kompensiert werden. Mängel in der Erfahrung und damit im Wissenserwerb können als Folge von Beeinträchtigungen der Bewegung auftreten. Sie machen spezifische Lern- und Arbeitsmittel und geeignete pädagogische Maßnahmen notwendig. Die Vermittlung *lebenspraktischer Fertigkeiten* ist für junge Menschen mit besonders schweren motorischen Beeinträchtigungen eine eigenständige Aufgabenstellung. Zu denken ist an Fertigkeiten in folgenden Bereichen: Körperpflege, Zubereitung und Einnahme des Essens. Der Tagesablauf mit Unterricht, Phasen der Pflege, Therapie und des Ausruhens ist den Bedürfnissen und dem Lebensrhythmus dieser Schülerinnen und Schüler anzupassen.

Fragt man nach den übergreifenden *Rehabilitationszielen* für junge Körperbehinderte, so sind zu nennen: 1. In Lern- und Lebenssituationen sind die *Auswirkungen der Körperbehinderung* so gering wie möglich zu halten. Dies kann nicht zuletzt durch geeignete Förderung und Therapie sowie durch die Nutzung von Hilfsmitteln erreicht werden. 2. Es muss verhindert werden, dass *Folgewirkungen der Körperbehinderung* auftreten, die bei konsequenter Erziehung und durch therapeutische und pädagogische Maßnahmen vermeidbar sind. 3. Die *funktionellen Beeinträchtigungen und Fähigkeitsstörungen*, die sich aus der Behinderung ergeben können, sollen in Lern- und Lebenssituationen so gering wie möglich gehalten werden. Dies kann durch eine konsequente Erziehung zur Selbständigkeit und zur Verwendung von Hilfsmitteln angestrebt werden, indem unter Einsatz spezieller Arbeitstechniken und Strategien auf reale Lebenssituationen vorbereitet wird (Beispiel: Rollstuhltraining bei Gehunfähigkeit). 4. *Soziale, berufliche und kulturelle Kompetenzen* müssen durch Auswahl geeigneter Lerngegenstände und methodischer Optimierung der Lernprozesse vermittelt werden, wobei auf die tatsächlichen individuellen Bedingungen Rücksicht zu nehmen ist. 5. Die *psychosozialen Probleme*, die bei der Bewältigung der Auswirkungen einer Körperbehinderung auftreten können, sind aufzugreifen. Durch Beratung, Selbstsicherheitstraining und Stärkung der Eigenkräfte ist die Persönlichkeitsentwicklung zu begleiten.

6.5.2 Didaktische Grundfragen und Entscheidungsfelder

Aus Schädigungen, Erkrankungen und Verletzungen können sich Grundfragen des Unterrichts ergeben: Der *Zugang zur Lebenswelt* der Dinge und Personen kann durch Störungen kognitiver Prozesse wie der Wahrnehmung und Verarbeitung von Umweltreizen und Sinneseindrücken erheblich beeinträchtigt sein. Die *Gefahr von Fehlentwicklungen und Retardierungen* in Persönlichkeitsdimensionen wie der Kommunikation, der Psychomotorik und des sozial-emotionalen Verhaltens ist zu beachten. Bei vielen Kindern ist mit Auswirkungen zu rechnen, die als *konsekutive* und *mehrfache Behinderungen* in Erscheinung treten. So können die Sinnesfunktionen des Sehens und Hörens und die physische Leistungsfähigkeit ebenso betroffen sein wie die Intelligenz. Zurückzuführen ist das sowohl auf die Schädigungen als auch auf *mangelnde familiäre, vorschulische und schulische Förderung*.

Besonderheiten liegen in den Unterrichtsbedingungen, die einer Analyse zu unterziehen sind; dabei ist daran zu denken, dass die jeweiligen Bezugslehrpläne und die dort ausgewiesenen curricularen Elemente (Lernziele, Inhalte, Methoden, Medien, Lernkontrolle) auf die individuellen Voraussetzungen adaptiert werden müssen. Die organisatorischen und baulichen Bedingungen (Zeiten für Therapie im Stundenplan, Flächenbedarf für Rollstuhlfahrer, Zugänglichkeit der einzelnen Räume und Stockwerke im Gebäude) müssen ebenso beachtet werden, wie die spezifischen Qualifikationen des Mitarbeiterteams einer Klasse. Die Schulpädagogik für Körperbehinderte realisiert sich in der *Planung, Vorbereitung, Durchführung und Reflexion von Unterricht*. Die Strukturelemente dazu liefert die Allgemeine Didaktik; für Körperbehinderte müssen *Adaptionen* vorgenommen werden.

Intentionaler Bereich: Hier geht es um die Zielsetzungen des Lernens und der Förderung, um den Erwerb von Kompetenzen und (Schlüssel-) Qualifikationen. Nach wie vor können dabei drei Ebenen unterschieden werden. 1. *Leit- und Richtziele*: In ihnen soll das formuliert werden, was insgesamt beabsichtigt ist und angestrebt wird. 2. *Grobziele*: Sie zeigen, welche Bereiche der übergeordneten Ziele erreicht werden sollen, und lassen sich einzelnen Gegenständen und Lernbereichen zuordnen. 3. *Feinziele:* Sie sollen möglichst konkret beschrieben werden, damit überprüft werden kann, ob sie erreicht wurden. Sie drücken aus, was in einer Zeit- oder Unterrichtseinheit gelehrt und gelernt werden soll.

Inhalte und Gegenstände: Die Vorgaben in den *Bezugslehrplänen und Richtlinien*, die sich an Nichtkörperbehinderte oder an Behinderte mit besonderen Beeinträchtigungen (Lernbehinderung, geistige Behinderung, Schwerstbehinderung) wenden, sind zwar grundsätzlich verbindlich, müssen aber angepasst werden. So kann etwa das Schreibenlernen im Anfangsunterricht mit Körperbehinderten grundlegend andere Inhalte erfordern: die Arbeit mit einer Tastatur zur Bedienung eines Personalcomputers, die Verwendung einer Schablone und eines Stiftes, um die Tastatur trotz feinmotorischer Störungen bedienen zu können. Es müssen also *alternative und ergänzende Inhalte* ausgewählt werden. Hinzukommen dann noch Gegenstände, die nur bei bestimmten Beeinträchtigungen relevant sind; so z. B. eine Bliss-Tafel oder ein Kommunikationsgerät für Nichtsprechende. Das Erlernen der Bliss-Symbole oder die Handhabung des Geräts erfordern eine eigene Lernstruktur. Diese zusätzlichen Inhalts- und Gegenstandsbereiche können auch in einem *Zweiten Curriculum* zusammengefasst werden. Dort wären alle didaktischen Elemente (Ziele, Inhalte, Methoden und Medien) zu benennen, die zu berücksichtigen sind, damit ein Körperbehinderter über die Kenntnisse, Fähigkeiten und Haltungen verfügt, die zur Bewältigung von Anforderungen im Alltagsleben und für die Teilnahme am Arbeitsleben notwendig sind.

Methodik des Unterrichts: Hier geht es zunächst um die *Artikulation des Unterrichtsgeschehens* im Sinne einer Strukturierung und Sequenzierung. Es muss überlegt werden, welche unterrichtlichen Schritte aufeinander folgen sollen und welche Funktion sie jeweils haben. Dabei spielen *sachlogische Gesichtspunkte* eine Rolle: Wie kann man die Inhalte strukturieren, um einen systematischen und logischen Zusammenhang erkennbar zu machen? Hinzu kommen Fragen nach den psychosozialen Aspekten des Lernens: Was findet Interesse? Wie wird die Motivation für bestimmte Inhalte sein? Schließlich sind auch organisatorische Aspekte und der Medieneinsatz zu bedenken.

Bei der *Methodenkonzeption* sind übergreifende Fragen nach Konzepten des ganzheitlichen, exemplarischen oder des Epochenunterrichts zu klären. Zu fragen ist nach dem lehrerzentriert-darbietenden und selbstentdeckend-selbsttätigen Unterricht sowie nach Möglichkeiten des Offenen Unterrichts und des Projektunterrichts. Die Formen der *Vermittlung und Erarbeitung* sowie die dazu passenden Techniken des Lernens sind zu bestimmen: Lehrervortrag, Demonstration, Schülervortrag, lehrer- oder schülerzentrierter Unterricht, Unterrichtsgespräch usw. Die Arbeits- und Erarbeitungstechniken können dabei eine eigenständige Bedeutung erlangen. Nicht vergessen werden dürfen die *Sozial- und Interaktionsformen*. Soziale Kommunikation und Interaktion sowie die Kooperation zwischen Schülern, Schülergruppen und den Pädagogen in der Klasse müssen angeregt und gestaltet werden.

Medien: Die *Lehr-, Lern- und Hilfsmittel* können das Lehren und Lernen wesentlich begünstigen; allerdings müssen sie jeweils zweckmäßig sein; vielfach muss ihre Handhabung gezielt eingeübt werden. Der Zeitaufwand für einen sachgerechten Einsatz wird häufig unterschätzt. Nur bei sorgfältiger Vorbereitung und Einarbeitung können technische und apparative Hilfsmittel ihre volle Wirksamkeit entfalten.

6.6 Übergang von der Schule in das Erwachsenenleben

Die lang anhaltende Massenarbeitslosigkeit mit immer noch etwa 4,4 Millionen registrierten Arbeitslosen und der desolate Zustand am deutschen Arbeitsmarkt mit einem Mangel an Arbeitsplätzen für *geringer Qualifizierte* hat zu einer Krise am „*Ausbildungsmarkt*" geführt, von der besonders auch körperbehinderte junge Menschen betroffen sind. Im jüngsten Behindertenbericht (2004, S. 72-73) wird dazu zur Situation junger Behinderter allgemein Stellung genommen. Beklagt wird u. a. das Ungleichgewicht zwischen Nachfrage und Angebot an betrieblichen Ausbildungs- und Beschäftigungsmöglichkeiten; wurden 1994 noch 17 397 Behinderte betrieblich ausgebildet, so waren es 2002 nur noch 9 000 – ein massiver Rückgang auf fast die Hälfte. Es heißt dann weiter: „Nach letzten Erhebungen bilden von den 2,1 Millionen Betrieben in Deutschland nur noch 23 Prozent junge Menschen mit und ohne Behinderung aus, der Rest entzieht sich dieser auch gesellschaftlichen Aufgabe. Die statistischen Daten der Bundesagentur für Arbeit weisen aus, dass die zur Beschäftigung schwerbehinderter Menschen verpflichteten Arbeitgeber mit wenigstens 20 Arbeitsplätzen im Jahre 2002 über rund 1,1 Mio. betriebliche Ausbildungsplätze verfügten. Auf nur 4 729 davon wurden schwerbehinderte junge Menschen beruflich ausgebildet. Das sind nur rund 0,4 % der vorhandenen Plätze." Diese Daten zeigen, dass Behinderte von der Krise der Arbeitsgesellschaft besonders betroffen sind. Die Schule kann auf diese Problematik nur insoweit reagieren, als sie sich damit auseinandersetzt und Schulabgänger auf mögliche Schwierigkeiten bei der Suche nach einem Ausbildungsplatz vorbereitet, ohne ihnen aber den Blick auf die individuellen Berufs- und Lebenschancen zu verstellen.

Wie angesprochen, sind die Schwellen ins Arbeitsleben für junge Körperbehinderte nach wie vor hoch und bilden eine Herausforderung für die *schulische Berufs- und Lebensvorbereitung* (Moosecker & Pfriem, 2005). Ihre gesamte *nachschulische Lebenssituation* (Bereiche Arbeit, Wohnen, Freizeit) gestaltet sich schwierig und eine grundlegende Besserung ist nicht in Sicht. Immer wieder stellt sich deshalb die Frage „Rehabilitiert ... und dann?", die Kösler (1991) an einer Gruppe schwer beeinträchtigter Absolventen einer Schule für Körperbehinderte empirisch untersucht und eingehend analysiert hat. Analoge Untersuchungen und Analysen liegen von Schabert (2005) vor. Auch Lelgemann (2003b, 2005) hat sich mehrfach mit dieser Thematik befasst und sie im Blick auf die schulpraktische Arbeit erörtert.

Der Verfasser selbst hat die Zusammenhänge sowohl hinsichtlich der beruflichen Integration als auch unter didaktischen Gesichtspunkten einer realistischen Arbeits- und Sozialehre behandelt (Stadler, 1995, 1998, 1999); aus diesen Arbeiten werden im Folgenden einige Themen aufgegriffen.

6.6.1 Probleme beim Schulabgang

Die Auswirkungen der Behinderung, wie sie für diese jungen Menschen kennzeichnend sind, bringen es mit sich, dass *Lebens- und Entwicklungsalter* oft deutlich voneinander abweichen. Auch bei guten intellektuellen Leistungen können sie ihre Fähigkeiten wegen funktioneller Beeinträchtigungen nur mit apparativer und personaler Hilfe nutzen. In Büroberufen ist der Personalcomputer zwar ein optimales Hilfsmittel; sowohl bei Beeinträchtigungen der Feinmotorik als auch bei *Pflegeabhängigkeit* ist aber personale Unterstützung unerlässlich – etwa durch Zivildienstleistende. Die Ausbildungs- und Arbeitsplätze müssen deshalb auf die persönlichen Voraussetzungen zugeschnitten und an die motorisch-funktionelle Beeinträchtigung angepasst werden.

Die *behinderungsspezifischen Probleme* zeigen sich auch in der *Sozialentwicklung*. Sowohl die eigene Leistungsfähigkeit als auch ihre Chancen am Ausbildungs- und Arbeitsmarkt schätzen junge Behinderte oft falsch ein. Zu den individuellen Problemen kommen *negative Einstellungen* zu Behinderten: Ausbildungsbetriebe, bei denen sie sich bewerben, kaschieren häufig ihre Skepsis gegenüber Behinderten und ihre Zweifel an deren Leistungsvermögen, indem sie andere Ablehnungsgründe vorschieben. Eine *betriebliche Ausbildung* scheitert an der Bereitschaft, sich auf die Bedürfnisse eines jungen Schwerbehinderten einzustellen. Den Lehrern fehlt es in der Regel an eigenen beruflichen Erfahrungen außerhalb von Schule und Hochschule und nicht selten wird der Lernbereich Arbeitslehre ohne fachliche Qualifizierung unterrichtet. Ihre *Beurteilungsmaßstäbe* sind für die Erfordernisse im Berufswahlprozess zu pauschal. Vielfach werden Noten mit der Absicht erteilt, zu ermutigen und Frustrationen zu vermeiden.

Für die *Berufsbildungswerke* gelten Schulzeugnisse hinsichtlich der tatsächlichen Kenntnisse und Fähigkeiten Behinderter nur als bedingt aussagekräftig. Die fachliche Kompetenz liegt deshalb weitgehend bei der *Berufsberatung* der *Arbeitsagentur*. Der Berufsberater muss sich aber auf Gutachten der Berufsfindung im Berufsbildungswerk stützen. Er orientiert sich überdies an den verfügbaren Ausbildungsplätzen und kann den Wünschen der Jugendlichen oft nicht gerecht werden. *Eltern* versuchen entweder auf eigene Faust über Verwandte und Bekannte für ihr Kind Berufswege zu öffnen, oder sie halten sich ganz heraus und überlassen alles der Schule und der Berufsberatung.

Mit der Schulentlassung endet aber formal die *Zuständigkeit der Schule* für den weiteren Lebensweg. Ohne Nachsorge fühlen sich viele Schulabgänger von ihren Lehrern im Stich gelassen. Die *Begleitung durch Lehrkräfte* in dieser schwierigen Phase des Übergangs in nachschulische Lebensformen und Einrichtungen ist bisher nicht institutionell geregelt. Andererseits gibt es seit längerem das *Bemühen der Schulen*, im Rahmen ihrer Möglichkeiten auf die kommenden Probleme vorzubereiten und dies auch bereits im Unterricht zu thematisieren. So hat etwa Schabert (2005) *Lebensverläufe von Absolventen* der Werk- und Praxisstufe an Schulen für Körperbehinderte in Baden-Württemberg untersucht und deren Bedeutung für die Gestaltung von Unterricht erörtert.

6.6.2 Problemgruppen unter den Schulabgängern

Die *Absolventen der Schule für Körperbehinderte* lassen sich zu folgenden Gruppen zusammenfassen: 1. Schüler mit durchschnittlicher Intelligenz, aber extremer Einschränkung der Bewegungsfähigkeit. 2. Schüler mit stark verminderter Intelligenz, aber guter Bewegungsfähigkeit. 3. Schüler mit geistiger Behinderung und extremer Einschränkung der Bewegungsfähigkeit. 4. Schüler mit schwersten Formen der Mehrfachbehinderung. 5. Schüler, die infolge fortschreitender und bösartiger Erkrankungen nur eine verringerte Lebenserwartung haben (z. B. bei progressiver Muskeldystrophie vom Typ Duchenne). 6. Schüler, die durch Unfälle aus ihrem Lebenslauf gerissen wurden (z. B. Querschnittslähmung oder Hirnverletzung). Über Absolventen, die den *Gemeinsamen Unterricht in Regelschulen* besucht haben, lassen sich keine analogen Aussagen machen, weil entsprechende Untersuchungen fehlen. Es ist aber anzunehmen, dass bei ihnen ähnliche Konstellationen auftreten und sie ebenfalls Probleme beim *Übergang in nachschulische Einrichtungen* haben. Sofern sie „zielgleich" unterrichtet wurden, dürften ihre Schwierigkeiten weniger im Bereich der Intelligenz und eher in der Bewegungsfähigkeit (Feinmotorik, Gehfähigkeit) liegen.

Zu beachten ist demnach, dass dem erheblichen Anteil von Schulabgängern aus Schulen für Körperbehinderte mit schlechten beruflichen Chancen eine kleine Gruppe gegenübersteht, die trotz schwerer Behinderung *Bildungsabschlüsse der Realschule, des Gymnasiums und der Fachschulen* erreicht. Dies gelingt entweder an *Heimsonderschulen* mit entsprechenden Bildungsgängen wie der Stephen-Hawking-Schule in Neckargemünd bei Heidelberg oder durch *integrative Förderung in Regelschulen*. Auch sie benötigen Beratung und Begleitung beim Übergang in Ausbildung, Studium und Beruf. Bei aller Berechtigung, sich den so genannten *Problemgruppen* zuzuwenden, dürfen ihre Belange nicht vergessen werden.

6.6.3 Lebenspraktische Befähigung und Lebenskunde

Geklagt wird vielfach *über mangelnde lebenspraktische Kompetenzen* der Absolventen. Diese können auf Bedingungen der Sozialisation in Familie, Schule und Heim zurückgeführt werden. Durch *übermäßige Versorgung und Betreuung* entwickeln sich Formen der *Abhängigkeit und Passivität*. Junge Körperbehinderte sind oft auch dort unselbständig, wo sie aufgrund ihres Alters und der nicht geschädigten Körper- und Sinnesfunktionen durchaus selbständig handeln und sich selbst helfen könnten. Diese Rückstände wirken sich auf viele Anforderungsbereiche aus. Während nun aber im Schulunterricht auf Entwicklungsdefizite didaktisch und methodisch eingegangen wird, kommt die Befähigung zur Bewältigung von Alltagsanforderungen oft zu kurz. Sie versagen nicht selten in wichtigen Lebensvollzügen und rechtfertigen sich bei Vorhaltungen mit dem Hinweis auf die Auswirkungen ihrer Behinderung sowie mit mangelnder Erfahrung und fehlender Anleitung.

Die *Konzepte der Erziehung zur Selbständigkeit* sowie zur Handlungs- und Geschäftsfähigkeit beinhalten Ziele und Themen, die sich zu einem Katalog der Anforderungsbereiche zusammenfassen lassen. Eine Grundlage dazu bilden nicht zuletzt *Lernziele für das Haushalten*, wie z. B.: die Fähigkeit zur Planung, Analyse und Durchführung von hauswirtschaftlichen Arbeitsprozessen wie Verarbeitung von Lebensmitteln und Zubereitung von Speisen, Verarbeitung von Textilien und Gestaltung einer Wohnung; die Einsicht in die Organisation und wirtschaftliche Führung eines privaten Haushalts, die Kenntnis von Problemen der Versorgung eines privaten Haushalts, ein Grundwissen über ernährungsphysiologische Zusammenhänge.

Schulabgänger, die weder auf dem freien Ausbildungsmarkt noch in einem Berufsbildungswerk einen Ausbildungsplatz erlangt haben, werden in ein *Berufsvorbereitungsjahr* aufgenommen. Es vermittelt fachpraktische und fachtheoretische Grundqualifikationen, schafft Einblicke in verschiedene Berufsfelder und ermöglicht das Nachholen von Schulkenntnissen bis hin zum Hauptschulabschluss. In die didaktische Konzeption wurde auch die *Lebenskunde* einbezogen. Den Anstoß dazu gaben Auffälligkeiten und Störungen im Sozialverhalten junger Körperbehinderter wie Alkoholmissbrauch, Suizidalität, Resignation, Passivität, Konfliktvermeidung und Aggressivität gegen sich selbst, andere Personen oder gegen Sachen. In der Umbruchphase der Ablösung von der Familie und infolge der unklaren Zukunftsperspektiven muss ein neues Lebenskonzept entwickelt werden. Das Verhaltensrepertoire und die Lebenspläne stammen noch aus der Kindheit, Konzepte für das Erwachsenenleben sind nur unzureichend entwickelt. *Ziele der Lebenskunde* sind deshalb u. a.: Planungsverhalten praktizieren und selbstverantwortlich handeln können; Konsequenzen des eigenen Handelns einschätzen können; sich Sinnfragen stellen können; Abhängigkeiten akzeptieren und Hilfen annehmen können.

Das einjährige *Berufsvorbereitungsjahr* kann zu einem *Berufs- und Lebensvorbereitungsjahr* zeitlich erweitert werden. Es soll Grundlagen dafür schaffen, auch mit einer schweren Behinderung ein selbstbestimmtes Leben zu führen und Antworten auf Fragen nach dem Lebenssinn und der Lebensgestaltung zu finden. Junge Körperbehinderte, die Angebote zur Förderung sozialer Kompetenzen und zur Entwicklung der Persönlichkeit wahrnehmen, können sich dadurch auch auf ein *Leben ohne Erwerbsarbeit* (Stadler, 1992) vorbereiten.

6.7 Textfragen zur Verständniskontrolle

1. Wo realisiert sich die Körperbehindertenpädagogik in der Praxis und wozu dient ihre Theoriebildung?
2. Seit wann gibt es Einrichtungen zur Schul- und Berufsbildung für Körperbehinderte?
3. Mit den KMK-Empfehlungen zur Sonderpädagogik haben sich alle sechzehn Bundesländer auf gemeinsame Zielsetzungen und Organisationsstrukturen verständigt. Welche neuen Akzente wurden dadurch gesetzt?
4. Was meint der Begriff „sonderpädagogischer Förderbedarf" bezüglich der Kinder und Jugendlichen mit Körperbehinderungen?
5. Inwiefern ist Körperbehinderung einerseits ein Sammelbegriff und andererseits bezüglich einer betroffenen Person auch ein relativer Begriff?
6. Wie lassen sich die Erscheinungsformen von Körperbehinderungen ordnen und inwiefern werden chronische Krankheiten und Fehlfunktionen von Organen einbezogen?
7. Was versteht man unter einer ICP und mit welchen Begleitsymptomen ist bei ihr zu rechnen?
8. Aus welchen Gründen ist die Anwendung standardisierter Tests bei Körperbehinderten – insbesondere bei Kindern mit einer ICP – problematisch?
9. Wie viele amtlich anerkannte Behinderte gibt es in Deutschland und wie viele junge Menschen im Schulalter haben einen sonderpädagogischen Förderbedarf im Förderschwerschwerpunkt körperliche und motorische Entwicklung?
10. Welche Institutionen kennen Sie im System der Rehabilitation, die für das Kindes- und Jugendalter pädagogisch-therapeutische Hilfen anbieten?
11. Worin unterscheiden sich Ganztagesschulen, Heim- und Internatsschulen und der Gemeinsame Unterricht an Regelschulen bezüglich der schulischen Förderung Körperbehinderter? Welche Chancen und Risiken können damit jeweils verbunden sein?
12. Welche übergreifenden Rehabilitationsziele lassen sich für junge Körperbehinderte benennen?
13. Welche Bildungspläne und Richtlinien werden der Unterrichtung Körperbehinderter je nach der Schwere und den Auswirkungen ihrer Behinderung zugrunde gelegt? Inwiefern kann das je nach Bundesland unterschiedlich sein?
14. Welche Probleme können beim Übergang von der Schule in das Erwachsenenleben auftreten und welche Problemgruppen innerhalb der Schülerschaft lassen sich unterscheiden?
15. Warum wird der Lebenspraktischen Befähigung und Lebenskunde Bedeutung beigemessen?

6.8 Literatur

Antor, G. & Bleidick, U. (1995). *Recht auf Leben – Recht auf Bildung.* Heidelberg: Schindele.

BAGH – Bundesarbeitsgemeinschaft Hilfe für Behinderte e. V. (Hrsg.) (2004). *Die Rechte behinderter Menschen und ihrer Angehörigen* (32. Aufl.). Düsseldorf: Eigenverlag.

Behindertenbericht (2004). *Bericht der Bundesregierung über die Lage behinderter Menschen und die Entwicklung ihrer Teilhabe.* Bundestagsdrucksache 15/4575.

Bergeest, H. (2006). *Körperbehindertenpädagogik. Studium und Praxis* (3. Aufl.). Bad Heilbrunn: Klinkhardt.

Bergeest, H. & Hansen, G. (Hrsg.) (1999). *Theorien der Körperbehindertenpädagogik.* Bad Heilbrunn: Klinkhardt.

Boenisch, J. & Daut, V. (2002). *Didaktik des Unterrichts mit körperbehinderten Kindern.* Stuttgart: Kohlhammer.

Bobath, B. (1986). *Abnorme Haltungsreflexe bei Gehirnschäden* (4. Aufl.). Stuttgart: Thieme.

Brönnecke, D. (1997). Die Sonderschule im Annastift. In G. Szagun (Hrsg.), *Annastift (1897 – 1997) – 100 Jahre Kompetenz und Nächstenliebe* (S. 223-238). Hannover: Selbstverlag.

Bungart, J. (1998). Ausgewählte Daten zur Schülerstruktur und zur vorberuflichen Bildung an Schulen für Körperbehinderte in Nordrhein-Westfalen. Unveröffentlichtes Manuskript. Universität Dortmund, Fakultät Sondererziehung und Rehabilitation.

Deutscher Bildungsrat (1974). *Empfehlungen der Bildungskommission: Zur pädagogischen Förderung behinderter und von Behinderung bedrohter Kinder und Jugendlicher.* Stuttgart: Klett.

DIMDI – Deutsches Institut für Medizinische Dokumentation und Information (Hrsg.) (2004). *Internationale Klassifikation der Funktionsfähigkeit, Behinderung und Gesundheit.* Köln (Pdf-Datei in: *http://dnb.ddb.de*).

Drave, W., Rumpler, F. & Wachtel, P. (Hrsg.) (2000). *Empfehlungen zur sonderpädagogischen Förderung. Allgemeine Grundlagen und Förderschwerpunkte (KMK) mit Kommentaren.* Würzburg: bentheim.

Eckmann, T. (1988). *Selbstsein unter seinesgleichen? Identitätsförderung Körperbehinderter an der Sonderschule für Körperbehinderte.* Berlin: Marhold.

Haupt, U. & Fröhlich, A. (1982). *Entwicklungsförderung schwerstbehinderter Kinder. Bericht über einen Schulversuch. Teil I.* Mainz: von Hase und Koehler.

Haupt, U. & Gärtner-Heßdörfer, U. (1986). *Integration körperbehinderter Schüler in das Gymnasium.* Mainz: von Hase und Koehler.

Haupt, U. & Jansen, G.W. (Hrsg.) (1983). *Pädagogik der Körperbehinderten. Handbuch der Sonderpädagogik Bd. 8.* Berlin: Marhold.

Hedderich, I. (2006). *Einführung in die Körperbehindertenpädagogik* (2. Aufl.). München: Reinhardt.

Kiphard, E.J. & Schilling, F. (2000). *Körperkoordinationstest für Kinder (KTK)* (7. Aufl.). Weinheim: Beltz.

KMK (2003) – Statistische Veröffentlichungen der Kultusministerkonferenz: Sonderpädagogische Förderung in den Schulen 1993 bis 2002. Dokumentation Nr. 170 vom Dezember 2003. Bonn: Eigenverlag.

Kösler, E. (1991). *Rehabilitiert ... und dann? Aspekte der nachschulischen Lebenssituation von motorisch schwer beeinträchtigten Menschen.* Augsburg: AV-Verlag Franz Fischer.

Kuckartz, N. (2003). Zur aktuellen Situation der schulischen Förderung von Kindern und Jugendlichen mit einem sonderpädagogischen Förderbedarf im Bereich der körperlichen und motorischen Entwicklung. In VdS – NRW – Fachverband für Behindertenpädagogik. Landesverband Nordrhein-Westfalen (Hrsg.), *Körperbehindertenpädagogik. Praxis und Perspektiven* (S. 290-315). Meckenheim: Eigenverlag.

Lelgemann, R. (2003a). Zum Selbstverständnis einer Pädagogik für und mit Menschen mit Körperbehinderungen. In VdS – NRW – Fachverband für Behindertenpädagogik. Landesverband Nordrhein-Westfalen (Hrsg.), *Körperbehindertenpädagogik. Praxis und Perspektiven* (S. 332-349). Meckenheim: Eigenverlag.

Lelgemann, R. (2003b). Vorbereitung der nachschulischen Lebenssituation. In VdS – NRW – Fachverband für Behindertenpädagogik. Landesverband Nordrhein-Westfalen (Hrsg.), *Körperbehindertenpädagogik. Praxis und Perspektiven* (S. 44-75). Meckenheim: Eigenverlag.

Lelgemann, R. (2005). Vorbereitung auf die nachschulische Lebenssituation und das Arbeitsleben – eine komplexe Herausforderung für die Schule. In R. Bieker (Hrsg.), *Teilhabe am Arbeitsleben. Wege der beruflichen Integration von Menschen mit Behinderung* (S. 100-116). Stuttgart: Kohlhammer.

Leyendecker, C. (1982). *Lernverhalten behinderter Kinder* (2. Aufl.). Heidelberg: Schindele.

Leyendecker, C. (2000). Körperbehinderungen. In J. Borchert (Hrsg.), *Handbuch der Sonderpädagogischen Psychologie* (S. 484-500). Göttingen: Hogrefe.

Leyendecker, C. (2005). *Motorische Behinderungen. Grundlagen, Zusammenhänge und Fördermöglichkeiten.* Stuttgart: Kohlhammer.

Leyendecker, C. & Kallenbach, K. (1989). *Motorische Störungen. Studienbrief zu Behinderungen und Schule. Einführung in behindertenpädagogische Probleme an allgemeinen Schulen.* Deutsches Institut für Fernstudien an der Universität Tübingen. Tübingen: Eigenverlag.

Leyendecker, C. & Thiele, A. (2003). Symptomatik, Ätiologie und Diagnostik bei Beeinträchtigungen der Motorik und der körperlichen Entwicklung. In A. Leonhardt & F. Wember (Hrsg.), *Grundfragen der Sonderpädagogik. Bildung, Erziehung, Behinderung* (S. 596-631). Weinheim: Beltz.

Möckel, A. (1988). *Geschichte der Heilpädagogik*. Stuttgart: Klett.

Moosecker, J. & Pfriem, P. (Hrsg.) (2005). *Körperbehinderte Schüler an der Schwelle ins Arbeitsleben. Neue Wege und Herausforderungen in der schulischen Berufswahl- und Lebensvorbereitung*. Aachen: Shaker.

Neumann, K. (1981). *Intelligenztest für 6-14jährige körperbehinderte und nichtbehinderte Kinder (ITK)*. Weinheim: Beltz.

Neumann, K. (1999). Körperbehindertenpädagogik als empirische Wissenschaft. In H. Bergeest & G. Hansen (Hrsg.), *Theorien der Körperbehindertenpädagogik* (S. 131-151). Bad Heilbrunn: Klinkhardt.

Ortmann, M. (1999). Integrative Pädagogik bei Kindern und Jugendlichen mit Körperbehinderung. In N. Myschker & M. Ortmann (Hrsg.), *Integrative Schulpädagogik. Grundlagen, Theorie und Praxis* (S. 112-149). Stuttgart: Kohlhammer.

Perleth, C. (2000). Hochbegabung. In J. Borchert (Hrsg.), *Handbuch der Sonderpädagogischen Psychologie* (S. 662-673). Göttingen: Hogrefe.

Pfaff, H. (2004). Lebenslagen der behinderten Menschen. Ergebnis des Mikrozensus 2003. In Statistisches Bundesamt: Wirtschaft und Statistik 10/2004, S. 1181-1194.

Schabert, S. (2005). Lebensverläufe ehemaliger SchülerInnen der Werk- und Praxisstufe und deren Bedeutung für die Gestaltung von Unterricht. In H.-P. Färber, W. Lipps & T. Seyfarth (Hrsg.), *Lebens-Übergänge. Wagen – Entwickeln – Verändern* (S. 240-258). Tübingen: Attempto.

Sozialgesetzbuch (2005). Bücher I – XII. Beck-Texte im dtv (32. Aufl.). München: Beck.

Staatsinstitut für Schulpädagogik und Bildungsforschung. (Hrsg.). (1999). *Konduktive Förderung. Fakten, Erfahrungen, Ergebnisse zum Schulversuch*. Donauwörth: Auer.

Stadler, H. (1992). Ein Leben ohne Erwerbsarbeit als behindertenpädagogisches Problem. In A. Mühlum & H. Oppl (Hrsg.), *Handbuch der Rehabilitation* (S. 161-186). Neuwied: Luchterhand.

Stadler, H. (1995). Schule – und wie weiter? Zur beruflichen Integration schwer körperbehinderter Jugendlicher – Versuch einer Standortbestimmung. *Die Rehabilitation, 34,* 81-90.

Stadler, H. (1996). Pädagogische Aufgaben in der Rehabilitation Hirngeschädigter. *Die Rehabilitation, 35,* 109-118.

Stadler, H. (1998). *Rehabilitation bei Körperbehinderung. Eine Einführung in schul-, sozial- und berufspädagogische Aufgaben*. Stuttgart: Kohlhammer.

Stadler. H. (1999). Die beruflich-soziale Rehabilitation aus der Sicht der Didaktik der Arbeits- und Soziallehre für junge Menschen mit Körperbehinderung und chronischer Erkrankung. In E. Wilken & F. Vahsen (Hrsg.), *Sonderpädagogik und Soziale Arbeit. Rehabilitation und soziale Integration als gemeinsame Aufgabe* (S. 165-185). Neuwied: Luchterhand.

Stadler. H. (2000a). Die schulische Förderung junger Menschen mit Körperbehinderung und chronischer Erkrankung zwischen Segregation und Integration. *Sonderpädagogik, 30,* 88-101.

Stadler, H. (2000b). Körperbehinderungen. In J. Borchert (Hrsg.), *Handbuch der Sonderpädagogischen Psychologie* (S. 76-94) Göttingen: Hogrefe.

Stadler, H. (2003). Pädagogische Interventionen bei Beeinträchtigungen der Motorik und der körperlichen Entwicklung. In A. Leonhardt & F. Wember (Hrsg.), *Grundfragen der Sonderpädagogik. Bildung, Erziehung, Behinderung* (S. 632-660). Weinheim: Beltz.

Stadler, H (2006). Das Schädel-Hirn-Trauma unter medizinischem und pädagogischem Aspekt. In K. Kallenbach (Hrsg.), *Körperbehinderungen. Schädigungsaspekte, psychosoziale Auswirkungen und pädagogisch-rehabilitative Maßnahmen* (S. 91- 108) (2. Aufl.). Bad Heilbrunn: Klinkhardt.

Stadler, H. & Wilken, U. (2004). *Pädagogik bei Körperbehinderung. Studientexte zur Geschichte der Behindertenpädagogik.* Weinheim: Beltz.

VdS – NRW – Fachverband für Behindertenpädagogik. Landesverband Nordrhein-Westfalen (Hrsg.) (2003). *Körperbehindertenpädagogik. Praxis und Perspektiven.* Meckenheim: Eigenverlag.

Vernooij, M.A. (2000). Anthropologische Grundlagen. In J. Borchert (Hrsg.), *Handbuch der Sonderpädagogischen Psychologie* (S. 10-19). Göttingen: Hogrefe.

Vojta, V. (1984). *Die zerebralen Bewegungsstörungen im Säuglingsalter. Frühdiagnose und Frühtherapie* (4. Aufl.). Stuttgart: Enke.

Wehr-Herbst, E. (1997). Die heutige Schülerschaft in den Schulen für Körperbehinderte. Eine bundesweite Erhebung unter besonderer Berücksichtigung der schwermehrfachbehinderten Kinder und Jugendlichen. *Zeitschrift für Heilpädagogik, 48,* 316-322.

Wienhus, J. (1979). *Die Schule für Kranke, ihre Aufgabe in der pädagogischen und psychosozialen Betreuung kranker Kinder.* Rheinstetten: Schindele.

Wienhus, J. (2001). Krankenpädagogik und Klinikunterricht. In G. Antor & U. Bleidick (Hrsg.), *Handlexikon der Behindertenpädagogik* (S. 117-119). Stuttgart: Kohlhammer.

7 Lernbehinderungen

Alfons Strathmann

7.1 Einführung in die Thematik

Der Begriff „Lernbehinderung" ist eine bundesdeutsche schulorganisatorische Setzung und „findet sich ansonsten weder in einem der gängigen Klassifikationssysteme (ICD-10; DSM-IV), noch existiert im internationalen Sprachgebrauch ein entsprechender Parallelbegriff" (Grünke, 2004, S. 65 f.). Man spricht in der Regel dann von einer Lernbehinderung, wenn ein Kind oder ein Jugendlicher den Anforderungen in der formalisierten Lernumgebung der Allgemeinen Schule nicht gerecht wird. Die Diagnose ist nach dem generellen Verständnis also an den Schulbesuch gebunden und bezieht sich auf die dort erbrachten Leistungen: „Als nach wie vor gängige Definition der Lernbehinderung wird die des Deutschen Bildungsrates aus dem Jahre 1974 angesehen, die nicht auf den Förderort, sondern auf das Lernen ausgerichtet ist, wonach Lernbehinderte solche Kinder und Jugendliche sind, die vornehmlich in ihren Lernleistungen ... beeinträchtigt sind" (Biermann & Goetze, 2005, S. 197).

Eine wissenschaftliche Auseinandersetzung an unseren Universitäten mit den Erscheinungsformen der Lernbehinderung im Rahmen einer eigenen Teildisziplin gilt als schwierig. Wie etwa Biermann und Goetze (2005) ausführen, handelt es sich bei der Teildisziplin der sonderpädagogischen Fachrichtung „Lernbehindertenpädagogik" um eine „in vieler Hinsicht als problematisch belastete Arbeitsrichtung" (S. 195 ff.). Als Grund wird angeführt, dass diese kein eigenes Profil entwickelt habe. Vielmehr habe die Diskussion um das Begriffsinventar erheblich zur Irritation beigetragen. Dies betreffe sowohl den Personenkreis (mal als „lernbehindert", dann als „lernproblematisch" oder „lernschwach" bezeichnet) als auch die institutionelle Zuordnung zu speziellen Förderschulen. Doch ungeachtet der Tatsache, dass dem Begriff der Lernbehinderung oftmals kein einheitliches Verständnis zugrunde liegt und er international meist nicht in der Form wie hierzulande verwendet wird, so finden sich – unabhängig von derartigen begrifflichen Problemen – doch in den meisten modernen Gesellschaften eine Reihe von Kindern und Jugendlichen, die hinter den Anforderungen des jeweiligen Bildungssystems in der oben beschriebenen Weise zurückbleiben (Grünke, 2004). Eine übersichtliche Darstellung, wie in der US-amerikanischen Fachliteratur die Gruppe der „learners with exceptionalities" und hier besonders der Zuordnung zu „students with mental retardation" bzw. „students with learning disabilities" verstanden werden, findet sich bei Slavin (2000, S. 404-417). Allerdings gehören die bei dem Förderschwerpunkt Lernen (Lernbehindertenpädagogik) zugeordneten Schüler zu der Gruppe der „mildly (slightly) mentally retarded" children bzw. students.

Um den besonderen Bedürfnissen dieser jungen Menschen gerecht zu werden, schreibt unser Grundgesetz fest: „Niemand darf wegen seines Geschlechtes, seiner Abstammung, seiner Rasse, seiner Sprache, seiner Heimat und Herkunft, seines Glaubens, seiner religiösen oder politischen Anschauungen benachteiligt oder bevorzugt werden. Niemand darf wegen seiner Behinderung benachteiligt werden" (GG, Artikel 3 (3)). Somit hat auch das behinderte Kind als Grundrechtsträger verfassungsrechtlich einen Bildungsanspruch. Länderspezifische Umsetzungsregelungen klären die jeweils spezifische Realisierung dieser Vorgabe. Die Schulpflicht und die Einrichtung der Sonderschulen sowie das Recht auf individuelle Bildung und Erziehung stellen einen großen Fortschritt auch für behinderte Kinder dar. In den letzten 200 Jahren hat sich in Deutschland ein hoch differenziertes Förderschulwesen mit entsprechend spezialisierten Lehrern entwickelt. Sie sollen behinderten Schülern jene individuellen speziellen Hilfen geben, die ihnen gesetzlich zustehen, z. B. Schutz, Kenntnisse und Fertigkeiten, das Hineinwachsen in die Gesellschaft (soziale Integration), Chancengleichheit, freie Entfaltung der Persönlichkeit (GG, Art. 20; Schmutzler, 1994).

Die Beschulung in Sonderschulen war in der Vergangenheit eine Antwort, auf die Probleme z. B. von Kindern mit Lernschwierigkeiten zu reagieren. Doch mit einer Sonderbeschulung sind einige Protagonisten der integrativen Beschulung nicht einverstanden. Sie fordern die komplette Abschaffung der Sonderschulen. Darüber hinaus wird „von Mystifizierungen sonderpädagogischer Arbeit gesprochen", da „es weder einen besonders akzentuierten Lernbegriff noch eine spezifische Didaktik und Methodik gibt, noch eine Ausbildung von Sonderschullehrern, die zu besonderen Qualifikationen führt" (Obolenski, 2001, S. 59-60). Allerdings wird hierbei verkannt, dass es neben der normorientierten Zuschreibung der Diagnose „Lernbehinderung" (geregelt durch bundeslandspezifische Ausführungsbestimmungen zur Feststellung des sonderpädagogischen Förderbedarfs) interne personenspezifische Lernproblematiken in unterschiedlicher Ausprägung gibt, die einer speziellen fachgerechten Förderung unabhängig von der Diskussion um Förderort und Förderkräfte bedürfen.

Von zentraler Bedeutung scheinen Übungen zur Verinnerlichung zielführender Lern- und Gedächtnisstrategien zu sein (Büttner, 2004). Die damit einher gehenden sonderpädagogischen Anforderungen, z. B. bei der Durchführung sonderdidaktischer Interventionen bei spezifischen Rechenproblematiken (Kutzer, 1999; Waniek, 1999; Mercer & Mercer, 2006, S. 439-530), bei individuell abgestimmten Trainings zur Förderung der Lese- und Rechtschreibfähigkeit (Greisbach, 2004) können jedenfalls nicht ohne Weiteres und nebenbei durch Regelschullehrkräfte erfüllt werden. Gefragt ist hier ein sich ergänzendes Teamteaching, bei dem effektive und spezifische Interventionsmethoden (vgl. Wellenreuther, 2007) und spezielle Trainings (vgl. Klauer, 2001; Langfeldt, 2003; 2006) zum Einsatz kommen. In den USA gibt es Pflicht-Lehrwerke, die gezielt die Planung und Umsetzung von effektiven Instruktionen und Interventionen für Schüler mit Lernproblemen beschreiben (Bos & Vaughn, 2006; Mercer & Mercer, 2006). Außerdem muss darauf hingewiesen werden, dass es gilt, den Einsatz von Pseudomethoden (z. B. Edukinesthetik, NLP usw. – s. Breitenbach, 1999) zu vermeiden und sicher zu stellen, dass nur solche Methoden und Trainings zum Einsatz kommen, die wissenschaftsgestützten Kriterien entsprechen und empirisch abgesichert sind (Klauer, 2001; Langfeldt, 1998; Strathmann, 1999, 2007; Strathmann & Uhlenbruck, 2006). Nicht nur Sonderpädagogen, diese aber besonders, müssen hier über spezielle Kompetenzen verfügen.

Dies schließt einen Überblick über den aktuellen Stand der Wirksamkeitsforschung bzgl. der relevanten Fördermethoden sowie die Fähigkeit zum fachgerechten Einsatz effektiver Förderverfahren ein. Dass dieser Anspruch jedoch nicht immer erfüllt wird, konnten Runow und Borchert (2003) dokumentieren. Wie später noch gezeigt wird, ist die Annahme falsch, dass es keine spezifischen Lernproblematiken gäbe, die z. T. in Einzelsituationen spezieller sonderpädagogischer und sogar „therapeutischer" Interventionen bedürfen. Inhalte sind spezielle Lehr- und Lernstrategien für mildly mentally retarded students und hier insbesondere für reading-skills, math-skills usw. (Mercer & Mercer, 2006; Bos & Vaughn, 2006).

Außerdem ist es interessant, in der amerikanischen Literatur zu verfolgen, wie dort nicht nur danach gefragt wird, was Schüler lernen sollen, wie der Stoff aufzubereiten ist und unter welchen Bedingungen er vermittelt werden sollte, sondern auch, ob die Lehrkraft fachkompetent ist, geplanten Unterricht bzw. Fördereinheiten angemessen umzusetzen. Hierzu werden gezielte Fragen formuliert, mit deren Hilfe auch Lehrkräfte überprüfen können, welche Anforderungen an sie gestellt werden, wenn sie eine spezielle Schülerfähigkeit fördern (Mercer & Mercer, 2006) wollen.

Während hierzulande die Entscheidung für oder gegen den Einsatz eines bestimmten Förderansatzes oftmals noch auf persönlich getönte Erfahrungen oder ideologische Überzeugungen beruht, hat sich in den USA vor dem gesetzlich abgesicherten Grundsatz „No child left behind" eine auf empirischen Befunden beruhende Vorgehensweise weitgehend etabliert. Um derartige Konzepte adäquat einsetzen zu können, sind ausgebildete Sonderpädagogen nötig, die die Arbeit der Regelschullehrer unterstützen (Nougaret, Scruggs & Mastropieri, 2005). Die erfolgreiche Umsetzung einer solchen Zusammenarbeit konnte der Autor selbst (bei Hospitationen an Schulen z. B. in Richmond / Virginia / USA im Herbst 2006) vor Ort beobachten. Besonders deutlich wird der notwendige Einsatz von spezifisch ausgebildeten Förder- bzw. Sonderpädagogen, die im Übrigen auch in vielen Ländern mit Inklusions- bzw. sehr weit entwickelten Integrationskonzepten zur Unterstützung von Regelschullehrern ausgebildet und eingesetzt werden, wie z. B. in Italien, Finnland, Frankreich, den Niederlanden und der Schweiz. Die Diagnostik wird interdisziplinär kooperativ mit dem Ziel einer gemeinsam zu entwickelnden Förderplanung umgesetzt. Es handelt sich bei den Methoden im Bereich der Diagnostik und Intervention um Modelle, die z. T. auch von Regelschullehrern beherrscht werden könnten und ihnen zukünftig in ihren Grundlagen auch mehr vermittelt werden sollten.

Es sind gerade die Grundschullehrer, die die Kinder schulisch als erste kontaktieren, unterrichten und fördern. Die Anbahnung einer Tendenz zur Abschaffung von speziell ausgebildeten Förder-Lehrkräften ist allerdings aus fachlicher Sicht nicht nachvollziehbar und auch riskant, es käme ja auch niemand auf die Idee, den Berufsstand der Schulpsychologen aufzugeben. Sehr schnell würde der Staat u. U. hier massive Einsparmöglichkeiten erkennen und diese auch realisieren, wie z. T. bereits geschehen (z. B. in Italien). Wie in anderen Fachdisziplinen ist eine Universallehrkraft, die über ein allumfassendes und ausreichendes Fachwissen über Diagnose, Planung und Förderung verfügt, ein möglicherweise wünschenswertes, aber unrealistisches Ideal – und was spricht gegen eine interdisziplinäre Kooperation, in die auch weitere Professionen eingebunden werden (müssen!), wie z. B. eben die der Sonderpädagogen im Bereich Sprache, aber auch im Bereich Denken und Lernen, aber auch die der Jugendhilfe usw.? Selbst Brunsting hat dieser Kooperation in ihrem Beitrag ein eigenes Kapitel unter dem Titel „Zusammenarbeit mit anderen Fachpersonen" gewidmet (Brunsting, 2005, S. 277f.) und zitiert Meijer und Walter-Müller (2003). Selbst er (Meijer), so Brunsting, „der eine große internationale Studie von integrativen und seperativen Schulformen durchführte, votiert ebenfalls für eine wenn nötig zeitweise >>Segregation<< im Interesse einer besseren Integration." Das Entscheidende ist nicht der Förderort, sondern ein gut auf das Kind abgestimmtes gemeinsames Förderkonzept. Klauer (1999, S. 46) warnt: „Zweifellos wird die Entwicklung dahin gehen, daß immer mehr behinderte Kinder in den Regelschulen verbleiben und dort unterrichtet werden, auch wenn die Entwicklung wahrscheinlich nicht so rasch voranschreiten wird wie manche das wünschen und fordern. Beispielsweise hat die überstürzte Abschaffung der Sonderschulen in Italien zu Zuständen geführt, die niemand gutheißen kann...)." Gleichwohl gilt es besondere Anstrengungen bereits sehr früh, nämlich im Vorschul- und Regelschulbereich zu unternehmen, um drohender Lernbehinderung entgegenzuwirken. Alle Maßnahmen, die dies anstreben, wie z. B. Angebote zur Verbesserung und zum Training der phonologischen Bewusstheit, überhaupt Angebote im sprachlichen Bereich sind dringend erforderlich (Schumacher, 2007, S. 28-29). Selbstverständlich sind die Frühförderer und Grundschullehrer mit dem notwendigen Know-how bereits im Studium auszustatten und natürlich haben die Sonderschullehrer dieses Wissen nicht „für sich allein gepachtet" – warum denn auch? Das Plädoyer gilt einer verbesserten Lehrerausbildung – im Allgemeinen wie im Besonderen – auch für eine spätere effektive Kooperation wie z. B. im Sprachbereich als auch in den Bereichen Denk- und Lernförderung.

7.2 Definitionen und Klassifikationen

Wie eingangs skizziert, ist eine Lernbehinderung im Wesentlichen durch anhaltendes Schulversagen charakterisiert. Eine wissenschaftlich allgemein akzeptierte Definition existiert nicht. Allerdings betrachtet man Schulprobleme üblicherweise dann als Ausdruck einer Lernbehinderung, wenn folgende Bedingungen erfüllt sind: (1) Die Leistungsrückstände betragen zwei bis drei Schuljahre, (2) betreffen mehrere Unterrichtsfächer, (3) persistieren über mehrere Jahre und sind (4) nicht Folge eines unzureichenden Lernangebots oder eines schlechten Unterrichts.

Schulschwierigkeiten im Sinne einer Lernproblematik müssen nicht mit einem niedrigen Niveau der allgemeinen intellektuellen Leistungsfähigkeit einhergehen. Im Mittelpunkt steht vielmehr der Lernprozess der betroffenen Schüler, der sich ungünstig auf ihre Schulkarriere auswirkt – und weniger der Lernort oder ein defizientes Persönlichkeitsmerkmal wie etwa die Intelligenz. Hilfreicher scheint hier das Konzept des Vorwissens und der Metakognition zu sein. So verfügen diese Kinder und Jugendlichen i. d. R. über niedrigere metakognitive Kompetenzen und wenden vorhandene Strategien weniger zielführend an. Büttner (2004) formuliert unter Berücksichtigung kognitiver lernpsychologischer Erkenntnisse Schwerpunkte, bei denen Mangelentwicklungen oder Störungen zum Wissenserwerb und zur Informationsverarbeitung vorliegen können. Dies sind sowohl kognitive Einflussfaktoren wie das Vorwissen, Metakognitionen und strategisches Verhalten sowie Variablen, die beim aktiven Lernprozess eine Rolle spielen, z. B. „das Fähigkeitsselbstkonzept, die Selbstwirksamkeitserwartung, die

Leistungsangst oder die Aufmerksamkeitslenkung und die Emotionskontrolle" (S. 57). Glaser und Brunstein (2004, S. 26) haben eine „Checkliste charakteristischer Merkmale von Underachievern" zusammengestellt.

In den Empfehlungen der Kultusministerkonferenz – KMK – (2007a, S. 5) von 1994 heißt es im Zusammenhang mit den betroffenen Schülern: „Sonderpädagogischer Förderbedarf ist bei Kindern und Jugendlichen anzunehmen, die in ihren Bildungs-, Entwicklungs- und Lernmöglichkeiten so beeinträchtigt sind, dass sie im Unterricht der allgemeinen Schule ohne sonderpädagogische Unterstützung nicht hinreichend gefördert werden können". Schröder (2005) weist auf Schwächen dieser Definition hin, die insgesamt zu allgemein formuliert ist. In den Empfehlungen zur sonderpädagogischen Förderung in den Schulen der Bundesrepublik Deutschland wurde 1994, infolge der stärkeren Berücksichtigung kontextueller Bedingungen (aufgrund von Kind-Umfeld-Analysen) eine „Veränderung der Terminologie von der „Lernbehinderung" zur „Beeinträchtigung im schulischen Lernen" festgeschrieben und in den Empfehlungen zum Förderschwerpunkt Lernen der Kultusministerkonferenz vom 1.10.1999 ausgeführt: „Bei [...] Schülern mit Beeinträchtigungen des schulischen Lernens ist die Beziehung zwischen Individuum und Umwelt dauerhaft bzw. zeitweilig so erschwert, dass sie die Ziele und Inhalte der Lehrpläne der allgemeinen Schule nicht oder nur ansatzweise erreichen können. Diesen Kindern und Jugendlichen und ihren Eltern muss Hilfe durch Angebote im Förderschwerpunkt Lernen zuteil werden" (Werning & Lütje-Klose, 2003, S. 19).

Lernbehinderung ist nach Kanter (1998a) weder ein spezifisch psychologisches, medizinisches oder sonstiges einzelwissenschaftliches Syndrom noch ein bestimmter ursächlicher Faktor oder Defektzustand, sondern bezeichnet ein problematisches Verhaltens- und Leistungsbild. So wie bislang keine globale Lernfähigkeit des Menschen ermittelt werden konnte, gibt es umgekehrt auch keinen globalen Mangel an Lernfähigkeit, etwa im Sinne einer generellen Lernbehinderung. Vielmehr ist vorwiegend von aufgaben- bzw. bereichsspezifischen Schwierigkeiten auszugehen, die sich allerdings individuell häufen können und tendenziell einer Clusterbildung unterliegen. Lernbehinderung ist ein hypothetisches Konstrukt (Schröder, 2005, S. 77), das nicht ein Merkmal der Person, sondern deren Situation beschreibt, d. h. sie ist als Ergebnis interaktiver Abläufe zwischen personalen und Umwelt-Gegebenheiten im Verlauf der einzelmenschlichen Entwicklung zu verstehen.

Behinderung – auch Lernbehinderung – muss demnach dimensional verstanden werden. „Behinderung ist [...] ein relativer Begriff, der das Verhältnis der Behinderung zu den Anforderungen umschreibt, die das „Leben" in seiner gesellschaftlichen Situation an den Behinderten stellt, bzw. wie die Gesellschaft [...] Behinderung definiert oder normiert" (Schmutzler, 1994, S. 21).

Wer dabei das Leistungsprinzip postuliert, definiert auch gleichzeitig Nichtleistung (Hiller, 1997). Schulische Nichtleistung wird im besonders schweren Fall als „Lernbehinderung" verstanden. Beim kategorialen Verständnis wird der Betroffene während der diagnostischen Phase einer Gruppe bzw. Kategorie zugeordnet, während im Falle einer dimensionalen Diagnose eine Einstufung des Probanden in einem theoretischen Kontinuum gefragt ist. Die Einteilung nach Schweregraden folgt darüber hinaus nicht immer denselben Kriterien, so dass diese bei ihrer Verwendung *hinterfragt werden müssen* (Klauer & Lauth, 1997, vgl. Tab. 7.1).

Tabelle 7.1: Dimensionale Einordnung von Beeinträchtigungen (Klassifikation nach Klauer & Lauth, 1997, S. 704)

	bereichsspezifisch (partiell)	Allgemein (generell)
vorübergehend (passager)	Lernrückstände in Einzelfächern	Underachievement Neurotische Störung
überdauernd (persistierend)	Lese- Rechtschreibschwäche Rechenschwäche	Lernschwäche Lernbehinderung Lernbeeinträchtigung Geistige Behinderung

Nach einer älteren Definition von Kanter (1977) liegt dann eine Lernbehinderung vor, wenn die Schwierigkeiten bei der Bewältigung von intellektuellen Leistungsanforderungen schwerwiegend, anhaltend und umfänglich sind. Grünke (2004) orientiert sich an der Definition Kanters, grenzt Lernbehinderung jedoch zunächst von anderen Beeinträchtigungen des Lernens (wie Underachievement, Rechenschwäche, Lese-Rechtschreibschwäche sowie der *allgemeinen* Lernschwäche und Lernschwächen mit Entwicklungsretardierungen) ab. Dabei verwendet er die Kriterien der ICD-10 (WHO, 1993). Bei Schülern mit einer speziellen Rechen- oder Leserechtschreibschwäche gemäß ICD 10 handelt es sich in der Regel um Schüler mit einer sog. Teilleistungsschwäche (im amerikanischen Sprachraum: learning disabilities).

Im Zusammenhang mit dieser Arbeit ist es wichtig zu beschreiben, was Lernbehinderte zu besonderen Lernern macht. Eine Orientierung bietet das Bedingungsmodell von Klauer und Lauth (1997, S. 715). Die Autoren weisen auf einige typische Besonderheiten hin, die häufig bei dieser Lerngruppe zu beobachten sind. Leistungsschwache bzw. lernbehinderte Schüler wenden demnach weit weniger metakognitive Strategien an, als es zur Lösung von Anforderungen nötig wäre; einzelne Anforderungen werden von ihnen oft als zu komplex eingeschätzt und Strategien nicht aufgabenspezifisch verwendet. Der Lernende setzt also im Glauben an die Richtigkeit seiner Handlung eine Strategie ein, die evtl. bei einer anderen Aufgabe zu einem guten Ergebnis führen könnte, im jeweils vorliegenden Fall jedoch vermutlich nicht zum Ziel führt.

Aufgrund geringer metakognitiver Aktivitäten, die die Überwachung des eigenen Denkens planen und steuern, fällt es Kindern und Jugendlichen mit Lernbehinderungen nicht auf, dass ihre Strategien unangemessen sind. Dabei verhalten sie sich eher passiv und wenig explorativ. „Die Folge davon ist dann, dass sich negative Handlungsergebnisse einstellen, die die Lernschwäche festschreiben und weiter vertiefen. Die Handlung führt mithin nicht zu positiven Lernergebnissen, sondern lässt die Kinder mit negativen Emotionen sowie mit dem Status eines inkompetenten Lerners zurück, was auch das zukünftige Lernen beeinflusst. Dieses Bedingungsmodell ist nicht unabhängig von Wissen, Vorerfahrungen und der Verfügbarkeit von Basisfertigkeiten sowie „dahinterstehenden" sozialen und zentralnervösen Bedingungen" (Klauer & Lauth, 1997, S. 715).

Neuere Forschungen beschäftigen sich mit der „Entlastung des Arbeitsgedächtnisses", dem komplexen Vorgang des Informationsflusses in und aus dem Langzeitgedächtnis (z. B. Automatisierung von Dekodierungsvorgängen beim Lesen), damit Ressourcen für die Auseinandersetzung mit der inhaltlichen Struktur (dem Textinhalt) zur Verfügung stehen (Marx, 1998; Zimbardo & Gerrig, 2006, 294 ff.).

Im Zusammenhang mit unzureichenden metakognitiven Strategien steht u. a. auch die Entwicklung einer geringen schulischen Leistungsmotivation, wie eine Reihe empirischer Studien zeigt (vgl. Borchert, 2006). So weisen insbesondere Kinder mit Lernproblemen ein individualtypisches, innerliches und damit kognitives Begründungsmuster („Attribution") für auftretende Erfolge bzw. Misserfolge auf, mit dem sie die Ursachen für eigenes Handeln bzw. die damit einhergehenden Handlungserfolge und -misserfolge vor sich und anderen begründen: Während sich erfolgsgewohnte Kinder in Übereinstimmung mit ihren bisherigen Lernerfahrungen auftretende Erfolge mit der eigenen hohen Begabung und den eigenen hohen Anstrengungen erklären („attribuieren"), deuten Kinder mit Lernproblemen ihre vergleichsweise häufigen Misserfolge mit ihren eigenen unzureichenden Fähigkeiten bzw. Begabungen. Tab. 7.2 verdeutlicht diese für den Lernerfolg so wichtigen Zusammenhänge zwischen den erlebten Lernerfolgen, den individuellen Zielsetzungen, Attributionsmustern und den Selbstbewertungen der eigenen Leistungen. Interventionen zur Leistungsmotivation müssen demnach gerade diese genannten Komponenten berücksichtigen, sollen sie erfolgreich sein.

Tabelle 7.2: Ein sich selbst stabilisierendes System (nach Rheinberg & Krug, 1999, S. 37)

	„gute" Schüler: erfolgszuversichtlich	„schwache" Schüler: misserfolgsvermeidend
Zielsetzung	realistisch: mittelschwere Aufgaben	unrealistisch: • zu leichte oder • zu schwere Aufgaben
Attributionsmuster	Ursachen des eigenen Erfolgs: • Anstrengung • Kompetenzzuwachs Ursachen des eigenen Misserfolgs: • mangelnde Anstrengung • Pech	Ursachen des eigenen Erfolgs: • zu leichte Aufgaben • Glück, Zufall Ursachen des eigenen Misserfolgs: • mangelnde Begabung • Unfähigkeit
Selbstbewertung	positive Gefühle nach Erfolg stärker als negative Gefühle nach Misserfolg: *positive Bilanz der Selbstbewertung*	negative Gefühle nach Misserfolg stärker als positive Gefühle nach Erfolg: *negative Bilanz der Selbstbewertung*

„Gerade zu Beginn ihrer Schulzeit ist für viele Kinder eine positive Beziehung zum Lehrer eine wesentliche Grundlage für ihre Lernbereitschaft. Die positive Bewertung ihrer Leistungen stützt ihr Selbstwertgefühl und fördert ihre Lernbereitschaft" (Schlag, 1995, S. 18). Wesentlich für den positiven Ausgang eines Lernprozesses ist neben dem persönlichen Interesse am gewählten Lerninhalt mindestens ebenso die angepasste Aufgabenschwierigkeit (Schlag, 1995, S. 18-19). Aus diesem Grund und um der steigenden Heterogenität in den Lernvoraussetzungen der Schüler gerecht zu werden, muss auch der Sachunterricht an der Grundschule differenzierte Lernangebote bieten.

Aus konstruktivistischer Sicht wird versucht, den Förderbedarf im Förderschwerpunkt Lernen als Ergebnis der Wechselwirkungen zwischen unterschiedlichen sozialen Systemen, die strukturdeterminiert sind und deren Lernprozesse sich als kontextbezogen, bedeutungserzeugend, interaktionistisch und affektlogisch bezeichnen lassen, zu beschreiben (Werning, Balgo & Palmowski, 2002). Eine *objektive* Bewertung von Lernprozessen oder Situationen ist so *nicht möglich*, da jeder Beobachter durch die Struktur seiner Umgebung determiniert wird. „Konstruktivistisches Denken basiert auf der Prämisse, dass es für ein Subjekt unmöglich ist, das umgebende Milieu direkt abzubilden oder zu erkennen. Die vom Organismus entwickelte Erfahrungs- bzw. Lebenswelt, als einzige ihm zugängliche Wirklichkeit, basiert auf den Möglichkeiten und Grenzen seiner jeweiligen subjektiv determinierten Erfahrungsfähigkeit und bildet das Milieu keinesfalls einfach ab. Die Struktur eines psychischen Systems bestimmt vielmehr, wie es sich mit den Anregungen – Perturbationen – aus dem umgebenden Milieu auseinandersetzen kann" (Werning & Lütje-Klose, 2003, S. 65). Veränderungen werden durch strukturelle Kopplungen zwischen Systemen (hier Schüler und Lehrer) erreicht, die Anpassungsleistungen auf beiden Seiten erfordern.

Ein derartiges Konzept von Lernbehinderung entspricht einer „subjektiven Theorienbildung" und sollte mit einschlägigen Forschungsarbeiten genauer überprüft werden. Konstruktivistisch orientierte Autoren lassen bisher offen, welchen Erklärungswert der Konstruktivismus für „Lernen", „Verhalten" usw. haben kann und unter welchen Bedingungen andere Theorien einen größeren Erklärungswert besitzen. Dieser Ansatz für die Lernbehindertenpädagogik ist eher durch persönliche Ideenkonstrukte als durch objektiv abgesicherte empirische Befunde konzipiert.

Wie oben bereits ausgeführt, ist eine *objektive Bewertung von Lernprozessen mit diesem Modell nicht möglich*. Im Sinne von Individualisierung scheint das Modell auf den ersten Blick zwar tragfähig zu sein, doch durch eine mangelnde Erfassbarkeit und hohe Offenheit entpuppt es sich allerdings als wenig hilfreich für Schüler, die mangels eigener Strukturen darauf angewiesen sind, solche erst zu entwickeln.

Hilfreicher sind hier wohl die Ausführungen von Büttner (2004), der für den Förderschwerpunkt Lernen eine zentrale Frage formuliert, die als konzeptionelle Basis für den Bereich der kognitiven Entwicklung stehen kann: „In welcher Weise sind die kognitiven Fähigkeiten und Merkmale von Kindern mit Lernschwierigkeiten daran beteiligt, dass Aufgabenanforderungen von ihnen weniger gut bewältigt werden können als von unauffälligen Kindern ..." (Büttner, 2004, S. 71).

Andere Untersuchungen hinsichtlich tendenziell unterschiedlicher Lernaktivitäten von Schülern aus Lernbehinderten- und Grundschulen zeigen (z. B. Strathmann, 1992), dass die beiden Schülergruppen unterschiedlich effektive Strategien in ihren Handlungen und lautsprachlichen Äußerungen verwenden. So kategorisierte der Autor Lernprozesse von lernbehinderten Schülern sowie Grundschülern und analysierte unter Zuhilfenahme von Videoaufzeichnungen die Bearbeitung physikalischer Problemstellungen anhand zweier Problemstellungen und kam dabei zu folgenden Ergebnissen: Lernbehinderte Kinder unterschieden sich von den Grundschülern in ihren Lernaktivitäten und sprachlichen Anteilen nicht quantitativ, sondern deutlich in der Qualität:

- kein planvolles Verhalten (lernbehinderten Kindern wirken oft orientierungslos);
- keine Kontrolle des Vorgehens durch lernbehinderte Kinder;
- fehlende adäquate Bezeichnungen bzw. Begriffen und Beschreibungen für Dinge, Handlungen, Sachverhalte und Zusammenhänge;
- die Auswertung von Ergebnissen gelang nur rudimentär, z. T. gar nicht, insbesondere nicht auf abstrakt theoretischer Ebene.

Allerdings war aufgrund der Quantität der Aktivitäten auch bei den lernbehinderten Kindern ein hohes Maß an Motivation zur praktischen Auseinandersetzung mit Problemstellungen ebenso erkennbar wie das intensive Bemühen, sich verbal austauschen zu wollen. Letzteres gelang allerdings aufgrund des mangelnden Wortschatzes nur mit Mühe. Dies gilt auch für das planvolle Vorgehen. Arbeitsergebnisse konnten nur in Ansätzen interpretiert werden. Insgesamt konnte nachgewiesen werden, dass bei der schulischen Arbeit mit lernbehinderten Kindern Möglichkeiten geschaffen werden müssen, sich ausgehend von realen Situation zu theoretischen Analysen vorzuarbeiten (s. Mathematik mit realem Material und dann übergehend zu pencil-paper-Angeboten – vgl. Kutzer, 1999; Waniek 1999). Bei den Kindern müssen sukzessive die Handlungsmittel (s. Erfahrungen, Wortschatz) und parallel dazu metakognitive Fähigkeiten, wie z. B. die Handlungsplanung, entwickelt werden.

7.3 Verbreitung

In der BRD werden 2,6 % der Schüler im Förderschwerpunkt Lernen beschult (Schröder, 2005, S. 110; Kanter, 1998a). Im Jahr 2000 verließen 6,5 % aller Absolventen allgemeinbildender Schulen die Schule ohne Hauptschulabschluss (Grünke, 2004). In NRW werden zur Zeit 53.559 Kinder mit besonderem Förderbedarf im Bereich Lernen an 326 Förderschulen Lernen beschult (Barth, 2005). Die genannte Schülerzahl bedeutet, dass ca. 50 % aller Förderschüler in NRW Schüler aus dem Förderschwerpunkt Lernen sind. Dies entspricht einer Verteilung, die sich in etwa in allen Bundesländern widerspiegelt. Jungen sind im Verhältnis von 3:2 stärker betroffen als Mädchen (Schröder, 2005). Schüler mit Migrationshintergrund sind deutlich überrepräsentiert (Kornmann & Schnattinger, 1989; Kornmann, Burgard & Eichling, 1999; Kanter, 1998a). Schröder (2005) spricht von 19,2 % Schülern mit ausländischer Staatsangehörigkeit, verglichen mit 9,4 % ausländischen Kindern in der Gesamtschülerschaft (Grünke, 2004), was bedeutet, dass im Verhältnis fast doppelt so viele Kinder ohne deutsche

Staatsangehörigkeit die Schule für Lernbehinderte bzw. Förderschule Lernen besuchen wie die Allgemeine Schule. Dabei werden Kinder mit Migrantionshintergrund bei gleichzeitiger deutscher Staatsangehörigkeit nicht erfasst, so dass die Dunkelziffer in diesem Bereich hoch sein dürfte.

Noch wesentlich stärker sind Menschen aus sozial benachteiligten Verhältnissen überrepräsentiert. Nach Kanter (2001) stammen ca. 90 % der Kinder und Jugendlichen aus Förderschulen aus entsprechenden Elternhäusern. Demgegenüber besuchen jedoch nur ca. 10 % sozial benachteiligter Schüler eine Förderschule. Somit scheint Armut ein relevanter Risikofaktor bei der Entstehung von Lernbehinderung zu sein. Gleichwohl haben PISA-Untersuchungen deutlich gemacht, dass der größte Risikofaktor die *Bildungsferne* ist. Tritt dieser Faktor gekoppelt mit dem Faktor Armut und schlechter Ausbildung der Haupterziehungsperson auf, ist das Risiko der Kinder für Bildungsversagen besonders hoch. Ein weiterer hoher Risikofaktor ist es, aus einer Migrantenfamilie zu stammen (Kornmann et. al. 199; Kornmann & Schnattinger, 1989).

7.4 Ursachen

In den meisten Theorien zur Entstehung von Lernbehinderungen werden wichtige Faktoren beschrieben, die ihr Auftreten wahrscheinlicher werden lassen, wie z. B.:

- Entwicklungsverzögerungen,
- Wissensdefizite,
- mangelnde kognitive und metakognitive Strategien,
- soziale Probleme,
- starres Schulsystem.

Eine einzelne Ursache zur Erklärung von Lernbehinderung ist nach Klauer und Lauth (1997, S. 705) selten. Unterschiedliche Bedingungsmomente kumulieren und verstärken sich gegenseitig.

Wie bereits beschrieben, handelt es sich bei Schülern mit einem Förderbedarf im Lernen eher um schlechte Anwender von Lernstrategien als um Schüler, die durch dauerhafte Fähigkeitsdefizite (z. B. des Gedächtnisses) gekennzeichnet sind (Klauer & Lauth, 1997, S. 707), wobei Autoren auch mit Bezug auf neuere Untersuchungen die hohe Bedeutung des Vorwissens herausstellen (Büttner, 2004). Die Lernstrategien werden hier als Pläne für Handlungssequenzen verstanden, die auf Lernen abzielen (Klauer, 2005). Sie differenzieren sich nach Art der Strategie, ihrer Komplexität, der Ebene in der Hierarchie kognitiver Funktionen und dem metakognitiven Wissen sowie exekutiver Funktionen.

Klauer und Leutner (2007; s. a. Tab. 7.3) unterscheiden bereichsübergreifende Problemlösestrategien, bei denen ein Transfer auf andere Situationen möglich ist, und bereichsspezifische Strategien (z. B. beim Lesen oder Rechnen) sowie metakognitive und kognitive Strategien. Die Autoren betonen die Notwendigkeit metakognitiver Strategien im Lernprozess.

Tabelle 7.3: Ablaufstruktur von Lernstrategien (Klauer & Leutner, 2007)

Vorbereitung	Durchführung	Abschluss
Planungsstrategien (Lernzielbestimmung, räumliche und zeitliche Bedingungen), Motivierungsstrategien	Strategien • des Informationserwerbs • der Informationsverarbeitung • des Speicherns & Abrufens	Transferstrategien Strategien der Endkontrolle
Metakognitive Steuerung und Kontrolle des Informationsprozesses sowie des Motivierungsniveaus		

Schüler im Förderschwerpunkt Lernen zeichnen sich im Gegensatz zu „good-strategy-usern" (Pressley, Borkowski & Schneider, 1987) bzw. Lernexperten häufiger durch ineffektives Lernen, Verwendung stereotyper Strategien, geringe Überwachung des Lernprozesses und geringes bereichsspezifisches Vorwissen aus. Selbstgesteuertes Lernen, ein zentrales Ziel des Schulunterrichts, findet demnach nicht im selben Umfang und in derselben Qualität wie bei einem good strategy user statt. Besonders problematisch ist die Interdependenz von Metakognition und Wissensbasis, durch die – im Vergleich zu anderen Schülern – Leistungsrückstände im Förderschwerpunkt Lernen kumulieren und sich damit manifestieren können.

Da die möglichen Verursachungen bisher nicht ausreichend geklärt werden konnten und im Einzelfall unterschiedlichste Kombinationen vorliegen können, sollen im Folgenden die besonderen Bedingungen erschwerten Lernens beschrieben werden. Hierzu zählen u. a. *pränatale* (z. B. Infektionen, Stoffwechselstörungen während der Schwangerschaft), *perinatale* (z. B. Sauerstoffmangel oder Krämpfe während der Geburt, Früh- oder Zangengeburt) sowie *postnatale* Ursachen (z. B. Gehirnhaut- oder Gehirnentzündung, Krämpfe, Ernährungsstörungen, Vergiftungen, chronische Krankheiten). Nach Sander (2000, S. 692f.) sind in *der Schülerpersönlichkeit liegende* sowie *familiäre* und *schulische* Ursachen zu unterscheiden:

1. *In der Schülerpersönlichkeit liegende Ursachen*; hierzu zählen
   – Schädigung der Sinnesorgane,
   – Drüsenfehlfunktionen und chronische Krankheiten,
   – Störungen im Zentralnervensystem: im Wahrnehmungsbereich und Begriffsbildung (oft verknüpft mit erhöhter Reizbarkeit, Unaufmerksamkeit und motorischer Unruhe),
   – mangelnde Intelligenz- und Gedächtnisleistungen,
   – wenige Interessen und verringerte Leistungsmotivation,
   – Wissensdefizite,
   – Angst, geringe Leistungsmotivation und
   – mangelnde kognitive und metakognitive Strategien.

2. *Familiäre* Ursachen: Eine der wesentlichen Lernerschwernisse liegt in häuslichen deprivierenden Bedingungen der Kinder, in denen sie aufwachsen (müssen). Deprivation im Sinne von Moog und Moog (1972) ist als das Vorenthalten von Reizen und Erfahrungen zu verstehen, die für die psychische bzw. körperliche Entwicklung dringend notwendig und förderlich sind. Zum anderen kumulieren sich Lernrückstände und wirken sich negativ auf das Selbstkonzept und die Motivation der Schüler aus. Nach Sander (2000, S. 694f.) ist zwischen *Struktur- und Prozessmerkmalen* zu unterscheiden:
   – *Strukturmerkmale* beschrieben die *äußere* Familiensituation und wirken sich *eher mittelbar u*nd manchmal nur tendenziell ungünstig auf Schulleistungen aus, z. B.
      - starke *Konflikte im Elternhaus* verbunden z. B. mit häufiger Gewalt und hohem Alkoholkonsum,
      - familiäre Krisen (z. B. Ehescheidung, Ein-Elter-Familie).
   – *Prozessmerkmale* beinhalten die Art der Interaktionen zwischen den Familienmitgliedern, sie haben einen direkten und besonders ungünstigen Einfluss auf schulische Leistungen, z. B.
      - abweisend – bestrafendes oder uninteressiertes elterliches Erziehungsverhalten sowie eine übermäßige Strenge der Bezugsperson,
      - geringe Überwachung bei der Einhaltung von Regeln,
      - reduzierte sprachliche Kommunikation im Sinne eines restringierten Sprachstils (Gegensatz: elaborierter Sprachstil), wie er insbesondere in belasteten sozialen Lebenslagen anzutreffen ist.
3. *Schulische* Ursachen sind ebenfalls für auftretende Lernstörungen mitverantwortlich, z. B.
   – erhalten schwache Schüler nicht nur insgesamt weniger, sondern auch kürzere und zudem weniger unterstützende Lehrerzuwendungen als leistungsstarke Schüler,
   – kann mit der Theorie der erlernten Hilflosigkeit von Seligman (1975) gut erklärt werden, warum Kinder hilflos werden: Sie werden mit Konsequenzen unabhängig von ihrem gezeigten Verhalten konfrontiert, wodurch ihre Lernbereitschaft sich deutlich verringert,
   – geringschätziges und stark lenkendes (autokratisches), aber auch laissez – faire – Verhalten von Lehrkräften (d. h. durch geringe Unterrichtslenkung und Gleichgültigkeit gegenüber Schülern) führt insgesamt zu reduzierten Schulleistungen (Strathmann, 2003),
   – fehlende Individualisierung und Differenzierung im Unterricht beeinträchtigen insbesondere lernschwächere Schüler (s. u. Unterrichtskonzepte),
   – schlechter Unterricht.

7.5 Diagnostik

„Die Schulen für Lernbehinderte/Förderschulen sind vor Ort Ansprechpartner für die allgemeinen Schulen bei der Diagnostik von Lernstörungen, der Aufstellung von Förderplänen und der Durchführung von Gemeinsamen Unterricht (GU)" (Barth, 2005, S. 31). Allerdings zeichnet sich seit geraumer Zeit eine Entwicklung ab, dass verstärkt sonderpädagogische Beratungs- und Förderzentren eingerichtet werden. Hier handelt es sich bundesweit um unterschiedlichste organisatorische Konstruktionen, die offensichtlich der Einsicht folgen, dass Probleme beim Lernen multifaktoriell bedingt sind und sie somit auch eine breitere Beratungs- und Förderplattform benötigen. Dies wirkt sich positiv auf den diagnostischen Bereich aus, stehen doch in diesen Schulen, die gleichzeitig als Beratungseinrichtungen fungieren, unterschiedlich fachlich qualifizierte Kollegen auch für den Bereich der Diagnostik bereit. Konzeptionell ist angedacht, dass diese Einrichtungen die Vorschul- und Regelschuleinrichtungen ihres Einzugsbereiches beraten, insbesondere im Bereich der Diagnostik und Förderplanung. Im Regelschulbereich zählen hierzu alle Schulformen, insbesondere auch die Übergangsbereiche der Berufsschulen. Hier scheint es allerdings noch eine gewisse berufsständige Distanz zu geben. Was für Grundschulen im Rahmen integrativer Ansätze bereits an vielen Orten installiert ist, muss im Schnittbereich Haupt-, Berufs- und Förderschule noch entwickelt werden. Vereinzelt gibt es bereits Modellversuche, bei denen im Schnittbereich Förder- und Berufsschule nicht nur ein Informations-, sondern bereits ein Lehrertausch stattfindet; d. h. Förder- bzw. Berufsschullehrkräfte unterrichten mit einem bestimmten Stundenkontingent an Berufs- bzw. Förderschulen. So kann einerseits diagnostisches Know-how direkt und *klientelbegleitend* von der Förderschule an die Berufsschule weitergegeben werden. Andererseits erfahren Sonderschulen fachliche Details über effektive Beschulungs- und Fördermöglichkeiten bzw. Anforderungen der Berufsschule. Vereinzelt wird von derartigen Kooperationen auch aus dem Hauptschul- bzw. Gesamtschulbereich berichtet. Im Bereich der Grundschulen ist sonderpädagogisches Know-how meist durch Förderschullehrer vorhanden, die an diesen Schulen ambulant, mit einem Stundenkontingent oder ganztägig unterrichten, wie Sprachheillehrer und Integrationslehrer. In Hessen beispielsweise gibt es bereits ein vielfältiges schulisches Unterstützungssystem für Regelschulen durch ambulante und stationäre Beratungslehrer, die nicht nur beraten, sondern auch unterstützend unterrichten und selbstverständlich diagnostisch tätig sind.

Ziel einer sonderpädagogischen Überprüfung ist es, mittels diagnostischer Verfahren den individuellen sonderpädagogischen Förderbedarf zu erfassen, zu dokumentieren und für die weitere Förderung bzw. Schullaufbahnempfehlung auszuwerten. Die Empfehlung, die Sonderpädagogen inzwischen in den meisten Bundesländern in Kooperation mit Regelschullehrern erarbeiten und an das zuständige Schulamt weiterleiten, haben oft eine entscheidende Funktion und tragen für den weiteren Bildungsweg der Schüler eine wesentliche Verantwortung für die Zuteilung von Bildungschancen.

Zur Feststellung des besonderen Förderbedarfs wird von der Schule oder den Eltern ein Verfahren zur Feststellung des sonderpädagogischen Förderbedarfs und des Förderortes bei der jeweiligen Schulaufsichtsbehörde beantragt. Die Schulbehörde kann nach Prüfung der Unterlagen die Erstellung eines sonderpädagogischen Gutachtens einleiten, muss es aber nicht.

Sollte sich bei der Prüfung herausstellen, dass die meldende Schule noch nicht alle Fördermöglichkeiten ausgeschöpft hat, wird es nicht zur Durchführung einer sonderpädagogischen Überprüfung kommen, vielmehr wird die derzeit besuchte Schule angewiesen, alles in ihrer Möglichkeit stehende zu tun, um das Kind zu fördern und dies auch nachzuweisen. Hiermit soll verhindert werden, dass Schüler leichtfertig (im Sinne einer Entlastungsfunktion) von der Regelschule *abgeschoben* werden. Eine erneute Beantragung einer sonderpädagogischen Begutachtung ist nach erfolgloser Förderung aber möglich. Das sonderpädagogische Gutachten wird in Kooperation von Sonder- und Regelschule, unter Einbezug der Eltern, des Amtsarztes und ggf. weiterer interdisziplinär arbeitender Fachleute bzw. Institutionen, erstellt. Abschließend wird eine Empfehlung zur weiteren Beschulung ausgesprochen. Die Erziehungsberechtigten haben das Recht die Beschulung im Rahmen des Gemeinsamen Unterrichtes (GU) zu beantragen. Diese Möglichkeit ist im Übrigen zu gewähren, wenn die räumlichen, sächlichen und personellen Möglichkeiten für eine angemessene schulische Förderung zur Verfügung gestellt werden können. Das Verfahren endet mit einem gerichtsfähigen Bescheid über diesen sonderpädagogischen Förderbedarf sowie den Förderort und ist mit einer entsprechenden fachlichen Begründung und Rechtsmittelbelehrung für die Eltern zu versehen. Die Auswahl und Durchführung der diagnostischen Verfahren erfordern eine besondere Ausbildung, in der insbesondere psychologische Messinstrumente grundlegend behandelt werden. Neben klassischen Testverfahren werden vor allem Verhaltensbeobachtungen, Screeningverfahren und Kind-Umfeld-Analysen durchgeführt. Die Auswahl und Durchführung dieser diagnostischen Verfahren erfolgt in der Regel durch den Sonderschullehrer und orientiert sich dabei an den bisherigen Informationen bzw. Beobachtungen der Regelschullehrer. Dabei stellen die vorhandenen Ressourcen der Schule einen wesentlichen Faktor bei der Auswahl der Verfahren dar.

Der Einsatz von Intelligenztests im Rahmen einer sonderpädagogischen Überprüfung ist nicht zwingend vorgeschrieben. Derartige standardisierte Intelligenztestverfahren (möglichst „sprachfrei", s. CPM, Raven, 2002; CFT1, Weiß & Osterland, 1997) werden jedoch häufig durchgeführt, um objektive Daten erheben und die Empfehlungen durch Sonderschullehrer besser begründen zu können, insbesondere dann, wenn es zu einem Widerspruchs- bzw. sogar Gerichtsverfahren (vor einem Verwaltungsgericht) kommen sollte. Allerdings: Die Höhe der Intelligenz stellt zwar kein alleiniges und damit hinreichendes, aber dennoch wichtiges Kriterium zur Beurteilung dar. Bei der sonderpädagogischen Begutachtung sind zusätzliche Faktoren von Bedeutung, so z. B. der derzeitige Leistungsstand in den Kulturtechniken sowie Hintergrundinformationen zur Anamnese. So sind Informationen wichtig z. B. über die derzeitige, evtl. deprivierende Lebens- und Familiensituation des Schülers, seine eventuellen Krankheiten und körperlichen Beeinträchtigungen, einen belastenden Migrationshintergrund, häufigen Schulwechsel sowie die Beurteilung der Lern- und Fördersituation und der Lernfortschritte innerhalb der derzeitigen Klassensituation. Aus wissenschaftlicher Sicht sind die Kriterien der Objektivität, Validität und Reliabilität zu beachten. Bisweilen zeigt sich, dass Schüler nicht immer eindeutig dem Förderschwerpunkt Lernen zugeordnet werden können. So zeigen bereits Ergebnisse aus den 60er Jahren, die in den 90ern bestätigt werden konnten, dass eine beachtliche Gruppe von Schülern aus Volks- und Sonderschulen sich in ihren Intelligenztestwerten nicht wesentlich unterscheidet (Kanter, 1998a).

Arnold und Kretschmann (2002) unterscheiden vier diagnostische Phasen bei der Förderung:

1. Eingangsdiagnose,
2. Förderdiagnose: Welche Ziele in welchen Bereichen sollen mit welchen Mitteln erreicht werden?
3. Prozessdiagnose: Welche Fortschritte bzw. Probleme treten während der Förderung auf?
4. Fortschreibungsdiagnose bzw. Evaluation bisheriger Förderung.

In der Eingangsdiagnose sind grundlegend bedeutsame Daten für die Fragestellung sowie zur Anamnese, zum Lernstand, zur Lernfähigkeit, zu den genannten Lernproblematiken speziell, dem Lernumfeld und der (Lern-)Entwicklung, (sowohl mit standardisierten Verfahren als auch prozessorientiert) zu erheben, in Beziehung zu setzen und möglichst kooperativ und ggf. interdisziplinär abzuklären. – Die Zielvorgabe im Rahmen der Förderdiagnose muss klare Angaben enthalten, welche Bereiche unter welchen Bedingungen durch wen (möglichst in Absprache der Förderer untereinander) zu fördern sind. – In einem nächsten Schritt gilt es, möglichst unter Beobachtung festzustellen, ob die empfohlenen methodischen Hinweise effektiv sind bzw. ob aufgrund auftretender Probleme Veränderungen in den Förderempfehlungen vorzunehmen sind. – Konsequenterweise findet sich dies im vierten Punkt wieder, d. h. eine regelmäßige Evaluation hat die notwendig gewordenen Veränderungen zum Ziel. Auf diese Weise wird eine statische Diagnose mit stigmatisierenden Festschreibungen verhindert. Förderdiagnostisches Vorgehen bedeutet in diesem Sinne einen hohen Grad an Flexibilität, d. h. auf aktuelle Lernentwicklungen- und Förderbedürfnisse des Kindes ist adäquat zu reagieren.

Seit geraumer Zeit wird in diesem Zusammenhang die Durchführung einer individuellen Lernfortschrittmessung bereits als Basis für präventive Maßnahmen, aber auch für eine gezielte und aktuelle Einschätzung persönlicher Lernentwicklung diskutiert und weiterentwickelt (Klauer, 2006; Wember, 1999). Hierbei werden an mehreren Messzeitpunkten Leistungsdaten (z. B. in Rechtschreibung oder in Mathematik) individuell erhoben – so kann man erkennen, welchen Verlauf der Schüler in seiner Lernentwicklung nimmt. Kombiniert man dieses Verfahren, indem man zu verschiedenen Zeitpunkten unterschiedliche Methoden anwendet und dieses mitdokumentiert und empirisch auswertet, kann man zusätzlich eine Aussage über den Erfolg der Methode machen. So lassen sich für den einzelnen Schüler Methode und Lernerfolg überprüfen (Mercer & Mercer, 2006, S. 115-120). Dies ist im Sinne individueller Förderung ein besonders sinnvolles Verfahren (Klauer, 2006).

Im Sinne der noch weiter zu entwickelnden ICF (Deutsches Institut für medizinische Dokumentation und Information, 2004) könnte man außerdem erwarten, dass im Rahmen einer umfassenden Diagnostik eine positive Basis für die Entwicklung von Kompetenzen zu schaffen ist, allerdings unter Einbezug und Überprüfung der Bedingungen, die für eine erfolgreiche Entwicklung notwendig sind.

7.6 Pädagogische Interventionen

Natürlich haben pädagogische Interventionen gerade im Umgang mit Lernschwierigen einen besonders hohen Stellenwert. Das wird u. a. deutlich, wenn man die Ergebnisse der PISA-Studie (Deutsches PISA-Konsortium, 2001) differenziert betrachtet: Die Ergebnisse fallen für die BRD nicht so schlecht aus, wenn vor allem das obere Dreiviertel der schulischen Leistungen betrachtet wird; die Gesamtbefunde leiden durch das untere Drittel, weil insbesondere sie den Gesamtbefund nach unten ziehen, d. h. die schwachen Schulleistungen von Kindern mit Lernproblemen sind maßgeblich am schlechten Gesamtergebnis beteiligt. Insofern können diese Ergebnisse auch so interpretiert werden, dass es zwingend geboten ist, pädagogische bzw. sonderpädagogische Antworten zu finden, die dazu führen, dass die schulischen Leistungen der bisher leistungsschwachen Schüler sich deutlich verbessern. Aber es sind nicht nur schulische, sondern außerdem bereits sehr frühe Hilfen im Sinne der Frühförderung sowie kompensatorische, vor-, außer- sowie nach- bzw. berufsschulische Lernangebote zu organisieren, mit denen es gelingen kann, evtl. sich anbahnende Probleme angemessen aufzufangen. Welche pädagogischen Antworten kommen also hier in Frage?

7.6.1 Zur Prävention

Im Bereich der Prävention werden von Caplan (1964) zunächst drei Stadien unterschieden: (1) Der Bereich der *Primärprävention*, die sich an eine große Gruppe wendet, um entwicklungsgefährdende Belastungen (in Anlehnung an Vulnerabilitätsmodellen) zu vermeiden und die Psychohygiene breiter Bevölkerungskreise zu stärken, (2) *sekundäre Prävention*, die sich an eine Hoch-Risikogruppe richtet (Goetze, 2001, S. 86) und Folgen entwicklungsgefährdender Belastungen abfangen soll, die sich noch nicht unbedingt symptomatisch zeigen, sowie (3) *tertiäre Prävention* als Maßnahme, die eine drohende Aussonderung verhindern soll und von Pianta wie folgt beschrieben wird: „...intervention after a negative outcome... (which)... seeks to reduce the residual effects or adverse consequences of a disorder or failed outcome" (Pianta, 1990, S. 308). Der Bereich der tertiären Prävention wird im allgemeinen Sprachgebrauch auch als Intervention oder Rehabilitation verstanden, also als reaktiver Eingriff, der „eine Verschlimmerung verhüten, oder eine Besserung des diagnostizierten Defizitzustands [...] abzielen soll" (Goetze, 2001, S. 87).

Eine besondere Herausforderung stellt die Erfassung bestimmter Risikogruppen für die Förderschwerpunkte Lernen und sozial-emotionale Entwicklung dar. Ca. 65 % aller Schüler sind im Verlauf ihrer Entwicklung Risikofaktoren in den genannten Bereichen ausgesetzt. Es wird von verschiedenen Autoren darauf verwiesen, dass Kinder mit einem Förderbedarf im Lernbereich bzw. auch im Verhaltensbereich in der Regel keine biologischen Schädigungen hätten. Vielmehr stammen sie überwiegend aus Familien in besonders belasteten Lebenslagen, nämlich solchen, die unter sozialer Benachteiligung leiden, randständig sind und in denen Kinder meist auch keine hinreichende Befriedigung ihrer psychischen Grundbedürfnisse erhalten (Klein, 2001, 2002; Wocken, 2000).

Als generelle präventive Maßnahmen werden die Gestaltung einer anregungsreichen Umwelt und eine positiv gestaltete Eltern-Kind-Beziehung genannt. Eine aktive Aneignung der Umwelt durch das Kind und eine realistisches Selbstkontrollüberzeugung (locus of control), bzw. Kausalattribuierung wird als unabdingbar angesehen. Förderlich sind auch Resilienzfaktoren, wie sie von Julius und Prater (1996) beschrieben werden. So zitieren die genannten Autoren die berühmte Kauai-Studie von Werner und Smith (1982), an der ca. (unselektierte) 700 Kinder über 30 Jahre beteiligt waren: In dieser Studie waren ein Drittel der Kinder mehr als vier Risikobedingungen ausgesetzt; davon blieb ein Drittel resilient. Die „besten" vier Prädiktoren für langfristige Probleme der Kinder waren: 1. chronische Armut, 2. geringes Bildungsniveau der Mutter, 3. chronische Familienkonflikte, 4. perinataler Stress sowie 5. außerdem auch: überlastete alleinerziehende Mütter, Identitätsprobleme arbeitsloser Väter sowie eher indirekte intrafamiliäre Risikofaktoren wie Scheidung, körperliche Misshandlungen, emotionale Vernachlässigung und Alkoholkrankheit.

Hansen (2006, S. 221) grenzt im Bereich der Frühförderung die Primärprävention (1-3 Jahre) von der Sekundärprävention (3-7 Jahre) ab. Er beschreibt drei Säulen der Frühförderung, in deren Bereichen eine systematische und interdisziplinäre Förderung der Kinder ansetzen kann. Zunächst ist die Erkennung und Diagnostik wichtig, die in vielfältigen Organisationsformen stattfinden, z. B. in mobilen und ambulanten Frühförderstellen unterschiedlichster Träger. Allerdings werden im sehr frühen Zeitpunkt von ein bis drei Jahren eher stark oder gar schwer behinderte Kinder auffällig, während Kinder mit Lernproblemen manchmal erst mit dem Besuch der Schule in den Focus geraten.

Förderung und Therapie schließen sich an die diagnostische Phase an, um den Kindern ein gezieltes Nachholen der Entwicklungsschritte und angemessene Umwelterfahrungen zu ermöglichen. Arbeitsschwerpunkte der (sonder)pädagogischen Förderung sind u. a. die Aktivierung über ein anregendes Milieu mit ggf. medizinisch-therapeutischen Hilfen sowie die Elternberatung bzw. ein Elterntraining zur Unterstützung entwicklungsförderlicher Bedingungen im häuslichen Bereich mit dem Ziel der Unterstützung und Festigung einer positiven Eltern-Kind-Beziehung (Hansen, 2006, S. 223).

Prinzipien der Frühförderung sind u. a. die Abkehr von Entwicklungsnormen und die Konzentration auf die individuelle Entwicklungsgeschichte des jeweiligen Kindes. Vorhersagen über mögliche Entwicklungsschritte sind dabei kaum möglich (Michaelis, 2002). Störungen der Entwicklung stellen aus systemischer Sicht eine sinnvolle Anpassungsleistung an das System dar, deren Gewinn zunächst überprüft werden muss. Therapeutische Prinzipien wie Authentizität, Akzeptanz und Wertschätzung stellen eine unabdingbare Voraussetzung für einen funktionierenden und fruchtbaren Dialog zwischen Therapeut und Familie dar. Die Planung und Durchführung der Interventionen soll dialogisch gestaltet werden, da die Eltern-Kind-Interaktion als wesentlichstes Element verstanden wird, um eine Compliance der Eltern als wichtigstes Element zu erreichen.

Im Zusammenhang mit der Prävention von Lernbehinderungen stoßen die Möglichkeiten der Frühförderung jedoch oftmals an ihre Grenzen. Denn viele Kinder im vorschulischen Alter besuchen keinen Kindergarten, so dass sie mit hoher Wahrscheinlichkeit große schulische Probleme haben werden, am späteren Schulunterricht kaum erfolgreich teilnehmen können und das erforderliche Können, Wissen und Verhalten nicht in ausreichender Qualität erwerben. Auch werden ihre Eltern nur selten in Erziehungsberatungsstellen oder Frühfördereinrichtungen vorstellig. Die Möglichkeiten, bei diesen Kindern präventiv einzugreifen, werden zwar immer wieder aufgrund eindeutig positiver wissenschaftlicher Ergebnisse gefordert, doch in der Praxis werden diese Möglichkeiten nur begrenzt genutzt, da sie schwer zu realisieren sind. Das ist deshalb äußerst bedauerlich, weil sinnvolle Methoden zur Früherkennung und zur Förderung für entsprechende Risikogruppen durchaus vorhanden sind. So können etwa verschiedene Vorläuferfertigkeiten des Lesens, Rechtschreibens und Rechnens gut diagnostisch erfasst und gefördert werden. Frühförderung im klassischen Sinne allerdings lässt sich bei dem besagten Personenkreis meist nicht erfolgreich betreiben (Grünke & Hintz, im Druck).

Abgesehen vom Problem der mangelnden Erreichbarkeit entwicklungsgefährdeter Kinder stellt sich in diesem Zusammenhang zusätzlich das Problem, dass viele Fördermethoden im vorschulischen Bereich bislang nur unzureichend evaluiert worden sind. Zwar liegen vereinzelt einige Studien mit ermutigenden Befunden vor, ihre Aussagekraft ist häufig jedoch aufgrund methodischer Mängel recht begrenzt (Krause, 2003). Walter (2002) beschreibt die Wirksamkeit von Frühförderung in seiner Metaanalyse als mäßig hoch. Zum einen sind viele der Eltern in der Entwicklung gefährdeter Kinder wenig angebotsorientiert. Gerade die Voraussetzungen für gelingende Frühförderung, wie z. B. von Hansen beschrieben, können nicht per se als vorhanden angenommen werden. Gerade für Konzepte, die sich an medizinischen Modellen (wie Ayres, Affolter, Vojta) anlehnen, wurde keine Wirksamkeit nachgewiesen (Neuhäuser, zitiert in Nußbeck, 2006; Lauth, Brunstein & Grünke, 2004).

In diesem Zusammenhang sind die umfangreichen Ergebnisse aus der kompensatorischen Erziehung (Bronfenbrenner, 1974) wichtig, die vor einiger Zeit Wember (2000) zusammen mit weiteren Befunden vorgestellt hat. Ohne kompensatorische Maßnahmen neigt eine Reihe von gefährdeten Kindern zunächst zu partiellem Schulversagen, bei fortbestehender Gefährdung (z. B. aufgrund einer defizitären familiären Sozialisation) zu Lernbehinderung und in der Folge zu geringer beruflicher und gesellschaftlicher Integration. Unter dem Obergriff Kompensatorische Erziehung werden Interventionen subsumiert, die mit zahlreichen Programmen bei (nicht behinderten) Kindern aus sozial benachteiligten und randständigen Familien in folgenden Bereichen durchgeführt worden sind, in der 1. *Wahrnehmung, Motorik, Spielaktivität*, 2. *Aufmerksamkeit und Konzentration*, 3. *Sprache und Sprechen*, 4. *adaptiven Unterrichtsgestaltung* und 5. im *Kindergarten und Vorschule*.

Neben diesen eher individuumzentrierten Programmen existieren Ansätze zur Verbesserung der Erziehungskompetenz, indem ein Vorschulpädagoge die Familie in Erziehungsfragen ein- oder mehrmals in der Woche berät, Mutter-Kind-Interaktionen analysiert und entwicklungsförderndes Verhalten modelliert. Auch *außerhalb der Familie* wurden Kinder gefördert, indem der Besuch der Kinderkrippe, des Kindergartens, der Tagesmutter oder Frühförderzentren organisiert werden konnte. Berühmt ist u. a. das *Head Start Projekt* geworden, an dem mehrere Millionen Kinder sowie z. T deren Eltern teilgenommen haben (weitere Programme: *Follow Through, Title 1* (bei Armut), *Chapter 1:* Konzentration auf Lesen, Rechtschreiben und Rechnen – s. Wember, 2000).

Die umfangreiche Evaluation der kompensatorischen Programme führte zu folgenden, für Kinder mit Lernproblemen wichtigen Ergebnissen:
- Alle Programme gehen mit kognitiven bzw. emotional-sozialen Verbesserungen einher, die höher als in den unbehandelten Kontrollgruppen sind;
- Programme waren an manchen Orten erfolgreich, an anderen Orten nicht;
- die vorhandenen Effekte der frühen Förderung verschwinden schon im ersten Schuljahr, wenn weitere begleitende Maßnahmen ausbleiben; insofern müssen die Familien dieser Kinder über die Vorschulzeit hinaus betreut werden und gleichzeitig sind die Schulen so zu verändern, dass eine differentielle Förderung benachteiligter Kinder gewährleisten werden kann.

Die generelle Wirksamkeit der Kompensatorischen Erziehung ist trotz ihrer etwas bescheidenen Erfolge demnach belegt, besonders, wenn sie früh einsetzt, die Eltern und Familien einbezogen sind und die Lerndefizite (vor allem in den Kulturtechniken) direkt angegangen werden. Präventive Maßnahmen sollten sich demnach nicht allein auf die frühe Kindheit beziehen, sondern auch auf den Besuch von (Sonder)Schulen.

Kinder können allerdings aufgrund protektiver personenbezogener Faktoren gegenüber zeitweiligen Problemen in ihrer Umwelt geschützt sein. So zeigen Längsschnittuntersuchungen, dass Kinder relativ immun sind, insbesondere lernbehindernde Verhaltensstörungen zu entwickeln, wenn z. B. folgende Faktoren vorliegen:
- ein umgängliches Temperament des Kindes,
- hohe soziale Geschicklichkeit und positives Selbstkonzept
- Überzeugung von der eigenen Selbstwirksamkeit,
- soziale Schutzfaktoren wie z. B. an der kindlichen Entwicklung interessierte Familienangehörige.

7.6.2 Schulische Förderung

Brandstädter (1982) nennt drei Risikofaktoren für Schulprobleme: 1. *schülerspezifische Dispositionen:* kognitive, motivationale oder somatische Faktoren, 2. *familiäre und soziale Umweltvariablen* (wie z. B. elterlicher Erziehungsstil, Sozialstatus oder Familienstruktur), 3. *schulische und unterrichtliche Merkmale* (wie z. B. Schulklima, Lehrerpersönlichkeiten sowie personelle, sachliche und finanzielle Ressourcen).

Die Organisation günstiger schulischer Lernumwelten ist eine präventive Förderstrategie, um individuelle Lern- und Entwicklungsrückstände auffangen zu können. Die Grundschule mit ihren hohen Anforderungen engt u. U. die Entwicklungsmöglichkeiten insbesondere förderungsbedürftiger Kinder ein, wie Tab. 7.4 zeigt. Oerter (1995) macht deutlich, dass von allen Kindern bereits zu Beginn ihrer Schulzeit Verhaltensleistungen vorausgesetzt werden, die in vollem Umfang erst im Berufsleben gefordert werden.

Tabelle 7.4: Gemeinsamkeiten von schulischer und beruflicher Arbeit (in Anlehnung an Oerter, 1995)

Aufgabe:	Schule:	Beruf:
Beliebigkeit:	Lernen: willkürlich zusammengestellten Wissens (aus Schülersicht)	Durchführung von Aufträgen: unabhängig von persönlichen Wünschen und Interessen
Zeitliche Terminierung:	geforderte Leistungen: innerhalb bestimmter Zeitgrenzen zu erbringen	geforderte Leistungen: innerhalb bestimmter Zeitgrenzen zu erbringen
Zuverlässigkeit:	Aufträge: möglichst gut erledigen	Aufträge: möglichst gut zu erledigen
Motivation:	für alle schulischen Inhalte interessieren	sich möglichst am Arbeitsplatz wohlfühlen
Sinn:	Schüler durchschauen den Sinn und Zweck des zu erwerbenden Wissens oft nicht	Zusammenhänge zwischen konkreter Tätigkeit und dem für die Gesellschaft wichtigen Gesamtergebnis sind oftmals verlorengegangen
Gegenwert für Arbeit:	Noten, Bewertungen, Zeugnisse	Geld

Unter diesem Aspekt fordern Pädagogen, insbesondere für Kinder mit sich anbahnenden Lernschwierigkeiten, in der Schule eine Gegenwelt zur Arbeitswelt herzustellen sowie ihre notwendigen Erfahrungs- und Handlungsspielräume zu erweitern und gleichzeitig zentrale Fertigkeiten wie Lesen, Rechtschreiben oder Arbeitsverhalten im Unterricht kindzentriert zu vermitteln.

Didaktisch orientierte Unterrichtsprinzipien

Die als klassisch zu bezeichnenden sonderpädagogischen Unterrichtsprinzipien werden sicherlich auch heute noch in (Sonder)Schulen eingesetzt, handelt es sich doch dabei um ein lange bewährtes Vorgehen im Unterricht, das insbesondere dann eingesetzt wird, wenn Kinder Lernprobleme erkennen lassen. Im Grunde geht es um anschauliches, einfaches, direktes und verlangsamtes unterrichtliches Vorgehen, von Bleidick (1969; zitiert in Wember, 2000, S. 343f.) in 14 Prinzipien zusammengefasst: *Allgemeine heilpädagogische Prinzipien* (Helfen und Individualität, Erziehung, Therapie und Wertigkeit), *inhaltliche Prinzipien* (Stoffbeschränkung, Heimat, Lebensnähe) und *methodische Prinzipien* (Anschauung, Ganzheit, Bewegung und Handbetätigung, Wiederholung, kleinste Schritte, Differenzierung, Selbsttätigkeit, Motivation).

Von Wember (2000) werden kritische Argumente gegen diese Prinzipien der klassischen Hilfsschuldidaktik aufgeführt. Diese Prinzipien haben sich zwar im Rahmen der praktischen sonderpädagogischen Arbeit sehr wohl bewährt, so dass manchmal der Eindruck entstehen konnte, dass Sonderpädagogen genuin sonderpädagogisch unterrichten. In Wirklichkeit allerdings dürften die Unterschiede zur allgemeinen Didaktik (z. B. für den Hauptschulunterricht) eher von gradueller und nicht von prinzipieller Natur sein.

Zudem sind diese Prinzipien unter erkenntnistheoretischem Blickwinkel induktiv gewonnen worden, sind logisch unsicher, unzuverlässig und beruhen insbesondere auf pragmatischen Erfahrungen. Ihre mangelnde theoretische Fundierung beinhaltet die Gefahr, die Kinder nur mit suboptimalem Vorgehen unterrichten zu können – erst die Einbindung dieser Prinzipien in eine in sich schlüssige und empirisch überprüfte Theorie könnte dazu führen, dass noch effizienter als allein mit praxiserprobten Prinzipien unterrichtet werden kann.

Darüber hinaus beklagt Wember (2000), dass mit der Realisierung einiger Prinzipien sich die Probleme lernschwacher Schüler noch verstärken können: So sieht er das Risiko, dass z. B. reduzierte Anforderungen an die Schüler deren Schwächen und Ausfälle noch verstärken können – insofern ist die Rücksichtnahme auf individuelle Schwächen zwar eine Notwendigkeit, deshalb aber noch kein didaktisches Prinzip. Einen Ausweg sieht der Autor in der Einbindung der didaktischen Prinzipien in lern- und entwicklungspsychologisch begründete Prinzipien sowie in einer insbesondere empirisch begründeten Unterrichtsgestaltung. Eine derartige Unterrichtsgestaltung beruht u. a. auf zahlreiche Metaanalysen, deren Ergebnisse Wember wie folgt zusammenfasst (S. 348-349):

- *Optimiere den Anteil akademischer Lernzeit an der Unterrichtszeit.*
- *Erwarte und belohne Leistung.*
- *Unterrichte direkt und aktivierend.*
- *Variiere die Formen und Methoden des Unterrichts.*

Mit diesen Ergebnissen stellt sich die naheliegende Frage, wenn denn die klassischen didaktischen Prinzipien nur sehr begrenzt hilfreich sind und theoretische Schwächen aufweisen, ob mit Konzepten und Modellen, die eine Veränderung des gesamten Unterrichts im Focus haben, bessere Erfolge zu erzielen sind.

Unterrichtsmodelle

Schüler mit Lernproblemen benötigen mehr Aufmerksamkeit und Steuerung durch den Lehrer als die restlichen Schüler. Sonst kann es zu einer Manifestation des Entwicklungsrückstandes der Kinder aus deprivierenden Lebensverhältnissen bzw. bildungsfernen Familien mit anschließender Aussonderung kommen.

Von sonderpädagogischen Fachleuten wird schon seit einiger Zeit die Ablösung des klassischen *Frontalunterrichts* gefordert, mit der Grundidee, dass emanzipatorische Bildungsziele nur mit den dazu passenden Unterrichtsformen zu erreichen sein werden. Auf diesem Hintergrund lassen aktuelle Entwicklungen im Bereich der Didaktik im Förderschwerpunkt Lernen z. B. eine zunehmende Öffnung des Unterrichts erkennen; neben dem geöffneten Unterricht werden hier trotz deutlicher Kritik auch der Frontalunterricht kurz skizziert, andere Varianten wie das *zielerreichende Lernen* (mastery learning), *Gruppenunterricht, kooperatives Lernen, Projektunterricht* u. a. können nur aspektiv behandelt werden (s. Hartke, 2003).

Im *offenen Unterricht* sind oftmals reformpädagogische Elemente (z. B. von Freinet, Montessori, Petersen – vgl. Hartke, 2003), die schon seit längerem in Förderschulen Einlass gefunden haben, enthalten, mit dem grundsätzlichen Ziel, eine bessere Individualisierung und Differenzierung im Unterricht vornehmen zu können. Nach diesem Konzept öffnet sich die Schule z. B. für außerschulische Lernorte, berücksichtigt Tages- bzw. Wochenplanarbeit, einen hohen Gestaltungsspielraum sowie auch die individuellen Interessen der Schüler. Ein derartiges Vorgehen setzt insofern eine veränderte Lehrerrolle voraus, als die Lehrkraft von ihren Schülern eine größere Selbständigkeit und Verantwortung beim Lernen erwarten kann und sie sich selbst eher im Sinne eines unterstützenden Lernbegleiters sieht.

Im *Frontalunterricht* lernen altershomogene Schülergruppen in frontaler Ausrichtung der Sitzordnung und in möglichst gleichen Lernschritten das, was die Lehrkraft unterrichtlich vorgibt. Bei gleichzeitig eingeschränkter Schüler-Schüler-Interaktion steuert, kontrolliert und bewertet sie den lehrgangsmäßig ausgelegten Lernprozess durch hoch strukturierte Impulse, Medien usw. Kritisiert wird u. a. die passive Schülerrolle, die häufige Disziplinierung der Schüler sowie eine insgesamt reduzierte Selbstregulation beim Lernen. Befürworter hingegen sehen vor allem die zeitliche Effizienz insbesondere bei Aneignung basaler Unterrichtsinhalte und Prozeduren. Im Übrigen sei darauf verwiesen, dass sonderpädagogische Einzelförderung zur Vermittlung z. B. von Prozeduren im Mathematikunterricht wie zum Erlernen der schriftlichen Division, aber z. B. auch im Sprachheilunterricht zur Bearbeitung bestimmter Sprechstörungen, die in direkter Instruktion erfolgt, quasi Frontalunterricht in besonderer Form ist – und dies zudem meist sehr effektiv.

Hartke (2003) fasst Ergebnisse auch aus Metaanalysen zusammen, die einen Vergleich zwischen geöffnetem und traditionellem (d. h. überwiegend frontal gehaltenem) Unterricht erlauben (vgl. Tab. 7.5). Die Ergebnisse zeigen: Die Überlegenheit des traditionellen Unterrichts in den schulischen Leistungsfächern ist offensichtlich, während der geöffnete Unterricht eher die Persönlichkeitsmerkmale günstig beeinflusst. Man kann diese Ergebnisse wie folgt interpretieren: Von dem, was in der jeweiligen Unterrichtsform gelehrt bzw. gelernt worden ist, profitieren die Schüler; die unterschiedliche Vermittlung von Inhalten in beiden Unterrichtsformen führt zu unterschiedlichen Ergebnissen – ein Befund, der nicht überraschen kann, berücksichtigt man Ergebnisse aus der Transferforschung (Borchert, 1996). Gleichwohl wird bei Öffnung des Unterrichts davon ausgegangen, dass insbesondere Schüler im Förderschwerpunkt Lernen von strukturierten Angeboten profitieren (Hartke, 2002) und Unterrichtsstörungen abnehmen (Hartke & Borchert, 2003).

Zu den erfolgreichsten Methoden zählt die *direkte Instruktion* (bei der Aufgaben direkt dargeboten und u. U. in Teilschritte zerlegt werden, so dass klare und rasche Aufgabenbearbeitungen – oft unter Einsatz individueller Hilfen – möglich werden – vgl. z. B. Wellenreuther, 2007, S. 329 ff.), die im Rahmen einer gut strukturierten Vorbereitung und Durchführung von Unterricht bzw. Fördereinheiten eingesetzt wird. Mercer und Mercer (2006, S. 47-183) behandeln diese Schwerpunkte unter den Themen: „Planning and Organizing Instruction", Assessing Students for Instruction" und „Teaching Students and Managing Instruction". Besonders gehen sie auf spezielle Situationen wie „One Student with Teacher" (S. 56) ein, die deutlich machen, dass offener Unterricht nicht das Allheilmittel für die Schülerschaft im Förderschwerpunkt Lernen darstellt, sondern grundlegende Fertigkeiten und Fähigkeiten häufig z. B. auch in der Einzelsituation vermittelt werden müssen.

Weitere Unterrichtsmethoden sind das Peer-Tutoring (Wellenreuther, 2006, S. 57-66) und „Cooperative Learning" (Mercer & Mercer, S. 59) oder das systematische Vorgehen nach einem „Student learning profile and treatment plan" (S. 131). Hier wird exemplarisch deutlich, dass offener Unterricht für Schüler im Förderschwerpunkt Lernen insbesondere im Rahmen eines adaptiven Konzeptes (Hartke, 2002, 2003) umzusetzen ist, d. h. offene Unterrichtsformen sind durch umfangreiche Methodentrainings anzubahnen. Zusammenfassend kann festgestellt werden, dass es im Förderschwerpunkt Lernen eher sinnvoll ist, adaptiven Unterricht im Sinne Wembers (2001) anzubieten, diesen gründlich für die Schüler vorzubereiten und zu überlegen, welche Unterrichtsform für welchen Inhalt effektiv genutzt werden sollte (Mercer & Mercer, 2006, S. 48-78; Wellenreuther, 2007, S. 331 ff.). In dem Wissen, dass geöffneter sowie frontal bzw. adaptiv gesteuerter Unterricht für sich allein genommen mit Nachteilen verbunden sein können, wird beim adaptiven Unterricht im Grunde der Versuch unternommen, zentrale Komponenten aus allen Ansätzen so miteinander so zu kombinieren, dass die Schüler hiervon profitieren.

Tabelle 7.5: Durchschnittliche Effektstärke von offenem vs. traditionellem Unterricht (positive Werte = stärkere Effizienz für offenen Unterricht, negative Werte = höhere Effizienz für traditionellen Unterrichts – in Anlehnung an Hartke, 2003)

	Anzahl der Untersuchungen	Durchschnittliche Effektstärke
Kreativität	22	0,286
Selbständigkeit	22	0,278
Kooperativität	6	0,229
Einstellung zum Lehrer	17	0,199
Einstellung zur Schule	50	0,169
Neugier	7	0,165
Selbstbild	60	0,071
Angst	19	- 0,010
Rechnen	57	- 0,037
Sprache	33	- 0,069
Lesen	63	- 0,083
Anpassung	9	- 0,170
Leistungsmotivation	8	- 0,262

Dinges (2002) hat sich einem Ansatz aus den Niederlanden gewidmet, der zur Qualitätsverbesserung der Schülerleistung dienen soll. Hierzu werden regelmäßige Messverfahren mit dem Ziel durchgeführt, dem Schüler objektiv und regelmäßig eine individuelle Rückmeldung über sein Lernen geben zu können (S.1). Der aus den Niederlanden stammende Ansatz nennt sich dort „Leerling-Volgsysteem" (deutsch: Schüler-Folge-System – SFS). Dinges führte hierzu in der Bundesrepublik Deutschland eine Studie mit dem Ziel durch, das SFS auf deutsche Verhältnisse für die Bereiche „Technisches Lesen" und „Mathematik" zu adaptieren, in der Praxis zu erproben und hinsichtlich geltender Qualitätsstandards zu überprüfen. „Es zeigt sich nach der Auswertung der Ergebnisse, dass sich trotz bzw. gerade wegen der steigenden Heterogenität innerhalb der Grundschulklassen und vermehrt geförderter offener Unterrichtsformen das SFS in den evaluierten Bereichen „Lesen" und „Mathematik" sehr dazu eignet, Rückmeldung über den individuellen Leistungsstand und die individuelle Leistungsentwicklung eines Schülers zu erhalten" (Dinges, 2002, Abstract). So wird beispielsweise in Deutsch ein Ein-Minuten Test (schnelles Lesen zur Vermeidung von Intratextredundanzen) durchgeführt. Auf diese Art und Weise können spezifische individuelle Fehler zeitnah erkannt und behandelt werden. Dinges und Worm (2006) haben hierzu ein Trainingsprogramm zur Steigerung der Lesekompetenz entwickelt, das allerdings noch der Evaluation bedarf.

Ein sehr gutes Beispiel für eine quantitativ und qualitativ durchgeführte Einzelfallanalyse bei einer Schülerin mit gravierenden Rechtschreibproblemen und anschließender Förderung beschreibt Greisbach (2004) auf der Basis eines strukturierten Förderplanes. Die Autorin legte Wert auf eine differenzierte Diagnostik sowie eine akribisch dargestellte Vermittlung von fachspezifischen Lernstrategien zur Bearbeitung der Problematik. Ergänzt wird das Ganze durch organisatorische Hinweise zur schulischen Umsetzung – auch in Kleingruppen – und in der Kooperation mit den Eltern. Deutlich wird an diesem Beispiel, welches hohe Niveau an spezifischen sonderpädagogischen Fachkenntnissen zur effektiven Förderung erforderlich ist.

Als besondere Form sei hier noch der Computerunterstützte Unterricht (CUU) genannt. Grundlegende Aussagen zur Medienerziehung in der Schule im Allgemeinen finden sich bei Meschenmoser (2002). Spezielle Hinweise für den Einsatz moderner Medien zur Förderung von Schülern mit Förderbedarf hat Kullik dargestellt (2000; 2004a; 2004b). Entscheidend sind auch hier klare Strukturen in Bezug auf die Darstellung („aufgeräumter Bildschirm") und strukturierte Abläufe mit der Möglichkeit von Hilfestellungen. Insgesamt lässt sich feststellen, dass es bisher lediglich eine begrenzte Anzahl von Lernprogrammen gibt, die den Kriterien guter Computerprogramme für die Förderung von Kindern mit Lernproblemen genügen (z. B. „Lesewelt"). Computerprogramme können zwar keinen Lehrer ersetzen, dürften aber, wenn sie auf die Bedürfnisse der Schüler im Förderschwerpunkt Lernen zugeschnitten sind, gezielt und verantwortungsvoll eingesetzt, ein wichtiger Bestandteil eines modernen mediengestützten Unterrichts sein. Zur genaueren Aussage über der Wirksamkeit sind dringend Untersuchungen erforderlich.

Grundsätzlich ist es wichtig, dass der Umgang mit neuen Medien auch von Schülern im Förderschwerpunkt Lernen unabdingbar ist, werden sie doch sonst von der modernen Kommunikationsgesellschaft ausgeschlossen. Gleichzeitig müssen die Schüler über die Gefahren moderner Medien aufgeklärt und im verantwortungsvollen Einsatz geschult werden.

Integrative Beschulung

Das vorhandene System an Förderschulen steht seit Anbeginn in der Kritik. Als Alternative zur separaten Unterrichtung in gesonderten Schulen wird eine integrative Beschulung in der Allgemeinen Schule propagiert – allerdings dann unter Einschluss ausreichender sonderpädagogischer Betreuung mit dem grundsätzlichen Ziel einer gesellschaftlichen Integration dieser

Kinder. In zahlreichen Effektivitätsüberprüfungen wurde der Vergleich integrativer Beschulung mit Sonderbeschulung insbesondere in folgenden Merkmalen vorgenommen: zur sozialen Stellung, zum Selbst- bzw. Begabungskonzept und zu den Schulleistungen (z. B. Bless, 1995, S. 19-26; Bless & Schleenbecker, 2007). Trotz z. T. widersprüchlicher Ergebnisse zeigt sich unter Berücksichtigung der durchgeführten Metaanalysen, dass lernbehinderte Kinder innerhalb integrativ geführter Schulklassen

- eine insgesamt eher ungünstige soziale Stellung einnehmen (Bless & Schleenbecker, 2007),
- nicht nur über ein tendenziell geringeres allgemeines Selbst- sondern vor allem über ein deutlich reduziertes Begabungskonzept verfügen,
- allerdings vermutlich aufgrund eines „Mitzieh-Effektes" überwiegend bessere Leistungen aufweisen.

Ingesamt zeigen derartige Ergebnisse, dass beide Beschulungsformen Vorteile aufweisen können. Bless (1995, S. 174-177) formulierte die Empfehlung, die förderlichen Bedingungen, unter denen integrative Beschulung erfolgreich realisiert werden könnte, zu beschreiben.

Inzwischen haben die meisten Bundesländer der BRD die integrative Beschulung lernbehinderter Kinder verstärkt in den Blick genommen. In exemplarischer Form soll dies an Nordrhein-Westfalen aufgezeigt werden. Hier versucht man seit dem Schuljahr 2005/06 im Rahmen der so genannten flexiblen Eingangsphase mögliche Lernbehinderung durch präventive Maßnahmen vorzubeugen. Es handelt sich hierbei quasi um einen „Modellversuch" der Grundschule, bei dem im Rahmen der 1.-3. Klasse jahrgangsübergreifende Klassen gebildet werden, ohne eine Umschulung in eine Förderschule innerhalb der ersten drei Schuljahre vorzunehmen. Hierdurch soll unterschiedlich schnellen Entwicklungen Raum und Unterstützung gegeben werden. Das Konzept ist nicht neu: In Hessen z. B. wurde schon vor ca. 20 Jahren die so genannte Eingangsstufe – als Modellversuch – eingerichtet, in der das erste Schuljahr in zwei Jahren – ohne Anrechnung auf die Schulpflicht – absolviert werden konnte, im Sinne einer präventiven Maßnahme zur Vermeidung von „Lernbehinderung". Bayern und später auch Thüringen führen sogenannte Diagnose- und Förderklassen („DiaFö-Klassen"), die sowohl an der Schule für Lernhilfe als auch an der Grundschule eingerichtet sind und ebenfalls zum Ziel haben, die Klasse 1 in zwei Jahren zu absolvieren sowie drohender Lernbehinderung entgegenzuwirken.

Die flexible Schuleingangsphase, wie sie Nordhein-Westfalen im Modellversuch anbietet, hat mit ihrer Organisation eines gemeinsamen Unterrichts aller schulpflichtigen Kinder einer Altersstufe zum Ziel, Manifestation von Lernstörungen und Entwicklungsrückständen vorzubeugen und die Kinder sozial zu integrieren. Dieser Anspruch kann jedoch nur eingelöst werden, wenn die personellen und sächlichen Voraussetzungen der Grundschulen der Aufgabe angepasst und daher aufgestockt werden. Die Klassenfrequenz muss verringert, die Kooperation zwischen Regel- und Förderschullehrer vorangetrieben werden, um Voraussetzungen zu schaffen, die Kinder unserer Zielgruppe zu erreichen. Insgesamt existiert ein vielfältiges und differenziertes Angebot an Organisationsformen zur integrativen Förderung, die im Folgenden mit einigen Ergebnissen näher beschrieben werden:

- In der o. g. flexiblen Schuleingangsphase als eine Präventivmaßnahme gegen schulisches Leistungsversagen werden Schulkindergärten insofern eingebunden, als sie die Kinder ein Jahr lang auf den Schulalltag vorbereiten. Problem: Die separate Förderung zeigt nicht immer den gewünschten Erfolg, die Schüler bleiben trotz dieser Maßnahme oft hinter den Erwartungen zurück.
- Sonderpädagogische Förderung in sonderpädagogischen Förderzentren bzw. Förderschulen: Nach Beendigung des „Schulversuchs Förderschule" haben in NRW die Sonderschulen die Genehmigung, unter ihrem Dach die Schüler verschiedener Förderschwerpunkte weiter zu unterrichten (Lücke-Deckert, 2004, S. 159).
- Förderzentren (in manchen Bundesländern wie z. B. in Hessen Beratungs- und Förderzentrum genannt) haben den Anspruch, Kompetenzen in verschiedenen Förderbereichen zu bündeln und so einerseits spezifische Förderangebote zu machen und andererseits durch die gemeinsame Beschulung von Kindern mit besonderem Förderbedarf im Bereich Sprache, Lernen und sozial-emotionale Entwicklung ein Stück Integration zu schaffen.
- Hohe Fördererfolge setzen ein, wenn die Beeinträchtigungen und Störungen nicht zu groß und umfänglich sind.
- Sonderpädagogische Förderung im Rahmen von Gemeinsamen Unterricht (GU): Im GU erfolgt sowohl eine gemeinsame als auch zieldifferente Unterrichtung, bei der die Schüler nicht in allen Unterrichtsfächern nach den Lehrzielen der allgemeinen Schule, sondern entsprechend ihrer individuellen Lernvoraussetzungen gefördert werden.
- Sonderschulklassen an Regelschulen haben sich in NRW nicht durchgesetzt (vgl. Lücke-Deckert, 2004, S. 159).
- Sonderpädagogische Förderung in kooperativen Formen: Diese Formen streben eine Zusammenarbeit von Schulen für Lernbehinderte bzw. Förderschulen Lernen und Regelschulen an. „Hier geht es um eine partielle Zusammenführung der Schüler in Form von gegenseitigen Besuchen, gemeinsamen Vorhaben, gemeinsamen Schulwanderungen und -fahrten bzw. Schullandheimaufenthalten, Klassenpartnerschaften und gemeinsamen Unterrichtsvorhaben vorrangig in Bereichen wie Arbeitslehre, Sport, Kunst und Musik" (Werning & Lütje-Klose, 2003, S. 178).
- Nur ca. 15 % der förderungsbedürftigen Kinder werden in Integrationsmaßnahmen unterrichtet. Sie sind in Integrationsmaßnahmen oft unterrepräsentiert (Kanter, 2001, S. 123), nach Kanter (1998b, S. 76) „... deutet ... nichts darauf hin, dass in absehbarer Zeit spezielle Sonderschulen bzw. -klassen überflüssig würden." Paradoxerweise kommt es zu einem Anstieg der Schüler, die im GU beschult werden und gleichzeitig zu einem Anstieg der Schülerzahlen an Förderschulen (Lücke-Deckert, 2004; Schröder, 2005).
- In der Sekundarstufe I gibt es überwiegend Modelle, in denen zielgleiches Lernen angestrebt wird, einer Organisationsform, die für Schüler mit dem Förderschwerpunkt Lernen aufgrund ihrer besonderen Bedürfnisse nicht in Frage kommt.

Schulprogramme

Durch die Qualitätssicherung der Schulen soll zukünftig mehr Eigenverantwortung der Schulen erreicht werden, aber mehr Eigenständigkeit, so Avenarius (2007), bedeutet auch mehr Qualitätsverantwortung. Ein Ansatz zur diesbezüglichen Regelung sind Schulprogramme. In fast allen Bundesländern der BRD ist inzwischen die Erstellung von Schulprogrammen Pflicht. Ziel ist die Verbesserung der Schulqualität (Schratz, 2003), die nur dann erreichbar ist, wenn sie auch tatsächlich durchgeführt und nicht allein die sonst üblichen Schulportraits vage Zielvorstellungen skizzieren. Schulportraits stellen eher eine unverbindliche Art im Sinne einer Chronik dar. Schulprogramme hingegen zeichnen sich insbesondere dadurch aus, dass Kollegien zusammen mit Eltern und Schülern ein gemeinsames Leitbild erstellen, konkrete Ziele im Rahmen eines Schulkonzeptes formulieren und vor allem einen Zeitplan zur Erreichung der Ziele einschließlich entsprechender regelmäßiger Evaluationen erstellen. Neu ist also, Schulprogramme *gemeinsam* zu erstellen sowie eine Verbesserung der Schulqualität als oberstes Ziel zu verfolgen. Dieses Prozessuale führt Schulprogrammatik aus einem statischen in einen dynamischen Prozess über. Regelmäßige interne Evaluationen sind in einem solchen Konzept eine dringende Notwendigkeit und werden in einigen Bundesländern (z. B. Hessen, Niedersachsen) bereits durch externe „Beratung" (Evaluation) – bisweilen als „Schul-TÜV" bezeichnet – ergänzt. Avenarius (2007) warnt allerdings davor, die Schulautonomie durch externe Evaluation mit Qualitätskontrollkatalogen wieder auszuhöhlen. Erfahrungen zeigen zudem, dass Schulberatung und -aufsicht ad personam in einer Hand psychologischen Grundkonzepten widersprechen. Eine solche Konzeption ist daher zum Scheitern verurteilt.

„Als Instrument der Selbstreflexion und zur Steuerung von innerschulischen Entwicklungsprozessen für Lehrerkollegien ist Evaluation in der Bundesrepublik noch nicht weit verbreitet. Eine Erweiterung der Kompetenzen von Schulen in diesem Bereich ist ein wichtiges Ziel von SchuB-Prozessen [pädagogische **Schul**entwicklungs**b**eratung]. Dabei wird der Schwerpunkt im Bereich der Selbstevaluation von Schulen gesehen, die Möglichkeit für Kollegien, die Arbeit ihrer Schule nach eigenen Maßstäben zu beurteilen und sich selbst Ziele zu setzen, die erst in einem nächsten Schritt mit externen Perspektiven verbunden werden." (Rolff, Buhren, Lindau-Bank & Müller, 2000). Aus bisherigen Erfahrungen konnte man allerdings entnehmen, dass Schulprogramme nur dann erfolgreich sind, wenn sie sich von einer „Oberflächenbeschreibung" lösen und den eigentlichen Motor schulischer Qualitätsentwicklung, nämlich den Lehr- und Lernprozess und damit den Unterricht mit all seinen Methoden und Möglichkeiten, in den Focus rücken. Natürlich muss der Inhalt einer Tiefenstruktur von Schulprogrammen vor allem die individuelle Förderung sein, bei der die subjektiven Leistungsmöglichkeiten in Verbindung mit der Diagnostik und der Förderplanung inhaltlich und methodisch in der Schulprogrammkonzeption im Förderschwerpunkt Lernen zu beachten sind.

Die Kompetenz zu unterrichten und darüber zu reflektieren, ist der Kern jeglicher Lehrerbildung. Auch diese Kompetenz muss Gegenstand eines Schulprogramms sein. Dies gilt für Lehrer in den sonderpädagogischen Förderschwerpunkten in besonderer Weise (Mercer & Mercer, 2006). In den USA gibt es hierzu regelmäßige literarische Hilfestellungen, z. B. durch Zusammenstellungen wissenschaftlicher Bewertungen zu wichtigen Büchern, Trainingsmethoden, Programmen und Materialien durch so genannte Special Education Sourcebooks (s. Rosenberg & Edmond-Rosenberg, 1994). Eine Tradition hat zudem die Vorstellung und Bewertung von aktuellen bedeutsamen Büchern durch Hochschullehrer in Arbeitsgruppen, wie dies der Autor im Oktober 2006 selbst auf dem Kongress der CLD (Council for Learning Disabilities) in Mc Lean/Virg./USA erleben durfte (vier Hochschullehrer stellten je drei neu erschienene bedeutsame Fachbücher vor und bewerteten diese). Im deutschsprachigen Raum übernehmen diese Aufgabe im sonderpädagogischen Bereich weitgehend hochkarätige Fachzeitschriften, wie z. B. die *Heilpädagogische Forschung,* die *Sonderpädagogik* und die *Vierteljahreszeitschrift für Heilpädagogik und ihre Nachbargebiete (VHN).* Es wäre wünschenswert, wenn Beiträge aus derartigen Schriften – je nach Bedarf – zu aktuellen schulischen Problemstellungen gelesen und diskutiert würden. Für jede Form der notwendigen Lehrerweiterbildung wären sie ein geeigneter aktueller Fundus. Eine grundlegende Darstellung eines empirisch orientierten „T-E-P": „Theorie-Empirie-Praxis" Arbeitsansatzes findet sich bereits bei Masendorf (1997).

Bekanntlich ist Unterricht im engeren Sinne nur eine von vielen Seiten im Lehrberuf. Die andere ist, eine Vielzahl von Aufgaben und Aktivitäten zu bewältigen: erziehen, beraten, organisieren, Konflikte schlichten, Schulleben gestalten, kooperieren, verhandeln und verwalten: Alles dies gehört zu den Kompetenzen professionell arbeitender Lehrer. Für Sonderpädagogen ist diese Liste um den Aspekt der sonderpädagogischen Diagnostik und Förderung (s. o.) zu erweitern.

Außerdem muss er nicht nur Kompetenzen in der Lernvermittlung, sondern auch Kenntnisse über häufig auftretende Komorbiditäten wie gesellschaftlich negativ abweichendes Verhalten oder besondere Schwierigkeiten beim Erwerb der Sprache, die den Bereich der Sprachheilpädagogik betreffen, verfügen (Ministerium für Schule, Wissenschaft und Forschung, 2002; Opp & Wenzel, 2002, S. 15; Wirges, 2002, S. 118).

Rutter belegte z. B. in einer Re-Evaluation der Isle of Wight Studie eine hohe Korrelation von Lese-Rechtschreib-Schwierigkeiten und Dissozialität (Rutter, 1989; Esser & Schmidt, 1993; Wheeler & Carlson, 1994, in Schröder & Wittrock, 2002, S. 18). Er schrieb der Schule dabei eine Katalysatorrolle bei der Manifestation von Entwicklungsstörungen zu.

Auf der anderen Seite müssen aber auch Ergebnisse der Resilienzforschung betrachtet werden, die den Schluss zulassen, dass Kinder in der Lage sind, protektive Faktoren zu aktivieren und negative Faktoren zum Teil zu nivellieren (Opp & Wenzel, 2002; Werner, 1999). Solche Ergebnisse müssen in der Lehrerausbildung integriert werden, da Lehrer den Schulalltag maßgeblich mit gestalten. „Sonderschullehrer ermöglichen Kindern mit Lernbehinderungen in ihrem Unterricht gezielt das Nachholen von für die Entwicklung unabdingbaren Wahrnehmungs-, Bewegungs- und Lernerfahrungen, die nichtbehinderte Kinder durch vorschulisches und außerschulisches Lernen in günstigeren Lebensumwelten eher beiläufig mitbringen. Sonderschullehrer schaffen als Experten für die basalen Entwicklungsbereiche die Grundlage für den individuellen Aufbau von Lern- und Handlungskompetenzen, die für eine selbstverantwortliche Lebensgestaltung im späteren Erwachsenenalter insbesondere im Bereich der Kulturtechniken erforderlich sind. Individuelle Stärken der Kinder erkennen und fördern sowie Schwächen abbauen und so Selbstvertrauen und Selbstwertgefühl anbahnen, ist dabei handlungsleitend. Ob innerhalb oder außerhalb des Rahmens von Ganztagsstrukturen kümmern sich die Sonderschullehrer nicht selten um existenzielle Grundversorgungen ihrer Schüler – schulisch wie außerschulisch übernehmen sie dabei oft die Funktion von Sozialarbeitern, die schon seit Jahren dringend als zusätzliches Personal angefordert werden" (Barth, 2005, S. 31).

7.6.3 Nachschulische bzw. berufsschulische Förderung

Eine besonders wichtige Aufgabe der Schule für Lernbehinderte bzw. Förderschule ist die Vorbereitung der Schülerinnen und Schüler auf nachschulische Anforderungen und berufliche Tätigkeiten. In den vergangenen Jahren und Jahrzehnten ist eine besondere Entwicklung im Bereich der Erwerbslosigkeit zu beobachten gewesen: Die negativen Entwicklungen auf dem Arbeitsmarkt haben in jüngerer Zeit zwar auch mittel und besser Qualifizierte betroffen, allerdings in geringerem Ausmaß. In einzelnen Berufssparten herrscht sogar nach wie vor ein relativ großes Überangebot an Stellen vor. Hingegen hat man im Bereich „einfacher" Tätigkeiten in Produktion, Lagerhaltung und Transport geradezu ein Wegbrechen an Arbeitsplätzen verzeichnen müssen. Es ist davon auszugehen, dass dieser Trend weiter anhält (Grünke & Leidig, im Druck). Für lernbehinderte Jugendliche ist diese Situation besonders prekär, da die mangelnde Aussicht auf ein die Existenz sicherndes Beschäftigungsverhältnis der schulischen Leistungsmotivation nicht gerade zuträglich sein dürfte. Diese Ausgangslage stellt besonders hohe Anforderungen an eine schulische Vorbereitung auf die Arbeitswelt, da sie eine hohe Anstrengungsbereitschaft bei den Beteiligten wecken muss, um wenigstens die wenigen Chancen auf einen Ausbildungsplatz bzw. eine spätere Anstellung wahrnehmen zu können. Gleichzeitig ist aber auch eine Vorbereitung auf ein Leben ohne reguläre Arbeit vorzusehen (Duismann, 2004).

Ungeachtet aller Schwierigkeiten ist das Ziel einer Integration in die Arbeitswelt stets als vordringlich anzusehen. Es ist originäre Aufgabe der Schule, zur Berufsreife zu führen. Wenn momentan auch ein gravierendes Stellendefizit im Bereich einfacher Tätigkeiten vorherrscht, so darf dies nicht dazu führen, Jugendliche mit Lernbehinderungen in ihrer Vorbereitung auf ein Beschäftigungsverhältnis nicht mehr gezielt zu unterstützen und sie „aus dem Rennen zu nehmen" (Grünke, 2006a).

Im Zusammenhang mit der Frage nach einer besonders wirksamen Berufsvorbereitung während der Schule ist v. a. der Bezug zu den realen Bedingungen des allgemeinen Arbeitsmarktes anzuführen. Je früher und intensiver lernbeeinträchtigte junge Menschen an die Anforderungen des „realen" Berufslebens herangeführt werden, umso eher können sie diesen später auch gerecht werden (Troltsch, Laszlo, Bardeleben & Ulrich, 1999). Im schulischen Kontext können diese Bedingungen nur näherungsweise simuliert werden. Eine geeignete Möglichkeit hierzu scheinen Schülerfirmen zu sein, bei denen es sich um pädagogische Projekte mit „Ernstcharakter" handelt. Die Jugendlichen planen, produzieren und verkaufen reale Produkte (z. B. selbst hergestelltes Holzspielzeug) oder bieten reale Dienstleistungen (z. B. Fahrradreparaturen) an. Lehrkräfte übernehmen hierbei häufig die Rolle eines Unternehmensberaters (Stein, 2003). Weitere wichtige Mittel zur möglichst wirklichkeitsnahen Vorbereitung auf die Berufswelt sind Arbeitsplatzerkundungen und Betriebspraktika. Beide erleichtern die Berufsorientierung. Betriebspraktika scheinen darüber hinaus die Chancen auf eine spätere berufliche Tätigkeit enorm zu erhöhen (Grünke, 2006b).

7.7 Pädagogisch-therapeutische Interventionen

Eine besondere Bedeutung beim Lernen kommt der Strategienutzung und der Verfügbarkeit metakognitiver Kompetenzen zu (Klauer & Leutner, 2007). Ein Training dieser Fertigkeiten kann zu deutlichen Leistungsverbesserungen führen (Klauer & Lauth, 1997).

Dementsprechend geht es in der Lernbehindertenpädagogik um die Frage: Bei welchem Kind bedarf es besonderer, über das allfällige Maß hinausgehender pädagogischer Hilfe, damit das Kind seine eigenen Potenziale entwickeln sowie den Lern- und Leistungsanforderungen seiner Lebenswelt entsprechen kann. Ein erster guter Überblick zu einer Reihe wichtiger Trainingsmethoden ist bei Lauth, Grünke und Brunstein (2004) zu finden, auch wenn einige Ansätze eher den Lernproblemen von Schülern aus allgemeinen Schulen zuzuordnen sind.

Grundsätzlich gilt vor dem Einsatz von Trainingsmethoden, deren Effektivität zu überprüfen. Langfeldt (2003, 2006) fand heraus, dass dies nur bei wenigen Trainingsverfahren sicher gestellt ist. Exemplarisch seien hier zwei effektive Programme genannt. Als gut evaluiertes Trainingsmaterial im Sinne von Prävention für den Bereich der Lese-Rechtschreibschwäche kann hier auf die Materialien von Küspert und Schneider (2001) sowie Plume und Schneider (2004) verwiesen werden.

Als besonders effektiv im Blick auf die Förderung der kognitiven Fähigkeiten hat sich das Denktraining nach Klauer (1989, 1991, 1993, 2004) erwiesen. Bei diesem *lernbegleitenden* bzw. *lernergänzenden* Training konnten empirisch signifikante Transfer- und Langzeitwirkungen auf die Bewältigung von schulischen Inhalten festgestellt werden – und zwar in unterschiedlichsten Schulformen, Fächern und Altersbereichen und dies auch noch in relativ kurzer Zeit. Das Material gilt somit als das bisher am besten evaluierte Trainingsmaterial zur Förderung des Denkens. Nachdem die Wirksamkeit dieses Konzeptes inzwischen außer Frage steht, ist es für die Entwicklung zukünftiger Förderkonzepte bedeutsam zu fragen, welche Prinzipien es sind, die dieses Konzept so erfolgreich machen und ob/wie sich diese für den Unterricht erfolgreich einsetzen lassen.

Denn das besondere Ziel des Förderschwerpunkts Lernen (FSL) muss es sein, insbesondere die kognitiven Fähigkeiten von Risikokindern bestmöglichst (präventiv) zu fördern, unbeschadet der Förderung der individuellen Persönlichkeitsentwicklung.

7.8 Textfragen zur Verständniskontrolle

1. In welchen Bereichen können sich die besonderen Probleme von „Lernbehinderungen" zeigen?
2. Welche Kriterien legt eine normorientierte Definition von „Lernbehinderung" zu Grunde?
3. Welche Präventionsmöglichkeiten stehen der Frühförderung zur Förderung protektiver Faktoren im Förderschwerpunkt Lernen zur Verfügung?
4. Welche besonderen Probleme haben Schüler im Förderschwerpunkt Lernen bei der Bearbeitung von kognitiven Aufgaben?
5. Wer sollte die Diagnostik im Förderschwerpunkt Lernen durchführen und welche Bereiche sollten hierbei beachtet werden?
6. Mit welchen Interventionsmethoden lassen sich Lernprobleme erfolgreich angehen, mit welchen kaum oder gar nicht?
7. Welche Vorteile bietet die Methode der direkten Instruktion für Schüler im Förderschwerpunkt Lernen?
8. Was versteht man unter adaptivem Unterricht?
9. Gibt es eine Ausbildung zum Förder- bzw. Sonderschullehrer nur in der Bundesrepublik Deutschland?
10. An welchen Förderorten können sonderpädagogische Förderungen für Schüler im Förderschwerpunkt Lernen durchgeführt werden?
11. Welche Bedingungen müssen erfüllt sein, damit eine schulisch integrative Förderung erfolgreich durchgeführt werden kann und was gilt es unbedingt zu verhindern?
12. Was ist im berufsvorbereitenden Unterricht eine gute Möglichkeit, Schüler auf den Ernstcharakter des späteren beruflichen Lebens vorzubereiten?
13. Was ist das Ziel eines Schulprogramms?

7.9 Literatur

Arnold, K.-H. & Kretschmann, R. (2002). Förderdiagnostik, Förderplan und Förderkontrakt: Von der Eingangsdiagnose zu Förderungs- und Fortschreibungsdiagnose. *Zeitschrift für Heilpädagogik, 7*, 266-271.

Avenarius, H.(2007). Schulische Eigenverantwortung und Qualitätssicherung. Schulverwaltung. *Zeitschrift für Schulleitung und Schulaufsicht. SchVwNRW, 18*, 2-4.

Barth, G. (Hrsg.)(2005). *Jugendliche in Krisen. Über den Umgang mit Schulverweigerern.* Baltmannsweiler: Schneider Verlag Hohengehren.

Biermann, A. & Goetze, H. (2005). *Sonderpädagogik: Eine Einführung.* Stuttgart: Kohlhammer.

Bless, G. (1995). *Zur Wirksamkeit der Integration. Forschungsüberblick, praktische Umsetzung einer integrativen Schulform, Untersuchungen zum Lernfortschritt.* Bern: Haupt.

Bless, G. & Schleenbecker, K. (2007). Die Effekte von Sonderunterricht und Gemeinsamem Unterricht auf die Entwicklung von Kindern mit Lernbehinderungen. In J. Walter & F. Wember (Hrsg.), *Sonderpädagogik des Lernens; Reihe Handbuch Sonderpädagogik, Band 2.* Göttingen: Hogrefe (im Druck).

Borchert, J. (1996). *Pädagogisch-therapeutische Interventionen bei sonderpädagogischem Förderbedarf.* Göttingen: Hogrefe.

Borchert, J. (2006). Aufbau von Lern- und Leistungsmotivation in der Schule. *Heilpädagogische Forschung, 32,* 191-203.

Bos, C. S. & Vaughn, S. (2006). *Strategies for Teaching Students with Learning and Behavior Problems (6th Edition).* Boston: Pearson Education.

Brandtstädter, J. (1982). Prävention von Lern- und Entwicklungsproblemen im schulischen Bereich. In J. Brandtstädter & A. Eye (Hrsg.), *Psychologische Prävention. Grundlagen, Programme, Methoden* (S.275-302). Bonn: Huber.

Breitenbach, E. (1999). Wie frei sind die Bahnen? Edu-Kinestetik aus empirischer Sicht. In D. Schmetz & P. Wachtel (Hrsg.), *Entwicklungen, Standorte, Perspektiven. Sonderpädagogischer Kongress 1998* (S.195-203). Würzburg: Verband Deutscher Sonderschulen.

Bronfenbrenner, U. (1974). *Wie wirksam ist kompensatorische Erziehung?* Stuttgart: Klett.

Brunsting, M. (2005). Lernbehinderung – behindertes Lernen. In H. Dohrenbusch, L. Godenzi & B. Boveland (1999), *Differentielle Heilpädagogik* (S.253-280). Luzern: Schweizerische Zentralstelle für Heilpädagogik.

Büttner, G. (2004). Lernen und Lernschwierigkeiten aus pädagogisch-psychologischer Perspektive: Zur Bedeutung von Vorwissen, Metakognition und strategischen Kompetenzen. In F. Dammasch & D. Katzenbach (Hrsg.), *Lernen und Lernstörungen bei Kindern und Jugendlichen. Zum besseren Verstehen von Schülern, Lehrern, Eltern und Schule* (S. 55-81). Frankfurt: Brandes & Apsel.

Caplan, G. (1964). *Principles of preventive psychiatry.* New York: Basic Books.

Deutsches Institut für medizinische Dokumentation und Information, DIMDI (Hrsg.)(2004). *Internationale Klassifikation der Funktionsfähigkeit, Behinderung und Gesundheit.* Köln: DIMDI.

Deutsches PISA-Konsortium (Hrsg.). *PISA 2001. Basiskompetenzen von Schülerinnen und Schülern im internationalen Vergleich.* Opladen: Leske+Budrich.

Dinges, E. (2002). *Systematische Beurteilung und Förderung schulischer Leistungen*. Horneburg: Persen.

Dinges, E. & Worm, L.(2006). *Trainingsprogramm zur Steigerung der Lesekompetenz – ab Klasse 5*. Horneburg: Persen.

Duismann, G.H. (2004). Ist Arbeit noch die zentrale Kategorie unseres Lebens? Arbeit bleibt die zentrale Kategorie unseres Lebens! *Sonderpädagogische Förderung, 49,* 74-87.

Esser, G. & Schmidt, M. (1993). Die langfristige Entwicklung von Kindern mit Lese-Rechtschreibschwäche. *Zeitschrift für Klinische Psychologie, 22,* 100-116.

GG: Grundgesetz für die Bundesrepublik Deutschland. Vom 23.5.1949 (BGBl. I S. 1) zuletzt geändert durch Gesetz vom 28.8.2006 (BGBl. I S. 2034) m.W.v. 1.9.2006.

Glaser, C. & Brunstein, J.C. (2004). Underachievement. In G. W. Lauth, M. Grünke & J. C. Brunstein (Hrsg.), *Interventionen bei Lernstörungen: Förderung, Training und Therapie in der Praxis* (S. 24-33). Göttingen: Hogrefe.

Goetze, H. (2001). Prävention. In G. Antor & U. Bleidick (2001), *Handlexikon der Behindertenpädagogik: Schlüsselbegriffe aus Theorie und Praxis* (S. 86-88). Stuttgart: Kohlhammer.

Greisbach, M. (2004). Aufbau von Rechtschreibkenntnissen. In G. W. Lauth, M. Grünke & J. C. Brunstein (Hrsg.), *Interventionen bei Lernstörungen: Förderung, Training und Therapie in der Praxis* (S. 329-337). Göttingen: Hogrefe.

Grünke, M. (2004). Lernbehinderung. In G. W. Lauth, M. Grünke & J. C. Brunstein (Hrsg.), *Interventionen bei Lernstörungen: Förderung, Training und Therapie in der Praxis* (S. 65-77). Göttingen: Hogrefe.

Grünke, M. (2006a). Berufliche Rehabilitation. In G. Hansen & R. Stein (Hrsg.), *Kompendium Sonderpädagogik* (S. 138-151). Bad Heilbrunn: Klinkhardt.

Grünke, M. (2006b). An evaluation of a supported employment program for adolescents with serious learning difficulties in Germany. In G. Sideridis & D. Scanlon (Eds.), A *Multidisciplinary Approach to Learning Disabilities: Integrating Education, Motivation, and Emotions* (pp. 104-115). Weston, MA: LDW.

Grünke, M & Hintz (im Druck). Frühförderung und Prävention zur Vermeidung gravierender Lernschwierigkeiten. In C. Leyendecker (Hrsg.), *Gemeinsam Handeln statt Behandeln: Aufgaben und Perspektiven der Komplexleistung Frühförderung*. München: Reinhardt.

Grünke, M. & Leidig, T. (im Druck). Der Übergang Schule-Beruf bei Personen mit Förderbedarf. In J. Walter & F. Wember (Hrsg.), *Handbuch der Pädagogik und Psychologie bei Behinderungen: Förderschwerpunkt Lernen*. Göttingen: Hogrefe.

Hansen, G. (2006). Frühförderung. In G. Hansen & R. Stein (Hrsg.), *Kompendium Sonderpädagogik* (S. 222-234). Bad Heilbrunn: Klinkhardt.

Hartke, B. (2002). Offener Unterricht – ein überbewertetes Konzept? *Sonderpädagogik, 32*, 127-139.

Hartke, B. (2003). Offener Unterricht bei besonderem Förderbedarf. In A. Leonhardt & F. Wember (Hrsg.), *Grundfragen der Sonderpädagogik. Bildung, Erziehung, Behinderung* (S. 770-790). Berlin: Luchterhand.

Hartke, B. & Borchert, J. (2003). Förderung von Unterrichtsbeteiligung. In G. W. Lauth, M. Grünke & J. C. Brunstein (Hrsg.), *Interventionen bei Lernstörungen: Förderung, Training und Therapie in der Praxis* (S. 116-123). Göttingen: Hogrefe.

Hiller, G.G. (1997). *Ausbruch aus dem Bildungskeller-Pädagogische Provokationen* (4. Aufl.). Langenau-Ulm: Vaas.

Julius, H. & Prater, M.A. (1996). Der aktuelle Terminus: Resilienz. *Sonderpädagogik, 26*, 228-235.

Kanter, G. O. (1977). Lernbehinderungen und die Personengruppe der Lernbehinderten. In G.O. Kanter & O. Speck (Hrsg.), *Pädagogik der Lernbehinderten: Handbuch der Sonderpädagogik, Band 4* (S. 34-64). Berlin: Marhold.

Kanter, G.O. (1998a). Von den generalisierenden Prinzipien der Hilfsschuldidaktik/-methodik zur konzeptgebundenen Lernförderung. In M. Greisbach, U. Kullik & E. Souvignier (Hrsg.), *Von der Lernbehindertenpädagogik zur Praxis schulischer Lernförderung* (S. 9-22.). Lengerich: Pabst.

Kanter, G. (1998b). *Sonderpädagogik: Weiterentwicklung im Bereich der Lernbehindertenpädagogik*. Hagen: Fern Universität Gesamthochschule Hagen.

Kanter, G. (2001). Lernbehinderung, Lernbehinderte, Lernbehindertenpädagogik. In G. Antor & U. Bleidick. *Handlexikon der Behindertenpädagogik: Schlüsselbegriffe aus Theorie und Praxis* (S. 119-124). Stuttgart: Kohlhammer.

Klauer, K.-J. (1989). *Denktraining für Kinder I*. Göttingen: Hogrefe.

Klauer, K.-J. (1991). *Denktraining für Kinder II*. Göttingen: Hogrefe.

Klauer, K.-J. (1993). *Denktraining für Jugendliche*. Göttingen: Hogrefe.

Klauer, K.-J. (1999). Zur Neuordnung der Sonderschullehrerausbildung. In Materialband zum Abschlussbericht der von der Kultusministerkonferenz eingesetzten Kommission: Perspektiven der Lehrerbildung in Deutschland (S. 45-56). Bonn 1999. Nachdruck in *Zeitschrift für Heilpädagogik, 2001, 51* (1), 33-37.

Klauer, K.-J. (2001). *Handbuch kognitive Förderung*. Göttingen: Hogrefe.

Klauer, K.-J. (2004). Förderung des induktiven Denkens und Lernens. In G. W. Lauth, M. Grünke & J. C. Brunstein (Hrsg.), *Interventionen bei Lernstörungen: Förderung, Training und Therapie in der Praxis* (S. 187-196). Göttingen: Hogrefe.

Klauer, K.-J. (im Druck). Lehrmethoden 3: Das Lernen lehren. In K.-J. Klauer & D. H. Leutner (Hrsg.), *Empirische Lehr-Lern-Forschung. Eine Einführung in die Instruktionspsychologie* (S. 161- 182). Göttingen: Hogrefe.

Klauer, K.-J. (2006). Erfassung des Lernfortschritts durch curriculumbasierte Messung. *Heilpädagogische Forschung, 32,* 16-26.

Klauer, K.-J. & Lauth, G. W. (1997). Lernbehinderungen und Leistungsschwierigkeiten bei Schülern. In F. E. Weinert (Hrsg.), *Psychologie des Unterrichts und der Schule: Enzyklopädie der Psychologie, Band 3* (S. 701-738). Göttingen: Hogrefe.

Klauer, K.-J. & Leutner, D.-H. (2007). *Empirische Lehr- Lern- Forschung.* Göttingen: Hogrefe.

Klein, G. (2001). Sozialer Hintergrund und Schullaufbahn von Lernbehinderten 1969 und 1997. *Zeitschrift für Heilpädagogik, 52,* 51 – 61.

Klein, G. (2002). *Frühförderung für Kinder mit psychosozialen Risiken.* Stuttgart: Kohlhammer.

Kornmann, R., Burgard, P. & Eichling, H. M. (1999). Zur Überrepräsentation von ausländischen Kindern und Jugendlichen in Schulen für Lernbehinderte. *Zeitschrift für Heilpädagogik, 3,* 106-109.

Kornmann, R. & Schnattinger, C. (1989). Sonderschulüberweisungen ausländischer Kinder, Bevölkerungsstruktur und Arbeitsmarktlage. Oder: Sind Ausländerkinder in Baden-Württemberg „dümmer" als Sonstwo? *Zeitschrift für Sozialisationsforschung und Erziehungssoziologie, 9,* 195-203.

Krause, M. P. (2003). Zur Frage der Wirksamkeit von Frühförderung. *Kindheit und Entwicklung 12,* 35-43.

Kullik, U. (2000). Lernbehinderungen. In J. Borchert (Hrsg.), *Handbuch der Sonderpädagogischen Psychologie* (S.857-868). Göttingen: Hogrefe.

Kullik, U.(2004a). Computerunterstützte Rechentrainingsprogramme. In G. W. Lauth, M. Grünke & J. C. Brunstein (Hrsg.), *Interventionen bei Lernstörungen: Förderung, Training und Therapie in der Praxis* (S. 329-337). Göttingen: Hogrefe.

Kullik, U.(2004b). Computerunterstützte Rechtschreibprogramme. In G. W. Lauth, M. Grünke & J. C. Brunstein (Hrsg.), *Interventionen bei Lernstörungen: Förderung, Training und Therapie in der Praxis* (S. 320-328). Göttingen: Hogrefe.

Kultusministerkonferenz (2007a). *Empfehlungen zur sonderpädagogischen Förderung in den Schulen der Bundesrepublik Deutschland: Beschluss der Kultusministerkonferenz vom 06.05.1994.* URL http://nibis.ni.schule.de/~infosos/kmk-1994.htm (09. Februar 2007).

Kultusministerkonferenz (2007b). *Empfehlungen zum Förderschwerpunkt Lernen: Beschluss der Kultusministerkonferenz vom 01.10.1999.* URL http://www.kmk.org/doc/beschl/sopale.pdf (09. Februar 2007).

Küspert, P. & Schneider, W. (2001). *Hören, lauschen, lernen – Sprachspiele für Kinder im Vorschulalter* (3.Aufl.). Göttingen: Vandenhoeck & Ruprecht.

Kutzer, R. (1999). Überlegungen zur Unterrichtssituation im Sinne strukturorientierten Lernens. In H. Probst (Hrsg.), *Mit Behinderungen muss gerechnet werden. Der Marburger Beitrag zur lernprozessorientierten Diagnostik, Beratung und Förderung* (S. 15-69). Solms: Jarick.

Langfeldt, H.-P. (Hrsg.) (2003). *Trainingsprogramme zur schulischen Förderung.* Weinheim: Beltz.

Langfeldt, H.-P. (Hrsg.) (2006). *Psychologie für die Schule.* Weinheim: Beltz.

Lauth, G. W. (2000). Lernbehinderung. In J. Borchert (Hrsg.), *Handbuch der sonderpädagogischen Psychologie* (S. 21-31). Göttingen: Hogrefe.

Lauth, G. W., Grünke, M. & Brunstein J. C. (Hrsg.) (2004). *Interventionen bei Lernstörungen: Förderung, Training und Therapie in der Praxis.* Göttingen: Hogrefe.

Lücke-Deckert, G. (2004). Länderbericht Nordrhein-Westfalen. *Zeitschrift für Heilpädagogik, 55,* 159-161.

Marx, H. (1998). *Knuspels Leseaufgaben (KNUSPEL-L).* Göttingen: Hogrefe.

Masendorf, F. (1997). *Experimentelle Sonderpädagogik. – Ein Lehrbuch zur angewandten Forschung.* Weinheim: Beltz.

Meijer, C.J.W. & Walter-Müller, P. (Ed.)(2003). *Inclusive Education and Classroom Practices. European Agency for Development in Special Needs Education.* www.european-agency.org (22. 2. 07).

Mercer, C.D. & Mercer, A.R. (2006), *Teaching Students with Learning Problems* (6th ed). New Jersey: Prentice-Hall.

Meschenmoser, H. (2002). *Lernen mit Multimedia und Internet.* Baltmannsweiler: Schneider Verlag Hohengehren.

Michaelis, R. (2002). Interdisziplinäre Beiträge der Kinderneurologie zur Frühförderung. In C. Leyendecker & T. Horstmann (Hrsg.), *Große Pläne für kleine Leute* (S. 24-30). München: Reinhardt.

Ministerium für Schule, Wissenschaft und Forschung des Landes Nordrhein-Westfalen (2002). *Richtlinien für die Schule für Lernbehinderte (Sonderschule) in Nordrhein-Westfalen.* Frechen: Ritterbach Verlag.

Moog, W. & Moog, S.E. (1972). *Die entwicklungspsychologische Bedeutung von Umweltbedingungen im Säuglings- und Kleinkindalter.* Berlin: Marhold.

Nougaret, A.A., Scruggs T.E. & Mastropieri, M.A. (2005). Does teacher education produce better special education teachers? *Exceptional Children, 71,* 217-229.

Nußbeck, S. (2006). Prävention und Therapie. In G. Hansen & R. Stein (2006), *Kompendium Sonderpädagogik* (S. 319-331). Bad Heilbrunn.

Obolenski, A. (2001). *Integrationspädagogische Lehrerinnen- und Lehrerbildung: Grundlagen und Perspektiven für „eine Schule für alle".* Bad Heilbrunn: Klinkhardt.

Oerter, R. (1995). Kindheit. In R. Oerter & L. Montada (Hrsg.), *Entwicklungspsychologie* (S. 249-309). Weinheim: Psychologie Verlags Union.

Opp, G. & Wenzel, E. (2002). Eine neue Komplexität kindlicher Entwicklungsstörungen – Ko-Morbidität als Schulproblem. In U. Schröder & M.Wittrock (Hrsg.), *Lernbeeinträchtigung und Verhaltensstörung: Konvergenzen in Theorie und Praxis* (S. 15-23). Stuttgart: Kohlhammer.

Pianta, R. C. (1990). Widening the debate on educational reform: Prevention as a viable alternative. *Exceptional Children, 56*(4), 306-313.

Plume, E. & Scheider, W. (2004). *Hören, lauschen, lernen 2. – Spiele mit Buchstaben und Lauten für Kinder im Vorschulalter.* Göttingen: Vandenhoeck & Rupprecht.

Pressley, M., Borkowski, J.G. & Schneider, W. (1987). Cognitive strategies: Good strategy users coordinate metacognition and knowledge. In R. Vasta & G. White (Eds.), *Annals of Child Development* (pp. 89-129). Greenwich, CT: JAI Press.

Raven,J.C.; Dt. Bearbeitung Bulheller, S. & Häcker, H.(2002).*CPM. Coloured Progressive Matrices* (3.neu normierte Aufl.). Weinheim: Beltz.

Rheinberg, F. & Krug, S. (1999). *Motivationsförderung im Schulalltag.* Göttingen: Hogrefe.

Rolff, H.-G., Buhren, C.B., Lindau-Bank & Müller, S. (2000). *Manual Schulentwicklung. Handlungskonzept zur pädagogischen Schulentwicklungsberatung.* Weinheim: Beltz.

Rosenberg, M.S. & Edmond-Rosenberg, I. (1994). *The special education sourcebook: a teacher´s guide to programs, materials and information sources.* USA: Woodbine Hopuse, Inc.

Rutter, M. (1989). Isle of Wight revisited: Twenty-five years of child psychiatric epidemiology. *Journal of the American Academy of Child and Adolescent Psychiatry, 28,* 633-655.

Runow, V. & Borchert, J. (2003). Effektive Interventionen im sonderpädagogischen Arbeitsfeld: Ein Vergleich zwischen Forschungsbefunden und Lehrereinschätzungen. *Heilpädagogische Forschung, 29,* 189-203.

Sander, E. (2000). Lernschwierigkeiten. In J. Borchert (Hrsg.), Handbuch der Sonderpädagogischen Psychologie (S. 690-703). Göttingen: Hogrefe.

Schlag, B. (1995). *Lern- und Leistungsmotivation.* Opladen: Leske+Budrich.

Schmutzler, H. J. (1994). *Handbuch heilpädagogisches Grundwissen.* Freiburg: Herder.

Schratz, M. (2003). *Qualität sichern – Schulprogramme entwickeln.* Seelze: Kallmeyer.

Schröder, U. (2005). *Lernbehindertenpädagogik. Grundlagen und Perspektiven sonderpädagogischer Lernhilfe.* Stuttgart: Kohlhammer.

Schröder, U. & Wittrock, M. (Hrsg.), *Lernbeeinträchtigung und Verhaltensstörung: Konvergenzen in Theorie und Praxis* (S. 15-23). Stuttgart: Kohlhammer.

Schuhmacher, U. (2007). Sprachförderung muss so früh wie möglich beginnen. Neue Wege in Nordrhein-Westfalen. *Schulverwaltung. Zeitschrift für Schulleitung und Schulaufsicht. SchVwNRW, 18,* 28-29.

Seligman, M E.P. (1975). *Helplessness: On depression, development, and death.* San Francisco, CA: Freeman and Company.

Slavin, R. E. (2000). *Educational Psychology: Theory and Practice (6th Edition).* Needham Heights: Allyn & Bacon.

Strathmann, A. (1992). Lernprozeßanalyse und Konsequenzen für die Lernförderung. *Heilpädagogische Forschung, 18,* 132-142.

Strathmann, A. (1999). Denktraining bei Lernbehinderten: Transferiert es auf Intelligenz und Lernen? *Heilpädagogische Forschung, 25,* 129-139.

Strathmann, A. (2003). Lehrer-Schüler-Interaktion bei Lernerfolg. In A. Ricken, A. Fritz & C. Hofmann (Hrsg.), *Diagnose: Sonderpädagogischer Förderbedarf* (S. 192-206). Lengerich: Pabst.

Strathmann, A. & Uhlenbruck, K.(2006). Kann man der Wissenschaft glauben schenken oder woher haben Sie Ihr Wissen? Playdoyer für eine theoriegeleitete, empirisch orientierte Literaturrecherche. *Sonderpädagogik, 36,* 26-31.

Strathmann, A. (in press). On the effects of a strategy training with emotionally challenged and non labeled students. *Learning Disabilities: A Contemporary Journal.*

Troltsch, K., Laszlo, A., Bardeleben, R. v. & Ulrich, J. (1999). *Jugendliche ohne Berufsausbildung: Eine BiBB/EMNID-Untersuchung.* Bonn: Bundesinstitut für Berufsbildung

Verband Sonderpädagogik e. V. (Hrsg.) (2003). *Positionspapier zum Gemeinsamen Unterricht mit behinderten und nicht behinderten Kindern und Jugendlichen.* Bad Heilbrunn: Klinkhardt.

Walter, J. (2002). „Einer flog übers Kuckucksnest" oder welche Interventionsformen erbringen im sonderpädagogischen Feld welche Effekte? *Zeitschrift für Heilpädagogik, 53,* 442-450.

Waniek, D. (1999). Überlegungen zum Konzept einer lernprozeßorientierten Diagnostik und Didaktik und seiner Bedeutung im elementaren Mathematikunterricht. In H. Probst (Hrsg.), *Mit Behinderungen muss gerechnet werden. Der Marburger Beitrag zur lernprozessorientierten Diagnostik, Beratung und Förderung* (S. 70-104). Solms: Jarick.

Weiß, R.H. & Osterland, J. (1997). *CFT1.Grundintelligenztest Skala 1* (5. rev.Aufl.). Braunschweig: Westermann.

Wellenreuther, M. (2007). *Lehren und Lernen – aber wie?* (3. unveränd. Aufl.). Baltmannsweiler: Schneider.

Wember, F. B. (1999). *Besser Lesen mit System.* Neuwied: Luchterhand.

Wember, F. (2000). Kompensatorische Erziehung. In J. Borchert (Hrsg.), *Handbuch der sonderpädagogischen Psychologie* (S. 314-324). Göttingen: Hogrefe.

Wember, F. B. (2001). Adaptiver Unterricht. *Sonderpädagogik, 31,* 161-181.

Werner, E. E. & Smith, R. S. (1982). *Vulnerable but invincible: A longitudinal study of resilient children and youth.* New York: McGraw-Hill.

Werner, E.E. (1999). Entwicklung zwischen Risiko und Resilienz. In G. Opp, M. Fingerle & A. Freytag (Hrsg.), *Was Kinder stärkt: Erziehung zwischen Risiko und Resilienz* (S. 25-36). München: Reinhardt.

Werning, R., Balgo, R. & Palmowski, W. (Hrsg.) (2002). Sonderpädagogik. Lernen, Verhalten, Sprache, Bewegung und Wahrnehmung. München: Oldenbourg.

Werning, R. & Lütje-Klose, B. (2003). *Einführung in die Lernbehindertenpädagogik.* München: Reinhardt.

Wheeler, J. & Carlson, C.L. (1994). The social functioning of children with ADD with hyperactivity and ADD without hyperactivity. *Journal of Emotional and Behavioral Disorders, 2,* 2-12.

WHO (1993). *Weltgesundheitsorganisation: Internationale Klassifikation psychischer Störungen – ICD-10* (2. Aufl.). Bern: Huber.

Wirges, K. (2002). Förderschule: Ein neues Modell sonderpädagogischer Förderung. *Zeitschrift Schulverwaltung, 13,* 118-119.

Zimbardo, P.G. & Gerrig, R.J. (2006). *Psychologie* (16. Aufl.). München: Pearson Studium.

8 Sprachstörungen

Bernd Hansen und Hildegard Heidtmann

8.1 Vorbemerkung

In den folgenden Ausführungen wird aus Gründen der Praktikabilität häufig die zusammenfassende Bezeichnung „Sprachstörungen" oder „Sprach- und Kommunikationsstörungen" benutzt. Gemeint ist damit das gesamte Spektrum der Sprach-, Sprech-, Hör-, Stimm-, Schluck- und Kommunikationsstörungen. Da dieses sehr umfangreich ist, wird ein Schwerpunkt auf Sprach- und Kommunikationsstörungen im Zusammenhang mit dem Spracherwerb liegen.

8.2 Einführung in die Thematik

Wenn hier die Bezeichnung „Sprachheilpädagogik" gewählt und im Folgenden verwendet wird, so vor allem deswegen, weil sie „traditionell" (Baumgartner, 2004, S. 142), kurz, prägnant und leicht verstehbar ist. Zu unterscheiden ist zwischen zwei unterschiedlichen Studiengängen: 1. das Lehramtsstudium Sonderpädagogik mit der Fachrichtung Sprachheilpädagogik und 2. ein (zehnsemestriges) Diplom- oder Magisterstudium mit entsprechendem Schwerpunkt (Sprachtherapeutische Kompetenz). Für sprachdiagnostische und sprachtherapeutische Tätigkeiten zuständig sind u. a. auch Logopädinnen, deren Ausbildung an speziellen Fach(hoch)schulen erfolgt. Seit ca. 1980 hat sich das Handlungsfeld der Sprachtherapie in Deutschland deutlich erweitert. Als Berufsgruppen sind neben Diplom-Sprachheilpädagoginnen und Logopädinnen auch Atem-, Sprech- und Stimmlehrerinnen, Klinische Sprechwissenschaftlerinnen, Klinische Linguistinnen und Patholinguistinnen tätig. Es bleibt abzuwarten, welche Konsequenzen und Veränderungen sich für die Ausbildung im Zusammenhang mit den neuen Bachelor- und Master-Studiengängen ergeben.

Je nach zugrundeliegendem Konzept wird die Fachdisziplin der Sprachheilpädagogik unterschiedlich definiert und interpretiert. Braun (2006, S. 28) schreibt: „Die Sprachheilpädagogik als eigenständige Disziplin der Pädagogik hat sich um die Jahrhundertwende etabliert und seitdem in einer wechselvollen geschichtlichen Entwicklung zu einem vielfältigen Wissenschaftsgebiet entfaltet, das sich für Theorie und Praxis der Erziehung, Bildung und sprachtherapeutischen Behandlung von Kindern und Jugendlichen mit Sprachstörungen als zuständig ansieht." Wir erweitern diese Sichtweise und verstehen die Sprachheilpädagogik als alters-, behinderungs-, störungssyndrom- und institutionenunabhängig. „Altersunabhängig" bedeutet, dass Zielgruppe der Sprachheilpädagogik Säuglinge, Kinder, Jugendliche und Erwachsene sind, bei denen eine Sprachstörung vorliegt. „Behinderungsunabhängig" meint: Die Sprachheilpädagogik ist zuständig für alle Menschen mit Sprach- und Kommunikationsstörungen, also z. B. auch für Menschen mit motorischen Behinderungen und Sprachstörungen, für Menschen mit geistigen Behinderungen und Sprachstörungen, für Menschen, die unterstützt kommunizieren, für Menschen, die schweigen etc. „Störungssyndromunabhängig" meint, dass nicht Klassifikationen und Kategorisierungen im Mittelpunkt stehen (wie z. B. bei der Spezifischen Sprachentwicklungsstörung und dem Ausschluss von Kindern, die geistig behindert sind bzw. kognitive Einschränkungen aufweisen), sondern sprachlich-kommunikative Kompetenzen und Schwierigkeiten beschrieben werden. „Institutionenunabhängig" bedeutet, dass nicht von den Einrichtungen (Sprachheilschulen, Förderzentren, Grundschulen, Kliniken etc.) her zu denken ist, sondern professionelle Tätigkeiten und Tätigkeitsfelder relevant sind. Lediglich deren Ausführung kann institutionellen Grenzen unterliegen. Tätigkeitsfelder von Sprachheilpädagoginnen sind Erziehung und Bildung, Prävention, Diagnostik, Beratung, Therapie und Förderung, Kooperation, Supervision, Unterricht (für Lehrerinnen) und Forschung. Handlungsfelder sind Institutionen wie Kliniken, Heime, Frühfördereinrichtungen, Kindertagesstätten, sämtliche schulische Einrichtungen, sprachtherapeutische Praxen usw.

Sprachheilpädagogik war und ist eine pädagogische und transdisziplinäre Fachdisziplin. Als pädagogische Disziplin partizipiert sie von den Erkenntnissen der Pädagogik. Pädagogik bzw. Sprachheilpädagogik beschäftigt sich mit der Theorie und Praxis von Erziehung und Bildung. Bildung wird verstanden als Selbst-Tätigkeit des Kindes zur Aneignung von Welt (vgl. Laewen, 2002). „Gegenstand" der Pädagogik sind Menschen. Für uns ist die Pädagogik eine Beziehungs- und Wertewissenschaft. Da es in der Sprachheilpädagogik um die Interaktion mit Menschen geht, ist das zugrundeliegende Menschenbild zu explizieren (vgl. auch Mutzeck, 2002). Von uns (vgl. Hansen & Heidtmann, 2001) wird der Mensch als autonomes und soziales Wesen gesehen. Die Würde eines jeden Menschen ist an sich gegeben, jeder Mensch ist wertvoll an sich, und Leben ist sinnvoll. Der Mensch ist ein ganzheitliches Wesen, das die Fähigkeiten zum Erkennen, Denken, Fühlen, Verbalisieren, Kommunizieren und Handeln besitzt. Der Mensch ist nicht „sich verhaltendes Lebewesen", sondern aktives Wesen und handelndes Subjekt, er lebt bewusst sowie zielgerichtet und ist in der Lage, zu wählen, zu entscheiden und zu reflektieren. Als soziales Wesen wünscht er Kontakt und Kommunikation mit anderen Menschen. Beziehungen zwischen Menschen beruhen auf Vertrauen. Wie z. B. Rogers (1978) gehen wir davon aus, dass jedes Individuum in sich selbst ein ungeheures Potential zum Wachstum, zur Selbsterkenntnis, zur Entwicklung und Veränderung seines Handelns trägt und dass dieses Potential freigesetzt werden kann, „wenn es nur gelingt, ein definierbares Klima förderlicher Einstellungen zu schaffen" (Rogers, 1978, S. 17). Kinder lernen eigen-aktiv und Lernen basiert auf einer vertrauensvollen Beziehung. Die Sprachentwicklung ist eingebettet in die Gesamtentwicklung des Kindes. Entwicklung wird gesehen als ein Prozess fortschreitender Konstruktionen in sozialen Systemen und kulturellen Kontexten. (Sprach)Entwicklung ist ein komplexer, mehrdimensionaler, interaktionistischer Prozess zwischen Anlage, Reifung, Umwelt, Erziehungs-, Kommunikations-, Lern- und Bildungsbedingungen sowie Selbstentfaltungskräften der Person.

Pädagogik als Wertewissenschaft meint u. a., dass Ziele für das pädagogische Handeln zu bestimmen sind. Ziele in unserem Sinne sind: die Entfaltung der Persönlichkeit, Mündigkeit, selbstständige Bewältigung des eigenen Lebens, verantwortliches Zusammenleben mit anderen, gemeinsame Gestaltung der Welt, Kinder möglichst so zu fördern, dass sie sich umfassend am gesellschaftlichen Leben beteiligen und es (mit)gestalten können. Ziel sprachheil*pädagogischen* Handelns ist die lebensbedeutsame Weiterentwicklung sprachlicher und kommunikativer Fähigkeiten, damit Personen im Prozess der Selbstverwirklichung kommunikativ-sprachlich und sozial handlungsfähig sind bzw. werden.

Die Sprachheilpädagogik ist über die Pädagogik hinaus auf Bezugswissenschaften angewiesen, von denen sie Theorien, Modelle, Wissen, Erkenntnisse etc. auf ihre Belange hin übertragen und integrieren muss. Diese sind die Sprachwissenschaft (Linguistik) einschließlich der Phonetik, die Medizin bzw. Biologie sowie die Psychologie (vgl. auch Baumgartner, 2004). Von Relevanz sind auch die Soziologie, die Philosophie, Ethik und Jura. Die genannten Disziplinen lassen sich weiter untergliedern (z. B. Hals-Nasen-Ohren-Kunde, Neurologie, Pädiatrie, Didaktik, Sprachdidaktik, linguistische Pragmatik, Entwicklungspsychologie) und gehen z. T. Verbindungen ein (z. B. Psycholinguistik, Soziolinguistik, Neuropsychologie, Kommunikationspsychologie, Sprachphilosophie). Sprachheilpädagogik muss das Wissen aus diesen Bezugswissenschaften für ihre Belange einarbeiten, d. h. transferieren, und wird damit zu einer transdisziplinären oder „polyintegrativen" Wissenschaft (vgl. Baumgartner, 2004).

8.3 Definitionen und Klassifikationen

8.3.1 Kernkategorien „Sprache" und „Kommunikation"

Wenn es um die Definition von Sprach- und Kommunikationsstörungen geht, so ist zunächst zu klären, was unter Sprache und Kommunikation (als Kernkategorien) verstanden werden soll, da dies Konsequenzen für Definitionen, Klassifikationen und sprachheilpädagogisches Handeln hat. Sprache ist allerdings eine so komplexe Erscheinung, dass sie sich einer einfachen Definition entzieht. Unstrittig ist eine Aufgliederung des Gegenstandes Sprache im Hinblick auf vier Aspekte (vgl. Braun, 2006): 1. Sprache ist eine allgemeine menschliche Fähigkeit (Der Mensch hat die Möglichkeit bzw. Anlage, Sprache zu erwerben, auszubilden und sich ihrer zu bedienen), 2. Sprache ist ein System von Zeichen (la langue als Gegenstand der Linguistik), 3. Sprache ist sprachliches Handeln in Kontexten (Gebrauch von Sprache in sozialen Situationen, linguistische Pragmatik), 4. Sprache im Sinne des aktuellen Sprechvorgangs, in dem physiologische, psychologische und linguistische Komponenten realisiert werden (psychophysischer Vollzug des Sprechens, la parole).

In verschiedenen Definitionen von Sprache werden je nach theoretischem Hintergrund unterschiedliche Bedeutungen, Aspekte und Funktionen thematisiert. Bruner (2002) z. B. betont den kommunikativen Charakter von Sprache und die Möglichkeit, fremdes und eigenes Handeln mit Sprache zu beeinflussen. Bußmann (1983) thematisiert, dass Sprache eine spezifisch menschliche Fähigkeit ist: „ ... auf mentalen Prozessen basierendes, gesellschaftlich bedingtes, historischer Entwicklung unterworfenes Mittel zum Ausdruck bzw. Austausch von Gedanken,

Vorstellungen, Erkenntnissen und Informationen sowie zur Fixierung und Tradierung von Erfahrung und Wissen. In diesem Sinn bezeichnet Sprache eine artspezifische, nur dem Menschen eigene Ausdrucksform, die sich von allen anderen möglichen Sprachen wie Tiersprachen, künstlichen Sprachen u. a. unterscheidet durch Kreativität, die Fähigkeit zu begrifflicher Abstraktion und die Möglichkeit zu metasprachlicher Reflexion" (Bußmann, 1983, S. 475). Sprache ist ein konventionelles, kulturgebundenes Zeichensystem. Welt- und Menschenbild einer Sprachgemeinschaft spiegeln sich hierin wider. Für den Menschen als Individuum und als soziales Wesen hat Sprache u. a. folgende Funktionen:

- kommunikative Funktion (Sprache ist Mittel um sich mitzuteilen, Mittel zur Verständigung und zur Kooperation),

- bildende Funktion (Wissen, Werte, etc. werden von Generation zu Generation weitergegeben, Kultur wird tradiert),

- kognitive Funktion (Sprache unterstützt und strukturiert Denken),

- regulative Funktion (Sprache dient zur Handlungssteuerung),

- persönlichkeitsbildende Funktion (Sprache fördert z. B. die Identitätsfindung).

Sprache kann in unterschiedlichen Modalitäten auftreten (Sprechen und Hören: Lautsprache; Schreiben und Lesen: Schriftsprache; Gebärden und Sehen: Gebärdensprache). Sprache kann in verschiedene Dimensionen (synonym: „Ebenen") unterteilt werden: Dimension der Aussprache (phonetische und phonologische), grammatische (syntaktische und morphologische) Dimension, semantisch-lexikalische Dimension, pragmatische Dimension, Dimension der Sprechflüssigkeit etc. (s. Abb. 8.1 „Sonne/Wolkenmodell"). Die Realisierung von Sprache im Sprechen, der aktuelle Sprechvorgang, der psychologische Vollzug des Sprechens (s. o.) wurde in verschiedenen Modellen versucht darzustellen. Ein in der Sprachheilpädagogik für spezielle Sprachstörungen (z. B. für Stottern und Aphasie) gebräuchliches Modell ist das Sprachproduktionsmodell von Levelt (1993), das im Zusammenhang mit semantisch-lexikalischen Störungen erläutert wird (s. u.). Für sprachheilpädagogisches Handeln im Sinne von Sprachdiagnostik und -therapie hat sich das von uns konzipierte „Sonne/Wolkenmodell" (s. Abb. 8.1) als praktikabel erwiesen. Hier finden sich nicht nur sprachliche, sondern auch kommunikative Fähigkeiten, da als eine zentrale Funktion der Sprache die kommunikative zu nennen ist. „Kommunikation ist Bedingung für den Spracherwerb und den aktuellen Sprachgebrauch. Kommunikation ist Ursprung und Ziel sprachlicher Lehr-Lernprozesse" (Baumgartner, 2004, S. 105). Sprache unterscheidet sich allerdings von Kommunikation.

Kommunikation meint „zwischenmenschliche Verständigung mittels sprachlicher und nichtsprachlicher Mittel" (Bußmann, 1983, S. 246). Kommunikation ist mehr als ein Austausch von Informationen zwischen Senderin und Empfängerin (wie technische Modelle dies darstellen). Im Kommunikationsprozess wird unterschieden zwischen dem Inhalts- oder Sachaspekt (Welche Inhalte werden vermittelt, ausgetauscht, welche Sachinformationen enthält die Äußerung?) und dem Beziehungsaspekt (Wie stehen Menschen zueinander?). Kommunikation kann verbal und/oder nonverbal erfolgen. Bei der nonverbalen Kommunikation wird unterschieden zwischen vokalen Mitteln, sog. paralinguistischen Merkmalen, d. h. die die menschliche Stimme kennzeichnenden Merkmale (wie z. B. Stimmlage, Intonation) und nichtvokalen Phänomenen, die über verschiedene Kanäle vermittelt werden. Unterschiedliche motorische

Kanäle dienen der Mimik, Gestik, Augenkommunikation sowie der Körperbewegung und -haltung (Kinetik), über physiochemische Kanäle werden Geruchs- und Tastsinn sowie Wärmeempfindungen angesprochen, ökologische Kanäle sind Territorialverhalten, interpersonale Distanz und die persönliche Aufmachung von Personen. Nonverbale Kommunikation erfolgt häufig unbewusst und stark automatisiert. Nonverbales Handeln dient dem Ausdruck von Gefühlen, Bewertungen, der Einschätzung des Partners, der Ersetzung oder Ergänzung sprachlicher Zeichen, der Gliederung der Rede, der Aufforderung zu Aktionen, der Gesprächsorganisation. Nonverbales Handeln ist häufig mehrdeutig und nicht unabhängig von der Situation zu verstehen.

Modell zu den Dimensionen sprachlich-kommunikativer Kompetenzen

Dimensionen: Aussprache (Phonetik und Phonologie); Pragmatik (soziale Organisation von Gesprächen, Präsuppositionen, Perspektive der ZuhörerInnen, kommunikative Absichten, etc.); Lexikon und Semantik; Sprechflüssigkeit; Atmung; Stimme; Orofazialer Bereich; Auditiver Bereich Hören; Schriftsprache (Schreiben und Lesen); Grammatik (Morphologie und Syntax); nonverbale Kommunikation; Metakommunikation; Metasprache/Sprachbewusstheit.

Zentrum: Sprachlich-kommunikative Kompetenzen und die Performanzmodalitäten Produzieren und Verstehen, mit Blickrichtung auf folgende Dimensionen.

Abbildung 8.1: Sonne/Wolkenmodell als Überblick über relevante sprachlich-kommunikative Dimensionen

8.3.2 Definitionen

Betrachtet man die Geschichte der Sprachheilpädagogik, so werden pädagogische und sprachwissenschaftliche Aspekte seit den 60er Jahren in der Sprachheilpädagogik zunehmend thematisiert. Entscheidend war die Definition von v. Riper (1984), der Sprechen dann als gestört bestimmt, wenn es so sehr vom Sprechen Anderer abweicht, dass es die Aufmerksamkeit auf sich selbst lenkt, die Unterbrechung der Kommunikation und die Fehlanpassung der Sprecherin bewirkt oder zur Folge hat, dass Sprecherin oder Zuhörerin das Sprechen bzw. die Situation als stressreich bzw. belastend erleben. Damit werden von v. Riper die Konsequenzen einer Sprachstörung für den kommunikativen Prozess ausdrücklich als bedeutsam hervorgehoben. Gleichzeitig wird durch die Definition deutlich, dass es folglich kein diagnostisches Verfahren geben kann, mit dem Menschen als „sprachgestört" definiert werden können, sondern entscheidend dafür sind die am Kommunikationsprozess beteiligten Personen (vgl. Heidtmann, 1999). Knura (1980) differenziert zwischen Sprachstörungen und -behinderungen. „Sprachstörung ist die individuell unterschiedlich verursachte und ausgeprägte Unfähigkeit zum regelhaften, der Alternorm entsprechenden Gebrauch der Muttersprache. Sie kann sich auf eine, mehrere oder alle Strukturebenen und Teilfunktionen des Sprachsystems erstrecken, vorübergehend, langdauernd oder bleibend sein" (Knura, 1980, S. 3) „Sprachbehinderte sind Menschen, die beeinträchtigt sind, ihre Muttersprache in Laut und /oder Schrift impressiv und /oder expressiv altersgerecht zu gebrauchen und dadurch in ihrer Persönlichkeits- und Sozialentwicklung sowie in der Ausformung und Ausnutzung ihrer Lern- und Leistungsfähigkeit behindert werden" (Knura, 1980, S. 3). Sie sieht Sprachbehinderung als Oberbegriff: „Sprachbehinderung umgreift die sprachliche Beeinträchtigung (Sprachstörung) selbst und die durch sie bewirkte oder ihr zugrundeliegende belastete personale und soziale Gesamtsituation des betroffenen Menschen" (Knura, 1980, S. 3).

Füssenich und Heidtmann (1984a) wählen den Terminus Sprachstörung, um in Abgrenzung von der medizinischen Sichtweise, die sich weitgehend an den Ursachen orientiert, die linguistische Betrachtungsweise zu verdeutlichen und um in Abgrenzung zum Behinderungsbegriff eine deskriptive Vorgehensweise zu ermöglichen. Kommunikation (verstanden als zwischenmenschliche Verständigung und als intentional gesteuerte Mitteilung) und Kommunikationsfähigkeit werden zu zentralen Begriffen in Diagnostik und Therapie, auf deren Hintergrund Sprachstörungen in ein anderes Licht rücken. Bei Menschen mit Sprachstörungen muss u. a. betrachtet werden, inwiefern die Kommunikation mit Anderen betroffen und gestört ist. So vertritt Heidtmann die Auffassung (1999, S. 278): „Sprach- und Kommunikationsstörungen etc. können alle Altersgruppen betreffen, also Kinder, Jugendliche und Erwachsene. Personen mit Sprach- und Kommunikationsstörungen erleben ihre sprachlich-kommunikative Handlungsfähigkeit subjektiv und /oder von der Mitwelt zugeschrieben als beeinträchtigt und wünschen/brauchen individuelle Unterstützung beim sprachlich-kommunikativen Lernen. Darüber hinaus bestehen möglicherweise auch Beeinträchtigungen im emotionalen, sozialen, kognitiven, motorischen und sensorischen Bereich." Kurz zusammengefasst lässt sich festhalten, dass Sprach- und Kommunikationsstörungen dann vorliegen, wenn die Aufmerksamkeit der am Kommunikationsprozess Beteiligten so stark auf Sprache und Kommunikation gelenkt wird, dass aus dem Verständigungsmittel eine Barriere wird.

Nicht geklärt ist u. E., wie sinnvoll die Differenzierung in drei Arten von „gestörter Sprache" ist. Diese geht zurück auf die Dreiteilung der World Health Organization für Behinderung allgemein. In der Fassung von 1980 wird unterschieden zwischen Impairment (Schädigung), Disability (Behinderung) und Handicap (Benachteiligung). Der neuen Fassung von 2002 liegt ein bio-psycho-soziales Modell zugrunde. Krankheit und Behinderungen bzw. Störungen werden als kritische Lebensereignisse verstanden. Unterschieden wird zwischen den Körperfunktionen und -strukturen, den Aktivitäten und der Partizipation (Teilhabe am Leben in der Gesellschaft und Einbezogensein in eine Lebenssituation) eines Menschen. Umwelt- und personbezogene Faktoren interagieren miteinander. Für „gestörte Sprache" sei auf das Modell von Braun (2006, S. 33) verwiesen. Zu bedenken gilt, dass die gleiche Schädigung, die gleiche Symptomatik und die gleiche quantitative Ausprägung unterschiedliche Folgen für den betroffenen Menschen mit sich bringen können. Verdeutlichen lässt sich dies am Beispiel der

Hörschädigung: Eine bei zwei unterschiedlichen Menschen objektiv gleich (in Dezibel) gemessene Hörbeeinträchtigung kann sehr unterschiedliche Konsequenzen hinsichtlich sprachlich-kommunikativer Fähigkeiten, für die soziale Integration, Beschäftigung etc. haben.

8.3.3 Klassifikationen

Unabhängig von den gerade angeführten Überlegungen ist zu diskutieren, ob und wie die Vielzahl der Sprach- und Kommunikationsstörungen geordnet werden kann. Auch hier gibt es unterschiedliche Modelle, u. a. aufgrund unterschiedlicher Unterteilungen von „Sprache".
„Dass Sprachstörungen nicht nur als schwer definierbare komplexe Phänomene erscheinen, sondern auch aus verschiedenen theoretischen und praktischen Perspektiven betrachtet werden können, zeigen die vielen Klassifikationskonzepte und Systematisierungsmodelle, die für eine differenzierte Übersicht in der Sprachpathologie, insbesondere in der Diagnostik und Therapie bedeutsam geworden sind" (Braun, 2006, S. 35). Wir folgen dem Prinzip „vom Syndrom zu einzelnen Sprachstörungen", stellen Störungen im Zusammenhang mit dem Spracherwerb in den Mittelpunkt und orientieren uns an dem deskriptiven, sprachsystematischen „Sonne/Wolkenmodell (vgl. Abb. 8.1)".

8.4 Ausgewählte Sprach- und Kommunikationsstörungen

8.4.1 Störungen im Spracherwerb / (Spezifische) Sprachentwicklungsstörungen

Die früher häufiger zu findende Bezeichnung „Sprachentwicklungsverzögerung" meint eine im Vergleich zu sprachunauffälligen Kindern verlangsamte Entwicklung in dem Sinne, dass z. B. ein vierjähriges Kind wie ein dreijähriges spricht. Bei genauerer Analyse ergibt sich jedoch häufig, dass von einer qualitativ andersartigen Sprachentwicklung gesprochen werden muss, da z. B. ein altersadäquater Wortschatz (eines Fünfjährigen) mit einer altersunangemessenen Aussprache (eines Zweijährigen) oder mit altersunangemessenen grammatischen Fähigkeiten (Zweiwortäußerungen) kombiniert vorliegen. So wurde der Terminus der Sprachentwicklungsstörung als zutreffender eingeführt. Dabei handelt es sich um qualitativ beschreibbare sprachstrukturelle Abweichungen der Sprachverwendung von Kindern in den sprachlichen Dimensionen der Aussprache, Grammatik, Semantik, des Lexikons, der Pragmatik sowie der Schriftsprache. Sprachstörungen im Zusammenhang mit dem Spracherwerb kommen zum einen als Syndrom vor. Zum anderen kann auch jede der Dimensionen einzeln für sich betroffen sein (vgl. auch Braun, 2006).

Der im Zusammenhang mit Sprachstörungen im Spracherwerbsprozess in letzter Zeit gebrauchte Terminus der Spezifischen Sprachentwicklungsstörung (angloamerikanisch: specific language impairment) meint kein einheitliches Störungsbild, sondern eher unterschiedliche Symptomatiken in verschiedenen sprachlichen Dimensionen im Spracherwerbsprozess bzw. in der Sprachentwicklung (vgl. z. B. Dannenbauer, 2001a; 2002; 2004; Grimm, 2003). Das Adjektiv „spezifisch" bringt im Unterschied zur Sprachentwicklungsstörung zum Ausdruck, dass die Sprachprobleme nicht in anderen Primärbeeinträchtigungen wie sensorischen, motorischen oder kognitiven Defiziten zu suchen sind (Beeinträchtigungen des Hörens, allgemeine geistige Retardierung, Schädigungen des Nervensystems, sozio-psychische Störungen, Fehlentwicklungen aufgrund extremer Milieurückstände), sondern dass die Bedingungsfaktoren der Störung primär in den Mechanismen der Rezeption, der Verarbeitung und Repräsentation linguistischer Information zu finden sind. Da hiermit z. B. Kinder mit Hörstörungen und Kinder mit geistigen Behinderungen mit gleicher Symptomatik ausgeschlossen werden, ist die Klassifizierung u. E. nicht sinnvoll. Hinzu kommt, dass die Ursachenfrage noch nicht geklärt ist. Nach Dannenbauer (2002, S. 10) handelt es sich bei Kindern mit einer spezifischen Sprachentwicklungsstörung um eine „Gruppe von etwa 6-8 Prozent von Kindern, welche im Vorschulalter durch ausgeprägte Defizite im Erwerb ihrer Muttersprache auffallen (...), ohne dass sich dafür offensichtlich Ursachen finden lassen". Daher sprechen wir von Störungen im Spracherwerb oder von Sprachentwicklungsstörungen.

Im Zusammenhang mit Sprachentwicklungsstörungen sind die sog. late Talker und late Bloomer zu erwähnen. Als late Talker werden Kinder bezeichnet, die mit 24 Monaten noch nicht über ein expressives Lexikon von 50 Wörtern verfügen und keine produktiven Wortkombinationen gebrauchen. Dies sind ca. 15 % der Vierjährigen bzw. 18 % der Gesamtpopulation (vgl. Grimm, 2003). Von den late Talkern holen ca. 35 % bis 50 % ihren Rückstand auf und werden bis zum Schuleintritt sprachlich unauffällig. Das sind die sog. late Bloomer. Von diesen zeigt ein Teil dann eine unauffällige Entwicklung und der andere Teil hat ab dem Schuleintritt verschiedene Probleme, so dass man von einer „illusory recovery" spricht. Die anderen 50 % der 24 Monate alten late Talker holen den Rückstand nicht auf und weisen erhebliche und vielfältige Beeinträchtigen in den sprachlichen Fähigkeiten auf (Sprachentwicklungsstörungen).

Häufige Phänomene bei Kindern mit einer (spezifischen) Sprachentwicklungsstörung (bei beträchtlichen individuellen Variationen!) werden nun zusammengefasst. Zunächst ist ein verspäteter Sprachbeginn auffällig. Bei den Wortäußerungen sind einfache Silbenstrukturen, ein eingeschränktes Lautrepertoire und Homophone (gleich klingende Wörter) kennzeichnend. Daraus ergibt sich oft eine geringe Verständlichkeit. Martin (2;8 Jahre) z. B. produzierte folgende Äußerungen (vgl. Dannenbauer, 2001a):„nana" (Martin), „la" (schlafen), „igi" (Igel), „lala" (singen, Musik), „gaga" (Bagger, Vogel, Ente), „buh" (Kuh, Milch, zu). Das Lexikon ist eingeschränkt und wächst nur langsam, der typischerweise in der zweiten Hälfte des 2. Lebensjahres einsetzende Wortschatzspurt bleibt aus. Ebenso setzt die kombinatorische Sprache verspätet ein. Spätestens mit drei Jahren kann dann eine Sprachentwicklungsstörung diagnostiziert werden. Im weiteren Verlauf zeigen sich grammatische Probleme, Wortfindungsschwierigkeiten und auch Probleme in der pragmatischen Dimension. Es können sich Leitsymptome in einer speziellen Dimension herauskristallisieren. Auch wenn die mündliche Sprache oft nicht mehr direkt auffällig erscheint, haben die Kinder in anderen Bereichen noch gravierende Schwierigkeiten wie im Bereich metasprachlicher Fähigkeiten und narrativer Kompetenzen (wie eine geringe Organisation von Erzählstrukturen), ein reduziertes Textverständnis und extreme Probleme mit dem Schriftspracherwerb. Dannenbauer (2002) gibt an, dass die Gefahr für Störungen im Schriftspracherwerb bei 40 – 70 % liegt. Es bleibt eine überdauernde Schwäche der Sprachverarbeitung bestehen, mit der oft eine negative Prognose für den Bildungs- und Berufsweg einher geht. Vielfach wandelt sich das Erscheinungsbild in Richtung auf eine Lernbehinderung (vgl. Dannenbauer, 2001b). Eine auch dann noch erforderliche Sprachtherapie unterbleibt häufig.

Die Entwicklungsgeschichte eines Kindes mit einer Sprachentwicklungsstörung zeigt ein paradoxes Problem. Da die Kinder anfänglich nicht direkt auffällig sind und eine längere Phase der Verunsicherung bzw. Nichterkennung des Problems bei den Eltern vorliegt, kommt es zu Beeinträchtigungen in der Kommunikation, z. B. in der Feinabstimmung zwischen Kind und Bezugspersonen. Häufig wird das Kind kognitiv unterfordert. Konsequenzen beim Kind können sein (vgl. dazu die Untersuchungsergebnisse in Dannenbauer, 2004):

- emotional-soziale Probleme wie z. B. Aggressivität, Rückzugsverhalten, fluktuierende Aufmerksamkeit, Hyperaktivität,
- wenig Selbstvertrauen,
- geringes Selbstwertempfinden,
- reduzierte Akzeptanz bei peers,
- sozial-interaktive Misserfolge,
- psychiatrische Symptome (laut Grimm (2003) bei ca. 50 % der Kinder),
- eingeschränktes Sozialleben.

8.4.2 Störungen pragmatischer Fähigkeiten

Während die Bedeutung der linguistischen Pragmatik in der Sprachheilpädagogik seit 1984 von Füssenich und Heidtmann (1984a, b) herausgearbeitet und die therapeutische Umsetzung an Beispielen gezeigt wurde, steht eine Konzeptionierung im Sinne einer pragmatischen bzw. kommunikativ-pragmatischen Störung noch aus. In der aktuellen Fachliteratur findet sich lediglich bei Welling (2006) ein kurzer Hinweis. Da die linguistische Pragmatik unmittelbare Konsequenzen für jegliches sprachdiagnostische und -therapeutische Handeln hat, sollen hier einige Hinweise erfolgen. Pragmatik betrachtet Sprache als sprachliches Handeln in ihrer Funktion innerhalb menschlicher Gesellschaften. „Sie richtet ihren Blick nicht in erster Linie auf einzelne Wörter oder Sätze, sondern auf Äußerungen in Kontexten wie z. B. Gesprächen" (Hansen & Heidtmann, 2004a, S. 268). In der Sprachheilpädagogik werden in weitgehender Übereinstimmung als „klassische" Aspekte der linguistischen Pragmatik genannt (vgl. Füssenich, 1987; Hansen & Heidtmann, 2004a): die Verwirklichung von kommunikativen Absichten, die soziale Organisation von Gesprächen, die Berücksichtigung von Präsuppositionen und der Perspektive der Zuhörerin, der Sprachstil und der Gebrauch von Korrekturen. Diese werden nun ausschnitthaft erläutert. Wesentliche theoretische Grundlage für den Bereich der Verwirklichung von kommunikativen Absichten bildet die Sprechakttheorie (vgl. Austin, 1972), die darauf hinweist, dass Äußerungen häufig nicht nur Informationen vermitteln, sondern Handlungen gleichkommen. Nach Searle (1971) ist die wichtigste Einheit der Kommunikation der Sprechakt, der sich aus drei Teilakten zusammensetzt (vgl. Füssenich, 1987):

- dem Äußerungsakt, in dem gewisse Laute geäußert und in einer bestimmten grammatischen Konstruktion verwendet werden,
- dem propositionalen Akt, in dem (durch Referenz und Prädikation) bestimmte sprachliche Inhalte zum Ausdruck gebracht werden,
- dem illokutiven Akt, in dem eine kommunikative Absicht ausgedrückt wird.

Konversationsstruktur und soziale Organisation von Gesprächen sind gleichbedeutend. Analysen haben gezeigt, dass Gespräche in hohem Maße strukturierte Tätigkeiten sind, bei denen auf eine Reihe von Konventionen zurückgegriffen wird (vgl. Füssenich und Heidtmann, 1984b). Menschen folgen bei Gesprächen dem Grundsatz der Kooperation, wobei sie vier Konversationsmaximen berücksichtigen (vgl. Grice, 1975): Die Maxime der Qualität besagt, dass jeder Gesprächsbeitrag der Wahrheit entsprechen sollte. Die Maxime der Quantität besagt, dass der Beitrag so informativ sein sollte, wie es für den Zweck erforderlich ist. Die Maxime der Relevanz besagt, dass die Beiträge sich eindeutig auf den Zweck des Austausches beziehen sollten. Die Maxime der Modalität besagt, dass der Beitrag gut verständlich sein sollte.

Die Grundeinheit von Gesprächen ist der turn (Gesprächsschritt). Dieser kann minimaler oder auch nichtverbaler Art sein. Er muss allerdings mindestens eine kommunikative Funktion aufweisen. Charakteristisch für Gespräche ist das turn-taking. Jedes Gespräch baut auf ein gemeinsames Wissen auf, das durch neue Informationen ergänzt wird. Das gemeinsame Wissen, das als bekannt für beide Kommunikationspartnerinnen vorausgesetzt, d. h. präsupponiert wird, gehört in den Bereich der Präsuppositionen. Hinzu kommt, was neu ist. Das gemeinsame Wissen kann auf verschiedene Weise etabliert werden: durch das gemeinsame Betrachten von Aspekten der physischen Umwelt, durch die Teilhabe am allgemeinen Wissen über die Situation selbst oder über die Kommunikationspartnerin und durch die Berücksichtigung des vorgehenden Diskurses. In der Entwicklung von pragmatischen Fähigkeiten besteht die Aufgabe für Kinder darin zu lernen, wann sie, statt Präsuppositionen zu benutzen, der Zuhörerin explizite Hinweise über notwendige Informationen geben müssen. Wenn das Kind weiß, dass es einen Unterschied zwischen seinem eigenen Standpunkt und dem der Zuhörerin gibt, wird es schrittweise erkennen, dass seine eigenen Präsuppositionen der Zuhörerin nicht zur Verfügung stehen. Es muss die Notwendigkeit erkennen, seine Äußerungen umzuformulieren, damit beide dieselben Voraussetzungen haben, z. B. dass beim Telefonieren das Nicken von der Interaktionspartnerin am anderen Ende der Leitung nicht zu sehen ist. Auch beim Erzählen ist die Verständlichkeit davon abhängig, ob jemand aus seiner eigenen Perspektive erzählt oder die der Gesprächspartnerinnen berücksichtigen kann.

Ob Kinder eine Distanz zu ihrer eigenen Sprache einnehmen können, zeigt sich u. a. darin, ob sie Korrekturen äußern. Unterschieden wird zwischen spontaner und elizitierter Selbstkorrektur sowie der Fremdkorrektur (vgl. Füssenich, 1987). Bei der spontanen Selbstkorrektur korrigieren Sprecherinnen ihre Sprache, weil sie eine Diskrepanz zu der Sprache der Kommunikationspartnerinnen feststellen und sich verständlicher machen wollen. Beispiel: „Ich möchte Da/Bananen." Bei der elizitierten Selbstkorrektur wird die Korrektur vom Sprecher aufgrund einer Rückmeldung der Zuhörerin vorgenommen. Bei der Fremdkorrektur nimmt die Hörerin eine Korrektur des von der Sprecherin Gesagten vor.

Störungen in pragmatischen Fähigkeiten zeigen sich u. a. darin, dass Kinder
- nicht in der Lage sind, ihre kommunikativen Bedürfnisse mitzuteilen, d. h. sie stellen keine Fragen, äußern keine Bitten etc.,
- gemeinsame Handlungssituationen sprachlich nicht strukturieren,
- Gespräche nicht strukturieren,
- nicht hörerinnenbezogen sprechen und erzählen,
- keine Korrekturen äußern.

8.4.3 Störungen in Semantik und Lexikon / semantisch-lexikalische Störungen

Während es beim Lexikon um den Wortschatz und Wortschatzstrukturen geht, beschäftigt sich die Semantik mit der Bedeutung von Wörtern und Sätzen. Nach einer langen Zeit der Vernachlässigung der semantisch-lexikalischen Dimension ist die gegenwärtige Situation geprägt von unterschiedlichen Theorien und Modellvorstellungen aus z. T. verschiedenen Fachdisziplinen (u. a. Linguistik, Entwicklungspsychologie, Psycholinguistik, Kognitionstheorie). Traditionell werden Einschränkungen im produktiven (aktiven) und rezeptiven (passiven) Wortschatz unterschieden und als Kardinalsymptom semantisch-lexikalischer Störungen ein reduzierter oder geringer Wortschatz genannt (vgl. Braun, 2006; Füssenich, 1999). Es kommt ferner zu Schwierigkeiten beim Verstehen von Wörtern und Sätzen sowie zu Schwierigkeiten mit der (Ober-)Begriffsbildung. Von Füssenich (1999) wurde vor allem der Aspekt eingebracht, dass den Kindern Strategien fehlen, ihren Wortschatz zu erweitern. Crystal (1982) bietet mit seinem Profil PRISM-L eine entwicklungsorientierte Klassifizierung für den Wortschatz an, die für den deutschsprachigen Raum von Gipper (1985) bestätigt wurde. Dannenbauer (1997) und Glück (2005) weisen auf Wortfindungsprobleme von Kindern hin. Rothweiler (2001) benutzt das Sprachproduktionsmodell von Levelt (1993). Demnach sind im mentalen Lexikon entsprechende Wortbedeutungen gespeichert. Die mit ihnen assoziierten Wortformen (morphologischer Aufbau und Gestalt eines Wortes) müssen vom Sprecher aktiviert werden. Wortfindungsprobleme („das Wort liegt mir auf der Zunge") belegen, dass der Mensch Wortbedeutung und Wortform an unterschiedlichen Orten speichert. Das mentale Lexikon ist vorstellbar als Netzwerk, in dem Inhaltliches und Formales verbunden und das gesamte Wortwissen eines Sprechers enthalten sind. Das Wortwissen schließt neben den vielfältigen Konzepten der Wortbedeutung auch grammatisch relevante Aspekte wie z. B. Wortklasse, Genus, Pluralbildung etc. ein. Kognitive Strukturen, enzyklopädisches Wissen von der Welt, situatives und thematisches Wissen, allesamt noch nicht lexikalisiert, sondern als Abbildungen gespeichert, befinden sich im sog. Konzeptualisierer (ebenfalls als Netzwerk zu denken). Aus diesem Wissen wählt der Sprecher ein Konzept, das zu seiner Intention (Mitteilungsabsicht) passt und gibt diese präverbale Mitteilung an den Formulator weiter. In diesem interagiert das mentale Lexikon mit der grammatischen und phonologischen Enkodierung. Zunächst sind Lemmata (Wörter mit ihrer lexikalischen Bedeutung und syntaktischen Eigenschaften) auszuwählen, die der Intention entsprechen. Diese werden in vorstrukturierte

Sätze eingesetzt. Dann werden die Lexeme aktiviert, die den Aufbau und die morphologischen Eigenschaften von Wörtern beinhalten. Die Wörter werden mit phonologischen Informationen versehen und als phonetischer Plan an den Artikulator weitergeleitet, in dem ein artikulatorisches Programm aktiviert wird, das die Artikulationsorgane in Bewegung setzt. Nach Rothweiler (2001) sind semantisch-lexikalische Störungen demnach Störungen im Lexikoninventar (Wortschatz und Komposition des Wortschatzes), Störungen im semantischen Lexikon (Bedeutungsaufbau und Bedeutungsbeziehungen) und im Wortformlexikon (phonologische Repräsentation) sowie lexikalische Zugriffsstörungen (Wortfindung, Wortabruf und Worterkennung). Im Hinblick auf die Organisation des mentalen Lexikons spielt das Konzept der semantischen Netzwerke eine wichtige Rolle. Dieses geht davon aus, dass Bedeutungen bzw. Konzepte in netzartiger Form mit anderen auf spezifische Art und Weise verbunden sind. Die Bedeutung eines einzelnen Wortes wird durch seine Stellung im Netz der Verbindungen mit anderen Wörtern definiert.

Neben einem generell begrenzten Wortschatz können als weitere Anzeichen, wenn sie gehäuft, wiederholt und über einen längeren Zeitraum auftreten, folgende sprachliche Formen und Strukturen sowie Strategien auf eine semantisch-lexikalische Störung hindeuten (vgl. auch Füssenich, 1999; Rothweiler, 2001; Siegmüller & Kauschke, 2006):

- falsche Antworten, wenn nach einem Wort gefragt wird,
- unvollständige Phrasen mit Selbstkorrekturen,
- Ersetzungen, Paraphasien,
- Umschreibungen („der Tee da mit die gelben Blumen"),
- Neologismen („Wegwerfeimer" für „Abfalleimer"),
- Passe-Partout-Wörter (son Ding, Sache, tun, machen etc.),
- Füllwörter (hm, ähm, ja etc.),
- Starter (und dann, ja und etc.),
- Wiederholungen im Sinne von Perseverationen,
- auf Nachfragen unspezifische Antworten wie „und das alles", „weiß ich nicht" o. ä.,
- Floskeln und Stereotypien,
- Fragen nach Bezeichnungen („Wie heißt das?" oder „Das is?"),
- nonverbale Ersatzstrategien (Zeigen, andere Gesten oder Handlungen),
- Deixis („da") und Pronomina („der", „das da") statt Nomen,
- Ersetzen des Zielwortes durch einen (unspezifischen) Oberbegriff („Gemüse" statt „Blumenkohl"),
- andere Wörter aus dem gleichen semantischen Feld („Mütze" statt „Hut"),
- Vermeiden von Antworten und Situationen, Schweigen, Pausen,
- Ablenken,
- Abbrechen von Äußerungen.

Ein Beispiel für Schwierigkeiten, Wörter zu verstehen, zeigt sich bei Mona, die sich auf die Aufforderung „Binde dir mal bitte die Schuhe zu." die Mütze aufsetzt. Auf Wortfindungsstörungen deuten folgende Beispiele hin: Die Therapeutin fragt das Kind: „Was hast du denn im Urlaub gemacht?" Das Kind antwortet: „Spielt un das alles." Sascha, ein 6; 2 Jahre alter Junge, erzählt seiner Therapeutin (vgl. Dannenbauer, 2001a): „Äh...em...Ich...dings...einmal Skatebord. Und dann...dann...äh...der Pi...Pfi...Philipp hey, hey rufen hat. Dann rum...rum...äh...gemacht äh...gemacht äh...so (demonstriert Kopf umdrehen). Dann an des Dings...so wie Eisen. Wie sagst?"

8.4.4 Störungen in der Grammatik / grammatische Störungen

Veraltete Bezeichnungen für Störungen der Grammatik sind A- bzw. Dysgrammatismus. „A-„ meint das völlige Fehlen von etwas, in diesem Falle von grammatischen Strukturen, „dys" bezeichnet eine „Unordnung". Aus heutiger Sicht ist dem entgegenzuhalten, dass das grammatische System eines Kindes weder fehlt noch ungeordnet ist, sondern dass sehr wohl ein eigenes, individuelles Regelsystem bezogen auf Grammatik vorliegt. Grammatische Störungen treten selten isoliert auf, sie werden häufig als Kardinalsymptom einer (spezifischen) Sprachentwicklungsstörung genannt (vgl. z. B. Dannenbauer, 2001a). Grammatik umfasst die beiden Teilaspekte der Syntax und der Morphologie (vgl. Crystal, 1993). Die Syntax bezieht sich auf die Kombination von Wörtern zu Sätzen (Satzstellung), die Morphologie auf Formen, Strukturen und Veränderungen von Wörtern wie z. B. Konjugation und Deklination. Wie auch für andere sprachliche Dimensionen gilt, dass das Kind grammatische Regeln und das grammatische System durch den Gebrauch in dialogischen, strukturierten Handlungszusammenhängen erwirbt. Es lernt die Grammatik nicht um der Grammatik willen, sondern im Zusammenhang mit semantischen, pragmatischen und Aussprachefähigkeiten. Es nähert sich der Erwachsenensprache über verschiedene Entwicklungsschritte und Subgrammatiken (vgl. Clahsen, 1982; Szagun, 2006).

Kinder mit grammatischen Störungen sind meistens schon in der frühen Phase des Spracherwerbs auffällig: Häufig ist eine zeitlich ausgedehntere Phase von Einwortäußerungen zu beobachten, d. h. die Kinder beginnen im Alter von ca. 24 Monaten noch nicht damit, Wortkombinationen zu produzieren. Auch bei wachsendem Lexikon bleiben die grammatischen Kompetenzen im weiteren Verlauf der Sprachentwicklung zurück. Die Symptomatik grammatischer Störungen ist sehr heterogen, ihr Schwerpunkt kann auf morphologischen und/oder syntaktischen Aspekten liegen. Die möglichen Symptome sind nicht vom regulären Erwerb abweichend. Allerdings handelt es sich auch nicht um einfache zeitliche Verzögerungen, sondern um einen strukturell abweichenden Erwerb. Dieser wird z. B. deutlich im Phänomen der Phasenverschiebung: Charakteristika früherer Erwerbsphasen (wie z. B. Verbendstellung, Subjektauslassungen) überlagern sich mit Strukturen fortgeschrittener Phasen (wie z. B. Nebensatzkonstruktionen, Ergänzungen mit zwei Objekten). Insbesondere für Kinder mit Sprachentwicklungsstörungen und mit grammatischen Störungen werden lang anhaltende Schwierigkeiten bezogen auf sprachliche Kompetenzen beschrieben. Auch im Schulalter ergeben sich Schwierigkeiten beim Umgang mit komplexen grammatischen Strukturen, narrative, diskursive und metasprachliche Fähigkeiten sind eingeschränkt. Bei Kindern mit grammatischen Störungen zeigt sich oft ein verspätet einsetzender, verlangsamter oder stagnierender Lernprozess beim Erwerb der Grammatik. Zusammenfassend sind folgende Symptome im Bereich der Syntax charakteristisch (vgl. Dannenbauer, 1999b; Siegmüller & Kauschke, 2006):

- Verzögerung beim Übergang von Ein- zu Mehrwortäußerungen,
- verkürzte Äußerungslänge,
- Auslassungen von obligatorischen Konstituenten (Subjekt, Objekt, Verb) und Funktionswörtern (Auxiliare, Kopula, Modalverben, Artikel, Präpositionen, Konjunktionen),
- häufig Endstellung des Verbs im Infinitiv im Aussagesatz, auch flektierte Verbendstellung kommt vor,
- fehlende Trennung von Verb und Verbpräfix, Negationselement an der falschen Stelle,
- bei Fragen keine Inversion von Subjekt und Verb,
- geringe Variabilität von Satzarten,
- geringe Satzkomplexität,
- kanonische (starre, immer wiederkehrende) Satzstrukturmuster,
- geringe Flexibilität in den Argumentstrukturen von Verben,
- später Probleme mit syntaktisch komplexen Strukturen wie z. B. Passivkonstruktionen,
- Schwierigkeiten in narrativen und textgrammatischen Bereichen (z. B. beim Herstellen von Kohärenz).

Für den Bereich der Morphologie sind an Charakteristika zu nennen:
- fehlende Subjekt-Verb-Kongruenz,
- fehlende Tempusmarkierung beim Verb,
- fehlende oder fehlerhafte Pluralmarkierung beim Nomen,
- Schwierigkeiten beim Erwerb des Kasussystems,
- falsche Genuszuordnung oder Platzhalter („de" wie in: „Jetzt musst du mir mal fragen de Mutter hat.").

Auch beim Verstehen können Probleme auftreten: eingeschränktes Verständnis von Satzstrukturen, Probleme im Verstehen von W-Fragen, Einschränkungen im Verständnis bezüglich der Funktion morphologischer Markierungen.

8.4.5 Störungen der Aussprache (phonetische und phonologische Störungen)

Mit der Aussprache beschäftigen sich die linguistischen Teildisziplinen der Phonetik und Phonologie. Einer traditionellen Unterscheidung zwischen Sprache und Sprechen bzw. zwischen Sprach- und Sprechstörungen zufolge, wird zu den Sprechstörungen die Dyslalie (Stammeln) bzw. die Artikulationsstörung gerechnet. Störungen auf der Lautebene sind demnach Störungen der Sprachlautproduktion. Damit verbunden ist die Vorstellung, dass sich das

„Sprechen" nur auf den physikalischen Aspekt des Sprechvorgangs bezieht, also auf die Fertigkeit des Menschen, seine Sprechwerkzeuge so zu gebrauchen, dass der phonetischen Norm entsprechende Sprachlaute produziert werden. Aus linguistischer Sicht muss hinzukommen, dass das phonologische Regelsystem der Sprache entsprechend verwendet, d. h. dass die bedeutungsunterscheidende Funktion von Phonemen (kleinste bedeutungsunterscheidende Einheiten, z. B. „Sonne" und „Tonne" unterscheiden sich durch /s/ und /t/) realisiert wird (vgl. Scholz, 1987; 1990). Um diese beiden Aspekte zu verdeutlichen, wird bei den Aussprachestörungen zwischen phonetischen und phonologischen Störungen differenziert. Bei den phonetischen Störungen (veraltet „Dyslalie" hier mit Anführungszeichen gekennzeichnet, weil es sich um feststehende Formulierungen älterer Autoren handelt) liegen Schwierigkeiten vor, Sprachlaute überhaupt zu bilden, „die Unfähigkeit, bestimmte Laute oder Lautverbindungen normgerecht bilden zu können" (Wängler & Bauman-Wängler, 1983, S. 90). Weiter eingeteilt werden phonetische Störungen u. a. nach ihrem Grad, der Art der Erscheinungsformen und ihrer Ätiologie. Aus quantitativer Sicht unterscheidet man zwischen partieller, multipler und universeller „Dyslalie". Bei der partiellen „Dyslalie" sind nur ein Laut oder nur wenige Laute gestört, die Sprache ist noch gut verständlich. Bei der multiplen „Dyslalie" ist die Aussprache vieler Laute gestört, so dass die Verständlichkeit erheblich beeinträchtigt ist. Bei der universellen „Dyslalie" ist die Aussprache fast aller Laute gestört, so dass Außenstehende den Sprecher nicht mehr verstehen können. Ein Beispiel für eine häufig anzutreffende phonetische Störung ist der Sigmatismus. Unabhängig davon, ob das stimmhafte „S" in „Sonne" interdental (Vorschieben der Zungenspitze zwischen die Schneidezähne) oder addental (die Zunge stößt an die Hinterfläche der oberen Zahnreihe an, so dass die Luft breit hervortritt) ausgesprochen wird, ist die richtige Bedeutung zu entnehmen. Beim Sigmatismus ist zu klären, zu welcher der drei großen Gruppen er zählt (vgl. Wängler & Bauman-Wängler, 1984): 1. „Restsymptom" einer umfassenden Sprachentwicklungsstörung, 2. isolierter Sigmatismus, 3. allgemeine Interdentalität (Lateralität, Addentalität, Nasalität).

Die ätiologische Einteilung differenziert zwischen organischen und funktionellen „Dyslalien". „Organisch bedingte Störungen beruhen auf einer nachweislich organischen Verursachung, alle anderen Störungen heißen funktionelle Störungen" (Wängler & Bauman-Wängler, 1983, S. 92). Wie auch bei anderen Sprachstörungen ist die Einteilung kritisch zu sehen, da sie stark vereinfacht, denn „die wechselseitige Beziehung der organischen und funktionellen Bedingtheit ist sehr kompliziert" (Becker & Sovák, 1975, S. 119). Bei der sensorischen Form (funktionelle „Dyslalie") hat das Kind Schwierigkeiten, einzelne Laute perzeptiv zu unterscheiden. Es kann auch sein, dass das Kind seine eigene, fehlerhafte Aussprache im Vergleich zu der Aussprache anderer Personen nicht erkennen kann. Andere Kinder sind sich der eigenen, fehlerhaften Aussprache nicht bewusst, erkennen aber, wenn eine andere Person fehlerhaft spricht.

Die Betrachtung der Aussprache aus phonologischer Sicht wurde von Scholz (1969) in die sprachheilpädagogische Diskussion eingebracht. Kinder mit phonologischen Störungen können die Sprachlaute (isoliert oder in anderen Kontexten) korrekt bilden, aber nicht in ihrer phonologischen Funktion verwenden. Dadurch kommt es zu unterschiedlichen Bedeutungen. Wenn ein Kind mit einer phonologischen Störung „Sonne" als „Tonne" realisiert, „See" als „Tee", „Tafel" als „Tadel", „sag" als „tag" etc., würde es u. U. falsch, schwer oder gar nicht zu verstehen sein, da u. a. das zugrundeliegende Regelsystem nicht sofort zu entschlüsseln ist (vgl. Hansen & Heidtmann, 2001). Erschwerend für den Hörer kommt hinzu, dass sich durch die ersetzten Laute auch die Bedeutungen der Wörter ändern und damit das Verstehen erschwert wird. Die o. g. Ersetzungen lassen sich mit Hilfe der sog. phonologischen Prozesse beschreiben. Diese betrachten nicht Veränderungen von einzelnen Lauten, sondern von ganzen Lautklassen. Wenn also z. B. Frikative wie [f, s, etc.] ersetzt werden durch Plosive wie [b, p, t, k etc.], spricht man vom phonologischen Prozess der Plosivierung (vgl. Heidtmann & Knebel, 2004). Wichtiges Kriterium phonologischer Störungen ist, dass der Sprachlaut isoliert oder in anderen Kontexten motorisch gebildet werden kann (vgl. Scholz, 1987). Phonetische und phonologische Störungen treten häufig nicht isoliert, sondern in unterschiedlichen Kombinationen auf.

Unerlässlich bei Aussprachestörungen ist eine Überprüfung der auditiven Wahrnehmungs- und Verarbeitungsfähigkeiten. Dazu gehört auf jeden Fall eine audiometrische Untersuchung der Hörfähigkeit durch Spezialistinnen, da eine normale Hörfähigkeit wichtige Voraussetzung für das Verstehen und Produzieren von Sprachlauten ist. Da der orofaziale Bereich (s. u.) Einfluss auf die Lautproduktion hat, ist auch hier eine differenzierte Überprüfung erforderlich.

8.4.6   Störungen der Sprechflüssigkeit / Stottern

Stottern betrifft die Dimension der Sprechflüssigkeit. Sprechen ist flüssig, wenn es mit normaler Kraft, Geschwindigkeit und Kontinuität geschieht (vgl. Starkweather, 1987). Unter dem normalen Maß an Kraft (kognitive Konzentration und muskuläre Anstrengung) versteht man die Leichtigkeit, mit der eine Sprecherin ihre Äußerungen realisiert. Die Sprechgeschwindigkeit ist u.a. abhängig von Variablen wie natürlichen Pausen und Verzögerungen, Geschicklichkeit artikulatorischer und koartikulatorischer Bewegungen, Veränderung der Artikulationsrate, der Länge der gesamten Äußerung, dem Äußerungskontext, der syntaktischen Komplexität, dem subjektiven Wohlbefinden, der Sprechmotivation, etc. Normales Maß an Kontinuität meint, dass der Informationsfluss erhalten bleibt und u. a. abhängig ist von der Sprechgeschwindigkeit, die wiederum von den oben genannten Variablen beeinflusst wird. Die Vorstellung, dass man im Alltag ständig flüssig spricht, ist vollkommen irreal. Vielmehr sind Sprechunflüssigkeiten „normaler" Bestandteil des Sprechens. Normales Sprechen bedeutet auch Sprechen mit normalen Unflüssigkeiten. Zu den normalen Sprechunflüssigkeiten gehören (vgl. Hansen & Iven, 2004):

- Wiederholungen ganzer Wörter („Und, und, und, und, und dann kam da ein Löwe."),
- Satzteilwiederholungen („Das is, das is, das is ganz schön."),
- Überarbeitungen von Wörtern und Sätzen, wenn sich die Sprechabsicht verändert („Morgen will ich/Kaufst du mir ein Eis?"),
- Stille oder gefüllte Pausen zur inhaltlichen Vorstrukturierung dessen, was gesagt werden soll („Darf ich . . . . . . ähm . . . Cola?").
- Die Sprech-Unterbrechungen geschehen ohne jegliche Anstrengung.

Beim Stottern hingegen kommt es nicht nur gelegentlich, sondern auffallend häufig zu Unterbrechungen im Redefluss. „Ein stotternder Mensch weiß genau, was er sagen will, ist aber im Augenblick des Stotterns unfähig, die für die Umsetzung des sprachlichen Inhaltes erforderlichen Sprechbewegungen fließend auszuführen" (Hansen & Iven, 2004, S. 22). Fast alle Kinder zeigen Sprechunflüssigkeiten im Verlauf der Sprachentwicklung. Ca. 5 % der Kinder entwickeln Stottersymptome. Dabei kann die Entwicklung des Stotterns als Verlauf von entwicklungsgerechten (normalen) Sprechunflüssigkeiten über verstärkte Sprechunflüssigkeiten als Zeichen eines kritischen Übergangs hin zum chronifizierten Stottern beschrieben werden. An Kernsymptomen sind hierbei zu beobachten (vgl. Hansen & Iven, 2004):

- Wiederholung von einzelnen Lauten („B.B.B.B.B. Banane"),
- Dehnungen von Vokalen, die länger als eine Sekunde anhalten,
- Blockaden, d. h. Stimm- und Atemstopps vor oder in einem Wort mit deutlicher Sprechanstrengung („Ka . . . . . . kao").
- Es sind körperliche und emotionale Begleitsymptome zu beobachten wie z. B. Zeichen von Anspannung und Anstrengung im Gesicht, an Hals und /oder Schultern (Grimassen, Hervortreten von Adern, Augen zusammenkneifen, Tonhöhe- und Lautstärkeschwankungen, Mitbewegungen von Armen, Beinen, Rumpf), Auffälligkeiten beim Blickkontakt (Wegschauen, Augen schließen, Anstarren), Flucht- und Vermeidungsverhalten (stottergefährdete Wörter werden durch andere ersetzt, Gesprächspartnerin und /oder Gesprächssituationen werden vermieden).

Hinzu kommen in unterschiedlicher Ausprägung emotionale und kognitive Bewertungen und Reaktionen sowie die sog. Sekundärsymptome, die über die Ebene der Sprechflüssigkeit hinausgehen, d. h. Stottern hat nicht nur mit der hörbaren Symptomatik der Redeunterbrechungen zu tun, sondern insbesondere auch mit den dazugehörigen Emotionen und Kognitionen (vgl. Hansen & Iven, 2002). Kinder empfinden ihr Sprechen und sich selber als andersartig und abweichend. Sie ändern ihr Selbstkonzept und entwickeln ein defizitorientiertes Selbst- und Fremdbild (vgl. Baumgartner, 1999).

Zum Stottern gibt es zahlreiche Spekulationen und Vorurteile. Als gesicherter Stand der Theoriebildung zur Erklärung des Stotterns lässt sich festhalten (vgl. Hansen & Iven, 2002; Natke, 2005): Stottern ist keine Neurose. Es hängt nicht mit einer falschen Erziehungsmethode zusammen oder der landläufigen Meinung, „das Kind müsse sich nur anstrengen, dann ginge es schon". Stottern ist auch nicht das Ergebnis von Unglücklichsein. Es ist in erster Linie eine Störung der eigenaktiven Sprach-Entwicklung (vgl. Baumgartner, 1999).

8.4.7 Schwierigkeiten in der Metasprache

Zum Erwerb der mündlichen Sprache gehört auch die Fähigkeit, über Sprache nachzudenken, die sog. metasprachliche Fähigkeit (synonym Sprachbewusstsein bzw. Sprachbewusstheit). Mit Fragen („Ist Fotografieren das Gleiche wie Fotokopieren?") oder Kommentaren zur Sprache („Jan fängt wie Julia an.") zeigen Kinder, dass sie sprachanalytisch tätig sind. Metasprachliche Fähigkeiten spielen im Zusammenhang mit dem Schriftspracherwerb eine große Rolle, da Kinder von inhaltlichen Aspekten der Sprache abstrahieren und ihre Aufmerksamkeit auf formale Strukturen lenken müssen. Sie müssen z. B. lernen, Sprache zu gliedern und die Regelhaftigkeiten von Schriftsprache zu erkennen wie z. B. die Phonem-Graphem-Korrespondenzen. In verschiedenen Untersuchungen wurde gezeigt, dass das phonologische Bewusstsein für den Schriftspracherwerb eine besondere Rolle spielt (vgl. z. B. Schmid-Barkow, 1999). Unterschieden wird zwischen phonologischem Bewusstsein im engeren und weiteren Sinn. Zum Letzteren gehört der indirekt erschlossene Zugang zu phonologischen Regelhaftigkeiten wie z. B. Reimen oder Silben segmentieren. Indikatoren für das phonologische Bewusstsein im engeren Sinn sind das Erkennen bzw. Benennen von lautlichen Segmenten (Analyse) und das Verschmelzen von lautlichen Segmenten zu einer größeren sprachlichen Einheit (Synthese).

Metasprachliche Fähigkeiten werden differenziert für die einzelnen linguistischen Dimensionen, so dass neben dem phonologischen Bewusstsein zwischen dem morpho-syntaktischen, semantischen und pragmatischen Bewusstsein unterschieden wird.

8.4.8 Schwierigkeiten im Schriftspracherwerb

Der Schriftspracherwerb wird als Teil des Spracherwerbs betrachtet. Dabei müssen Kinder lernen, von bestimmten Charakteristika der mündlichen Sprache zu abstrahieren und Unterschiede zwischen Laut- und Schriftsprache zu reflektieren. Ferner gilt es, die spezifischen Funktionen der Schriftsprache zu erkennen und zu nutzen. Im Unterschied zur mündlichen Sprache gibt es bei der Schriftsprache keine Gesprächspartnerinnen und keine aus der Situation sich direkt ergebenden Sprechbedürfnisse. Außersprachliche Ausdrucksmittel wie Gestik, Mimik etc. können bei schriftsprachlichen Formulierungen nicht genutzt werden, Ellipsen sind nicht zugelassen, die Lautform der Wörter muss man sich bewusst machen, Inhalts- und Ausdrucksseite von Sprache sind zu differenzieren, d. h. Schriftsprache fordert eine größere Abstraktionsleistung, besondere Bewusstheit und Willkürlichkeit. Die Entwicklung von Schreib- und Lesefähigkeiten ist in Stufenmodellen dargestellt worden (vgl. zusammenfassend z. B. Crämer & Schumann, 1999; Füssenich & Löffler, 2005).

Schwierigkeiten im Schriftspracherwerb sind im Zusammenhang mit unterschiedlichen erschwerenden oder behindernden Faktoren wie Sprachstörungen, verzögerte Lernentwicklung, ungünstige Problemlösestrategien sowie mangelnde Passung zwischen Lernvoraussetzungen der Schülerinnen und Lernangeboten von Lehrpersonen zu sehen. So orientieren sich z. B. Kinder mit phonologischen Störungen zu Beginn des Schriftspracherwerbs an ihrem individuellen Phonemsystem. Damit ist für sie aufgrund ihres von der Erwachsenennorm abweichenden Phonemsystems das Erkennen von wesentlichen Graphem-Phonem-Korrespondenzen erschwert. Bei gezielter und individueller Unterstützung kann jedoch die produktive Auseinandersetzung mit der Schriftsprache positive Auswirkungen auf die Aussprachefähigkeiten und somit bewusstseinsfördernde Wirkung haben (vgl. Osburg, 1997). Die phonologische Bewusstheit als metasprachliche Fähigkeit (s. o.) steht in letzter Zeit verstärkt im Fokus im Zusammenhang mit Vorläuferfähigkeiten für den Schriftspracherwerb und der Entwicklung diverser Programme zur Förderung phonologischer Bewusstheit in Kindertagesstätten. Festzuhalten ist, dass bei Vorschulkindern erfasste Leistungen im Bereich der phonologischen Bewusstheit im weiteren Sinn eine Vorhersage späterer Lese- und Schreibleistungen in der Schule ermöglichen (vgl. Marx, Weber & Schneider, 2005). Phonologische Bewusstheit im engeren Sinne hingegen entsteht erst in Interaktion mit dem Schriftspracherwerb (vgl. Crämer & Schumann, 1999).

8.4.9 Weitere Sprachstörungen

Zwei- bzw. Mehrsprachigkeit im Kontext von Migration:

Inzwischen ist üblich, den Begriff „Mehrsprachigkeit" zu verwenden, da in ihm Zweisprachigkeit und alle Formen von Zwei- und Mehrsprachigkeit eingeschlossen sind. Mit Kindern, die zwei- oder mehrsprachig im Kontext von Migration aufwachsen, sind diejenigen gemeint, deren Eltern oder Großeltern nach Deutschland eingewandert sind und die im häuslichen Umfeld ihre Herkunftssprache hören und sprechen (vgl. Röhner, 2005). Aus sprachheilpädagogischer Sicht (vgl. Kracht, 2000) ist für uns zum einen generell der Bereich der Mehrsprachigkeit von Interesse im Sinne von Sprach- und Kommunikationsförderung als pädagogischer Intervention. Zum anderen können zusätzlich zum Bedingungshintergrund der Mehrsprachigkeit sämtliche hier dargelegten bzw. denkbaren Sprach- und Kommunikationsstörungen auftreten.

Stimmstörungen:

Physiologisch gesehen ist die Stimme das Ergebnis des Zusammenspiels verschiedener Teile des Organismus (Atmung, Kehlkopf, Ansatzrohr). Stimme entsteht durch Schwingungen der Stimmlippen. Durch das Mitschwingen der Luft kommt es zur Bildung des Stimmklanges. Stimme ist nicht nur das Ergebnis funktionaler Abläufe, sondern hat auch mit dem Menschen als Persönlichkeit, als Person zu tun. Dies drückt sich z. B. in folgenden Redewendungen aus: „in Stimmung sein", sich einstimmen", „etwas stimmt nicht", „jemanden überstimmen", „stimmig sein". Interessant ist, dass die sprachlichen Wurzeln von „Person" mit der Stimme zu tun haben. „Personare" ist lateinisch und bedeutet „hindurchtönen" (vgl. Stengl & Strauch, 1997). An der Stimme ist eine Person zu erkennen, die Stimme spiegelt unsere Befindlichkeit und Persönlichkeit wider (vgl. Stengl & Strauch, 1997). Stimmstörungen werden auch als Dysphonien bezeichnet. Auftreten kann auch eine Aphonie (Stimmlosigkeit), für kindliche Stimmstörungen sei u. a. verwiesen auf Beushausen und Haug (2003). Erzieherinnen und Lehrerinnen gehören zum Kreis der Sprechberufe, in dem häufig funktionell bedingte Stimmstörungen (Berufsdysphonien) entstehen, da die Stimme nicht ökonomisch eingesetzt wird. Ihre Belastungsfähigkeit (liegt beim stimmgesunden Menschen bei einer täglichen Sprechbelastung von 6 Stunden) ist bei der Berufsdysphonie eingeschränkt (vgl. Wendler, Seidner & Eysholdt, 2005).

Hörstörungen:

Für die Sprachentwicklung ist die auditive Leistung bzw. das Hören eine wichtige Voraussetzung. Diese beginnt bereits vor der Geburt mit der Aufnahme prosodischer Sprachmerkmale. Die Reifung der zentralen Hörbahnen ist abgeschlossen, wenn das Kind ca. ein Jahr alt ist. Vorliegende Beeinträchtigungen des Hörens können Auswirkungen auf die Sprach- bzw. Gesamtentwicklung des Kindes haben. Unterschieden werden auditive Verarbeitungs- und Wahrnehmungsstörungen (vgl. z. B. Lauer, 2006), Schallleitungs- und Schallempfindungsstörungen etc. Auf Hörhilfen wie z. B. das Cochlea Implant (vgl. z. B. Horsch, 2004) sei lediglich verwiesen.

Sprach- und Kommunikationsstörungen bei Menschen mit motorischen Behinderungen:

Eine Form von motorischen Behinderungen sind frühkindliche cerebrale Bewegungsstörungen. Diese sind häufig mit Sprach- und Kommunikationsstörungen verbunden (vgl. Haupt, 1997; Leyendecker, 2005). Durch eine motorische Behinderung, die das gesamte Ausdrucksverhalten betreffen kann, sind die Möglichkeiten kommunikativer Mitteilungen erheblich eingeschränkt. Therapeutische Möglichkeiten bietet das Konzept der Unterstützten Kommunikation (s. u.).

Sprach- und Kommunikationsstörungen bei Menschen mit geistiger Behinderung:

Als Leitsymptom der geistigen Behinderung werden beeinträchtigte kognitive Fähigkeiten genannt (vgl. auch den Beitrag von Schuppener). Gleichzeitig wird die große Heterogenität der Gruppe der Menschen mit einer geistigen Behinderung betont. Diese gilt ebenfalls für sprachliche Fähigkeiten, Interaktion und Kommunikation (vgl. Wilken, 2001, S. 103).

Mutismus, Schweigen:

Mutismus kommt vom Lateinischen „mutus", was übersetzt „stumm" bedeutet. In der kommunikativen Situation kann man treffender von „Nichtsprechen" oder „Schweigen" sprechen. Im Unterschied zur Logophobie (Angst, *vor* Personen zu sprechen) handelt es sich um ein Nichtsprechen *mit* Personen. „Selektiver Mutismus ist ein dauerhaftes, wiederkehrendes Schweigen in bestimmten Situationen (z. B. im Kindergarten, in der Schule) und gegenüber bestimmten Personen (z. B. gegenüber allen Personen, die nicht zum engsten Familienkreis gehören). Dieses Schweigen tritt auf, obwohl die Sprach- und Sprechfähigkeit vorhanden ist. Ebenso ist die Redebereitschaft gegenüber einigen wenigen vertrauten Personen in vertrautem Umfeld gegeben" (Bahr, 2002, S. 14). Aus der Perspektive des Kindes ist Mutismus eine subjektiv sinnvolle, allerdings sozial nicht akzeptierte Bewältigungsstrategie (vgl. Bahr, 1996).

Logophobie/Sprechangst:

Logophobie meint Sprechangst und bezieht sich auf die dauerhafte, unangemessene und starke Angst vor einem Publikum zu sprechen (vgl. Kriebel, 2001).

Poltern:

Poltern ist ein Phänomen, das häufig in Verbindung zum Stottern genannt wird und zu dem viele Vorurteile hinsichtlich der Persönlichkeitsstruktur von „Polterern" bestehen (vgl. Sick, 2004). In der aktuellen Fachliteratur führt diese Sprach- und Kommunikationsstörung eher ein Schattendasein. Die häufigste Charakterisierung für Poltern ist eine erhöhte Sprechgeschwindigkeit (vgl. Sick, 2004, S. 17). Als weiteres obligatorisches Symptom für Poltern werden phonetische Auffälligkeiten genannt. Sie zeigen sich in Form von Laut-, Silben- und Wortauslassungen, Ersetzungen von Lauten und Silben, Hinzufügungen von Lauten, Vertauschungen von Lauten, Kontaminationen (Vertauschungen von Laut- und Silbenelementen), Reduzierung von Mehrfachkonsonanzen und Neutralisierung von Vokalen. Dadurch kann das Sprechen bis zur Unverständlichkeit verändert sein.

Lippen-Kiefer-Gaumen-Segel-Fehlbildungen (LKGSF):

Bei Lippen-Kiefer-Gaumen-Segel-Fehlbildungen handelt es sich um angeborene Fehlbildungen des Organismus. Einzeln oder kombiniert betroffen sein können die Lippen, der Kiefer, der Gaumen, die Nase, das Velum (Gaumensegel). Im Allgemeinen wird heute davon ausgegangen, dass LKGSF multifaktoriell bedingt sind und sowohl endogene als auch exogene Faktoren an der Entstehung beteiligt sein können. LKGSF haben Folgen anatomisch-funktioneller Art (für Nahrungsaufnahme, Schlucken, Gesichtsmimik, Sprechmuskeln, Gehör, organisches Wachstum, Atmung), in sprachlich-kommunikativer (Sprachentwicklung, Aussprache, Stimme) und emotional-sozialer Hinsicht (Eltern-Kind-Beziehung, Interaktion, Selbstwert). Die sprachlichen Auffälligkeiten können sich in organischen Funktionsbeeinträchtigungen der Sprechwerkzeuge äußern, durch pathologische Resonanzveränderungen (Hypernasalität (Rhinolalia aperta), Hyponasalität (Rhinolalia clausa) oder Mischformen (Rhinolalia mixta) gekennzeichnet sein oder sekundär als Kompensationsmechanismus wirksam werden. Aufgrund der oben genannten Symptomatiken und Folgebehinderungen ergibt sich die Notwendigkeit einer interdisziplinären Frühförderung (Neumann, 2003, S. 57).

Orofaziale Störungen:

In engem Zusammenhang zur Aussprache steht der orofaziale Bereich (oro – Mund und facies – Gesicht). Eine orofaziale Störung oder Dysfunktion ist eine Störung im Mund- und Gesichtsbereich, der Nase, Lippen, Kinn, Kiefer, Zunge, Gaumen und Rachen umfasst, und auch als Ansatzrohr bezeichnet wird. Als funktionelles System ist es ein Gefüge von Wechselbeziehungen zwischen den oralen Strukturen und ihren Primärfunktionen Atmen, Saugen, Beißen, Schlucken und den Sekundärfunktionen der Phonation und Artikulation. Die häufigsten orofazialen Störungen (vgl. Bigenzahn, 2003) bei Kindern sind das Zungenpressen (tongue thrust oder auch infantiles Schlucken genannt) während des Schluckens und Sprechens, die Mundatmung, eine offene Mundhaltung, die Hypersalivation (vermehrter Speichelfluss) und Probleme in der oralen Stereognose (Probleme in der taktil-kinästhetischen und propriozeptiven Wahrnehmung bezogen auf den Mundraum).

Dysphagien:

Dysphagien sind Störungen des Ess- bzw. Schluckaktes. Der Schluckakt kann als Ganzes oder in einzelnen Phasen gestört sein. Eine große Gruppe bilden Schluckstörungen infolge von zerebralen Bewegungsstörungen aufgrund von Läsionen des Großhirns und des Hirnstamms durch Schlaganfall, Schädel-Hirn-Trauma und Tumore. Alte Menschen sind sehr häufig von Schluckstörungen betroffen (vgl. Bigenzahn & Denk, 1999). Als Auswirkungen von Schluckstörungen sind zu nennen: Aspiration (Verschlucken) bis hin zu Erstickungsanfällen mit akuter Lebensgefahr, Fehl- oder Unterernährung, zu geringer Flüssigkeitshaushalt, Gewichtsverlust, Appetitlosigkeit, soziale Isolation (vgl. Herbst-Rietschel, 2002). Schluckstörungen führen zu einem Verlust von elementaren Lebensgenüssen, die mit Essen und Trinken verbunden sind. Sie haben vor allem auch für die kommunikativen Situationen der gemeinsamen Mahlzeiten gravierende Veränderungen zur Folge.

Dysglossien:

Dysglossie ist eine Sammelbezeichnung für Störungen der Aussprache im Hinblick auf die phonetische Dimension (s. o.) infolge von Schädigungen der peripheren Sprechorgane (vgl. Wängler & Bauman-Wängler, 1987). Den größten Anteil der palatalen Dysglossien machen die Lippen-Kiefer-Gaumen-Segel-Fehlbildungen aus. Die pharyngealen und laryngealen Dysglossien führen in erster Linie zu Stimmstörungen.

Dysarthrie bzw. Dysarthrophonie:

Dysarthrien sind organisch bedingte Störungen der Aussprache (vgl. Ziegler, Vogel, Gröne & Schröter-Morasch, 1998), die auf einer Schädigung des zentralen oder peripheren Nervensystems beruhen, d. h. es liegen organische Beeinträchtigungen der zerebralen Zentren, Bahnen und Kerne der am Sprechvorgang beteiligten motorischen Nerven vor, so dass die Steuerung und Ausführung von Sprechbewegungen gestört ist. Neben der Artikulation sind auch Stimmgebung (Phonation), Sprechatmung (Respiration) und Prosodie betroffen. Schubert (2004) sowie Ziegler u. a. (1998) betonen die kommunikative Behinderung von Menschen mit Dysarthrie. Diese Menschen, deren Angehörige und Gesprächspartnerinnen nehmen die Sprechstörung meistens nicht direkt als Bewegungsstörung wahr. Für sie steht vielmehr die Unfähigkeit im Vordergrund, in der gewohnten Weise kommunizieren zu können. Eine zentrale Einschränkung ergibt sich durch die Verständlichkeitsminderung.

Sprechapraxie, verbale Entwicklungsdyspraxie:

Bei der Sprechapraxie haben Betroffene Schwierigkeiten, die für die Aussprache erforderlichen Bewegungen und Bewegungsabfolgen aufgrund von Schädigungen in der sprachdominanten Hemisphäre zu entwerfen und zu planen. Die verbale Entwicklungsdyspraxie (vgl. Dannenbauer, 1999a) ist eine bei Kindern zentral bedingte Störung der Aussprache, die die Programmierung und Ausführung der willkürlichen Sprechbewegungsfolgen betrifft. Hauptsymptome sind die Variabilität der Artikulationsstörung, die in Umstellungen, Prolongationen, Einfügungen, nicht normgerechten Bildungen und Wiederholungen von Lauten besteht und die unangemessene Prosodie, die sich in monotoner Sprechmelodie, falscher Betonung und wechselnder Sprechgeschwindigkeit äußert.

Aphasie:

Aphasie kommt aus dem Griechischen und bedeutet „Sprachlosigkeit". Aphasien sind Sprachstörungen, die aufgrund von plötzlich eintretenden, umschriebenen Schädigungen des Gehirns (wie z. B. Schlaganfall oder Schädel-Hirn-Trauma) auftreten (vgl. Tesak, 2006). Zusätzlich zu den sprachlichen Symptomen können je nach Ausmaß der zerebralen Läsionen Störungen in der Motorik (z. B. Halbseitenlähmungen), in der Wahrnehmung (z. B. Sehstörungen durch Ausfall von Gesichtsfeldern), im emotionalen Bereich (z. B. Gefühlslabilität, Depressionen), in der räumlichen und zeitlichen Orientierung, Aufmerksamkeit, Konzentration und im Gedächtnis auftreten. Inzwischen finden sich in der Fachliteratur auch ausführliche Hinweise auf psychosoziale Probleme (vgl. Lutz, 1996; Weikert, 2004).

8.5 Verbreitung und Ursachen

8.5.1 Verbreitung

Über die Häufigkeit von Sprach- und Kommunikationsstörungen allgemein und auch speziell für die verschiedenen Arten von Störungen finden sich unterschiedliche Angaben. Dies kann u. a. damit erklärt werden, dass es keine einheitlichen Definitionen gibt (s. o.), dass keine Tests oder Verfahren existieren, die eine exakte Zuordnung „sprachgestört/nicht sprachgestört" erlauben, dass das Spektrum der Sprachstörungen von leichten bis schweren Störungen reicht, dass es keine Meldepflicht oder ein Zentralregister gibt, dass sich im therapeutischen Prozess Sprach- und Kommunikationsstörungen verändern, Sprach- und Kommunikationsstörungen in unterschiedlichen Kombinationen und/oder im Zusammenhang mit anderen Behinderungen vorliegen können, dass für die Einordnung als „Sprachstörung" entscheidend ist, ob die Situation von den beteiligten Kommunikationspartnerinnen als belastend erlebt wird (s. o.). Daher sind die folgenden Angaben sehr relativ!

Biermann und Goetze (2005) geben für das Jahr 2002 für den schulischen Bereich an, dass 0,5 % der Kinder dem Förderschwerpunkt Sprache zugeordnet waren. Diese Angabe ist insofern kritisch zu sehen, als Kinder mit anderen Förderschwerpunkten (wie z. B. geistige, körperliche und motorische Entwicklung oder Lernen) in Kombination mit Sprachstörungen hier nicht erfasst sind. Logischerweise nicht berücksichtigt ist der vorschulische Altersbereich, in dem die unterschiedlichen Störungen in Verbindung mit dem Spracherwerb dominieren. Genauso fehlt der Bereich der Sprachstörungen bei Erwachsenen wie z. B. Aphasien.

In der aktuellen Veröffentlichung von Braun (2006) wird einerseits eine Zunahme von Sprachstörungen, andererseits eine Konstanz von Häufigkeiten über die gesamte Geschichte der Sprachheilpädagogik hinweg verzeichnet, z. B. beim Stottern. Hier wird „der relative Anteil in der Bevölkerung konstant mit 1 % angegeben" (Braun, 2006, S. 1).

Sprachentwicklungsstörungen kommen laut Braun (2006) zu ca. 25 % bei den dreieinhalb- bis vierjährigen Kindern und zu ca. 10 % bei Schuleintritt vor. Bei Kindern mit Lippen-Kiefer-Gaumen-Segel-Fehlbildungen wird das Häufigkeitsverhältnis mit 1:500 angegeben.

Die Angaben zur Häufigkeit von Stimmstörungen insgesamt und insbesondere bei Kindern schwanken stark. Sie liegen für kindliche Stimmstörungen zwischen 3 % und 40 % (vgl. Beushausen & Haug, 2003). Die Angaben zur Auftretenshäufigkeit des Polterns sind unterschiedlich, was damit zusammenhängt, dass nicht alle statistisch erfasst werden und dass nicht alle entsprechend diagnostiziert werden (s. o.). „Polterndes Sprechen ist relativ häufig, aber selten als solches diagnostiziert, da die hörmäßige Unterscheidung zwischen Schnellsprechen und gestörter zeitlicher Gestaltung der Rede schwer fällt" (Braun, 2006, S. 204). Der Autor gibt an, dass Poltern bei allen Altersgruppen etwa 0,4 % beträgt. Die Angaben zur Sprechangst schwanken von 10 bis 40 %. Mutismus kommt bei Kindern im Vorschul- oder Schulalter ca. 0,5 bis 0,7 % vor. Für zentralbedingte Störungen wie Aphasie, Dysarthrie, Sprechapraxie/verbale Dyspraxie werden meist absolute Zahlen genannt. Aphasien sollen bei 400.000, Dysarthrien bei 300.000 Personen vorliegen (vgl. Braun, 2006). Dysphagien (Schluckstörungen) haben etwa 7 % der Bevölkerung.

Wichtiger als die Angabe von Häufigkeiten ist u. E. folgende Einstellung: „Doch unter welchen Aspekten man das Problem auch betrachtet, eines ist offensichtlich: Auf der Welt sind mehrere Millionen Menschen unfähig zu kommunizieren und werden dadurch eingeschränkt in ihrer persönlichen Entwicklung, ihren sozialen Beziehungen und ihren Möglichkeiten, einen wirkungsvollen Beitrag zur Gesellschaft zu leisten" (Crystal, 1993, S. 264).

8.5.2 Ursachen

Häufig findet sich bei den Ursachen eine Grobeinteilung in organische und funktionelle Ursachen. Crystal (1993, S. 264) gibt an, dass in rund 40 % der Fälle eindeutig organische Ursachen vorliegen. Als Beispiele führt er Kinder mit angeborenen Hirnschädigungen an, die geistig oder körperlich behindert sind und auch Sprachstörungen aufweisen. Auch bei Kindern, die gehörlos sind, sei die normale Sprachentwicklung praktisch ausgeschlossen. Durch Schlaganfälle oder Unfälle können Teile des Gehirns beschädigt werden und zu Aphasien führen. Wucherungen z. B. können die Funktion der Stimmbänder beeinträchtigen und damit zu Stimmstörungen führen. In den meisten Fällen jedoch sind organische Störungen nicht feststellbar.

Wängler und Bauman-Wängler (1983) legen fest, dass immer dann, wenn keine organischen Ursachen vorliegen, von funktionellen auszugehen sei. Funktionelle Ursachen können nach Crystal (1993, S. 264) im psychischen, sozialen oder sprachlichen Hintergrund liegen. Zu bedenken ist allerdings, dass häufig mehrere Faktoren eine Rolle spielen, dass die Wechselwirkungen zwischen verschiedenen Faktoren ausschlaggebend sein können, dass funktionelle Störungen organische Schädigungen hervorrufen können, dass organische Erkrankungen wie z. B. Laryngitis zu funktionellen Störungen führen können (Kombinationen von organischen und funktionellen Ursachen) und dass häufig keine Erklärungen für Sprachstörungen gefunden werden. „Bei Tausenden von Kindern verzögert sich die Sprachentwicklung, ohne dass ihre Krankengeschichte die geringste Erklärung dafür liefern könnte" (Crystal, 1993, S. 264).

Ganz allgemein ist für den Aspekt der Ursachen entscheidend, welche erkenntnistheoretischen Grundannahmen und Modellvorstellungen als Ausgangspunkt dienen. Hier wird davon ausgegangen, dass nicht die Suche nach einer oder mehrerer Ursachen ausreichend ist, sondern das Kind in Interaktion mit der Umwelt in einem komplexen Bedingungsgefüge (im diagnostischen Prozess) zu betrachten ist, um Veränderungen in der Sprach- und Kommunikationstherapie zu bewirken.

8.6 Diagnostischer Prozess

Sprach- und kommunikationsdiagnostische Prozesse sind einzubetten in den allgemeinen diagnostischen Prozess. Je nach Zielsetzung kann der sprachdiagnostische Prozess unterschiedlich gestaltet werden. Auch gibt es unterschiedliche diagnostische Konzepte sowie methodische Möglichkeiten und Verfahren. Aus (sprachheil)pädagogischer Sicht ist es unerlässlich, das Kind in den Mittelpunkt zu stellen und eine förderliche Atmosphäre zu schaffen. Haupt (1996, S. 31) formuliert dies sehr treffend mit folgenden Worten: „In einer diagnostischen Situation sitze ich keinem Problem gegenüber, keiner Störung, keiner Behinderung. Ich sitze auch nicht ungünstigen Sozialisationsbedingungen gegenüber. Ich lade ein Kind ein, spielend, handelnd, zeichnend, fragend, in Kommunikation seine Kompetenzen zu zeigen. Ich lade es ein, seine Erfahrungen, seine Kompetenzen, seine Sicht der Dinge, sich mitzuteilen. Ich schaffe den Raum dafür: den äußeren und biete auch den inneren Raum an, den das Kind, seine Eltern, Fachkräfte nutzen können, um sich mir mitzuteilen." Eine ausschließlich medizinisch oder linguistisch ausgerichtete Diagnostik ist für Förderung und Therapie ungeeignet. In dem Zitat von Haupt wird angedeutet, dass der diagnostische Prozess mit dem Kind, den Eltern und dem Umfeld kooperativ zu gestalten ist. In diesem Prozess geht es um die subjektiven Sicht- und Erlebensweisen, um individuelle Belastungen in kommunikativen Prozessen, Bewältigungsstrategien und -ressourcen. Diagnostisches Handeln ist in Therapie integriertes Handeln, Hypothesen werden entwickelt, überprüft und verändert. Kommunikative Prozesse im Rahmen der Therapie sind stets Anlässe zum Beobachten, Diagnostizieren und Reflektieren.

Im Sinne einer qualitativen, lernprozessbegleitenden Diagnostik „Sprache und Kommunikation" sind folgende Merkmale und Prinzipien leitend (vgl. Hansen, Heidtmann & Mross, 2003): Diagnostik ist

- ein prozesshaftes Geschehen,
- auf Förderung und Förderpläne hin orientiert,
- ein Prozess des Verstehens,
- auf Interaktion basierend,
- einzubetten in eine vertrauensvolle Beziehung
- und in eine kommunikationsfördernde Atmosphäre,
- gerichtet auf sprachlich-kommunikatives Handeln in alltagsnahen Kontexten,
- an den Fähigkeiten und Stärken des Kindes orientiert,
- ein Entdecken der individuellen Regeln und des Systems des Kindes (auf linguistischer und spracherwerbstheoretischer Basis),
- ausgerichtet auf die individuellen Bedingungen des Kindes,
- bezogen auf das Umfeld,
- ein interpretativer Prozess,
- mehrperspektivisch angelegt,
- orientiert an überwiegend qualitativen Verfahren und
- an Fragestellungen.

Bezogen auf sprachlich-kommunikative Kompetenzen sind drei grundlegende Schritte zu unterscheiden:

1. Erhebung und Aufbereitung von sprachlich-kommunikativen „Daten",
2. Auswertung, Interpretation und Ableitung von therapeutischen Zielen und Methoden,
3. Reflexion von Therapieintervallen und Ableitung von Konsequenzen.

Zur Erhebung von sprachlich-kommunikativen „Daten" stehen Tests, Prüfverfahren, freie Spiel-, Gesprächs- und Interaktionssituationen sowie Gespräche zur Verfügung (vgl. Heidtmann, 1990). Für jede sprachlich-kommunikative Dimension bzw. für jede Sprach-, Sprech-, Hör-, Stimm-, Schluck-, Kommunikationsstörung gibt es eine Vielzahl von speziellen diagnostischen Fragestellungen, Apparaten, Tests und Verfahren. Für eine differenzierte Auswertung ist eine transkribierte Situation im Umfang von mindestens 100 Äußerungen eine günstige Ausgangsbedingung (vgl. Heidtmann, 1990). Für die Auswertung sind je nach sprachlicher Dimension unterschiedliche Auswertungsverfahren auszuwählen. Für Sprachentwicklungsstörungen mit den verschiedenen sprachlichen Dimensionen eignet sich das FiF (**F**ragestellungen **i**m **F**luss) von Hansen et al. (2003). Um therapeutische Ziele und Methoden zu bestimmen, ist eine mehrdimensionale Diagnostik und eine Kind-Umfeld-Analyse Voraussetzung. Sprachtests sind nur von begrenztem Nutzen, da sie keinerlei Hinweise auf therapeutische Ziele geben, keine Empfehlungen über mögliche Förderorte, Schullaufbahnen oder zusätzliche Maßnahmen erlauben sowie Kompetenzen und Ressourcen nicht eruieren. Da keine verbindlichen quantitativen Kriterien existieren, ab wann Abweichungen von der Sprachnorm als Sprachstörungen zu sehen sind, und die subjektive Belastung der am Kommunikationsprozess Beteiligten eine entscheidende Rolle für die Diagnose des Vorliegens einer Sprach- bzw. Kommunikationsstörung spielt (s. o.), sind Modelle hilfreich. In Übereinstimmung mit den o. g. Prinzipien zum diagnostischen Prozess und im Zusammenhang mit dem o.g. Ziel der „Lebensbedeutsamkeit" kommt der in der ICF (s. o.) formulierten Partizipationsidee eine zentrale Bedeutung im diagnostisch-therapeutischen Prozess zu. Eine Möglichkeit, diese Idee konkreter umzusetzen, könnte u. E. die Adaption des Modells von Beukelman und Mirenda (1998) aus dem Bereich der Unterstützten Kommunikation (vgl. Antener, 2001; Lage, 2006) bieten.

8.7 Pädagogische Interventionen

Art und Weise pädagogischer und therapeutischer Interventionen hängen eng mit dem Menschenbild und dem Grundverständnis von Pädagogik, Entwicklung und Lernen zusammen (s. o.). Pädagogische und therapeutische Prozesse sind im Kern wesensmäßig gleich (vgl. Heidtmann, 1982). Dies gilt auch für die Sprach- und Kommunikationsförderung. Im Unterschied zur Sprachtherapie ist letztere eher allgemein für das sprachlich-kommunikative Handeln aller Kinder förderlich. Sprachtherapie hingegen ist auf Basis einer individuellen Diagnostik durch ein idiographisches Vorgehen mit sehr spezifischen Zielsetzungen und therapeutischen Methoden gekennzeichnet. Damit sind „(Trainings-) Programme", die eine für alle gleiche, meistens auch festgelegte Abfolge von Handlungsanweisungen vorsehen, ungeeignet. Für Unterricht, präventive, pädagogische und therapeutische Interventionen gilt gleichermaßen, dass eine sprach- und kommunikationsfördernde Atmosphäre eine unerlässliche Basis für gelingende sprachlich-kommunikative Weiterentwicklung darstellt. In einem kooperativ gestalteten Prozess werden den Menschen, die unsere Unterstützung in Anspruch nehmen, Hilfen zum Lernen und zur Veränderung angeboten. Dabei entscheiden sie selbst, welche sie annehmen oder ablehnen. Dieses Vorgehen basiert auf der Annahme, dass Kinder, Eltern etc. prinzipiell dazu fähig sind und Ressourcen besitzen, Probleme eigenständig bzw. mit fachkundiger Unterstützung zu bewältigen (Prinzip der Kompetenz- und Ressourcenorientierung).

Ein weiteres wichtiges Prinzip ist die Zusammenarbeit mit den Eltern. Pädagogische Interventionen können nur in gemeinsamer Verantwortung von Eltern und Fachkräften geschehen. Das gemeinsame Interesse am Kind, an seinen Stärken und Schwierigkeiten führt zu Gesprächen, zum gegenseitigen Austausch und schafft die Grundlage für eine vertrauensvolle Zusammenarbeit. Die Zusammenarbeit mit den Eltern ist nicht an bestimmte Sprachstörungen gebunden und bedeutet auch nicht, dass es direkte Zusammenhänge zwischen der Sprachstörung des Kindes und speziellen Verhaltensweisen der Eltern geben muss. Vielmehr gehört das Kind gemeinsam mit den Eltern zum System Familie und ist in besonderer Weise auf diese als Teil der sozialen Umwelt angewiesen. In der Zusammenarbeit müssen Eltern erleben, dass ihre subjektiven Wirklichkeiten und Sichtweisen ernst genommen werden. Es gibt kein „richtig" oder „falsch", sondern gleichberechtigte Ansichten. Emotionen der Eltern sind zuzulassen und Eltern sind nicht zu bewerten. Dies gilt als human und kommunikativ hilfreich.

8.7.1 Generelle präventive Maßnahmen

Prävention kommt von dem lateinischen Wort „praevenire", was soviel heißt wie zuvorkommen, verhindern. Prävention meint sämtliche Maßnahmen, die durchgeführt werden, um mögliche Abweichungen oder Störungen von einer gesellschaftlich definierten Norm zu verhindern bzw. die Risiken für derartige Probleme zu vermindern (vgl. Belschner, 1994). Hilfreich im Sinne von Prävention sind Informationen über Verlauf und Prozesse der Sprachentwicklung sowie über mögliche Sprachstörungen für spezielle Berufsgruppen (Ärzte, Erzieherinnen, Lehrerinnen, Beraterinnen), für Eltern und für die Gesellschaft. Mit Hilfe von Vorsorge- und Früherkennungsuntersuchungen, Screeningverfahren und rechtzeitigen Beratungen bzw. therapeutischen Unterstützungen ist die Manifestation von Störungen verhinderbar. Bei Kindern mit Sprachentwicklungsstörungen trägt Prävention durch Sprachtherapie dazu bei, der Entstehung von sozial-emotionalen Problemen, von familiärem Stress und den sich u. U. vergrößernden Rückstand in der kognitiven Leistungsfähigkeit entgegenzuwirken (vgl. Dannenbauer, 2004). Die Fortschritte in der Sprachtherapie sind umso größer, je jünger das Kind ist, je höher seine nonverbale Intelligenz liegt, je weniger Verhaltensprobleme berichtet werden, je positiver die Eltern über das Kind sprechen und je kommunikationsorientierter und responsiver sich das Kind im frühesten Alter zeigt (vgl. Dannenbauer, 2001b). Eine ausschließlich abwartende Haltung nach dem Motto „Das wächst sich noch aus!" oder „Das wird schon noch!" ist aus der Perspektive von Prävention unzureichend. Derartige Ratschläge tragen eher zur Verunsicherung der Eltern bei.

Ungünstigen Auswirkungen von Sprachstörungen auf das Selbstkonzept kann durch sprach- und kommunikationsfördernde Handlungen entgegengewirkt werden (vgl. z. B. Baumgartner, 1999). Dies geschieht u. a. durch: Erkennen lassen, dass Zuhörbereitschaft besteht; Blickkontakt suchen und halten; Freude über Äußerungen verdeutlichen, z. B. durch Nicken, Anlächeln, freundliche Mimik; freundlicher Umgangston („Der Ton macht die Musik"); aufmerksam zuhören; über Schwächen und Fehler wohlwollend hinweg sehen; Inhalt des Geäußerten hat Vorrang vor formal-sprachlicher Korrektheit; zusammenfassen, zustimmen, bestätigen; Körperkontakt herstellen (z. B. Streicheln, anerkennend auf die Schulter klopfen). Unterstützend ist ebenfalls das eigene sprachliche Vorbild im Sinne von: Das Sprechen erfolgt mit langsamer und natürlich klingender Geschwindigkeit. Die Aussprache ist klar und deutlich. Als Verständigungshilfen werden nonverbale Mittel wie Betonung, Mimik und Gestik eingesetzt. Natürliche Sprechpausen werden beachtet. Wortwahl, grammatische Strukturen und Äußerungslänge sind auf das Niveau des Kindes abzustimmen.

8.7.2 Vorschulische, schulische und nachschulische Förderung (einschließlich integrativer Maßnahmen)

Kinder mit Sprach- und Kommunikationsstörungen finden sich in vorschulischen Institutionen wie Kindertagesstätten, in unterschiedlichen schulischen Einrichtungen (Grundschulen, Förderzentren, Schulen für Körperbehinderte etc.) sowie Jugendliche und Erwachsene in nachschulischen Institutionen wie z. B. Sprachheilheimen, in sprachtherapeutischen Praxen, Reha-Kliniken.

8.7.3 Psychomotorisch orientierte Sprach- und Kommunikationsförderung

Während man für die ersten beiden Lebensjahre einen direkten, kausalen Zusammenhang zwischen der Entwicklung von Motorik und Sprache nachgewiesen hat, ist dies für spätere Jahre nicht mehr möglich (vgl. Eggert, Lütje & Johannknecht, 1990). Weder lässt sich von einem andauernden, direkten, strukturellen Zusammenhang zwischen motorischer und sprachlicher Entwicklung des Kindes sprechen noch von einer kausalen Beziehung zwischen Sprachstörungen und Bewegungshandeln. Die Wirkungen psychomotorisch orientierter Sprach- und Kommunikationsförderung beruhen nicht auf einer isolierten Bewegungsförderung, sondern auf der Komplexität einer gemeinsamen Handlungssituation zwischen Pädagogin und Kind. Feststellen lässt sich daher kein direkter Transfer von Bewegungslernen auf kognitives und sprachliches Lernen, sondern positive Auswirkungen auf die Stabilität der Persönlichkeit und Motivation sowie auf den Aufbau des Selbstkonzeptes (vgl. Eggert et al., 1990). Psychomotorisch orientierte Sprach- und Kommunikationsförderung unterstützt im gesamtheitlichen Zusammenwirken von Wahrnehmen, Bewegen, Fühlen, Erleben, Denken, Handeln, Sprechen und Kommunizieren die Persönlichkeitsentwicklung des Kindes und erweitert seine sprachlich-kommunikativen Fähigkeiten. Bewegung und Spiel stehen als kindgemäße Ausdrucksformen im Mittelpunkt der Arbeit. Die einzelnen Handlungssituationen müssen für die Kinder sinn- und bedeutungsvoll sein. Beispiele von psychomotorischen Situationen finden sich in Eggert und Lütje-Klose (2002), der Nutzen im Kontext von diagnostischen Prozessen wird in Hansen und Heidtmann (2004a) beschrieben.

8.7.4 Zum Übergang von der Kindertagesstätte (KiTa) in die Schule

Eine besondere Bedeutung gewinnt die Sprach- und Kommunikationsförderung im Zusammenhang mit dem Übergang des Kindes von der KiTa in die Grundschule und hier insbesondere für Kinder mit Migrationshintergrund und Mehrsprachigkeit. Gemeinsame Aufgabe von KiTa und Schule ist der (ökologische) Übergang, der häufig ein Schlüsselereignis für Kinder darstellt und bisweilen auch als „kritisches Lebensereignis" (Filipp, 1995) eingeordnet wird. Durch eine intensive vorschulische Sprach- und Kommunikationsförderung kann der Übergang fließend gestaltet und damit für die Kinder deutlich erleichtert werden (vgl. Hansen, 2004; Hansen & Heidtmann, 2004b).

8.7.5 Integrative Sprach- und Kommunikationsförderung

Integrative Sprach- und Kommunikationsförderung bezieht sich auf den Unterricht an der Grundschule, in dem Grundschullehrerinnen und Sprachheillehrerinnen gemeinsam für den Unterricht aller Kinder verantwortlich sind. Die Sprachheillehrerin hat u. a. die Aufgabe, Sprach- und Kommunikationsstörungen frühzeitig zu diagnostizieren, Kinder, bei denen ein sonderpädagogischer Förderbedarf im Schwerpunkt „Sprache" festgestellt wurde, integrativ zu fördern und therapeutisch zu unterstützen sowie präventiv soweit möglich die Entstehung von Sprach-, Lern- und Verhaltensproblemen zu vermeiden. Die Sprach- und Kommunikationsförderung kann additiv oder unterrichtsintegriert stattfinden. Didaktische Prinzipien sind die Entwicklungs- und Handlungsorientierung, Kooperation, Offenheit und Individualisierung, Strukturierung und Transparenz (vgl. Lütje-Klose, 1997).

8.7.6 Nachschulischer Bereich

Jugendliche und Erwachsene (z. B. mit einer Aphasie) werden meistens in Reha-Kliniken, sprachtherapeutischen Praxen oder Kliniken, Sprachheilheimen und -zentren sprachtherapeutisch unterstützt.

8.8 Pädagogisch-therapeutische Interventionen

Wichtige Bestimmungsmomente von Sprachtherapie sind:
- individuelle Begleitung des Kindes, d. h. Hilfen für sprachlich-kommunikative Lernmöglichkeiten anbieten,
- individuell auf das Kind abgestimmte, zielorientierte, geplante und strukturierte Situationen gestalten, und zwar
- auf Basis eines systematischen, qualitativen diagnostischen Prozesses, fachwissenschaftlicher Erkenntnisse, den damit verbundenen Theoriebildungen sowie einer einfühlsamen, (selbst)reflektierenden Therapeutinnenpersönlichkeit.

Der therapeutische Prozess basiert auf einer idiographischen Sichtweise, denn „jede sprachliche Auffälligkeit hat ihre eigene biografische Vorgeschichte und ihre eigene aktuelle Problematik. Deshalb erscheint es für deren Verständnis wenig sinnvoll, ständig nach interindividuellen ‚Gleichheiten' zu suchen: In jedem Einzelfall bestehen individuell einzigartige Konstellationen" (Hansen & Iven, 2002, S. 36). Damit sind Konzepte gefordert, die es ermöglichen, für den Einzelnen relevante „Teile" flexibel auszuwählen und anzuwenden. Dies lässt sich in einem Therapiekonzept, das sich aus Bausteinen („*Prinzip der Therapie-Bau-*

steine": Hansen & Iven, 2002, S. 58) zusammensetzt, realisieren. Relevante, theoretisch fundierte Bausteine und Prinzipien für die Sprach- und Kommunikationstherapie mit Kindern sind (vgl. u. a. Baumgartner, 1999; Dannenbauer, 1999b; 2001b; 2004; Hansen et al., 2003):

- Kontaktaufnahme und ein gelungener Beziehungsaufbau,
- Gestaltung spezifischer Kommunikationsbedingungen,
- Orientierung an möglichst realen Handlungssituationen,
- Alltagsorientierung,
- Inszenierung einer bewegungs- und wahrnehmungsbetonten Lehr- und Lernumgebung,
- Planen und Herstellen von Sprach-Handlungs-Spiel-Räumen,
- themenorientiertes Arbeiten mit allen Sinnen,
- sinn- und bedeutungsvolle, vorstrukturierte Situationen,
- Formate und Rituale einführen und erweitern,
- Lösen von Kommunikationsproblemen um ihrer selbst willen,
- (Geschichten) Erzählen und Malen bzw. Schreiben,
- störungsspezifische sprachtherapeutische Methoden individuell passend auswählen,
- Methodenvielfalt nutzen,
- Lernen an Kontrasten.

Diese Bausteine sind in Verbindung mit dem Therapieansatz der im Folgenden beschriebenen entwicklungs- und kommunikationsorientierten Therapie sowie den Formen des Modellierens zu sehen.

8.8.1 Entwicklungs- und kommunikationsorientierte Therapie

Die entwicklungs- und kommunikationsorientierte Therapie basiert auf dem Ansatz von Dannenbauer (1999b), der für Kinder mit grammatischen Störungen die entwicklungsproximale Sprachtherapie entwickelte, und auf dem Ansatz von Hansen und Iven (2002) zur Therapie von kindlichen Sprechunflüssigkeiten. Entwicklungs- und kommunikationsorientierte Therapie lässt sich „ganz allgemein charakterisieren als eine Abfolge möglichst natürlicher Interaktionen, in denen das Kind in gemeinsam motivierenden Aktivitäten mit einer responsiven und kooperativen Person, in einer ernstgemeinten und vertrauensvollen Partnerschaft, seine Bereitschaft und Fähigkeit zur Kommunikation entfalten kann" (Dannenbauer, 1999b, S. 138). In einer entwicklungsorientierten Therapie werden angepasst an den Entwicklungsstand des Kindes in gemeinsam aufgebauten Bedeutungsbeziehungen Kommunikationsprobleme um ihrer selbst willen gelöst. Die Therapeutin begibt sich in die Welt des Kindes, um als Modellperson akzeptiert zu werden (vgl. Dannenbauer, 1999b). Vielfältige Formen des Modellierens im Zusammenhang mit einer ausgewählten sprachlichen Zielstruktur und integriert in den kommunikativen Handlungskontext, der sensomotorische, emotional-soziale und kognitive Erfahrungen ermöglicht, bieten dem Kind Gelegenheiten, in (Spiel)Formaten (vgl. Füssenich & Heidtmann, 1995) eigenaktiv Regeln zu entdecken und sein sprachlich-kommunikatives Handeln zu verändern.

8.8.2 Formen des Modellierens

In einer entwicklungs- und kommunikationsorientierten Therapie sind Formen des Modellierens ein zentraler Baustein und eine unverzichtbare methodische Möglichkeit, um sprachlich-kommunikative Weiterentwicklung zu erleichtern. Sie dürfen nicht als bloße Techniken eingesetzt, sondern müssen als selbstverständliches und notwendiges Element im Kommunikationsprozess verwendet werden. Formen des Modellierens beziehen sich auf das sprachliche Handeln der Therapeutin. Diese muss vom Kind als Modellperson akzeptiert sein und kann dann z. B. durch ein situativ passendes, gehäuft präsentiertes Angebot einer individuell ausgewählten sprachlichen Struktur wie z. B. Modalverb-Infinitiv-Struktur („Die Feuerwehr muss kommen. Wir müssen den Krankenwagen rufen. Jetzt dürfen die Polizisten wegfahren etc.") die Aufmerksamkeit des Kindes auf die Struktur lenken. Das Kind wird dann die Äußerungen aufgreifen und seine sprachlichen Strukturen entsprechend anpassen. Detaillierte Ausführungen zu den Formen des Modellierens finden sich bei Dannenbauer (1999b), Haffner (1995), Hansen und Iven (2002) sowie Heidtmann und Knebel (2004).

8.8.3 Unterstützte Kommunikation

Eine weitere grundlegende, fakultative methodische Möglichkeit der Sprach- und Kommunikationstherapie bietet das Konzept der Unterstützten Kommunikation bzw. AAC (Alternative and Augmentative Communication). Dabei handelt es sich um kommunikative Verständigungsmittel und Kommunikationsmethoden, die in sprach- und kommunikationstherapeutischen Kontexten mit-gedacht werden müssen. Unterstützte Kommunikation hat sich seit 1992 in Deutschland als Konzept für alle pädagogischen und therapeutischen Maßnahmen durchgesetzt, die eine Ergänzung oder Erweiterung der kommunikativen Möglichkeiten von Menschen, die kaum oder keine Lautsprache verwenden, bewirken wollen (vgl. Boenisch & Otto, 2005; Kristen, 1994). Dabei handelt es sich um Menschen mit angeborenen Behinderungen (z. B. Cerebralparesen, geistige Behinderungen u. a.), mit fortschreitender Erkrankung (Amyothrophe Lateralsklerose, Muskeldystrophie, Demenz u. a.), mit erworbenen Schädigungen durch Unfälle oder Schlaganfälle bzw. mit vorübergehend eingeschränkten sprachlichen Möglichkeiten (durch Tracheotomie, Gesichtsverletzungen u. a.). Alternative und ergänzende Kommunikationshilfen können demnach vorübergehend eingesetzt werden, als ständige Hilfe erforderlich sein oder eine Unterstützung im Spracherwerb darstellen. Grundlegendes Prinzip ist: „Totale Kommunikation zulassen und nutzen". Bei den Kommunikationshilfen wird unterschieden zwischen körpereigenen (z. B. Gebärden) und externen Hilfen (nicht-elektronische, z. B. Kommunikationsbücher, -tafeln, Wort-, Bildkarten, und elektronische ohne oder mit Sprachausgabe).

8.8.4 Spezielle störungsspezifische Methoden

Für die verschiedenen Sprach-, Sprech-, Hör-, Stimm-, Schluck- und Kommunikationsstörungen gibt es eine Vielzahl an unterschiedlichen, sehr speziellen therapeutischen Methoden, Prinzipien, Ansätzen und Konzepten, die nur mit entsprechend differenziertem Fachwissen versteh- und anwendbar sind. Als Beispiele seien hier die Minimalpaarmethode aus dem Bereich phonologischer Störungen genannt (vgl. Heidtmann & Knebel, 2004), das WLL-

Sprechen (weiches, leichtes und langsames Sprechen) aus dem Bereich Stottern (vgl. Hansen & Iven, 2002), Anbildungs- und Ableitungsmethoden aus dem Bereich der phonetischen Störungen (vgl. Wängler & Bauman-Wängler, 1983) und die AAP (Atemrythmisch angepasste Phonation) von Coblenzer und Muhar (1997) aus dem Bereich der Stimmstörungen.

Untersuchungen zu therapeutischen Wirkfaktoren haben ergeben, dass die wichtigste Variable für den therapeutischen Prozess die therapeutische Beziehung ist und nicht die therapeutische Methode (vgl. Baumgartner, 2004; Braun, 2006; Linsenhoff, 2003).

8.9 Textfragen zur Verständniskontrolle

1. Sprachheilpädagogik wird als alters-, behinderungs-, störungssyndrom- und institutionenunabhängig gesehen. Erläutern Sie diese Aussage!
2. Formulieren Sie Ziel/e der Sprachheilpädagogik!
3. Welche Charakteristika kennzeichnen eine (Spezifische) Sprachentwicklungsstörung?
4. Welche Folgen kann eine (Spezifische) Sprachentwicklungsstörung für ein Kind im emotional-sozialen Bereich haben?
5. Was ist eine Präsupposition?
6. Welche Anzeichen deuten auf eine semantisch-lexikalische Störung hin?
7. Welche Kennzeichen sind typisch für normale Sprechunflüssigkeiten?
8. Nennen Sie Prinzipien einer qualitativen, lernprozessbegleitenden Diagnostik!
9. Welche Bausteine sind für die Sprach- und Kommunikationstherapie mit Kindern relevant?
10. Was bedeutet Unterstützte Kommunikation?

8.10 Literatur

Antener, G. (2001). Und jetzt? – Das Partizipationsmodell in der Unterstützten Kommunikation. In J. Boenisch & C. Bünk (Hrsg.), *Forschung und Praxis der Unterstützten Kommunikation* (S. 257-267). Karlsruhe: von Loeper.

Austin, J. L. (1972). *Zur Theorie der Sprechakte*. Stuttgart: reclam.

Bahr, R. (1996). *Schweigende Kinder verstehen*. Heidelberg: Winter.

Bahr, R. (2002). *Wenn Kinder schweigen. Redehemmungen verstehen und behandeln. Ein Praxisbuch*. Düsseldorf: Walter.

Baumgartner, S. (1999). Sprechflüssigkeit. In S. Baumgartner & I. Füssenich (Hrsg.), *Sprachtherapie mit Kindern* (4. Auflage) (S. 162-255). München: Reinhardt.

Baumgartner, S. (2004). Sprachheilpädagogik ist Pädagogik und mehr. In S. Baumgartner, F.M. Dannenbauer, G. Homburg & V. Maihack (Hrsg.), *Standort: Sprachheilpädagogik* (S. 99-197). Dortmund: modernes lernen.

Becker, K.-P. & Sovák, M. (1975). *Lehrbuch der Logopädie* (2. Auflage). Berlin: VEB.

Belschner, W. (1994). *Gesundheitsförderung: eine notwendige Ergänzung der Prävention.* Vortrag zur IVS-Konferenz. Darmstadt. Unveröffentlichtes Manuskript.

Beukelman, D. R. & Mirenda, P. (1998). *Augmentative and Alternative Communication. Management of Severe Communication Disorders in Children and Adults.* London: Brookes.

Biermann, A. & Goetze, H. (2005). *Sonderpädagogik. Eine Einführung.* Stuttgart: Kohlhammer.

Beushausen, U. & Haug, C. (2003). *Kindliche Stimmstörungen. Mehrdimensionale Diagnostik und Therapie.* Berlin: Springer.

Bigenzahn, W. (2003). *Orofaziale Dysfunktionen im Kindesalter. Grundlagen, Klinik, Ätiologie, Diagnostik und Therapie.* Stuttgart: Thieme.

Bigenzahn, W. & Denk, D.-M. (1999). *Oropharyngeale Dysphagien. Ätiologie, Klinik, Diagnostik und Therapie von Schluckstörungen.* Stuttgart: Thieme.

Boenisch, J. & Otto, K. (Hrsg.) (2005). *Leben im Dialog. Unterstützte Kommunikation über die gesamte Lebensspanne.* Karlsruhe: von Loeper.

Braun, O. (2006). Sprachstörungen *bei Kindern und Jugendlichen: Diagnostik – Förderung – Therapie* (3. Auflage). Stuttgart: Kohlhammer.

Bruner, J. S. (2002). *Wie das Kind sprechen lernt* (2. überarb. Aufl.). Bern: Huber.

Bußmann, H. (1983). *Lexikon der Sprachwissenschaft.* Stuttgart: Kröner.

Clahsen, H. (1982). *Spracherwerb in der Kindheit. Eine Untersuchung zur Entwicklung der Syntax bei Kleinkindern.* Tübingen: Narr.

Coblenzer, H. & Muhar, F. (1997). *Atem und Stimme. Anleitung zum guten Sprechen.* Wien: ÖBV Pädagogischer Verlag.

Crämer, C. & Schumann, G. (1999). Schriftsprache. In S. Baumgartner & I. Füssenich (Hrsg.), *Sprachtherapie mit Kindern* (4. Auflage) (S. 256-319). München: Reinhardt.

Crystal, D. (1982). *Profiling Linguistic Disability.* London: Arnold.

Crystal, D. (1993). *Die Cambridge Enzyklopädie der Sprache.* Frankfurt: Büchergilde Gutenberg.

Dannenbauer, F. M. (1997). Mentales Lexikon und Wortfindungsprobleme bei Kindern. *Die Sprachheilarbeit, 42,* 4-21.

Dannenbauer, F. M. (1999a). Auf der Suche nach der verbalen Entwicklungsdyspraxie. *Die Sprachheilarbeit, 44*, 136-150.

Dannenbauer, F. M. (1999b). Grammatik. In S. Baumgartner & I. Füssenich (Hrsg.), *Sprachtherapie mit Kindern* (4. Auflage) (S. 105-161). München: Reinhardt.

Dannenbauer, F. M. (2001a). Spezifische Sprachentwicklungsstörung. In M. Grohnfeldt (Hrsg.), *Lehrbuch der Sprachheilpädagogik und Logopädie. Band. 2: Erscheinungsformen und ihre Störungsbilder* (S. 48-74). Stuttgart: Kohlhammer.

Dannenbauer, F. M. (2001b). Chancen der Frühintervention bei spezifischer Sprachentwicklungsstörung. *Die Sprachheilarbeit, 46,* 103-111.

Dannenbauer, F. M. (2002). Spezifische Sprachentwicklungsstörung im Jugendalter. *Die Sprachheilarbeit, 47*, 10-17.

Dannenbauer, F.M. (2004). Spezifische Sprachentwicklungsstörung als pädagogische Aufgabe. In S. Baumgartner, F. M. Dannenbauer, G. Homburg & V. Maihack (Hrsg.), *Standort Sprachheilpädagogik* (S. 277-307). Dortmund: modernes lernen.

Eggert, D. & Lütje-Klose, B. (2002). *Theorie und Praxis der psychomotorischen Förderung. Arbeitsbuch* (5. Auflage). Dortmund: modernes lernen.

Eggert, D., Lütje, B. & Johannknecht, A. (1990). Die Bedeutung der Psychomotorik für die Sprachbehindertenpädagogik. *Die Sprachheilarbeit, 35* (3), 106-121, (5), 230-245.

Filipp, S.-H. (Hrsg.) (1995). *Kritische Lebensereignisse* (3. Aufl.).Weinheim: Psychologie Verlags Union.

Füssenich, I. (1987). *Gestörte Kindersprache aus interaktionistischer Sicht. Fragestellungen, methodische Überlegungen und pädagogische Konsequenzen.* Heidelberg: Schindele.

Füssenich, I. (1999). Semantik. In S. Baumgartner & I. Füssenich (Hrsg.), *Sprachtherapie mit Kindern* (4. Auflage) (S. 63-104). München: Reinhardt.

Füssenich, I. & Heidtmann, H. (Hrsg.) (1984a). *Kommunikation trotz „Sprachstörungen".* OBST-Beiheft 8. Hannover: SOAK.

Füssenich, I. & Heidtmann, H. (Hrsg.) (1984b). Bedeutung und Anwendung der Gesprächsanalyse innerhalb von Sprach- und Kommunikationsdiagnostik. *Sonderpädagogik, 2*, 49-62.

Füssenich, I. & Heidtmann, H. (1995). Formate und Korrekturen als zentrale Elemente in der Sprachtherapie: Das Beispiel Mirco. In K.R. Wagner (Hrsg.), *Sprechhandlungserwerb* (S. 102-122). Essen: Die blaue Eule.

Füssenich, I. & Löffler, C. (2005). *Schriftspracherwerb. Einschulung, erstes und zweites Schuljahr.* München: Reinhardt.

Gipper, H. (Hrsg.) (1985). *Kinder unterwegs zur Sprache.* Düsseldorf: Schwann.

Glück, C.W. (2005). *Kindliche Wortfindungsstörungen*. (3. überarb. Aufl.). Frankfurt: Lang.

Grice, H. P. (1975). Logic and Conversation. In P. Cole & J.L. Morgan (ed.) Syntax and semantics. Vol. 3. *Speech acts* (S. 41-58). New York.

Grimm, H. (2003). *Störungen der Sprachentwicklung. Grundlagen – Ursachen – Diagnose – Intervention – Prävention* (2. überarb. Aufl.). Göttingen: Hogrefe.

Haffner, U. (1995). *„Gut reden kann ich". Das entwicklungsproximale Konzept in der Praxis – eine Falldarstellung*. Dortmund: modernes lernen.

Hansen, B. (2004). Der „Mettenhofer Arbeitskreis Kindertagesstätten und Grundschulen" (Teil 1). *KiTa aktuell, 1*, 13-17.

Hansen, B. & Heidtmann, H. (2001). „Tenn is nis. Tach eimpa Pulle." – Spielideen zur Förderung von Aussprachefähigkeiten in Kleingruppen. *Der Sprachheilpädagoge, 33 (4)*, 43-54.

Hansen, B. & Heidtmann, H. (2004a). Pragmatik in Bewegung – diagnostische Fragestellungen mittels FiF. *Motorik, 1*, 40 – 48.

Hansen, B. & Heidtmann, H. (2004b). Der „Mettenhofer Arbeitskreis Kindertagesstätten und Grundschulen" (Teil 2). *KiTa aktuell, 6*, 131-135.

Hansen, B., Heidtmann, H. & Mross, H. (2003). Lernprozessbegleitende Diagnostik. Beobachtungsbogen Sprache und Kommunikation – FiF „Schule". In G. Braren, B. Ebert, B. Hartke, H. Heidtmann, H.-W. König, H. Mross, E. Plagmann, T. Schubert & B. Werner (Hrsg.), *Lernprozessbegleitende Diagnostik in Theorie und Praxis* (S. 35-66). Kronshagen: IQSH.

Hansen, B. & Iven, C. (2002). *Sprechflüssigkeit. Sprach- und Kommunikationstherapie mit unflüssig sprechenden (Vor-)Schulkindern*. München: Urban & Fischer.

Hansen, B. & Iven, C. (2004). *Stottern bei Kindern*. Idstein: Schulz Kirchner.

Haupt, U. (1996). *Körperbehinderte Kinder verstehen lernen. Auf dem Weg zu einer anderen Diagnostik und Förderung*. Düsseldorf: selbstbestimmtes leben.

Haupt, U. (1997). *Kinder mit cerebralen Bewegungsstörungen*. Düsseldorf: selbstbestimmtes leben.

Heidtmann, H. (1982). Therapiebegriff und Sprachbehindertenpädagogik. *Zeitschrift für Heilpädagogik, 33*, 803-810.

Heidtmann, H. (1990). *Neue Wege der Sprachdiagnostik. Analyse freier Sprachproben* (2. Aufl.). Berlin: Marhold.

Heidtmann, H. (1999). Logopädie, Sprachbehinderungen. In K. Bundschuh, U. Heimlich & R. Krawitz (Hrsg.), *Wörterbuch Heilpädagogik* (S. 200, 275-277). Bad Heilbrunn: Klinkhardt.

Heidtmann, H. & Knebel, U. (2004). *Aussprachefähigkeiten spielend fördern. Eine Spielesammlung für die Sprach- und Kommunikationsförderung mit Kindern für den Schwerpunkt Phonologie* (2. Aufl.). Horneburg: Persen.

Herbst-Rietschel, W. (2002). *Dysphagie. Schluckstörungen nach Schlaganfall und Schädel-Hirn-Trauma (SHT)*. Idstein: Schulz-Kirchner.

Horsch, U. (Hrsg.) (2004). *Frühe Dialoge. Früherziehung hörgeschädigter Säuglinge und Kleinkinder. Ein Handbuch.* Hamburg: Verlag Hörgeschädigte Kinder.

Knura, G. (1980). Grundfragen der Sprachbehindertenpädagogik. In G. Knura & B. Neumann (Hrsg.), *Handbuch der Sonderpädagogik, Band 7: Pädagogik der Sprachbehinderten* (S. 3-64). Berlin: Marhold.

Kracht, A. (2000). *Migration und kindliche Zweisprachigkeit. Interdisziplinarität und Professionalität sprachpädagogischer und sprachbehindertenpädagogischer Praxis.* Münster: Waxmann.

Kriebel, R. (2001). Sprechangst. In M. Grohnfeldt (Hrsg.), *Lehrbuch der Sprachheilpädagogik und Logopädie, Band 2: Erscheinungsformen und Störungsbilder* (S. 198-204). Stuttgart: Kohlhammer.

Kristen, U. (1994). *Praxis Unterstütze Kommunikation. Eine Einführung.* Düsseldorf: selbstbestimmtes leben.

Laewen, H.-J. (2002). Was Bildung und Erziehung in Kindertageseinrichtungen bewirken können. In H.-J. Laewen & B. Andres (Hrsg.), *Forscher, Künstler, Konstrukteure* (S. 33-69). Weinheim: Beltz.

Lage, D. (2006). *Unterstützte Kommunikation und Lebenswelt. Eine kommunikationstheoretische Grundlegung für eine behindertenpädagogische Konzeption.* Bad Heilbrunn: Klinkhardt.

Lauer, N. (2006). *Zentral-auditive Verarbeitungsstörungen im Kindesalter* (3. Aufl.). Stuttgart: Thieme.

Levelt, W. J. M. (1993). The architecture of normal language use. In G. Blanken, J. Dittmann, H. Grimm, J.C. Marshall & C.-W. Wallesch (eds.), *Linguistic disorders and pathologies. An international handbook* (S. 1-15). Berlin: de Gruyter.

Leyendecker, C. (2005). *Motorische Behinderungen. Grundlagen, Zusammenhänge und Förderungsmöglichkeiten.* Stuttgart: Kohlhammer.

Linsenhoff, A. (2003). Wozu KlientInnen-Rückmeldung? Wir wissen doch, dass wir gut sind! *Verhaltenstherapie und psychosoziale Praxis, 4*, 803-811.

Lütje-Klose, B. (1997). *Wege integrativer Sprach- und Kommunikationsförderung in der Schule.* St. Ingbert: Röhrig.

Lutz, L. (1996). *Das Schweigen verstehen. Über Aphasie* (2. Auflage). Berlin: Springer.

Marx, P., Weber, J. & Schneider, W. (2005). Phonologische Bewusstheit und ihre Förderung bei Kindern mit Störungen der Sprachentwicklung. *Pädagogische Psychologie, 37* (2), 80-90.

Mutzeck, W. (2002). *Kooperative Beratung. Grundlagen und Methoden der Beratung und Supervision im Berufsalltag* (5. Aufl.). Weinheim: Beltz.

Natke, U. (2005). Stottern. Erkenntnisse, Theorien, Behandlungsmethoden (2., überarb. Aufl.). Huber: Bern

Neumann, S. (2003). *Frühförderung bei Kindern mit Lippen-Kiefer-Gaumen-Segel-Fehlbildung. Die Möglichkeit der Prävention von Sprechauffälligkeiten* (2. Aufl.). Idstein: Schulz-Kirchner.

Osburg, C. (1997). *Gesprochene und geschriebene Sprache.* Hohengehren: Schneider.

Röhner, C. (Hrsg.) (2005). *Erziehungsziel Mehrsprachigkeit. Diagnose von Sprachentwicklung und Förderung von Deutsch als Zweitsprache.* München: Beltz.

Rogers, C. R. (1978). *Die Kraft des Guten.* München: Kindler.

Rothweiler, M. (2001). *Wortschatz und Störungen des lexikalischen Erwerbs bei spezifisch sprachentwicklungsgestörten Kindern.* Heidelberg: Winter.

Schmid-Barkow, I. (1999). *Kinder lernen Sprache sprechen, schreiben, denken.* Frankfurt: Lang.

Scholz, H.-J. (1969). Zur Phonologie gestammelter Sprache. *Die Sprachheilarbeit 14,* 4-11.

Scholz, H.-J. (1987). Überlegungen zur Behandlung phonologischer Störungen. In dgs-Landesgruppe Rheinland (Hrsg.), *Spracherwerb und Spracherwerbsstörungen* (S. 360-372). Hamburg: Wartenberg + Söhne.

Scholz, H.-J. (1990). Die phonologischen Störungen – Konzepte, Analysen und Therapie. In M. Grohnfeldt (Hrsg.), *Handbuch der Sprachtherapie, Band 2: Störungen der Aussprache* (S. 62-70). Berlin: Marhold.

Schubert, A. (2004). *Dysarthrie. Diagnostik, Therapie, Beratung.* Idstein: Schulz-Kirchner.

Searle, J. (1971). *Sprechakte.* Frankfurt: suhrkamp.

Sick, U. (2004). *Poltern. Theoretische Grundlagen, Diagnostik, Therapie.* Stuttgart: Thieme.

Siegmüller, J. & Kauschke, Ch. (2006). *Patholinguistische Therapie bei Sprachentwicklungsstörungen.* München: Urban & Fischer.

Starkweather, C. (1987). *Fluency and stuttering.* Englewood Cliffs.

Stengl, I. & Strauch, T. (1997). *Stimme und Person.* Stuttgart: Klett-Cotta.

Szagun, G. (2006). *Sprachentwicklung beim Kind. Eine Einführung.* Weinheim: Beltz.

Tesak, J. (2006). *Einführung in die Aphasiologie.* Stuttgart: Thieme (2. überarb. Auflage).

Van Riper, C. (1984). *Speech correction: An Introduction to Speech Pathology and Audiology* (7. Aufl.). New Jersey: Prentice-Hall

Wängler, H. H. & Bauman-Wängler, J. (1983-1987). *Phonetische Logopädie. Die Behandlung von Kommunikationsstörungen auf phonetischer Grundlage.* Berlin: Marhold.

Weikert, K. (Hrsg.) (2004). *Auf einmal hat sich alles geändert. Beratung bei psychosozialen Problemen von Aphasikern und ihren Angehörigen.* Köln: Prolog.

Welling, A. (2006). *Einführung in die Sprachbehindertenpädagogik.* München: Reinhardt.

Wendler, J., Seidner, W. & Eysholdt, U. (2005). *Lehrbuch der Phoniatrie und Pädaudiologie.* Stuttgart: Thieme.

Wilken, E. (2001). Sprachentwicklungsstörungen und geistige Behinderung. In M. Grohnfeldt (Hrsg.), *Lehrbuch der Sprachheilpädagogik und Logopädie, Band 2: Erscheinungsformen und Störungsbilder* (S. 102-112). Stuttgart: Kohlhammer.

World Health Organization (Hrsg.) (2002*). Internationale Klassifikation der Funktionsfähigkeit, Behinderung und Gesundheit (ICF). Deutschsprachiger Entwurf des Instituts für Medizinische Dokumente und Information (DIMDI).* Frankfurt. www.dimdi.de.

Ziegler, W., Vogel, M., Gröne, B. & Schröter-Morasch, H. (1998). *Dysarthrie.* Stuttgart: Thieme.

9 Verhaltensstörungen

Herbert Goetze

9.1 Einführung in die Thematik

Die Pädagogik beim Vorliegen von Verhaltensstörungen gehört zu einem der schwierigsten Arbeitsgebiete der Erziehungswissenschaft; denn in dieses Arbeitsfeld gehen Wissensbestände so unterschiedlicher Disziplinen wie Soziologie, Medizin, Rechtswissenschaften, Anthropologie und Psychologie ein, ohne dass sich sagen ließe, dass es bisher zu einer theoretisch geleiteten, immanent bündigen Integration dieser Gebiete in die Disziplin der Verhaltensgestörtenpädagogik gekommen wäre. Die Pädagogik bei Verhaltensstörungen gilt aber auch als einer der jüngsten Arbeitsschwerpunkte der Sonderpädagogik, so dass überhöhte Ansprüche an dieses noch junge Wissenschaftsgebiet fehl am Platze sind.

Wer sich diesem komplexen Feld nähern möchte, wird es nicht leicht haben, sich im Dickicht der unterschiedlichen Zugänge und Lehrmeinungen zurecht zu finden. Dabei stellt sich die Situation in den deutschsprachigen Bereichen als noch unübersichtlicher dar als im angloamerikanischen Raum, wo der Schwerpunkt auf empirisch gesicherten Wissensbeständen zu finden ist. Hierzulande werden unterschiedliche Positionen wie tiefenpsychologische, lerntheoretische, anthroposophische, v. a. jedoch eklektische (z. B. reiten, tanzen, töpfern, malen, Judo, Tierpflege) gleichberechtigt vertreten, so dass es Studierenden in Deutschland viel schwerer als amerikanischen Studierenden gelingen kann, einen „Überblick" über das Fach zu erlangen. Viele bunte Mosaiksteine des Reitens, Malens, Töpferns etc., die für sich genommen nett anzuschauen sind, ergeben leider noch kein ganzheitlich sinnvolles Fachmosaik. Für die Einführung in die Pädagogik bei Verhaltensstörungen ergibt sich daraus die zwangsläufige Konsequenz, dass ein Autor die von ihm selbst vertretenen Positionen zur Geltung bringen wird, ohne andere Standpunkte zu vernachlässigen, die mit den eigenen vielleicht nicht in Deckung zu bringen sind. Angesichts der Fülle sich widersprechender Fachpositionen soll in diesem Beitrag versucht werden, dadurch einen vermittelnden Standpunkt einzunehmen, als erfahrungswissenschaftlich abgesicherte Wissensbestände zur Geltung gebracht werden sollen, wodurch zwangsläufig bestimmte Zugänge wie z. B. die Anthroposophie ins Hintertreffen geraten müssen.

Für die Leserschaft dieses Kapitels ist es sicher notwendig, sich mit verbreiteten Wissenschaftspositionen des Faches auseinander zu setzen, um Methoden und Ergebnisse einordnen zu können.

Die Verhaltensgestörtenpädagogik stellt eine Fachrichtung der Sonderpädagogik dar, die ihrerseits eine Teildisziplin der Erziehungswissenschaft ist, welche sich mit Personen befasst, die infolge einer Schädigung ihrer körperlichen, seelischen oder geistigen Funktionen so weit beeinträchtigt sind, dass ihre unmittelbaren Lebensverrichtungen oder ihre Teilnahme am Leben der Gesellschaft erschwert werden (Deutscher Bildungsrat, 1973). Sonderpädagogische Forschung hat v. a. zum Ziel, Wissensbestände über Personen mit sonderpädagogischem Förderbedarf sowie über Prävention und Intervention mit wissenschaftlichen Mitteln zu untersuchen. Dabei können sehr unterschiedliche Wissenschaftsmethodologien zum Einsatz kommen. Grob lassen sich einerseits Hermeneutik/Heuristik als eher in einer geisteswissenschaftlichen Tradition stehend und andererseits Empirie/Rationalismus als naturwissenschaftliche Zugänge unterscheiden. Hermeneutik bedeutet eigentlich Analyse und Auslegung vorliegender Texte sowie Reflexion über pädagogisches Denken und Handeln; Hermeneutik gehört zu den sinnverstehenden Methoden. Heuristik bedeutet Erfindungskunst, meint also eine Methode, mit der Neues gefunden wird. Man hält heuristische Ideen und Vorstellungen dann für wertvoll, wenn sie zu fundierten Vermutungen und Hypothesen Anlass geben.

Empirismus und Rationalismus lösten geschichtlich das religiös fundierte „Offenbarungswissen" ab und machten die auf Sinneserfahrung beruhende, induktiv gewonnene Erfahrung zur Erkenntnismethode. Der Rationalismus wurde als Denkweise im Zeitalter der Aufklärung aktuell. Vernünftiges Denken und damit die Herstellung einer logischen, objektiven, intersubjektiv überprüfbaren Ordnung der Wirklichkeit wurden zum Maßstab der Erkenntnis. Verhaltensbeobachtung und Experiment stellen heute die basalen Forschungsmethoden dar. Sonderpädagogische Forschung ist in aller Regel angewandte und keine Grundlagenforschung und bedient sich des Experiments, das auf Gruppen oder auf Einzelfälle in natürlichen Settings wie Schulen angewandt wird. Das Experiment ist i. e. S. eine Untersuchungsmethode, mit der der Einfluss einer Bedingung (unabhängige Variable) auf eine andere Bedingung (abhängige Variable) untersucht wird. Um die Wirkung einer unabhängigen Variablen auf eine abhängige Variable zu demonstrieren, variiert man in einem Experiment die unabhängige Variable. Zeigen sich daraufhin Veränderungen, darf man auf einen kausalen Zusammenhang schließen. Diese Forschungslogik wird insbesondere bei Fragestellungen interessant, bei denen es um die Effektivität von Prävention oder Intervention geht. Allerdings setzt die Logik des Experiments voraus, dass keine anderen als die untersuchten Einflüsse wirksam waren. Eine sorgfältige Planung und Durchführung eines Experiments lassen unkontrollierte Einflüsse jedoch unwahrscheinlicher werden, zu denen z. B. Reifungs-, Test-, Regressions-, Selektions- und Ausfalleffekte zu zählen sind. Zu unterscheiden sind Gruppen- und Einzelfallforschung. Die Gruppenforschung bedient sich i. d. R. der zufallsmäßigen Zuordnung von Versuchspersonen zu einer Experimental- und einer Kontrollgruppe. Aus dem Vorher-Nachher-Vergleich von Messungen wird auf die Wirksamkeit von Einflüssen geschlossen, wobei das statistische Mittel das Hauptkriterium des Vergleichs darstellt. Im Gegensatz dazu bedient sich die kontrollierte Einzelfallforschung der am Individuum vollzogenen, kontinuierlichen Messungen über unterschiedliche Zeitabschnitte, während derer Interventionen stattfinden beziehungsweise ausgeblendet werden; der Vergleich von Messungen macht anschließend eine Aussage über die Effektivität einer Intervention bei der untersuchten Person möglich (s. Julius, Schlosser & Goetze, 2000).

Man wird die knapp skizzierten Forschungsmethoden zwar auch in der Verhaltensgestörtenpädagogik auffinden, jedoch mit unterschiedlicher Gewichtung. Denn Heuristik und Hermeneutik sind traditionsgemäß weiter verbreitet als Empirismus und Rationalismus. Der Leserschaft dieses Kapitels stellt sich als kontinuierliche Aufgabe, das in Fachzeitschriften und anderen Fachpublikationen verbreitete Wissen auf methodologische Solidität zu überprüfen. Wenn z. B. Einsichten vermittelt werden, die sich aus einer Praxis ergeben, die für den Autor subjektive Überzeugungskraft gewonnen haben und eben nicht durch methodische Kontrollen begleitet waren, so erinnert ein solches Vorgehen an das historisch abgelegte „Offenbarungswissen". Hermeneutik und Heuristik haben auch in der Verhaltensgestörtenpädagogik eine systematische Literatursichtung und -aufarbeitung zur Voraussetzung; dabei ist nicht nur der nationale, sondern auch der internationale Diskussionsstand zu berücksichtigen. Leider lassen die meisten veröffentlichten Arbeiten, die sich der Hermeneutik/Heuristik verpflichtet fühlen, diesen Aspekt vermissen. Dass die Verwendung empirischer Forschungsmethoden in der Verhaltensgestörtenpädagogik bisher eher vernachlässigt wird, könnte mit dem Umstand zusammenhängen, dass die Klientel äußerst heterogen ist, weshalb Kontrollgruppenversuchspläne nur schwer durchführbar sind. Leider ist der Forschungsansatz der kontrollierten Einzelfallforschung in der Verhaltensgestörtenpädagogik bisher kaum zur Kenntnis genommen worden. Dabei gehört es zu den Binsenwahrheiten des Faches, dass soziale und emotionale Probleme von Schülern i. d. R. nur durch auf den Einzelfall abgestimmte Interventionen lösbar sind. „Verhaltensgestörtenpädagogik ist immer *Einzelfallpädagogik!*" (Vernooij, 1994, S. 52). Wenn die Verhaltensgestörtenpädagogik primär eine Einzelfallpädagogik sein sollte, dann wäre sonderpädagogische Forschung, soweit sie sich mit ihren Probanden mit sonderpädagogischem Förderbedarf auseinandersetzt, entsprechend Einzelfallforschung. Die kontrollierte Einzelfallforschung ist inzwischen so weit vorangeschritten, dass sie mit der Bereitstellung komplexerer Versuchspläne (wie multiplen Grundratenversuchsplänen, Kriterien-Veränderungs-Designs, alternierenden und parallelen Behandlungs-Designs) für die unterschiedlichsten Praxisprobleme Lösungen parat hält. Die Versuchspläne eignen sich darüber hinaus auch für Kleinforschungsvorhaben, wie sie z. B. im Rahmen von studentischen Seminar-, Hausarbeits- und Prüfungsarbeitsprojekten durchführbar sind.

Dieser einleitende Exkurs zu den wissenschaftlichen Grundpositionen in der Verhaltensgestörtenpädagogik sollte die kritische Sicht auf die fachlichen Grundlagen schärfen, die im nächsten Abschnitt zur Sprache kommen.

9.2   Definitionen und Klassifikationen

9.2.1   Definitionen

Von einer wissenschaftlichen Disziplin ist zu erwarten, dass die Experten sich über die grundlegenden Termini einig sind. Leider ist die Verhaltensgestörtenpädagogik noch weit davon entfernt, diese Forderung einzulösen. Dies zeigt sich bereits bei der Frage, welche Bezeichnung für den zentralen Gegenstand verwendet werden sollte. In der Literatur werden die unterschiedlichsten Namensgebungen verwendet, wie aus Tab. 9.1 hervorgeht.

Tabelle 9.1: Synonyme für den Terminus „verhaltensgestört"

erziehungs	-	schwierig
psychiatrisch	-	auffällig
gemeinschafts	-	gefährdend
emotional	-	gestört
verhaltens	-	auffällig
entwicklungs	-	verzögert
psycho-sozial	-	gestört
sozial	-	fehlangepasst
persönlichkeits	-	gestört
verhaltens	-	behindert
verhaltens	-	geschädigt
erziehungs	-	hilfebedürftig

Wenn man die Wörter der ersten Spalte mit denen der zweiten Spalte vergleicht, fällt auf: Im ersten Teil wird das Phänomen oder der Bereich angezeigt, um den es geht (Persönlichkeit, Gemeinschaft, Emotionalität etc.). In der rechten Spalte findet sich die – mitunter extrem negative – Wertung (gefährdend, fehlangepasst, gestört). Man könnte gar weitere Kombinationen aus Spalte 1 und Spalte 2 im Sinne von Wortspielen zu weiteren Wortschöpfungen finden. Angesichts dieser terminologischen Vielfalt, die geradezu als willkürlich anmutet, hat man in der Fachwelt zu zwei Kurzformeln gefunden. Im nationalen Kontext findet man die Bezeichnung „Förderschwerpunkt der emotionalen und sozialen Entwicklung", während sich international „emotionale Störung und Verhaltensstörung", verkürzt als „Verhaltensstörung", durchgesetzt hat. Mit dieser Bezeichnung sind sowohl jene Verhaltensweisen abgedeckt, die auf defiziente soziale Erfahrungen zurückgehen, wie auch jene, die psychiatrischer Natur sind.

Wie oben bereits angedeutet, gehen in die Auffassungen über Verhaltensstörungen die unterschiedlichsten Erziehungsphilosophien und Paradigmen ein. So wird ein Psychiater eine Verhaltensstörung anders sehen als ein Sonderpädagoge. Ein Psychoanalytiker wird z. B. bei einer Verhaltensstörung eher von einer inadäquaten Ich-Entwicklung ausgehen, während ein Verhaltenstherapeut unangepasste Lernvorgänge in den Mittelpunkt stellen wird, ein Psychiater wird krankhafte Vorgänge im Sinne von Psychosen im Auge haben, während der Sonderpädagoge gestörte Bildungs- und Erziehungsprozesse im Blickpunkt hat. Auf diesem Hintergrund wird verständlich, warum eine allseits akzeptierte Definition für Verhaltensstörung kaum möglich sein kann. In jedem Lehrbuch zur Verhaltensgestörtenpädagogik finden sich entsprechend die unterschiedlichsten Definitionen. International haben sich zwei Definitionen durchgesetzt. Die erste stammt von Bower (1981). Bei dieser Definition handelt es sich um eine Merkmalsdefinition, bei der empirisch aufgefundene Einzelmerkmale additiv zusammengestellt sind. Danach wird von einer Verhaltensstörung gesprochen, wenn

1. eine Behinderung des Lernens in Erscheinung tritt, die nicht auf intellektuelle, sensorische oder gesundheitliche Faktoren zurückgeführt werden kann,
2. eine Unfähigkeit vorliegt, befriedigende interpersonale Beziehungen zu stiften und aufrechtzuerhalten,
3. unangemessene Verhaltensweisen oder Gefühle vorhanden sind, die unter regelhaften Umständen auftreten,
4. eine generalisierte abweichende negative Stimmung oder Depressivität vorliegt,
5. eine Tendenz gezeigt wird, Körpersymptome oder Gefühle von Ängstlichkeit zu entwickeln, die in Zusammenhang mit personalen und schulischen Problemen steht.

Diese Definition kann für sich in Anspruch nehmen, die wichtigsten empirisch ermittelten Faktoren einbezogen zu haben. Von Nachteil ist allerdings, dass sich nicht alle aufgeführten Konstrukte operationalisieren lassen.

Eine andere Bestimmung, die aus dem amerikanischen Bereich Eingang in die deutsche Fachliteratur gefunden hat, ist die Brandenburger Definition für Verhaltensstörung (Goetze, 2001, S. 17): „Der Begriff der emotionalen Störung oder Verhaltensauffälligkeit bezeichnet eine soziale Behinderung, die durch abweichende Verhaltens- oder sozial-emotionale Reaktionen bei Kindern und Jugendlichen gekennzeichnet ist. Die Normabweichungen in entwicklungsbezogener und gesellschaftlicher (kultureller, ethnischer) Hinsicht lassen die weitere Bildung und Erziehung des Schülers bzw. der Schülerin als gefährdet erscheinen. Symptomatisch sind im Allgemeinen sozial-emotionale und schulleistungsbezogene Störungen. Eine emotionale Störung oder Verhaltensauffälligkeit tritt über einen längeren Zeitraum (mehrere Monate) in mehreren (mindestens zwei) Lebensbereichen auf, wovon einer die Schule ist, und ist also mehr als eine zeitlich begrenzte Reaktion auf besondere Stressereignisse; eine emotionale Störung bzw. Verhaltensauffälligkeit ist weiterhin dadurch gekennzeichnet, dass sie mit den Möglichkeiten der allgemeinen Schule nicht ausreichend abgebaut werden kann. Eine emotionale Störung oder Verhaltensauffälligkeit kann in der Regel durch ein abgestuftes Fördersystem so weit abgebaut werden, daß Betroffene möglichst unter Regelbedingungen unterrichtet und zu einem qualifizierten Schulabschluß geführt werden."

Wie aus der Definition hervorgeht, geht es einerseits um Normabweichungen, andererseits um länger andauernde Verhaltensabweichungen, die nicht auf identifizierbare Stressereignisse zurückgeführt werden können; schließlich soll eine Verhaltensstörung in zwei unterschiedlichen Settings auftreten, wovon eines die Schule sein soll. Es ist auch ausgesagt, dass die Regelschule mit den ihr zugänglichen Interventionen das Problem nicht lösen konnte. Hinzu tritt die Schwierigkeit, dass Verhaltensstörungen auch mit anderen Behinderungen oder Störungen zusammen auftreten können. Eingeschlossen sind psychiatrische Auffälligkeiten wie Schizophrenien, affektive Störungen, extreme Ängste usw. Diese Brandenburger Definition enthält also entscheidende Bestimmungsstücke wie *soziale Behinderung* und *Normabweichung*, trifft Aussagen hinsichtlich von Exklusions- und Inklusionskriterien, impliziert eine ökologisch-systemische Sichtweise, lässt eine weitergehende Operationalisierung der Festlegungen zu und integriert mehrere theoretische Ebenen. Als Nachteil könnte allerdings die Textlänge angesehen werden. Was Opp (1993, S.75) für die amerikanische Definition ausgesagt hat, kann für die Brandenburger Definition ebenfalls gelten, „... daß der neue amerikanische Vorschlag für die Begriffsfassung von Gefühls- und Verhaltensstörungen dem früheren, weitgehend am medizinischen Modell orientierten offiziellen Definitionsvorschlag (die Auflistung klinischer Symptome) für pädagogische Zwecke in sinnvoller Weise überschreitet. Der neue amerikanische Definitionsentwurf zur Bestimmung von Verhaltensstörungen bei Kindern und Jugendlichen ist ein fortschrittlicher Versuch, eine umfeldorientierte, ökologische Sichtweise des Phänomens umzusetzen."

9.2.2 Klassifikationen

In der Verhaltensgestörtenpädagogik werden derzeit zwei Klassifikationszugänge präferiert: *dimensionale* und *psychiatrisch-kategoriale*.

Dimensionale Klassifikationen basieren auf mathematisch-statistischer Verarbeitung von Messungen, indem Korrelationen zwischen Einzelstörungsmerkmalen ermittelt und anschließend einem weiteren Verarbeitungsverfahren, der Faktorenanalyse, zugeführt werden, die wiederum zu übergeordneten Klassen, „Faktoren", „Dimensionen" führen. Im Ergebnis erhält man statistische, übergeordnete, intersubjektiv gültige und überprüfbare Kategorien von Verhaltensstörungen.

Ein weit verbreitetes Einschätzungsverfahren, das auf einer solchen Klassifikation beruht, ist die Child Behavior Checklist (CBCL), die inzwischen auch für den deutschsprachigen Bereich existiert (Arbeitsgruppe Deutsche Child Behavior Checklist, 1993; 1998). Faktorenanalysen haben zu zwei sog. „Breitbandfaktoren" geführt. Der erste Breitbandfaktor ist *überkontrolliertes, internalisiertes Verhalten,* der zweite *unterkontrolliertes, externalisiertes* Verhalten. Den Breitband- sind Schmalbandfaktoren zugeordnet. Dem zweiten Faktor der *Externalisierung* sind die Schmalbandfaktoren aggressive und dissoziale Verhaltensweisen, dem Faktor *Internalisierung* sozialer Rückzug, körperliche Beschwerden, ängstlich-depressives Verhalten zugeordnet. Weiterhin gibt es einen – allerdings empirisch nicht so gut abgesicherten – Breitbandfaktor der sog. „gemischten" Störungen, der soziale Probleme, „schizoid/ zwanghaft" und Aufmerksamkeitsstörungen umfasst. Interessanterweise sind diese Faktoren in unterschiedlichen Untersuchungen zum größten Teil immer wieder repliziert worden, so dass sich von stabilen Störungsdimensionen des Verhaltens sprechen lässt.

Solche *dimensionalen Klassifikationen* von Verhaltensstörungen weisen dezidierte Vorzüge, aber auch Probleme auf. Vorteilhaft ist zunächst, dass sie empirisch gefunden sind und dass Verhaltensweisen kontinuierlich abgebildet werden, wodurch Übergänge zwischen „normal" und „gestört" fließend werden. Dadurch kann ein solches System auch für Präventionszwecke, also für „subklinische" Schülergruppen im Rahmen von Screening-Erhebungen verwendet werden, wenn Schüler in ihren Funktionsfähigkeiten zwar eingeschränkt, aber noch nicht manifest gestört sind. Das System stellt auch reliable Informationen hinsichtlich eindeutig klinischer Auffälligkeiten, aber auch Schwellenwerte bzw. Grenzbereiche zur Verfügung. Vorteilhaft ist auch das Vorhandensein von Alters- und Geschlechtsnormierungen, die dem Entwicklungs- und Sozialisationsaspekt von Störungen Rechnung tragen. Problematisch hingegen ist die Tatsache, dass die Beurteilereinschätzung mit Hilfe von nur drei Stufen sehr grob erfolgt, wodurch die Brisanz mancher Störungen nivelliert werden könnte. Auch kann das System keine hierarchische Gewichtung von Auffälligkeiten abbilden und zudem wird die Entwicklung von Störungen über längere Zeit nicht erfasst.

Die *kategoriale Klassifikation* grenzt – im Gegensatz zur *dimensionalen Klassifikation* – psychische Störungen klar unterscheidbar von der Normalität ab; der konkrete Fall mit seinen konkreten Symptomen wird im System Symptomkomplexen zugeordnet. Die bekanntesten kategorialen Systeme, die auch weltweit Verbreitung gefunden haben, sind das Diagnostische und Statistische Manual Psychischer Störungen DSM IV(-TR) der Amerikanischen Gesellschaft für Psychiatrie (dt.: Saß, Wittchen & Zaudig, 2003), und die Internationale Klassifikation psychischer Störungen ICD-10 der Weltgesundheitsorganisation WHO (dt. Dilling, Mombour & Schmidt, 2004; neuerdings die ICF: World Health Organization, 2001). Die Unterschiede zwischen DSM und ICD sind eher geringfügig, die Arbeitsweisen ähneln sich: Beide verfolgen einen multiaxialen Ansatz, die ICD mit sechs, das DSM mit fünf Achsen. Die Achsen des DSM IV sind folgendermaßen definiert: I. Klinische Störungen, andere klinisch relevante Probleme, II. Persönlichkeitsstörungen, III. Medizinische Krankheitsfaktoren, IV. Psychosoziale und umgebungsbedingte Probleme, V. Globale Beurteilung des Funktionsniveaus. Die multiaxiale Klassifikation der ICD-10 ist ähnlich gegliedert: I. Klinisch-psychiatrisches Syndrom, II. Umschriebene Entwicklungsstörungen, III. Intelligenzniveau, IV. Körperliche Symptomatik, V. Assoziierte abnorme psychosoziale Umstände, VI. Globale Beurteilung des psychosozialen Funktionsniveaus. Wer mit diesen Systemen arbeitet, muss darin unterwiesen und trainiert sein. Allerdings sollten Förderlehrkräfte mit beiden Systemen im Ansatz vertraut sein, weil sich entsprechende Informationen in Fachgutachten über Einzelschüler finden, die sachgerecht zu interpretieren sind.

Auch die *kategorialen Klassifikationssysteme* weisen Vorzüge und Probleme auf. Als Vorzug könnte angeführt werden, dass das System nicht an eine bestimmte Therapietheorie gebunden ist und damit die Kommunikation zwischen schulbezogen unterschiedlich ausgerichteten Fachleuten zulässt, weiterhin, dass eine Störung mit Hilfe der jeweilig mitgelieferten Symptomkataloge sehr konkret beschrieben werden kann, und auch, dass das System prognostisch in dem Sinne nutzbar ist, als Entwicklungen des Einzelfalles damit vorhergesagt werden können. Als Problem könnte gesehen werden, dass ein Individuum dem medizinischen Krankheitsmodell folgend mit Krankheitsetiketten belegt wird und dass psychiatrisch relevante, nicht jedoch „subklinische" Auffälligkeiten erfasst werden. Wenn eine vorgeschriebene Zahl von Einzelsymptomen zur Diagnose führt, so schärft dieses Vorgehen zwar die Urteilskraft der Urteilenden, andererseits erscheint diese Quantifizierung mitunter als künstlich. Nicht alle Fälle können eindeutig kategorial zugeordnet werden. Auch spielt der Entwicklungsaspekt fast keine Rolle. Zum Vergleich der beiden Klassifikationssysteme schreibt Myschker (1993, S. 52): „Das DSM-IV, das mit ca. 1000 Kriterien sehr differenziert 395 Störungen erfaßt, hat für den europäischen Kulturraum gegenüber der ICD-10 Vorteile. Es muß sich nicht auf weltweit verständliche und akzeptierte Kompromisse einlassen, kann auf europäisch-amerikanischer Forschungsbasis differenziert und präzise diagnosebestimmende Kriterien angeben und auf der interkulturellen Verständigung dienende Unschärfen und Unverbindlichkeiten sowie auf theoriegebundene und empirisch-nosologisch ungenügend begründete Diagnosen – z. B. Neurosen – verzichten."

Aus pädagogischer Sicht kann kritisiert werden, dass die Diagnostik auf eine Etikettierung von Kindern hinausläuft und dass Fördermaßnahmen aus noch so präzisen DSM- bzw. ICD-Diagnosen kaum ableitbar sind. Die Klassifikation extremer Verhaltensstörungen gehört eindeutig zum Arbeitsfeld des Psychiaters, wozu beide Klassifikationssysteme legitimerweise herangezogen werden. Ob ein vertieftes klinisches Training dieser Systeme in die Diagnostikausbildung für Sonderpädagogen gehört, darf bezweifelt werden, ist diese mit Inhalten bereits jetzt deutlich überfrachtet. Ob die Kenntnis einer kategorialen Diagnose einer Förderlehrkraft schließlich die Unterrichtung erleichtert, muss ebenfalls kritisch hinterfragt werden.

9.3 Verbreitung

Man findet Schätzungen zur Verbreitung von Verhaltensstörungen in Größenordnungen von 20 %, mitunter bis zu 40 %. Eine kritische Öffentlichkeit und politische Entscheidungsträger würden solche Schätzungen kaum ernst nehmen können, denn Verhaltensstörungen als sonderpädagogische Kategorie sollten ein aus dem normalen Rahmen herausfallendes Phänomen darstellen. In statistischer Hinsicht würde eine hohe Prozentzahl eine Normalität widerspiegeln, die den Gegenstandsbereich der Allgemeinen Pädagogik und nicht der Sonderpädagogik beträfe.

In der noch jungen Geschichte der Verhaltensgestörtenpädagogik ist die Frage nach der Verbreitung von Verhaltensstörungen in der Schülerpopulation unterschiedlich beantwortet worden. Stutte (zit. nach Sander, 1973) ließ Volksschullehrer 1955 im Marburger Raum befragen; die Lehrer schätzten den Anteil Untragbarer auf 2 %, den Anteil Bedrängender und Bedrängter auf insgesamt 3 %. Mücke (zit. nach Sander, 1973) befragte 1957 ebenfalls Volksschullehrer danach, wie viele Schüler gemeinschaftsschwierig seien und kam im Schnitt auf 2,3 %, bei einer Spannbreite von 0,94 % bis 3,32 %. Eine berühmt gewordene weitere Prävalenzuntersuchung des Autors von Harnack aus dem Jahre 1958 (zit. nach Sander, 1973) bezog neben Lehrerinformationen das Elterninterview, medizinische Ergebnisse und die Exploration des Kindes ein; ausgeprägte Fälle waren 4 %, weniger gravierende 16 %; insgesamt fand von Harnack damit 20 % Auffällige. Eine häufig zitierte Studie von Thalmann (1971) basierte methodisch auf klinisch-psychiatrischen Interviews mit Eltern und auf Lehrerinformationen. Auf dieser Informationsbasis wurde ein Expertenrating hinsichtlich der Symptombelastung der untersuchten Stichprobe von 150 Reutlinger Grundschulkindern (aus einer Gesamtheit von 2380) durchgeführt. Die Hauptergebnisse waren: (Nur) 22 % der Kinder waren symptomfrei, während 29 % leicht, weitere 29 % mäßig und 20 % stark symptombelastet erschienen; 1,3 % wurden aufgrund sehr starker Symptombelastung als Anstaltsfälle etikettiert.

In neueren Prävalenzuntersuchungen hat man versucht, die immer wieder auftretenden methodischen Probleme eleganter zu lösen. Diese Studien kommen auch zu relativ hohen Prävalenzschätzungen in Größenordnungen zwischen 12 % und 20 % (vgl. Remschmidt & Walter, 1990; Esser, Schmidt & Wörner, 1990). Die Autorengruppe um Bach (Bach et al., 1986) untersuchte flächendeckend in einem ganzen Bundesland (Rheinland-Pfalz) die Verbreitung von Einzelstörungen bei Populationen aller Schularten mit Hilfe von Lehrereinschätzungen. Es stellte sich überraschenderweise heraus, dass nicht etwa extrem ausagierendes Verhalten bei Schülern von den beurteilenden Lehrern besonders beklagt wurde, sondern mit je 22 % Auftretenshäufigkeit „Konzentrationsdefizite" und „ungenaues Arbeiten", gefolgt von „Faulheit" und „Interesselosigkeit" mit je 16 %. Verbale und physische Aggressionen waren auf den hinteren Rangplätzen mit 9 % bzw. 6 % platziert. Verhaltensauffälligkeiten bei Haupt- und Sonderschülern wurden am häufigsten berichtet. Mit größerer Häufigkeit korrelieren die folgenden Faktoren: Stadtgröße (mit mehr als 100.000 Einwohnern), Alter, Schulgröße, Atmosphäre in der Klasse, Alter der Lehrkräfte. Eine Untersuchung von Goetze und Julius (2001) hatte die Prävalenz von verhaltensgestörten Kindern in einem Brandenburger Landkreis zum Gegenstand. Der Untersuchung lag eine zufallsverteilte Stichprobe von 654 Kindern der dritten und sechsten Klassen zugrunde. Erhoben wurden die Daten zu den psychischen Auffälligkeiten durch die deutsche Version der Teacher's Report Form (TRF), einem Verfahren, das das o. g. CBCL-Instrument auf Lehrkräfte anwandte. Im Ergebnis zeigte sich: 15,3 % der Schüler der dritten Klassen und 14,1 % der Schüler der sechsten Klassen waren nach Lehrereinschätzung klinisch auffällig. Leistungsbezogen wurden verhaltensauffällige Kinder von ihren Lehrern um etwa eine Schulnote schlechter eingeschätzt. Damit ist ein weiteres Mal die zur Sorge Anlass gebende Verbreitung von Verhaltensstörungen in der Schulbevölkerung empirisch belegt worden. Leider hat die Bildungspolitik bisher auf solche alarmierenden Zahlen kaum mit Ressourcenzuweisung reagiert, so dass die Arbeit an Verhaltensstörungen im schulischen Rahmen oft mit ungenügenden „Bordmitteln" zu erfolgen hat. So lässt das Land Brandenburg Fördereinrichtungen für verhaltensgestörte Schüler mit dem 6. Schuljahr auslaufen; das Land Berlin hält keine institutionelle Versorgung für den Förderschwerpunkt soziale und emotionale Entwicklung parat. Vermutlich wird sich das Szenario in Zukunft erst dann ändern, wenn der öffentliche Druck aufgrund von Aufsehen erregenden Vorkommnissen wie an Berliner Schulen (z. B. der Rütli-Schule) so deutlich wird, dass sich Bildungspolitiker zu vermehrtem Handeln genötigt sehen.

9.4 Ursachen bzw. beeinflussende Faktoren

In diesem Abschnitt wird ein Thema behandelt, das früher *Ursachen* von Verhaltensstörungen genannt worden wäre. Da beim heutigen Wissensstand von eindeutig identifizierbaren Ursachen kaum auszugehen ist, verwendet man vorsichtiger die Bezeichnung beeinflussende Faktoren. Zu diesen Faktoren zählen zunächst die *biophysische Basis*, dann allgemeine und spezifische *sozio-kulturelle Faktoren*.

9.4.1 Biologische Faktoren

Jedem Verhalten liegt eine biologische Basis zugrunde, dabei spielen auch genetische Einflüsse eine Rolle. So attraktiv simple biologische Erklärungen für Verhaltensstörungen auf den ersten Blick auch sein mögen, so irreführend können sie sein, denn es handelt sich stets um ein Wechselwirkungsgefüge: Biologische Faktoren beeinflussen das Verhalten, Umweltbedingungen wiederum wirken auf biologische Prozesse ein. Die Zusammenhänge sehen also extrem komplex aus.

Das Gehirn kann auf vielfältige Weise vor- und nachgeburtlich sowie während der Geburt geschädigt werden, dabei vor allem durch Sauerstoffmangel und -entzug (Hypoxie, Anoxie). Welche langfristigen Entwicklungsfolgen sich einstellen können, kann nicht klar prognostiziert werden. Hirntraumen werden in der Regel, jedoch nicht ausnahmslos, zu Verhaltensproblemen und Lernstörungen, Epilepsien, geistiger Behinderung, Körperbehinderung führen, begleitet von emotionalen und sozialen Stresserscheinungen. Allerdings können die Auswirkungen nicht klar prognostiziert werden. Denn bereits die Diagnostik von Hirnstörungen ist äußerst komplex. Ein unregelmäßiges EEG kann zwar etwas über Hirnstörungen aussagen, nicht jedoch darüber, welcher Art diese sind. Die EEGs von autistischen und nichtautistischen Kindern unterscheiden sich z. B. nur minimal. So ist die Hirnschadensdiagnostik also auch auf andere Informationen angewiesen, wie anamnestische Daten oder psychologische Testergebnisse.

In der jüngeren Geschichte der Verhaltensgestörtenpädagogik, v. a. ostdeutscher Provenienz, ist man bei der Erklärung von Verhaltensstörungen primär von minimalen Hirndysfunktionen (MCD) ausgegangen. Minimal hieß in diesem Zusammenhang das Aufspüren sog. weicher neurologischer Anzeichen. Es zeigte sich jedoch: Weiche neurologische Anzeichen müssen nicht unbedingt auf eine MCD hinweisen; nicht alle Kinder mit einer MCD zeigen sie, auch normale Kinder manifestieren grob- und feinmotorische Unregelmäßigkeiten, z. B. abnorme Augenbewegungen, Tics und Grimassieren, Rechts-Links-Verwechslungen, gestörte Auge-Hand-Koordination, Koordinationsprobleme usw. Minimale Hirnschäden und MCD haben sich also als unbrauchbare Kategorien erwiesen. Bei wenigen Krankheitsbildern könnte zwar eine MCD die Ursache sein, aber auch dort bleiben die Zusammenhänge unklar. So wird z. B. bei Autismus eine MCD unterstellt, die Natur dieser Dysfunktion ist aber ungeklärt.

Dem Ernährungseinfluss werden ebenfalls störungsverursachende cerebrale Wirkungen zugeschrieben. Schwere Fehlernährung kann in der Tat auf die kindliche, v. a. frühkindliche Entwicklung verheerende Auswirkungen haben; Fehlernährung kann z. B. zu Apathie führen, die Hirnentwicklung wird verlangsamt, Hirnschäden und geistige Behinderungen, bei weniger extremen Fällen Schulleistungsstörungen, Apathie und soziale Zurückgezogenheit können folgen. Im westlichen Kulturkreis spielt die Mangelernährung eher selten eine Rolle, dagegen mehr die Fehlernährung, die durch epidemiologische Untersuchungen von Risikofamilien gut belegt ist. Es ist allerdings zwischenzeitlich zu Ernährungsideologien gekommen: Viele Verhaltensstörungen wie Hyperaktivität und Depression sind ausschließlich auf Fehlernährung zurückgeführt worden, obwohl Forschungsergebnisse zum größeren Teil solchen Vermutungen widersprechen, lediglich bei einem kleinen Prozentsatz von Kindern – etwa 1 % – lassen sich die postulierten Wirkungen nachweisen.

Biochemische Fehlreaktionen des ZNS sind in der Vergangenheit für das Auftreten von vielfältigen Verhaltensstörungen verantwortlich gemacht worden, ohne dass dies im Einzelnen nachgewiesen worden wäre. Bei Kindheitspsychosen geht man z. B. davon aus, dass bestimmte biochemische Substanzen zu wenig produziert werden, oder dass der Körper Gifte entwickelt, die den biochemischen Haushalt ins Ungleichgewicht bringen. Beide Hypothesen haben sich jedoch bisher nicht verifizieren lassen.

Genetische Einflüsse wirken eher indirekt auf das Verhalten ein. Es werden also lediglich Verhaltenstendenzen vererbt. Selten ist es nur ein Gen, meist ist es das Zusammenwirken vieler Gene, die für diese Tendenzen verantwortlich sind. Extremen Abweichungen von der Norm („Extremvarianten"), z. B. schweren Kindheitspsychosen, schweren Geistig- und Mehrfachbehinderungen, liegen i. d. R. identifizierbare biologisch-organische Ursachen zugrunde, während nicht so extreme Formen abweichenden Verhaltens in der Verursachungserklärung unklar bleiben. Bei Schizophrenie sind die genetischen Mechanismen nach wie vor unbekannt. Man weiß jedoch, dass es Korrelationen zwischen dem Ausbruch von Schizophrenie und dem Vorhandensein der Krankheit in der Familie gibt: je enger das Verwandtschaftsverhältnis, desto höher das Risiko. Ein eineiiger Zwilling hat ein Risiko von 40 %, ein zweieiiger Zwilling von 14 %, ein nahes Verwandtschaftsverhältnis bringt eine Wahrscheinlichkeit von 13 % mit sich, eine Geschwisterkonstellation von 10 %. Zum Vergleich liegt das allgemeine Risiko, im Laufe des Lebens Schizophrenie zu entwickeln, bei 1 %. Das Vorhandensein eines Risikos heißt keinesfalls, dass es auch zum Ausbruch von Schizophrenie kommen muss; denn eine veränderte soziale Umgebung und die Vermeidung von Auslösefaktoren können den Ausbruch verhindern oder hinauszögern. Auslösefaktoren können sein: Hirntrauma durch Unfälle, Tod eines nahen Familienmitgliedes, Medikamenten- und Drogengebrauch. Wer also eine Disposition für Schizophrenie mitbringt, sollte – präventiv – sich jeden Gebrauchs bestimmter Medikamente, Substanzen und übermäßigen Alkohols enthalten.

Für Autismus liegen nach Klicpera und Innerhofer (1999, S. 173 f.) die genetischen Verhältnisse ähnlich, d. h. dass Autismus in bestimmbaren Familien häufiger vorkommt. Aufgrund einer Zusammenschau der Ergebnisse zu Familienuntersuchungen beträgt das Risiko für Geschwister 2 bis 3 %; es gibt eine hohe Konkordanz zwischen monozygoten, nicht aber bei dizygoten Zwillingen; daraus wird eine Erbkomponente des Autismus zwischen 91 % und 93 % abgeleitet.

Sonderpädagogische Implikationen: Die Suche nach biologischen Ursachen hilft der Verhaltensgestörtenpädagogik nicht weiter, da die Zusammenhänge zwischen biologischen Ursachen und Verhaltensstörungen generell eher schwach ausgeprägt sind. Implikationen für den Unterricht sind kaum ableitbar. Erkenntnisse über genetische Verursachungen haben für den Pädagogen keinen primär handlungsleitenden Wert, sie deuten auf eher diffuse Art die möglicherweise vorhandenen Grenzen pädagogischer Spielräume an. Auch hat der Pädagoge in aller Regel keine Kontrolle über medizinisch indizierte Medikationen. Er sollte jedoch darüber informiert sein, insbesondere über Wirkungsweisen und mögliche Nebenwirkungen von Medikationen auf das Leistungs- und Unterrichtsverhalten des Kindes. In keinem Fall darf man aufgrund angenommener genetischer Verursachungen in den pädagogischen Bemühungen nachlassen und auf einen guten Unterricht verzichten. Man muss sich aber darauf einstellen, dass Medikamentisierungen bei auftauchenden Verhaltensproblemen in Zukunft quantitativ zunehmen werden. Es gibt jedoch auch vorurteilsbehaftete Fehleinschätzungen, mit denen jedwede Medikation mit dem Ziel der Verhaltensbeeinflussung strikt auf Ablehnung stößt, was jedoch auf die geringe Informiertheit des jeweiligen Autors deutet. Dem ist der aktuelle Kenntnisstand entgegenzustellen: Medikamente sind systematisch in ihrer Wirkungsweise untersucht; sie können erhebliche Vorteile für das Lernen mit sich bringen. Allerdings sollte die Lehrkraft in enger Kommunikation zum Arzt stehen, um mögliche Fort- und Rückschritte zurück zu melden; denn die Lehrerinformation ist die eigentlich entscheidende, um Dosierungen zu verändern oder eine alternative Behandlung ins Auge zu fassen. Lehrkräfte sollten also an klinischen Entscheidungen beteiligt sein. Die alte Streitfrage, ob medizinische Behandlung *oder* Pädagogik z. B. in Form einer pädagogischen Verhaltensmodifikation eingesetzt werden sollen, scheint gelöst: Verhaltensprobleme, die primär umweltverursacht sind, sollten mit pädagogischen Mitteln wie der Verhaltensmodifikation gelöst werden. Wenn nach vorliegendem empirischen Bedingungswissen davon auszugehen ist, dass pädagogische Einflussnahmen keine oder nur ungenügende Entfaltung zeigen bzw. wenn tatsächlich eine primär biologische Noxe für ein Problem als gesichert angenommen werden kann, sind medizinische Maßnahmen z. B. in Form von Medikationen angezeigt, die dann um pädagogische Förderung zu ergänzen sind.

Eine noch so effektive Medikation darf nicht darüber hinwegtäuschen, dass Kinder auf diese Weise weder Unterrichtsstoff noch Sozialverhalten erlernen. Medikamente können betroffene Kinder allerdings darin unterstützen, ihre Begabungspotenziale zu entfalten, wozu sie ohne Medikation nicht in der Lage wären. Mit dem medizinischen Fortschritt wird in naher Zukunft mehr über die Funktionsweisen biologischer Systeme bekannt werden, so dass eine funktionale Psychopathologie entwickelt werden wird, die die Zusammenhänge zwischen biologischen Faktoren und kindlichen Verhaltensstörungen besser zu klären imstande ist.

9.4.2   Sozio-kulturelle Einflüsse

Sozio-kulturelle Einflüsse auf Erleben, Verhalten und Einstellungen wirken allgemein, aber auch subkulturspezifisch und können an der Entstehung von Verhaltensstörungen maßgeblich beteiligt sein.

Subkulturspezifische Wirkungen entfalten Teile des größeren kulturellen Systems, die Subkulturen, wozu z. B. Familie, Kirche und Schule gehören. Verhaltenserwartungen zwischen Schule und Elternhaus, also zweier Subkulturen, können in einer Weise differieren, dass kindliche Anpassungsprobleme resultieren, die wiederum intra- und interpersonelle Probleme sowie emotionale und soziale Störungen nach sich ziehen können. Auch innerhalb einer Kultur können widersprüchliche Verhaltenserwartungen vorhanden sein, wenn z. B. ein und dasselbe Verhalten in einem Lebenskontext wertgeschätzt und in einem anderen gering geschätzt wird, was sich z. B. bei Anwendung von Gewalt zeigt („Jungen müssen sich wehren" vs. „Nicht schlagen – vertragen!").

Da die Zahl unterschiedlicher Wertorientierungen in unserer Gesellschaft zunimmt, spricht man in diesem Zusammenhang auch von der *neuen Unübersichtlichkeit* als Ausdruck für komplexe, widersprüchliche gesellschaftliche Normen- und Wertegefüge, die vom Einzelnen nicht mehr in ein geschlossenes Weltbild integriert werden können. Ein weiterer Aspekt tritt hinzu, der die Verhältnisse kompliziert: Die westliche Gesellschaft gewährt - etwa im Gegensatz zu fundamentalistischen oder volksdemokratischen Gesellschaftsordnungen - dem Individuum ein Mehr an Freiheiten, ohne allerdings Hilfestellungen zu bieten, mit ihnen auch konstruktiv umzugehen. Kinder und Jugendliche werden ohne Bezug auf moralische Werte orientierungslos; das Bedürfnis nach Orientierung wiederum machen sich bestimmte politische und weltanschauliche Organisationen zu Nutze, die das Werte-Vakuum ausfüllen und überschaubare Orientierungsmuster zum Zweck der eigenen Profitmaximierung bzw. zur Verfolgung extremer politischer Ziele (z. B. Jugendsekten, Gangs, radikale politische Gruppierungen) anbieten.

Die Nachbarschaft, in welcher ein Kind aufwächst, repräsentiert bereits eine Subkultur. Dazu gehören nicht nur die äußere physikalische Umgebung und die Sozialschicht der Bewohner, sondern auch die Zahl und Art der sozialen Unterstützungssysteme und öffentlichen sowie privaten Ressourcen. Zu den letztgenannten werden Förderungsmöglichkeiten gezählt, die aus der Familie, aus der Person selbst (z. B. in Form von Hobbys) und aus der Umgebung kommen. Wenn in einer Gemeinde auf die Durchsetzung von Ordnungsprinzipien hoher Wert gelegt wird, dann werden bestimmte Arten abweichenden Verhaltens weniger häufig auftreten. Kauffman betont (1989, S. 219): „Group-orientated, community interventions that promote a shared sense of being able to cope with deviance may be more likely to help prevent juvenile delinquency and crime in high-crime neighborhoods." Es käme demnach auf die Aktivierung des Bürgersinns an.

Als sozio-kultureller Faktor ist weiterhin *das Leben in der Stadt bzw. auf dem Land* zu nennen. Bisher ist man davon ausgegangen, dass städtisches Leben eher Verhaltensstörungen auslöst als ländliches. Hinter dem Faktor *urbanes Leben* verstecken sich jedoch andere als die augenscheinlichen Faktoren, nämlich: Wohnqualität, Besiedlungsdichte, Vorhandensein von Unterstützungssystemen. Das Stadtleben kann also als Faktor für die Entstehung von Verhaltensstörungen nicht isoliert gesehen werden. Jedoch zeigen sich beim Umzug eines Kindes vom Land in die Stadt erhebliche Anpassungsprobleme, vermutlich aufgrund des Aufeinanderprallens unterschiedlicher Wertesysteme. Bei einem Umzug in umgekehrter Richtung sind solche Probleme weniger gravierend, was aber an geringerer Observation, dünnerer Besiedlung und damit auch geringerer Gelegenheit zur Ausübung abweichenden Verhaltens liegen kann. Grundsätzlich gibt es keine Beweise dafür, dass sich das Stadtleben ungünstiger auf die Entwicklung eines Kindes auswirkt als das Leben auf dem Land.

Die Wirkung globalerer kultureller und subkultureller Einflüsse wird bei Kindern von Eltern *ausländischer Herkunft* und *nicht-mitteleuropäischer Ethnik* deutlich. Menschen aus fremden Kulturen werden in besonderer Weise zu leiden haben, weil fremde kulturelle Werte bei Uninformiertheit erst einmal auf Ablehnung stoßen bzw. als Bedrohung für die eigene Kultur wahrgenommen werden. Unsere relativ intolerante Gesellschaft reagiert wiederum ausgesprochen reserviert bis feindselig auf das Auftauchen ihr fremder kultureller Werte. Gewalttaten gegen ausländisch aussehende Mitbürger finden die stillschweigende Zustimmung breiter Bevölkerungskreise.

Jedes Mitglied einer bestimmten Bevölkerungsgruppe steht vor dem Dilemma, entweder die eigene Kulturzugehörigkeit zu verleugnen und sich anzupassen, oder sich zu ihr zu bekennen, dann jedoch von den Möglichkeiten der dominanten Kultur ausgeschlossen zu werden. Kinder befinden sich bei einem solchen Dilemma in geradezu aussichtsloser Position und weisen ein großes Risiko auf, Identitätsprobleme zu entwickeln, da sie gewissermaßen zwei Kulturen angehören und sich der Forderung ausgesetzt sehen, widersprüchlichen Erwartungen entsprechen zu müssen. Wenn den betroffenen Kindern keine Ressourcen in Form von Anpassungshilfen zur Verfügung gestellt werden, kann es zur Entwicklung vielfältiger Verhaltensstörungen kommen. Wer einer ethnischen Minorität angehört, dem wird zugleich ein bestimmter, in der Regel niedriger Sozialstatus zugewiesen. Wenn z. B. bei Afro-Amerikanern der USA eine höhere Delinquenzrate auffindbar ist, so geht diese auf die entsprechenden Lebensverhältnisse (z. B. mehr Arbeitslosigkeit, delinquentes Wohnmilieu, Drogenabhängigkeit) und folglich auf die häufigere polizeiliche Überwachung zurück. Analoges gilt für Deutschland bei Ausländer- und Asylantengruppen, die teilweise aufgrund erniedrigender Lebensverhältnisse in eine Delinquenzform „hineingedrückt" werden.

Der Pädagogik stellt sich hier die kaum lösbare Aufgabe, vermittelnd einzugreifen, Brücken zwischen den in einer Schulklasse repräsentierten Subkulturen zu schlagen und für Verständnis auf den unterschiedlichsten Ebenen zu sorgen. Pädagogisches Ziel wird es sein, Toleranz für subkulturelle Abweichungen zu entwickeln, auch wenn in Elternhäusern geradezu gegenkonditioniert wird.

Die Toleranz, Wertvorstellungen anderer Kulturen zu achten und zu respektieren, findet allerdings dort eine Grenze, wo verfassungsmäßige Grundrechte des Grundgesetzes der Bundesrepublik Deutschland verletzt werden. Allgemeingesellschaftlich wie pädagogisch ist also eine multikulturelle Perspektive - auch in der Schule - zu verwirklichen, allerdings nur bis zu dem Punkt, an welchem Vorgaben einer fremden Kultur zu den Grundwerten unserer Gesellschaft in Widerspruch stehen (z. B. die Menschenrechte oder den Gleichheitsgrundsatz betreffend). Allgemein anerkannte Erziehungsziele wie Selbstbestimmung, Solidarität, Mündigkeit dürfen nicht zur Disposition gestellt werden. Wird diese Grenze überschritten (vgl. dazu Praktiken in sog. Koranschulen), muss in Politik und Pädagogik massiv zugunsten unserer kulturellen Normen eingeschritten werden. Die gegenwärtige Situation in manchen Grund-, Gesamt- und Förderschulen mit einem überwiegenden Anteil an Einwanderer- bzw. Ausländerkindern lässt erkennen, dass eine Lösung der in diesem Zusammenhang zu Tage tretenden Probleme dringend vonnöten ist, soll nicht eine ganze Generation von Kindern mit ihren Problemen und Störungen allein gelassen werden.

Sich widersprechende subkulturelle Werte sind täglich in den *Massenmedien* des Fernsehens, Internets, Rundfunks und Pressewesens aufzufinden. Kinder und Jugendliche werden Modelle mit bestimmten Qualitäten (Aussehen, Macht, Kompetenz) aufsuchen und imitieren, die sie in den Medien vorfinden, auch wenn die Modelle nicht den Verhaltensvorgaben in Schule und Elternhaus entsprechen.

Die Wirkungen der Massenmedien auf menschliches Fehlverhalten bleiben allerdings nach wie vor wissenschaftlich umstritten. Die folgende Zusammenstellung von Befunden ist an Kauffman (1993) angelehnt.

- Die im Fernsehen ausgestrahlte Gewalt erhöht statistisch gesehen Aggression, v. a. bei Mädchen.
- Pro-soziale Programme erhöhen in der Realität tendenziell pro-soziales Verhalten.
- Zeitintensives Fernsehen erhöht aggressives Verhalten.
- Kinder mit einer Schulschwäche, mit einem geringen Gruppenstatus sowie mit Problemen in der Unterscheidung zwischen Realität und Fantasie identifizieren sich leichter mit gewalttätigen Helden und neigen bei Konflikten zu mehr Gewaltlösungen.
- Verhaltensgestörte sehen häufiger Gewaltprogramme, wodurch ein Teufelskreis entsteht, und halten die Fernsehrealität für die Lebenswirklichkeit.
- Die im Fernsehen und Internet ausgestrahlte Gewalt ist besonders anziehend für Kinder und Jugendliche mit bereits höher ausgeprägter Aggressivität.

Aber es ist einschränkend anzumerken, dass es sich hier nur um Wahrscheinlichkeitsaussagen handelt; eine Aussage für den Einzelfall kann deshalb also nicht abgeleitet werden. Ob sich die dargestellte Gewalt auf reales Verhalten auswirkt, hängt vom Zusammenwirken der folgenden Faktoren ab:

- Personenvariablen des Kindes (seine Gedanken und Gefühle zur gezeigten Aggression),
- Art der gezeigten Aggressivität,
- Sozialmilieu des Kindes (Schule, Elternhaus, Nachbarschaft),
- Vorlieben des Kindes für bestimmte TV-Programme.

Insgesamt handelt es sich also um reziproke, sich überlagernde Prozesse; wenn ein Kind z. B. einen niedrigen Gruppenstatus innehat, von seinen Kameraden nicht sonderlich gemocht wird, dann sieht es mehr fern, v. a. Filme mit Aggressionen, wird damit tendenziell selbst aggressiver und so in der Gruppe noch unbeliebter. Ein analoger Teufelskreis ließe sich für Schulschwäche verfolgen: Weil ein Kind keinen Schulerfolg hat, sieht es mehr fern bzw. beschäftigt sich mit Computerspielen, um der ungeliebten Realität zu entfliehen; weiter absinkende Schulleistungen können die Folge sein, wenn für die Erledigung der Hausarbeiten keine Energie mehr zur Verfügung steht.

Der vorläufige Schluss aus diesen Erkenntnissen lautet: Durch Fernsehen und Internet induzierte Aggressionen tendieren dazu, bei bestimmten Kindern und Jugendlichen in der Realität antisoziales Verhalten zu produzieren, v. a. bei Risikokindern. Nicht so deutliche Effekte haben sich für pro-soziale Fernsehprogramme nachweisen lassen. Lösungen der hier anstehenden Probleme können nur politischer und pädagogischer Art sein, denn mit Verboten sind weder die Massenmedien noch das Internet zu zügeln; die erstrebte Ware wäre leicht aus dem Internet zu beziehen, ohne dass polizeiliche Zugriffe auf nationaler oder internationaler Ebene möglich wären. Es wird weiter um die persönliche und soziale Verantwortung gerungen werden müssen, bestimmte Produkte und Programme nicht zur Verbreitung zu bringen, obwohl sich damit erhebliche Vermögensvorteile seitens der Vertreiber erzielen lassen, die sich gegen eine Einschränkung ihrer geschäftlichen Interessen vehement zur Wehr setzen.

Die Pädagogik wird sich diesem Thema jedoch nicht entziehen können, da Fernsehen und Internet zur Alltagsrealität der Kinder gehören. In der Literatur finden sich zahlreiche Vorschläge in Richtung auf eine „Fernseherziehung", z. B. die Kinder hinter die Kulissen schauen zu lassen, selbst Videofilme zu drehen, Fernseherlebnisse mit Hilfe von Rollenspielen aufzuarbeiten. Pädagogisch können die Vorzüge der Massenmedien und der neuen Medien unterrichtlich eingebunden werden. Inzwischen liegt eine große Zahl von Untersuchungen vor, aufgrund derer gesichert worden ist, dass Jugendliche mit Verhaltensstörungen mit ausgeprägter Schulaussteigermentalität für den Unterricht durch ein qualifiziertes Computerangebot zurückgewonnen werden können.

Da die *Familie* die Basis für die frühen prägenden Bindungs- und Sozialisationserfahrungen des Kindes darstellt, liegt es auf der Hand, dass ihre zunehmende Auflösung als massiver Störungseinfluss zur Geltung kommen muss.

Die Beziehung zwischen elterlichen Erziehungsstilen und der Entwicklung von Verhaltensstörungen ist naturgemäß komplexerer Natur. Direkte Ursache-Wirkungsverhältnisse lassen sich nämlich nicht nachweisen, vielmehr wirken Faktoren wie Sozialstatus, Unterstützung etc. zusammen. Nicht der abwesende Vater, die zerbrochene Familie, der raue Umgangston führen zu Verhaltensstörungen, sondern die dadurch erzielten psychologischen Wirkungen beim Kind. Die zerbrochene oder nur teilweise vorhandene Familie stellt jedoch einen Risikofaktor dar. Aber erst das Zusammenkommen mehrerer Risikofaktoren wie Armut, elterliche Kälte oder Feindseligkeit, lange Krankheiten werden die Basis für Störungen bilden; das Zusammenwirken ungünstiger Einflüsse wirkt dann nicht additiv, sondern multiplikativ; das bedeutet: Kommen zwei dieser Faktoren zusammen, erhöht sich das kindliche Risiko zur Fehlanpassung um mehr als das Doppelte. Die elterliche Scheidung z. B. wirkt kurzfristig verstörend auf das Kind; längerfristig findet es jedoch Möglichkeiten, sich an die neuen Lebensverhältnisse anzupassen, wenn nicht zusätzliche Belastungen bzw. Faktoren wie ungünstige Besuchsregelungen, negative Kommunikationen, Dauerkonflikte der Eltern hinzukommen. Tritt zur Elternscheidung noch ein weiteres stressendes Lebensereignis hinzu (z. B. Unfall oder Tod eines nahen Angehörigen), tritt die besagte Risikokumulierung in Kraft.

Allerdings scheint es auch weniger leicht verwundbare Kinder zu geben, die sich bei Vorhandensein einer Vielzahl solcher Risikofaktoren unerwarteterweise normal entwickeln. Wie es zu solch einem Phänomen der „Unverwundbarkeit" allerdings kommen kann, ist bisher nicht geklärt und Gegenstand der Resilienzforschung (vgl. dazu Julius & Goetze, 1998).

Insgesamt stellt also unter extremeren Bedingungen die Familie einen Risikofaktor für die Ausbildung von Verhaltensstörungen dar, insbesondere aufgrund ungünstiger Erziehungsstile. Wenn Eltern ihre Kinder hart bestrafen, kann sich eine Kette negativer Verstärkungen aufbauen („Verstärkungsfalle"): Wenn das Kind unerwünschtes Verhalten zeigt und wenn die Eltern die Erfahrung gemacht haben, dass Schläge die Situation momentan „bereinigen", werden sie dazu neigen, in Zukunft in ähnlichen Situationen auf diese Erfahrung zurückzugreifen; denn die Eltern fühlen sich vom Kind *durch das Aufhören des unerwünschten Verhaltens negativ verstärkt.*

Wenn ein Kind bei seiner Mutter gewohnheitsmäßig negative Reaktionen provoziert, besteht zudem ein erhöhtes Risiko, dass ein negativer Interaktionszyklus entsteht, der bis zum Kindesmissbrauch führen kann. Ein schwieriges kindliches Temperament wird das Auftreten solcher Zyklen noch erleichtern. Man könnte extrem formulieren: Solche Kinder lehren ihre Eltern, zunehmend strafend zu reagieren.

In Familien mit Kindern, die ausagierende Verhaltensstörungen zeigen, ist der Interaktionsstil als negativ-feindselig zu charakterisieren. Die Eltern solcher Kinder verlassen sich zur Verhaltenskontrolle ihrer Kinder auf aversive Methoden wie verbale und physische Übergriffe (schlagen, schreien, bedrohen), worauf Kinder mit innerem Rückzug oder äußeren Gegenaggressionen reagieren. Vereinfacht ließe sich dieser Teufelskreis so beschreiben, dass Vater bzw. Mutter und Zielkind sich gegenseitig darin trainieren, aggressiv zu handeln, wobei die Geschwister des Zielkindes zunehmend in diese Interaktionen einbezogen werden, so dass schließlich der Aggressionszyklus sich auch auf sie überträgt. Je älter das Kind wird, desto größer wird die Wahrscheinlichkeit, dass es aus solchen Interaktionen auch einmal als Sieger hervorgeht, woraufhin die Eltern noch härter eingreifen, aber doch nicht effektiv genug darin sind, das beklagte Verhalten zu unterbinden. Man könnte übersteigert formulieren: Solche Eltern sind ineffektive Bestrafer. Sie würden dringend einer Erziehungsberatung bedürfen, um andere Erziehungsstile und -techniken zu erlernen. Sie müssten es lernen, ihre durchaus berechtigten Erwartungen auf angemessene und effektive Weise durchzusetzen; dazu gehören

- klare Verhaltensgrenzen,
- eine warme und herzliche Beziehung,
- positive Aufmerksamkeit bei erwünschtem Verhalten,
- Umsetzen nicht-feindseliger und nicht-physischer Strafen bei Regelverstößen, z. B. als Privilegienentzug, Aktivitätsrestriktion, Ignorieren.

Erziehungsstile und Familienvariablen können sich jedoch *bei Einzelstörungen* sehr unterschiedlich auswirken. Im Falle von psychopathologischen Störungen von Kindern (Autismus, Schizophrenie) ließ sich nicht nachweisen, dass ihr Auftreten im Zusammenhang mit dem elterlichen Erziehungsstil steht. Delinquenz auf der anderen Seite ist eine gelernte Gewohnheit; die Lernmodelle können auch Familienmitglieder sein. Vor allem bei stehlenden Kindern ließ sich ein gewaltsamer Erziehungsstil in der Familie nachweisen, wobei die Mutter allerdings wenig involviert ist. Ängstlichkeit hat häufig eine überprotektive Eltern-Kind-Beziehung zum Hintergrund; der Erziehungsstil ist eher restriktiv, fordernd, kritisch. Depression bei Kindern wird mitunter durch Scheidung, Tod oder andere traumatische Ereignisse ausgelöst, teilweise auch durch Elternteile modelliert. Entscheidender scheint jedoch ein Erziehungsstil zu sein, der sich als wenig fürsorglich, unreagibel, überbehütend, viel erwartend kennzeichnen lässt. Schulversagen bei Kindern scheint mit einem vorangegangenen Schulversagen der Eltern selbst zusammenzuhängen, aber auch mit Desinteresse und negativen Einstellungen der Eltern zur Schule. Dem Schulversagen lässt sich durch Mütter begegnen, indem sie

- mit dem Kind viel sprechen,
- klare und angemessene Leistungserwartungen äußern,
- eine warme Beziehung etablieren,
- Disziplin durchsetzen,
- eine positive Einstellung zu den Möglichkeiten des Kindes aufweisen.

Diese Aussagen dürfen vorerst jedoch nur als hypothetisch betrachtet werden, denn zu komplex, so war oben gesagt worden, sind die Verhältnisse, als dass man einfache Kausalitäten zwischen Erziehungsstil einerseits und der Entwicklung von Verhaltensstörungen bei einem Kind andererseits behaupten kann.

Neben der Familie stellt die *Schule* die zweitwichtigste Sozialisationsinstanz im Leben eines Kindes dar. Erfolg in der Schule zu haben, prädestiniert mit mittelgroßer Wahrscheinlichkeit den späteren Berufserfolg. Schulerfolg wird damit in unserer westlichen Kultur entscheidend für den Lebensweg. In Follow-back-Studien hat sich gezeigt: Das Schulversagen stellt einen „prämorbiden" Faktor dar, der v. a. bei Jungen spätere soziale und berufliche Anpassungsprobleme vorhersagt. Die prädiktive Validität ist noch höher in Gemeinsamkeit mit niedriger Intelligenz und Verhaltensauffälligkeiten. Wenn Schulversagen mit Verhaltensauffälligkeiten gekoppelt ist, dann gibt es ein hohes Risiko für spätere psychische Probleme. Je früher die Probleme einsetzen und je mehr Probleme vorhanden sind, desto höher ist das Risiko. In diesem Sinne können also alle Schulprogramme verhaltenspräventiv wirksam werden, die am Schulversagen ansetzen.

Oft werden Verhaltensstörungen erst nach Schuleintritt manifest, obwohl es im Vorschulalter schon erste Risikosignale gegeben hat. Die Betrachtung der Schule als subkulturelles System und damit auch als verursachender Faktor für Verhaltensstörungen ist deshalb besonders relevant, weil sie oft der erste und einzige Ort ist, an dem Verhaltensstörungen auffallen und präventiv aufgefangen werden können. Schulleistungsschwächen und Verhaltensprobleme bedingen sich gegenseitig. In einer Untersuchung (s. Kauffman, 1989, S. 185) wurde die Zahl sozialer Probleme mit Mathematik- und Leseleistungen korreliert; es zeigte sich: Je mehr soziale Probleme, desto schlechtere Schulleistungen. Es liegen jedoch keine einfachen Ursache-Wirkungs-Verhältnisse vor, eines bedingt das andere: Verhaltensstörungen können sich dämpfend auf das Schulleistungsverhalten auswirken; schlechte Schulleistungen andererseits bedingen mitunter negative soziale Konsequenzen. „In any case, the effects of educational failure on future opportunity cause alarm for the plight of disturbed students" (Kauffman, 1989, S. 186).

Intelligenz, Schulleistung und antisoziales Verhalten stellen drei sich überschneidende Kreise dar, nur wenige Schüler befinden sich im Schnittbereich, könnten aber gut identifiziert werden. Schulversagen allein stellt damit noch keinen Kausalfaktor für die Ausbildung von Verhaltensstörungen dar. Andererseits liegt es nahe, von schlechten Schulleistungen auf Verhaltensstörungen zu schließen. Wenn die Schule aufgrund eines unangepassten Unterrichts zumindest teilweise für den schlechten Output in Form von Leistungsschwächen bzw. -defiziten verantwortlich zu machen ist, und wenn hier eine korrelative Beziehung zu Verhaltensstörungen nachweisbar ist, wäre sie auch für schulische Verhaltensstörungen verantwortlich. Die schulschädigenden Einflüsse zeigen sich jedoch nicht in direkter Form mit schülerschädigender Absicht, sondern indirekt als Benachteiligung bestimmter Schülergruppen. Wer als Schüler gute Voraussetzungen bezüglich Gesundheitsstatus, Intelligenz, Leistungsmotivation, Selbstwertschätzung, sozialer Kompetenz, elterlicher Ressourcen einbringt, hat bessere Chancen, in der Schule zurechtzukommen. Solche Schüler reagieren positiv auf die soziale Ökologie der Schulklasse und profitieren vom schulischen Lernangebot. Schüler mit Verhaltensstörungen dagegen haben i. d. R. bereits schlechtere Startchancen. Schüler mit ausagierenden Verhaltensstörungen befinden sich in Schule und Elternhaus in einer negativen Verstärkungsfalle: Sie erhalten wegen ihres Verhaltens viel Aufmerksamkeit, obwohl sie unerwünschte Verhaltensweisen zeigen und nicht diejenigen Merkmale von „guten" Schülern aufweisen. Eine Konsequenz aus diesen hintergründigen Überlegungen wäre: Wenn bei einem Schüler Verhaltensprobleme auftreten, muss ausgeschlossen werden, dass die Schule selbst verursachende oder zumindest mit verursachende Bedingung ist, indem sie dazu beiträgt, vorhandene Entwicklungsrisiken von Schülern nicht zu vermindern, sondern zu vermehren.

Bei Kauffman (1989) sind sechs empirisch erhärtete Einzelfaktoren aufgeführt, die den Beitrag der Lehrkraft an der Entwicklung von Verhaltensstörungen konkretisieren:

1. geringe Sensibilität für individuelle Unterschiede unter den Schülern,
2. unangemessene Erwartungen an Schüler durch die Lehrkraft,
3. inkonsistentes Verhaltensmanagement durch Lehrer,
4. Vermittlung irrelevanter Lerninhalte,
5. destruktive Verstärkerkontingenzen,
6. Angebot negativer Verhaltensmodelle.

Resümierend lässt sich feststellen: Die Schule muss auf alle Arten von Verhaltensstörungen gefasst und vorbereitet sein, die im Zusammenhang mit Schulleistungs- und Intelligenzdefiziten auftreten. Der Fächerkanon, aber auch soziales Lernen müssten gezielt unterrichtet werden, ebenso müssten Aufmerksamkeit und Konzentration, Arbeitshaltungen und Selbstständigkeit systematisch geschult werden. Die Lehrkraft hat aus ihrem System herauszutreten und sich ein Bild vom anderen System, dem Elternhaus, zu verschaffen, um Risikofaktoren herauszufinden, die unangepasstes Schülerverhalten wahrscheinlich machen. Ihre Hauptaufgabe besteht jedoch darin, die schulische Lernumgebung so zu modifizieren, dass optimale Lernbedingungen gewährleistet sind.

Insgesamt ist für die Subkultur der Schule und ihrem Anteil an der Entwicklung von Verhaltensstörungen festzuhalten:

- Ihre Rolle bei der Entstehung von Verhaltensstörungen ist immer wieder zu hinterfragen, denn die Schule fungiert als sekundäre Sozialisationsinstanz und hat Macht in der Ausübung direkter Verhaltenskontrolle.
- Verhaltensgestörte Schüler schneiden schlechter in Intelligenz- und Schulleistungstests ab, wobei sich Verhaltensstörungen und Minderleistungen gegenseitig bedingen.
- Schulversagen, Minderintelligenz und aufsässiges Verhalten stellen eine denkbar schlechte Prognose für die spätere Entwicklung dar.
- Eine Lehrkraft kann in sechsfacher Weise zur Aufrechterhaltung von Verhaltensstörungen beitragen: Unsensibilität, Fehlerwartungen, Inkonsequenz, Inhaltsirrelevanz, Verstärkerdestruktion, Modelldestruktion.

9.5 Diagnostik

Die Diagnostik in der Verhaltensgestörtenpädagogik gehört zu den schwierigsten Aufgabenfeldern von Sonderpädagogen. Im Vergleich mit Diplom-Psychologen ist ihre psychodiagnostische Ausbildung quantitativ und qualitativ deutlich eingeschränkt, daher wird häufig Klage über die Qualität sonderpädagogischer Diagnosearbeit geführt. So kritisieren etwa Langfeldt (1998) sowie Rózsa und Langfeldt (1998) die Trivialität der in Gutachten aufzufindenden Förderempfehlungen; Moog und Nowacki (1993) konstatierten eine große Unzufriedenheit von Sonderpädagogen mit der diagnostischen Fallarbeit.

Trotz aller Bedenken werden diagnostische Aufgaben weiterhin zum Aufgabenfeld der Lehrkräfte im Rahmen der schulischen Erziehungshilfe gehören, denn letztlich sind sie die Fachleute, die über die sonderpädagogische Förderung von Einzelschülern zu entscheiden haben. Allerdings erweist sich der diagnostische Gegenstandsbereich als extrem komplex. In der sog. Förderdiagnostik wird die Auffassung, dass der Klient ausschließlich Symptomträger ist, weitgehend abgelehnt, vielmehr wird einer sog. Kind-Umfeld-Diagnostik der Vorzug gegeben, die schulisch auf die Förderung in einem nach Schweregrad der Verhaltensstörung abgestuften System hinausläuft.

Die im Folgenden angesprochenen diagnostischen Methoden tragen diesem Gedanken insofern Rechnung, als die unteren Systemebenen (Verbleiben des Schülers in der Stammklasse, Nutzung der in der Regelschule vorhandenen Ressourcen) einen vergleichsweise geringeren Diagnoseaufwand erforderlich machen.

So richten sich die oben bereits erwähnten Instrumente CBCL (Child Behavior Checklist) und TRF (Teacher Report Form) an Personen, die keine Diagnostikausbildung vorweisen können, aber doch mit dem betreffenden Kind Kontakt haben. Beim Einsatz der CBCL bzw. TRF (s. o.) geht es um die diagnostische Erhebung des Typs einer Verhaltensstörung, andererseits lässt sich der Fragebogen auch als Fortschrittsdiagnoseinstrument einsetzen, um z. B. die Wirksamkeit sozial-emotionaler Curricula nachzuweisen.

Die *Einschätzung der Sozialbeziehungen* einer Schulklasse sollte ebenfalls zum Standardrepertoire eines Basis-Screenings gehören. Nach der oben aufgeführten Definition ist ein Hauptmerkmal für eine Verhaltensstörung das gestörte Beziehungsverhältnis zu Anderen (s. dazu die Bowersche Definition von Verhaltensstörung). Problematische Schüler scheinen häufig keine angemessenen Beziehungen zu ihren Peers entwickeln zu können (vgl. v. Salisch, 2007). Die Diagnostik verläuft über Rating-Skalen, soziometrische Fragen bzw. über Verhaltensbeobachtungen in verschiedenen Settings. Es kann z. B. beobachtet werden, wie oft ein Schüler eine Interaktion initiiert oder wie häufig er sozial angemessen reagiert. Neben Einschätzverfahren können auch Soziogramme zur Erhebung der Soziostruktur einer Klasse durchgeführt werden.

Explorationsgespräche können mit Eltern, Lehrkräften und mit Kindern auf hoch, mittel, niedrig strukturierte oder unstrukturierte Weise durchgeführt werden. Sie setzen voraus, dass der Gesprächspartner auf verbal differenzierter Ebene auch ansprechbar ist und eine gewisse Introspektionsfähigkeit aufweist, Voraussetzungen, die bei jüngeren und schwach intelligenten Kindern und manchen erwachsenen Bezugspersonen u. U. nicht gegeben sind. Die Explorationsrichtung bewegt sich von unverfänglichen Fragen über die Schule, zur Klasse und schließlich geht es um sehr persönliche Bereiche. Mit den Eltern wird häufig ein frei strukturiertes Explorationsgespräch begonnen; es richtet sich in der weiteren Strukturierung an den kommunizierten Informationen aus. Hochstrukturierte Explorationsverfahren für Eltern sind der Diagnostische Elternfragebogen DEF (Dehmet, Kuhnert & Zinn, 1975) und die Hamburger Verhaltensbeurteilungsliste HAVEL (Wagner, 1981). Bei Döpfner et al. (2000, S. 99) findet sich eine nützliche Übersicht zu Leitlinien einer mittelstark strukturierten Elternexploration, in der die Anlässe der Vorstellung, die lebensgeschichtliche Entwicklung und der familiär-soziale Hintergrund aufgeführt sind. Eine systemische Diagnostik wird versuchen, alle Beteiligten in Explorationsgespräche einzubeziehen, also nicht nur die Eltern, sondern neben den Lehrkräften auch die Kinder. Das Hauptproblem bei Explorationen und Interviews ist, dass die Antworten des Probanden aus vielerlei Gründen verfälscht sein können; der Proband reagiert z. B. defensiv, vermeidend, gibt halbwahre Antworten etc. Deshalb ist Skepsis hinsichtlich der Explorationsergebnisse in jedem Fall angebracht.

Diagnostische Verfahren für die oberen Systemebenen, also im Rahmen der Förderung von Schülern mit Verhaltensstörungen in besonderen Einrichtungen, lassen sich der *Leistungs-, Persönlichkeits- und Verhaltensdiagnostik* zuordnen. Intelligenztests sind zwar weiter in ihrer Aussagekraft umstritten; nach aller Erfahrung sagen sie jedoch prognostisch Zuverlässiges über das allgemeine Lernen eines Kindes aus, d. h., sie sind ein guter Prädiktor für die allgemeine Schulleistung und kognitive Leistungen, wie sie im schulischen Alltag nötig sind. Intelligenztests werden in der Diagnostik auch deshalb eingesetzt, um eine mögliche Lernbehinderung als Noxe für Verhaltensstörungen auszuschließen. Heute werden Stufentests wie die von Kramer oder Simon-Binet nicht mehr eingesetzt, sondern altersnormierte Verfahren wie LPS, IST, HAWIK, CFT. Trotz aller Grenzen, die auch mit dem unsachgemäßen Gebrauch dieser Verfahren zusammenhängen können, sind sie oft eine unentbehrliche Informationsquelle für die Einschätzung von Stärken, Schwächen, Lernfortschritten und Lernbedürfnissen von Förderschülern.

Da die Definition für Verhaltensstörung auch schulleistungsbezogene Störungen als Symptome zum Inhalt hat, sind in einem förderdiagnostischen Verfahren die Schulleistungen abzuprüfen. *Schulleistungstests* sind keine so validen Prognoseinstrumente wie Intelligenztests, denn man sollte nur solche Schulleistungen abprüfen, die unterrichtlich auch vermittelt worden sind, und gerade dieser Aspekt kann kaum vor der Testung kontrolliert werden. Ihr Vorteil ist jedoch, dass man mit ihrer Hilfe Leistungen verschiedener Schülergruppen miteinander vergleichen kann. Sie erlauben es z. B., relativ zuverlässig zwischen der Normalpopulation und lerngestörten Schülergruppen zu unterscheiden. Lern- und verhaltensgestörte Schüler sind stets unterhalb der Norm anzusiedeln (s. o.). Sie erreichen ein Schulentwicklungsalter, das mindestens um ein Jahr zurückliegt. Empirisch hat sich diese These inzwischen gut absichern lassen. Rolus-Borgward (1997) führte zu dieser Frage eine Literaturanalyse durch und stellte zusammenfassend fest: „Schüler mit Verhaltensstörungen zeigen als Gesamtgruppe schlechtere Schulleistungen als unauffällige Schüler" (S. 197); außerdem wird davon berichtet, dass sich die Schulleistungen im weiteren Schullaufbahnverlauf, v. a. in Mathematik, weiter verschlechtern (S. 198), wobei geschlechtsspezifische Unterschiede kaum eine Rolle spielen. Neukäter und David (1996) führten eine Untersuchung zum Bereich der Mathematikleistungen durch und konstatierten, „.... daß Schüler mit Verhaltensstörungen sowohl im Notenurteil als auch im Leistungstest sich deutlich von Schülern ohne Verhaltensstörungen in den Mathematikleistungen unterscheiden" (S. 158). Der Schulleistungsfaktor scheint damit auffällige von unauffälligen Gruppen deutlich zu trennen. Diese Ergebnisse lassen es dringend geraten erscheinen, die Schulleistungen eines vorgestellten Kindes zu überprüfen. Im Falle deutlich unter der Norm liegender Leistungen wären die Ursachen für die Leistungsdefizite zu ergründen.

In die Kategorie der Leistungsdiagnostik gehören auch die sog. *Funktionstests*, die einzelne Funktionen wie z. B. Aufmerksamkeit, Konzentration, Gedächtnis, Wahrnehmung, Psychomotorik abprüfen; dazu gehören auch spezielle Tests, die eine (minimale) kindliche Hirnschädigung abprüfen sollen, z. B. der Göttinger Formreproduktionstest (Schlange, Stein, von Boetticher & Taneli, 1972), Benton-Test (Benton, 1972), Diagnosticum für Cerebralschädigung D-C-S (Hillers, 1980), allerdings korrelieren diese Verfahren nicht sehr hoch miteinander und erstrecken sich lediglich auf den visuellen Bereich.

Die *Persönlichkeitsdiagnostik* wird in der schulischen Erziehungshilfe von großer Bedeutung sein, denn in aller Regel werden die Kinder einem Förderausschussverfahren aufgrund von personalen Störungen zugeführt. Verfahren der Persönlichkeitsdiagnostik sind allerdings psychometrisch unterschiedlich gut abgesichert. So sind ausdrucksdiagnostische (z. B. Graphologie) und projektive Verfahren, innerhalb derer die Person eigene Motivationen in eine diffuse Vorlage „projizieren" soll, z. B. Rorschach-Test (Rorschach, 1962), TAT (Murray, 1943), Sceno-Test (v. Staabs, 1971), Familie in Tieren (Brem-Gräser, 1980) in ihrem Aussagewert äußerst umstritten und allenfalls für die Hypothesengewinnung einsetzbar. Döpfner et al. (2000) stellen z. B. fest: „Insgesamt haben projektive Verfahren heutzutage einen geringeren Stellenwert, da sie nur begrenzt den Gütekriterien der modernen Diagnostik entsprechen; sie sollten daher nur mit größter Vorsicht eingesetzt werden. Als explorative Techniken können sie jedoch weiterhin wichtige Informationen über die Vorstellungswelt von Kindern und ihren Verarbeitungsstrategien liefern, vor allem, wenn sie mit Informationen aus anderen Quellen (Explorationen der Eltern, Fragebogenverfahren) verknüpft werden und zur Hypothesenbildung beitragen" (Döpfner et al., 2000, S. 113f).

In psychometrischer Hinsicht sind Fragebögen und Einschätzungsskalen als wertvollere Instrumente anzusehen. Allerdings gehen dabei Voraussetzungen der Ehrlichkeit, Introspektionsfähigkeit und des Sprachverständnisses ein, die bei jüngeren und intellektuell minderbegabten Kindern (und Eltern) nicht immer gegeben sind. Für viele Fragestellungen und Altersstufen liegen zudem keine geeichten Befragungsinstrumente vor.

Wenn allerdings die verbalen und kognitiven Voraussetzungen gegeben sind, lässt sich auf eine Fülle von Instrumenten zurückgreifen. Zur Persönlichkeitsdiagnostik von Schülern mit ausgewiesenen Verhaltensstörungen werden zunehmend auch die beiden o. g. psychiatrischen Klassifikationssysteme DSM IV und ICD 10 herangezogen, deren Verwendung durch Pädagogen allerdings oben bereits deutlich in Frage gestellt worden ist. Für den Pädagogen wäre dagegen die Durchführung einer *funktionalen Diagnostik* sinnvoll. Dabei werden Beziehun-

gen und Kontexte von Verhaltensweisen mit dem Ziel untersucht, Konsequenzen für die Behandlung abzuleiten. Eine Funktionaldiagnostik besteht aus den Schritten
- Definition des Zielverhaltens,
- Identifikation der auslösenden Umstände,
- Aufdeckung der Verhaltensursachen,
- Hypothesenbildung zur Beziehung zwischen Verhalten und Ereignissen formulieren und daraus ableiten, welche Umweltfaktoren im Sinne der Zielstellung verändert werden können,
- Entwicklung eines Interventionsplans.

Verhaltensdiagnostik bedeutet dabei, ein interessierendes Verhalten direkt, also ohne den Umweg über Selbst- oder Fremdeinschätzungen, zu erfassen, womit das wichtigste Verfahren jeder Verhaltensdiagnostik, die strukturierte Verhaltensbeobachtung, angesprochen ist. *Verhaltensbeobachtungen* weisen wie andere Diagnoseverfahren Probleme der Objektivität und Zuverlässigkeit auf. Einer Verhaltensbeobachtung gehen die folgenden Überlegungen voraus:
- In welchem Setting soll beobachtet werden?
- Kommt es auf Häufigkeit, Dauer, Ausmaß, Auslöser, Konsequenzen, gleichzeitig auftretende Verhaltensweisen an?

Entsprechend ist die Technik zu gestalten. Es gibt unterschiedliche Formen:

unkontrollierte vs. kontrollierte, zeitlich direkt aufgenommene vs. zeitlich indirekt aufgenommene, teilnehmende vs. nicht-teilnehmende, wissentliche vs. unwissentliche (für den Beobachteten), medial vermittelte vs. unvermittelte, dauerhafte vs. fraktionierte, offene – halboffene – geschlossene. Welche dieser Kombinationen gewählt wird, hängt von der Fragestellung oder den äußeren Möglichkeiten ab. In der Regel wird eine kontrollierte, zeitlich direkte, nicht teilnehmende, unwissentliche, nicht medial vermittelte, fraktionierte, geschlossene Verhaltensbeobachtung durch eine sonderpädagogische Lehrkraft in der Stammklasse durchgeführt. Verhaltensbeobachtungen bieten sich v. a. bei externalen Verhaltensstörungen an. Der Vorteil einer strukturiert durchgeführten Verhaltensbeobachtung ist, dass sich kaum Validitätsprobleme einstellen, es können unmittelbar Rückschlüsse auf das Merkmal und Konsequenzen für Verhaltensinterventionen gezogen werden.

9.6 Pädagogisch-therapeutische Interventionen

Pädagogisch-therapeutische Verfahren, die besonders in eigens anberaumten Förderstunden umgesetzt werden, haben die allgemeinen Therapiekonzepte zur Grundlage, die für die besondere pädagogische Situation nutzbar gemacht werden. Dazu gehören (s. dazu auch Goetze & Neukäter, 1989):
- die „operante" Verhaltensmodifikation,
- die kognitive Verhaltensmodifikation, wozu die rational-emotive Therapie genauso gehören wie Selbstinstruktionsverfahren,

- Rollenspiel und Psychodrama,
- kunst- und musiktherapeutisch orientierte Verfahren,
- Entspannungsverfahren, Meditation, autogenes Training, progressive Muskelentspannung und geleitetes Bilderleben,
- Spieltherapie, Handpuppenarbeit, Metaphergeschichten,
- Gesprächstherapie bzw. die „Lehrer-Schüler-Konferenz",
- Realitätstherapie,
- Life-Space-Intervention.

Drei Verfahren sollen in ihrem Stellenwert als Interventionen innerhalb der Verhaltensgestörtenpädagogik exemplarisch etwas näher beleuchtet werden: Kunsttherapie, Spieltherapie, Entspannung.

Die *Kunsttherapie* als gezielte therapeutische Beeinflussung mit künstlerischen Mitteln hat ihre Ursprünge in der Psychoanalyse: Mit kunsttherapeutischen Mitteln soll der Klient dazu angeleitet werden, unbewusste Vorgänge bildhaft zum Ausdruck zu bringen. Letztlich geht es für den Klienten darum, sich unter Einsatz non-verbaler künstlerischer Medien selbst besser verstehen zu lernen. Kunsttherapie steht damit in einem gewissen Gegensatz zur Kunstpädagogik, bei der es nicht so sehr darauf ankommt, sich selbst zum Ausdruck zu bringen, zu kommunizieren und künstlerisch zu wachsen, sondern künstlerische Prozesse anzuzielen, die mit gestalterischen Mitteln vorangetrieben werden und der Bewertung als Schulnote in „Kunst" zugänglich sind.

Historisch geht die Kunsttherapie auf Edith Kramer (1978) zurück, die eher zufällig entdeckte, dass für die Heilung des Klienten die Aufmerksamkeit des Therapeuten auf das Kunstschaffen viel entscheidender war als verbale Interpretationen hintergründiger Motive.

Der künstlerische Ausdruck wird in diesem Sinn als projektive Technik eingesetzt, mit deren Hilfe das Individuum innere psychische Konflikte zum Ausdruck bringt. Heute werden kunsttherapeutische Produkte kaum noch in psychoanalytischer Tradition vor dem Klienten interpretiert, vielmehr wird mit non-direktiven Techniken anhand des Produktes über die belastende Situation des Klienten exploriert.

Eine kunsttherapeutische Sitzung wird häufig so gestaltet, dass nach einer Aufwärmphase eine Explorations- und schließlich eine Metaphase des Abschlusses folgen. Die Rolle des Sonderschullehrers in Förderstunden, in denen kunsttherapeutische Techniken eingesetzt werden, ist nicht die des Therapeuten, dem es auf das Aufdecken unbewusster Motive ankommt. Der Förderlehrer, der kunsttherapeutische Medien und Methoden einsetzt, wird mit Akzeptanz und Non-Direktivität die zum Ausdruck gekommenen Gefühle reflektieren, denn ihm kommt es primär darauf an, die Selbstwertschätzung des Kindes zu steigern.

Förderlehrkräfte sollten mit einfachen Techniken des Faches vertraut sein. Sie müssen keine besonders begabten Künstler, aber doch in den Techniken, die sie anregen und anwenden, fachlich ausgewiesen sein. Die Lehrkraft darf Vorschläge unterbreiten, um Prozesse der Kinder zu erleichtern. Letztlich ist es jedoch Sache der Kinder, von diesen Vorschlägen auch

Gebrauch zu machen. Sie zu bestimmten Aktivitäten zu zwingen, hätte zur Folge, dass sie sich nicht frei zum Ausdruck bringen würden. Zur Durchführung sollte eine konkurrenzfreie, kooperative, sozial förderliche Atmosphäre gewährleistet sein. Am Anfang sollte die Lehrkraft die Kinder darauf aufmerksam machen, dass es nicht darauf ankommt, Bilder von bekannten Künstlern oder von Freunden zu kopieren, sondern eigenen kreativen Ideen nachzugehen. Die Kinder sollen auch dazu angehalten werden, realistische Ziele zu wählen, die in Übereinstimmung mit ihren eher begrenzten technischen Möglichkeiten stehen. Andererseits wird den Kindern versichert, dass Fehler ausdrücklich erlaubt sind.

Die optimale Gruppengröße variiert zwischen zwei und zehn Kindern, d. h. dass eine reguläre Grundschulklasse für die Umsetzung pädagogisch-therapeutischer Verfahren zu groß ist, nicht dagegen eine Erziehungshilfe-Förderklasse.

Schließlich kommt es auch darauf an, die Kommunikation über den künstlerisch-therapeutischen Prozess zu steigern. Dazu verhelfen kleine oder größere Ausstellungen der Produkte der Kinder. Ausstellungen sind eine ausgezeichnete Möglichkeit, mit anderen, die an dem kreativen Prozess nicht beteiligt waren, ins Gespräch zu kommen. Natürlich stellt sich bei solchen Gelegenheiten auch Stolz über die eigene Arbeit ein, die wiederum das Selbstwertgefühl von verhaltensgestörten Kindern zu steigern in der Lage ist (Trusty & Oliva, 1994).

Spieltherapie. Förderpädagogische Unterstützung wird für Schüler notwendig, bei denen ein sonderpädagogischer Förderbedarf nachgewiesen worden ist. Soweit sich der Förderbedarf im Bereich des Lernens und Verhaltens bewegt, hat sich die Einrichtung von therapeutischen Spielgruppen bewährt (s. Goetze, 2002). Die Spielgruppen können dabei sowohl in primärer wie in sekundärer und tertiärer Hinsicht präventive Wirkungen entfalten. Spielgruppen an Grundschulen einzurichten, ist allerdings kein neues Konzept. Sie gehen vielmehr auf psychoanalytische Erfahrungsberichte von Slavson (1943) und Schiffer (1969) zurück. Bei Vorliegen der notwendigen Voraussetzungen bieten Spielgruppen in der Schule ein geradezu ideales soziales Lernfeld. Sie eröffnen jenen Kindern die Möglichkeit, sozial-emotional gefördert zu werden, die von anderen schulischen Maßnahmen kaum tangiert werden. Spielgruppen stellen zudem einen gesellschaftlichen Mikrokosmos dar, in welchem die Spielregeln der Gesellschaft gelernt werden können. Spielgruppen haben zudem den Vorteil, dass der (gut trainierte) Förderpädagoge sich sowohl um die Bedürfnisse des Einzelnen wie auch um die der Gruppe kümmert, so dass im Prinzip weder die individuellen noch die gruppenbezogenen Bedürfnisse zu kurz kommen.

In lerntheoretischer Sicht sind die Teilnehmer an einer Gruppe wechselseitige Verhaltensmodelle. In Gruppen wird naheliegenderweise Gruppenverhalten eingeübt, d. h. dass das Einzelkind in die Lage versetzt wird, bisher nicht gezeigte Verhaltensweisen in Bezug auf die Akzeptanz durch die Gruppe auszuprobieren, beizubehalten, fortzuentwickeln. Dies geschieht in einem relativ risiko- und angstfreien „Quasi-Realitäts"-Rahmen, der es andererseits auch zulässt, die im Spielraum vorhandene Realität auszutesten.

Bei Goetze (1980) wird von einem Versuch berichtet, bei dem das Verfahren der personenzentrierten Spielgruppenarbeit in einer vierten Lernbehindertenklasse angewendet worden ist. Der Bericht belegt, in welch starkem Ausmaß die einzelnen Kinder, aber auch die beteiligte Lehrerin von diesem Konzept profitierten; u. a. zeigten sich Effekte der Spielgruppenarbeit, in die die ganze Klasse eingebunden war, auch in einem produktiveren Unterrichtsverhalten der Klasse. White und Flynt (1999, S. 336 ff.) berichten von einem Erfahrungsbeispiel, wie Fördergruppen innerhalb eines Grundschulkontextes erfolgreich geführt worden sind.

Die therapeutischen Spielgruppen sind insgesamt eine angemessene Art für Kinder, soziale Erfahrungen zu machen bzw. soziale Korrekturen in ihrem Verhalten zu erlernen, sich emotionalen Herausforderungen zu stellen und zu wichtigen sozialen Einsichten zu finden. Der Einsatz therapeutischer Spielgruppen ist nach vorliegenden Erfahrungen eine der effektivsten Möglichkeiten, die dem Förderlehrer zur Verfügung stehen, signifikante persönliche Lernerfahrungen an risikobelastete Kinder zu vermitteln. Unterprivilegierte, in ihrem So-sein von der sozialen Umwelt missverstandene Kinder lernen hier eine schulische Instanz kennen, in der sie zunächst einmal als liebenswürdige, achtenswerte Personen akzeptiert werden; sie lernen darüber hinaus, dass es ihnen unter diesen nicht-bedrohlichen Bedingungen ermöglicht wird, bisher abgewehrte, nicht-bewusste oder nicht-zugängliche Bereiche ihres Wesens zunehmend mehr zuzulassen; schließlich lernen sie, selbsterhöhende und -erweiternde Erfahrungen zu integrieren.

Entspannungstherapie. Die inzwischen zahlreich vorliegenden Erfahrungen haben gezeigt, wie wichtig eine Miteinbeziehung von meditativen Übungen in den Unterricht ist, da unsere Schule eher über- als unterstimuliert ist und nur sehr wenig Zeit dafür aufbringt, Kinder zu beruhigen und sie auf die inneren Signale ihres Körpers hören zu lassen. Da alle Erziehung darauf abzielt, Selbstkontrolle zu erreichen und sich selbst von äußeren Einflüssen zu befreien, müsste Meditation bereits aus allgemeinpädagogischen Gründen in die schulische Erziehung Eingang finden. Bei der Umsetzung sind folgende Aspekte zu beachten:

- In der Praxis sollten kombinierte Entspannungsverfahren angewendet werden, die auf die Probleme der Schülerklientel zu zuschneiden sind, d.h. z. B., dass man geleitetes Traumerleben mit progressiver Muskelentspannung oder meditativen Übungen verbinden wird.
- Die Umsetzung dieser Verfahren im Unterricht setzt die Einbindung in ein passendes Unterrichtskonzept voraus. Ein „besonderer" Unterricht ist vermutlich die Basis, auf der diese Übungen erst fruchtbar werden können. Aus dem Moment heraus geborene Entspannungsübungen ohne die Einbindung in die tägliche Routine werden - wenn überhaupt - nur eher kurzfristige Beruhigungen bewirken.
- Der entscheidende Faktor bei der Einführung und Umsetzung dieser Verfahren scheint die Persönlichkeit der Lehrkraft zu sein: Nur wenn es ihr gelingt, meditative Einstellungen und Verhaltensweisen modellhaft vorzuleben, wird der erhoffte Effekt langfristig eintreten.

Über die mögliche Etablierung von Entspannungstrainings geben inzwischen zahlreiche Berichte Auskunft (z. B. Goetze & Kohrt, 1993).

9.7 Pädagogische Interventionen

9.7.1 Generelle präventive Maßnahmen

Der Aspekt der *Prävention von Verhaltensstörungen* richtet sich auf vor-, neben- und binnenschulische und damit auf sozialpädagogische Bereiche. Vom Standpunkt einer primären und sekundären Prävention gesehen, sollte mit sozialpädagogischen Mitteln möglichst frühzeitig eingegriffen werden, um Störungen durch Elternberatung, Eltern- und Nachbarschaftsarbeit frühzeitig aufzufangen. Im vorschulischen Bereich wäre es Aufgabe von staatlichen und nicht-staatlichen Einrichtungen, auf unterschiedlichen Ebenen für a) noch nicht belastete, b) risikobelastete und c) störungsbelastete Vorschulzielgruppen in dem Sinne präventiv tätig zu werden, dass positive Entwicklung gestärkt sowie Verhaltenssymptome vermieden, reduziert oder abgebaut werden. Allerdings sind hier auch Hürden zu überwinden, da entsprechende Angebote von den Elternzielgruppen nicht immer angenommen werden. Prävention kann unterschiedliche Formen annehmen, am häufigsten werden Kindergarten- oder Elterntrainings durchgeführt, z. B. das aus Australien stammende *Triple P-Programm* mit fünf hierarchisch aufeinander aufbauenden Stufen (Sanders, 1999), das Curriculum FAUSTLOS (Krannich, Sanders, Ratzke, Diepold & Cierpka, 1997) mit den Säulen Empathie, Impulskontrolle, Umgang mit Ärger, das von Shure und Spivack (1982) stammende und durch Lösel (2001) ins Deutsche übertragene Programm „*Ich kann Probleme lösen*" mit einem Schwerpunkt auf Problemlösefertigkeiten sowie das *Präventionsprogramm für Expansives Problemverhalten PEP* von Wolff-Metternich, Plück, Wieczorrek et al. (2002). Andere Programme und Initiativen älteren Ursprungs (z. B. das amerikanische Head Start-Programm) wären zu ergänzen. Allerdings zeigt sich, dass die Prävention von Verhaltensstörungen im Vorschulalter nur in Ansätzen und eher zufallsgebunden umgesetzt wird, obwohl Präventionsmaßnahmen aufgrund zunehmender Prävalenzen als dringend geboten erscheinen.

9.7.2 Schulische Förderung einschließlich integrativer Maßnahmen und nachschulischer Maßnahmen

Für den schulischen Rahmen sind zunächst pädagogische Interventionen als Unterrichtskonzepte gefragt, die die besondere pädagogische Situation von Schülern mit Verhaltensstörungen berücksichtigen. Sie unterscheiden sich darin, dass die Reizsituation der Lernumgebung in besonderer Weise gestaltet wird, operante Verhaltensmodifikations-Prinzipien systematisch angewendet werden, der Leistungsgedanke besonders betont wird, die gefühlsmäßige Auseinandersetzung mit der eigenen Person und der sozialen Umwelt systematisch vorangetrieben wird.

Zu diesen Unterrichtskonzepten gehören (alle aufgeführt in Goetze & Neukäter, 1989)
- das Strukturierungskonzept von Haring und Philipps (1962),
- das Strukturierungskonzept von Hewett (1968), Hewett & Forness (1974),
- das Strukturierungskonzept von Cruickshank (1961),
- das entwicklungstherapeutische Modell von Mary Wood,
- die kooperative Verhaltensmodifikation von Redlich und Schley (1978) und
- das strukturiert-schülerzentrierte Unterrichtsmodell von Neukäter und Goetze (1978).

Der Unterricht bei Schülern mit Verhaltensstörungen wird jedoch nur ausnahmsweise nach solchen anspruchsvolleren Unterrichtskonzepten durchgeführt werden können. Die Regel wird vielmehr sein, das curriculare Angebot und die verwendeten Unterrichtsmethoden auf die Situation hin anzupassen.

Ob und inwiefern den Schülern mit Verhaltensstörungen *ein besonderes Curriculum* bzw. eine besondere Didaktik angeboten werden sollte, wird in der Fachwelt strittig diskutiert. Soweit eine Verhaltensstörung nicht mit einer anderen Behinderung, z. B. einer Lernbehinderung, auftritt, wird der Schüler nach den Lehrplänen der allgemeinbildenden Schule unterrichtet. Es zeigt sich jedoch, dass die Zielsetzungen hier anders zu gewichten sind. Bei der Unterrichtung dieser Schüler geht es primär um

- das Erreichen von selbstkontrolliertem Verhalten,
- die Entwicklung eines positiven Selbstbildes, aber auch
- die Entwicklung eines altersgemäßen Leistungs- und Sozialverhaltens.

Da Schüler mit Verhaltensstörungen regelhaft auch ein gestörtes Sozialverhalten aufweisen, diskutiert man heute den vermehrten gezielten Einsatz von Verfahren zum sozialen Lernen. Die trainierten sozialen Fertigkeiten sollen es dem Schüler erlauben, in erfolgreiche soziale Interaktionen mit anderen einzutreten und als Gruppenmitglied angenommen zu werden. Dazu sind inzwischen Trainingsmaterialien erschienen, z. B. das aus dem Potsdamer Institut stammende Inventar zum sozial-emotionalen Lernen („Insel"; Goetze, 1997; 2003), das diese Ziele über direkte Verhaltensanweisungen, Brett-, Rollen- und Interaktionsspiele, Geschichten, Lieder, Traumreisen erreichen helfen soll. Methodisch wird man den Lernfortschritt dieser Schüler vergleichsweise deutlich zu überwachen haben, wozu in der Klasse aufgehängte Grafiken dienen können. Weiterhin werden Unterrichtsformen vermehrt zum Einsatz kommen, die soziales Kooperieren einschließen, z. B. Partnerlernen, Kleingruppenarbeit, Projektarbeit, tutorielles Lernen. Besonders bewährt hat sich der Einsatz von Verfahren der klassischen und kognitiven Verhaltensmodifikation. Dabei wird die Lernumgebung in einer Weise gestaltet, dass Störfaktoren möglichst ausgeschaltet und lernunterstützende Bedingungen systematisch eingeblendet werden. Unterstützend kann der Einsatz von (materiellen, tätigkeitsorientierten und sozialen) Verstärkern wirken, wenn sie in einen besonderen Schüler-Lehrer-Vertrag eingebunden sind, in welchem konkret ausgedrückt ist, für welche Leistung es welche Belohnung gibt. Mit Hilfe sog. Token-Systeme kann der Schüler im Laufe einer definierten Zeiteinheit, z. B. einer Unterrichtsstunde, Münzen als Symbolverstärker erwerben, die er am Ende einer Einheit gegen eine Endverstärkung eintauschen kann. Ziel aller Verhaltensmodifikation ist die Selbstkontrolle des Schülers, die sich mit Hilfe der Komponenten Selbstüberwachung, Selbstaufzeichnung, Selbstbewertung und Selbstverstärkung in einer Weise erreichen lässt, dass der normale Unterrichtsablauf relativ unabhängig davon und damit störungsfrei ablaufen kann.

Die integrierte Beschulung von Schülern mit Behinderungen wirft pädagogische, schulpolitische und forschungsmethodische Fragen auf, die erst sehr vorläufige, teilweise unbefriedigende, in jedem Falle jedoch weiter zu vertiefende Lösungen gefunden haben.

Die Integration von Verhaltensgestörten sieht noch unbefriedigend aus. Sie wird zwar auf allen Ebenen pädagogischen Reflektierens gewünscht und auch auf politischer Ebene eingefordert. Dem kollektiv getragenen Wunschprinzip, die Dinge von separierter in Richtung auf integrierte Beschulung zu ändern, steht jedoch ein gähnendes Vakuum empirischen Bedingungs- und Veränderungswissens gegenüber, das verantwortbares politisches und pädagogisches Handeln gegenwärtig eigentlich nicht zulässt. Vorhandene Literaturberichte ergeben ein eher ernüchterndes Bild:

- Das *Selbstkonzept* von verhaltensgestörten, leicht behinderten Kindern sieht unter Sonderschulbedingungen vergleichsweise besser aus als unter allgemeinen Schulbedingungen.
- Das Verhalten von Verhaltensgestörten in Integrationsklassen scheint sich in folgenden Kategorien von Regelschülern zu unterscheiden: Interaktion mit dem Lehrer, nicht-am-Arbeitsplatz-sein, nach dem Lehrer rufen und fehlendes unterrichtsbezogenes Verhalten. Erklärbar werden diese Verhaltensunterschiede aber erst durch ein auf Verhaltensgestörte hin modifiziertes Lehrerverhalten, das durch Inkonsistenzen, besondere Vorsicht, Kontrolle und Unsicherheit gekennzeichnet ist.
- Verhaltensgestörte sind in der Integrationsklasse sozial wenig beliebt, obwohl sie sich u. U. von nicht gestörten Klassenkameraden in ihrem Sozialverhalten nicht mehr unterscheiden. Verhaltensgestörte haben also in Integrationsklassen *mit starker sozialer Ablehnung* durch die Anderen zu rechnen. Wenn mehrere Schüler mit Verhaltensstörungen in einer Integrationsklasse vorhanden sind, scheinen sie zur Binnengruppenbildung zu neigen, was durch ihren Außenseiterstatus zu erklären ist. Verhaltensgestörte nehmen – im Sinne einer Reaktionsbildung – ihre Klassenkameraden ebenfalls negativ wahr.
- Von Verhaltensgestörten (mit Hyperaktivität) scheint eine *negative Modellwirkung* auf die soziale Umwelt (Lehrer und Mitschüler) auszugehen, die darauf wiederum mit Nichtbeachtung, Rückzug, negativer Zuwendung und soziometrischer Ablehnung zu reagieren tendiert.
- Hinsichtlich der *Lehrereinstellungen* ist nicht davon auszugehen, dass Lehrpersonen grundsätzlich positive Einstellungen hinsichtlich der Integration von Schülern mit Verhaltensstörungen und hinsichtlich der zu integrierenden Klientels, den Schülerinnen und Schülern mit Verhaltensstörungen, aufbringen. Zwar ist eine grundsätzliche Bereitschaft zur Integration verhaltensgestörter, leicht behinderter Kinder nachzuweisen, jedoch ist diese Bereitschaft an Vorbedingungen gebunden, die in der Praxis nicht einzulösen sind, so dass Integration schließlich eine starke Opposition bei den angesprochenen Lehrkräften auslösen kann.
- Die *Einstellung von Lehrkräften* zu Verhaltensstörungen scheint durchgängig negativ zu sein, da diese Zielgruppe sie physisch und emotional sehr stark beansprucht. Einstellungsänderungen scheinen nur schwer, auf dem Weg über die Lehrerausbildung, durchsetzbar zu sein, und dort auch nur unter erheblichem Energieaufwand.
- Hinsichtlich der *Lehrerkompetenz* ist nicht davon auszugehen, dass gut ausgebildete, erfahrene Lehrpersonen heterogen zusammengesetzte Integrationsklassen genauso kompetent leiten und unterrichten können wie homogen zusammengesetzte Regelklassen.

- Lehrkräfte an allgemeinen Schulen sind eher selten gute Integrationslehrer/innen, und wenn sie welche sind, fühlen sie sich kaum auf die besonderen Anforderungen und Belastungen durch Aus- und Fortbildung vorbereitet, sondern geradezu allein gelassen.
- Ein Regelinventar von Lehrerkompetenzen wird nicht ausreichen, den Integrationsunterricht mit Verhaltensgestörten erfolgreich bewältigen zu können. Lehreraufmerksamkeit und -zuwendung kommt verhaltensgestörten Schülern in besonderer Weise, allerdings wenig problemspezifisch zu. Ständig notwendig werdende Interventionen aufgrund der zu Tage tretenden Verhaltensstörungen werden also kaum aufgrund durchdachter Interventionskonzepte, eher spontan aus der Not des Augenblicks von den Lehrkräften eingesetzt. Eine besondere Kompetenz zum Umgang mit Verhaltensgestörten wird damit nicht sichtbar, scheint allerdings auch nicht besonders intensiv angestrebt zu werden.

Die hier stichwortartig zusammengetragenen Ergebnisse, v. a. aus dem angloamerikanischen Sprachraum, erweisen sich als eher ernüchternd und deprimierend, wenn sie den mit Emphase und Engagement vorgetragenen Argumenten von Integrationsvertretern gegenübergestellt werden.

Eine erfolgreiche Integration von Schülern mit Verhaltensstörungen hat vermutlich Voraussetzungen, die im gegenwärtigen, auf Leistungsauslese beruhenden Bildungssystem nur schwer einzulösen sind. Dazu gehören:

- Integrationsbemühungen sollten nicht von der Zufälligkeit der örtlich gegebenen Konstellation, sondern durch eine Systematik des Vorgehens, also eine auch nach außen hin darstellbare Schritt-für-Schritt-Abfolge geleitet sein. In die Systematik gehen einige der weiter unten genannten Leitlinien ein (Koordination, Kooperation).
- Integrative Bemühungen sollten eine kooperative Planung zwischen Vertretern beider Einrichtungen, der Regel- und der Förderschule, zur Grundlage haben. Kooperative Planung hat eine gemeinsame Sprache zur Voraussetzung.
- Aufnehmende Lehrkräfte der Allgemeinen Schule müssen über die besonderen Lernbedingungen, z. B. durch Unterrichtsmitschau, der abgebenden Einrichtung informiert sein.
- Lehrkräfte an Sondereinrichtungen müssen das möglicherweise vorhandene „Nischen-Bewusstsein" zugunsten eines systemischen Bewusstseins aufgeben und folglich Kompetenzen in der Systemanalyse erwerben, um andere Systeme zu erreichen; denn sie dienen als stellvertretende Advokaten ihrer Klientel, der Schüler mit Verhaltensstörungen.
- Lehrkräfte an Sondereinrichtungen mit Verhaltensgestörten müssen darüber (z. B. durch Unterrichtsbesuche) informiert sein, welche Erwartungen die Allgemeine Schule an das Verhalten und die Leistungsbereitschaft ihrer Schülerschaft stellt.
- Erfolgreiche Integration hat die Umsetzung erfolgswahrscheinlicher, systematisch umzusetzender Unterrichtskonzepte in der abgebenden Einrichtung zur Voraussetzung. „Train & Hope"-Ansätze gehören nicht dazu.
- Optimal ist ein Veränderungskonzept, das vom ganzen Kollegium einer Schule getragen wird. Einander widersprechende, jedoch simultan umgesetzte Konzepte an einer Einrichtung minimieren die Erfolgswahrscheinlichkeit bis zum Nullpunkt.

- Die Verhaltensfortschritte des Schülers sind laufend mit Hilfe geeigneter Methoden zu kontrollieren, um ggf. den eingeschlagenen Weg zu korrigieren. Ziel ist die Maximierung des interesse- und unterrichtsbezogenen Verhaltens.
- Methodisch und inhaltlich ist die Generalisierung des Gelernten voranzutreiben. Inhalte und Methoden, die nur für die besondere Lernsituation einer Sondereinrichtung Geltung beanspruchen, erleichtern kaum integrative Bemühungen.
- Ein besonderes Gewicht ist auf das Lernziel „Selbstverantwortung" zu setzen, denn der Schüler soll Kontrolle über sein eigenes künftiges Lernen erwerben. In diesem Zusammenhang sind Probleme des negativen Selbstkonzeptes, des mangelnden Dazugehörigkeitsgefühls und vorangegangener, jahrelanger Versagenserlebnisse zu berücksichtigen. Das Lernziel „Selbstverantwortung" betrifft Aspekte wie Selbstkontrolle, Selbstüberwachung, Aspekte kognitiven Problemlösens, Aggressionskontrolle, Erziehung zur eigenen Wertefindung.
- Da sich Verhaltensstörungen regelmäßig auch als soziale Störungen äußern, ist ein weiterer besonderer Akzent auf die Vermittlung von sozialer Kompetenz zu setzen. Dazu gehören Aspekte der elementaren und kompensatorischen Sozialerziehung. Ein konkretes Ziel wird es sein, jene Skills zu vermitteln, die soziales Überleben in der Integrationsklasse ermöglichen.

Die vorliegenden Ergebnisse zu notwendigen Voraussetzungen der Integration Verhaltensgestörter bieten insgesamt keinen Anlass zur Euphorie. Trotzdem erscheint das Vorhaben, die so schwer belastete Zielgruppe der Schüler mit Verhaltensstörungen integrativ zu beschulen, nicht aussichtslos zu sein, wenn bestimmte Bedingungen eingehalten werden. Man kommt zwangsläufig zu dem Gesamteindruck, dass die schulische Integration dieser Zielgruppe extremer Kraftanstrengungen bedarf. Die Bildungspolitik ist deshalb aufgerufen, diese schwierigste aller Integrationsaufgaben materiell und personell glaubwürdig zu unterstützen. Bleibt fundierte Hilfe aus und wird Integration allein dem Engagement einzelner Lehrkräfte überlassen, werden auf Seiten der Lehrkräfte „Burnouts", auf Seiten der Schülerschaft „Dropouts" die zwangsläufige Folge sein.

In nachschulischer, berufsvorbereitender Sicht erweist sich das duale Ausbildungssystem für die Gruppe verhaltensgestörter Jugendlicher häufig als nicht adäquat, bringen diese Jugendlichen doch zu geringe Voraussetzungen für einen erfolgreichen Start ins Berufsleben mit dem notwendig werdenden Wechsel in unbekannte Kontexte mit andersartigen Personbezügen, mit neuen und ungewohnten Anforderungen an die persönliche Zuverlässigkeit ein, wobei sich ein Defizit an sozialen Skills und in der Beherrschung von basalen Kulturtechniken besonders hinderlich auswirken. Wird hier nicht rechtzeitig eingegriffen, sind abweichende Karrieren in die Dauerarbeitslosigkeit, in ein delinquenzartiges Milieu mit Drogenabusus und Straffälligkeit, psychiatrischer Auffälligkeit und gebrochenen Lebensläufen vorgezeichnet. Die gegenwärtig umgesetzten Maßnahmen kommen mit der Massivität der Probleme nur wenig in Deckung. Dazu zählen Berufsvorbereitungen, Betriebspraktika, Berufsberatungen, berufsbefähigende Lehrgänge und Berufsfördermaßnahmen. Prinzipiell können sämtliche Maßnahmen umgesetzt werden, die auch für Jugendliche mit ausgeprägten Lernbehinderungen gelten, wobei Ausnahmeregelungen, z. B. für delinquente und drogenabhängige Jugendliche, greifen können.

9.8 Textfragen zur Verständniskontrolle

1. Wie unterscheiden sich Gruppen- und Einzelfallforschung, welche sind die prinzipiellen Unterschiede?
2. Welchen Stellenwert haben Hermeneutik und Heuristik?
3. Vergleichen Sie die beiden im Text angebotenen Definitionen.
4. Welche beiden Dimensionen sind bei empirischen Klassifikationen von Verhaltensstörungen immer wieder herausgefunden worden? Welche Faktoren zweiter Ordnung gibt es darüber hinaus?
5. Welchen Problemen würden Sie begegnen, wenn Sie die Verbreitung von Verhaltensstörungen bei Flensburger Grundschulkindern erheben wollten?
6. Benennen Sie förderdiagnostische Methoden, die auch in der Grundschule anwendbar wären.
7. Kennzeichnen Sie eine Verhaltensdiagnostik am Beispiel aggressiven Verhaltens.
8. Können Verhaltensstörungen vererbt werden? Begründen Sie Ihre Ansicht.
9. Welchen Einfluss können Nachbarschaft, Peer-Gruppe, Medien, Internet, die Familie und die Schule auf die Entwicklung von Verhaltensstörungen haben?
10. Welche pädagogisch-therapeutischen Interventionen können zum Einsatz kommen?
11. Wie lässt sich der Einsatz kunsttherapeutischer Maßnahmen legitimieren?
12. Warum sollte man in der Schule eine Spielgruppenarbeit durchführen?
13. Welche Vorteile hätten Entspannungstrainings?
14. Was ist bei der gemeinsamen Beschulung zu beachten?
15. Welche Probleme stellen sich bei der beruflichen Vorbereitung?

9.9 Literatur

Bach, H., Knöbel, R., Arenz-Morch, A. & Rosner, A. (1986). *Verhaltensauffälligkeiten in der Schule. Statistik, Hintergründe, Folgerungen* (2. Aufl.). Berlin: Marhold.

Benton, A.L. (1972). *Benton-Test*. Deutsche Bearbeitung von O. Spreen. Bern: Huber.

Bower, E.M. (1981). *Early identification of emotionally handicapped children in school.* Springfield (Ill.): Charles C. Thomas.

Brem-Gräser, L. (1980): *Familie in Tieren – Die Familiensituation im Spiegel der Kinderzeichnungen* (4. Aufl.). München: Reinhardt.

Dehmet, P., Kuhnert, W. & Zinn, A. (1975). *Diagnostischer Elternfragebogen DEF*. Weinheim: Beltz.

Deutsche Arbeitsgruppe Child Behavior Checklist (1993). *Lehrerfragebogen über das Verhalten von Kindern und Jugendlichen; deutsche Bearbeitung der Teacher's Report Form der Child Behavior Checklist (TRF)*. (Einführung und Handauswertung, bearbeitet von M. Döpfner & P. Melchers. Köln: Arbeitsgruppe Kinder-, Jugend- und Familiendiagnostik / KJFD).

Deutsche Arbeitsgruppe Child Behavior Checklist (1998). *Elternfragebogen über das Verhalten von Kindern und Jugendlichen; deutsche Bearbeitung der Child Behavior Checklist (CBCL/4-18)*. (Einführung und Handauswertung, mit deutschen Normen, bearbeitet von M. Döpfner, J. Plück, S. Bölte, K. Lenz, P. Melchers & K. Heim. Köln: Arbeitsgruppe Kinder-, Jugend- und Familiendiagnostik /KJFD), (2. Aufl.).

Deutscher Bildungsrat (1973). *Empfehlungen der Bildungskommission. Zur pädagogischen Förderung behinderter und von Behinderung bedrohter Kinder und Jugendlicher*. Stuttgart: Klett.

Dilling, H., Mombour, W. & Schmidt, M.H. (2004). *Internationale Klassifikation psychischer Störungen: Klinisch-diagnostische Leitlinien*. Bern: Huber.

Döpfner, M, Lehmkuhl, G, Petermann, F. & Scheithauer, H. (2000). Diagnostik psychischer Störungen. In F. Petermann (Hrsg.), *Lehrbuch der Klinischen Kinderpsychologie und -psychotherapie* (S. 95-130) (4. Aufl.). Göttingen: Hogrefe.

Esser, G., Schmidt, M.H. & Wörner, W. (1990). Epidemiology and course of psychiatric disorders in school-age children: Results of a longitudinal study. *Journal of Child Psychology and Psychiatry and Allied Disciplines, 31*, 100-116.

Goetze, H. (Hrsg.) (1980). *Personenzentrierte Spieltherapie*. Göttingen: Hogrefe.

Goetze, H. (1997). Das Inventar zum sozial-emotionalen Lernen („Insel") – Begründungszusammenhänge, Aufbau und Erprobung. *Heilpädagogische Forschung, XXIII*, 33-43.

Goetze, H. (2001). *Grundriß der Verhaltensgestörtenpädagogik*. Berlin: Spiess.

Goetze, H. (2002). *Handbuch der personenzentrierten Spieltherapie*. Göttingen: Hogrefe.

Goetze, H. (2003). *INSULA – Inventar zum sozialen und lebensnahen Lernen für Ältere*. Potsdamer Studientext. Potsdam: Universität.

Goetze, H. & Julius, H. (2001). Psychische Auffälligkeiten von Kindern in den neuen Bundesländern am Beispiel der Uckermark. *Heilpädagogische Forschung, XXVII*, 15-22.

Goetze, H. & Kohrt, H. (1993). Entspannungsverfahren im Unterricht – Erfahrungen mit einer Förderklasse. *Die Sonderschule, 38*, 111-117.

Goetze, H. & Neukäter, H. (Hrsg.) (1989). *Handbuch der Sonderpädagogik. Bd. 6. Pädagogik bei Verhaltensstörungen*. Berlin: Spiess.

Hewett, F. & Forness, S.R. (1974). *Education of exceptional learners*. Boston: Allyn & Bacon.

Hillers, F. (1980). *Diagnosticum für Cerebralschädigung DCS*. Bern: Huber.

Julius, H. & Goetze, H. (1998). *Resilienzförderung bei Risikokindern: Ein Trainingsprogramm zur Veränderung maladaptiver Attributionsmuster*. Potsdam: Institut für Sonderpädagogik der Universität Potsdam (Studientext).

Julius, H., Schlosser, R.W. & Goetze, H. (2000). *Kontrollierte Einzelfallstudien. Eine Alternative für die sonderpädagogische und klinische Forschung*. Göttingen: Hogrefe.

Kauffman, J.M. (1989). *Characteristics of behavior disorders of children and youth*. Columbus: Merrill.

Kauffman, J.M. (1993). *Characteristics of emotional and behavioral disorders of children and youth* (5. Aufl.). Columbus: Merrill.

Klicpera, C. & Innerhofer, P. (1999). *Die Welt des frühkindlichen Autismus* (2. Aufl.). München: Reinhardt.

Kramer, E. (1978). *Kunst als Therapie mit Kindern*. München: Reinhardt.

Krannich, S., Sanders, M., Ratzke, K., Diepold, B. & Cierpka, M. (1997). FAUSTLOS – Ein Curriculum zur Förderung sozialer Kompetenzen und zur Prävention von aggressivem und gewaltbereitem Verhalten bei Kindern. *Praxis der Kinderpsychologie und Kinderpsychiatrie, 3*, 236-247.

Langfeldt, H.-P. (1998). *Behinderte Kinder im Urteil ihrer Lehrkräfte*. Heidelberg: Winter.

Lösel, F. (2001). *2. Zwischenbericht aus dem Forschungsprojekt „Förderung von Erziehungskompetenzen und sozialen Fertigkeiten in Familien: Eine kombinierte Präventions- und Entwicklungsstudie zu Störungen des Sozialverhaltens"*. Universität Erlangen-Nürnberg: Institut für Psychologie.

Moog, W. & Nowacki, G. (1993). Diagnostische Fallarbeit im Rahmen des Sonderschulaufnahmeverfahrens – Eine Umfrage an Schulen für Lernbehinderte. *Sonderpädagogik, 23*, 16-24.

Murray, H. A. (1943). *Thematischer Apperzeptionstest (TAT)*. Cambridge (MA): Harvard University Press.

Myschker, N. (1993). *Verhaltensstörungen bei Kindern und Jugendlichen*. Stuttgart: Kohlhammer.

Neukäter, H. & David, D. (1996). Rechenleistungen von Schülern mit und ohne Verhaltensstörungen. *Sonderpädagogik, 26*, 154-159.

Opp, G. (1993). Verhaltensgestörtenpädagogik in den Vereinigten Staaten. *Sonderpädagogik, 23*, 60-78.

Remschmidt, H. & Walter, R. (1990). *Psychische Auffälligkeiten bei Schulkindern*. Göttingen: Hogrefe.

Rolus-Borgward, S. (1997). Schulleistungen von Kindern und Jugendlichen mit Verhaltensstörungen – eine Literaturanalyse. *Sonderpädagogik, 27,* 194-201.

Rorschach, H. (1962). *Rorschach-Test* (8. Aufl.). Bern: Huber.

Rózsa, J. & Langfeldt, H.-P. (1998). Welche Fördermaßnahmen empfehlen Sonderschullehrerinnen und -lehrer in ihren Gutachten? *Sonderpädagogik, 28,* 194-205.

v. Salisch, M. (2007). Welchen Einfluss haben Peers auf Verhaltensauffälligkeiten im Kindes- und Jugendalter? In B. Gasteiger-Klicpera, H. Julius & C. Klicpera (Hrsg.), *Handbuch Sonderpädagogik. Förderschwerpunkt soziale und emotionale Entwicklung.* Göttingen: Hogrefe (i.Dr.).

Sander, A. (1973). Untersuchungen zur Häufigkeit der sonderschulbedürftigen Behinderten. In J. Muth (Hrsg.), *Sonderpädagogik 1* (S. 16-28). Stuttgart: Klett.

Sanders, M. R. (1999). The Triple P – Positive Parenting Program: Towards an empirically validated multi-level parenting and family support strategy for the prevention and treatment of child behavior and emotional problems. *Child and Family Psychology Review, 2,* 71-90.

Saß, H., Wittchen, H.-U. & Zaudig, M. (2003). *Diagnostisches und Statistisches Manual Psychischer Störungen – Textrevision – (DSM-IV-TR).* Göttingen: Hogrefe.

Schiffer, M. (1969). *The therapeutic play group.* New York: Grune and Stratton. (Dt.: *Die therapeutische Spielgruppe.* Stuttgart: Hippokrates, 1971).

Schlange, H., Stein, B., von Boetticher, I. & Taneli, S. (1972). *Göttinger Formreproduktions-Test (GFT).* Göttingen: Hogrefe.

Shure, M. B. & Spivack, G. (1982). Interpersonal problem solving in young children. A cognitive approach to prevention. *American Journal of Community Psychology, 10,* 314-356.

Slavson, S.R. (1943). *An introduction to group therapy.* New York: The Commonwealth Fund and Harvard University Press (Dt.: *Einführung in die Gruppentherapie von Kindern und Jugendlichen.* Göttingen: Vandenhoeck & Ruprecht, 1956).

v. Staabs, G. (1971). *Der Scenotest.* Bern: Huber.

Thalmann, H.-C. (1971). *Verhaltensstörungen bei Kindern im Grundschulalter.* Stuttgart: Kohlhammer.

Trusty, J. & Oliva, G. (1994). The effects of arts and music education on students' self concepts. *Update: Applications of Research in Music Education, 13,* 23-28.

Vernooij, M. (1994). Das Sonderpädagogische Förderzentrum – eine neue Möglichkeit der institutionalisierten Hilfe für Schüler mit Verhaltensauffälligkeiten? In H. Goetze (Hrsg.), *Pädagogik bei Verhaltensstörungen: Innovationen* (S. 41-57). Bad Heilbrunn: Klinkhardt.

Wagner, H. (1981). *Hamburger Verhaltensbeurteilungsliste HAVEL.* Göttingen: Hogrefe.

White, J. & Flynt, M. (1999). Play groups in elementary school. In D.S. Sweeney & L.E. Homeyer (Eds.), *The handbook of group therapy* (pp. 336-358). San Francisco: Jossey-Bass.

Wolff-Metternich, T., Plück, J., Wieczorrek, E., Freund-Braier, I., Hautmann, C., Brix, G. & Döpfner, M. (2002). PEP – Ein Präventionsprogramm für drei- bis sechsjährige Kinder mit expansivem Problemverhalten. *Kindheit und Entwicklung, 11,* 98-106.

World Health Organization (1980). *International Classification of Impairment, Disabilities, and Handicaps.* Genf.

World Health Organization (2001). *ICF – International Classification of Functioning.* Genf.

Sachregister

A

Ablesen 89
aktiver Lernprozess 160
Akzeleration 174, 176
allgemeine Intelligenz 151–152, 159
Allgemeine Pädagogik 1, 4
Alltagspraktische Fertigkeiten 68–69
Anlage-Umwelt-Beziehungen 164
Aphasie 262, 280–281, 287
Artikulation 92
Assistenzbedarf 113
Audiogramm 82
Audiometrie 82
Aufgaben der Frühförderung 201
Aufgabenengagement 155
Auftrag der Sonderschule für Körperbehinderte 203
aurale Methode 94
Aussprache 262, 265, 272–273, 279–280, 285
Auswirkungen der Körperbehinderung 191

B

Basale Aktivierung 134
Basale Kommunikation 134
Basale Stimulation 134
Beeinträchtigung 11
Begabungsentwicklung 169–170
Behinderung 8–14
Behinderungserfahrungen 111
Beleuchtung 69–70
Benachteiligung 11
Berufsvorbereitungsjahr 213
Bewegungsförderung 207
Bildungsferne 228
Bildungsrecht 127
bilinguale Erziehung 100
Blinden- und Sehbehindertenpädagogik 60
Blindenpunktschreibmaschinen 68
Blindenpunktschrift 66–67
Blindheit 39–41, 44, 46–48
Braille 46

C

Child Behavior Checklist (CBCL) 302, 316
Cochlea-Implantat (CI) 77
Computerunterstützter Unterricht 242
Coping-Strategie 125

D

Definitionen 189
Delinquenz 313
deutsche Methode 90
Diagnostik 8, 10, 12, 14–15, 17–19, 58, 231, 260, 264, 282–284, 286–287, 316
  medizinische 197
diagnostischer Prozess 282–284, 286–287
diagnostisches Mosaik 119
Didaktik 130
  des Unterrichts 206
Dimensionale Klassifikationen 302
direkte Instruktion 240
Dysarthrie 280–281
Dysglossie 280
Dysphagie 279, 281

E

Effektivität 172
Effizienz 172
Einzelfallforschung
  kontrollierte 298
elterlicher Erziehungsstil 312
Empfehlungen der KMK zur Sonderpädagogik 202
Enrichment 174
Entspannungstherapie 322
Entwicklung
  sprachliche 286

Erscheinungsformen der Körperbehinderung 191
Ertaubung 80
Erziehung
   bilinguale 100
   kompensatorische 21–23
   zur Selbständigkeit 213
Evaluation 233, 237, 242, 245–246
Experiment 298
Expertise 153
Expertiseforschung 158, 161
Explorationsgespräch 316

F
Familie 311
Fehlernährung 306
Fernsehen 310
Fingeralphabet 88
flüssige Intelligenz 153
Förderbedarf 17, 28, 31, 187, 220, 223, 226–228, 231–232, 234, 242, 244
Förderpläne 207
Förderschwerpunkt 10, 248
   körperliche und motorische Entwicklung 185
Formen des Modellierens 288–289
französische Methode 90
Früherkennung 125
Früherziehung 81
Frühförderung 21–22, 94, 125, 234–236
   Aufgaben 201
Funktionaldiagnostik 319
funktionales Sehen 56–58
Funktionstest 318

G
Ganztagesschule 203
Gebärdensprache 78
Gedächtnis 152, 157–158, 165
Geistige Behinderung 111
Gemeinsamer Unterricht 128
   in Regelschulen 205
Gemeinsames Lernen 136
Geschichte 186
Geschlechtsunterschiede 166

Gesichtsfeld 41, 43, 45, 48–49, 52, 56–57
Gesichtsfeldverlust 50
Gestalttherapie 136
gestörtes Sozialverhalten 324
Gesundheit 13
g-Faktor 151, 153
Grammatik 262, 265, 271–272, 288
Grundrechte 310
Grundschullehrer 221

H
Habituation 165
Hausunterricht 205
Heim- und Internatsschule 204
Heterogenität 129, 168
Heterogenitäts-Homogenitäts-Problem 31
Hilfsmittel 39
   sehbehindertenspezifisch 46
   vergrößernd 70
Hilfsprodukte 43
Hirnschäden
   komplexe 53
Hochbegabung 149–151, 177, 188
Hören 277
Hörgerät 84
hörgerichtete Methode 94
Hörgeschädigtenschule 102
Hörgrad 83
Hörorgan 79
Hörreste 94
Hörstörung 266, 277
Hörverlust 83

I
ICF 13, 42–44, 48, 60, 190–191, 233
Individualisierung 175
Inklusion 33, 60
inklusive Pädagogik 128
Innenohr 80
Integration 8, 11–12, 16–17, 29–33, 127, 220–222, 231, 236, 242, 244, 247
Intelligenz 113
   allgemeine 152, 159
   flüssige 153
   kristallisierte 153

Intelligenzquotient 150, 162
Intelligenztest 317
International Classification of Functioning and Disability and Health (ICF) 190
Internationale Klassifikation der Funktionsfähigkeit, Behinderung und Gesundheit 42
Internatsschule 204
Intervention 8, 14, 20, 24–25, 27, 220–221, 225, 234–236, 248

K
Kategoriale Klassifikation 303
Kategorisierung 10
Klassifikationen 12, 189
KMK-Empfehlung von 1998 187
kognitionspsychologisches Intelligenzmodell 157
kognitive Verhaltensmodifikation 324
kognitive Verhaltenstherapie 136
Kommunikation 260–264, 267, 278, 284, 289
kompensatorische Erziehung 21–23
komplexe Hirnschäden 53
kontrollierte Einzelfallforschung 298
Kooperation 127
Körperbehinderung
   Auswirkungen 191
   Erscheinungsformen 191
   Ursachen 191
Krankenhausunterricht 205
kristallisierte Intelligenz 153
Kultusministerkonferenz 223
Kunsttherapie 320

L
Lautsprachbegleitende Gebärden (LBG) 94, 96
Lautsprache 78
learning disabilities 219, 224, 246
lebenspraktische Kompetenzen 123
Leistungsmotivation 225
Lernaktivität 227
Lernbehinderung 219–220, 226
Lernprozess 222
Lernschwierigkeit 220, 226, 238
Lernstörung 230

Lernumwelt 166, 168
Lexikon 265, 269–271
Lippen-Kiefer-Gaumen-Segel-Fehlbildungen (LKGSF) 279–281
LKGSF 279

M
Mailänder Kongress 90
Massenmedien 310
Medizinische Diagnostik 197
mehrfachbehinderte sehgeschädigte Kinder und Jugendliche 64–65
Mehrfachbehinderung 47, 68, 188
Mehrsprachigkeit 277, 286
Metakognition 222, 224, 229
Metasprache 275–276
metasprachliche 276
Methode
   aurale 94
   deutsche 90
   französische 90
   hörgerichtet 94
   orale 89
Methodik des Unterrichts 206
minimale Hirndysfunktionen (MCD) 306
Mittelohr 80
Mobilität 68–69
Mutismus 278, 281

N
nachschulische Lebenssituation 211
Neugeborenenhörscreening 78

O
orale Methode 89
Orientierung 68–69
orofaziale Störung 279

P
Pädagogik
   Allgemeine 1, 4
Pädagogik bei Schwerstbehinderung 185
pädagogisch-psychologische Abklärung 197
Persönliche Assistenz 131
Persönliche Zukunftsplanung 131
Persönlichkeitsentwicklung 122, 169

Phonembestimmtes Manualsystem (PMS) 93
Phonetik 89
physiologisches Sehen 41
PISA-Studie 234
Poltern 278, 281
Pragmatik 261–262, 265, 267, 269
Prä-Therapie 135
Prävention 8, 21–25, 200, 234–235, 248, 323
Primärfaktoren 152
Problemlösestrategie 228
psychomotorisch orientierte Sprach- und Kommunikationsförderung 286
Punktschrift 42
Punktschriftleser 62
Punktschrifttext 71

Q

Qualitätssicherung 245

R

Rehabilitationsziele für junge Körperbehinderte 208
Rehistorisierung 119
Resilienz 25
Resilienzforschung 312
Risiko- und Schutzfaktoren 19, 25–26
Risikofaktoren 25

S

Schalltransport 80
Schluckstörung 279, 281
Schriftsprache 262, 265, 276
Schriftspracherwerb 266, 275–277
Schule für Körperbehinderte 186
Schulleistungstest 317
Schulpädagogik für Körperbehinderte 206
Schulprogramme 245
Schulversagen 314
Schutz- und Risikofaktoren 19, 25–26
Schutzfaktoren 25
Schwermehrfachbehinderung 111
Schwerstbehinderte 188
sehbehindertenspezifische Hilfsmittel 46
Sehbehinderung 40–41, 44, 46–48

Sehen
    funktionales 56–58
    physiologisches 41
Sehgeschädigtenpädagogik 61
Sehschärfe 43, 48, 57
Selbstkontrolle 324
Semantik 265, 269–270
semantisch-lexikalische Störung 262
Sensorische Integration 135
Separation 127
Simulationsbild 45
Sonderpädagogischer Förderbedarf 185
Sonderschule für Körperbehinderte
    Auftrag 203
soziale Anpassung 114
soziale Integration 122
Sozialgesetzbuch 9
Spieltherapie 321
Sprach- und Kommunikationsförderung 277, 284–287
Sprachdiagnostik 262
Sprache 261–262, 264–265, 267–268, 272–273, 275–276
Sprachentwicklung 260, 265–266, 271, 275, 277, 279, 282, 285
Sprachentwicklungsstörung 95, 260, 265–267, 271, 273, 281, 284–285
Spracherwerb 259, 265–266, 271, 276, 281, 289
Sprachförderung 277, 284
Sprachheilpädagogik 259–263, 267, 281
Sprachstörung 259–260, 262–265, 272–273, 276–278, 280–282, 284–287, 289
Sprachtherapie 259, 262, 267, 282, 284–285, 287–289
Sprechapraxie 280–281
Sprechflüssigkeit 262, 274–275
Sprechunflüssigkeit 274–275, 288
Stimme 279
Stimmstörung 277, 280–282, 290
Stottern 262, 274–275, 278, 281, 290
Strategie 220–222, 224–225, 227, 229, 237, 242, 248
Subkultur 309
Subsidiaritätsprinzip 2

T

Taubstummenbildung 88
Teacher Report Form 316
Theorie 5–7, 15, 17
Theorie-Empirie-Praxis 246
Token-System 324
Trainingsmethode 248
Triple P-Programm 323

U

Überspringen 174, 176
Unterricht 14, 25–26, 28
Unterrichtsentwicklung 175
Unterrichtsmethoden 28
Unterrichtsprinzip 238
Unterstützte Kommunikation 135, 278, 284, 289
Ursachen der Körperbehinderung 191

V

vergrößernde Hilfsmittel 70
Verhaltensbeobachtung 319
Verhaltensgestörtenpädagogik 299
Verstärker 324
Verstärkungsfalle 312
Verstehende Diagnostik 119
Vertrag 324
visuelle Wahrnehmung 41
Visus 40–41, 54
Vulnerabilität 25

W

Wahrnehmung 64, 152, 165
    visuelle 41
Wahrnehmungsförderung 65
Wissenschaft 4, 7
World Health Organisation (WHO) 42

Z

Zentral-auditive Verarbeitungs- und Wahrnehmungsstörung (ZAVWS) 80
Zugang zur Lebenswelt 209
Zweifaktorenmodell 153
Zweifaktorentheorie 153

Personenregister

A
AAMR 114–115
Ahrbeck 58
Ainscow 129
Alich 92
American Association on Mental Retardation (AAMR) 114
Amlang 136
Amman 89, 92
Antener 284
Antor 2, 127, 186
Arbeitsgruppe Deutsche Child Behavior Checklist 302
Arbeitsgruppe IDEAL e. V. 133
Arnold 233
Avenarius 245
Axmann 80
Ayres 135

B
Bach 11, 304
BAGH 199
Bahr 278
Baier 149
Balgo 226
Bardeleben 247
Barth 227, 231, 247
Bauersfeld 28
Bauman-Wängler 273, 280, 282, 290
Baumert 87
Baumgartner 259, 261–262, 275, 285, 288, 290
Becker 3, 273
Beerman 166
Behindertenbericht 32, 187, 210
Behindertengleichstellungsgesetz 98
Bellugi 98
Belschner 285
Benbow 174
Benkmann 10
Benton 318
Bergeest 186
Berger 120
Besems 136
Besems-van Vugt 136
Beukelman 284
Beushausen 277, 281
Biemann 78, 81
Biermann 4, 219, 281
Bigenzahn 279
Bintinger 130
Birx 167
Bischoff 98, 101
Bleidick 3, 5–6, 9, 58, 113, 127, 186, 238
Bless 7, 30, 243
Bloom 160
Boban 121, 128–129
Bobath 202
Boenisch 206, 289
Bonet 88
Booth 129
Borchert 7, 18, 28–29, 31, 130, 133, 135–136, 149, 221, 225, 240
Borgwarth 44
Borkowski 158, 229
Bos 220–221
Bower 300
Boyes Braem 98
Braille 66
Brambring 59
Brandstädter 237
Braun 84, 93–94, 96, 259, 261, 264–265, 269, 281, 290
Breitenbach 18, 220
Breitinger 134
Brem-Gräser 318
Bronfenbrenner 22–24, 236

Brönnecke 207
Brown 157–158
Bruner 261
Brunstein 223, 236, 248
Brunsting 222
Buber 122
Buhren 245
Bundesvereinigung Lebenshilfe e.V. 126
Bungart 199
Burgard 227
Bußmann 261–262
Büttner 220, 222, 226, 228

C

Campione 157–158
Caplan 234
Carlson 246
Cattell 153
Charness 158–159, 161
Cierpka 323
Clahsen 95, 271
Clerc 90
Coblenzer 290
Coulter 115
Crämer 276–277
Cruickshank 323
Crystal 269, 271, 282

D

Dannenbauer 266–267, 269, 271–272, 280, 285, 288–289
Daut 206
David 317
Davidson 166
DBSV 41
Degenhardt 44, 61, 66, 71
Dehmet 317
Denk 279
Denninghaus 62
Deutscher Bildungsrat 11, 205, 298
Deutsches PISA-Konsortium 234
Diepold 323
Dieter 132
Diller 86, 94, 101
Dilling 14, 303

DIMDI 13, 191
Ding 86
Dinges 241–242
Dobslaw 63
Donath 94
Doose 131–132
Döpfner 317–318
Drave 187, 198, 201–202
Drew 1
Duismann 247

E

Eckmann 186
Eco 102
Edmond-Rosenberg 246
Egan 1
Eggert 112, 286
Eichling 227
Einsiedler 18
Emrich 131
Ericsson 158–159, 161
Esser 246, 304
Eysholdt 277

F

Faber 59
Fels 150, 164, 174
Ferrara 158
Feuser 112, 120, 128–130
Filipp 287
Fingerle 25
Fischer 130, 134
Flynt 322
Fornefeld 113–114, 117–118, 125–127
Forness 323
Freeman 177
Frerichs 80, 94
Freund 136
Freytag 25
Friedburg 51
Friederici 101
Fröhlich 65, 113, 134, 136, 188
Fromm 40
Frühauf 128
Füssenich 264, 267–270, 276, 288

G

Gagné 157
Gardner 153, 155, 158, 161, 163
Gast 94
Gasteiger-Klicpera 135
Gehrmann 33
Gerrig 225
Gipper 269
Glaser 223
Glück 269
Gnerlich 100
Godenzi 4
Goetze 4, 219, 234, 281, 298, 301, 305, 312, 319, 321–324
Goffman 131
Goldbach 128
Goll 111
Graser 86
Grehn 48–52, 54
Grein 70
Greisbach 220, 242
Grice 268
Grieder 98
Grimm 266
Gromann 131
Gröne 280
Große 82, 102–104
Gruber 158
Grünke 219, 224, 227, 236, 247–248
Günther 81, 86–88, 98–100, 102

H

Haeberlin 2, 7
Haffner 289
Hagberg 117
Hallahan 21
Hamburger Arbeitsassistenz 132
Hansen 186, 235, 260, 267, 274–275, 283–284, 286–290
Hany 151, 174–175
Hardman 1
Haring 323
Hartke 24, 28–31, 240–241
Hartmann 51
Hase 78

Haug 277, 281
Haupt 122, 186, 188, 278, 282
Häußler 131
Havemann 133
Hedderich 186
Heeg 78
Heidingsfelder 65
Heidtmann 260, 264, 267, 274, 283–284, 286–289
Heinicke 89–90
Heller 64, 149–152, 155–157, 166, 172, 174–175
Hennies 94, 100
Henning 100
Henriksen 54, 56–58
Herbst-Rietschel 279
Hermelin 162
Hetzner 122
Hewett 323
Hiller 223
Hillers 318
Hintermair 102
Hintz 236
Hinz 119, 121, 128–129
Hoffmann 63, 133
Hofmann 17
Hohmeier 132
Holling 174–176
Hölscher 133
Holtz 114
Horsch 98, 101–102, 277
Howe 166–168
Hoyningen-Süess 149–150
Hundertmarck 126
Hyvärinen 44, 54–55, 57

I

Innerhofer 307
Iven 274–275, 287–290

J

Jansen 186
Jantzen 5, 111, 119–120, 128
Jensen 158
Johannknecht 286

Jost 150
Julius 235, 298, 305, 312

K

Kallenbach 191
Kammann 128
Kanter 223–224, 227–228, 232, 244
Kaplan 126
Kauffman 21, 309–310, 314–315
Kaufmann 96, 99
Kauschke 270, 272
Kautter 116
Keller 77, 177
Kern 59
Kiedrowski 101
Kiphard 198
Klauer 4, 220, 222–224, 228–229, 233, 248
Klauß 127
Klein 116, 234
Klicpera 135, 307
Klieme 87
Klima 98
Klingl 93
KMK (Kultusministerkonferenz) 1, 9, 17, 32, 42, 60, 65, 68–69, 127, 134, 187–188, 198, 223
Knebel 274, 289
Knura 264
Köbberling 129
Kohrt 322
Kornmann 14, 16, 227–228
Kösler 211
Kracht 277
Kramer 320
Krampe 159
Krannich 323
Krause 236
Kretschmann 233
Kriebel 278
Kristen 135, 289
Kron 126
Krug 225
Krüger 80
Kruse 91
Kuckartz 188, 206

Kugler-Kruse 98
Kühl 135
Kuhnert 317
Kühn-Innacker 80
Kulig 13, 112, 116, 133
Kullik 242
Kultusministerkonferenz (KMK) 1, 9, 17, 32, 42, 60, 65, 68–69, 127, 134, 187–188, 198, 223
Kurth 149, 162
Küspert 248
Kutzer 220, 227

L

Laborit 98
Lachenmayr 51–52, 54
Laewen 260
Lage 284
Landesverband Baden-Württemberg 93
Lane 90–92
Langfeldt 6, 16, 26, 220, 248, 316
Laszlo 247
Laubenstein 136
Lauer 277
Laupheimer 116
Lauth 223–224, 228, 236, 248
Leidig 247
Lelgemann 206, 211
Leutner 228–229, 248
Levelt 262, 269
Leyendecker 186, 191, 196, 198, 206, 278
Liebsch 97
Lindau-Bank 245
Lindmeier 131–133
Lingg 114
Linsenhoff 290
Löffler 276
Lösel 323
Löwe 88
Luckasson 115
Lücke-Deckert 244
Lupart 162, 164, 178
Lütje 286
Lütje-Klose 223, 226, 244, 286–287
Lutz 280

M

Maas 131
Mahnke 128
Mall 134
Mandt 97
Manser 13
Markowetz 128, 132
Marx 225, 276
Masendorf 18, 246
Mastropieri 221
McCartney 164
Meijer 222
Meister 14
Menacher 166
Mercer 220–221, 233, 240–241, 245
Merz-Atalik 33
Meschenmoser 242
Methling 51–52, 54, 70
Meyer 113–114, 116, 119
Michaelis 235
Michalek 133
Mirenda 284
Möckel 186
Mombour 14, 303
Mönks 155
Moog 230, 316
Moore 166
Moosecker 211
Mooser 93
Mross 283
Muhar 290
Mühl 30, 113, 120, 125–126, 128, 130, 134
Müller 245
Murray 318
Mutzeck 260
Myschker 303

N

Nater 59
Natke 275
Neubauer 132, 158
Neubrand 87
Neuhäuser 117
Neukäter 317, 319, 323
Neumann 186, 198, 279
Niebank 25
Niedecken 111
Niehoff 131–132
Nielsen 64
Niere 95
Nirje 131
Nöth 98
Nougaret 221
Nowacki 316
Nußbeck 236

O

O´Connor 162
Obolenski 220
Oden 149
Oerter 237–238
Oliva 321
Opp 25, 246, 301
Ortmann 206
Osburg 276
Osterland 153, 232
Otto 289

P

Palmowski 226
Peck 158
Perleth 16, 149, 153, 157–159, 162, 165, 167–170, 172–173, 177, 188–189
Petermann 18–20, 25, 135
Pfaff 198
Pfriem 211
Pfründer 128
Philipps 323
Pitsch 134
Plath 80
Plomin 164
Plück 323
Plume 248
Podlesch 129
Poizner 98
Polloway 115
Ponce de Leon 88
Pörtner 135–136
Prater 235
Preckel 174

Pressley 229
Priglinger 41, 48, 51, 53–54
Prillwitz 85, 99–100
Prouty 135

R
Rath 47
Ratzke 323
Redlich 323
Reiser 129
Remschmidt 304
Renzelberg 79
Renzulli 155, 174
Reynolds 149
Rheinberg 225
Richtberg 78
Rödler 120
Roeder 18
Rogers 260
Röhner 277
Rohrschneider 70
Rolff 245
Rolus-Borgward 317
Rorschach 318
Rosen 59
Rosenberg 246
Rossmann 151
Rost 151, 153, 167, 177
Rothmeyer 126
Rothweiler 269–270
Rózsa 316
Rumpler 187, 198, 201–202
Runow 7, 18, 221
Rutter 246

S
Sachsen weger 50
Sachsenweger 49–51, 54
Sacks 98–99
Sander 10–11, 60, 229–230, 304
Sanders 323
Sarimski 21, 113
Saß 14, 303
SBG IX 98
Scarr 164, 166

Schabert 211
Schäfke 99–101
Schallberger 151
Schatz 157, 165
Scheithauer 25–26
Schiffer 321
Schilling 198
Schlag 226
Schlange 318
Schlee 2, 8, 14–15, 17
Schleenbecker 30, 243
Schlenker-Schulte 93
Schley 129, 323
Schlosser 298
Schmalbrock 86
Schmid-Barkow 276
Schmid-Giovannini 94
Schmidt 14, 246, 303–304
Schmöger 40
Schmutzler 220, 223
Schnattinger 98, 227–228
Schneider 161, 229, 248, 276
Schöffler 40
Scholz 273–274
Schratz 245
Schreck 70
Schröder 223, 227, 244, 246
Schröter-Morasch 280
Schubert 280
Schuck 31, 58
Schulte 93
Schulze 133
Schumacher 222
Schumann 89–90, 276–277
Schuppener 112–113, 121–123, 125, 130
Scruggs 221
Searle 267
Seidel 117
Seidner 277
Seifert 131
Seligman 230
Seuss 66
SGB IX 131–132
Shure 323
Sick 278

Siegmüller 270, 272
Sierwald 162, 172, 177
Silverman 150
Singer 127
Slavin 219
Slavson 321
Sloboda 166
Smith 235
Schulordnung Förderschulen 122
Sovák 273
Sozialgesetzbuch (SGB) 190
Spearman 151–153
Speck 21, 113, 122–129
Spiess 30
Spivack 323
Staatsinstitut für Schulpädagogik 202
Stadler 185–189, 192, 197–198, 200–202, 204–206, 211, 213
Stanley 174
Stapf 150, 177
Starkweather 274
Stein 1, 247, 318
Steinhausen 117
Stengl 277
Sternberg 114, 174
Stokoe 98
Strathmann 220, 227, 230
Strauch 277
Stromme 117
Struve 30
Suhrweier 122
Szagun 87, 94, 101, 271

T

Taneli 318
Tannenbaum 166
Taßler 135
Tent 4, 6–8, 14, 21
Terman 149, 151
Terrassier 150, 177
Tesak 280
Tesch-Römer 159
Tewes 151
Thalmann 304
Theunissen 112, 114, 119, 131–133

Thiele 62–64, 198
Thimm 116
Thurstone 152–153
Tigges 93
Topsch 6
Treibel 91
Treinies 18
Tremmel 102
Troltsch 247
Trost 121
Trusty 321
Turnbull 31

U

Uhlenbruck 220
Ulrich 247
Urban 149

V

v. Riper 263
v. Salisch 316
v. Staabs 318
van der Kooij 135
van Nek 126
van Uden 94
van Vugt 136
van Werde 135
Vaughn 220–221
Vernooij 1, 186
Vock 174
Vogel 91, 280
Vojta 202
von Boetticher 318
von Harnack 304

W

Wachsmuth 135
Wachtel 187, 198, 201–202
Wacker 111
Wagner 317
Walberg 149
Walter 21, 25, 27, 29–30, 236, 304
Walter-Müller 222
Walthes 48, 53
Wang 149
Wängler 273, 280, 282, 290

Waniek 220, 227
Weber 131, 276
Wehmeyer 31
Wehr-Herbst 188
Weikert 280
Weiß 153, 232
Wellenreuther 220, 240–241
Welling 267
Wember 1–3, 6, 22–23, 26, 29, 233, 236, 238–239, 241
Wendeler 114
Wendler 277
Wenzel 246
Werner 88–89, 235, 246
Werning 223, 226, 244
Wheeler 246
White 322
WHO 11–12, 40, 43, 47, 54, 114, 224, 264, 303
Wibrow 128
Wieczorrek 323
Wiegand 116
Wienhus 186, 205
Wilde 173
Wilhelm 130
Wilken 135, 185, 187–188, 202, 278
Willbrenning 174
Wirges 246

Wirth 97
Wisch 85, 99
Wisotski 81
Wittchen 14, 303
Wittrock 246
Wocken 17, 129, 234
Wolfensberger 131
Wolff-Metternich 323
Wood 323
World Health Organization (WHO) 11–12, 40, 43, 47, 54, 114, 224, 264, 303
Worm 242
Wörner 304
Wudtke 85, 99–100
Wüllenweber 112
www.hahn-hh.de 85
www.otikids.de 83

Y
Yerpes 89
Yewchuk 162, 164, 178

Z
Zaudig 14, 303
Ziegler 280
Zihl 41, 48, 51, 53–54
Zimbardo 225
Zinn 317

Verzeichnis der Buchautoren

Borchert, Johann; Prof. Dr., Dipl.-Psych.; Universität Flensburg, Institut für Heilpädagogik, Allgemeine Heilpädagogik, 24943 Flensburg, Thomas-Fincke-Str. (borchert@uni-flensburg.de).

Degenhardt, Sven; Prof. Dr.; Universität Hamburg, Fakultät Erziehungswissenschaft, Psychologie und Bewegungswissenschaft; Sektion 2 – AB: Wahrnehmung und Kommunikation; 20146 Hamburg, Sedanstraße 19 (degenhardt@erzwiss.uni-hamburg).

Goetze, Herbert; Prof. Dr., Dipl.-Psych.; Universität Potsdam, Institut für Sonderpädagogik, Verhaltensgestörtenpädagogik, Postfach 601553, 14415 Potsdam (goetze@rz.uni-potsdam.de).

Hansen, Bernd; Dr.; Universität Flensburg, Institut für Heilpädagogik, Pädagogik für Menschen mit Sprach- und Kommunikationsstörungen, 24943 Flensburg, Thomas-Fincke-Str. (hansenb@freenet.de).

Heidtmann, Hildegard; Prof.'in Dr.; Universität Flensburg, Institut für Heilpädagogik, Pädagogik für Menschen mit Sprach- und Kommunikationsstörungen, 24943 Flensburg, Thomas-Fincke-Str. (hheidtmann@uni-flensburg.de).

Günther, Klaus-B.; Prof. Dr.; Humboldt-Universität zu Berlin, Philosophische Fakultät IV, Institut für Rehabilitationswissenschaften, Bereich Rehabilitationspädagogische Fachrichtungen, Gebärdensprachpädagogik, Unter den Linden 6, 10099 Berlin (klaus-b.guenther@reha.hu-berlin.de).

Perleth, Christoph; Prof. Dr.; Universität Rostock, Philosophische Fakultät, Institut für Pädagogische Psychologie, August-Bebel-Straße 28, 18051 Rostock (christoph.perleth@philfak.uni-rostock.de).

Schuppener, Saskia; Prof. Dr.; Universität Leipzig, Institut für Förderpädagogik, Abteilung Geistigbehindertenpädagogik, Marschnerstraße 29, 04109 Leipzig (schupp@rz.uni-leipzig.de).

Stadler, Hans; Prof. Dr. (i.R.); Universität Dortmund, Fachbereich Rehabilitationswissenschaften, Rehabilitation und Pädagogik der Körperbehinderten, 44221 Dortmund (Dr.Hans_Stadler@web.de).

Strathmann, Alfons; Prof. Dr.; Universität zu Köln, Lehrstuhl für Sondererziehung und Rehabilitation Lernbehinderter unter besonderer Berücksichtigung methodologischer Fragen, Klosterstr. 79b, 50931 Köln (alfons.strathmann@uni-koeln.de).

Methoden der empirischen Sozialforschung

Rainer Schnell, Paul B. Hill, Elke Esser
Methoden der empirischen Sozialforschung
7., völlig überarb. und erweiterte Aufl.
2006 | VIII, 596 S. | gebunden
€ 24,80
ISBN 978-3-486-57684-9

Dieses am Beginn des Studiums ansetzende Lehrwerk bemüht sich vielfältig und auf teils neue Weise um den methodischen Brückenschlag von empirischer Sozialforschung und soziologischer Theorie. Es stellt Verfahren und Sachverhalte nicht nur vor, sondern erklärt sie verständlich. Allein dies weist über die vorhandene Lehrbuchliteratur weit hinaus.

Die siebte Auflage wurde wesentlich überarbeitet und ergänzt. In allen Kapiteln finden sich neue Details und Fortentwicklungen älterer Techniken; fast keine Seite blieb unverändert.

- Ziel und Ablauf empirischer Sozialforschung.
- Historische Entwicklung.
- Wissenschaftstheorie und empirische Sozialforschung.
- Konzeptspezifikation, Operationalisierung und Messung.
- Forschungsdesign und Untersuchungsformen.
- Auswahlverfahren.
- Datenerhebungstechniken.
- Datenaufbereitung, Datenanalyse.
- Anhänge.

Prof. Dr. Rainer Schnell ist seit 1996 Professor für Methoden der empirischen Sozialforschung an der Universität Konstanz.

Paul Hill ist Professor für Soziologie am Institut für Soziologie der RWTH Aachen.

Dr. Elke Esser, Dipl-Sozialwissenschaftlerin, ist Geschäftsführende Gesellschafterin ACADEMIC DATA.